フェリス女学院中学校

〈収録内容〉

便利な DL コンテンツは右の QR コードから

解答用紙

過去年度

国語の問題は
紙面に掲載

⇒

※データのダウンロードは 2025 年 3 月末日まで。

※データへのアクセスには、右記のパスワードの入力が必要となります。 ⇒ 825408

〈合格最低点〉

※学校からの合格最低点の発表はありません。

本書の特長

実戦力がつく入試過去問題集

- ▶ 問題 …………… 実際の入試問題を見やすく再編集。
- ▶ 解答用紙 …… 実戦対応仕様で収録。
- ▶ 解答解説 …… 詳しくわかりやすい解説には、難易度の目安がわかる「基本・重要・やや難」の分類マーク（下記参照）。各科末尾には合格へと導く「ワンポイントアドバイス」を配置。採点に便利な配点つき。

入試に役立つ分類マーク

基本 確実な得点源！
受験生の 90%以上が正解できるような基礎的、かつ平易な問題。
何度もくり返して学習し、ケアレスミスも防げるようにしておこう。

重要 受験生なら何としても正解したい！
入試では典型的な問題で、長年にわたり、多くの学校でよく出題される問題。
各単元の内容理解を深めるのにも役立てよう。

やや難 これが解ければ合格に近づく！
受験生にとっては、かなり手ごたえのある問題。
合格者の正解率が低い場合もあるので、あきらめずにじっくりと取り組んでみよう。

合格への対策、実力錬成のための内容が充実

- ▶ 各科目の出題傾向の分析、合否を分けた問題の確認で、入試対策を強化！
- ▶ その他、学校紹介、過去問の効果的な使い方など、学習意欲を高める要素が満載！

解答用紙ダウンロード 解答用紙はプリントアウトしてご利用いただけます。弊社ＨＰの商品詳細ページよりダウンロードしてください。トビラのＱＲコードからアクセス可。

UD FONT 見やすく読みまちがえにくいユニバーサルデザインフォントを採用しています。

フェリス女学院 中学校

生徒数　548名
〒231-8660
神奈川県横浜市中区山手町178
☎045-641-0242
根岸線石川町駅　徒歩7分
みなとみらい線元町・中華街駅
徒歩10分

重厚なキリスト教主義の伝統と誇りある日本で最初の女学校

URL	https://www.ferris.ed.jp/

プロフィール　学問を尊重し まことの自由を求める

神奈川県下はもとより、広くその名を知られている本学院は、1870（明治3）年に創設された、日本で最初の女子教育の学校である。以来、独自の校風を形成しながら、キリスト教信仰に基づく数々のしっかりとした個性を育て、日本古来のよき伝統を身につけながらも、国際性を持った、優れた人材を送り出している。

校訓の“For Others”は、「めいめい自分のことだけでなく、他人のことにも注意を払いなさい」という新約聖書の中の1節から取っている。また、スクールカラーは白・黄（オレンジ）・赤で、それぞれ「信仰・希望・愛」を表している。

環境　図書館や理科特別教室も最新の設備

2000年より新築工事が行われ、新1号館には、全校生徒および教職員が一堂に会することのできる新カイパー記念講堂（礼拝堂）をはじめとし、ホームルーム、最新設備の化学・生物・物理などの特別教室などが設けられた。さらに2014年には新体育館が完成し、2015年には1学年4クラスを収容する大教室、視聴覚室、面談室（4室）を備えた進路資料室などがある新2号館の建て替え工事が完了した。また、3号館には、蔵書総数約9万5千点の図書館があり、コンピュータによる資料検索・館外貸出ができるほか、緑に囲まれた静かな学習室・閲覧室、市街を一望できる明るい試食室のある調理室、被服室、美術室、デッサン室、コンピュータ教室、LL教室、小礼拝堂などもある。歴史を継承しながらも、21世紀の教育に対応した諸施設・設備が整い、「山手の丘のフェリス」にふさわしい校舎となっている。

図書館

カリキュラム　独自の教育で 個性と能力を引き出す

中・高6年間の一貫教育の観点から、特色のある教育課程を編成しており、6年間を通して、一人ひとりの個性と能力、健康な心身の発達を促し、それぞれにとって最も適切な進路を見出す手助けになる教育を心がけている。

中学では、自主的な学習姿勢を育てると共に、基礎学力の充実を目指し、生徒の理解度に応じた、より進んだ授業内容に努めている。高校では、より深い学習展開を目指し、生徒一人ひとりの関心や興味を伸ばすために選択科目を設けるなど、効率の良い学習を展開しており、特に3年次では、進路に応じて選べる選択制度を大幅に取り入れている。

学期は2学期制をとり、日曜日の教会出席を奨励して、土曜日を休校日とする週5日制になっている。

学校生活　校外での行事は 毎年行われる

体育大会をはじめ、英語教育に力を入れている本学院ならではのイングリッシュパフォーマンスデー、合唱コンクール、そしてフェリス祭と学校行事が盛んである。もちろん、キリスト教の学校らしく、クリスマス礼拝などの宗教行事もある。校外活動として、中1で1日、中2・高1で2泊3日の修養会を実施し、中3では信州への2泊3日のフィールドワークや、三浦での野外理科研修、高1では広島の社会科研修旅行がそれぞれ行われる。

フィールドワーク

クラブ活動は、19の文化部と7の運動部、7の同好会、ほかにYWCA、聖歌隊、ハンドベル・クワイアがあり、それぞれが人格の形成と自治精神を養うことを目的に活動している。

進路　名門女子校ならではの 高い難関大学合格率

ほぼ全員が大学進学を希望し、毎年80％前後の生徒が、現役で国公立大や難関私立大をはじめとする4年制大学に進学する。主な進学先は、東京大、京都大、北海道大、東京工業大、一橋大、お茶の水女子大、慶應大、早稲田大、上智大、津田塾大、ICU、青山学院大、東京女子大など。併設のフェリス女学院大へは推薦入学制度があり、大学の実施する試験（面接のみ）を受けて入学できる。また、慶應大、早稲田大、学習院大、北里大など66大学の指定校推薦がある。

2024年度入試要項

試験日　2/1
試験科目　国・算・理・社＋人物考査（筆記）

募集定員	受験者数	合格者数	競争率
180	415	205	2.0

過去問の効果的な使い方

① **はじめに**　ここでは，受験生のみなさんが，ご家庭で過去問を利用される場合の，一般的な活用法を説明していきます。もし，塾に通われていたり，家庭教師の指導のもとで学習されていたりする場合は，その先生方の指示にしたがって，過去問を活用してください。その理由は，通常，塾のカリキュラムや家庭教師の指導計画の中に過去問学習が含まれており，どの時期から，どのように過去問を活用するのか，という具体的な方法がそれぞれの場合で異なるからです。

② **目的**　言うまでもなく，志望校の入学試験に合格することが，過去問学習の第一の目的です。そのためには，それぞれの志望校の入試問題について，どのようなレベルのどのような分野の問題が何問，出題されているのかを確認し，近年の出題傾向を探り，合格点を得るための試行錯誤をして，各校の入学試験について自分なりの感触を得ることが必要になります。過去問学習は，このための重要な過程であり，合格に向けて，新たに実力を養成していく機会なのです。

③ **開始時期**　過去問との取り組みは，通常，全分野の学習が一通り終了した時期，すなわち6年生の7月から8月にかけて始まります。しかし，各分野の基本が身についていない場合や，反対に短期間で過去問学習をこなせるだけの実力がある場合は，9月以降が過去問学習の開始時期になります。

④ **活用法**　各年度の入試問題を全問マスターしよう，と思う必要はありません。完璧を目標にすると挫折しやすいものです。できるかぎり多くの問題を解けるにこしたことはありませんが，それよりも重要なのは，現実に各志望校に合格するために，どの問題が解けなければいけないか，どの問題は解けなくてもよいか，という眼力を養うことです。

算数

どの問題を解き，どの問題は解けなくてもよいのかを見極めるには相当の実力が必要になりますし，この段階にいきなり到達するのは容易ではないので，この前段階の一般的な過去問学習法，活用法を2つの場合に分けて説明します。

☆偏差値がほぼ55以上ある場合

掲載順の通り，新しい年度から順に年度ごとに3年度分以上，解いていきます。

ポイント1…問題集に直接書き込んで解くのではなく，各問題の計算法や解き方を，明快にわかるように意識してノートに書き記す。

ポイント2…答えの正誤を点検し，解けなかった問題に印をつける。特に，解説の 基本 重要 がついている問題で解けなかった問題をよく復習する。

ポイント3…1回目にできなかった問題を解き直す。同様に，2回目，3回目，…と解けなければいけない問題を解き直す。

ポイント4…難問を解く必要はなく，基本をおろそかにしないこと。

☆偏差値が50前後かそれ以下の場合

ポイント1～4以外に，志望校の出題内容で「計算問題・一行問題」の比重が大きい場合，これらの問題をまず優先してマスターするとか，例えば，大問2までをマスターしてしまうとよいでしょう。

理科

理科は1から順番に解くことにほとんど意味はありません。理科は，性格の違う4つの分野が合わさった科目です。また，同じ分野でも単なる知識問題なのか，あるいは実験や観察の考察問題なのかによってもかかる時間がずいぶんちがいます。記述，計算，描図など，出題形式もさまざまです。ですから，解く順番の上手，下手で，10点以上の差がつくこともあります。

過去問を解き始める時も，はじめに1回分の試験問題の全体を見通して，解く順番を決めましょう。得意分野から解くのもよいでしょう。短時間で解けそうな問題を見つけて手をつけるのも効果的です。くれぐれも，難問に時間を取られすぎないように，わからない問題はスキップして，早めに全体を解き終えることを意識しましょう。

社会

社会は1から順番に解いていってかまいません。ただし，時間のかかりそうな，「地形図の読み取り」，「統計の読み取り」，「計算が必要な問題」，「字数の多い論述問題」などは後回しにするのが賢明です。また，3分野（地理・歴史・政治）の中で極端に得意，不得意がある受験生は，得意分野から手をつけるべきです。

過去問を解くときは，試験時間を有効に活用できるよう，時間は常に意識しなければなりません。ただし，時間に追われて雑にならないようにする注意が必要です。“誤っているもの”を選ぶ設問なのに“正しいもの”を選んでしまった，“すべて選びなさい”という設問なのに一つしか選ばなかったなどが致命的なミスになってしまいます。問題文の“正しいもの”，“誤っているもの”，“一つ選び”，“すべて選び”などに下線を引いて，一つ一つ確認しながら問題を解くとよいでしょう。

過去問を解き終わったら，自己採点し，受験生自身でふり返りをしましょう。できなかった問題については，なぜできなかったのかについての分析が必要です。例えば，「知識が必要な問題」ができなかったのか，「問題文や資料から判断する問題」ができなかったのかで，これから取り組むべきことも大きく異なってくるはずです。また，正解できた問題も，「勘で解いた」，「確信が持てない」といったときはふり返りが必要です。問題集の解説を読んでも納得がいかないときは，塾の先生などに質問をして，理解するようにしましょう。

国語

過去問に取り組む一番の目的は，志望校の傾向をつかみ，本番でどのように入試問題と向かい合うべきか考えることです。素材文の傾向，設問の傾向，問題数の傾向など，十分に研究していきましょう。

取り組む際は，まず解答用紙を確認しましょう。漢字や語句問題の量，記述問題の種類や量などが，解答用紙を見て，わかります。次に，ページをめくり，問題用紙全体を確認しましょう。どのような問題配列になっているのか，問題の難度はどの程度か，などを確認して，どの問題から取り組むべきかを判断するとよいでしょう。

一般的に「漢字」→「語句問題」→「読解問題」という形で取り組むと，効率よく時間を使うことができます。

また，解答用紙は，必ず，実際の大きさのものを使用しましょう。字数指定のない記述問題などは，解答欄の大きさから，書く量を考えていきましょう。

フェリスの算数

──出題傾向と対策
合否を分けた問題の徹底分析──

出題傾向と内容

出題分野1 〈数と計算〉

毎年,「四則計算」が出題されているが,それほど難しい計算問題ではない。「数の性質」の出題率が高く,「単位の換算」では,時間⇔分の変換など,基本的な内容が文章題の問題で問われ,近年では「演算記号」・「文字と式」の問題が連続して出題されている。

2 〈図形〉

「平面図形」・「立体図形」も毎年あるいはほぼ毎年,出題されており,「図形や点の移動」・「相似」の出題率も高い。

3 〈速さ〉

「速さ」の問題も毎年,出題されている。「旅人算」の出題率も高いが,「通過算」は数年にわたり出題されていない。

4 〈割合〉

「割合」の問題も毎年,出題されており,「濃度」・「売買算」・「相当算」・「分配算」・「仕事算・ニュートン算」も,年度によって出題されている。

　また,最終的に比を求める問題ではなくても,「図形」や「速さ」などの問題で,「比」を利用できるように練習しておくことが必要である。

5 〈推理〉

「論理・推理」・「数列・規則性」・「場合の数」が,ほぼ等しい割合で出題されている。

6 〈その他〉

「和差算・過不足算・差集め算」・「鶴亀算」・「平均算」が出題されている。「年令算」・「植木算・方陣算」は,ここ数年,出題されていない。「消去算」の計算方法に慣れておこう。

出題率の高い分野

❶割合と比　❷平面図形・面積　❸立体図形　❹速さの三公式と比

来年度の予想と対策

出題分野1 〈数と計算〉…分数計算を含む「四則計算」,「数の性質」の問題が出題されると予想される。「演算記号」にも注意しよう。

2 〈図形〉…「平面図形」・「立体図形」にかぎらず,「相似」・「図形や点の移動」の標準問題・応用問題を練習しよう。他の女子上位校の過去問も利用して,図形問題を練習するとよい。

3 〈速さ〉…比を使う「旅人算」の解き方を練習しよう。

4 〈割合〉…「濃度」・「売買算」・「速さの比」・「面積比」などの標準問題・応用問題を練習しよう。

5 〈推理〉…「推理」・「数列・規則性」・「場合の数」の標準問題・応用問題を練習しよう。

6 〈その他〉…「和差算・過不足算・差集め算」・「消去算」を中心に標準問題を練習しよう。

学習のポイント

●大問数4・5題　小問数18～25題前後　　●試験時間50分　満点100点

●問題の難易度を自分で判断できるように練習しよう。「図形」の比の問題がポイント。

年度別出題内容の分析表　算数

（よく出ている順に，☆◎○の3段階で示してあります。）

出　題　内　容		27年	28年	29年	30年	2019年	2020年	2021年	2022年	2023年	2024年
数と計算	四則計算	○	○	○	○	○	○	○	○	○	○
	単位の換算			◎		○			○	○	
	演算記号・文字と式	☆					○	☆			
	数の性質	☆	○	○	☆	○	☆	☆	☆	○	☆
	概　数										
図形	平面図形・面積	☆	☆	☆	☆	☆	☆	☆	☆	◎	☆
	立体図形・体積と容積	◎	☆	◎	☆	◎		◎	☆		◎
	相似（縮図と拡大図）	○		○	○						
	図形や点の移動・対称な図形	○	☆	☆	☆	☆	◎	○	☆		◎
	グラフ										
速さ	速さの三公式と比	◎	☆	◎	○	○	◎	◎	☆	◎	☆
	旅人算				○						
	時計算										☆
	通過算										
	流水算							◎			
割合	割合と比	☆	☆	☆	☆	☆	☆	☆	☆	☆	☆
	濃　度					◎		○	◎		
	売買算										
	相当算			○	○						
	倍数算・分配算										
	仕事算・ニュートン算	◎									
	比例と反比例・2量の関係										
推理	場合の数・確からしさ		○			☆	◎		◎	☆	○
	論理・推理・集合		☆				☆			☆	
	数列・規則性・N進法	○		◎	○		☆	☆	☆	○	☆
	統計と表		☆		☆					☆	
その他	和差算・過不足算・差集め算		○		○						
	鶴カメ算					○				○	
	平均算	○	☆								
	年令算										
	植木算・方陣算										
	消去算		◎	○					◎	◎	○

フェリス女学院中学校

2024年度 フェリス女学院中学校 合否を分けた問題 算数

3 (2) 「時計算，平面図形，線対称」

> この問題は「直線㋐について長針と短針の位置が線対称になる」ことに気がつけば，難しくはない。ただし，あわてるとミスがでる。

【問題】

右図のように時計の針が6時を指しているとき，長針と短針の間の角は，3と9の目盛りを結ぶ直線㋐によって二等分される。このあと，12時までの6時間に，長針と短針の間の角が直線㋐によって二等分されることは何回あるか。6時の場合は，回数に含めない。

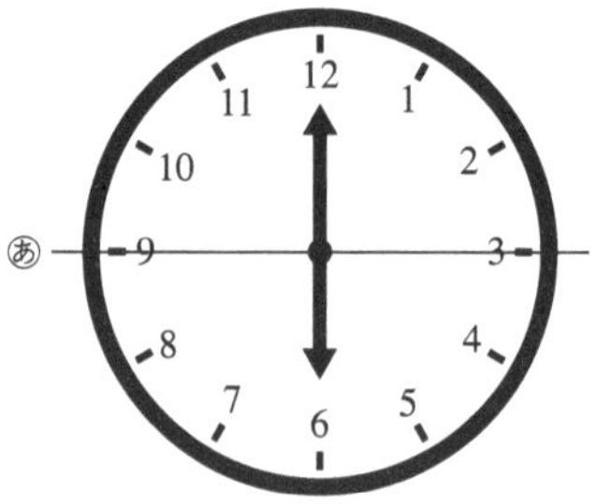

【考え方】

直線㋐について長針と短針の位置が線対称になる回数

…6時の場合を除いて， ← 注意

6時台～11時台まで ← 6時台で7時前に両針の位置が㋐について線対称になるときがある。

11－5＝6(回)

受験生に贈る「数の言葉」――――「ガリヴァ旅行記のなかの数と図形」

作者　ジョナサン・スウィフト(1667～1745)

…アイルランド　ダブリン生まれの司祭

リリパット国…1699年11月，漂流の後に船医ガリヴァが流れ着いた南インド洋の島国

①人間の身長…約15cm未満　②タワーの高さ…約1.5m

③ガリヴァがつながれた足の鎖の長さ…約1.8m　④高木の高さ…約2.1m

⑤ガリヴァとリリパット国民の<u>身長比…12：1</u>　⑥ガリヴァとかれらの<u>体積比…1728：1</u>

ブロブディンナグ国…1703年6月，ガリヴァの船が行き着いた北米の国

①草丈…6m以上　②麦の高さ…約12m　③柵(さく)の高さ…36m以上

④ベッドの高さ…7.2m　⑤ネズミの尻尾(しっぽ)…約1.77m

北太平洋の島国…1707年，北緯46度西経177度に近い国

王宮内コース料理　①羊の肩肉…正三角形　②牛肉…菱形　③プディング…サイクロイド形

④パン…円錐形(コーン)・円柱形(シリンダ)・平行四辺形・その他

2023年度 フェリス女学院中学校 合否を分けた問題 算数

1 (2)「規則性，数の性質」

いわゆる「おまけの問題」であり，ときどき出題されるが，図を描いて解く方法が簡単。そのまま計算しても解けるが，時間がかかる。

【問題】

スーパーでは3本のラムネの空きビンと1本の新しいラムネを交換してくれる。
例えば，7本のラムネを買って6本の空きビンをスーパーへ持って行くと，2本の新しいラムネと交換してくれる。この2本の空きビンと前の残りの空きビンを持って行くと，もう1本新しいラムネをもらえ合計10本のラムネが飲める。（←ヒント）

①30本のラムネを買うと，合計何本までラムネが飲めるか。

②合計100本のラムネを飲むには，少なくとも何本のラムネを買う必要があるか。

【考え方】

①図1…買ったラムネを○，おまけのラムネを△で表す。

全体の行数…30÷2＝15

したがって，ラムネの本数は3×15－1＝44(本)

②100÷3＝33…1

図2より，2×33＋1＝67(本)

図1

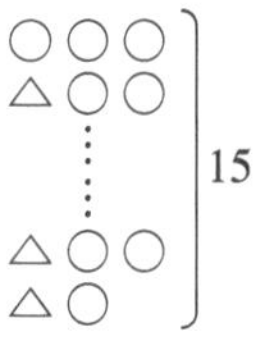

図2

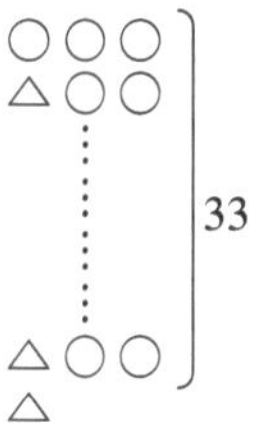

受験生に贈る「数の言葉」―――――――――――バートランド・ラッセル(1872～1970)が語るピュタゴラス(前582～496)とそのひとたちのようす(西洋哲学史)

①ピュタゴラス学派のひとたちは，地球が球状であることを発見した。

②ピュタゴラスが創った学会には，男性も女性も平等に入会を許された。
財産は共有され，生活は共同で行われた。科学や数学の発見も共同のものとみなされ，ピュタゴラスの死後でさえ，かれのために秘事とされた。

③だれでも知っているようにピュタゴラスは，すべては数である，といった。
かれは，音楽における数の重要性を発見し，設定した音楽と数学との間の関連が，数学用語である「調和平均」,「調和級数」のなかに生きている。

④五角星は，魔術で常に際立って用いられ，この配置は明らかにピュタゴラス学派のひとたちにもとづいており，かれらは，これを安寧とよび，学会員であることを知る象徴として，これを利用した。

⑤その筋の大家たちは以下の内容を信じ，かれの名前がついている定理をかれが発見した可能性が高いと考えており，それは，直角三角形において，直角に対する辺についての正方形の面積が，他の2辺についての正方形の面積の和に等しい，という内容である。
とにかく，きわめて早い年代に，この定理がピュタゴラス学派のひとたちに知られていた。かれらはまた，三角形の角の和が2直角であることも知っていた。

2022年度 フェリス女学院中学校 合否を分けた問題 算数

1 (4)「平面図形」

難しくない問題であり，三角形EBDをどこに移動しようか，と発想することが第1のポイント。図形に関する実力が試される問題である。

【問題】

右図のように三角形ABCとBDEがあり，点Bは線分ADの中点で，点Eは線分BC上の点である。

線分BCは11cmでAC＝DEであり，角㋐＝角㋑である。

三角形ABCの面積が$22cm^2$のとき，線分BEは何cmか。

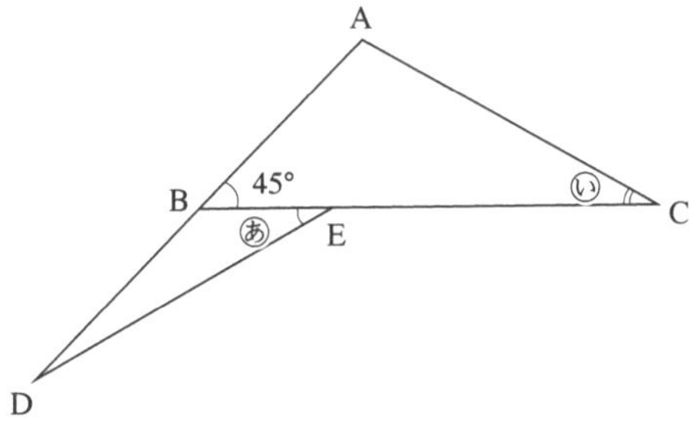

【考え方】

右図において，AHは22×2÷11＝4(cm)

三角形ABFは直角二等辺三角形であり，

FC＝BEは11－4×2＝3(cm)

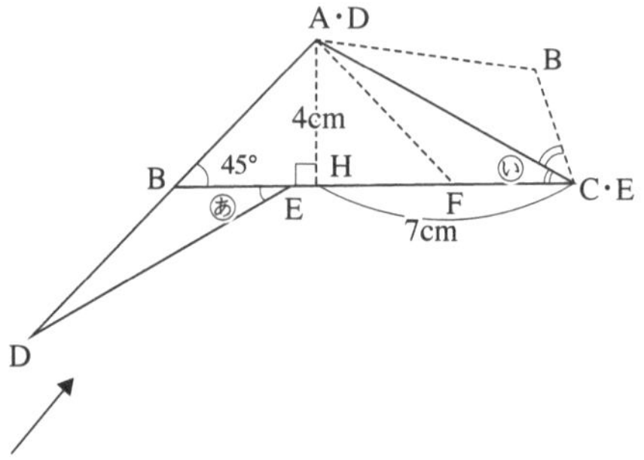

合同な三角形を利用する

受験生に贈る「数の言葉」

数学者の回想　　高木貞治1875～1960

数学は長い論理の連鎖だけに，それを丹念にたどってゆくことにすぐ飽いてしまう。論理はきびしいものである。例えば，1つの有機的な体系というか，それぞれみな連関して円満に各部が均衡を保って進んでゆかぬかぎり，完全なものにはならない。

ある1つの主題に取り組み，どこか間違っているらしいが，それがはっきり判明せず，もっぱらそればかりを探す。神経衰弱になりかかるぐらいまで検討するが，わからぬことも多い。夢で疑問が解けたと思って起きてやってみても，全然違っている。そうやって長く間違いばかりを探し続けると，その後，理論が出来ても全く自信がない。そんなことを多々経験するのである。(中略)

技術にせよ学問にせよ,その必要な部分だけがあればよいという制ちゅう(限定)を加えられては,絶対に進展ということはあり得ない。「必要」という考え方に，その必要な1部分ですらが他の多くの部分なくして成り立たぬことを理解しようとしないことがあれば，それは全く危険である。

フェリスの理科

――出題傾向と対策 合否を分けた問題の徹底分析――

出題傾向と内容

例年，大問数は4～6問，小問数は20～30問程度である。物理，化学，生物，地学の4領域から広く出題されている。内容そのものに難解な問題は多くない。記述，論述問題が以前ほどではないが多めであり，記号選択問題でも理由や根拠を付けて答えることがある。年度によっては描図の設問も出題される。一方，計算問題は，近年やや増加傾向である。このように，記述，論述問題が多いため，問題数の割には，試験時間は充分ではない。年度によっては，試験時間内に書き上げるのが難しい。日ごろからてきぱき解くよう心がけるべきであろう。

生物的領域 日ごろから身近な動植物に親しみ，数多く知っていることが有利であるが，その特徴をすらすらと文にできるように，知識をたくわえていきたい。実験や観察が含まれる問題も多い。典型題であっても操作，手法，結果，考察について，1つ1つ説明を求められる。問題集の練習では，解法の暗記ではなく，意識してよく考える習慣をつけたい。

地学的領域 天体，気象，地球のどの分野が出題されても，長い問題文や豊富な図表，データをもとにして考察し記述するというタイプの問題が出題される年度が多い。考えることと書くことに，充分な練習が必要であろう。

化学的領域 化学的領域の広い範囲から出題されているが，特に状態変化に関する内容，物質の識別についての内容が多い。実験や観察の手法についてもよく触れられている。設問は，複数の物質について，文で書き分けるという形式が多く，かなりの文字数になる。また，基本的な計算には習熟しておく必要がある。

物理的領域 他領域にくらべ，物理的領域の出題数や配点がいくぶん少なめの年度が多い。他中学では，物理法則や原理を使用して計算する問題が多いが，本校では，法則や原理そのものをていねいに問う問題が多い。つまり，パターン訓練のみの学習ではなく，なぜそうなるのか洞察する学力が必要ということである。

学習のポイント

●科学的な内容を，短時間に的確な文や図にする練習をしよう。

来年度の予想と対策

本校の理科の試験での記述量は，他の中学校と比較しても多い。年度によっては試験時間内はひたすら鉛筆を動かし続けるといっても過言ではない。設問に難解な内容は少ないが，当たり前と思われるような基本事項にも，1つ1つ説明を求めてくる徹底した試験問題だけに，基本事項が単に頭にあるというレベルでは太刀打ちできない。自分のことばや図で説明できるレベルでなければ，得点にならない。日ごろから書くという作業に慣れておくことも重要である。また，考察力，論理力の必要な問題も多く，問題文から新たな知識を吸収し，その場で考えるタイプの問題も多い。本校の受験生は，手早く文を書いていく練習が必須であるが，時々は問題を粘り強くじっくり考えて，充分な考察力を身につけておきたい。もちろん，基本的な数量の扱いにも習熟しておく必要がある。

年度別出題内容の分析表　理科

（よく出ている順に，☆◎○の３段階で示してあります。）

出題内容		27年	28年	29年	30年	2019年	2020年	2021年	2022年	2023年	2024年
生物的領域	植物のなかま	○		○		◎			☆	○	
	植物のはたらき	☆		☆			☆				
	昆虫・動物		☆	☆		◎		○	☆	☆	
	人　体		○		☆			☆			☆
	生態系										○
地学的領域	星と星座			◎							
	太陽と月			◎		☆			☆		
	気　象		☆				☆			☆	○
	地層と岩石				☆			☆			◎
	大地の活動	☆						○			
化学的領域	物質の性質		○	○							
	状態変化			○		○	◎		◎		
	ものの溶け方		○			☆					
	水溶液の性質		☆		☆	○	○	◎		☆	
	気体の性質				○		○	◎	◎		◎
	燃　焼	☆							☆		◎
物理的領域	熱の性質			☆			○		◎		
	光や音の性質	☆			☆					☆	
	物体の運動							☆			
	力のはたらき		☆				☆				
	電流と回路			☆							☆
	電気と磁石					☆					
その他	実験と観察	◎	◎	◎	◎	◎	◎	◎	◎	◎	◎
	器具の使用法	☆	○		○		○				
	環　境				○						○
	時　事	○									
	その他										

2024年度 フェリス女学院中学校 合否を分けた問題 理科

■この大問で，これだけ取ろう！

1	燃焼や呼吸での気体の変化	標準	1(3)が誤りやすく，2(3)の計算がやや難しいほかは，基本的な問題である。失点は1つ以内に。
2	ニクロム線のつなぎ方と電流	標準	問題文にていねいに書かれているので，よく理解しながら解き進めればよい。全問正解を狙いたい。
3	ヒトの誕生	標準	問1は難しくないが，問2は想像力をはたらかせて深い考えが必要である。失点は2つ以内に。
4	地面の性質と水の流出	標準	問題の実験と実体験をうまく結びつけ，また，表や図の特徴をよくつかみ，よく考えよう。失点は2つ以内に。

■鍵になる問題は４だ！

本年も各分野から，知識だけでなく文や図表の読解と，実験データをもとにした考察力，記述力の必要な問題であった。以前よりは全体の記述量が減ったとはいえ，一題一題が定型の記述ではなく，よく考えて気づかなければならない内容が増えている。ふだんから柔軟に考える練習とともに，身の回りの科学について実物や映像などに豊富に触れておく必要がある。

4を取り上げる。

運動場と花壇の砂の比較から，自然界での森林のはたらきまで，幅広い内容である。

問1の冒頭の文で，水たまりについての記述があり，これが問2にヒントとなってくる。記憶に留めながら読み進めたい。運動場と砂場の雨後の比較は，小学校や公園などで何度も目にしている光景を思い出せば考えやすい。粒の小さい砂や泥，あるいは，粒が不ぞろいの土では，すき間が小さいために水が浸透しにくく，水たまりができやすい。砂場の砂は粒がそろった砂で造成されることが多く，水が浸透しやすい。

問2では，表から3つのことを読み取りたい。

1つ目は，水の量がAではア＞イだが，Bではウ＜エであること。つまり，運動場の水は表面を流れる分が多いが，花壇の水は大半が浸透していることである。

2つ目は，Aでは短い時間でビーカーに水がたまったのに対し，Bでは水がたまるのに比較的長い時間がかかっている。つまり，花壇の土に流した水は，すぐには流出していない。

3つ目は，流した水が1000cm^3なのに対し，Aのアとイのすべての数値の合計が910cm^3で，Bのウとエのすべての数値の合計が600cm^3であることである。つまり，20分後にもAでは90cm^3，Bでは400cm^3の水が土の中にとどまっている。

問3は，問1，問2を踏まえて，山地の森林が一時的に水を保持しているはたらきを考える設問である。図は源流の短期流出を示している。一方，山地の森林が保水をしているならば，雨量が急激に増減しても，流量は急激に増減せず，緩やかに増加したあと，少しずつ水を流し出すために，数日間は流量の多い状態が続くと予想される。

2023年度 フェリス女学院中学校 合否を分けた問題 理科

■この大問で，これだけ取ろう！

1	4つの水溶液の区別	標準	基本的な内容である。順序やルールをまちがわないように順序立てて考えたい。3つとも正解したい。
2	アサギマダラの生態	標準	前半は基礎知識があれば答えられる。後半は，問題文や図の読解と，想像力が必要である。失点は1つ以内に。
3	光の屈折の法則	標準	図4から屈折率の求め方を理解し，向きを間違わないように使いこなそう。失点は1つ以内に。
4	地球上の水	標準	現実の自然界を想像しながら，数値の意味を正しく捉えよう。失点は2つ以内に。

■鍵になる問題は４だ！

本年は，記述・論述の量がやや少なめであり，受験生がふだんの学習でよく取り組むテーマの問題が多かったので，わりと解きやすい問題であった。そのぶん，高得点の勝負になったと想定される。ただし，2，3，4では，問題文や図で与えられる知識をもとに考える設問が並んでおり，知識だけでなく，考察力も必要である。これは，近年の本校の出題傾向どおりである。

4を取り上げる。地球上の水の循環と収支の問題である。

問題の図でわかるように，地球上の水の大半は海洋に存在し，陸地での存在量は2桁小さい。大気中の水は，気体，液体，固体のどの形でも存在するが，その量はわずかである。

陸地にある水の76％は，氷床(大陸氷)と氷河(山岳氷河)である。例えば，南極大陸は平均で2000mを超える厚さの氷床でおおわれている。厚いところでは富士山の高さを越える。陸地にある水で次に多いのは，23％を占める地下水である。ここまでで76＋23＝99(％)である。陸地にすむ人類をはじめ生物の多くは，湖沼水や河川水といった淡水を利用して生きているが，その量がいかに少ないかわかる。

にもかかわらず，多くの生物が陸地で水を得られるのは，循環速度が速いからである。

問3は，水の循環を考える問題である。陸地も海洋も大気も，1年間に入ってくる水の量と，出ていく水の量はつりあっている。つりあっていないと，どこかの水が一方的に増え続けたり減り続けたりしてしまう。図では，陸地では「降水量＞蒸発量」であり，海洋では「降水量＜蒸発量」だから，陸地で余った水が海洋へ移動していることがわかる。河川を思い浮かべれば，すぐに納得できるだろう。逆に，大気中では海洋上から陸地上へ水が移動しているが，これも集中豪雨や台風，大雪などを思い浮かべればよい。(2)では，1年間に大気に出入りする水の量が496なのに対し，大気中の水が13なので，1年間あたり，496÷13＝38.1…(回)も入れ替わっている。よって，入れ替わる平均時間は，365÷38＝9.6…で，10日間となる。このように，大気中の水が平均10日に一度入れ替わり，陸地にはつねに新しい水が供給されることが，陸地の生物を支えているといえる。

2022年度 フェリス女学院中学校 合否を分けた問題 理科

■この大問で，これだけ取ろう！

1	動植物の特徴	標準	日ごろから具体的な動植物について，図鑑などを用いて知識を増やしておこう。失点は 1 つ以内に。
2	燃料の熱量と 二酸化炭素排出量	やや難	問 4 までは確実に取りたい。問 5 は氷を融かす熱量を早く求めたい。失点は 2 つ以内に。
3	水や空気の体積変化	標準	基本的な問題だが，問 2，問 4 は書きにくいかもしれない。失点は 1 つ以内に。
4	太陽の動きと均時差	標準	長大な問題で内容そのものは難解だが，問題文と図表をていねいに読み取れば，最後以外は取れる。失点は 3 つ以内に。

■鍵になる問題は 4 だ！

本年も，例年通り記述論述の多い本校らしい問題である。1では，学習で出てくる動植物について，名前だけ丸暗記するのではなく，ポケット図鑑などで具体的に確認していく習慣が高得点につながる。2の問5，問6の計算問題は，表から必要な情報を読み取って，水の温度上昇分と氷の融解分のそれぞれの熱量を数値化する必要があり，類題を解いた経験がないと難しいだろう。

4を取り上げる。太陽の動きに関する均時差の問題である。

東経135°の場所では，太陽の南中時刻はちょうど12時と考える。しかし，実際には最大で15分ほど早かったり遅かったりする。これは，太陽の南中周期がちょうど12時間ではないためである。「秋の日は釣瓶落とし」ということわざは，秋は夕暮れが早く感じるという意味だが，11月上旬の太陽の南中時刻は平均よりも15分ほど早いので，単に昼の長さが短くなるだけでなく，それ以上に早く沈むように感じることを表している。

本問は，問題文がたいへん長く，図表も多いうえに，［ ① ］，（ ① ），{1①}，(問1)，問(1)のような，まぎらわしい記号が数多く使われているため，読み解くだけでも苦労する。しかし，最後の3の(2)の(問2)の他は，基本知識と図表の読み取りを徹底すれば，高得点が狙える問題でもある。

2では，グラフの上の方が時刻が遅いことに注意して読み取る。この設問から，夏至や冬至の日は，日の出と日の入りが最も早かったり遅かったりするとは限らないことが理解できる。

3の(2)の(問1)で，日時計は実際の太陽をもとにしており，時計は仮想の太陽をもとにしていることを区別する必要がある。仮想の太陽は毎日一定でちょうど24時間で南中する太陽である。また，南中時刻のグラフは上ほど遅いが，均時差のグラフは下ほど遅いことにも注意したい。均時差が0になる日付は，均時差のグラフから4か所読み取れるが，南中時刻のグラフからも読み取れ，南中時刻が遅くなっていくのは，6月13日と12月25日の2か所に絞ることができる。

均時差が生じる原因は，一つは地軸が傾いているため，太陽がいつも赤道上にあるわけではないからである。もう一つは地球の公転軌道が円ではなくわずかにつぶれた楕円のため，公転の速さが時期によって異なるからである。そのため，実際の太陽の南中周期は24時間からずれてしまう。

フェリスの社会

——出題傾向と対策
合否を分けた問題の徹底分析——

出題傾向と内容

今年度は大問が3題で小問数は35問程度と昨年に比べると若干少ないものの全体のボリュームに大差はみられない。地理・歴史・政治各1ずつであるが，それぞれの大問に他分野の内容も含まれている。分野別では今年も地理と歴史の割合が高く政治分野はかなり少ないといえる。解答形式では記号選択が6割で残りが語句記入となっている。記述問題は1行問題が3問に2行が2問と近年の記述重視の傾向は続いているようである。30分という試験時間からするとこれら記述問題にどれだけ的確に対応できたかが合否を大きく左右したであろうことは確かと思われる。

地　理　唐津や愛知，親不知といった地名を題材に，その名前の由来や地域の歴史なども交えながら述べた文章からの出題。それぞれの地方の自然や農業を中心に，水産業や工業，運輸など全般にわたる問題となっている。唐津コスメティック構想の実現によって地域の人々が受ける利点を，与えられた表をふまえて述べるといった記述問題もみられる。

歴　史　今年度も例年同様古代から現代までの通史からの出題で，日本の中で人々の住まいがどのように変わってきたかについて述べた5つの文章が題材となっている。内容も政治や社会・文化を中心にまんべんなく問われている。記述問題は律令体制で大きな都が必要となった理由，地方の農民が運脚という税以外に都にやってきたわけ，武士の屋敷の周辺に巡らせられた堀の持っていた役割，江戸の長屋での暮らしを住区ごとの面積と人口のグラフを参考にして答えるといった出題がみられる。

政　治　本年度は憲法に定められた基本的人権の一つである住居・移転の自由を題材に，日本人の海外移住や戦後の日本人の都市部への人口流入などがテーマとなっている。純粋な政治問題というよりは地理的分野といった内容が多く，以前のような憲法や政治のしくみといった問題からは少し違った切り口からの出題となっている。

学習のポイント

●地理：用語の内容もしっかり押さえよう！
●歴史：テーマ史の学習で知識量を増やそう！
●政治：人権，国連の知識に強くなろう！

来年度の予想と対策

30分の試験時間に対し設問数は40問以上とかなり多い。時間配分を考えながら素早く正確に答えることが大切である。出題形式・内容とも大きな変化はないと思われるので，短文記述への対策が極めて重要となる。

地　理　グラフや地図，統計資料に常に目を通し，知識量を増やしておくこと。当然のことであるがつねに地図帳を傍らにおいて学習する習慣をつけておきたい。

歴　史　年表や史料を利用しながら，テーマごとのまとめをしておきたい。時代の流れをしっかりつかみながら知識に厚みを持たせることが記述の対策にもなる。

政　治　憲法や人権，三権分立や国際連合などを押さえておきたい。日頃から国内，国外を問わずニュースに興味を持って臨むことも大切である。

年度別出題内容の分析表 社会

（よく出ている順に，☆◎○の3段階で示してあります。）

出題内容				27年	28年	29年	30年	2019年	2020年	2021年	2022年	2023年	2024年
地理	日本の地理	テーマ別	地形図の見方	○			○	○		○			
			日本の国土と自然	◎	◎	◎	○	○	◎	○	◎	◎	◎
			人口・都市		○		○		○				○
			農林水産業	◎	○	◎	◎	○	◎	○	◎	◎	◎
			工　業	○	○	○	○	○	○	○	○	◎	○
			交通・通信					○					○
			資源・エネルギー問題	○	○				○	○	○		○
			貿　易		○	○	○	○		◎	○		○
		地方別	九州地方		○		○		○		○		○
			中国・四国地方		○		○		○	○		○	
			近畿地方										
			中部地方		○		○		○				○
			関東地方						○			○	
			東北地方								○		
			北海道地方		○				○				
	公害・環境問題				○		○					○	
	世界地理						○	○			○	◎	○
日本の歴史	時代別	旧石器時代から弥生時代				○					○		○
		古墳時代から平安時代		◎	◎	◎	◎	○	○	◎	○	◎	◎
		鎌倉・室町時代		◎	○	○	◎	○	○	○	◎	○	○
		安土桃山・江戸時代		○	◎	◎	○	○	◎	○	◎	◎	◎
		明治時代から現代		◎	○	◎	◎	◎	◎	◎	◎	◎	○
	テーマ別	政治・法律		☆	◎	◎	◎	◎	◎	◎	◎	◎	◎
		経済・社会・技術			○	◎	◎	◎	○	◎	◎	○	◎
		文化・宗教・教育		○	○	◎	○		◎	○		◎	◎
		外　交		○	◎	◎	◎	◎	○	○	◎	◎	○
政治	憲法の原理・基本的人権			○		○	○		○				
	国の政治のしくみと働き			○	○	○	○	○		○	○	○	○
	地方自治				○					○	○	○	
	国民生活と社会保障				○	○		○		○	○	○	○
	財政・消費生活・経済一般						○	○				○	○
	国際社会と平和					○	○	○		○	○	○	
時事問題				○		○	○				○	○	
その他						○		○	○				

フェリス女学院中学校

2024年度 フェリス女学院中学校 合否を分けた問題 社会

1 A・e　2 D・b①

本年度は大問が1題減ってはいるものの本校の特色である記述問題は依然として健在である。内容的にも単純な知識的解説を求めるといったものではなく，与えられた条件を踏まえて自分なりの考えをまとめて説明するといった形式の記述問題が多い。それだけに与えられた30分という試験時間で合格点を取れるような解答を仕上げるのはそんなに簡単なことではない。合格という2文字を確実に引き寄せるためにもこうした記述問題に的確に対応することがポイントとなるのは間違いがない。そういった意味からも次の2つの設問を挙げてみたい。

1のA・eは「唐津コスメティック構想が実現することで得られる利点を与えられた表をふまえて説明せよ」というもの。この構想は唐津を中心とする佐賀県北部に美容や健康産業を中心とするコスメ産業の一大集積地を作ることで衰退する地域経済の活性化を目指すというものである。人口減少社会に突入した日本では全国各地で少子高齢化が進行，そのため共同体の維持が困難になるという限界集落が各地で発生している。最近では限界集落を通り越し自治体そのものの消滅までもが視野に入りつつあるといわれる。そこで新たな技術や発想などを通じて地域の再生を図るさまざまな取り組みが全国各地で生まれつつあるが，その成果はというとなかなか上がっていないのが実情である。コスメティック構想は発展するアジアに隣接するという地理的な条件や，豊かな自然環境から生まれる安心・安全な素材という特性を生かして地域の活性化を図ろうという産・学・官(民間企業・大学・自治体)の連携である。からだに優しい天然素材，それらを原材料とした化粧品関連産業の表をふまえた解答であればよいのであり，当然のこととしてこれが正解というものはない。それだけに解答の方向性にあたふたしてしまうと時間内に書き上げることが大変難しくなってしまう。完璧でなくともとりあえず解答欄を埋めさえすれば部分点をもらえる可能性は残っている。素早く内容を決めとりあえず書いてから推敲するという姿勢が大切といえるだろう。

2のD・bは「19世紀の江戸の住区ごとの面積と人口のグラフから長屋での暮らしについてわかることを答えよ」というもの。他の設問にもあるように当時の江戸は世界最大規模の都市といわれている。徳川家康が豊臣秀吉により関東に転封されたころの江戸と言えば，江戸城の近くまで日比谷の入り江が入り込むあしの茂るような寂れた漁村というイメージであった。その後の大規模な街づくりとともに全国から人々が集まり18世紀には100万人の巨大都市へと変貌した。武士と町人の人数はほぼ同数であったが町人地は武家地の4分の1程度に過ぎず，そこに押し込められることになった町人の暮らしは想像に難くあるまい。1000万人近くが暮らす東京23区の人口密度は約1万5000人でもちろん日本1である。23区でもっとも人口密度の高い豊島区でさえ人口密度は2万人強である。当時の江戸というと現在の23区より面積ははるかに小さい。そのため人口密度は約6万人と現在の東京の混雑度に比べると想像できないほど厳しいものであったようである。さらに，江戸には1棟に何百人もの人が生活できるような高層ビルは当然として，2階建ての建物もそんなにあったとは思えない。これだけの人口を吸収することができたのも一棟を薄い壁で仕切って数世帯が暮らすことができる共同住宅，長屋の発明である。問題文にもあるようにトイレや井戸は共同で使用し6畳一間に家族全員が暮らすのが当たり前といった現代人では耐えられないような住環境である。長屋の住環境や経済性など視点はいろいろあるが，いかに早く解答への方向性を決めるかがポイントとなるのは設問1と同様である。

いずれにしても本校の入試問題を突破するには一般常識といえるような幅広い知識を身に付けるとともに，1行程度で素早くまとめる練習をしておくことが必要である。過去問に十分触れることはもちろんだが，常に世の中の動きにアンテナを張っておくことである。さらに，いろいろなものに疑問を持ち積極的に行動するといった生活をすることを心がけよう。

2023年度 フェリス女学院中学校 合否を分けた問題 社会

1ｃ，3ａ

本年度も全体のボリュームに大きな変化はなく例年合否に影響するとみられる短文記述も健在である。試験時間は30分と短いので合格可能な解答を仕上げるのはかなり大変である。幅広い知識だけでなく柔軟な思考力も必要であるので，普段からいろいろなものに興味を持ち貪欲に知識を吸収するような生活を心がけて欲しい。そういった意味からも次の2つの設問を挙げてみたい。

1のcは「近年日本各地でシカによる農作物への食害が多発しているが，シカが高地の湿地帯までエサを取りに現れるようになった理由は何か」というもの。シカは九州から北海道まで全国に分布，その数は25年前に比べると10倍にもなっているという。戦後の保護政策もあったものの，近年は耕作放棄地の増加や人工林の増加など様々な理由が言われているが，何といっても大きいのは急激な温暖化の進行であろう。シカは雪の深い地では生きていけない。なんでも食べるといわれるシカだが，深い雪に覆われるとエサが取れず冬を越すことが難しかった。温暖化で雪が少なくなってくると生存率が増加，数の増えたシカはエサを食べつくし今まで入り込まなかった高地の湿原にも進出せざるを得なくなったのであろう。本来尾瀬は雪深い高原の湿地帯である。数の増えたシカはそんなところまでエサを求めて侵入している。尾瀬と言えば日本を代表する観光地でもある。ニッコウキスゲやミズバショウも根まで食べられているという。1年で1mmしか成長しないという湿地を構成する泥炭もシカのヌタ場（体についているダニなどの寄生虫をとる泥浴びの場）となっている。シカの浸入を防ぐために柵で囲うそうだが，何といっても日本最大の湿原である。完全に防ぐことなどできるはずもない。皮を食べられた樹木はやがては枯れてしまう。植物が減りそれに依存する昆虫も，さらにそれを狙う鳥なども…。いわゆる生態系に大きな被害が生まれている。

3のaは最近注目されている「エシカル消費」について。「エシカル消費として当てはまらない事例を5つの選択肢の中から2つ選べ」というもの。本文にもあるようにエシカル消費とは社会的な問題の解決に貢献しようとする消費活動のことである。近年世の中にカタカナ言葉が氾濫している。これを使うと何か難しいことがわかったような気がするのかもしれないが，言葉の響きだけで満足しその内容まで理解できているのだろうかと不安に思っている人も多いのではないだろうか。エシカルという言葉は「倫理的な」とか「道徳上の」という意味である。私たちが物を買う，いわゆる消費行動をとるときは価格や品質といった自分にとって得となることを第一に考えるのが普通であろう。その際，少しだけ視点を広げて考えてみることが「エシカル消費」である。人や地域，社会，地球環境といったことも考えようというわけだ。ただ，こういうと何かすごく難しいことを言っているように感じてしまう。でも，買い物をするときマイバックを持っていく人はかなり多い。リサイクルショップを利用したり地産地消に積極的に関心を持つこともまさにエシカル消費である。そう考えると決して特別なことではない。もっと言えば消費行動だけではない。食事をするとき食べ残しをやめることも立派なエシカルである。マイボトルを持参して行動すること，暖房を低めに設定することだって地球にやさしい行動，つまりエシカル行動である。アの「地元の野菜を購入」はまさに地産地消である。イの「フェアトレード」とは発展途上国の原料や製品を適正な価格で買い取ることで公正取引と訳されている。エは「オーガニック・コットンの服を選ぶ」である。オーガニックとは安全性に配慮した方法で自然の恵みを生かして栽培・生産された植物を指す言葉で，それによってつくられたのがオーガニック・コットンというわけである。

いずれにしても本校の入試問題を突破するには一般常識といえるような幅広い知識を身に付けるとともに，1行程度で素早くまとめる練習をしておくことが必要である。過去問に十分触れることはもちろんだが，常に世の中の動きにアンテナを張っておくことである。さらに，いろいろなものに疑問を持ち積極的に行動するといった生活をすることを心がけよう。

2022年度 フェリス女学院中学校 合否を分けた問題 社会

1 1，4 b

本年度も全体のボリュームに大きな変化はなく例年合否に影響するとみられる短文記述も健在である。試験時間は30分と短いので合格可能な解答を仕上げるのはかなり大変である。幅広い知識だけでなく柔軟な思考力も必要であるので，普段からいろいろなものに興味を持ち貪欲に知識を吸収するような生活を心がけて欲しい。今年度の合否を分けた問題は1の受験生が苦手の現代史でしかも時代順の要素もある選択肢問題と，バリアフリーを解決するための具体案を考える記述問題の2つを挙げてみたい。

1は「最初の東京オリンピックが開かれた1964年と同じころの出来事を選択肢の中から一つ選べ」というもの。東京でのオリンピックは1940年に予定されていたが第2次世界大戦のため中止に追い込まれてしまった。そんな日本はサンフランシスコ平和条約で独立を回復した直後からオリンピック大会の招致運動をはじめ7年後に念願の開催が決定することになる。日本にとっては太平洋戦争で敗れた日本の復興を世界に示す絶好のチャンスであり，巨額の費用を投じて新幹線や高速道路の建設といったインフラの整備を進めていった。アジアでは初めての開催で参加国も史上最多の94か国，参加人数も5500人以上を集めた巨大なイベントとなった。1964年と言えば世界の奇跡といわれた高度経済成長のど真ん中である。さて，アは「経済白書にもはや戦後ではないと書かれた」とある。経済白書とは1年間の国民経済の動きを総合的に分析し今後の動向とこれに対する政策の指針を示す政府の年次経済報告書の通称のことである。1947年から発表され現在では経済財政白書として経済財政担当大臣から発表されている。1955年，終戦から10を経て日本のGDP（国内総生産）は初めて戦前の水準を突破することになる。朝鮮戦争の特需をきっかけに復興を始めた日本経済が高度経済成長へと大きく一歩を踏み出した年といえるのかもしれない。流行語にもなった「もはや戦後ではない」の経済白書が出されたのは翌年のことである。イは「日本と韓国の国交が正常化した」というもの。1951年に独立を回復した日本だが中国や朝鮮半島の国は講和会議に招待もされなかった。そのため調印を拒否した旧ソ連などと共に改めて戦後処理をする必要があった。朝鮮半島では1948年8月に南部にアメリカの後押しにより大韓民国が成立，翌9月にはソ連の後押しにより朝鮮民主主義人民共和国が成立することになる。韓国初代大統領となった李承晩（イ・スンマン）は反日政策を推し進め，公海上に一方的に立ち入り禁止海域（李承晩ライン）を引き，日本の漁船を次々と拿捕していった。このため日韓の交渉は進まず，1961年に朴正熙（パク・チョンヒ）がクーデターで政権を掌握するまで待たねばならなかった。1965年，韓国政府を朝鮮における唯一の合法的な政府と認定する日韓基本条約で国交の正常化に成功する。ウは「日本が国際連合に加盟した」というもの。調印を拒否したソ連との国交は1956年に鳩山一郎首相がモスクワを訪問，ブルガーニン首相との間で日ソ共同宣言を調印し国交の回復に成功，同年12月には念願の国連加盟も実現した。ただ北方領土問題の解決がされていないため平和条約の締結には未だに至っていない。

4 bは障がい者へのアンケートを参考に「設備のバリアフリーでは解決しない問題を解決するために社会はどんなことをするべきか具体策を考えよ」というもの。アンケートには「人目が気になる」や「いじめや意地悪」，「配慮が足らない」といった文言がみられる。バリアには物理的なものだけでなく制度や情報など様々なものが存在する。そんな中で特に大切なものは心無い言葉や偏見，無理解，無関心といった意識の上でのバリアである。いくら設備面でのバリアをなくしてもこうした私たちの心の中に存在するバリアを解決することが最も大切である。一人ひとりが相手の身になって考え行動することである。自分に何かできることがないか一言声をかけるといった声かけ運動なども有効かもしれない。いずれにしても一般常識といえるような幅広い知識を身に付けるとともに，1行程度で素早くまとめる練習をしておくことが合格の2文字を引き寄せる方法であることは確かであろう。

フェリスの国語

――出題傾向と対策
合否を分けた問題の徹底分析――

出題傾向と内容

文の種類，傾向：論説文，小説

論理的文章と文学的文章という組み合わせが多く，今年度も論説文と小説の長文が2題と，敬語，漢字の独立問題がそれぞれ1題の計4題であった。小説は竹西寛子の『神馬』で，心情や各場面の登場人物について，ていねいな読解が求められた。論説文は読み取りやすい内容で問題数は少ないものの，本文の的確な読解力が要求され，本文をふまえた自分の意見を述べる記述問題も出題された。

設問形式：記述式，選択問題

小説では主に選択問題で，書き抜き問題も出題された。論説文では記述式が中心となっている。本年度も，200字以内で本文の内容をふまえて自分の考えを述べる記述問題が出題された。本文の言葉を用いて説明する記述もあり，記述対策は必須である。

選択問題もやや難しく，ぬき出し問題とともに本文の要旨を読み取る力が要求されている。

漢字，知識問題：難易度は標準的

本年は敬語，読み書き両方の漢字が出題された。文法の基本的な事がらや文の組み立てなどはしっかりおさえておこう。正しいことばの使い方，用法も正確に理解しておこう。漢字そのものは難しくないが，ふだんあまり使わない言葉が多いので，一つの漢字の音訓の読み方，使われる場面など複数の使われ方をおさえておきたい。ことばの意味も同様で，ふだんから新聞や新書などさまざまな種類の本を読んで，言葉の知識をたくわえておきたい。

出題頻度の高い分野

❶小説・物語文(随筆文)　❷論説文　❸字数指定のない記述問題
❹字数指定のある記述問題　❺選択問題

来年度の予想と対策

出題分野：文学的文章（小説，物語，随筆文），論理的文章

○論理的文章と文学的文章はどちらも必ず出題されているので，それぞれの読解の進め方をしっかり身につけておこう。

○記述問題は，字数指定の有無，本文中心か自分の言葉か，などあらゆる形に対応できるようにしておこう。創作文にも対応しておきたい。

○選択問題は難易度が高いので，心情や文章の細部をおさえた的確な読解力を養っておこう。

○漢字や文法などは，基本的な事がらをくり返し確認して，知識の力を積み上げておこう。

学習のポイント

●記述は書き慣れることが重要なので，段落ごとの要旨をまとめる，自分の言葉でまとめるなど，記述対策はしっかり行おう。
●心情や文章の細部，要旨を的確に読み取れるようにしよう。
●漢字やことばの意味，文法など知識問題は早い時期からしっかりたくわえておこう。

年度別出題内容の分析表　国語

（よく出ている順に，☆◎○の３段階で示してあります。）

分類		出題内容	27年	28年	29年	30年	2019年	2020年	2021年	2022年	2023年	2024年
設問の種類		主題の読み取り		○	○							
設問の種類		要旨の読み取り	○		○			○	○	◎	◎	◎
設問の種類		心情の読み取り	☆	☆	☆	☆	☆	☆	☆	☆	☆	☆
設問の種類		理由・根拠の読み取り	◎	◎	○	◎	◎	◎	○	○		◎
設問の種類		場面・登場人物の読み取り	◎	○	○	○	◎	◎	◎	○	◎	◎
設問の種類		論理展開・段落構成の読み取り										
設問の種類		文章の細部表現の読み取り	☆	☆	☆	☆	☆	☆	☆	☆	☆	☆
設問の種類		指示語				○			○	○		
設問の種類		接続語				○			○			
設問の種類		空欄補充	○		○	○			○	○		◎
設問の種類		内容真偽							○	○		○
設問の種類	根拠	文章の細部からの読み取り	◎	◎	◎	☆	☆	☆	☆	☆	☆	☆
設問の種類	根拠	文章全体の流れからの読み取り		☆	☆	☆	◎	◎	◎	◎	◎	◎
設問形式		選択肢	☆	☆	☆	☆	☆	☆	☆	☆	☆	☆
設問形式		ぬき出し	◎	○	○	◎	◎	◎	◎		○	
設問形式		記　述	☆	☆	☆	☆	☆	☆	☆	☆	☆	☆
記述の種類		本文の言葉を中心にまとめる	☆	☆	◎	◎	○	◎	◎	◎	◎	◎
記述の種類		自分の言葉を中心にまとめる	☆	☆	☆	◎	○	☆	☆	○	○	○
記述の種類		字数が50字以内	☆	☆	◎	☆	○	◎	◎	◎	◎	○
記述の種類		字数が51字以上	○	◎	○	○	○	○	○	○	○	○
記述の種類		意見・創作系の作文	○	○	○	○		○	○	○	○	○
記述の種類		短文作成					○			○		
語句・知識		ことばの意味	◎		○	○		○	○	○	○	○
語句・知識		同類語・反対語										
語句・知識		ことわざ・慣用句・四字熟語							○	○		
語句・知識		熟語の組み立て										
語句・知識		漢字の読み書き	○	◎	◎	◎	☆	☆	☆	☆	☆	☆
語句・知識		筆順・画数・部首										
語句・知識		文と文節				○		○	○			
語句・知識		ことばの用法・品詞	○		○		○		○		○	
語句・知識		かなづかい										
語句・知識		表現技法										
語句・知識		文学史										
語句・知識		敬　語		○								○
文章の種類		論理的文章（論説文，説明文など）	○	○	○	○	○	○	○	○	○	○
文章の種類		文学的文章（小説，物語など）	○	○	○	○	○	○	○	○	○	○
文章の種類		随筆文										
文章の種類		詩（その解説も含む）										
文章の種類		短歌・俳句（その解説も含む）										
文章の種類		その他										

フェリス女学院中学校

2024年度 フェリス女学院中学校 合否を分けた問題 国語

[一] 問二

★合否を分けるポイント

――部「そして，ちょっと不服そうな声で言う」とあるが，「小母さん」はどのようなことに不服があるのか，あてはまるものに○，そうでないものには×をつける内容真偽の問題である。本文の描写と選択肢の説明をていねいに照らし合わせているかがポイントだ。

★本文の描写を忠実に，正しく説明しているかを確認する

各選択肢の説明と，本文の内容を照らし合わせて確認していく。問二――部前後の小母さんとひさしの母親の会話で，小母さんは「『食事の世話はいっさいいらないといっても一週間というのは長過ぎ』」ること，隣組の組長が「『宿を引き受けるのが当たり前のような顔して割り当て』」ることを「『気に入らない』」と話していること，ひさしの母親は「『表座敷を何日も使われるのはねえ。ただ，あの人達の行く先を考えると，床の間のある部屋にねむらせてあげたいと思うのは人情でしょう。……お天気ばかりは今夜のことも分からないし，……乗船待ちになる事情だって起こるかもしれない』」と話していること，また「組長からの達し通り，食事，入浴の世話はいっさいしなかった」とも描かれていることから，1の「利益は隣組の組長のものになってしまう」，2の「食事・入浴」，3の「兵隊たちが表座敷を……わが物顔で占領する」，6の「天気の都合とはいえ，……隣組の組長が勝手に延長する」は，いずれも描かれていないのであてはまらない，ということになる。小母さんは「『隣組の組長さんが……宿を引き受けるのが当たり前のような顔して割り当て』」ることに「『旦那さまも奥さまも，少しお気がよ過ぎます』」とも話していることから，4の「隣組の組長の言いなりになっている」，5の「隣組の組長が，引き受けて当然だという態度で無遠りょに宿を割り当てる」はどちらもあてはまる，ということになる。1の「利益」や2の「食事・入浴」，3の「わが物顔」のように，説明のごく一部だけがあてはまらないものもあるので，本文の描写をていねいに確認する必要がある。また，あてはまる場合も，4の「言いなりになっている」は本文では「『お気がよ過ぎます』」，5の「引き受けて当然だという態度」は本文では「『引き受けるのが当たり前のような顔』」というように，本文の描写を別の言葉に言いかえて説明しているので，正しく言いかえられているかを確認しなければならない。本文の描写を忠実に説明できているか，ていねいに照らし合わせよう。

[一] 問十三

★合否を分けるポイント

――部「自分がこれまで知らなかった感情の世界に，いま，確かに一歩入ったということを知らされた」とあるが，「自分がこれまで知らなかった感情の世界」とはどのようなものか，適切なものを選ぶ選択問題である。本文で直接描かれていない「感情」を読み取れているかがポイントだ。

★問われている心情を予想して読み取り，選択肢で確認する。

最後の段落では，将校達からひさしに届いた，「三人の居場所は明記されて」おらず「部隊名だけが記され……表には『検閲済』のスタンプがおしてある」手紙を見て，「とりとめのない悲しみ」がわき出してきたひさしの様子が描かれている。この手紙からわかることは，戦地に行っている将校達は，手紙も自由に出せないような管理された中で，自由に行動することもできない生活を受け入れざるを得ない状況である，ということである。ひさしにはどうすることもできない状況で，なぜ将校達がそのような状況にいなければならないのかという理不尽さで「とりとめのない悲しみ」がわき出した，ということなので，将校達の状況に対する無力感，悲しみ，理不尽さを説明した4が正解となる。――部での心情を前後の内容から読み取って予想し，読み取った心情に近い選択肢を選べるよう，心情の読解を丹念に積み重ねておくことが重要だ。

2023年度 フェリス女学院中学校 合否を分けた問題 国語

【一】 問六

★合否を分けるポイント

「その声は磯くさい夜風といっしょにみょうになまめかしく私の耳に聞こえた」(——部ア)，「きゃあ，きゃあ嬌声を上げているきぬ子の声が，静かな夜の海辺にひびいた」(——部イ)，「少女とは思われぬヒステリックな声のひびきだった」(——部ウ)とあるが，「私」はきぬ子の声からどのようなことを感じ取っていると考えられるか，ふさわしいものを選ぶ選択問題である。それぞれの場面の「声」の違いを読み取れているかがポイントだ。

★言葉の意味を本文の描写にあてはめてみる

三つの声それぞれの描写を確認すると，アは「みょうになまめかしく」，イは「きゃあ，きゃあ嬌声を上げている」，ウは「ヒステリックな声」とあるので，描写されている言葉の意味を文脈とともに読み取っていく。アの「なまめかしく」は男性を意識したこびるような，という意味なので「若い男に……特別な感情がある」とある8，イの「嬌声」は「なまめかしい」と同じような意味で，「きゃあ，きゃあ」という描写から，さらに喜びで興奮している様子が読み取れるので1，ウの「ヒステリック」はわがままを言って自分の言うことを聞かそうと感情的になっている様子なので5，がそれぞれふさわしいということになる。注意しなくてはならないのは，選択肢の説明がそれぞれの描写の言葉の意味そのままではなく，その言葉の意味を本文の描写で説明していることだ。言葉の意味を理解したうえで，本文の描写にあてはまるかをしっかり確認することが重要だ。

本校の文学的文章では，この設問のように，同じような表現であってもその違いを読み取る問題が出題されることが多い。それぞれの場面や文章を，細やかにていねいに読み取っていくようにしよう。

【二】 問四

★合否を分けるポイント

自然災害の直後，被災した子どもたちは被災地のためにどのようなことができるか，図書館以外の例を挙げ，あなたの考えを指定字数以内で述べる記述問題である。本校で毎年出題されている，自分の考えや意見を述べる記述問題だが，指示された条件を理解し，具体的に述べているかがポイントだ。

★設問で指示された条件から具体的に考察していく

同様の記述問題は毎年出題されているが，これまでは本文の内容をふまえたうえで，内容に関する自分の考えや意見を述べるというものが多かったのに対し，今年度は「被災した子どもたち」の立場に立って考える必要がある。また，本文は図書館員の仕事の説明から図書館の役割，さらに大きな災害を経た後の図書館のあり方の変化について述べていることから，災害後の図書館の役割ということをふまえ，「図書館以外の例」を考えなければならない。「被災した子どもたち」の立場で，「図書館以外の例」で被災地のためにできることを具体的に述べる，ということである。指示された条件が実際に経験したものではなく，立場も自分と置きかえて考えなければならない場合，想像力を広げて考察することになるが，条件があることで範囲がせまくなり，要点をしぼって考えることができるともいえる。「被災した子どもたち」や「被災地」に関しては，東日本大震災などニュースや新聞で取り上げられることも多いので，見たり聞いたりしたことを思い返してみよう。この設問に限らず，自分の考えを述べる記述問題では，ニュースや新聞などで得た時事的な知識も大きな助けとなる。日ごろから，そうした時事問題にも関心を向けながら，自分の考えの引き出しをたくわえておくことが重要だ。

2022年度 フェリス女学院中学校 合否を分けた問題 国語

[一] 問六

★合否を分けるポイント

問六――部「そのグロテスクさ」とはどのようなことに対して言っているのか，適切なものを選ぶ選択問題である。「グロテスク」が何を表しているのか，「私」の心情とともに的確に読み取れているかがポイントだ。

★表情描写からの心情の読み取り

「グロテスク」は気味の悪さや不快な印象を与えるさまという意味を表す言葉で，「まるで自分の腹からぞうもつをつかみ出して見せつけられたようなぐあいだった」「なんとまあ，われわれはたくさんの汚物を自分の体内に後生大事にかかえこんでいることか！」という「私」の心情も描かれている。問六――部では，「必要にせまられてやむにやまれず発明したもの」が「用済みになって……むざんに白日の下にさらされている」状況に対して「グロテスクさ」を感じていることから，捨てられている物そのものというより，必要にせまられて作った物を，まだ使えるのに不要になれば用済みになってかんたんに捨てるという，「われわれ」の自己中心的な部分を「グロテスクさ」と表しているのである。人間の内側にある，そのような部分を「汚物」とも表現していることも「グロテスクさ」につながっている。

その言葉が何のどのようなことを表しているのか，その言葉にこめられた主人公の心情をていねいに読み取っていくことが重要だ。

[二] 問三

★合否を分けるポイント

あなたがだれかと会話ではなく対話したいと思う関心事と，その関心事についてのあなたの意見を指定字数以内で述べる記述問題である。本文をふまえ，自分の意見を具体的に述べているかがポイントだ。

★本文の内容を必ずふまえて，自分の意見を述べる

設問の説明に「会話ではなく対話したいと思う関心事」とあるように，まずは本文における「会話」と「対話」がどういうものかを理解しておく必要がある。本文では，「会話」＝自分の要望と相手の要望をすり合わせようとする交しょう，あるいはたがいに話を楽しもうとする交流であるのに対し，「対話」＝真理の追求，探求を目的とし，意見や思考を検討し合い，自分を変えようとしている人が取り組むコミュニケーションである，と述べている。「対話」について本文でくり返し述べているのは「真理（の探求，追求）」で，日常生活でもさまざまな問題やテーマについて真けんに論じることが「対話」であることを述べている。これらの内容から「対話」がどういうものであるかをふまえて，「会話ではなく対話したいと思う関心事」を考えていく。本文では「真理（の探求，追求）」が「対話」のキーワードになっているので，「真理（の探求，追求）」と考えると難しく感じられてしまうが，だれかと真けんに論じ，考えてみたい，ということを思い返してみよう。また，「関心事」に対する正しい答えを述べるのではなく，「関心事」に対する「あなたの意見」を率直に述べることが重要だ。

MEMO

大切なことはメモしておこうネ！

2024年度

★★★★★★★★★★★★★★★★★★★★★★★

入　試　問　題

2024年度

フェリス女学院中学校入試問題

【算　数】（50分）　＜満点：100点＞

【注意】　1．答を出すのに必要な図や式や計算を，その問題のところにはっきりと書いてください。
2．円周率を使う場合は3.14としてください。

1　次の問いに答えなさい。

(1)　次の □ にあてはまる数を求めなさい。

$$\frac{1}{3}\div\left(1.7\div\square-\frac{1}{8}\right)\div\frac{2}{9}=2\frac{4}{7}$$

答 □

(2)　図のように四角形ABCDがあり，点Ｐは対角線ACと対角線BDの交わる点です。三角形ABPの面積と三角形CDPの面積の比は１：３で，三角形ABCの面積と三角形DBCの面積の比は７：９です。

次の ア ～ ウ にあてはまる数を求めなさい。

①　直線APの長さと直線PCの長さの比を最もかんたんな整数の比で表すと ア ： イ です。

②　三角形PBCの面積は三角形PADの面積の ウ 倍です。

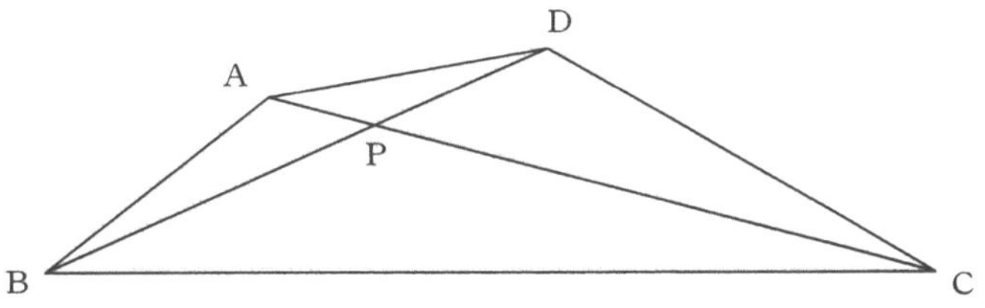

答	ア		イ		ウ	

(3)　３種類のバケツＡ，Ｂ，Ｃを水で満たして，空の水そうに水を入れます。この３種類のバケツを１回ずつ使って水を入れると，水そうの容積の20％になります。バケツＡを２回，バケツＢを４回，バケツＣを８回使って水を入れると，水そうの容積の100％になります。また，バケツＡを７回，バケツＢを４回，バケツＣを４回使って水を入れても，水そうの容積の100％になります。

次の ア ～ エ にあてはまる数を求めなさい。

①　３種類のバケツの容積の比を最もかんかんな整数の比で表すと，バケツＡ，バケツＢ，バケツＣの順で ア ： イ ： ウ です。

② 水そうの容積はバケツＡの容積の［エ］倍です。

答	ア		イ		ウ		エ	

⑷ 図のように直線ADと直線BCが平行な台形ABCDがあります。辺AD上に点Ｅがあり，台形ABCDの面積と三角形ECDの面積の比は４：１です。直線CEと直線BDの交わる点をＦとします。点Ｆを通り，辺ADに平行な直線が辺ABと辺DCに交わる点をそれぞれＧとＨとします。

次の［ア］，［イ］にあてはまる数を求めなさい。

① 三角形CDEの面積は三角形CAEの面積の［ア］倍です。

② 直線GHの長さは［イ］㎝です。

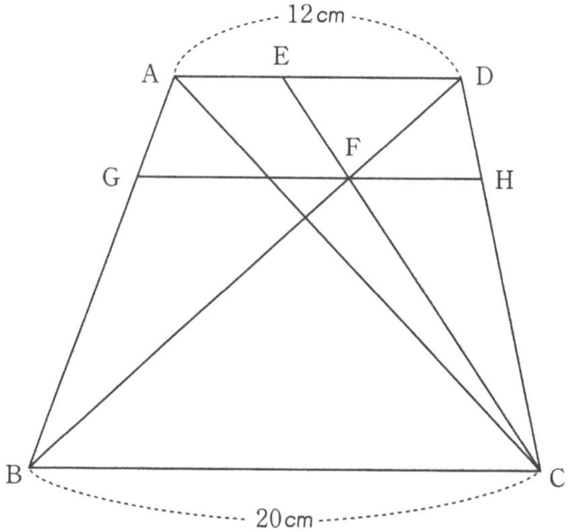

答	ア		イ	

⑸ ＡさんとＢさんがじゃんけんを何回かして，点数を得たり失ったりするゲームをします。２人のはじめの持ち点はともに10点です。

グーで勝てば１点を得て，グーで負ければ１点を失います。

チョキで勝てば２点を得て，チョキで負ければ２点を失います。

パーで勝てば３点を得て，パーで負ければ３点を失います。

じゃんけんでは２人が同じ手を出した場合は勝敗がつくまでじゃんけんをして，それを１回のじゃんけんと数えます。

次の［ア］～［ウ］にあてはまる数をそれぞれすべて答えなさい。

① じゃんけんを１回して，Ａさんの持ち点が11点になるとき，Ｂさんの持ち点は［ア］点です。

② じゃんけんを２回して，Ａさんの持ち点が10点になるとき，Ｂさんの持ち点は［イ］点です。

③　2人の持ち点のうちのどちらかがはじめて5点以下となるか15点以上となったとき，このゲームを終了することにします。じゃんけんを3回してAさんの持ち点が15点以上となり，ゲームが終了しました。このときBさんの持ち点として考えられる最も高い点は [ウ] 点です。

答	ア		イ		ウ	

[2] 整数を順に1，2，3，……，Nと並べて次の操作①，②，③を続けて行います。

①　7で割って1余る数は5に変える。

②　7で割って2余る数は25に変える。

③　並んだ数をすべてかけてできる数をMとする。

例えばNが10のとき次のようになります。

1，2，3，4，5，6，7，8，9，10

↓　↓　↓　↓　↓　↓　↓　↓　↓　↓

M＝5×25×3×4×5×6×7×5×25×10

次の問いに答えなさい。

(1)　Nが10のとき，Mは10で何回割り切れますか。

(2)　Nが25のとき，Mは10で何回割り切れますか。

(3)　Nが50のとき，Mは10で何回割り切れますか。

答	(1)		(2)		(3)	

[3] 長針と短針がそれぞれ一定の速さで動く時計があります。

次の [ア] ～ [エ] にあてはまる数を答えなさい。

(1)　図のように時計の針が6時を指したあと，長針と短針の間の角が初めて70°になる時刻は [ア] 時 [イ] 分です。

(求め方)

答	ア		イ	

(2) 図のように時計の針が６時を指しているとき，長針と短針の間の角は，３と９の目盛りを結ぶ直線(あ)によって二等分されます。このあと12時までの６時間に，長針と短針の間の角が直線(あ)によって二等分されることは［ウ］回あります。ただし，６時の場合は回数に含めません。

(求め方)

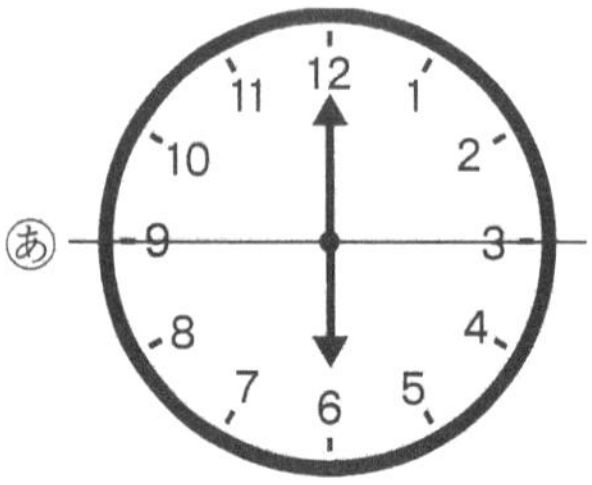

答 ウ［　　］

(3) (2)の場合のうち，長針と短針の間の角が最も小さくなる場合の，その角度は［エ］°です。

(求め方)

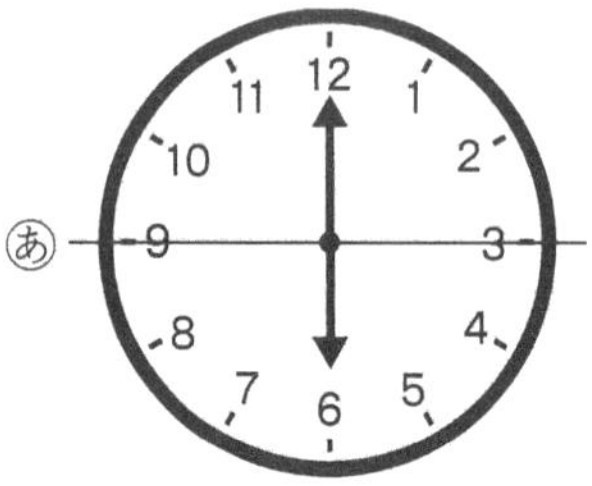

答 エ［　　］

4 次の問いに答えなさい。

(1) 図の正三角形ABCで，点D，点Eはそれぞれ辺AB，辺AC上の点です。
直線ADと直線DBの長さの比は２：１で，
直線AEと直線ECの長さの比も２：１です。
三角形ADEの面積は，正三角形ABCの面積の何倍ですか。

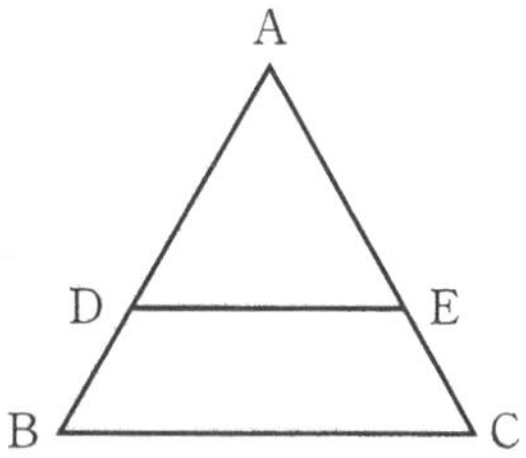

答［　　］倍

(2) 正三角柱と正六角柱があります。
それぞれの側面の面積の合計は288cm^2で等しく，体積も等しいです。
正三角柱の高さは16cmです。

① この正三角柱と正六角柱の底面の周りの長さの比は，［　　］と等しい。［　　］にあてはまるものを次のページの**ア**～**カ**から選んで答えなさい。

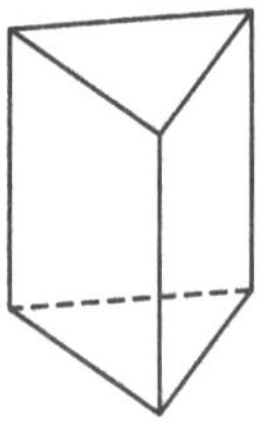

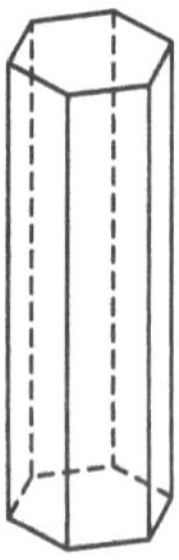

ア　正三角柱と正六角柱の底面の１辺の長さの比
イ　正六角柱と正三角柱の底面の１辺の長さの比
ウ　正三角柱と正六角柱の高さの比
エ　正六角柱と正三角柱の高さの比
オ　正三角柱と正六角柱の１つの側面の周りの長さの比
カ　正六角柱と正三角柱の１つの側面の周りの長さの比

答 | |

②　正六角柱の高さは何cmですか。
（求め方）

答 | cm |

【理　科】（30分）　＜満点：60点＞

1　私たちが住む地球は，空気でおおわれています。空気の成分をくわしく調べると，様々な気体の混ざりものであることがわかります。ここにＡ，Ｂ，Ｃの異なる３種類の気体があり，それぞれの気体について次のことがわかっています。

・３種類の気体はすべて空気中にふくまれており，最も多くふくまれているのはＡ，次に多くふくまれているのはＢである。

・Ｃは空気中にわずかにふくまれており，石灰水に通すと石灰水が白くにごる。

１　各気体について，次の問いに答えなさい。

⑴　Ａの気体は何か答えなさい。

⑵　Ｂを発生させる方法を簡単に答えなさい。

⑶　Ａ，Ｂ，Ｃが同じ体積ずつ入ったビンに火のついたろうそくを入れてふたをすると，しばらく燃えてから消えました。次のア～エのうち，正しいものをすべて選び記号で答えなさい。

ア　ろうそくが燃えると，ビンの中のＡは減る。

イ　ろうそくが燃えると，ビンの中のＣは増える。

ウ　ろうそくが燃えても，Ａ，Ｂ，Ｃは増えも減りもしない。

エ　火が消えた後のビンの中に，Ｂは残っていない。

⑷　次の気体の組み合わせのうち，⑶の実験と同じくらいろうそくが燃えるものを１つ選び記号で答えなさい。ただし割合はすべて体積についてのものとします。

ア　ＡとＢが１：１の割合で混ざった気体。

イ　ＢとＣが１：１の割合で混ざった気体。

ウ　ＣとＡが１：１の割合で混ざった気体。

エ　ＡとＢが２：１の割合で混ざった気体。

オ　ＢとＣが２：１の割合で混ざった気体。

カ　ＣとＡが２：１の割合で混ざった気体。

２　各気体を１Ｌずつ集めて重さをはかると次のようになりました。

気体Ａ　1.25ｇ　　気体Ｂ　1.45ｇ　　気体Ｃ　1.96ｇ

空気中には，体積の割合で気体Ａが80%，気体Ｂが20%ふくまれているものとしたとき，次の問いに答えなさい。ただし，気体の温度はすべて同じとします。

⑴　空気１Ｌあたりの重さは何ｇになりますか。小数第三位を四捨五入して，小数第二位まで答えなさい。

⑵　空気中には，重さの割合で気体Ａが何％ふくまれていますか。小数第二位を四捨五入して，小数第一位まで答えなさい。

⑶　はき出した息１Ｌの重さをはかると1.31ｇでした。呼吸による気体成分の変化が，「酸素の一部が二酸化炭素に置きかわる」のみとしたとき，はき出した息中にふくまれる二酸化炭素は体積の割合で何％ですか。小数第二位を四捨五入して，小数第一位まで答えなさい。

2　ドライヤーや電気コンロには，ニクロム線という金属線が使われています。これは，ニッケルとクロムを混ぜ合わせた「ニクロム」という金属（合金）でできており，電流が流れにくい性質があります。電流の流れにくさのことを「電気ていこう」といいます。

図１のような回路をつくり，AB間に長さや断面積の異なるニクロム線をつないで，電流の流れにくさを測定する２つの実験をしました。ただし，電源装置のつまみ（電流を流すはたらきの大きさ）は一定であるとします。

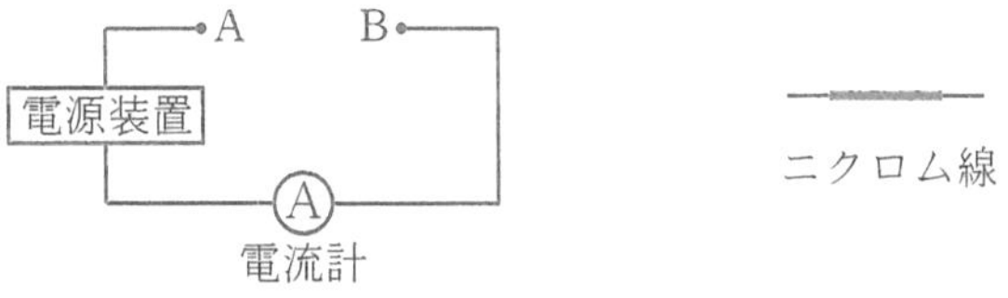

図１

実験１　断面積が0.5mm^{2}で，長さの異なるニクロム線をつなぎ，電流の大きさを記録する。
実験２　長さが10cmで，断面積の異なるニクロム線をつなぎ，電流の大きさを記録する。

結果は次の表のようになりました。この結果に基づいて，以下の問いに答えなさい。

表１

ニクロム線の長さ（cm）	5	10	15
電流計の示す値（A）	6	3	2

表２

ニクロム線の断面積（mm^2）	0.25	0.5	1
電流計の示す値（A）	1.5	3	6

1　断面積0.5mm^{2}で12cmのニクロム線をつないだとき，電流計は何Aを示しますか。

2　このニクロム線を，断面積1.5mm^2，長さ30cmのものと取りかえると，電流計は何Aを示しますか。

3　断面積0.5mm^2，長さ10cmのニクロム線を図３のようにしてつなぎました。これを直列つなぎといいますが，これはニクロム線の長さを変えたものと考えることができます。このとき，電流計は何Aを示しますか。また，図２の電気ていこう（電流の流れにくさ）に比べると，図３の全体の電気ていこうは何倍になりますか。

断面積0.5mm^2
長さ10cm

図２

図３

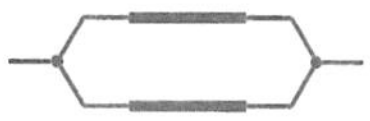

図４

4　断面積0.5mm^2，長さ10cmのニクロム線を図４のようにしてつなぎました。これを並列つなぎといいますが，これは断面積を変えたものと考えることができます。このとき，電流計は何Aを示しますか。また，図２の電気ていこう（電流の流れにくさ）に比べると，図４の全体の電気ていこうは何倍になりますか。

5　断面積0.5mm^2，長さ10cmのニクロム線を図５のようにしてつなぎました。このとき，電流計は何Aを示すかを考えました。以下の文章の｛　｝からは正しい語句を選び，（　）には数値を入れなさい。

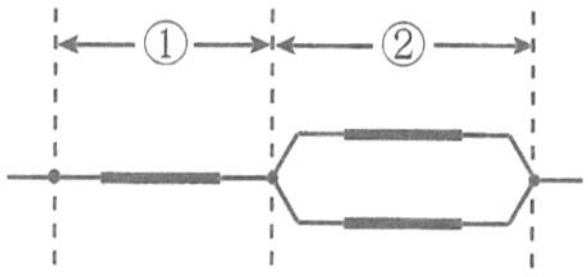

図５

ここで使われている，断面積0.5mm^2，長さ10cmのニクロム線の電気ていこうを【基準】として考えます。図の②の部分は，【基準】のニクロム線２本が｛**ア　直列，並列**｝つなぎになっていますが，この部分は前のページの問題**4**から，電流が｛**イ　流れやすく，流れにくく，等しく**｝なっているので，1つにまとめた電気ていこうは【基準】の電気ていこうの（　**ウ**　倍）となります。

この，②の部分を１つにまとめた電気ていこうと，①の部分のニクロム線が｛**エ　直列，並列**｝つなぎになっていると考えると，前のページの問題**3**から，電流は｛**オ　流れやすく，流れにくく，等しく**｝なります。したがって，①・②の部分をすべてまとめた電気ていこうは，【基準】の（　**カ**　倍）になります。それがこの電源装置につながれているので，流れる電流は（　**キ**　A）になります。

3

1　ヒトの誕生は次のように進みます。

女性の体内でつくられた（　①　）と，男性の体内でつくられた（　②　）が結びつき（　③　）ができ，女性の体内の（　④　）で育ちます。女性の体内で（　③　）が育ち，ヒトのすがたになるまで子が成長する間は，子は母の（　⑤　）を通じて血液中の酸素や栄養を取りこんでいます。このようにして子は成長し，ヒトのすがたになり生まれてきます。

⑴　文章中の空らん（①）～（⑤）に当てはまる言葉を答えなさい。

⑵　ヒトの（③）の大きさと，生まれてくる子の身長について，最も正しい組み合わせを，次のア～エから１つ選び，記号で答えなさい。

	（③）の大きさ	生まれてくる子の身長
ア	約 0.1 mm	約 50 cm
イ	約 0.1 mm	約 30 cm
ウ	約 1 mm	約 50 cm
エ	約 1 mm	約 30 cm

⑶　次のア～ウから子の成長についての説明として正しいものをすべて選び，記号で答えなさい。

ア　（③）は約45週間かけてヒトのすがたに育ち，子として生まれてくる。

イ　（④）の中には羊水という液体があり，しょうげきなどから子を守っている。

ウ　生まれてくるまで，自分の意志で体を動かすことはできない。

2　にんしん中の女性の体には，様々な変化があります。例えば，にんしんが進みお腹が大きくなっていくと，一度に多くの量の食事をとれなくなることがあります。またトイレに行く回数が増えてひんぱんに，にょうが出ることもあります。

にんしん中は体の中の血液の量も増加することがわかっています。出産間近になると血液の量はにんしん前の約1.5倍になります。

(1)　にんしん中に，にょうを出す回数が増える理由を説明しなさい。

(2)　にんしん中は，にんしん前とくらべると1分間に心臓が動く回数はどのように変化すると考えられますか。理由とともに説明しなさい。

4

1　雨が降り止んですぐに，学校の校庭で，どこに水たまりができているか調べました。
校庭の運動場の砂の上に水たまりができていましたが，校庭の砂場や草が一面にはえている花だんの土の上には水たまりはできていませんでした。
雨が降り止んで，晴れた次の日，右図のように校庭の運動場の砂（A）と砂場の砂（B）を植木ばちに同じ量入れて，じょうろで同じ量の水を同時に注ぎ，植木ばちの下に置いたコップの中にしみ出た水の様子を観察しました。なお植木ばちの底にはあみが置かれていて砂は落ちないようになっています。

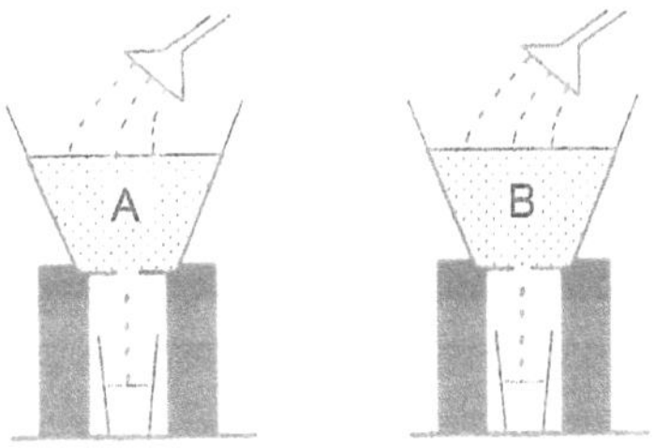

(1)　じょうろで水を注ぎ始めてからコップに水がたよるまで時間がかかったのは，次のAとBのどちらか。

A．運動場の砂　　　B．砂場の砂

(2)　運動場の砂（A）と砂場の砂（B）をくらべたとき

①　指でさわった感しょくが「さらさら」「ざらざら」しているのは，それぞれどちらか。

②　砂のつぶが「小さい」「とても小さい（細かい）」のは，それぞれどちらか。

解答らんにAまたはBで答えなさい。

2　雨が降ったとき，雨水が地面のちがいによって，どのように流れていくのかを調べるために，下図のようなそう置をつくり，じょうろで同じ量の水を注ぎ，実験しました。
下図のAには校庭の運動場の地面の砂とその下の土を入れ，Bには草が一面にはえている校庭の花だんの地面の土を入れました。どちらも雨が降り止んで晴れた次の日，地面から同じ深さになるように，地面をなるべくくずさないように注意しながら，切り取って箱に入れました。じょうろで1000cm^3の水を約1分間同じようにかけ，箱の側面の上側から流れた水と，箱の側面の下の穴から出た水の量をビーカーにためで，メスシリンダーで測り，下表にまとめました。

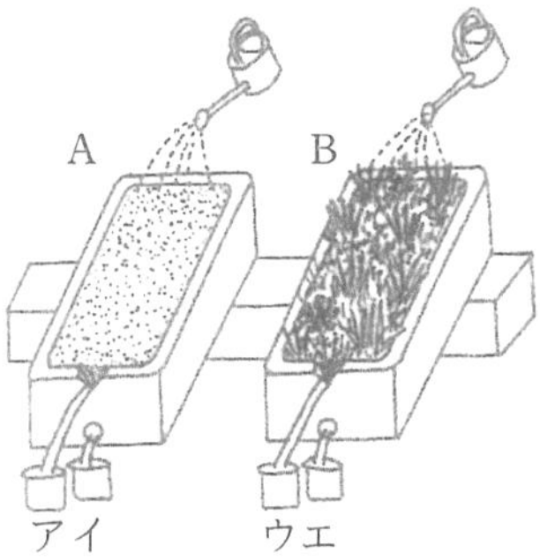

結果　ビーカーにたまった水（cm^3）

じょうろで流しはじめてからの時間		0秒～20秒	20秒～30秒	30秒～1分	1分～10分	10分～20分
A	ア	250	300	60	0	0
	イ	50	20	130	100	0
B	ウ	0	40	0	0	0
	エ	25	105	145	235	50

⑴　じょうろでかけた水は，ＡとＢでは，どのように流れていきましたか。表の結果を見てわかったことと，実際に雨が降り止んですぐに校庭で観察したことを関連づけて説明しなさい。

⑵　ア，イ，ウ，エ，それぞれのビーカーにたまった水の中で，一番にごっていたのはどれと考えられますか。

⑶　次の①～③のことからは表の実験結果ア～エのどれともっとも関連があると考えられますか。

①　夏，日でりが続いても山の谷川の水はかれない。

②　大雨が降ると土砂くずれが起こりやすい。

③　森では大雨が降ってもこう水は起こりにくい。

3　下記のグラフは，神奈川県西部の山地に大雨が降ったとき，その山のしゃ面にある森林から雨水が流れこむ川で，雨量（降水量）と川を流れる水の流量を測って，グラフに示したものです。ただし，雨量の単位は㎜（ミリメートル）で棒グラフで下向きに表わし，グラフの右側のたてじくの数値で読み取ります。また流量の単位は１秒間に流れた水量をＬ（リットル）で測り，折れ線グラフで表わし，グラフの左側のたてじくの数値で読み取ります。20時（午後８時）から次の日の19時（午後７時）までの雨量と流量を10分ごとに記録しました。

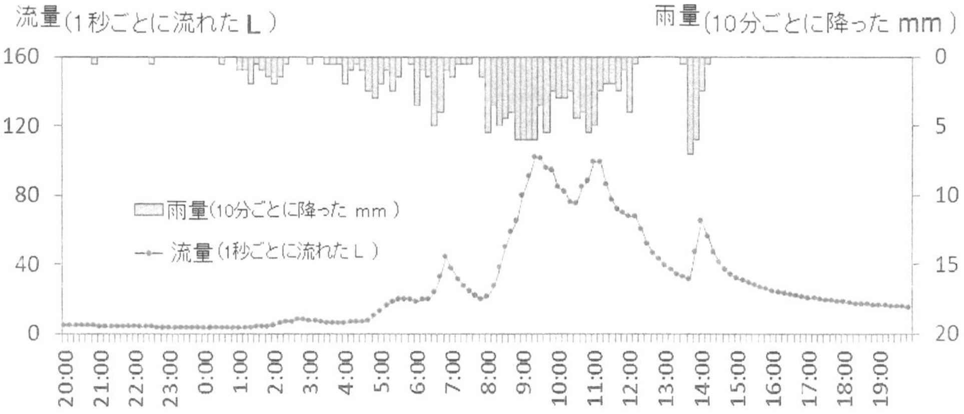

出典　「かながわの水源林」　神奈川県自然環《かん》境保全センターのホームページより
（単位の表記を一部改変）

上記のグラフから「森林はこう水を防ぐ」ことが正しいとは判断できません。
その理由は，森林から雨水が流れこむ場所が川の源流（上流）近くで，そこで雨量と流量を測ったからです。

【問題】

　それでは，森林から雨水が山のしゃ面にそって流れこむ場所まではなれていて，その合流する場所で雨量と流量を測った場合，雨量と流量のグラフからどのような結果がわかれば，「森林はこう水を防ぐ」ことが正しいと判断されますか。

【社　会】（30分）　＜満点：60点＞

1　日本地図を広げると，たくさんの地名が目に飛《と》び込《こ》んできます。なぜその名前になったのだろうかと調べていくと，今まで知らなかった歴史や地理に触《ふ》れることができます。以下は地名の由来について述べている文章です。下線部についての問いに答えなさい。

A　佐賀県の「唐津《からつ》」という地名は，その地域が昔から朝鮮半島や中国，すなわち「唐《から》」との往来が盛んであったことから，唐への港という意味で唐津になったという説があります。唐津駅近くの菜畑《なばたけ》遺跡《いせき》からは，日本最古の$_{a}$水田あとが見つかっており，古くから大陸から技術や文化が伝わってきたことがうかがえます。

やがて周辺地域とともに$_{b}$肥前国《ひぜんのくに》としてまとまり，16世紀末には$_{c}$豊臣秀吉による朝鮮出兵の拠点《きょてん》が置かれました。

近代になると，唐津では石炭採掘《さいくつ》がさかんになり，運ぱんするための鉄道も建設され，唐津港の重要性は高まりましたが，やがて$_{d}$需要《じゅよう》がおとろえ，1972年には全ての炭鉱が閉山しました。近年は，中国や韓国に近いという有利な地理的条件を活かして，美容・健康産業の一大拠点をつくる$_{e}$「唐津コスメティック構想」が進められています。

a　米作りがはじまった地域は，図の**a**の河川流域であると考えられています。この**a**の川の名前を答えなさい。

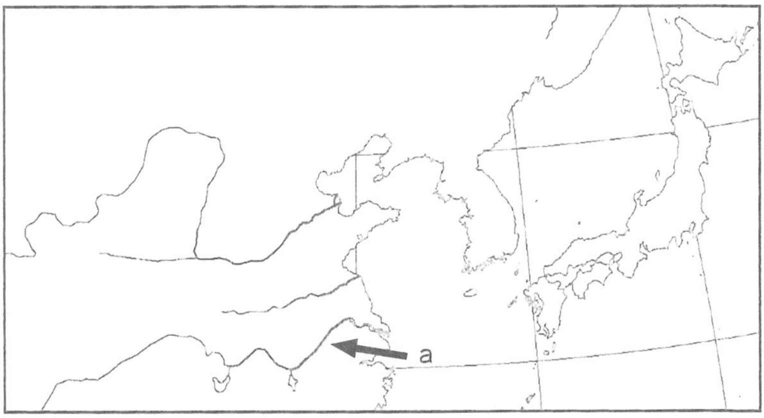

b　次の史料は奈良時代にこの国について書かれたものです。当時，こうした書物が日本各地でつくられました。この書物の名前は何ですか。

松浦《まつうら》の郡《こおり》。郡の東方にひれふりの峰《みね》がある。昔、宣化《せんか》天皇の時代に、大伴《おおとも》の狭手彦《さでひこ》を派遣《はけん》して、任那《みまな》の国をお鎮《しず》めになられた。その時、狭手彦が通った村に、弟日姫子《おとひひめこ》という名の乙女がおり、狭手彦は彼女と恋に落ちた。彼女の容貌《ようぼう》はうるわしく絶世の美女だった。（中略）

別れの日に、弟日姫子はこの山の峰に登って狭手彦を見送り、ひれ（注：スカーフのようなもの）を振《ふ》り続けた。それで山の名をひれふりの峰としている。

（中略）

> 郡の西南の海に値嘉《ちか》の島がある。この島には、ビンロウ・モクレン・クチナシなどがあり、海では鮑《あわび》・サザエ・鯛《たい》や鯖《さば》などの様々な魚・海藻《かいそう》などがとれる。ここに住む漁民は、牛や馬をたくさん飼っている。西に船を停泊できる港が二か所あり、遣唐使はこの港から出発して、海を渡《わた》る。この島の漁民は、顔立ちは隼人《はやと》（注：九州南部に住んでいた人々）に似ているが、つねに馬上で弓を射ることを好み、言葉は世間の者と違っている。
>
> （注：書物の一部を抜粋《はっすい》し、わかりやすく書き直してあります。）

c　この時に朝鮮半島から連れてこられた職人により技術が伝わり，佐賀県の有田を中心に作られるようになった工芸品は，17世紀のヨーロッパで大人気となり大量に輸出されました。ヨーロッパの人々がこの工芸品を求めた理由としてふさわしいものを，ア～エから一つ選びなさい。

ア　表面にざらっとした土の風合《ふうあ》いがよく出る器は，ヨーロッパにはないものだったから。

イ　美しい女性をモデルとした色鮮《あざや》やかな素焼きの人形がめずらしかったから。

ウ　夜光貝《やこうがい》などの貝がらがはめこまれ，宝石のように輝《かがや》く器を所有することがお金持ちの象徴《しょうちょう》とされたから。

エ　つやつやした白い器に赤や緑の華《はな》やかな絵付《えつけ》がなされ，大変美しかったから。

d　日本では1960年代に石炭の需要が急減しました。その理由として正しいものを，ア～ウから一つ選びなさい。

ア　日本の石炭はほぼ掘《ほ》りつくされてしまい，安定して生産できなくなったから。

イ　石油のほうが輸送に便利で，発熱の効率も良かったから。

ウ　化石燃料を使わない水力発電の割合を高める方針になったから。

e　これは佐賀県・唐津市・民間企業《きぎょう》・大学等が連携《れんけい》し，化粧《けしょう》品の開発，化粧品関連企業の誘致《ゆうち》などを目指すものです。この構想を実現することで，唐津市に住む人々にはどのような利点があるか，下の表からわかることをふまえて説明しなさい。

唐津市の企業が開発した商品	唐津産素材
石けん、化粧水、リップクリーム、入浴剤《ざい》	椿油《つばきあぶら》
オールインワンクリーム※	酒粕《さけかす》、トマト
石けん	白いきくらげ

※化粧水や乳液、美容液など様々な機能が一つになったクリームのこと。

唐津市ホームページより作成。

B　愛知県の「愛知」は，万葉集の和歌で詠《よ》まれる「年魚市潟《あゆちがた》」の「あゆち」に由来するそうです。現在の$_a$名古屋港の一帯はかつて，「年魚市潟」と呼ばれる広大な干潟《ひがた》と海でした。愛知県などの東海地方が主産地の味噌《みそ》は「赤味噌」と呼ばれています。「八丁味噌」で有名な岡崎《おかざき》市のある$_b$岡崎平野は河川の少ない地域で，近くの川から用水が引かれています。また渥美《あつみ》半島周辺の地域では$_c$（　　　）用水が作られ，$_d$農業がさかんです。さらに知多《ちた》半島の南端まで流れる別の用水は，岐阜《ぎふ》県の$_e$木曽《きそ》川から取水されています。

a　名古屋港では液化天然ガス（LNG）が多く輸入されています。次の上の図は，2021年のLNGの輸入先上位２カ国と，かつて日本がLNGを最も輸入していたＡ国からの輸入量の推移を示しています。下の図は，2021年の原油の輸入先上位２カ国と，Ａ国からの輸入量の推移を示しています。Ａ国の国名を，下のア～ウから選びなさい。

日本の液化天然ガス（LNG）の輸入先（単位:千トン）

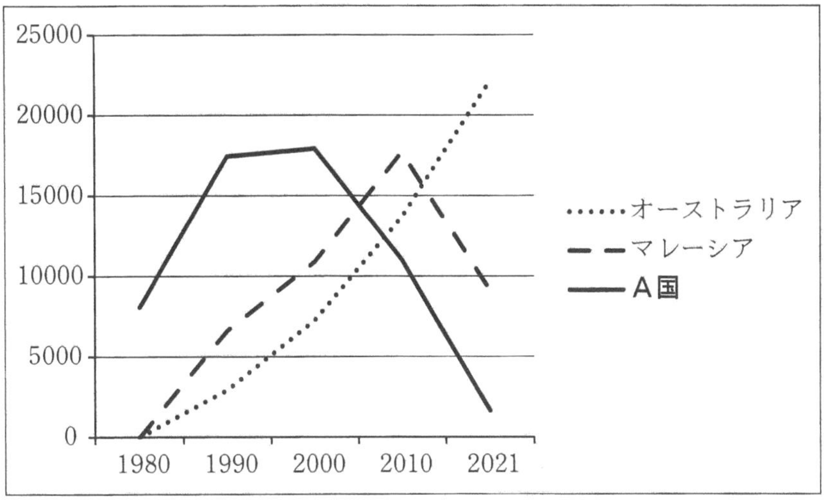

日本の原油の輸入先（単位:千キロリットル）

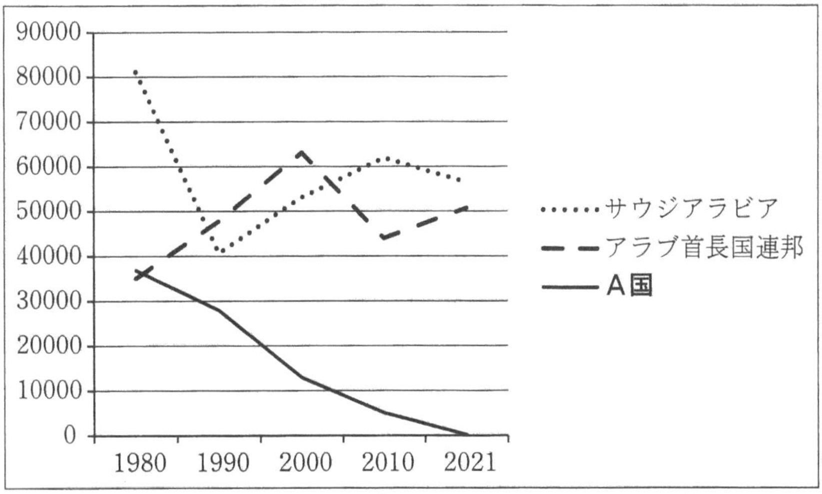

矢野恒太記念会『数字でみる日本の100年 改訂第7版』（2020年）、
同『日本国勢図会2023／24』より作成。

ア　インドネシア　　イ　ロシア（ソ連）　　ウ　アメリカ

b　次のページの表は，岡崎平野でさかんに養殖《ようしょく》されているある魚介《ぎょかい》類の，生産量の多い上位５県（2022年）を示しています。この魚介類を，ア～エから選びなさい。

ア　こい　　イ　あゆ　　ウ　うなぎ　　エ　ほたて

	生産量（単位 トン）	割合（%）
鹿児島	7858	41.0
愛知	4205	22.0
宮崎	3574	18.7
静岡	2365	12.3
三重	272	1.4
全国	19155	100.0

農林水産省「令和4年漁業・養殖業生産統計」より作成。

c （　）に入る言葉を答えなさい。

d 次の表は，渥美半島周辺が一大産地となっている野菜の，収穫《しゅうかく》量の多い上位５県（2021年）を示しています。この野菜を，ア～エから選びなさい。

	収穫量（単位 トン）	割合（%）
群馬	292000	19.7
愛知	267200	18.0
千葉	119900	8.1
茨城	109400	7.4
長野	72500	4.9
全国	1485000	100.0

矢野恒太記念会『日本国勢図会2023／24』より作成。

ア キャベツ　　イ ねぎ　　ウ レタス　　エ にんじん

e 木曽川上流にある長野県の木曽谷などで伐採《ばっさい》された樹木が，明治時代まで木曽川を利用して名古屋まで運ばれていました。現在この樹木が生い茂《しげ》る木曽谷などの林は，日本三大美林の一つに数えられています。この樹木の名前を答えなさい。

C 新潟県の糸魚川市には，a親不知《おやしらず》という場所があります。地名の由来は，親子が一緒《いっしょ》に通っても，親は子を，子は親のことを気にかけることができないほど危険な場所であったからといわれています。しかし，明治時代に道が整備されると，人々の往来が容易になりました。さらに，b高速道路や鉄道が開通し，2015年にはc北陸新幹線が開業しました。

糸魚川市にあるフォッサマグナミュージアムでは，日本列島の形成過程などが紹介《しょうかい》されています。この地は2009年にd洞爺《とうや》湖有珠《うす》山，島原半島とともに，世界ジオパーク※に登録されました。フォッサマグナの西の端《はし》であるe糸魚川（　　　）構造線の断層沿いを通る糸魚川から松本までの道は「塩の道」として知られています。ここはf武田信玄と争っていた上杉謙信が，戦いの最中にも関わらず，塩不足に悩《なや》む武田氏へ自国の塩を送ったという，「塩伝説」の舞台《ぶたい》といわれています。

※特徴《とくちょう》的な地形を用いて，その土地に暮《く》らす人々の生活や文化を考えることが出来る場所

a　この地域でみられる地形的な特徴を，ア～エから一つ選びなさい。

ア　火口　　イ　湿地《しっち》　　ウ　断崖《だんがい》　　エ　滝《たき》

b　次の表は，国内の輸送機関別輸送量（2019年度）を示しており，A～Dは，鉄道・自動車・旅客船・航空のいずれかです。鉄道－航空の正しい組み合わせを，ア～カから選びなさい。

	輸送人員（百万人）	輸送人キロ※（百万人キロ）
A	25190	435063
B	5800	61301
C	102	94490
D	80	3076

※輸送人キロ：輸送した旅客の人員数に、それぞれの旅客の輸送距離《きょり》をかけたもの。

矢野恒太記念会『日本国勢図会2023／24年版』より作成。

ア　A－B　　イ　A－C　　ウ　A－D　　エ　B－A　　オ　B－C　　カ　B－D

c　北陸新幹線は，2024年３月に新たな区間が開業予定ですが，その区間として正しいものを，ア～エから選びなさい。

ア　新潟駅～敦賀《つるが》駅　　イ　金沢駅～京都駅　　ウ　福井駅～京都駅　　エ　金沢駅～敦賀駅

d　洞爺湖と同じようにつくられた湖を，ア～エから一つ選びなさい。

ア　十和田湖　　イ　浜名湖　　ウ　琵琶《びわ》湖　　エ　霞ヶ浦《かすみがうら》

e　（　）に入る言葉を答えなさい。

f　武田信玄について述べた文章を，ア～エから一つ選びなさい。

ア　小田原を城下町として整備し，自由な商取引の場として，商工業者を多数招いた。

イ　米沢《よねざわ》を拠点に，東北地方に勢力を拡大したが，のちに豊臣秀吉に従属した。

ウ　甲府盆地《ぼんち》を流れる河川の氾濫《はんらん》による水害を防ぐために，土木工事を行った。

エ　関ヶ原の戦いでは西軍を率いて，対立する徳川家康と戦ったが，敗れて処刑《しょけい》された。

2　次の文は，日本のなかで人々の住まいがどのように変わってきたのかを述べたものです。読んであとの問いに答えなさい。

A　a縄文時代になるとb食生活かそれまでよりも豊かになったことなどから，人々はしだいに定住して暮《く》らすようになりました。そして，たて穴住居とよばれる，地面を掘《ほ》りさげて柱を建て，屋根をふいた家がつくられるようになりました。

弥生時代になると米づくりが始まり，収穫した米をたくわえるc高床倉庫もつくられるようになりました。

a　この時代について述べたア～エのうち，正しいものを二つ選びなさい。

ア　この時代はおよそ１万年続いた。

イ　この時代の貝塚からオオツノジカの骨もみつかっと。

ウ　この時代の中頃《ごろ》に，日本は大陸から離れ，列島になった。

エ　この時代から弓矢が使われるようになった。

b　この時代の遺跡《いせき》から見つかるもので，食物が豊富にとれるよう，自然のめぐみを祈《いの》ってつくられたとみられているものは何ですか。

c　この倉庫や水田のあとが見つかったことで有名な，静岡県の遺跡《いせき》の名前を答えなさい。

B　a 7世紀末から8世紀初めにかけて，律令《りつりょう》による政治体制が成立し，大きな都がつくられるようになりました。これらの都は道路によって区画され，平城京では宮殿《きゅうでん》や役所，寺院，貴族や庶民《しょみん》の家などがつくられ，市も開かれました。しかし b 地方に住む農民たちは，たて穴住居での生活が続いていました。

8世紀末になると都が新たな場所に移され，平安時代となりました。この時代の貴族たちは c 寝殿《しんでん》造りとよばれる屋敷《やしき》に住むようになり，儀式や行事などが重視され，宮中でさかんに行われるようになりました。

a　律令による政治体制が整うと，国の仕事が細分化され，多くの役所がつくられていきました。このことをふまえて，なぜこの時代に大きな都が必要になっていったのか説明しなさい。

b　地方の農民たちは，税を納めるために都に来ることがありましたが，そのほかにも都でのつとめにあたることがありました。どのようなつとめにあたったのですか。一つ答えなさい。

c　寝殿造りの説明として，正しいものをア～ウから一つ選びなさい。

ア　屋敷の中心部に広い寝室があり，室内は畳《たたみ》が敷《し》きつめられ，大和絵の屏風《びょうぶ》で飾《かざ》られていた。

イ　屋敷の中心部に神仏をまつった部屋があり，中庭には大きな池がつくられていた。

ウ　屋敷の中心部に主人の居間があり，まわりの建物とそれぞれ渡り廊下《ろうか》でつながっていた。

C　a 鎌倉時代の武士たちの住まいを知る手だてとして，絵巻物があります。b 一遍《いっぺん》は，時宗《じしゅう》を開き，各地で踊《おど》り念仏《ねんぶつ》を広めました。全国を布教してまわった一遍のことを描《えが》いた絵巻物には，各地のようすが描かれています。下の絵は，筑前《ちくぜん》の武士の館を訪れているところで，一遍が中庭で主人に教えを説いている場面や，その後，門から外に出て行く場面が描かれています。c 館の周りには堀《ほり》や塀《へい》がめぐらされていることがわかります。

『一遍上人絵伝』（清浄光寺蔵）

a　鎌倉幕府の成立した年は，これまで源頼朝が征夷《せいい》大将軍に任命された1192年とされてきました。しかし近年，いくつかの年が幕府の成立年と考えられるようになってきました。1185年を成立年と考える場合，その理由の説明として最もふさわしいものを，ア～エから一つ選びなさい。

ア　東北で繁栄《はんえい》をほこった奥州藤原氏を滅《ほろ》ぼし，源氏の支配が東北までおよんだから。

イ　御家人を守護や地頭に任命することを朝廷に認めさせ，頼朝による支配が，地方にまで力をおよぼしたから。

ウ　壇ノ浦《だんのうら》の戦いで，それまで勢力を誇《ほこ》っていた平家一族が滅んだから。

エ　御家人をまとめる機関として侍《さむらい》所を設置し，武家政権としての体制が整ったから。

b　一遍が時宗を開いた1274年は，元が日本に攻《せ》めてきた年でもあります。元の軍が博多湾に上陸するのに先立って襲撃《しゅうげき》した島を，ア～エから一つ選びなさい。

ア　種子島《たねがしま》　　イ　隠岐島《おきのしま》　　ウ　佐渡島《さどがしま》　　エ　対馬《つしま》

c　この堀には，敵の侵入《しんにゅう》を防ぐ役割のほかに，別の重要な役割もありました。鎌倉時代の武士たちが暮らしていた場所を考えて，もう一つの役割を答えなさい。

D　「将軍のおひざもと」であった a 江戸は，武士が暮らす武家地，寺などがある寺社地，町人が暮らす町人地など，身分によって住竹場所が決められていました。町人の中には自分の家を持ち，町の運営に参加する人もいましたが，大半の人は，b 長屋《ながや》とよばれる借家に暮らしていました。長屋は，一棟《むね》を壁《かべ》で仕切って数世帯が住む共同住宅で，トイレや井戸は共同で使用することもありました。

a　江戸について正しく述べているものを，ア～ウから一つ選びなさい。

ア　幕府の役人である町奉行《ぶぎょう》が，江戸の行政や裁判の仕事を行った。

イ　全国から年貢米や特産物が集まり，諸大名の蔵屋敷《くらやしき》が建てられた。

ウ　江戸の人口は，同じ時代のロンドンやパリに比べると，半分ほどであった。

b①　以下の２つのグラフは，19世紀頃の江戸の住区ごとの面積と人口を示しています。グラフを見て，長屋のくらしについてわかることを答えなさい。

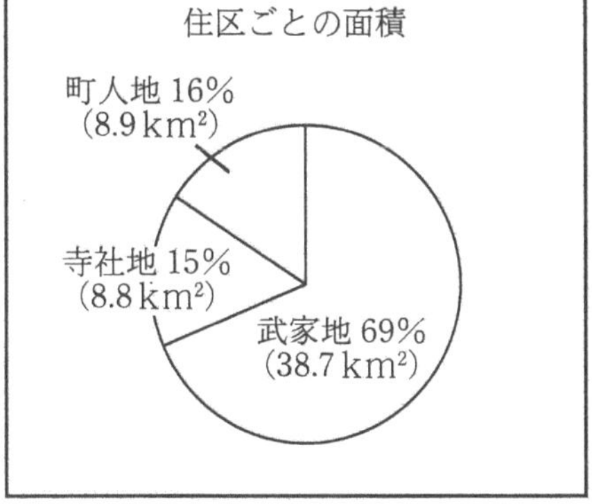

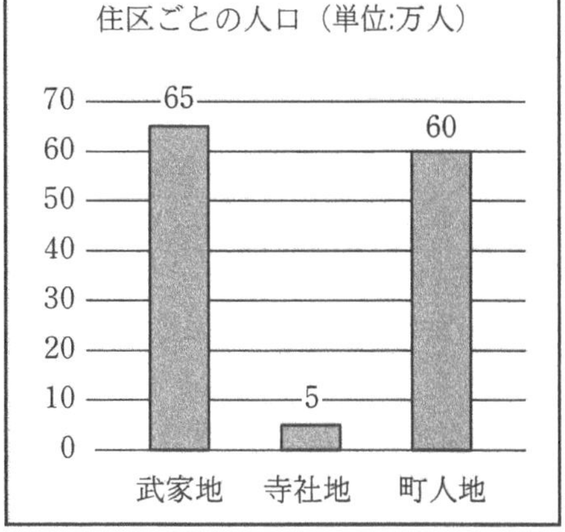

内藤昌『江戸と江戸城』（講談社）に基づき作成。

② 『東海道中膝栗毛《ひざくりげ》』は，江戸の長屋の住人である弥次郎兵衛《やじろべえ》と喜多八《きたはち》が東海道を旅する話ですが，その作者を次のア～エから選びなさい。

ア　井原西鶴《いはらさいかく》　　イ　近松門左衛門《ちかまつもんざえもん》　　ウ　松尾芭蕉《ばしょう》　　エ　十返舎一九《じっぺんしゃいっく》

E　日米修好通商条約が結ばれた後，開港地では外国人が住む洋館がみられるようになりました。明治時代後半には，華族などが洋風建築の屋敷に住むようになり，a皇居も旧江戸城の建物から，洋風を取り入れた宮殿に新築されました。大正時代には庶民の住宅も洋風化し，関東大震災後には鉄筋コンクリートのアパートも出現しました。

太平洋戦争の時期，b都市の多くの住宅は空襲《くうしゅう》で焼けてしまい，戦後は焼け野原に廃材でつくられたバラック小屋が建ち並びました。やがてc朝鮮戦争をきっかけに日本の景気が良くなってくると，住まいもバラック小屋から新しいものに変わっていきました。

a　新築された宮殿で，大日本帝国憲法発布の式典が行われました。この憲法について述べた次のア～エのうち，正しいものを二つ選びなさい。

ア　憲法は天皇から総理大臣に授けられ，帝国議会で承認後，施行された。

イ　憲法では天皇は神のように尊い存在であり，けがしてはならないとされた。

ウ　自由民権派が作成した憲法の内容の一部が，この憲法に取り入れられた。

エ　言論・集会などの国民の権利は，法律で許された範囲内において認められた。

b　空襲に関する記述としてまちがっているものを，ア～エから一つ選びなさい。

ア　空襲から避難するために，住宅の周辺に防空壕《ごう》がつくられた。

イ　小学生は学校ごとに集団疎開《そかい》をし，地方の工場で勤労奉仕《きんろうほうし》を行った。

ウ　空襲では，火災が広がるようにつくられた焼夷弾《しょういだん》が，大量に使われた。

エ　空襲をさけるため，各家で電灯に被《おお》いをかけて暗くしなければならなかった。

c　この戦争が始まると在日米軍が出動したため，GHQ（連合国軍最高司令官総司令部）は日本に指示し，ある組織をつくらせました。この組織の名前を答えなさい。

3　次の文章を読んで，――a～cについての問いに答えなさい。

憲法が定める基本的人権の一つに居住・移転の自由があります。近年は，a海外に移住する日本人も増えていますが，人の主な移動先は日本国内です。戦後，b日本の人口は，地方から主に東京圏《けん》（東京都，埼玉県，千葉県，神奈川県）に移動してきました。現在では東京圏には，約3,700万人，つまり日本の総人口の約c（　　　）％の人が住むという一極集中が起きています。この傾向《けいこう》は，新型コロナウイルスの感染拡大によって少し変化しましたが，全体的には変わらず，引き続き地方は人口減少という問題を抱《かか》えています。

a　次の表は，日本人が多く住む上位5カ国を示しており，下のア～エの文章は，次のページの表中のいくつかの国について説明しています。A国にあてはまる説明をア～エから一つ選びなさい。

ア　世界3位の人口を有する国で，世界各地からの移民が多く，近年はスペイン語を話す移民が増えてきている。

イ　世界で最も人口の多い国として知られていたが，人口増加を抑《おさ》える政策を実施《じっし》し，2023年には人口は世界第2位となった。

ウ　Ｇ７にも参加している主要国であり，林業が盛んで，首都は木材の集積地として発展し，国旗には樹木に関係する図柄《ずがら》が描かれている。

エ　国民の大多数が仏教徒で，首都バンコクを中心に日本の自動車部品などの工場が多数進出している。

順位	国名	人数（単位:人）
1	アメリカ	418842
2	中国	102066
3	オーストラリア	94942
4	A	78431
5	カナダ	74362

外務省「海外在留邦人《ほうじん》数調査統計」(2022年10月1日) より作成。
(在留邦人とは3か月以上海外にいる日本国籍《こくせき》を持つ人のことを指します)

b　次のグラフは，日本国内の人口移動をまとめたものです。

三大都市圏と地方圏における人口移動（転入超過数※）の推移

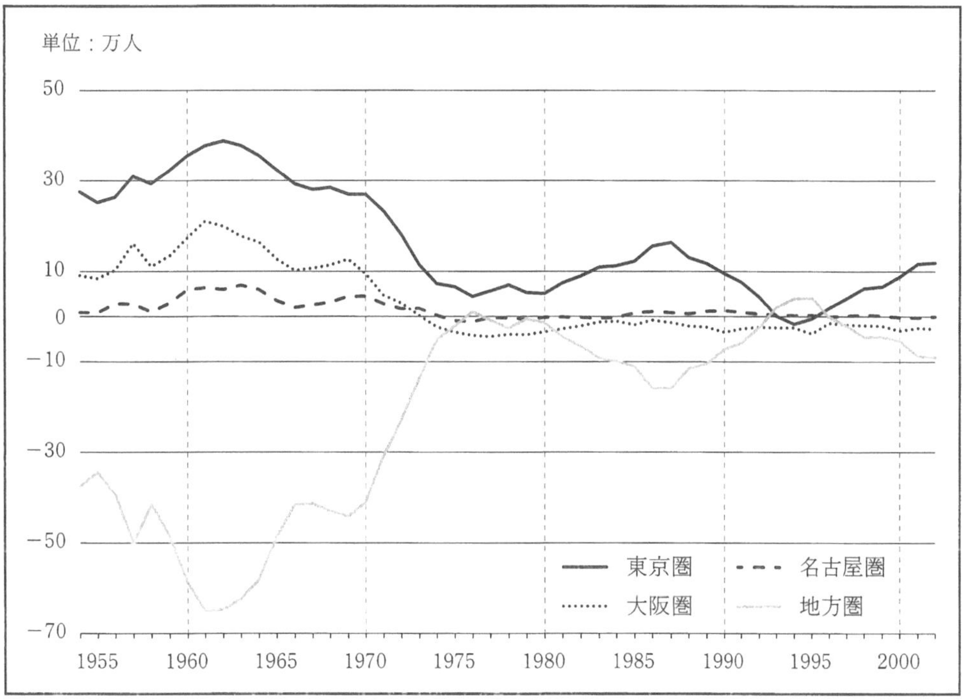

東京圏：埼玉県、千葉県、東京都、神奈川県	名古屋圏：岐阜県、愛知県、三重県
大阪圏：京都府、大阪府、兵庫県、奈良県	地方圏：上記の三大都市圏以外の地域

※転入超過数とは、転入者から転出者を引いた数です。
内閣府地方創生推進事務局「まち・ひと・しごと創生長期ビジョン（令和元年改訂版）」を元に作成。

①　グラフの数値は，通信や地方自治を担当する省庁が，各地方自治体の情報をまとめたものが元になっています。この省庁の名前を答えなさい。

②　グラフから読み取れる内容としてまちがっているものをア～ウから一つ選びなさい。

ア　所得倍増計画が出された後の数年間は，地方圏から三大都市圏へ毎年50万人以上移動していた。

イ　東京圏では，バブル経済崩壊後に初めて，転入する人よりも転出する人が多くなった。

ウ　大阪で万国博覧会が開催《かいさい》された頃から，大阪圏の人口は減少し，その5年後には，地方圏の人口より下回った。

c　(　)にあてはまる数字をア～エから選びなさい。

ア　19　　イ　22　　ウ　29　　エ　36

で、ぬぐえない孤《こ》独感と疎《そ》外感にさいなまれる空虚《きょ》な世界

2　人は皆いつか必ず死ぬと決まっているなら、なぜこの世に生まれてくるのかという問いの前で、答えの見えぬいら立ちやむなしさ、底知れない不安や心細さにとつ然おそわれる予測不能な世界

3　定められた運命にあらがい、もがき苦しみ続けてでも、生きることへのしゅう着や未練をどうしても捨てることができない人間のおろかさやあさましさ、みじめさなどが入り乱れる醜《しゅう》悪な世界

4　自分の望むと望まないとに関係なく、自分の命が投げ出され、それを無言で受け入れなければならないという計り知れない苦しみ悲しみ、どうにもできない無力感などがうず巻く理不尽《じん》な世界

[二]　※問題に使用された作品の著作権者が二次使用の許可を出していないため、問題を掲載しておりません。

（出典：松浦《うら》弥《や》太郎『考え方のコツ』）

[三]　次の各文について敬語の用い方の正しいものには○を、そうでないものには×を書きなさい。

1　私の写真展を拝見してくださいましたか
2　Aさんのことは昔からよく存じ上げております
3　どうぞ、そちらのソファーにおかけください
4　母は昨日Bさんのご自宅へおいでになりました
5　校長先生にこの書類をおわたししようと思います
6　先生が私の荷物をお運びしたのですか

[四]　次の――部1～5のカタカナの部分を漢字で書きなさい。また――部6～8の漢字の読み方をひらがなで書きなさい。

1イサギヨくあやまる　　一代で2ザイを築く
選挙で3ヒョウサが開いた　　季節の4スイイ
花が水を5スう　　音楽を6奏でる
ケンカの7仲裁をする　　春の8兆し

＊問題文に使用した作品における難しい漢字表記は、現在一ぱん的に使われている漢字またはひらがなに改めるか読みがなをほどこすかしてあります。また、送りがなを加えたりけずったりしたものもあります。

問十 「　」部とありますが、このときの「ひさし」の説明としてふさわしいものを選びなさい。

1 戦争に行く将校達にすこぶる明るく楽しい記おくをのこしてあげたいと願っている自分に気づき、おどろいている

2 いよいよ戦地におもむく将校達に不吉な未来を予感させる傷病兵や戦死者の墓地などを見せてはいけないと、内心必死になっている

3 将校達といっしょに歩いているとすれちがう兵隊達に敬礼されて気はずかしいので、境内に人が少なくて安心している

4 川によく来る馬は見られずに、傷病兵や戦死者の墓地だけを見て帰るのは、将校達にとってもつまらないだろうと残念に思っている

問十一 ――部「ひさしは、将校達と、とりたてて言うほどの話をしたわけではないのに、三人に対する自分の気持が、出かけて行く時とははっきりちがっていることに気づいていた」とありますが、帰宅後の「ひさし」の説明としてふさわしいものを選びなさい。

1 将校達にとってこの神社参拝は死ぬ覚悟《ご》をもって戦地におもむく最後の別れだったのだと意識され、もの悲しい気分になり始めている

2 いつもよりも馬の話を聞かせてくれ、軍馬の画集まで買ってくれた将校達に好意をいだき、年がはなれていても友情が芽生えた気がしている

3 神社で頭を垂れて真けんに祈る将校達の姿を見て、恐ろしい戦争に真っ向からいどむ勇ましい彼らにあこがれをいだき始めている

4 厳しい軍隊の規律に何も言わずひたすら従う将校達の姿にふれ、自分らしさをうばわれて生きなければならない彼らに深く同情している

問十二 ――部「じっとしている馬は、今朝はかきたくなかった。毎朝、三人をむかえに来た三頭の軍馬を、思いきり走らせたかった。走らせずにはいられなかった。たてがみだけでなく、しっぽの先まで風になびかせた」とありますが、「ひさし」が「三頭の軍馬を、思いきり走らせたかった」のはなぜですか。

1 馬はからだでものを言うと言ったやせた将校のことばを思い出し、しっぽの先で自分に別れを言っていた軍馬の姿を形に残しておきたかったから

2 三頭の軍馬に三人の将校を重ね合わせ、絵の中だけでも将校達を様々なしばりから解放させ、自由で若い生命力あふれる姿にしてやりたかったから

3 画集まで買ってくれた将校達のやさしさを思い出し、三頭の軍馬のやく動する姿に将校達の戦地での活やくと勝利への願いをこめたかったから

4 毎日軍馬を観察し続けた結果、これらの馬はじっとしている姿より走っている姿のほうが格好よく、将校達も絵を見て喜ぶだろうと思ったから

問十三 ――部「自分がこれまで知らなかった新たな感情の世界に、いま、確かに一歩入ったということを知らされた」とありますが、「自分がこれまで知らなかった新たな感情の世界」とはどのようなものですか。

1 人と人とがどこかで知り合ってかけがえのない時間を共有したとしても、一人ひとりの本心など決して知り得ないという現実の前

をせざるを得ない様子

4　機械化が進んで工場から人が減り、伝統行事を楽しむふん囲気が町から失われている様子

問六 [　] 部にあてはまるものを選びなさい。

1　ふがいないのであった　2　あわれであった

3　いとおしいのであった　4　みじめであった

問七 ――部「かく度に初めてのおどろきとよろこびを味わった。不安もまたその都度、新しかった」とありますが、このときの「ひさし」の説明としてふさわしいものを選びなさい。

1　毎日間近に見る三頭の軍馬がいつもちがう目や動きをしていることにすっかりとりこになりながら、この三頭の馬もまもなく将校とともにいなくなってしまうことにいちまつのさびしさを感じている

2　くる日もくる日も三頭の馬をかけることに言いようのないしあわせを感じながら、絵に夢中になっている自分を見た父親が心配して画用紙をくれなくなってしまうのではないかと案じている

3　何度も自分に宿題の馬をかいてほしいとたのむ友達がいることにほこりを持つと同時に、いつか自分が代わりにかいていることが先生に見破られてしまうのではないかとこわくなっている

4　何回馬をかいてもあらためて馬の魅《み》力を感じると同時に、自分の力では自分が見ているとおりの馬をどうしてもかき得ないことをも感じ、人間の力をこえた目に見えない何かにおそれを感じている

問八 「　」部とありますが、このときの「ひさし」の気持としてふさわしいものを二つ選びなさい。

1　馬に乗れないのは残念だが、格好いい将校達と連れ立って歩くのはそれなりに気分がいい

2　出発前の最後の思い出作りだというのに、親類でもない宿の子供をさそうのは不可解だ

3　日的地の神社は自分にはめずらしくもないうえに、馬で行くわけでもなくつまらない

4　世話になった将校達のために、戦地からの無事の帰還《かん》を自分もいっしょに祈願したい

5　将校達をひとりで神社に連れて行けるくらい自分も成長したのだと、親に認めてもらいたい

6　せっかく知り合った将校達がこの町で最後に外出するのだから、少しでも役に立ちたい

問九 ――部「ひさしは、ついて歩くだけで上気した」とありますが、このときの「ひさし」の説明としてふさわしいものを選びなさい。

1　将校達を敬う兵隊の動作の数々に接して、案内役ができる自分は皆《みな》から一目置かれる存在になったとさっ覚し、すっかり気をよくしている

2　間近にせまった戦いに備えて、きびきびとした動作で気を引きしめる将校達の様子に心をうばわれ、彼らの士気の高まりに自然と共鳴している

3　これまで知らなかった軍人達の規律正しい動きや、将校達の地位の高さを目の当たりにして、彼らのそばにいることに興奮している

4　自分の存在を気にもとめず歩を進める将校達のふるまいにちょっとしたいら立ちを覚えつつも、彼らの威《い》厳ある行動に圧とうされている

〈注10〉四本の足を持つ動物の前足と後ろ足

〈注11〉住所ではなく、立ち寄り先などであるという断り書き

〈注12〉そのままでよいかどうか調べること。特に、国家機関が郵便物や出版物などの表現内容を調べて取りしまること

問一　後の問に答えなさい。

①「ひさし」は何年生くらいですか。

②「三人の将校」が「ひさし」の家に泊《と》まった季節はいつですか。

問二　――部「そして、ちょっと不服そうな声で言う」とありますが、「小母さん」はどのようなことに不服があるのですか。あてはまるものに○、そうでないものには×を書きなさい。

1　宿を引き受けるのは自分たちだが、利益は隣組の組長のものになってしまうこと

2　食事・入浴・洗たくなど兵隊の生活の全てを自分ひとりで世話しなければならないこと

3　宿に泊まる兵隊たちが表座敷を何日にもわたってわが物顔で占《せん》領すること

4　ひさしの父母が宿の割り当てに文句も言わず、隣組の組長の言いなりになっていること

5　隣組の組長が、引き受けて当然だという態度で無遠りょに宿を割り当てること

6　いくら天気の都合とはいえ、宿を引き受ける期間を隣組の組長が勝手に延長すること

問三　自分の家が「兵隊宿」になっている間、「ひさし」はどのような気持でしたが。十字以内でぬき出しなさい。

問四　――部「ただひさしの母親の性格から、お茶とお菓子だけは厚くもてなした。そうしないではいられなかった」とありますが、このときの「ひさしの母親」の説明としてふさわしいものを選びなさい。

1　いくら短期間だからといって宿だけ貸すというのは物おしみをしているようでいやなので、禁止されていないはん囲で兵士達をねぎらってやりたい気持をおさえきれないでいる

2　隣組の組長から世話をたのまれた大切な客人達なのであまりぞんざいな対応をするわけにもゆかず、貴重なあまい物でも食べさせて体面をつくろおうとやっきになっている

3　この土地には客人の年れいを問わずお茶とお菓子を出してもてなす習慣があるので、たとえ相手が年若い兵隊であっても軽視せず一人前のおとなとしてあつかってやろうと意気ごんでいる

4　少なからず縁ができた相手に対して無関心でいることはできず、ましてやかこくな運命を背負っている若者のために少しでもできることをしてやりたいという気持でいっぱいになっている

問五　――部「けれどもこの餅つきも、人手が思うにまかせぬようになり、父親もまた世の中を気にして万事自しゅく気味になり始めてから、簡素化された」とありますが、このころ「世の中」はどのような様子になっているのですか。

1　男性がみな戦争にかり出され、国全体に娯《ご》楽をつつしむ風潮がまん延している様子

2　男性は工場の仕事でいそがしく、各家庭でお正月の準備をするひまもない様子

3　戦争によって貧しい人が増え、ゆう福な家庭が肩《かた》身のせまい思い

「ありがとうございました。責任もって、ひさし君をおわたしいたします。」

と言った。

ひさしは、母親からその日一日のことをたずねられても、あまりくわしいことは言わなかった。神社へ行ったあと郊《こう》外電車に乗ったということ。町中《まちなか》へ帰って来て食事をしてから、町でいちばん大きな本屋に入り、自分が買ってほしいとせがんだわけではないのにあの人達はこの画集を買ってくれた、その程度のことしか話さなかった。

問十一 ひさしは、将校達と、とりたてて言うほどの話をしたわけではないのに、三人に対する自分の気持が、出かけて行く時とははっきりちがっていることに気づいていた。

めいわくだなあ、という思いはいつのまにか消えていた。それで、母親に対する報告も、何となくはずまないのだった。

「行ってよかった？」

と母親に聞かれてうなずきはしたが、からだ全体でうなずいているわけでもなかった。

今朝、将校達が引き上げて行ってから、ひさしは勉強部屋に入って夢中で三頭の馬をかき続けた。問十二 じっとしている馬は、今朝はかきたくなかった。毎朝、三人をむかえに来た三頭の軍馬を、思いきり走らせたかった。走らせずにはいられなかった。たてがみだけでなく、しっぽの先まで風になびかせだ。

一と月ばかりたって、ひさしの父親あてに、三人の将校の連名で封《ふう》書が届いた。一枚の写真と、簡単な文面の手紙で、そこには、滞在中の世話に対する礼が述べられ、自分達は元気で軍務についていること、ご一家のご多幸をいのるという主旨《し》のことがむだなく書かれていた。

写真は、神社の葉桜を背景にとったもので、真ん中に立っているひさしの後ろから、背の高い将校がかがみこむようにしてひさしの両かたに手をかけ、ふとった将校は、軍刀の柄《つか》の上に白手ぶくろを重ねてひさしの右に、やせた将校はひさしの左に立って、なぜかこの人だけ、とんでもない方向に顔をあお向けている。

封とうの裏書きに、三人の居場所は明記されていない。部隊名だけが記され、その気付《づけ》〈注11〉となっていて、表には「検閲済《けんえつずみ》」〈注12〉のスタンプがおしてある。ひさしは、三人の将校が、家族の中で自分だけにしてくれた別れの意味を考えようとしながら、にわかにわき出してきたとりとめのないかなしみの中で、問十三 自分がこれまで知らなかった新たな感情の世界に、いま、確かに一歩入ったということを知らされた。父親にも母親にも言えないまま、じっとその思いをかみしめていた。

（竹西寛《ひろ》子『神馬《め》／湖——竹西寛子精選作品集』所収「兵隊宿」）

〈注1〉軍隊で上の位の人
〈注2〉土・石灰《せっかい》・にがりなどを混ぜてつき固めて仕上げた土間のこと。玄関の土足で入る部分
〈注3〉釜《かま》の上にのせて、もち米やまんじゅうなどを蒸す道具
〈注4〉穀物や餅をつくときに使う木や石をえぐって作った器
〈注5〉臼に入れた穀物や餅をつく木製の道具
〈注6〉餅をつくとき、手につけた水で臼の中の餅をしめらすこと
〈注7〉たたみやゆかの上に敷くもの
〈注8〉馬の世話をする職業の人
〈注9〉軍隊がとどまっている場所

者に声をかけられるのは何となくはずかしい。また、そればかりでなく、ひさしはいつも、話すか歩くか、どっちかにしてほしいと思っていた。若いほうの手伝いの女に対しても、母親に対しても同じように思っていた。

将校達は、別に急いで歩いているふうではなかったが、歩はばが広いので、ひさしはどうしても急ぎ足になった。背の高さに関係なく三人が歩調をそろえているので、ひさしは、訓練というのはすごいものだと感心する。途中、兵隊と出会うと、兵隊のほうは一様に歩調をとって、将校達に敬礼を送った。白手ぶくろが、きびきびした動きで挙手の礼を返す。問九ひさしは、ついて歩くだけで上気した。

参道に入るところで川のながめがひらけた。

川に、馬はいなかった。

ひさしは、

「練兵場で演習を終わった騎兵隊の馬が、よくこの川に入って来るんだけど、早いから、今日はまだ、いない。」

と、言い訳をするような表情で言った。日も暮れ近くなって、一列に並んだ騎馬の兵士が、たづなをあやつりながら土手のしゃ面を静かに下って川の中に馬を進め、だいだい色にかがやいて流れる水の面《おもて》に、馬と一体になった自分達のかげをゆらめかせて小休止をとっているのは、ひさしにはいく度見ても見あきないながめだった。人馬の動きの止まったしゅん間、それがみごとな埴《はに》輪の列に見えることもあった。

四人は、馬のいない川のほとりでしばらく休んだ。

ひさしは、この近くの練兵場へは、友達とよく模型飛行機を飛ばしに来るのだと言い、練習を終わった騎兵隊の馬は、いつもどのあたりから、どのようにしてこの川のほとりに出てくるのかを細かに説明した。

「ひさし君は、よほど馬が好きなんだなあ。馬はかしこいからね。」

と、背の高い将校が言った。

「どれくらいかしこい？」

とひさしが聞いた。

「時によっては人間よりも。」

とふとった将校が答えた。

やせた将校は、ただ静かに笑っていた。それからしばらくたって、

「ものが言えなくても、からだでものを言うし、人の心ははっきり読む。」

とひとりごとのように言った。

神社の境だいは、葉桜のさかりであった。

問十ひさしは、ここではよく、外出を許可された陸軍病院の傷病兵が、白衣に軍靴のいでたちで、面会に来た家族らしい人たちとベンチに腰かけているのを見かけるが、午前中とあって、ここでもまだそれらしい人の姿は見られなかった。ひさしは、そのことにむしろほっとした。ここに来るまでは予想もしなかった安どだった。

三人の将校は、軍帽《ぼう》をとると、長い間本殿《でん》に向かって頭を垂れていた。ひさしはその後ろから、見習って同じように頭を垂れていた。神社の裏手には、戦死者の墓地がある。ひさしは、将校達がその墓地に気づかないうちに早くこの境だいから連れ出さなければとあせっていた。参詣《けい》人はまばらであった。

陽《ひ》にやけた顔でひさしが帰って来たのは、もう夕方だった。わきに、軍馬の画集のようなものをかかえている。背の高い将校は母親に、

しはじめると、時を忘れて打ちこむのを内心ではたのもしく思いながらも、健康のことも気になるので、一枚の絵ならどんなに時間をかけてもという見通しから、むだづかいせぬよう、一枚だけという約束をひさしと取りかわした。

　また、いつでも、せめてもう一枚用紙があればという気持を残させることが、ひさしの絵のためにはかえってよいだろうという考えもこの父親にはあった。学用品は全部母親がととのえてくれるのに、この画用紙だけは父親の管かつだった。学校とは関係がないからだろうとひさしは思った。（中略）

　三日前の夜のことである。

　馬で帰って来た将校達は、いったん座敷にくつろぐと、背の高い将校が代表格になって、ひさしの母親にこう申し出た。

「長い間、ごやっかいをおかけして申し訳ありません。自分達の出発も、あと二、三日後にせまりました。ついては、出発前に、ひさし君を連れて、神社参拝をしてきたいと思います。まちがいのないよう、責任をもちますから、明日一日、ひさし君を自分達に預けて下さい。」

　その神社というのは、ひさしが低学年のころ、学校の遠足でいく度も行っている神社で、春は境だいの桜に、別の土地からも大勢の人が集まった。近くには川もある。ひさしの母親は、

「ありがとうございます。本人はきっとよろこびますでしょうが、主人がもどりましたら相談しまして、改めてご返事させていただきます。」

　と言って引きさがった。

問八 ひさしに、どう？　とさぐると、一日中馬といられると思って、行く、行く、とはしゃいだが、たまらなくなったひさしが直接将校達に、

「明日も、馬で行くんでしょう？」

とたずねると、背の高い将校が、

「明日は電車だよ。」

　と答えたのにはひさしもがっかりした。

　ただ、子供心にも、将校達がこの町を出発してからの運命というものをばく然とながら思わずにはいられないので、自分が断るのは気の毒だという気持も起こった。しかし半分は、ぼくを連れ出すなんてめいわくだなあ、という気持だった。あの人達は、この土地の人ではないからあの神社がめずらしいのだろう。桜といっても、今は葉っぱばかり。用心しないと枝や葉から毛虫が落ちてくる。でも、やっぱり行こう。決めた。お父さんが行っていいと言うなら、ぼくが案内役だ。

　そのあくる朝、冷たい麦茶を入れた水とうを母親から受け取ったひさしが、将校達といっしょに家を出たのは、九時過ぎだった。

「どうぞよろしくお願いいたします。」

　母親は腰を深く曲げて将校にたのんだ。

　電車の中でも、道を歩いていても、彼らがほとんど口をきかないことがひさしにはありがたかった。ひさしは、学校の帰りに、買い物から帰って来る小母さんと出会ったりすると、気が重くなった。小母さんは、

「今日はどうでした？　お弁当はみんなあがりましたか？　宿題は多いんですか？」

　とか、

「夕方から工場の人が見えるんだそうですよ。おふろは、食事の前にします？　それとも後にします？」

　などと言いながら、ひさしにしきりに返事を求めてくる。人中《ひとなか》で家の

ひづめの音とともに帰って来た。隣組の組長の話では、あまり遠くない所に、〈注9〉軍の駐屯《ちゅうとん》所らしいものがあるということだった。

ひさしは毎朝、表に出て騎《き》馬の将校を見送った。夏休みがさいわいした。ひさしの父親は、いつの時でも、泊《とま》りの軍人には会わなかった。世話はもっぱら母親と小母さんの仕事で、将校達は一体に口数が少なかったが、それでも言葉をかわすのはひさしがいちばん多かった。

ひさしの目には、それぞれの将校の乗る馬はいつも決まっていた。いちばん背の高い将校の馬が姿がもっともよく、その次に姿のよい馬にはふとった将校が乗った。背の低い、そしてやせた将校には、それらしい馬のあてがわれているのがひさしにはおかしかったが、毛並のいちばん美しいのはこの馬だったので、よかったと思った。

背の高い将校が、皮ぶくろに入っている腰《こし》の日本刀を、ぬいて見せようかと言ったことがある。しかしひさしは首をふった。刀よりも馬のほうに興味があった。

馬は、からだの大きさの割には不釣《つり》合なほど目がいいとはよく人が言うけれど、どうしてあんなにやさしい目をしているのだろうとひさしは思った。馬の目を見ていると、それが馬の目だということをよく忘れた。それに、〈注10〉前肢《し》後肢の動きは何度ながめてもおどろくばかりで、その動きの複雑さは、不思議をこえて、そういう生きものをつくった目に見えない何かをひさしにこわいと思わせた。すばらしいと思わせた。

ひさしはよく、周囲にだれもいないのを確かめてからたたみの上に四つんばいになり、馬と同じように歩いてみようとするのだった。けれども、何秒も数えないうちにあっけなくひっくり返ってしまう。ひっくり返ってもひっくり返ってもくり返してみる。もしも今の自分をだれかが見ていたらと思うと何となくきまりが悪くなって、腹を見せてもがいている金ぶんぶんのように、ひっくり返ったまま手足をばたつかせてひとりで笑った。

毎日、三頭の馬を間近に見られることが、ひさしをいきいきとさせた。ひさしは、学校で自由画というといつでも馬の絵をかいた。図画の先生は、ひさし君の馬は、クラスの他のだれがかく馬ともちがって生きている、そう言ってよくほめた。新聞社主さいの小学校の図画の展覧会に、本人にはだまってひさしの馬を出品して、特賞をとらせたこともある。ひさしは、うれしくなくはなかったが、賞に対しての格別のしゅう着はなかった。賞より馬、だった。

宿題の絵をひさしにたのむ友達がいた。先生に見破られると、君も困るだろう、だから、君が、これで半分の出来上がりだと思うところまでかいてほしい。あとは自分がかく。友達はそう言った。ひさしはこの友達に何度馬をかいてやったかしれない。しかし、友達にかいてやっているという気持には一度もならなかった。あの馬の目の深いやさしさと、四本の肢《あし》のおどろくべき動きを、何とかあらわしたい一念であった。かけばかくほど、実際の馬の目はいよいよやさしく、四本の肢の動きはいよいよすばらしいものに思われ、かくことで自分がそれに近づいているような気もするのに、逆に遠ざかっていくような感じもあって、問七かく度に初めてのおどろきとよろこびを味わった。不安もまたその都度、新しかった。

父親が毎日一枚しか四つ切の画用紙をあたえないのにはそれなりの理由がある。父親はひさしに、用紙をむだづかいしないようにと言った。けれども父親は、ひさしが宿題とは関係なく、毎日好きでかく絵に熱中

〈注4〉して臼《うす》にあけると、向かい合って待ち構えていた威《い》勢のいい男が、冬空の下で、かけ声もろとも、交ご〈注5〉に杵《きね》をふり始める。臼の中から立ちのぼる湯気が、男たちの顔をつつむ。〈注6〉手水は、小母さんの役だった。

ひさしは、母親といっしょに暮れの風にふかれながら、かまどにたきぎを入れてけむりにむせたり、蒸し上がったもち米を、神だなや仏だんに供えに走ったりした。熱いもち米をしゃもじにほんのひとすくい茶わんによそってもらって食べたり、工場の人達ともなれない話をしたりしてこの日はいそがしく、気持よくつかれた。男達は、おきよめの酒にいいきげんになって、酒くさい息をはきながら杵をふった。

ひさしの勉強部屋と、部屋に続く広縁《えん》には、この日ばかりは〈注7〉上《うわ》敷がしかれ、ここが急ごしらえの丸餅製造場になった。ひさしの母親と手伝いの若い女は、つきたての餅を木箱にとると、す早く手と餅に粉をふり、片手でしぼり出すようにしながら、一方の手でどんどん千切り取って小さな丸餅をつくってゆく。

ひさしは、いくら母親に教わっても、千切り方も丸め方もていねい過ぎるので、途《と》中で餅が冷えてしまい、あとは、ねん土細工に四苦八苦するような工合《ぐあい》であった。指先やてのひらにからんだ餅がそのまま固くなってしまうと、熱いお湯にでもひたさなければ、容易に元の手にはもどらない。

問五 けれどもこの餅つきも、人手が思うにまかせぬようになり、父親もまた世の中を気にして万事自しゅく気味になり始めてから、簡素化された。父親は、出入りの男にたのんで、臼は石臼、杵は一本、それも手でふるのではなく、足でふむと杵が上がり、足を外すとひとりでに杵が落ちて臼の中のものをつくという装置を軒《のき》下につくらせた。これなら男手はなくても餅つきが出来る。

兵隊宿の割り当てが来るようになったころは、もうこの石臼に変わっていた。小母さんが杵をふみ、母親が手水をさし、ひさしがそのまわりをちょろちょろして草餅が出来上がった。本を読みながらでもお餅がつけるから、わたしゃ女二宮金次郎《ろう》よ、と小母さんは得意気だった。よもぎは新しかったので、香りの高い草餅になった。

しかしこの時、兵隊に草餅を食べさせることは出来なかった。将校が手をつけなかったので、兵隊はそれにならうほかなかった。

「お心づかいに感謝します。」

兵隊は、玄関で直立不動の姿勢をとり、ひさしの母親に挙手の礼をすると、あわただしく将校のあとを追った。

「あのばか将校が。」

小母さんは流しで洗いものをしながらひとりでおこっていた。

「折角なのに、なぜ部下に食べさせないのか。部下の心もくめずにいい指揮ができるわけがない。」

小母さんはののしり続けた。

ひさしの母親も、小母さんの言うのが当たっているような気がした。あの将校は、部下の心どころかわたし達の気持さえ、と思いかけてまた考え直した。いやあの将校もつらくなかったはずはない。部下にあたえるほうがどんなに気持が楽だったろう、そう思うと、部下だけでなく、将校も **問六** ［　　　　］。

今朝《けさ》ひさしの家を発《た》って行った将校達は、ひさしの母親には、いずれもまだ二十代の若さに見えた。彼《かれ》らは滞《たい》在中、毎朝早く、〈注8〉馬丁が馬をひいてむかえに来た。三人の将校は、それぞれ馬に乗って出かけて行き、

「旅館がいっぱいになって、港に近い町家に宿をたのんでくるのは仕方がないと思うけれど……」

「旦那《だんな》さまも奥《おく》さまも、少しお気がよ過ぎます。いつだって、はい、はい。わたしゃそれもじれったい。船を待っている人の身になれば、そりゃわたしだって奥さまと同じです。わたしが言いたいのは、組長さんのことですよ。時にはもう少し困らせたほうがいい。」

ひさしはこの一週間、いつもは土蔵へ行く通路をもかねている仏間で、両親の間にはさまってねて、それはそれでけっこうたのしかった。部屋を変えてねると、両親と旅行している時のような気がした。あと二年もすれば、ひさしも中学受験である。

隣組の組長からの達しによると、乗船待ちの出征《しゅっせい》軍人の宿を割り当てられた場合、食事、入浴の世話はいっさいする必要なし、寝《しん》室と夜具の提供だけでよいということであった。隣組の人たちは、この宿のことを「兵隊宿」とよんで引き受けた。

ひさしの家では、これまでにももう何度かこの宿を引き受けていて、一日だけのこともあれば、今度のように一週間も続く場合もあり、たまに兵隊がいっしょのこともあったが、大方は将校で、いちばん多い時は五人だった。

ひさしの家には、簡単な庭そうじや、家のまわりのちょっとした片付けには、古くから出入りしている老人がいるが、行儀《ぎ》見習いということで来ていた若い女は、親の看病に帰ったままなので、住みこみの小母さんはかなりいそがしかった。

小母さんは、兵隊宿をすると、洗たく物が増えるのと、家の中で軍靴《か》のにおいがするのをいやがった。夏は、洗たく物のかわきにはよかったが、玄関《げん》の三和土《たたき》〈注2〉に長ぐつが五足も並んでいると、たしかに側《そば》を通るだけできついにおいがした。

戸別に人数の割り当てをする時、組長がどういう基準でしているのかはひさしの母親にはよく分からなかった。しかし、部屋数だけで言うなら、当然宿を引き受けてよいはずなのに、割り当てられていない家もあった。また、ひさしの母親は、組長から、今回は、お宅へは割り当ての人数を少なくしてあげました、というような言い方をされたこともあったが、別にそれを感謝したこともなかった。

ひさしの家では、組長からの達し通り、食事、入浴の世話はいっさいしなかった。問四ただひさしの母親の性格から、お茶とお菓子《か》だけは厚くもてなした。そうしないではいられなかった。だまってお茶しか飲まない将校がいた。自分達は、ごめいわくをかけてはいけないことになっていますから、と断って、菓子に手をつけない将校もいた。すすめられるまま、うれしそうに菓子を口にし、お茶のおかわりをする将校もいた。もてなしに対するどのような対応を見ても、見ているうちに胸をふさがれそうになるのがひさしの母親だった。

兵隊宿の割り当てが始まってまだ間もないころ、ひさしの母親は、家で草餅《もち》をつくって出したことがある。この時は将校だけでなく、兵隊がいっしょだった。兵隊宿をすることになっても、ひさしにはそのための用が増えるわけではなかったから、この時もひさしはけっこうたのしかった。

ひさしの家では、ひさしが物心ついてからというもの、正月餅はいつも工場の人が手伝いに来て、家でつく習慣になっていた。裏庭にれんがをついてつくったかまどがある。ここでせいろう〈注3〉に入れたもち米を蒸

【国　語】（五〇分）〈満点：一〇〇点〉

【注意】　句読点や記号などは字数にふくめます。

【一】　次の文章を読んで後の問に答えなさい。

ひさし少年は、馬の絵をかいている。

三頭の軍馬が、並んでかけて行く姿を真横からかいている。

日曜日なのに、父親は工場からむかえの人が来て、つい先程、朝食が終わると早々に出かけて行った。出かける前に、これが今日《きょう》の分だよ、と言って、四つ切《ぎり》の画用紙を一枚ひさしにわたした。

勉強部《べ》屋は、日々草がさく裏庭に面しているので、母親と住みこみの小母《おば》さんが洗たく物を干しながら話しているのがみんな聞こえてくる。この家の物干し場は、ひさしの部屋からは見えないところにあるのだが、今日は、そこが客ぶとんや敷《しき》布類でふさがってしまったため、母親と小母さんは、裏庭の樫《かし》の木を利用してつなを張り、客用のゆかたを干している。

〈注1〉「将校さん達《たち》、もう輸送船に乗ったでしょうか。」

小母さんが言う。

「乗ってもまだ、港の内じゃないかしら。そう簡単には出て行けないでしょう。」

母親が言う。

「この暑い時に、海の上でじかに照りつけられて、いくら若いといっても船よいする人もいるでしょうに。」

「見るものといえば毎日空と海ばかり。これから親の待つ郷里へ帰るわけではないし、物見遊山に行くわけでもない。それを思えば、こうして船に乗る前の何日か宿をさせられるのも、いやだとは言えなくなるのよね。」

「でも、一《ひ》と晩、二《ふ》た晩はまだいいとして、いくら食事の世話はいっさいいらないといっても一週間というのは長過ぎます。」

「時勢だ、お上のたのみだと言われても、表座敷を何日も使われるのはねえ。ただ、あの人達の行く先を考えると、床《とこ》の間のある部屋にねむらせてあげたいと思うのは人情でしょう。わたし達が少しのあいだがまんしていればすむことだから。まあ、お天気ばかりは今夜のことも分からないし、思いがけず乗船待ちになる事情だって起こるかもしれない。」

「うちは兵隊さんのお宿は出来ませんって、断りなさるお宅はないんでしょうか。」

「どうなのかしら。病人でもあれば、いくら割り当てだと言われても困るでしょう。」

小母さんは、かわいたゆかたのえりを両てのひらにはさんで、ぱちぱちたたくようにしながらしわをのばしている。問二そして、ちょっと不服そうな声で言う。

「隣《となり》組の組長さんが、お宅は部屋数が多いんだからと言って、宿を引き受けるのが当たり前のような顔して割り当てに見えるでしょ。わたしゃ、どうもあれが気に入らない。たくさん割り当てられて喜ぶとでも思っているのかって言ってやりたいですよ。」

「組長さんにしてみれば、言いたくて言っているわけではないでしょう。」

「そんなことは分かっています。でも、この町内で大勢引き受ければ、けっきょくは自分の顔がよくなるじゃありませんか。」

MEMO

大切なことはメモしておこうネ！

2024年度

解　答　と　解　説

《2024年度の配点は解答欄に掲載してあります。》

＜算数解答＞ 《学校からの正答の発表はありません。》

1　(1)　2.4　(2)　ア　1　イ　6　ウ　12　(3)　ア　4　イ　3　ウ　5
エ　15　(4)　ア　2　イ　$14\frac{2}{7}$　(5)　ア　8　イ　8，11　ウ　11

2　(1)　4回　(2)　13回　(3)　30回

3　(1)　ア　6　イ　20　(2)　6　(3)　$13\frac{11}{13}$

4　(1)　$\frac{4}{9}$　(2)　①　エ　②　24

○推定配点○

3　各5点×4　他　各4点×20　計100点

＜算数解説＞

1　(四則計算，平面図形，相似，割合と比，消去算，場合の数)

(1)　$\square = 1.7 \div \left(\frac{1}{3} \times \frac{9}{2} \times \frac{7}{18} + \frac{1}{8}\right) = 1.7 \div 17 \times 24 = 2.4$

重要　(2)　①　三角形ABPの面積…右図より，ア
三角形PBCの面積…イ
三角形DPCの面積…ウ
ア：ウ…1：3
(ア＋イ)：(イ＋ウ)…7：9
したがって，AP：PCはア：イに等しく
1：(7－1)＝1：6

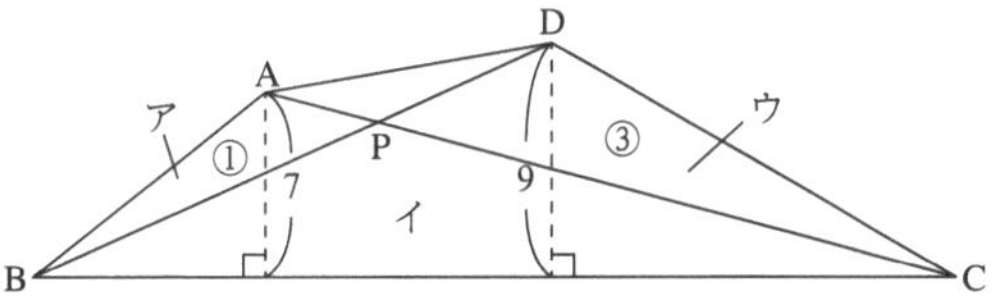

②　三角形ABPの面積…右図より，2
三角形DPCの面積…6
三角形PBCの面積…①より，12
三角形APDの面積…1
したがって，求める割合は12÷1＝12(倍)

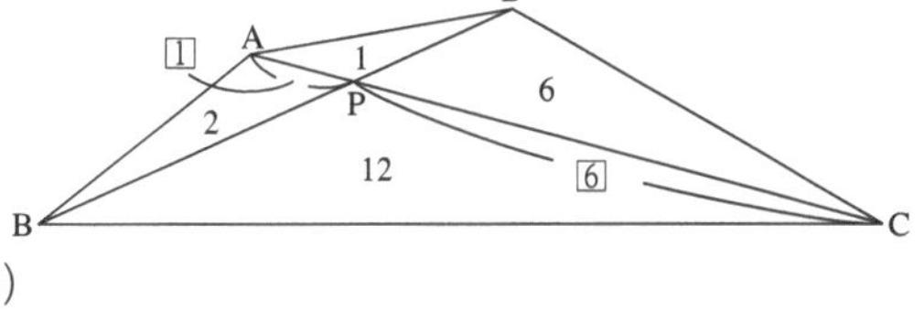

重要　(3)　①　それぞれのバケツの容積…ア，イ，ウで表す
水そうの容積…100
ア＋イ＋ウ…20　－あ
ア×2＋イ×4＋ウ×8…100より，ア＋イ×2＋ウ×4…50　－い
ア×7＋イ×4＋ウ×4…100　－う
い－あ…イ＋ウ×3＝50－20＝30　－え
あ×7－う…イ×3＋ウ×3＝20×7－100＝40　－お
お－え…イ×2＝40－30＝10より，イ＝5

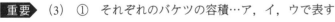

ウ…えより，$(30-5)\div 3=\dfrac{25}{3}$

ア…あより，$20-\left(5+\dfrac{25}{3}\right)=\dfrac{20}{3}$

したがって，ア：イ：ウは$\dfrac{20}{3}:5:\dfrac{25}{3}$

$=20:15:25=4:3:5$

② ①より，$(4+3+5)\times 5\div 4=15$(倍)

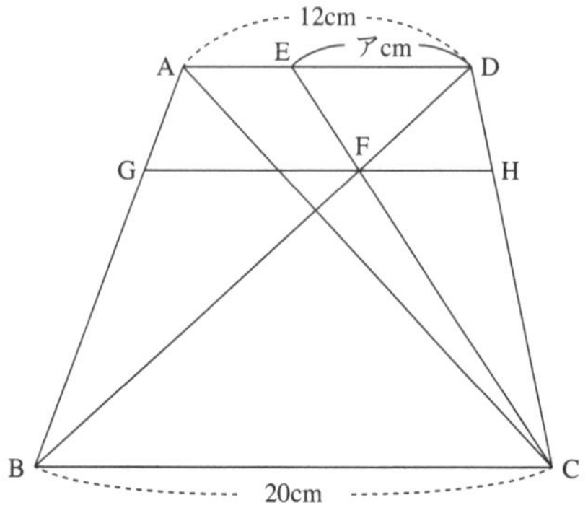

重要 (4) ① ア…右図より，$(12+20)\div 4=8$(cm)

したがって，求める割合は$8\div(12-8)=2$(倍)

② 三角形EFDとCFBの相似比

…①・右図より，$8:20=2:5$

JH…$12\div(2+5)\times 5=\dfrac{60}{7}$(cm)

GJ…$20\div 7\times 2=\dfrac{40}{7}$(cm)

したがって，GHは$\dfrac{60}{7}+\dfrac{40}{7}=\dfrac{100}{7}$(cm)

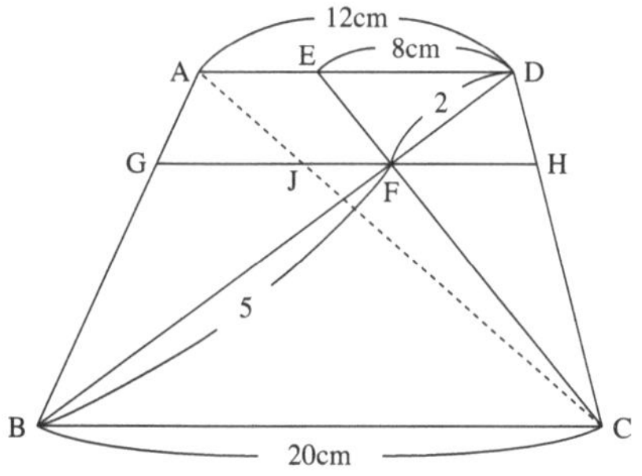

重要 (5) A・Bさん…各持ち点は10点

グーで勝ち・負けする場合…＋1点または－1点

チョキで勝ち・負けする場合…＋2点または－2点

パーで勝ち・負けする場合…＋3点または－3点

① Bさんがチョキで負ける場合…持ち点は$10-2=8$(点)

② Aさんがグーで勝って，グーで負ける場合…Bさんがチョキで負けて，パーで勝つので持ち点は$10-2+3=11$(点)

Aさんがチョキで勝って，チョキで負ける場合…Bさんがパーで負けて，グーで勝つので持ち点は$10-3+1=8$(点)

Aさんがパーで勝って，パーで負けする場合…Bさんがグーで負けて，チョキで勝つので持ち点は$10-1+2=11$(点)

③ Aさんがパーで2回勝って，グーで1回負ける場合

…Bさんがグーで2回負けて，パーで1回勝つので持ち点は$10-1\times 2+3=11$(点)

他の場合 …Bさんが3回負ける

したがって，Bさんの持ち点が最高になる場合は11点

2 (数の性質，規則性)

整数…1，2，～，Nまで並べる

操作①…7で割って1余る数を5に変える

操作②…7で割って2余る数を25に変える

操作③…並んだ数の積をMとする

重要 (1) N＝10のとき…右表を利用する

	1:,	2:,	3:,	4:,	5:,	6:,	7:,	8:,	9:,	10:,
	↓	↓	↓	↓	↓	↓	↓	↓	↓	↓
M＝	5 ×	25 ×	3 ×	4 ×	5 ×	6 ×	7 ×	5 ×	25 ×	10

Mのなかの偶数

…4＝2×2，6＝2×3，10＝2×5

したがって，Mは10で4回割り切れる

(2) N＝25のとき…右表を利用する

	1:,	2:,	3:,	4:,	5:,	6:,	7:,
	↓	↓	↓	↓	↓	↓	↓
M＝	5 ×	25 ×	3 ×	4 ×	5 ×	6 ×	7

12から24までの偶数
…12＝2×2×3，14＝2×7，18＝2×9
　20＝2×2×5，24＝2×2×2×3
したがって，(1)より，4＋9＝13(回)

やや難　(3)　(1)・(2)と同様に計算する。
26から48までの偶数
…26＝2×13，28＝2×2×7，32＝2×2×2×2×2
　34＝2×17，38＝2×19，40＝2×2×2×5
　42＝2×21，46＝2×23，48＝2×2×2×2×3
2で割り切れる回数
…(2)より，13＋1×5＋2＋5＋3＋4＝32(回)
7で割って1または2余る数－ア
…1と2，8と9，15と16，～，43と44，50
これらに含まれない5の倍数－イ
…5，10＝5×2，20＝5×4，25＝5×5，35＝5×7，40＝5×8，45＝5×9
5で割り切れる回数
…アとイより，(1＋2)×7＋1＋8＝30(回)
したがって，10で割り切れる回数は30回

8:,　9:,　10:,　11:,　12:,　13:,　14:,
↓　↓　↓　　　↓
× 5 × 25 × 10 × 11 × 12 × 13 × 14

15:,　16:,　17:,　18:,　19:,　20:,　21:,
↓
× 5 × 25 × 17 × 18 × 19 × 20 × 21

22:,　23:,　24:,　25:,
↓
× 5 × 25 × 24 × 25

3　(速さの三公式と比，時計算，割合と比，平面図形，線対称)

基本　(1)　(180－70)÷(6－0.5)＝20(分)
すなわち，6時20分

重要　(2)　直線について長針と短針の位置が線対称になる回数
…6時の場合を除いて，6時台～11時台まで11－5＝6(回)

(3)　長針と短針の速さの比…6：0.5＝12：1
300度…右図より，⑫＋①＝⑬
①…$300 \div 13 = \frac{300}{13}$(度)
したがって，両針の間は$60 - \frac{300}{13} \times 2$
$= \frac{180}{13}$(度)

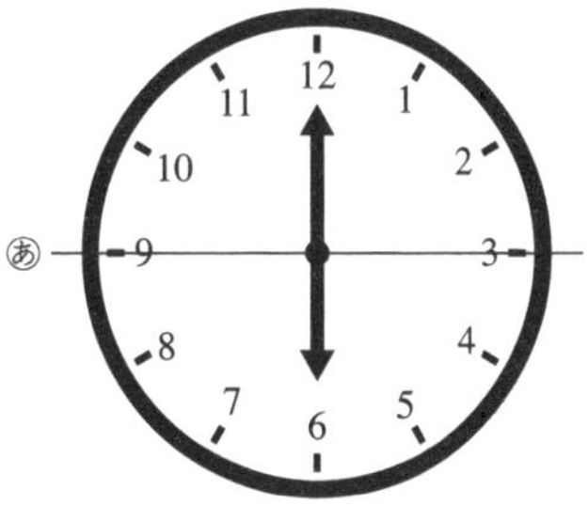

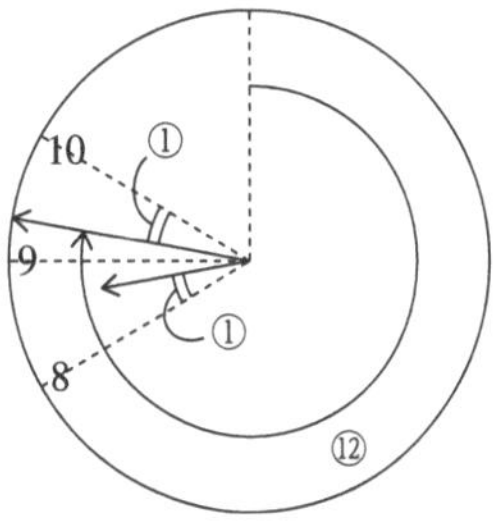

4　(平面図形，相似，立体図形，割合と比，2量の関係)

基本　(1)　三角形ADEとABCの相似比…2：3
三角形ADEとABCの面積比…4：9
したがって，求める割合は$\frac{4}{9}$(倍)

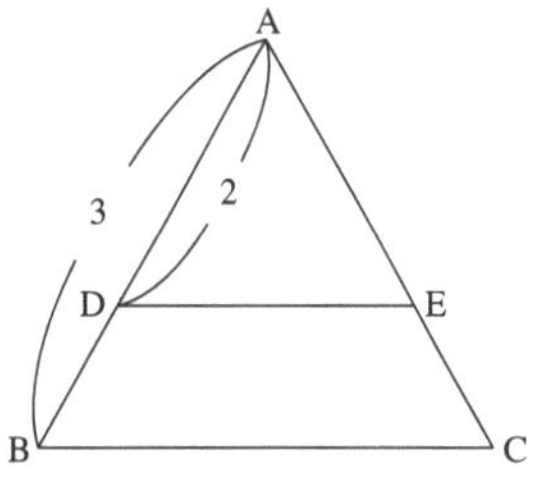

やや難　(2)　正三角柱の底面の正三角形の1辺…288÷3÷16＝6(cm)
正六角柱の底面の正六角形の1辺…アcm
正六角柱の高さ…イcm
ア×イ…288÷6＝48(cm^2)
①　正三角柱と正六角柱の底面の周の比…(6×3)：(ア×6)＝3：ア　－A
ア　正三角柱の底面の1辺と正六角柱の底面の1辺の比…6：ア
イ　正六角柱の底面の1辺と正三角柱の底面の1辺の比…ア：6

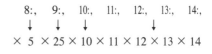

ウ　正三角柱と正六角柱の高さの比…16：イ
エ　正六角柱と正三角柱の高さの比…イ：16　－B
オ　正三角柱と正六角柱の1つの側面の周の比
　…(16＋6)：(ア＋イ)＝22：(ア＋イ)
カ　正六角柱と正三角柱の1つの側面の周の比
　…(ア＋イ)：22

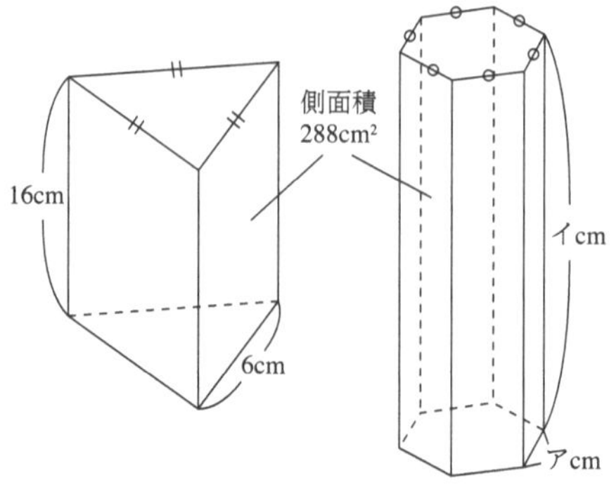

AとB…3：ア＝イ：16より，ア×イ＝48
したがって，あてはまるのはエ
②　正三角柱と正六角柱の底面積の比
　…(6×6)：(ア×ア×6)＝6：(ア×ア)
正三角柱と正六角柱の体積の比…(6×16)：(ア×ア×イ)＝96：(ア×48)＝1：1
したがって，ア＝96÷48＝2(cm)，イ＝48÷2＝24(cm)

★ワンポイントアドバイス★

[1]の5問，[2]「数の性質・規則性」，[3]「時計算」，[4](1)「相似比と面積比」までで，自分にとって解きやすい問題を優先して解いていくとよい。[4](2)「それぞれの比」についての問題は難しい。

＜理科解答＞《学校からの正答の発表はありません。》

1　1　(1)　窒素　(2)　過酸化水素水を二酸化マンガンに加える。　(3)　イ　(4)　エ
2　(1)　1.29g　(2)　77.5%　(3)　3.9%

2　1　2.5A　2　3A　3　1.5A，2倍　4　6A，0.5倍　5　ア　並列　イ　流れやすく
ウ　0.5　エ　直列　オ　流れにくく　カ　1.5　キ　2

3　1　(1)　①　卵　②　精子　③　受精卵　④　子宮　⑤　胎盤　(2)　ア
(3)　イ　2　(1)　体内の水分量が増え，胎児の出す不要物も排出する必要がある一方，子宮がふくらむことでぼうこうの体積が小さくなるため。　(2)　胎児に酸素や栄養分を送り，胎児から二酸化炭素や不用物を回収するのに，循環する血液の量を増やすため，1分間に心臓が動く回数は増える。

4　1　(1)　A　(2)　①　(さらさら)　A　(ざらざら)　B　②　(小さい)　B
(とても小さい)　A　2　(1)　Aでは表面を流れていく水の量が多く，そのため，雨の後に運動場には水たまりができる。一方，Bではしみこんでいく水の量が多いため，水たまりができず，長い時間土の中にとどまっている水も多い。　(2)　ア　(3)　①　エ　②　ア
③　ウ　3　大雨の後，流量が急に大きく増加することなく，ゆるやかに時間をかけて増加し，やや多い状態がしばらく続く結果。

○推定配点○

1　各2点×7　2　5　各1点×7　他　各2点×6　3　1　各1点×7　2　各3点×2
4　1　各1点×3((2)各完答)　2　(1)　3点　(2)・(3)　各1点×4　3　4点　計60点

＜理科解説＞

1 （気体―燃焼や呼吸での気体の変化）

1 (1) Aは空気中に最も多く含まれているので，窒素である。

(2) Bは空気中に窒素の次に多く含まれているので，酸素である。酸素を発生させるには，過酸化水素水や，それをうすめたオキシドールを，二酸化マンガンに加えるとよい。

重要 (3) ろうそくが燃えると，窒素Aは変化せず，酸素Bは減り，二酸化炭素Cは増える。酸素Bは，空気中での割合が16～17％ほどまで減ると，ものは燃えなくなる。よって，火が消えたときも，酸素は16～17％ほどは残っている。

(4) (3)の実験は，ビンの中に酸素Bが3分の1入っている。同じく酸素Bが3分の1入っているのは，エである。アとイは2分の1，オは3分の2だから，(3)よりも激しく燃える。

2 (1) 空気は，気体Aが0.8Lと気体Bが0.2L混ざった気体だと考えると，その重さは，1.25×0.8＋1.45×0.2＝1.29(g)となる。

(2) 気体Aの重さは1.25×0.8＝1.00(g)である。空気1Lの重さは(1)で求めた1.29gだから，気体Aの重さの割合は1.00÷1.29＝0.7751…で，四捨五入により77.5％となる。このように，体積の割合と重さの割合は一致しない。

(3) 気体Bの酸素1Lが気体Cの二酸化炭素1Lに変わると，重さは1.96－1.45＝0.51(g)増える。呼吸では，吸う息1Lの重さが1.29g，はく息1Lの重さが1.31gだから，1.31－1.29＝0.02(g)増えている。よって，酸素から二酸化炭素に変わった体積は，0.02÷0.51＝0.0392…で，四捨五入により0.039Lである。1Lのうち0.039Lなので，割合は3.9％である。

2 （電流と回路―ニクロム線のつなぎ方と電流）

1 実験1の結果の表1を見ると，断面積0.5mm^2のニクロム線について，その長さと電流は反比例し，掛け算すると30になる。このことから，ニクロム線の長さが12cmの場合の電流の大きさは，12×□＝30で，□＝2.5Aである。

2 まず，表1を用いて，断面積0.5mm^2で長さが30cmのニクロム線に流れる電流を求めると，30×□＝30で，□＝1Aである。次に，実験2の結果の表2から，ニクロム線の断面積と電流は比例している。断面積が0.5mm^2から1.5mm^2に3倍になると，電流も3倍になるので，断面積1.5mm^2で長さが30cmのニクロム線に流れる電流は，1×3＝3(A)となる。

3 図3のようにつないだ場合は，断面積0.5mm^2で長さが10＋10＝20(cm)のニクロム線と同じと考えればよい。よって，電流の大きさは20×□＝30で，□＝1.5Aである。10cmのときに比べて電流が半分になっており，電気抵抗は2倍になったといえる。

重要 4 図4のようにつないだ場合は，断面積が0.5×2＝1(mm^2)で長さが10cmのニクロム線と同じと考えればよい。よって，電流の大きさは表2を見て6Aである。0.5mm^2のときに比べて電流が2倍になっており，電気抵抗は半分になったといえる。

5 ②の部分は図4と同じ並列つなぎであり，問4のとおり電気抵抗は半分である。また，①の部分と②の部分は直列つなぎであり，電気抵抗は足し算で1＋0.5＝1.5となる。基準のときの電流は表1や表2のとおり3Aなので，図5の場合の電流は3÷1.5＝2(A)である。

3 （人体―ヒトの誕生）

基本 1 (1) 女性の卵巣では0.14mm程度の卵がつくられる。一方，男性の精巣では0.06mm程度の精子がつくられる。女性の体内で卵の核と精子の核が合体すると，受精卵ができる。受精卵は子宮の中で細胞分裂を繰り返して成長する。その間，胎児は母親から胎盤とへその緒(臍帯)を通じて酸素と栄養分を受け取り，二酸化炭素と不要物を排出する。

(2) 誕生する子は，平均的には身長が50cm前後，体重が3kg前後である。

(3)　ア　約270日，つまり39週間ほどであり，人により前後2週間程度の差がある。　ウ　自分の意志で手足などを動かすことができる。

2　(1)　母親は，以下の(2)のように血液の循環がさかんになるために，体内の水分量が多く，取り入れる水も排出する水も増える。また，胎児の出す不用物は，胎盤で母親に渡され，母親の腎臓から尿として排出される。このように，尿の量が増える一方，子宮と膀胱(ぼうこう)は体内の近い位置にあるため，胎児の成長とともに子宮が大きくなるにつれ．膀胱は押されて体積が小さくなる。そのため，母体の尿の回数は増える。

(2)　胎盤では，母親の血管と胎児の血管が接近しており，物質の受け渡しをしている。母親は自分の分だけでなく，胎児に酸素や栄養分を送り，胎児から二酸化炭素や不用物を回収する必要がある。そのため，循環する血液の量を増やさなければならず，1分間に心臓が動く回数は増える。

4　(総合―地面の性質と水の流出)

1　(1)・(2)　運動場の砂は，スポーツに適するように，ふつう何種類かの砂や土が混ぜられており，粒の大きさが小さい泥も混ぜられている。また，踏み固められていることも多い。そのため，水はしみこみにくく，実験でコップに水がたまるまで時間がかかる。砂場の砂は，粒の大きさがそろっており，それも比較的大きい粒なので，すき間も大きく，水がしみこみやすい。

重要　2　(1)　Aの運動場の土では，最初の1分で上側のアから合計610cm^3の水が流れ出ており，しみこんだ水は下の穴のイから10分以内に合計300cm^3流れ出した。残る90cm^3の水は，20分後にも土の中にとどまっている。一方，Bの花壇の土では，上側のウから流れ出た水は40cm^3だけであり，しみこんだ水は下の穴のエから時間をかけて合計560cm^3流れだした。残る400cm^3の水は，20分後に土の中にとどまっている。このように，Aでは水は表面を流れるものが多く，Bではしみこんで土の中に保持されるものが多い。そのため，問1の問題文のように，運動場では水が表面にたまって水たまりとなっているが，花壇に水たまりはできていない。

(2)　最も濁っているのは，短時間で流出してきたアである。流出に時間がかかっている水は，土や砂と水が分かれてくるため，濁りが少なくなっている。

(3)　①は土がすぐに流出せず，ある程度の時間を土の中にとどまっているためであり，エと関係が深い。②は，水が一気に流れ出して表面からけずるためであり，アと関係が深い。③は水が表面を流れず，しみこみやすいためであり，ウと関係が深い。

やや難　3　図では，雨が降ったらすぐに流量が増えるという関係が読み取れる。これは，源流の近くで雨量と流量を測ったためであり，水が一時的に森林にたくわえられ，おだやかに流出するようすは読み取れない。森林が洪水を防ぐことが判断されるには，離れた場所で流量を測り，大雨が降っても流量の増え方がゆるやかで，時間をかけて水を流し出すようすがわかればよい。

★ワンポイントアドバイス★

各実験が意味する内容をよく考え理解したうえで，解答をつくるのにうまく利用していこう。

＜社会解答＞ 《学校からの正答の発表はありません。》

1 A　a　長江　b　風土記　c　エ　d　イ　e　地元の素材を生産する人だけでなく，関連企業などが集中することで雇用の創出や経済の活性化につながる点。　B　a　ア　b　ウ　c　豊川　d　ア　e　ヒノキ　C　a　ウ　b　イ　c　エ　d　ア　e　静岡　f　ウ

2 A　a　ア・エ　b　土偶　c　登呂遺跡　B　a　中央集権で多数の役人が集まる必要があったから。　b　兵役として都の警備にあたること。　c　ウ　C　a　イ　b　エ　c　農地のかんがい用水としての役割。　D　a　ア　b　①　ほぼ同じ人口の武家の4分の1の面積に暮らしているため，居住環境は極めて悪かったこと。　②　エ　E　a　イ・エ　b　イ　c　警察予備隊

3 a　エ　b　①　総務省　②　ウ　c　ウ

○推定配点○

1　Aab・Bce・Ce　各2点×5　Ae　5点　他　各1点×10

2　A・Eac　各2点×5(Aa・Ea各完答)　Bab・Cc　各3点×3　Db①　5点　他　各1点×6

3　b①　2点　他　各1点×3　計60点

＜社会解説＞

1　(地理・歴史―日本の国土と自然・産業・エネルギー問題など)

基本　A　a　チベット高原を源に上海付近で東シナ海に注ぐナイル・アマゾンに次ぐ世界3位の大河。　b　奈良時代の初め，各地の産物や地名の由来などを漢文で記した地誌。出雲・常陸・播磨・豊後・肥前の5か国が現存している。　c　有田焼は日本で初めて作られたといわれる白磁の陶器。その後赤絵付けの手法が開発されヨーロッパで大人気を博した。　d　戦後中東で大規模な油田が開発され石炭から石油へのエネルギー革命が進行した。　e　美容や健康産業の集積地を目指した構想。全国で生まれている地域おこしの一環ともいえる。

B　a　20世紀末から石油生産が減少，経済発展も伴い現在は純輸入国に転落しOPECからも脱退している。　b　天然の稚魚(シラスウナギ)が捕獲できる温暖な太平洋岸で発達。2022年には絶滅危惧種に指定され卵からの完全養殖が求められている。　c　渥美半島や東三河地域を全国有数の農業地帯に変身させた用水。　d　渥美半島は11～3月の冬キャベツ，千葉や茨城は4～6月の春キャベツ，群馬や長野は7～10月の夏・秋キャベツとすみ分けている。　e　木曽のヒノキは青森ヒバ，秋田スギと並び天然林の三大美林として知られている。

C　a　断崖絶壁が10kmも続く親不知は，日本で初めてユネスコ世界ジオパークに認定された糸魚川ジオパークの一部。　やや難　b　自動車輸送は2010年から自家用が除外されているので注意を要する。Bは自動車，Dは旅客船。　c　2015年に長野－金沢間が開業，今後は小浜－京都－新大阪ルートが計画されている。　d　青森と秋田の県境に位置する湖。火山が陥没してできたカルデラに水が溜まったもの。　e　糸魚川から松本－諏訪湖－韮崎－静岡を結ぶ線。フォッサマグナの西縁を限る大断層。　f　釜無川に築いた信玄堤は現在も一部が残っており，その優れた建設技術は現在も大いに評価されている。

2　(日本の歴史―古代～現代の政治・社会・文化など)

A　a　縄文時代は紀元前1万2000年から紀元前400年ごろまでで，人々は狩猟採集を中心とした生活を送っていた。オオツノジカや日本列島の誕生は旧石器時代。　b　豊かな実りや安産を願った　重要　宗教的・呪術的な土製品。　c　第二次世界大戦中に発見された遺跡。戦後の本格的な発掘調査

で大規模な水田跡などが発見された弥生を代表する遺跡。

B　a　平城京には10万人もの人々が生活，役人だけでも1万人近くいたと考えられている。

やや難　b　1年の任期で都の警備に当たった兵役(衛士)。これ以外にも中央官庁の雑役などに当たった仕丁と呼ばれる労役もあった。　c　中央に主人の住む主屋(寝殿)を置き，東西に対と呼ぶ副屋を廊下で結んだ形式。庭には池や築山も作られた。

重要　C　a　1185年，源頼朝は義経追討を口実に守護・地頭の設置を認めさせることに成功，これにより全国的な軍事・警察権を掌握し権力を確立した。　b　元と高麗の連合軍は対馬に上陸し多くの人々を殺害・捕虜とした。その後壱岐を攻撃し九州本土へと向かった。　c　広い屋敷の周辺には田畑が存在，屋敷内に住む家来たちがこれらを耕作していた。

D　a　江戸では南北2つの町奉行が月番制で行政・警察・司法のすべてを担った。蔵屋敷は大阪，江戸の人口は世界1でロンドンの2倍近かった。　b　①　江戸の庶民は長屋と呼ばれる集合住宅で生活，6畳程度の空間に家族全員で暮らすといった生活をしていた。　②　江戸～大阪の道中記。数々の失敗やいたずらなどをつづった滑稽本。

重要　E　a　「天皇ハ神聖ニシテ侵スヘカラス」(3条)。国民は天皇の臣民とされ，人権はあくまで天皇から与えられたものという位置づけだった。　b　労働力不足からさまざまな人が動員されたが勤労奉仕は中学生以上が対象であった。　c　戦争勃発の翌月に日本の治安維持を目的に結成，事実上の再軍備の第一歩となった。1952年には保安隊，54年には自衛隊と改称され現在に至る。

3　**(地理・政治一人口・政治のしくみなど)**

a　タイには5000社を超える日本企業が進出しアジア市場への輸出基地にもなっている。アはアメリカ，イは中国，ウはカナダ。　b　①　2001年の省庁再編で総務庁・自治省・郵政省が統合されて誕生。行政組織や地方自治，選挙，情報通信など国の基本的な諸制度を所管する。　②　グラフは人口移動であり人口そのものを示すものではない。地方圏の人口は全人口の約半分で一貫して大阪圏の人口を上回っている。所得倍増計画は1960年，バブル崩壊は1990年代初め，大阪万博は1970年。　基本　c　日本の総人口は約1億2400万人。

★ワンポイントアドバイス★

正解のない記述問題への対応は多くの類似問題に触れて慣れることである。過去問などを利用して自分の考えをコンパクトにまとめる練習をしよう。

＜国語解答＞ 《学校からの正答の発表はありません。》

[一]　問一　①　小学四(年生)　②　夏　問二　1　×　2　×　3　×　4　○　5　○　6　×　問三　けっこうたのしかった　問四　4　問五　1　問六　2　問七　4　問八　3・6　問九　3　問十　2　問十一　1　問十二　2　問十三　4

[二]　問一　a　4　b　3　問二　ア　3　イ　2　問三　(例)　A　自分　B　他人　問四　1　問五　(例)　知識がないことで，自分の心と向き合い，思考して答えを見つけることができるから。　問六　(例)　あえて情報をしゃ断すること。／知識が増えすぎたら捨てること。　問七　(例)　父が話しているように，祖父には生きがいになっている登山をこれからも続けてほしいが，祖母や母の心配も理解できるので，必ず自分と一

緒に行く，クマ対策を万全にする，体力に合わせて登山回数を決める，といった家族のルールを決めて，ルールを破ったら登山は一定期間禁止ということを祖父に約束してもらう。今後，祖父の体力的に登山が難しくなるかもしれないので，祖父が楽しめるような趣味を，祖父と一緒に探したいとも思う。

[三]　1　×　2　○　3　○　4　×　5　○　6　×

[四]　1　潔(く)　2　財　3　票差　4　推移　5　吸(う)　6　かな(でる)
7　ちゅうさい　8　きざ(し)

○推定配点○

[一]　問一　各2点×2　問二　5点(完答)　他　各3点×11(問八完答)

[二]　問四・問六　各3点×3　問五　5点　問七　10点　他　各2点×6

[三]　各1点×6　[四]　各2点×8　計100点

＜国語解説＞

[一]　(小説―心情・場面・細部の読み取り，空欄補充)

基本　問一　①　「ひさしはこの一週間……」で始まる段落で，「あと二年もすれば，ひさしも中学受験である」と描かれているので，今のひさしは「小学四年生」である。

②　冒頭の場面で母親が「『この暑い時に……』」と話しており，「ひさしは毎朝，……」で始まる段落で「夏休みがさいわいした」とも描かれているので，季節は「夏」である。

重要　問二　「『隣組の組長さんが……』『旦那さまも奥様も……』」で始まる小母さんのせりふから，4・5はあてはまる。1の「利益」，2の「兵隊の生活の全て」，3の「わが物顔で占領する」 6の「組長が勝手に延長する」はいずれもあてはまらない。

問三　「ひさしはこの一週間，……」で始まる段落で，自分の家が「兵隊宿」になっている間，仏間で両親の間にはさまって寝るので「けっこうたのしかった(10字)」というひさしの心情が描かれている。

問四　「『時勢だ，……』」で始まるせりふで「『……あの人達の行く先を考えると，床の間のある部屋にねむらせてあげたいと思うのは人情でしょう』」と話していること，問四――部の段落で「もてなしに対するどのような対応を見ても，見ているうちに胸をふさがれそうになる」ひさしの母親の様子が描かれているので4が適切。これらの描写をふまえていない他の選択肢は不適切。

問五　問五――部の「人手が思うようにまかせぬようになり」は，男性はみな戦争に行くため，餅をつく男手があまりいないこと，「世の中を気にして」は，戦時中は餅つきのような行事はつつしむ風潮になっている，ということなので1が適切。戦争の影響を説明していない2・4は不適切。3の「貧しい」「ゆう福」も不適切。

重要　問六　「ひさしの家では……」で始まる段落で，兵隊たちが兵隊宿の家に「ごめいわくをかけてはいけないことになっています」と話していることが描かれているように，この時の将校もそのような思いで草餅を断ったと考えられるので，その気持ちに同情する，かわいそうに思うという意味の2があてはまる。

問七　「馬は，からだの……」で始まる段落で「馬の……動きの複雑さは，不思議をこえて，そういう生きものをつくった目に見えない何かをひさしにこわいと思わせた。すばらしいと思った」，問七――部直前で「かけばかくほど……自分がそれに近づいているような気もするのに，逆に遠ざかっていくような感じもあって」というひさしの心情が描かれているので4が適切。これらの心情をふまえていない他の選択肢は不適切。

重要 問八　問八「　」部で，将校達との神社参拝は馬で行かないことに「がっかりした」こと，ひさしが学校の遠足でいく度も行っている神社だが，将校達には「めずらしいのだろう」と思い，「案内役」として「やっぱり行こう」と決心しているひさしの様子が描かれているので，3・6が適切。1の「格好いい将校達と連れ立って歩く」，2の「不可解だ」，4の「自分もいっしょに祈願したい」，5の「親に認めてもらいたい」はいずれも描かれていない。

問九　「背の高さに関係なく三人が歩調をそろえている」将校達に「訓練というものはすごいものだと感心」し，途中で出会った兵隊が「将校達に敬礼を送った」様子に，問九——部のようになっているので3が適切。1の「自分は……さっ覚し」，2の「戦いに備えて」「彼らの士気の高まりに自然と共鳴」，4の「自分の存在を気にもとめず」はいずれも不適切。

重要 問十　問十「　」部では，ひさし達が参拝におとずれた神社の境内に，今日は傷病兵や面会の家族らしい人がいないことに安心しながらも，神社の裏手にある戦死者の墓地に，将校達が気づかないうちに早くここから連れ出さなければとあせっているひさしの様子が描かれているので2が適切。戦地におもむく将校達に，不吉な未来を暗示するような傷病兵や戦死者の墓地を見せないように必死になっているひさしの様子を説明していない他の選択肢は不適切。

問十一　問十「　」部で，「軍帽をとると，長い間本殿に向かって頭を垂れていた」将校達の様子とともに，ひさしも「見習って同じように頭を垂れていた」様子が描かれ，問十一——部直後で「母親に対する報告も，何となくはずまない」ひさしの様子も描かれていることから1が適切。将校達の気持ちをあらためて意識し，もの悲しい気分になっていることを説明していない他の選択肢は不適切。

重要 問十二　神社参拝の後，戦地にむかう将校達の心情が思われ，「三頭の軍馬」に三人の将校達を重ね，問十二——部のように軍馬を描いているので2が適切。三頭の軍馬に三人の将校を重ね合わせていることを説明していない他の選択肢は不適切。

やや難 問十三　問十三——部は，住所が明記されず，「検閲済」のスタンプがおされている将校達からの手紙から，自分の意志とは関係なく，命さえも国家機関に管理されていることに「とりとめのないかなしみ」とともに，自分にはどうすることもできないことがあることを知らされた，ということなので4が適切。将校達のおかれている状況に対する悲しみ，それをどうすることもできない無力感に理不尽さを感じていることを説明していない他の選択肢は不適切。

［二］（論説文―要旨・細部の読み取り，空欄補充，ことばの意味，記述力）

問一　══部aは，その場にいたままの状態で，動いたり出向いたりすることなく，という意味。bは「真っ新」と書き，新しいことをより強調した言い方で，まったく新しいことを表す。

基本 問二　〜〜部アは，後に禁止の語をともなって「決して，断じて」という意味を表すので3が同じ。イは，特別な意図を持って何かをする場合に用いられ「わざわざ，無理に」という意味を表すので2が同じ。

問三　A・Bのある段落内容の説明として直後の段落で，「知識が豊富になっただけで『自分で考えた』と思ってはいけません。人の知識を借りているのに，『自分のアイデアである』とかんちがいするのは大きな過ちです」と述べていることから，Aには「自分」，Bには「他人」といった言葉が入る。

問四　問四——部のある段落と次段落で，思考の第二歩「の時点で情報を集めたがる人が……多い」が，「答えというゴールにはたどり着け」ないこと，「……検さくエンジンを使ったら，たちまち答えらしきものが無数に出て」くるが，「それを見つけて満足し，……手間ひまかけて考える必要がなくなる」と述べているので1が適切。これらの段落内容をふまえていない他の選択肢は不適切。

重要 問五　問五――部のある段落で，経験も知識もない新入社員は「自分の心と向き合って答えを見つけるしかない」が，その文章は「思考の果てのかがやかしい発明があ」った，と述べていることをふまえ，「知らないことはすばらしい」と筆者が考える理由を指定字数以内にまとめる。

問六 「検索エンジンに……」で始まる段落で，「考える人でありたい」ために「あえて情報をしゃ断すること」を心がけていること，「仕事における……」から続く3段落で，仕事の経験が長くなるほど考えることが難しくなるのは知識が増えるためなので「知識が増えすぎたら捨ててい」ることを述べているので，この二つを筆者が「考える」ことを大切にするために心がけていることとして説明する。

やや難 問七　解答例の他に，祖父の生きがいでもある登山を続けられるよう，心配する祖母や母が安心できるような提案を具体的に提示する，という内容も考えられる。家族それぞれの意見をふまえて，みんなが納得できる提案を示していこう。

やや難 **[三]　（敬語）**

1は相手にたずねているため，謙譲語の「拝見してくださいましたか」ではなく，尊敬語で「ご覧いただきましたか」などが正しい。2は自分のこととして，謙譲語の「存じ上げております」と用いているので正しい。3は相手に対して，尊敬語の「おかけください」を用いているので正しい。4は自分の「母」のことなので，尊敬語の「おいでになりました」ではなく，謙譲語で「うかがいました」が正しい。5は「校長先生」に対する尊敬語「お渡ししようと」を用いているので正しい。6は「先生」がしたことなので，謙譲語の「お運びした」ではなく，尊敬語で「運んでくださった」などが正しい。

重要 **[四]　（漢字の読み書き）**

1の音読みは「ケツ」。熟語は「潔白」など。2は財産や資産のこと。3は投票で，得票数の差のこと。4は時がたつにつれて状態が変化すること。5の音読みは「キュウ」。熟語は「吸収」など。6の音読みは「ソウ」。熟語は「奏功」など。7は対立し争っているものの間に入って仲直りをさせること。8の音読みは「チョウ」。熟語は「前兆」など。

★ワンポイントアドバイス★

論説文では，筆者がどのようなことを主張しているかを具体的に読み取っていこう。

MEMO

大切なことはメモしておこうネ！

2023年度

★★★★★★★★★★★★★★★★★★★★★★★★

入　試　問　題

2023年度

フェリス女学院中学校入試問題

【算　数】（50分）　＜満点：100点＞

【注意】 1. 答を出すのに必要な図や式や計算を，その問題のところにはっきりと書いてください。

2. 円周率を使う場合は3.14としてください。

1 次の問いに答えなさい。

(1) 次の □ にあてはまる数を求めなさい。

$$2\frac{3}{5} \div \{(\square - 1.95) \times 0.6\} + \frac{5}{7} = \frac{5}{3}$$

答

(2) あるスーパーでは３本のラムネの空きビンと，１本の新しいラムネを交換してくれます。

たとえば，７本のラムネを買って，そのうち６本の空きビンをスーパーに持っていくと，２本の新しいラムネと交換してくれます。この２本の新しいラムネの空きビンと前の残りの１本の空きビンを持っていくと，もう１本新しいラムネをもらえるので，合計10本のラムネを飲めます。

次の ア ， イ にあてはまる数を求めなさい。

① 30本の新しいラムネを買うと，合計で ア 本までラムネを飲めます。

② 合計で100本のラムネを飲むには，少なくとも イ 本のラムネを買う必要があります。

答 ア　　　イ

(3) ３つの整数2342，2894，3561を，１以外の整数 ア で割ると余りがどれも イ になります。

ア ， イ にあてはまる数を答えなさい。

答 ア　　　イ

(4) サイコロを３回振ります。１回目に出た目の数をＡ，２回目に出た目の数をＢ，３回目に出た目の数をＣとします。

Ａ×Ｂ×Ｃの値が偶数となるようなサイコロの目の出方は，［ア］通りあります。

Ａ×Ｂ×Ｃの値が８の倍数となるようなサイコロの目の出方は，［イ］通りあります。

［ア］，［イ］にあてはまる数を答えなさい。

答	ア		イ	

(5) ３人の姉妹がそれぞれの貯金箱のお金を出しあって母の誕生日プレゼントとケーキを買いに行きました。はじめにプレゼント代を支払うのに長女のお金の37.5%，次女のお金の50%，三女のお金の45%を出しあいました。次に，ケーキを買うのに長女の残金の62.5%と，次女の残金の40%を出しあいました。最終的に三女の残金は長女の残金より一割多く，次女の残金は長女の残金と等しくなりました。

長女と次女と三女が出したプレゼント代を最も簡単な整数の比で表すと

［ア］：［イ］：［ウ］です。

［ア］～［ウ］にあてはまる数を答えなさい。

答	ア		イ		ウ	

[2] Ａさんの自動車は一般道路では時速40kmで走り，10km走るのに１Ｌのガソリンを使用します。また，高速道路では時速80kmで走り，12km走るのに１Ｌのガソリンを使用します。Ａさんが自宅から712km離れた祖父母の家を一般道路と高速道路の両方を利用して往復しました。次の［ア］～［ウ］にあてはまる数を答えなさい。

(1) 行きは，使用したガソリンが60Ｌでした。高速道路を走った距離《きょり》は［ア］kmで，行きにかかった時間は［イ］時間です。

(2) 帰りは高速道路を走る距離と一般道路を走る距離を行きとは変えたところ11時間30分かかりました。そのとき使用したガソリンは［ウ］Ｌです。

答	ア		イ		ウ	

3　図のように中心角が90°のおうぎ形と直径が４cmの半円があります。
点Cは直線OAの真ん中の点です。次の問いに答えなさい。

(1)　図の曲線$\overset{\frown}{\mathrm{AD}}$の長さと曲線$\overset{\frown}{\mathrm{DB}}$の長さの比が７：８であるとき，㋐の角の大きさは何度ですか。

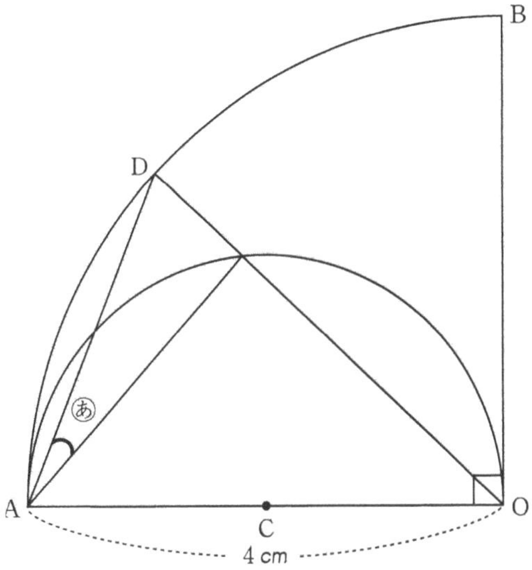

答

(2)　曲線$\overset{\frown}{\mathrm{AD}}$の長さと曲線$\overset{\frown}{\mathrm{DB}}$の長さの比が１：２であるとき，三角形DCOの面積は何cm²ですか。
（求め方）

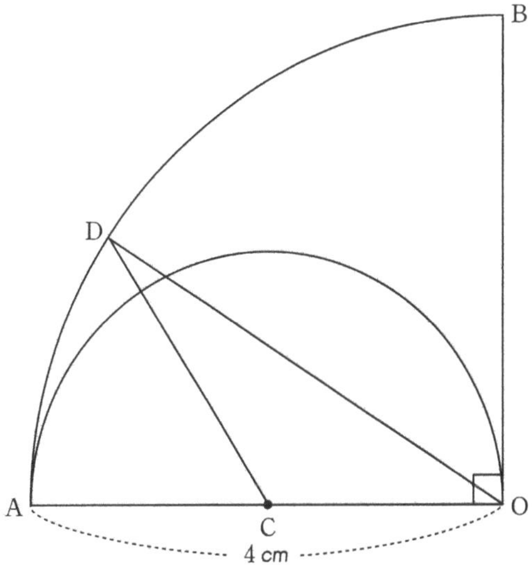

答

4　A，B，C，D，Eの５人全員が，自分以外のだれか１人にメールを送ります。次の問いに答えなさい。

(1)　メールを受け取るのが２人であるようなメールの送り方は何通りありますか。

（求め方）

答

(2)　メールを受け取るのが４人であるようなメールの送り方は何通りありますか。

（求め方）

答

(3)　メールを受け取るのが３人であるようなメールの送り方は何通りありますか。

（求め方）

答

5　右の表のＡからＧのそれぞれの欄《らん》に０か１の数を１つずつ次のようにして書きます。

A	B	C	D	E	F	G

A，B，C，Dの欄には，０か１の数を１つずつ書きます。

Eの欄には，A，B，Cの欄にある１の個数が奇数なら１を，偶数なら０を書きます。

Fの欄には，A，B，Dの欄にある１の個数が奇数なら１を，偶数なら０を書きます。

Gの欄には，A，C，Dの欄にある１の個数が奇数なら１を，偶数なら０を書きます。

次の問いに答えなさい。

(1)　A，B，C，Dの欄に下のように数を書いたとき，E，F，Gの欄にあてはまる数を答えなさい。

A	B	C	D	E	F	G
0	1	1	0			

(2)　花子さんがこのやり方で数を書いたあと，町子さんがそれを別の表に書き写します。町子さんはすべての欄の数を正しく書き写すか，１つの欄だけ０と１をまちがえて書き写します。２つ以上の欄についてまちがえることはありません。

①　町子さんがまちがいなく書き写したとき，A，B，C，Eの欄にある１は何個ありますか。すべての場合を答えなさい。

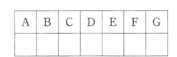

② 町子さんがA，B，D，Fの欄のうち1つだけ0と1をまちがえて書き写したとき，A，B，D，Fの欄にある1は何個ありますか。すべての場合を答えなさい。

③ 町子さんが書き写した表を調べると，次のことが分かりました。

A，B，C，Eの欄にある1は1個で，A，B，D，Fの欄にある1は2個で，

A，C，D，Gの欄にある1は3個でした。

町子さんが，すべての欄を正しく書き写していた場合は，答の欄に○を書きなさい。

0と1をまちがえて書き写した欄がある場合は，その欄のアルファベットを書きなさい。

④ 町子さんが書き写した表が

A，B，C，Eの欄にある1は2個で，A，B，D，Fの欄にある1は3個で，

A，C，D，Gの欄にある1は4個だったとします。

このとき，花子さんが書いた表の数を答の欄に書きなさい。

答

(1)

A	B	C	D	E	F	G
0	1	1	0			

(2) ①

(2) ②

(2) ③

(2) ④

A	B	C	D	E	F	G

【理　科】（30分）　＜満点：60点＞

1　水よう液ア～エを用意し，実験①～③を行いました。図はその手順と結果です。図中の水よう液Ａ～Ｄは，水よう液ア～エのいずれかです。

ア：うすい塩酸　　イ：うすい水酸化ナトリウム水よう液　　ウ：食塩水　　エ：うすいアンモニア水

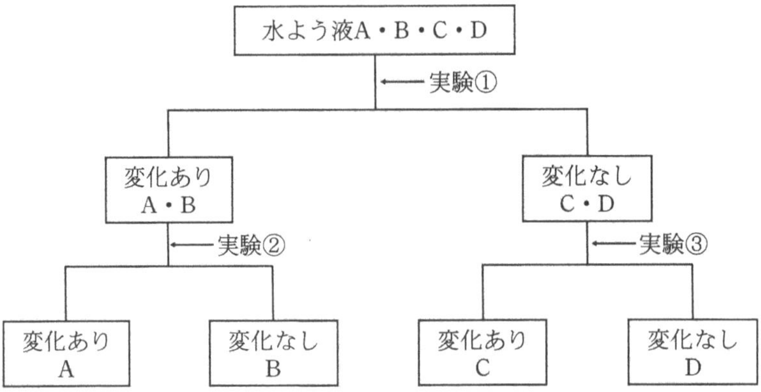

①～③でどのような実験をすれば，水よう液Ａ～Ｄを区別できるでしょうか。その方法を３通り考えたいと思います。①～③にふさわしい実験をサ～ソから選んで，実験の組合せを３通り作りなさい。ただし，各組合せでの①，②，③は異なる実験を選ぶこと。

また，その実験と結果になるとき，Ａ～Ｄにあてはまる水よう液をア～エから選びなさい。

サ：赤色リトマス紙に水よう液をつける。
　　→青く変色すれば「変化あり」，変色しなければ「変化なし」

シ：青色リトマス紙に水よう液をつける。
　　→赤く変色すれば「変化あり」，変色しなければ「変化なし」

ス：水よう液に石灰水を加える。
　　→白くにごれば「変化あり」，にごらなければ「変化なし」

セ：少量の水よう液をじょう発皿にとり，弱火で加熱する。
　　→固体が残れば「変化あり」，何も残らなければ「変化なし」

ソ：水よう液にアルミニウムのうすい小さな板を入れる。
　　→あわが出れば「変化あり」，あわが出なければ「変化なし」

2　アサギマダラというチョウの成虫は，ヨツバヒヨドリというキク科の植物などの花のみつをエサとしています。

1　アサギマダラについて，次の問いに答えなさい。

(1)　アサギマダラの成虫の口の形にもっとも近いものを，次のア～エから１つ選び，記号で答えなさい。なお，図は実際の生物の大きさとは異なります。

ア　　イ　　ウ　　エ

(2) (1)のようなアサギマダラの成虫の口が適していることを，次のア～エから1つ選び，記号で答えなさい。

ア　かむこと　　イ　けずること　　ウ　吸うこと　　エ　なめること

(3) アサギマダラの成虫のからだを示した解答らんの図に，あしとはねをかき入れなさい。

(4) さなぎの時期があるものを，次の①～⑥からすべて選び，番号で答えなさい。

①　アサギマダラ　　②　アリ　　③　カブトムシ

④　セミ　　⑤　トンボ　　⑥　バッタ

2　次のア～エはある植物の葉（左）と花（右）のスケッチです。ヨツバヒヨドリのものを1つ選び，記号で答えなさい。なお，図は実際の植物の大きさとは異なります。

ア　　イ　　ウ　　エ

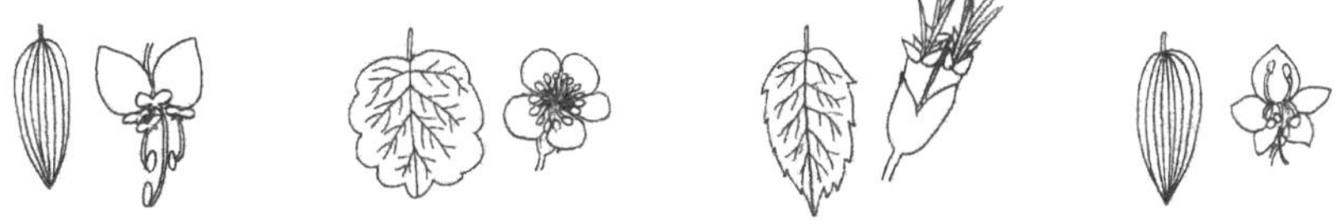

アサギマダラの成虫（以下，アサギマダラと呼ぶ。）とヨツバヒヨドリの関係について調べるために，野外で2日間にわたって次の実験をおこないました。この場所にはヨツバヒヨドリが多く生えており，アサギマダラもたくさん飛んでいます。また実験は複数人で協力しておこないました。

（1日目）

①　開花直後のヨツバヒヨドリの花を探し，くきにリボンをつけた。

②　リボンをつけた花のうちの半分の花にふくろをかぶせて，ふくろの口をひもでしばった。リボンをつけた残りの花には，ふくろはかぶせなかった。

（2日目）

①　1日目にかぶせたヨツバヒヨドリの花のふくろをはずした。

②　ふくろをはずしたヨツバヒヨドリの花に，アサギマダラが訪れるのを待った。

③　ヨツバヒヨドリにアサギマダラが訪れたら，ストップウォッチで花にとまっている時間を測定した。

④　アサギマダラが飛び立ったら，ヨツバヒヨドリの花は切り取った。

⑤　この測定を20個のヨツバヒヨドリの花でおこなった。

同様の測定を1日目にふくろをかぶせなかったヨツバヒヨドリの花でもおこなった。

実験の結果は，次のページの表とグラフのようになりました。なお，同じアサギマダラが何度もヨツバヒヨドリの花に訪れる可能性があります。

【1日目にふくろをかぶせた花】

ふくろをかぶせた花	花1	花2	花3	花4	花5	花6	花7	花8	花9	花10	花11	花12	花13	花14	花15	花16	花17	花18	花19	花20
花にとまっていた時間(秒)	37	18	223	28	170	305	85	4	11	94	27	24	50	648	244	58	45	602	170	9

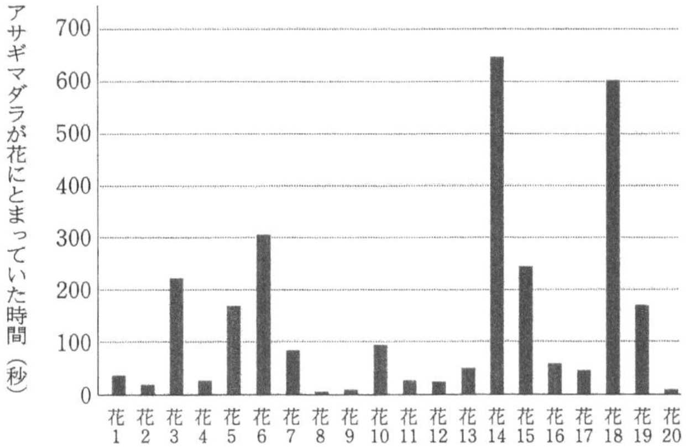

【1日目にふくろをかぶせなかった花】

ふくろをかぶせなかった花	花1	花2	花3	花4	花5	花6	花7	花8	花9	花10	花11	花12	花13	花14	花15	花16	花17	花18	花19	花20
花にとまっていた時間(秒)	67	20	34	8	59	6	20	65	40	407	84	4	13	63	3	124	212	2	13	24

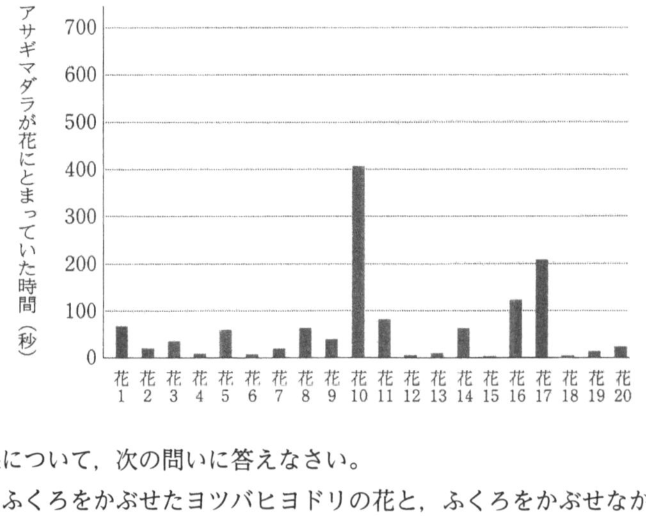

3　実験の結果について，次の問いに答えなさい。

(1)　1日目にふくろをかぶせたヨツバヒヨドリの花と，ふくろをかぶせなかったヨツバヒヨドリの花では，アサギマダラが花にとまっていた平均時間にちがいがあった。次のア・イから，アサギマダラがとまっていた平均時間が長い花を選びなさい。

ア　1日目にふくろをかぶせた花　　イ　1日目にふくろをかぶせなかった花

(2)　(1)のようなちがいが生じた理由を説明しなさい。

4　1日目にふくろをかぶせたヨツバヒヨドリの花にも，1日目にふくろをかぶせなかったヨツバヒヨドリの花にも，アサギマダラが花にとまっていた時間が平均時間よりもあきらかに長かったものも，あきらかに短かったものもあった。
1日目にふくろをかぶせた花で，アサギマダラが花にとまっていた時間が平均時間よりもあきらかに短かったものについて，平均時間よりも短かった理由を2つ答えなさい。

3　光の進みかたの「きまり」をしらべるため，長方形で厚みが一定のガラスを用いて実験をしました。光の進む道筋が見えるように，細いすき間を通した光を図1のようにガラスの断面に対して直角に当て，上から観察したところ，光の道筋は図2のようになりました。ガラスに当てる角度を，直角ではなく，図3のアのような角度にしたところ，光の道筋が変わりました。

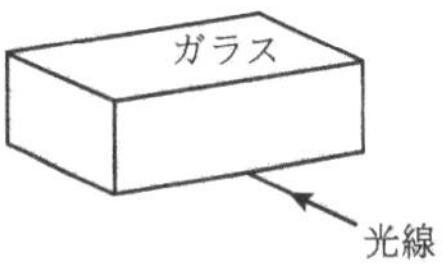

図1

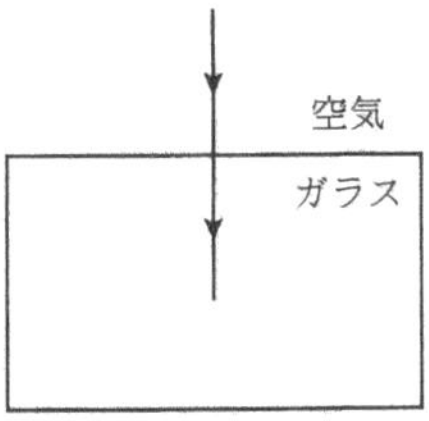

図2

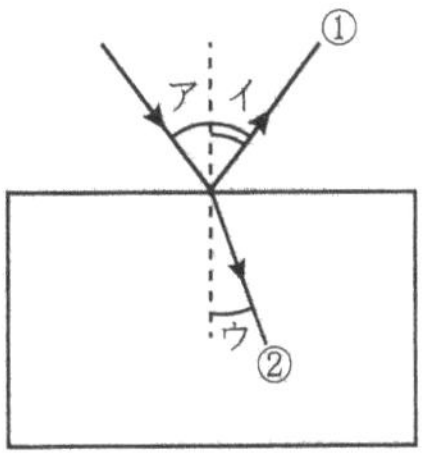

図3

図3の①はガラスの表面で反射した光（反射光）です。反射光がどの向きに進むか調べるため，図3のアの角度を変えて，イの角度を測定したところ，表1のようになりました。

表1

アの角度	イの角度
20°	20°
40°	40°
60°	60°

表2

アの角度	ウの角度
20°	13°
40°	25°
60°	35°

1　表1から，反射光が進む向きにはどのような「きまり」があるといえますか。

図3の②はガラスの中に入る時に光の道筋が曲がった光です。これをくっ折光といいます。図3のアの角度を変えて，ウの角度を測定したところ，表2のようになりました。しかしこれでは「きまり」がよくわからないので，本で調べたところ，次のような「きまり」があることがわかりました。

入射点Aを中心とした円を書き（次のページの図4），BCの長さとDEの長さを測定すると，（BCの長さ）÷（DEの長さ）は，入射角（図4のアの角）を変えても一定の値になる。
この値を「くっ折率」という。

あらためてこの「きまり」をあてはめやすいように，方眼紙の上で実験すると，次のページの図5のようになりました。

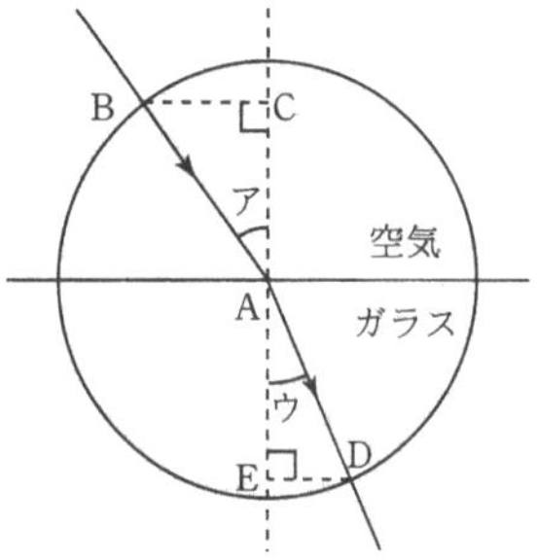

図 4

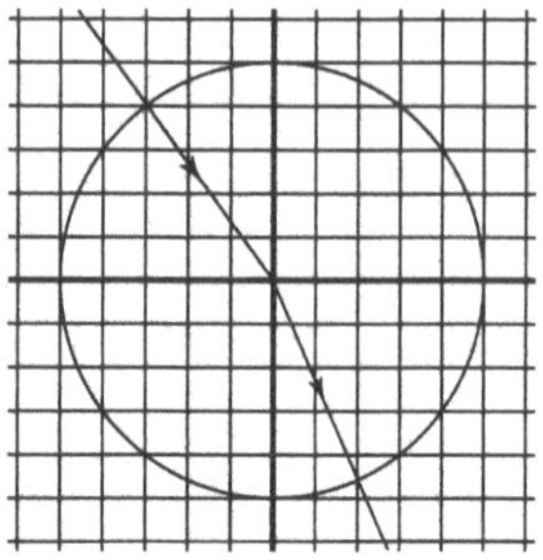

図 5

2　このとき（図 5 ）のくっ折率はいくらですか。

3　ガラスから空気に光が進むときも，図 4 の光線の向きを逆にすれば，同じ「きまり」が成り立ちます。ガラスから空気に光が進むときの光の道筋を，解答用紙の図に書き入れなさい。定規を使えませんので，光の道筋の線は，始点と終点をなるべくまっすぐ結ぶように書いてください。

4　3 のとき，ガラスと空気の境目で反射する光もあります。反射光を解答用紙の図に書き入れなさい。

5　ガラスではなく，水で同じ実験をします。水の場合のくっ折率を調べたところ，1.33であることがわかりました。図 4 で，空気中を進む光の道筋が同じとき，水に入ったときのウの角度は，ガラスの場合と比べてどのように変化しますか。下の文章の｛　｝からあてはまるものを 1 つ選びなさい。

図 4 のアの角（入射角）を同じにして実験した場合，図 4 のBCの長さは同じであるが，水のくっ折率がガラスよりも｛①　**大き・小さ**｝いため，(BCの長さ)÷(DEの長さ）はガラスよりも｛②　**大き・小さ**｝くなる。したがって，DEの長さはガラスよりも｛③　**大き・小さ**｝くなるため，ウの角はガラスよりも｛④　**大き・小さ**｝くなる。

4　下図は地球の大気（空気中)，海洋，そして陸地に存在するすべての水の量を図示したものです。図中の ☐ の数字は，その場所に存在している水の量(体積)で，単位は千立方キロメートル(1000 km^3) です。また図中の矢印の間の数字は，1 年間に矢印の向きに移動する水の量（体積）の合計で，単位は千立方キロメートル（1000km^3）です。なお，図中のすべての数値は地球全体で測ることはできないので推定した値で，水は液体の状態だけでなく，気体や固体の状態でも存在するすべての水を液体の水の体積に置きかえた値で示しています。

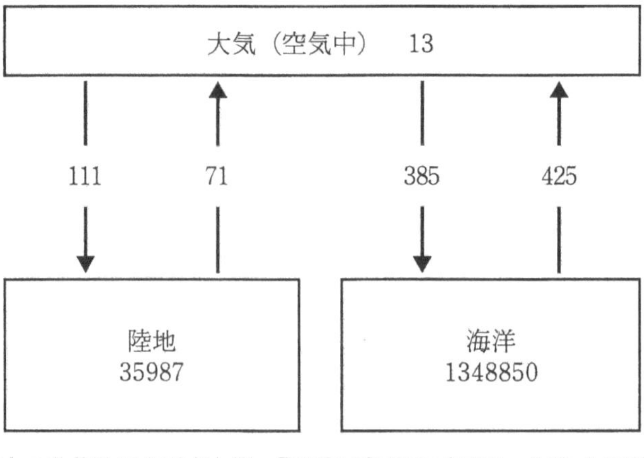

図中の数値は国立天文台編 『理科年表 2022 年版』 丸善 より引用。

1　大気中に存在する水は目に見えませんが，それを何といいますか。

2　陸地に存在するすべての水を100%としたとき

(1)　1番多い（76%）の水は固体の状態で存在します。それを何といいますか。漢字2字で答えなさい。

(2)　川や湖に存在する水は1%もありません。それよりも多い全体で2番目（23%）の水は何でしょうか。漢字3字で答えなさい。

3　地球全体の水の量が一定で，水が存在しているそれぞれの場所で「入ってくる量」と「出ていく量」が同じであると考えたとき，陸地と海洋の間，大気中でも水は移動していることになります。

(1)　それぞれ，どの向きに水は移動しているのか。次の表のア～エの組合せの中から正しいものを1つ選びなさい。また，それぞれ移動している水の量（体積）が同じであると考えたとき，1年間で何千立方キロメートル（1000km^3）になりますか。

	陸地と海洋の間	大気中
ア	陸地 → 海洋	陸地上の大気 → 海洋上の大気
イ	陸地 → 海洋	海洋上の大気 → 陸地上の大気
ウ	海洋 → 陸地	陸地上の大気 → 海洋上の大気
エ	海洋 → 陸地	海洋上の大気 → 陸地上の大気

(2)　大気中に存在している水の量と，1年間に大気中から「出ていく量」または大気中に「入ってくる量」をくらべ計算すると，大気中の水が何日間おきに入れかわっていることがわかります。その日数を求めなさい。答えが小数になる場合は，小数点以下を四捨五入して答えなさい。

4　海洋に存在するすべての水が，海洋の面積と海洋の深さ（平均した一定の深さ）から求められる直方体の中にあるとした場合，海洋の平均の深さは何mになりますか。
ただし，海洋の面積は361百万平方キロメートル（1000000km^2）とし，答えは十の位を四捨五入して答えなさい。

5　地球上にある水は大きく2つに分類されます。1つは海水で，もう1つは海水以外の塩分をふくまない真水です。海水の塩分のう度は場所によって差はありますが，地球全体の平均で3.5%（海水100gに3.5gの塩分がふくまれています）です。地球上の水の量は一定で，海洋，大気，陸上の間で水が移動しているとき，海水の塩分のう度もほぼ一定で変化ありません。その理由を説明した下記の文中の下線部(1)～(3)に適語を入れ，文章を完成させなさい。

＜理由＞

水が海洋から大気中に移動するとき，海水中の塩分は(1)＿＿＿＿＿＿＿＿＿＿＿＿＿。
そのため海水の塩分のう度は(2)＿＿＿＿＿＿＿＿。しかし，真水が(3)＿＿＿＿＿＿＿＿＿
＿＿＿＿＿＿＿＿＿＿＿＿＿＿＿＿＿＿ので，海水の塩分のう度はほぼ一定となる。

【社　会】（30分）　＜満点：60点＞

1　次の文章を読んで，文中の（ア）・（イ）に適切な語句を入れ，──a～fの問いに答えなさい。

群馬県北部にある日本最大の山地湿原《しつげん》である（　ア　）では，明治時代から戦後にかけて，aダムを建設する計画がありました。江戸時代から明治時代にかけては，この地を街道が通り，現在の群馬県b沼田《ぬまた》からは塩や油が，福島県の会津若松《あいづわかまつ》からは米や酒が運ばれていました。この山地湿原は（　イ　）川の水源の一つで，この川の下流域では，1965年に新潟水俣《にいがたみなまた》病が発生しました。（　ア　）では近年，ミズバショウなどの希少植物がcシカに食べられてしまうという被害（食害）に悩《なや》まされています。

d鳥取県の境港《さかいみなと》は山陰《さんいん》地方を代表する漁港です。境港の南の米子《よなご》で海にそそぐ日野《ひの》川の中・上流域では，砂鉄と木炭として使うナラなどの木が豊富に得られたため，e「たたら製鉄」とよばれる製鉄法が古代より大正時代まで行われていました。鳥取県西部は平安時代に紙の産地として知られていましたが，f1950年代には米子市に大きな製紙工場が建設され，現在も紙がさかんに生産されています。

a　①　ダムに期待される役割として，生活・工場用水の確保や発電のほかに，どのようなものがありますか。

②　ダム建設などの大規模な開発を行う際には，それが地域の自然環境《かんきょう》にどのような負担《ふたん》を与えるのかを事前に調査し，地域住民などの意見もとり入れ，必要があれば修正を加えることが法律で定められています。このような一連の手続きのことを何といいますか。

b　次の表は，沼田地方などの群馬県内各地でさかんに栽培《さいばい》されている野菜の一つで，2020年の収《しゅう》穫《かく》量で上位4位までの県を示しています。この野菜の名前をア～エから選びなさい。

	収穫量（単位 トン）	割合（%）
埼玉	22700	10.6
群馬	22400	10.5
千葉	19400	9.1
茨城	16500	7.7
全国	213900	100.0

矢野恒太記念会『日本国勢図会 2022／2023』より作成。

ア　かぼちゃ

イ　ほうれんそう

ウ　いちご

エ　だいこん

c　近年，日本各地でシカによる農作物への食害が多発していますが，シカがこのような高地の湿地帯までエサを取りに現れるようになった主な理由を答えなさい。

d　日本の漁業や水産加工業では日本人労働者が集まりにくくなり，外国人労働者が支えとなっています。これらの産業が行われている地域で日本人労働者が集まりにくくなった原因を，少子高齢化以外に一つ挙げなさい。

e　次の表は，世界の粗《そ》鋼《こう》生産量，粗鋼消費量，鋼材および半鋼材の輸入量で上位５位（2020年）までの国を示しています。表中のＡ～Ｃに入る国名の正しい組み合わせを，次のア～エから選びなさい。

順位	国名	粗鋼生産量（単位 千トン）
1	A	1064732
2	インド	100256
3	B	83186
4	C	72732
5	ロシア	71621
	世界計	1880410

国名	粗鋼消費量（単位 千トン）
A	995040
インド	89333
C	80043
B	52630
韓国	48964
世界計	1773844

国名	鋼材・半鋼材輸入量（単位 千トン）
A	37905
C	19880
ドイツ	18239
イタリア	15461
ベトナム	13634
世界計	386328

矢野恒太記念会『日本国勢図会 2022／2023』より作成。

ア　Ａ　中国　　Ｂ　アメリカ　　Ｃ　日本
イ　Ａ　アメリカ　　Ｂ　日本　　Ｃ　中国
ウ　Ａ　アメリカ　　Ｂ　中国　　Ｃ　日本
エ　Ａ　中国　　Ｂ　日本　　Ｃ　アメリカ

f　次の表は，日本における紙の種類別の生産量を示しています。表中のア～ウは，本などに用いられる「印刷用紙」，コピー機やプリンターなどで用いられる紙などの「情報用紙」，「段ボール原紙」の生産量のいずれかです。印刷用紙を示しているものを，ア～ウから選びなさい。

（単位 千トン）

紙の種類	2000年	2010年	2021年
ア	10004	8069	5154
イ	1737	1478	1160
ウ	9676	8647	10131

矢野恒太記念会『日本国勢図会 2022／2023』より作成。

2　次の文章を読んで，――ａ～ｇについての問いに答えなさい。

米は主食として食べられるため，ａ国別の生産量をみるとアジアの人口の多い国で生産量が多くなっています。一方，日本では，1960年代以降，米離《ばな》れが進行してきました。

ｂ１人当たりの米の年間消費量は，1962年度の118.3kgをピークに減少し，2020年度は50.8kgとなり，家計の支出でみても，米よりもｃパンへの支出が増えています。米が余っていることに対応して，1970年代から2010年代後半までｄ（　　　）政策が実施《じっし》されました。

ｅ農業に従事する人が減り，ｆ米の生産も減少するなか，ブランド米の開発競争が活発に行われています。産地どうしの競争がはげしくなったのは，ｇ1995年から米をめぐる流通の仕組みが変化したことと関係があります。

a　①　次の表は，世界の米に関する統計を示しています。Aの国名を答えなさい。

米の生産	順位	米の輸出
中国	1	A
A	2	ベトナム
バングラデシュ	3	タイ
インドネシア	4	パキスタン
ベトナム	5	アメリカ

（2020年）

矢野恒太記念会『世界国勢図会2022／23年版』より作成。

②　アジアの島国では，平地だけでなく，山地の斜面《しゃろん》を階段状にして稲作をしてきました。この斜面を利用した水田を何といいますか。

b　減少してきた理由としてまちがっているものをア～エから一つ選びなさい。

ア　一人世帯の増加　　イ　共働き世帯の増加　　ウ　食生活の多様化　　エ　米の輸入自由化

c　日本は，パンの原料である小麦の多くを輸入に頼《たよ》っています。小麦の世界的な生産国であるウクライナを2022年2月にロシアが侵攻《しんこう》したことにより，小麦の国際価格は上昇《じょうしょう》しました。右の地図をみてウクライナの位置を，ア～エから選びなさい。

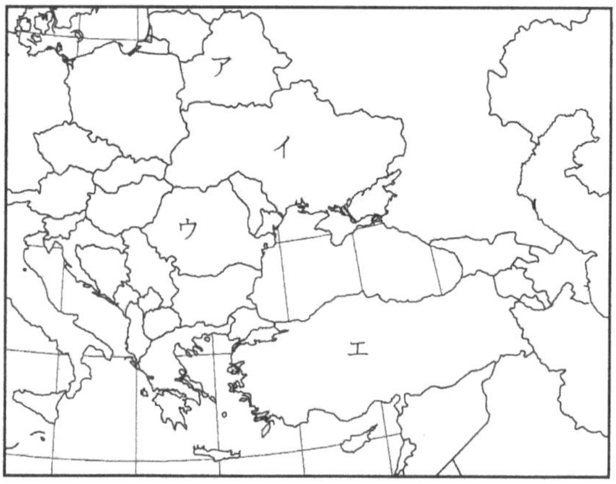

d　（　）に入る言葉を答えなさい。

e　下の表は産業別就業者数を表しています。表中のA～Dは「医療《いりょう》・福祉《ふくし》」，「製造業」，「情報通信業」，「教育・学習支援《しえん》業」のいずれかです。「製造業」－「医療・福祉」の正しい組み合わせを，ア～エから選びなさい。

ア　A－C　　イ　A－D　　ウ　C－B　　エ　C－D

（単位 万人）

	2005年	2010年	2015年	2020年
農業・林業	259	234	208	200
A	1142	1049	1035	1045
B	175	196	209	240
C	553	653	784	862
D	281	288	303	339

「労働力調査結果」（総務省統計局）より作成。

f　米の生産が盛んな新潟県や富山県では，金属製品の伝統工芸が行われてきました。その技術をいかして洋食器づくりで有名な都市を，ア～ウから一つ選びなさい。

ア　燕《つばめ》　イ　高岡《たかおか》　ウ　小千谷《おぢや》

g　この変化は1995年に，ある法律が廃止《はいし》されたことによるものです。この法律をア～エから一つ選びなさい。

ア　食糧《しょくりょう》法　イ　食糧管理法

ウ　農業基本法　エ　食料・農業・農村基本法

3　次の文章を読んで，――a～eについての問いに答えなさい。

人が生活するうえで，ものやサービスを買う消費活動は必要不可欠なことですが，何にお金を使うのかは，自分自身の選択《せんたく》です。

a社会的な問題の解決に貢献《こうけん》しようとする消費活動を「エシカル消費」と呼びます。エシカルとは「倫理的《りんりてき》・道徳的」という意味の英語で，単に自分が欲しいから選ぶというだけでなく，人や社会，地球《ちきゅう》環境などが良くなるように考えて選ぶ消費活動のことです。このような消費は，b日本では2011年からとりわけ意識されるようになったと言われます。

また，自分個人のお金だけでなく，c国や地方自治体に納めた税金の使われ方も知る必要があります。税金はd国会や地方自治体の議会で使い方が話し合われ，定められます。

2022年度の国家予算の歳出《さいしゅつ》をみると，日本の国民生活のための支出だけでなく，e開発途上《とじょう》国の経済援助《えんじょ》のためにも支出し，国際社会に貢献していることが分かります。

このように，私たちはお金を通じて社会とつながっており，そのお金の使い方を考えたり変えたりすることで，より良い社会を作っていくことができます。

a　エシカル消費としてあてはまらない事例を，ア～オから二つ選びなさい。

ア　地元で生産された野菜を積極的に購入《こうにゅう》する。

イ　生産者と公正な取引をしていることを示すフェアトレード商品を購入する。

ウ　戦争で難民になっている人たちを支援する団体に寄付をする。

エ　化学肥料や農薬を減らして作ったオーガニック・コットンの服を選ぶ。

オ　アレルギー成分の表示に気をつけて購入する。

b　この年に起きたできごとが，日本におけるエシカル消費の普及《ふきゅう》に影響を与えたと言われます。何がきっかけで，どのような消費活動が増えるようになったかを具体的に説明しなさい。

c　下のグラフは2013年度と2020年度の日本の財政を示したものです。グラフを参考に，日本の財政状況の説明として正しいものをア～エから一つ選びなさい。

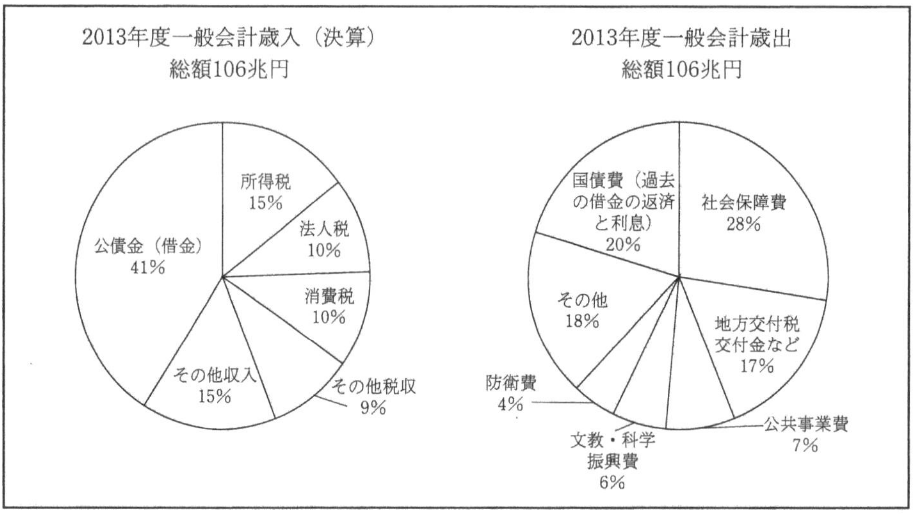

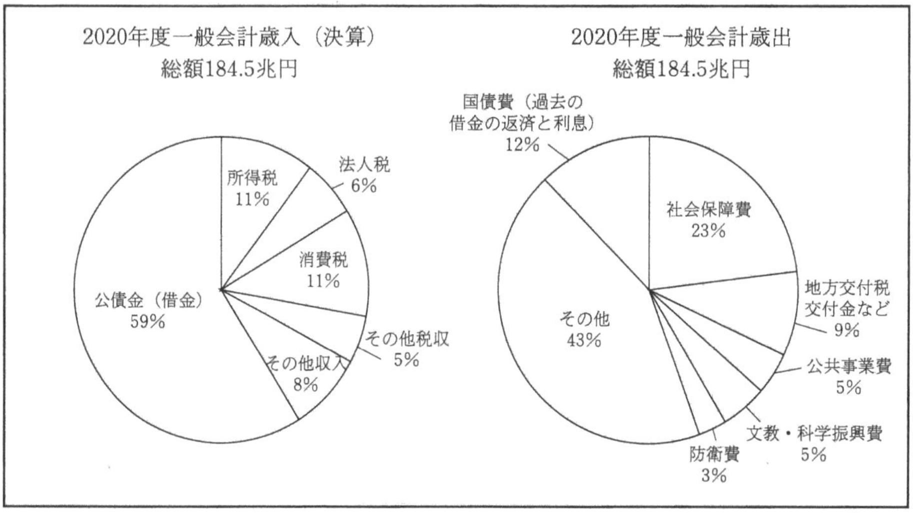

財務省資料より作成。

ア　消費税率が引き上げられたが，消費税の総額は大きく変化していない。

イ　歳入総額から公債金を引いた金額と，歳出総額から国債《こくさい》費を引いた金額を比べると，後者の方が大きいことが，日本の財政の特徴《とくちょう》といえる。

ウ　個人の所得にかかる税金による収入が，新型コロナウイルスの流行によって大幅に減ったことが読み取れる。

エ　2020年度は2013年度より国債費の額が減っており，日本の財政が黒字になりつつあることが読み取れる。

d　国会と地方自治体の議会には共通する点と異なる点がありますが，地方自治体の議会のみにあてはまる説明文を，次のページのア～オから二つ選びなさい。

ア　首長と議会はそれぞれ別々の選挙で，住民（国民）によって選出される。

イ　二つの議会が設置されており，それぞれで審議《しんぎ》される。

ウ　住民（国民）の一定数の署名が集まれば，議員は解職させられることがある。

エ　議員定数が憲法によって定められている。

オ　議会は首長（首相）の権限に基づいて，解散させられることがある。

e　日本政府が資金を提供している国際団体に関する説明としてまちがっているものを，ア～エから一つ選びなさい。

ア　UNHCRは，紛争や迫害《はくがい》によって故郷を追われた人々の支援をしている。

イ　ユネスコは，貧困や紛争が原因で学校へ通えなかった人に対して，教育を受ける機会を提供する活動をしている。

ウ　赤十字国際委員会は，中立的な立場で紛争《ふんそう》犠牲《ぎせい》者の救援《きゅうえん》など人道的な活動をおこなっている。

エ　国際連合に対する日本の費用負担は，現在アメリカに次いで世界で２番目に多い。

4　次のＡ～Ｆの文は，各時代に海をわたり外国へ行った日本人について述べたものです。読んであとの問いに答えなさい。

A

朝廷《ちょうてい》は a 中国の進んだ制度や文化を取り入れるため，使節とともに留学生や僧を送りました。留学生であった阿倍仲麻呂《あべのなかまろ》は，中国で皇帝《こうてい》に仕える役人となりました。また彼は b 詩歌を得意とし，中国の有名な詩人とも交流しました。30年あまり過ごした後，帰国しようとしましたが，船が難破するなどし，ついに帰国はかないませんでした。このような使節は300年ほど続きましたが， c 菅原道真《すがわらのみちざね》の意見によって廃止されました。

a　中国の土地制度をまねて，日本でも税を取り立てるために人々に田を分け与え，その人が死ぬと田を国に返させました。この制度は何と呼ばれましたか。

b　阿倍仲麻呂は，帰国しようとしたときに「天《あま》の原　ふりさけ見れば春日《かすが》なる　三笠《みかさ》の山に出《い》でし月かも」という歌をよみました。これはどこの風景を思い浮かべてよんだものですか。次のア～エから一つ選びなさい。

ア　平城京　　イ　藤原京　　ウ　長安《ちょうあん》の都　　エ　平安京

c　このできごとと最も近い時期のことがらを，ア～エから一つ選びなさい。

ア　藤原氏によって平等院鳳凰堂《ほうおうどう》が建てられた。

イ　かな文字で書かれた最初の歌集である古今《こきん》和歌集が編さんされた。

ウ　最澄《さいちょう》と空海が帰国し，新たな仏教の教えがもたらされた。

エ　平氏によって瀬戸内航路や大輪田泊《おおわだのとまり》が整備された。

B

a 僧の（　1　）と道元《どうげん》は，それぞれ（　2　）に渡って禅宗《ぜんしゅう》を学び，日本に伝えました。禅宗は修行《しゅぎょう》によって精神をきたえることを重視したため，武士たちに好まれました。特に（　1　）が伝えた教えは， b 以後長く幕府の将軍や有力家臣たちから信仰《しんこう》され，勢力を伸ばしていきました。また（　1　）が茶を飲む習慣を伝えたことから，のちに茶の湯が確立されました。このほか書院造《づくり》・水墨画《すいぼくが》・ c 庭づくりの文化なども，禅宗の影響を受けて発展したものです。

a　①（1）・（2）にあてはまる語の組み合わせとして，正しいものを次のア～エから選びなさい。

ア　1＝法然《ほうねん》　2＝明《みん》　　イ　1＝法然　2＝宋《そう》

ウ　1＝栄西《えいさい》　2＝明　　エ　1＝栄西　2＝宋

②　この時代のできごととして正しいものを，次のア～エから一つ選びなさい。

ア　村人が話し合いをして，村のきまりをつくるようになった。

イ　楽市楽座《らくいちらくざ》の命令が出され，商業がさかんになった。

ウ　牛馬を使った農耕や二毛作が行われるようになった。

エ　土一揆《つちいっき》や国一揆が，しきりに起こるようになった。

b　室町幕府の将軍を補佐《ほさ》した役職は，何と呼ばれましたか。

c　石や砂を用いて自然の風景を表現した庭のことを何と呼びますか。石庭《せきてい》以外の呼び方を答えなさい。

C

ａキリスト教を信仰する九州の３人の大名は，宣教師のすすめで少年４人を使節としてｂローマへ派遣《はけん》しました。彼らは宣教師が帰国する際，ともにポルトガル船に乗り，２年半かけてヨーロッパに到着《とうちゃく》しました。現地では東洋からの使節として大歓迎を受け，ｃ8年後に帰国しました。この４人は，ヨーロッパに渡って帰ってきた初めての日本人といわれています。

a　大名たちがキリスト教の信者となったのは，単にその教えを信じただけでなく，ほかの理由もあったと考えられます。それはどのような理由ですか。

b　派遣地がローマであったのは，なぜですか。

c　４人が帰国した時期の政治状況として，正しいものを次のア～エから一つ選びなさい。

ア　豊臣秀吉によって宣教師が追放されたり，キリスト教の信仰が制限されていた。

イ　徳川秀忠《ひでただ》によって禁教令が出され，キリスト教信者への弾圧《だんあつ》が行われていた。

ウ　織田信長によって宣教師が保護され，布教活動がさかんに行われていた。

エ　徳川家光《いえみつ》によって鎖国《さこく》令が出され，海外から帰国することが制限されていた。

D

ａ伊勢国《いせのくに》の船乗りだった大黒屋光太夫《だいこくやこうだゆう》は，ｂ1782年に江戸への航海中に嵐《あらし》にあって遭難《そうなん》し，７か月の漂流《ひょうりゅう》の末，北太平洋のアリューシャン列島に漂着しました。流木《りゅうぼく》で船をつくってカムチャツカ半島にたどり着き，ロシアの首都で皇帝に会って帰国を許され，ｃ1792年，（　　）とともに帰国しました。光太夫は幕府によって取り調べを受け，生涯《しょうがい》江戸に留め置かれました。

a　伊勢国は今の何県ですか。

b　光太夫がロシアに滞在していた時，日本では①ある人物が政治改革を行っていました。白河《しらかわ》藩主《はんしゅ》から老中になったこの人物の改革は，やがて②人々の不満を招き，皮肉をこめた次のような歌が生まれました。

白河の　清《きよ》きに魚《うお》の　すみかねて　もとのにごりの　田沼恋《たぬまこい》しき

①　ある人物とは誰ですか。

②　人々の不満はどのような点にあったのですか。適当なものを次のページのア～ウから一つ

選びなさい。

ア　倹約《けんやく》を強制されたり，出版物が厳しく取りしまられたこと

イ　米の値段が上がり，人々が米を買えなくなったこと

ウ　商人の力が強くなる一方で，わいろが広がったこと

c　（　）に入る人物は，日本との通商を求めて根室《ねむろ》に来航しました。このロシア人の名を答えなさい。

E

> a廃藩置県という重要な仕事を成し遂《と》げると，岩倉具視《ともみ》を大使とする使節団は，アメリカに向けて横浜を出発しました。彼らは，アメリカやヨーロッパの国々を訪れ，b各国の政治制度や産業，文化などを視察して，c2年後の1873年に帰国しました。帰国後は，海外で見てきたことなどをもとに，日本の近代化に取り組みました。

a　廃藩置県によって中央集権国家の形が整いましたが，具体的にはどのようなことが行われましたか。中央集権となったことがわかるように説明しなさい。

b　出発した時点では，この使節団にはもう一つ別の目的がありました。アメリカでその目的の達成が不可能なことを知り，視察を主な目的としました。途中であきらめた最初の目的とは何ですか。

c　使節団が外国に滞在している間，日本に残っていた政府の人々が，さまざまな政策を実行していました。この間に行われたことを，次のア～エから二つ選びなさい。

ア　沖縄県を設置した

イ　徴兵令を出した

ウ　内閣制度をつくった

エ　地租《ちそ》改正を実施した

F

> 新渡戸稲造《にとべいなぞう》は，a札幌《さっぽろ》農学校でクラークらに学び，キリスト教の洗礼を受けました。大学入学のときに「太平洋の橋になりたい」と言った彼は，アメリカやドイツに長く留学し，外国と日本を行き来して教育につとめました。彼が日本人の思想を紹介《しょうかい》するために英語で著した『武士道』という本は，b日露《ろ》戦争の講和会議を仲立ちしたセオドア・ルーズベルト大統領にも影響を与えたといわれています。c第一次世界大戦が終わって国際連盟がつくられると，新渡戸は事務局次長になり，国際平和の実現をめざしました。

a　明治時代前半，政府は西洋の文明をすばやく取り入れるため，クラークのような学者や技師などを欧米《おうべい》からたくさん招き入れました。彼らのことを何といいますか。

b　この講和会議について正しく述べている文を，次のア～ウから一つ選びなさい。

ア　日本政府は，戦争に反対する民衆の声が大きくなったため，戦争の続行は困難と考え，アメリカに講和の仲立ちを依頼《いらい》した。

イ　ロシアは，旅順《りょじゅん》を攻《せ》め落とされ，日本海海戦でも敗れたが，降伏《こうふく》はしていなかったため，日本に賠償《ばいしょう》金を支払うことは認めなかった。

ウ　日本は，満州を支配する権利をロシアに認めさせ，満州国をつくって政治の実権をにぎった。

c　第一次世界大戦について正しく述べているものを，次のページのア～エから二つ選びなさい。

ア　この戦争は4年間にわたる大きな戦いになったが，そのころ日本は大正時代であった。

イ　この戦争では，ドイツ・ロシア・フランスなどの国々と，イギリス・アメリカなどの国々が戦い，ドイツ側が敗れた。

ウ　この戦争中，日本はヨーロッパやアメリカ，アジアへの輸出をのばし，それまでにない好景気になった。

エ　この戦争中に日本ではラジオ放送が始まり，戦争の状況《じょうきょう》に関心をよせる大衆の間にラジオが広まった。

たちみんなで考え、準備を重ねるべきことの一つでしょう。図書館はそのための本の供給源であり、混乱の中にあっても、実施の場として働くのだと思います。

（竹内悊《さとる》『生きるための図書館――一人ひとりのために』）

問一　――部「図書館には、相談係とか参考係というデスクに司書を置いています」とありますが、「相談係とか参考係」の司書の仕事について答えなさい。

①「すること」は何ですか。一つ書きなさい。

②「しないこと」は何ですか。一つ書きなさい。

③「必要なこと」は何ですか。一つ書きなさい。

問二　二一世紀に入って災害が発生する以前、図書館はどのようなイメージでしたか。本文中から二十字以内でぬき出しなさい。

問三　――部「災害から立ち上がるための一つのよりどころにまで変わってきたのです」とありますが、災害以後人々は図書館をどのように使うようになったのですか。本文中の言葉を用いて四十字以内で具体的に書きなさい。

問四　自然災害の直後、被災した子どもたちは被災地のためにどのようなことができますか。図書館以外の例を挙げ、あなたの考えを二百字以内で書きなさい。

[三]　次のA・Bの文の――部と言葉の働きが同じであるものを選びなさい。

A　姉はおおらかな心の持ち主である

1　積極的な姿勢で行動することが大切だ

2　まだ二月なのに今日は春のように暖かい

3　引っこしの際に大きな家具を運び出した

4　宝石を散りばめたような星空をながめた

B　博士の考え出した理論は正しかった

1　父の古いうで時計をゆずり受けた

2　そこにかかっている黒いぼうしは兄のだ

3　妹はもうこの本を読まないのだろうか

4　母の作った手料理でおもてなしをした

[四]　次の――部1〜5のカタカナの部分を漢字で書きなさい。また――部6〜8の漢字の読み方をひらがなで書きなさい。

1 お湯をサます　2 事態をラッカンする　3 カクシキを重んじる

4 変化にトむ　5 キントウに分ける　6 本末転倒《とう》　7 豊満な花の香り

8 チラシを刷る

＊問題文に使用した作品における難しい漢字表記は、現在一ぱん的に使われている漢字またはひらがなに改めるか読みがなをほどこすかしてあります。また、送りがなを加えたりけずったりしたものもあります。

②「私」は村の学童たちのなかでどのような存在ですか。
③砧家はどこから来ましたか。本文中から漢字二字でぬき出しなさい。
④砧家は何人で来ましたか。

[二] 次の文章を読んで後の問に答えなさい。

問一 図書館には、相談係とか参考係というデスクに司書を置いています。蔵書の利用だけでなく、図書館で働く人の知識や経験を利用できるのです。この人は、本の世界の道案内人ですから、読者が目的の本を見つけるまでは、本だなのあいだを歩いていっしょに探してくれます。

でも読者に代わって本を読み、問題を解決することはしません。わからないことを自分で解決できた喜びは、その読者のものです。それがその人の次の問題解決に役立ちます。この質問は、その人のプライバシーの一つですから、図書館で働く人はその秘密を守ります。

そして、この本を読みなさい、とおしつけるのではなく、いくつかの本を見せて「この中であなたのお役に立つものがありましたら」というのが本来の方法です。それには図書館員の経験と知識のちく積が必要です。さらに、図書館には選書から始まって「本」の整理や保管、貸し出しに至るまでさまざまな仕事がありますが、その全部がじゅう実し、組織化されて、やっと「本と人とをつなぐ仕事」ができます。その一館で解決できない質問に対しては、図書館という組織全体がそれを支えます。

こうした案内を受けるうちに、読者は、自分に必要なものを探す方法を自然に理解するでしょう。司書が本を見せながら具体的に説明することで、それがわかってくるのです。だから図書館は「教えこまれるところ」ではなく、「自分の感覚を働かせて学び取るところ」です。

昔から「読み、書き、計算する能力」を人間の知的能力としてきましたが、今は図書館で「必要なものを探す能力」を身につけるようになったのです。これは、一生使える能力です。こうした学び方にまだ慣れていない人には、必要な手ほどきをします。それが、その人と「本」とをつなぐ入り口になることでしょう。

二一世紀に入って、大きな災害が続きますし、また来るといわれている大震《しん》災への備えも強調されています。そんな中でとつ然の被《ひ》害からやっと自分を取りもどした人が、避難生活の中で一人になれる場所を図書館に求め、持ち帰って読む本を探し、次いで被災の処理や連らくのために図書館を使う、という生活のパターンが各地から報告されています。図書館とは本好きの人たちが行く特別なところ、という長い間のイメージが、問三 災害から立ち上がるための一つのよりどころにまで変わってきたのです。それには、災害発生以前の図書館サービスがあってこそ、です。

もう一つ大事なことは、子どもたちのことです。大人は図書館の復興を待ってくれますが、子どもたちの心の痛手に対しては、最初の一週間が大事だ、といわれています。読み聞かせにもお話にも、絵本の提供にも、大きな恐《おそ》れに直面した子どもたちの心をいやすこまやかな配りょが必要です。これもまたふだんからの準備と、災害後すぐに動きだせる態勢、行政の理解と施《し》策が必要ですし、子どもの成熟と成長にかかわる人びるの周囲をやたらになめまわし、興奮した目の色をした」とありますが、この部分からどのようなことがわかりますか。

1　輝夫がきぬ子に反発する気持を持っていること
2　輝夫が私にライバル意識を持っていること
3　輝夫がきぬ子に関心を持っていること
4　輝夫がいじめを許さない性質を持っていること

問十　――部「私は、戦い終わったものの感傷で、暗い海をながめた。くもっているせいか、海には一点の漁火も見えず、船体の見えない漁船が、エンジンの音を海面の遠くにひびかせていた」とありますが、このときの「私」の説明としてふさわしいものを選びなさい。

1　大学生を相手にやるだけのことはやりきったものの、勝敗もつかずきぬ子への恋もかなわなかったことを感じ、むなしくなっている
2　大学生を相手に必死で歯向かっても子供の力ではとうていかなうはずもなく、むぼうな戦いをいどんだ自分の浅はかさを後かいしている
3　最後まであきらめずに大学生と戦ったことにほこりを感じる一方、自分だけを残して仲間たちがみなにげ出したことにさみしさを覚えている
4　きぬ子をたぶらかしている大学生を追いはらおうとしたが失敗に終わり、きぬ子を助けられなかったという無力感にうちのめされている

問十一　――部「私はとつ然、自分でも理解できぬ衝動を感じて、バスを追いかけて走り出した」とありますが、このときの「私」の説明としてふさわしいものを選びなさい。

1　バスが動き出したことでもう来年の夏まできぬ子に会えないことに気づき、あいさつ一つできなかった後かいで胸がいっぱいになっている
2　バスが動き出したとたん、このままでは自分の存在がきぬ子に忘れ去られてしまうのではないかとあせり、自分をおさえられなくなっている
3　バスが動き出したことで本当にきぬ子がここからいなくなってしまうという事実をつきつけられて、いてもたってもいられなくなっている
4　バスが動き出したとたん、これまで何度もきぬ子をからかってきたことが次々と思い出され、申し訳なさでいたたまれなくなっている

問十二　「　」部の場面はどのようなことを表していますか。

1　情熱を最後までつらぬき通して走り続けた結果、少年が大人へと成長したということ
2　どれだけ思いを寄せても、別世界へと帰っていくきぬ子には手が届かないということ
3　激しい闘争心も、ライバルたちのだつ落によっていとも簡単に失われていくということ
4　海辺の村の子供たちに向けていたきぬ子の思いが、だんだんと消えていくということ

問十三　次の問に答えなさい。

①――部「その日」は、「私」が砧家が宿泊している角屋に魚を届けてから何日目ですか。角屋に魚を届けた日は数えずに答えなさい。

またたき始めていた」とありますが、「漁火」はどのようなことを象ちょうしていますか。

1 代金を受け取らなかった後かい
2 きぬ子へのあわい恋《こい》心
3 砧家の生活へのあこがれ
4 父への消えない反こう心

問六 「その声は磯くさい夜風といっしょにみょうになまめかしく私の耳に聞こえた」（――部**ア**）、「きゃあ、きゃあ嬌声を上げているきぬ子の声が、静かな夜の海辺にひびいた」（――部**イ**）、「少女とは思われぬヒステリックな声のひびきだった」（――部**ウ**）とありますが、「私」はきぬ子の声からどのようなことを感じ取っていると考えられますか。**ア・イ・ウ**それぞれにふさわしいものを選びなさい。

1 若い男にかまってもらえる喜びで異常なくらい興奮していること
2 日ごろからちやほやされて育ったせいでわがままな性質であること
3 若い男に愛情を示してもらうことで安心したいという願望があること
4 子どもらしい無じゃ気さと大人の落ち着きが同居していること
5 若い男をなんとしても自分の思い通りにしたいという欲望があること
6 美しくきゃしゃな少女には似合わない粗野《そや》な一面を持っていること
7 若い男がうっとうしがっていることにも気づかずどん感であること
8 若い男に対してただのあまえだけではない特別な感情があること
9 自分をないがしろにする若い男を見返そうとやっきになっていること

問七 ――部「私は、なぜか、その時、たまらなく、きぬ子をだき上げたその男がにくかった」とありますが、このときの「私」の気持は、別の表現で言うとどのようなものですか。本文中から十字以内でぬき出しなさい。

問八 ――部「やはり兄妹ではなかったなと思った。私はその夜、生まれて初めて、パインナップルというものを食べた。その甘美な味はいつまでも口中に消えないで残った」とありますが、このときの「私」の説明としてふさわしいものを選びなさい。

1 生まれて初めて食べたあまいパインナップルの味で、貧しい自分の生活とゆう福なきぬ子の生活との差を思い知らされてみじめになっている
2 海辺の村ではふだん食べることのないパインナップルの味に、きぬ子の洗練された美しさが思い起こされ、きぬ子に会いたい気持をつのらせている
3 あまくておいしいパインナップルの味がきぬ子と若い男との仲むつまじさを思い出させ、二人の間に入りこむ余地はないと苦い敗北感にさいなまれている
4 初めて食べたパインナップルのあまい味とこれまで聞いたこともなかったきぬ子のとろけるようなあまえた声とが重なり、頭から離れなくなっている

問九 ――部「『そうか、よし！』輝夫も、きぬ子と聞くと、舌でくち

ない目をこらした一品を入手した

4　バレエの審《しん》査会に出場したDさんは、ライバルの一挙手一投足を見のがすまいと目をこらした

B　当てが外れる

1　四国に来れば本場の讃岐《さぬき》うどんの店がたくさんあると思ったのに、近くに一軒《けん》もなくて当てが外れた

2　天気予報では荒《こう》天とあったが、山の天気は必ず当てが外れるものだから登山を決行しても良いだろう

3　私たち野球部の実力では全国大会出場など考えられなかったが、思いがけず当てが外れて喜んだ

4　たとえ固く約束しても彼が時間通りに来たためしはないから、やはり今日も当てが外れるだろう

問二　――部「『魚を持って来ました』私は縁先の物干しの棒のところに立ち止まって、よそ行きの言葉で言った」とありますが、このときの「私」の説明としてふさわしいものを選びなさい。

1　お得意様への大切な仕事を任されてほこらしい気分でいる

2　ふだんいやがらせをしているきぬ子の家なので、気まずくなっている

3　きぬ子が出て来ることを期待して良いところを見せようとしている

4　子供が配達に来たからと見下されないように大人っぽくふるまっている

問三　――部「私は口がきけなかった」とありますが、このときの「私」の説明としてふさわしいものを選びなさい。

1　思いがけずきぬ子本人が応対に出て来たうえに、何のこだわりもなく親しげに言葉をかけてきたので当わくしている

2　大人っぽいと思っていたきぬ子を間近で見ると、想像とは裏腹にあまりにも幼い様子だったので落たんしている

3　気位が高くとりすましているきぬ子に頭を下げて魚を買ってもらわねばならないことがくやしくて、ふてくされている

4　ふつうの人ならだれでも知っているような魚をものめずらしそうにのぞきこむ世間知らずなきぬ子に、あきれはてている

問四　――部「『父ちゃんが上げておいでって――』私はいきどおったように言った」とありますが、このときの「私」の説明としてふさわしいものを選びなさい。

1　ちっぽけな魚の代金をもらうのはなんとなく気が引けていっそあげてしまおうと思いついたのに、自分の親切心があっけなく否定されてしまい、しゃくにさわっている

2　魚の代金をもらうことへのみじめさからうそをついて見えをはったのに、そのうそを再び言わないといけない状きょうになり、早くやり取りを終わらせようと意地になっている

3　魚の代金を受け取ろうとしないことで気前の良さを見せたつもりだったのに、本当は余ゆうのない生活をしていることを見すかされ、はじをかかされたように感じている

4　せっかくめずらしい魚をプレゼントして喜んでもらおうと思ったのに、意外にも代金のことにこだわってなかなか魚を受け取ってくれないので、いや気がさしている

問五　――部「もう浜はとっぷりと暮れて、海面にはいくつかの漁火が

そのうちに、夜のやみが全く、松の木も大学生の姿ものんでしまった。私は息をはずませながら一本の立木にもたれていた。手や足の方々が痛かった。至るところ負傷しているらしかった。

私は浜の方へ出て、草むらから雑草の葉をむしり取ると、それをひざ頭や手首の負傷かしょへなすりつけた。

問十 私は、戦い終わったものの感傷で、暗い海をながめた。くもっているせいか、海には一点の漁火も見えず、船体の見えない漁船が、エンジンの音を海面の遠くにひびかせていた。

それから三日目に、この夏の最後に引き上げて行く避暑客として、砧一家はバスでこの村を離れた。ちょうど登校時の、二番バスだった。大学生はいつか帰ったものと見えて、砧家の一行の中には姿を見せなかった。きぬ子と彼女の両親と女中の四人だった。砧家の人々がバスに乗りこむのを私たちは今日はおとなしく遠くからながめていた。

バスの中に一行が収まってしまうと、じょじょに私たちはバスに近寄って行った。私たちがバスの一、二間近くまで行った時、バスは動き出した。問十一 私はとつ然、自分でも理解できぬ衝《しょう》動を感じて、バスを追いかけて走り出した。私にまねて、子供たちはみんな走り出した。一丁ほどかけてとまったが他の連中はとまらず、どこまでもバスといっしょに走って行った。間もなく、一人ずつバスから落伍《ご》した。問十二 最後に一人だけバスの横手を必死になってかけている少年の姿が見えた。輝夫だった。学校かばんがじゃまになると見えて、彼は途中でそれを路ぼうにすてると、もうこうなってはどこまでも追いかけて行くぞといったかっ好で、海沿いの道を走っていた。彼はバスといっしょに村外れの小さいトンネルに入ったが、バスがぬけ出た時は、そこに輝夫の姿はなかった。彼はトンネルの中で落伍したものらしかった。

問十三 その日は、完全に夏が終わって、村へ秋がやって来た日であった。夏が完全ににげ去ってしまう合図に、夕方から夜にかけてひどい雷《らい》雨が海浜《ひん》一帯の村をおそった。

（井上靖《やすし》『晩夏』）

〈注1〉船の底にしく板
〈注2〉相手を生かしてはおけないと思うくらい強いうらみやにくしみがあること
〈注3〉砧家が宿泊《はく》している宿
〈注4〉お金の単位
〈注5〉地位や身分が低くいやしいこと
〈注6〉お手伝いさん
〈注7〉夜、海などで魚をさそい集めるために船でたく火
〈注8〉長さの単位。一間は約一・八メートル
〈注9〉なまめかしい声
〈注10〉敵軍の動きや敵地の地形などをさぐりに行くための兵士
〈注11〉長さの単位。一丁は約百九メートル

問一 ＝＝＝部A・Bと同じ意味で用いられているものをそれぞれ選びなさい。

A 目をこらす

1 久しぶりに映画を見に出かけたAさんは、最新の映画館の設備のすばらしさに目をこらした

2 人気歌手の目をこらすほどのりりしさに夢中になったBさんは、さっそくポスターを買い求めた

3 古美術品のコレクターであるCさんは、めったに市場に出回ら

やがて、二番のせっこうが帰って来た。彼は負傷していた。どこかで転んだと見えて、ひざこぞうをすりむいていたが、彼もまた興奮していると見えて泣きはしなかった。

「歌をうたっている！」

彼もまた言った。

私たちは、それから二丁〈注11〉ほど、みさきに近い方へ位置を移動し、新しく三人のてい察を出した。

二人のてい察が帰って来ての報告によると、彼は砂浜にこしを降ろし、夕暮れの海をあかずながめており、時々立ち上がると何か歌をどなり、またこしを降ろして、海面に見入っていると言うことであった。

最後のてい察が、

「来るぞ、どろ棒がこっちにやって来るぞ！」

と言いながらかけこんで来た時は、暮れなずんだ海が、一枚のうすずみ色の板に見えるほど、辺りに夕やみが立ちこめていた。

「どろ棒じゃあない、お化けだろう」

と、一人がてい正した。

私と輝夫の二人は、彼らに、これからしゅうげきする人物が何者であるかは説明していなかった。

子供たちは、それぞれ、自分たちで勝手な解しゃくを下して、それに対してめいめいそれぞれの敵意を燃え上がらせていた。

みんな小石を拾って、ポケットやふところにねじこんだ。盾《たて》のつもりか、板子などをだいている子もあった。

大学生は波打ちぎわを歩いて来た。その姿が小さく見えると、私たちはいっせいにかん声を上げて、その方へかけ出し、彼とのきょりが半丁ほどのところで散開すると、いっせいに石を彼に向かって投げ出した。彼の立っている地点に届かない石もあれば、彼をこえて海へ落ちる石もあった。

とつ然のしゅうげきにおどろいた大学生は、何かさけびながら地面にふした。そしてやがて立ち上がると見るとこちらにかけ出して来た。ひどく勇敢《かん》だった。

ばらばらと、私たちはにげ出した。

途中で、私たちは立ち止まり、二回目のしゅうげきを開始した。見ると私の周囲には五、六人しかいず、他の連中は、こわくなったのか、松林の方へにげ続けていた。いくら私たちが石を投げても、大学生はかけて来た。私たちは再び、またにげ出した。松林の入口で、私たちは三度目にふみとどまった。その時は、私と輝夫の二人きりだった。

「つかまるぞ、にげよう」

輝夫は言った。

「よし、にげよう」

私はあいづちを打って、松林の中へかけこんだが、私は立木の一つに身をかくすと、にげるのをやめた。にげてなるものかと思った。そして、松林の入口で立ち止まっている彼の方へ石を投げた。

大学生は、あたりをきょろきょろ見まわしていたが、二番目の石が彼の立っている近くの松の幹にぶつかると、いきなり見当をつけて私の方へかけて来た。

私は松林の中をくるくるまわり、時々、立ち止まっては松の幹の間から姿を現して石を投げた。私一人が最後まで敢闘《とう》した。石はほとんど大学生にはぶつからなかった。それが、私には、いまいましかった。

た。

三人の話し声が遠くなってから、私は松の木から砂浜の上に飛び降りた。

家へ帰ると、父はまだ酒を飲んでいた。父はもう、私をしからなかった。その時、そばにいる母の言葉で、私は、砧家へ親せきの大学生が二、三日前から来ていることを知った。

問八やはり兄妹ではなかったなと思った。私はその夜、生まれて初めて、パインナップルというものを食べた。その甘《かん》美な味はいつまでも口中に消えないで残った。

その翌日の夕方、私は、きぬ子と彼女の母といっしょに海岸を散歩している青年の姿を見かけた。ゆかたのうでをまくって歩いている青年の姿は、きぬ子の兄どころか、父とでも言いたいほどの、年れいの開きを持っている人物のように思われた。私が、昨夜、想像していたような若い男とはちがっていた。

私はなぜか、ひどく問一B当てが外れたような気がした。しかし、きぬ子が、その青年のうでにぶら下がっては歩いているのを見ていると、私の心にはやはりしっとに似た感情がわいた。

二人は何か話しているらしかったが、遠くからでは何も聞こえなかった。が、やはり、昨夜のように、きぬ子は、あの聞いていて心をとろかすような嬌声を上げて、きゃあきゃあ言っているのではないかと思った。

そう思った時、やはり、私はその青年がこの海岸に現れたことを快しと思わなかった。

長い海岸線の途中で、きぬ子と母の二人は青年と別れて家の方へ引き返して行った。青年一人だけがなおも、波打ちぎわを歩いて行くのを見ると、私は、そこからかけ出して、遊び仲間の料理屋の輝夫《てるお》を呼び出した。

「きぬ子をいじめる東京のやつがいる。いけないやつだ。やっつけよう」

と私は言った。

「そうか、よし!」

問九輝夫も、きぬ子と聞くと、舌でくちびるの周囲をやたらになめまわし、興奮した目の色をした。

輝夫はほら貝を吹いて往来を歩いた。二人はそろって青年集会所の火の見やぐらの前に行った。五分すると、部落の子供たちが集まって来た。十五、六人そろうと、舟《ふな》大工の仕事場の裏手の切岸《きりぎし》の上に移動した。

「いけないやつが浜を歩いているので、これから行ってやっつけるんだ」

私はみんなに命令した。

夕ご飯を食べていないという子が三人あった。その三人に、早く食べて再びここに集まるように言った。

それから十五分ほどして、私たちは松林の一隅《ぐう》に勢ぞろいした。

夕暮れの浜には、風がふいて、散歩している人の姿も見えなかった。〈注10〉せっこうに出した雑貨屋の三津平《みつへい》が、馬にでも乗っているような調子を取ったかけ方で、波打ちぎわを遠くからこちらにかけて来るのが見えた。

「みさきの突端《とったん》で歌をうたっていた!」

彼《かれ》は、私に報告した。

〈注7〉の漁火《いさりび》がまたたき始めていた。

私は、半時間ほど砂の上にこしを降ろしていたが、そのうちに、ふいに、砧きぬ子の姿が目にうかんで来た。いまも彼女が昼間見かけた南側の部屋のすみで机に向かっていそうな気がすると、私は立ち上がって浜を角屋の裏手の方に向けてつっ切って行った。

角屋の離れの横手は石塀《べい》になっていて、一方が海に面し、一方が浜に面していた。私はその石塀のそばへ行くと、そこにあった松の木のあらいはだに手をかけた。幹の中ほどのところまでよじ登るとそこから砧一家の住んでいる離れの内部はまる見えのはずであった。

私は〈注8〉一間《けん》半ほど松の木をよじ登ったが、しかし何も見えなかった。家人は全部外出していると見えて、家の中の電とうは消えてまっ暗だった。

私が再び松の木を降りようとした時、下の方で人の話し声がした。私は思わず身を固くした。五、六間離れた松林の中のはだか電とうの光がそこら辺りまでのびていて、そのうす明かりの中に二、三人の人かげが見えた。

私はしばらく、問一A目をこらしていたが、その三人が、砧きぬ子と彼女の母と、もう一人見知らぬ若い男の人であることを知ると、私は身動きができなくなった。

「兄さん、だいてよ」

明らかに砧きぬ子の声であった。問六アその声は磯《いそ》くさい夜風といっしょにみょうになまめかしく私の耳に聞こえた。

「もう、およしなさいよ、ばかね！」

こんどは彼女の母の声だった。

「いやよ、だいてよ、もう一度だけ」

きぬ子が言うと、

「うるさいな」

そんな太い男の声がした。と、やがてどっこいしょと言うかけ声といっしょに、問六イきゃあ、きゃあ、きゃあ〈注9〉嬌声《きょうせい》を上げているきぬ子の声が、静かな夜の海辺にひびいた。きぬ子は若い男の手によって高くだき上げられている風であった。

「ああ、らく、らくだわ。おうちまでこうして歩いて行って！」

「じょう談言ってはいけない、降ろすぞ！」

「いや、もっと」

と、やがて、

「ひどいわ、いきなり降ろすんだもの。下駄《た》がどこかに飛んじゃったじゃないの」

砧きぬ子の明らかにとがめる口調だった。

「探してよ」

「そこらにあるだろう」

問六ウ「いや、探して！」

少女とは思われぬヒステリックな声のひびきだった。

「帰りましょう」

そんなことに取り合わない風で、きぬ子の母の声が一、二間離れたところで聞こえた。

問七私は、なぜか、その時、たまらなく、きぬ子をだき上げたその男がにくかった。兄さんときぬ子が呼んでいたから、彼女の兄さんかも知れなかったが、私は松の木の上で、何となく二人は兄妹《きょうだい》でないような気がし

こんどは、私は大きい声でさけんだ。

と、砧きぬ子の顔が縁側からのぞいた。

「あら、お魚?」

彼女は言うと庭へ降りて来て、ザルの中をのぞきこみ、

「まだ生きているわ」

そう言ってから、

「母さん、お魚ですって!」

と奥《おく》にさけんだ。

「何て言うお魚」

彼女は言った。

問三 私は口がきけなかった。彼女は私より少し背が高かったが、近くでみると、いつも私が思っていたよりずっと子供っぽかった。

私がザルを地面の上に置くと、彼女はそこにしゃがみこみ、小さい棒切れを拾って、それで魚のはだをつついた。そんなことをしている彼女を、私は上から見降ろしていた。私はそれまでに、そんなきゃしゃな白い手首を見たことはなかった。首も細く、その細い首の上にオカッパのかみがきちんとそろえて切られてあった。

間もなく、彼女の母が、これも縁側から降りて来ると、

「ごくろうさんね。おいくら」

と言った。

私はこの魚の代金を受け取るのが、何かはずかしかった。ひどく〈注5〉卑賤《ひせん》な行為《い》のような気がした。

「いいです」

と私は言った。

「よくはないわ。おいくらですって」

問四「父ちゃんが上げておいでって――」

私はいきどおったように言った。すると、

「まあ、それは、お気の毒ね。よくお礼を言ってちょうだいね」

彼女の母は言った。

私が彼女の母と話をしている間に、きぬ子は私のところから離れ、縁側から部屋の中に上がって行った。

私はそこを立ち去る時、初めて離れの家の中をのぞいた。きぬ子が南向きの縁側に面した部屋のすみで、小さい机に向かっていた。そのうしろ姿だけが、私の目に入った。何か雑誌でも読んでいる様子だった。

私は夕食の時、父からひどくしかられた。私は代金の五十銭を、途《と》中でどこかへ落としてしまったことにしていた。

「使い一つできないでは困るじゃあないか」

父は、いつまでも同じことを、がみがみ言った。

私が父からしかられている最中、角屋の〈注6〉女中が、砧家からたのまれたと言って、パインナップルのかんづめを一個持って来た。

「代金を取っていただけないので、これがお礼ですって」

と女中は言った。女中が帰ると、私はまた新しく父からどなられた。

「どう言う了《りょう》見で、うそなどつきやがるんだ」

父は私をにらみつけたが、しかし、父はこんどは長くはおこっていなかった。魚二、三匹と、めったにお目にかかれぬ果《くだ》物のかんづめとでは、決して損な取り引きではなかったからである。

私は、夕食の膳《ぜん》を離れると、すぐ家を出た。

足は海岸に向いた。問五 もう浜《はま》はとっぷりと暮れて、海面にはいくつか

【国　語】（五〇分）　〈満点：一〇〇点〉

【注意】　句読点や記号などは字数にふくめます。

【一】　次の文章を読んで後の問に答えなさい。

　こんな事は毎日だった。砧《きぬた》きぬ子が朝と晩の散歩の他に、昼間三時から四時ごろの間、海岸を散歩するのを日課としていることを知っていたので、私は学童たちを集めて海水浴場の外れの方でいつも彼女《かの》を待っていた。

　砧きぬ子はたいていの場合一人で散歩したが、ごくたまに母らしい人に連れられて姿を現した。そんな時は、私たちは何もしなかった。彼女がこちらに近づいて来ると、私たちは海の中へ避《ひ》難した。そして板子〈注1〉につかまって、波にゆられながら、遠くの方から彼女をうかがった。

「あいつ、今日はやっつけられないでしゃくだな！」

　私はそんな風に言った。他の四、五年生もみな、みょうにぎらぎらした目を彼女の方へ向け、

「大人《おとな》といっしょに来ていやがる！　よおし、明日覚えてろ！」

　そんな事を言った。私たちはまるで彼女にうらみを持っているかのようであった。いかなる種類の仇敵《きゅうてき》か知らなかった。しかし、〈注2〉不倶戴天《ふぐたいてん》という言葉の意味に近いものを、彼女が持っていることは明らかだった。そのままにはして置けないような美しいものを、その都会の少女は持っていたのである。砧きぬ子は色が白く、目が大きく、かみはおかっぱにして、いつも着物を着ていた。私たちの目には彼女はひどく大人びて見えた。

「角屋〈注3〉の離《はな》れに、この魚をとどけて来い！」

　私は父から命じられた。

「取り立ての、とれとれですって言ってな。そして五十銭〈注4〉もらって来い」

　そんな風に父は言った。

　夕方だった。私はしりごみした。その魚は、砧家から今朝父が依頼《いらい》されて釣《つ》って来たものであることは、私も知っていた。しかし、毎日のように彼女をやっつけている手前、私には彼女の家に行くことは有り難い役目ではなかった。

　私は何とか理由をつけて、この役目から放免《めん》されようと思った。しかし、

「行って来いと言ったら、行って来い」

と、父から頭を一つこづかれると、その命令に従う以外仕方がなかった。

　私は二、三匹《ひき》の魚を入れたザルを持って、砧家へ出かけて行った。角屋の表門から入り、勝手口の横を通って、離れの縁《えん》側の方へまわって行った。

問二「魚を持って来ました」

私は縁先の物干しの棒のところに立ち止まって、よそ行きの言葉で言った。そこからは内部がのぞかれなかったので、家の中に、だれが居るか全然わからなかった。私はただ家の内部へ向かって、声をかけたのであった。

　何の返事もしなかった。

「魚を持って来た！」

MEMO

大切なことはメモしておこうネ！

2023年度

解　答　と　解　説

《2023年度の配点は解答欄に掲載してあります。》

＜算数解答＞《学校からの正答の発表はありません。》

1　(1)　6.5　　(2)　ア　44　　イ　67　　(3)　ア　23　　イ　19
　(4)　ア　189　　イ　72　　(5)　ア　48　　イ　50　　ウ　27

2　ア　672　　イ　9.4　　ウ　62.8

3　(1)　21度　　(2)　2cm^2

4　(1)　80通り　　(2)　420通り　　(3)　480通り

5　(1)　解説参照　　(2)　①　0，2，4個　　②　1，3個　　③　C　　④　解説参照

○推定配点○

4，5　各5点×8　　他　各4点×15(5(2)①，②各完答)　　計100点

＜算数解説＞

1　(四則計算，規則性，数の性質，場合の数，割合と比，消去算)

(1)　$\square=2.6\div\frac{20}{21}\div0.6+1.95=4.55+1.95=6.5$

図1

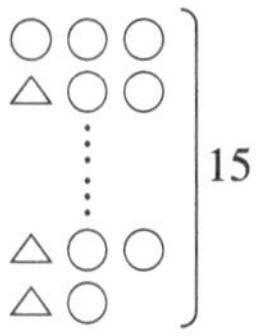

図2

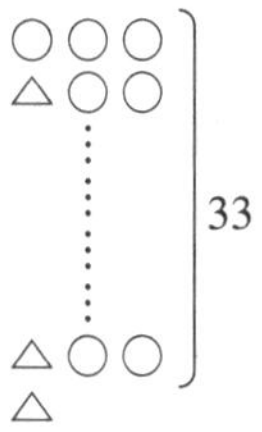

重要　(2)　①　図1…買ったラムネを○，おまけのラムネを△で表す。

全体の行数…$30\div2=15$

したがって，ラムネの本数は$3\times15-1=44$(本)

②　$100\div3=33\cdots1$

図2より，$2\times33+1=67$(本)

重要　(3)　$2894-2342=552$，$3561-2894=667$

552，667の公約数…$552=23\times24$，$667=23\times29$より，ア23

イ余り…$2342\div23=101\cdots19$

やや難　(4)　〈A×B×Cが偶数のとき〉

1回だけ偶数…$3\times3\times3\times3=81$(通り)

2回が偶数…81通り

3回とも偶数…$3\times3\times3=27$(通り)

したがって，全部でア$81\times2+27=189$(通り)

【別解】　奇数×奇数×奇数の場合を引く…$6\times6\times6-3\times3\times3=216-27=189$(通り)

〈A×B×Cが8の倍数のとき〉

1・2回目が奇数のとき…0通り

1回目が奇数・2回目が偶数のとき…$(1+3+1)\times3=15$(通り)

1回目が2か6のとき…$(1\times3+3\times2+6)\times2=30$(通り)

1回目が4のとき…$(3+6)\times3=27$(通り)

したがって，全部でイ$15+30+27=72$(通り)

重要　(5)　長女・次女・三女のお金をそれぞれA～Cで表す。

長女が払ったプレゼントの代金…$A\times\frac{3}{8}$　次女が払ったプレゼントの代金…$B\times\frac{1}{2}$

三女が払ったプレゼントの代金…$C\times\frac{9}{20}$

長女の残金…$A\times\frac{5}{8}\times\frac{3}{8}=A\times\frac{15}{64}$　次女の残金…$B\times\frac{1}{2}\times\frac{3}{5}=B\times\frac{3}{10}$

A：B…$A\times\frac{15}{64}=B\times\frac{3}{10}$より，$\frac{3}{10}:\frac{15}{64}=32:25$

三女の残金…$C\times\frac{11}{20}$が$A\times\frac{15}{64}\times\frac{11}{10}=A\times\frac{33}{128}$に等しい

A：C…$\frac{11}{20}:\frac{33}{128}=32:15$

〈A＝32，B＝25，C＝15のとき〉

長女が払ったプレゼントの代金…$32\times\frac{3}{8}=12$

次女が払ったプレゼントの代金…25×0.5＝12.5

三女が払ったプレゼントの代金…$15\times\frac{9}{20}=6.75$

したがって，求める比は12：12.5：6.75＝48：50：27

重要 2 （速さの三公式と比，鶴亀算，割合と比，消去算，単位の換算）

一般道路：時速…40km，1kmのガソリン使用量…1÷10＝0.1(L)

高速道路：時速…80km，1kmのガソリン使用量…$1\div12=\frac{1}{12}$(L)

(1)　行きに一般道路をA時間，高速道路をB時間走ったとする。

40×A＋80×B＝712より，A＋2×B＝17.8…①

$0.1\times40\times A+\frac{1}{12}\times80\times B=4\times A+\frac{20}{3}\times B=60$より，$A+\frac{5}{3}\times B=15$…②

①－②…$\frac{1}{3}\times B=2.8$より，B＝8.4，A＝17.8－2×8.4＝1

したがって，㋐高速道路を走った距離は80×8.4＝672(km)，㋑行きの時間は8.4＋1＝9.4(時間)

(2)　帰りに一般道路をC時間，高速道路をD時間走ったとする。

C＋D＝11.5…③　40×C＋80×D＝712より，C＋2×D＝17.8…④

④－③…D＝17.8－11.5＝6.3，C＝11.5－6.3＝5.2

したがって，㋒ガソリン使用量は$0.1\times40\times5.2+\frac{1}{12}\times80\times6.3=20.8+42=62.8$

重要 3 （平面図形，割合と比）

(1)　角AOD…図1より，90÷(7＋8)×7＝42(度)

したがって，角あは90－(180－42)÷2＝21(度)

(2)　角AOD…図2より，90÷(1＋2)＝30(度)

したがって，求める面積は2×2÷2＝2(cm²)

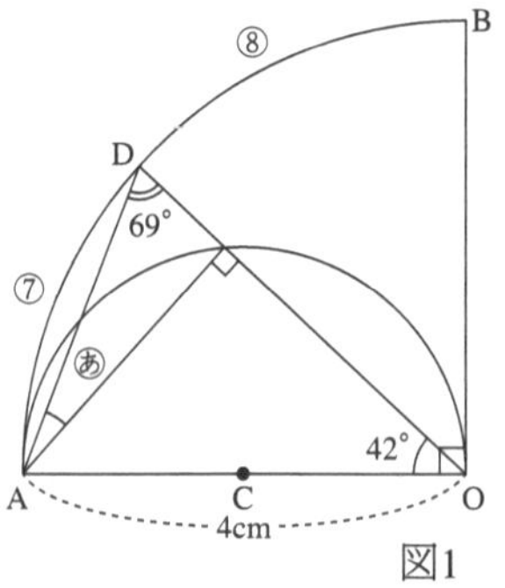

図1

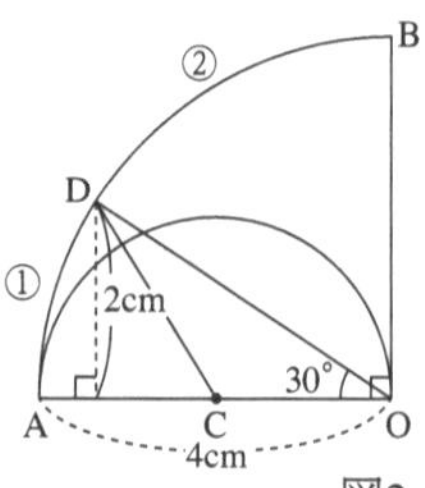

図2

やや難 4 （場合の数）

(1)　例えばAが1件，Bが4件のメールを受信する場合…1通り

例えばAが2件，Bが3件のメールを受信する場合…3通り

（Aが受信する2件はBCから，BDから，BEからの3通り）

したがって，このような2人がメールを受信する場合は5×4×（1＋3）＝80（通り）

（2） 例えばAが2件，B・C・Dが1件ずつメールを受信する場合

AがBC，BD，CDの3組からメールを受信する場合

…B・C・Dそれぞれが受信するメールの組み合わせが4通りずつ

AがBE，CE，DEの3組からメールを受信する場合

…B・C・Dそれぞれが受信するメールの組み合わせが3通りずつ

したがって，このような2人がメールを受信する場合は5×4×（4＋3）×3＝420（通り）

（3） 1人が1件，2人が2件ずつメールを受信する場合…10通り

1人が3件，2人が1件ずつメールを受信する場合…6通り

したがって，このような3人がメールを受信する場合は5×4×3÷2×（10＋6）＝480（通り）

5 **（場合の数，統計と表，推理）**

E…A・B・Cにある1の個数が奇数個なら1，偶数個なら0

F…A・B・Dにある1の個数が奇数個なら1，偶数個なら0

G…A・C・Dにある1の個数が奇数個なら1，偶数個なら0

基本 （1） 上の規則により，右表のようになる。

A	B	C	D	E	F	G
0	1	1	0	0	1	1

重要 （2） ① 下表のABCEより，0，2，4個

② 下表のABDFより，1，3個

③ ABCEに1が1個ありうる行…ア～サ，ス～ソ

ABDFに1が2個ありうる行…イ，エ，オ～シ，セ，ソ

ACDGに1が3個ありうる行…イ，ウ，オ～タ

これらに共通である行…イ，オ，サ，セ，ソ

イ…Cを1に間違えた場合，条件に合う。

セ…Cを0に間違えた場合，条件に合う。

④ ABCEに1が2個ありうる行…ウ～サ，ス～ソ

ABDFに1が3個ありうる行…イ，エ～タ

ACDGに1が4個ありうる行…セ，タ

これらに共通である行…セ

A	B	C	D	E	F	G
1	0	1	1	0	0	1

	A	B	C	D	E	F	G	A	B	C	E	A	B	D	F	A	C	D	G
ア	0	0	0	0	0	0	0	0	0	0	0	0	0	0	0	0	0	0	0
イ	0	0	0	1	0	1	1	0	0	0	0	0	0	1	1	0	0	1	1
ウ	0	0	1	0	1	0	1	0	0	1	1	0	0	0	0	0	1	0	1
エ	0	1	0	0	1	1	0	0	1	0	1	0	1	0	1	0	0	0	0
オ	1	0	0	0	1	1	1	1	0	0	1	1	0	0	1	1	0	0	1
カ	1	1	0	0	0	0	1	1	1	0	0	1	1	0	0	1	0	0	1
キ	1	0	1	0	0	1	0	1	0	1	0	1	0	0	1	1	1	0	0
ク	1	0	0	1	1	0	0	1	0	0	1	1	0	1	0	1	0	1	0
ケ	0	1	1	0	0	1	1	0	1	1	0	0	1	0	1	0	1	0	1
コ	0	1	0	1	1	0	1	0	1	0	1	0	1	1	0	0	0	1	1
サ	0	0	1	1	1	1	0	0	0	1	1	0	0	1	1	0	1	1	0
シ	1	1	1	0	1	0	0	1	1	1	1	1	1	0	0	1	1	0	0
ス	1	1	0	1	0	1	0	1	1	0	0	1	1	1	1	1	0	1	0
セ	1	0	1	1	0	0	1	1	0	1	0	1	0	1	0	1	1	1	1
ソ	0	1	1	1	0	0	0	0	1	1	0	0	1	1	0	0	1	1	0
タ	1	1	1	1	1	1	1	1	1	1	1	1	1	1	1	1	1	1	1

★ワンポイントアドバイス★

1の5問，2「一般道路と高速道路」，3「図形問題」でしっかりと得点することがポイントである。4「メール送受信の場合」が難しく，5「0，1記入表」の問題は(1)で得点できる。(2)も，時間があれば解ける可能性がある。

＜理科解答＞《学校からの正答の発表はありません。》

1 実験 ① サ　② セ　③ シ　水溶液 A イ　B エ　C ア　D ウ
実験 ① セ　② サ　③ シ　水溶液 A イ　B ウ　C ア　D エ
実験 ① ソ　② サ　③ セ　水溶液 A イ　B ア　C ウ　D エなど

2 1 (1) エ　(2) ウ　(3) 右図　(4) ①，②，③
2 ウ　3 (1) ア　(2) ヨツバヒヨドリが1日目に出したみつも残っているから。　4 そのアサギマダラの個体が，すでに他の花でみつを充分に吸ったあとだったから。　そのヨツバヒヨドリの花は，すでに他の個体にみつを吸われたあとだったから。

3 1 光がガラスに入射するときの角度と反射するときの角度は等しい。　2 1.5

3

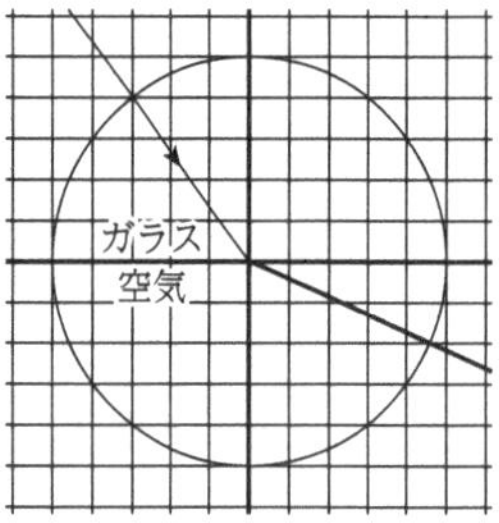

4

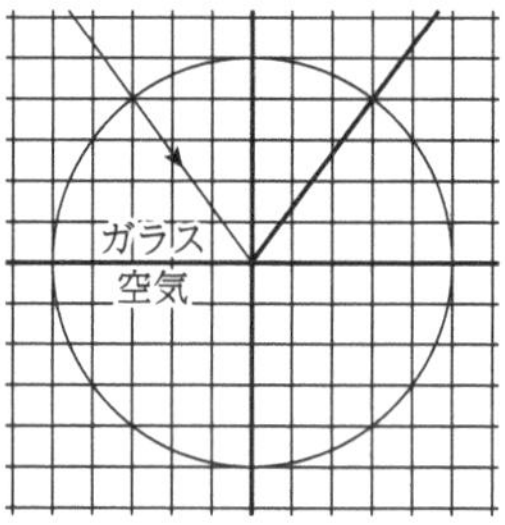

5 ① 小さ　② 小さ　③ 大き　④ 大き

4 1 水蒸気　2 (1) 氷床[氷河]　(2) 地下水　3 (1) イ，40千立方キロメートル
(2) 10日　4 3700m　5 (1) 大気中に移動しない　(2) 高くなる
(3) 大気や陸地から海洋に移動する

○推定配点○

1 各3点×3(各完答)　2 各2点×9　3 各3点×5(5完答)　4 各2点×9(3(1)完答)
計60点

＜理科解説＞

1 (水溶液の性質―4つの水溶液の区別)

まず，5つの実験の結果を確認する。サでは，アルカリ性の水酸化ナトリウム水溶液とアンモニア水が「変化あり」となる。シでは，酸性の塩酸が「変化あり」となる。スでは，どの水溶液も「変化あり」とならない。セでは，固体が溶けた水酸化ナトリウム水溶液と食塩水が「変化あり」となる。ソでは，強い酸の塩酸と強いアルカリの水酸化ナトリウム水溶液が「変化あり」となる。以上より，実験①でありうるのは，サ，セ，ソである。

実験①がサの場合，水酸化ナトリウム水溶液とアンモニア水が「変化あり」となる。これらを区別する実験②は，セ，ソである。一方，実験①で「変化なし」の塩酸と食塩水を区別する実験③はシ，セ，ソである。

実験①がセの場合，水酸化ナトリウム水溶液と食塩水が「変化あり」となる。これらを区別する実験②は，サ，ソである。一方，実験①で「変化なし」の塩酸とアンモニア水を区別する実験③はサ，シ，ソである。

実験①がソの場合，塩酸と水酸化ナトリウム水溶液が「変化あり」となる。これらを区別する実験②は，サ，シ，セである。一方，実験①で「変化なし」の食塩水とアンモニア水を区別する実験③はサ，セである。

よって，解答は以下の12通りある。このうち3通りを答えればよい。

実験	①	サ	②	セ	③	シ	水溶液	A	イ	B	エ	C	ア	D	ウ
実験	①	サ	②	セ	③	ソ	水溶液	A	イ	B	エ	C	ア	D	ウ
実験	①	サ	②	ソ	③	シ	水溶液	A	イ	B	エ	C	ア	D	ウ
実験	①	サ	②	ソ	③	セ	水溶液	A	イ	B	エ	C	ウ	D	ア
実験	①	セ	②	サ	③	シ	水溶液	A	イ	B	ウ	C	ア	D	エ
実験	①	セ	②	サ	③	ソ	水溶液	A	イ	B	ウ	C	ア	D	エ
実験	①	セ	②	ソ	③	サ	水溶液	A	イ	B	ウ	C	エ	D	ア
実験	①	セ	②	ソ	③	シ	水溶液	A	イ	B	ウ	C	ア	D	エ
実験	①	ソ	②	サ	③	セ	水溶液	A	イ	B	ア	C	ウ	D	エ
実験	①	ソ	②	シ	③	サ	水溶液	A	ア	B	イ	C	エ	D	ウ
実験	①	ソ	②	シ	③	セ	水溶液	A	ア	B	イ	C	ウ	D	エ
実験	①	ソ	②	セ	③	サ	水溶液	A	イ	B	ア	C	エ	D	ウ

2 （昆虫―アサギマダラの生態）

基本 1 (1)・(2) アサギマダラはチョウのなかまであり，花のみつを吸うための細いストローのような口を持っている。アはかむハチやアリ，イは刺して吸うセミ，ウはなめるハエの口の形である。

(3) 昆虫のからだは頭部，胸部，腹部に分かれており，あしは胸部に3対ある。また，チョウのはねは胸部に2対ある。アサギマダラは長距離を飛ぶチョウで，はねは大きく，実際はあざやかな模様がある(解答では模様を描く必要はない)。

(4) チョウのなかまにはさなぎの時期があり，アサギマダラの場合は葉からつり下げられる形をしている。アリは巣の中で，カブトムシは土の中でさなぎの時期を過ごす。一方，セミ，トンボ，バッタは不完全変態である。

2 ヨツバヒヨドリはキク科の植物であり，ウの小さな花が多数集まって大きな花のように見える。フジバカマに似ている。アとエの葉は単子葉類で，アはツユクサ科，エはユリ科の花である。また，イはイチゴなどのバラ科の葉と花である。

3 (1) 表やグラフを見比べると，1日目に袋をかぶせた花の方が，1日目に袋をかぶせなかった花よりも，アサギマダラにとまっていた時間の方が長い。細かく計算する必要はないが，平均時間は142.6秒と63.4秒である。

(2) ヨツバヒヨドリは毎日みつを出しているが，1日目に袋をかぶせると，そのみつは他の個体に吸われることがないため，より多く残っている。

4 とまっていた時間が短いのは，そのアサギマダラの個体が，すでにみつを充分に吸って，それ以上は吸う必要がなかったたか，あるいは，そのヨツバヒヨドリの花にみつがあまり残っていなかったためと考えられる。

3 （光の性質―光の屈折の法則）

1 表1から，ガラス面での反射において，入射角(ア)と反射角(イ)は等しい。

2　問題文の通り，屈折率は図4の(BCの長さ)÷(DEの長さ)で表される。図5では目盛りを読み取って，3÷2＝1.5となる。

重要 3　ガラスが上側にあり，ガラス側にDE，水側にBCを取る。DEの長さが3で，(BCの長さ)÷(DEの長さ)＝1.5だから，BCの長さは，□÷3＝1.5より，□＝4.5である。その位置に直線を引く。

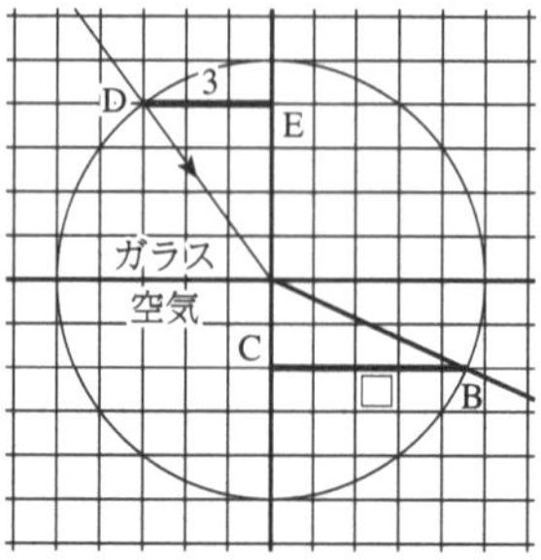

4　ガラスが上側になっても，入射角と反射角は等しい。

5　ガラスの屈折率は1.5で，水の屈折率が1.33だから，水の屈折率の方が小さい。屈折率は(BCの長さ)÷(DEの長さ)だから，これも水の方が小さい。BCの長さが同じで，割り算の結果が小さくなるので，DEの長さは大きく，ウの角も大きい。

4 (気象―地球上の水)

1　大気中にある水のうち，目に見えないのは気体の水蒸気である。目に見える雲などは，液体の水や固体の氷である。

2 (1)　陸地にある水の76％は固体の氷である。氷は，南極大陸やグリーンランドのような大きな陸地に厚く乗っている氷床や，山岳地帯にある氷河として存在している。

(2)　陸地にある水の23％は，氷床や氷河でなく，地表にある川や湖でもないので，残るのは地下水である。

重要 3 (1)　図を見ると，陸地への降水量が111で，陸地からの蒸発量が71だから，111－71＝40の水が河川などを通って海洋へ移動している。また，海洋からの蒸発量が425で，海洋への降水量が385だから，425－385＝40の水が大気中を陸地の方へ動く。

(2)　大気中の水の量は13であり，1年間に大気に入ってくる量は71＋425＝496，1年間に大気から出ていく量は111＋385＝496である。よって，平均□日おきに入れ替わるとすると，365日で496の量が入れ替わることから，365：496＝□：13　で，□＝9.5…で，四捨五入により10日である。

4　海洋にある水の体積が1348850×1000km^3＝13.4885億km^3で，海洋の面積が361×100万km^2＝3.61億km^2だから，平均の深さは，13.4885億÷3.61億＝3.736…kmであり，単位をmに直して四捨五入すると3700mとなる。

5　海洋から水が蒸発すると，水中の塩類は蒸発しないので，海水の塩類の濃度は高まる。しかし，同時に，蒸発した水と同じだけの真水が，陸地から川などとして流れ込んだり，雨や雪として海洋に降ったりするため，海水の塩類の濃度は低下する。両方のはたらきがつりあうので，海水の塩類の濃度は一定に保たれる。

★ワンポイントアドバイス★

問題文や図で与えられる内容の意味をよく考え，それに沿うように筋道を立てて解答を書いていこう。

＜社会解答＞ 《学校からの正答の発表はありません。》

1　ア　尾瀬　　イ　阿賀野川　　a　①　水量を調整して洪水を防ぐ役割。　②　環境アセスメント　　b　イ　　c　温暖化でシカが増え生息域が拡大しているから。　d　重労働の割に給料が安い上，漁港や工場は過疎地に多いから。　　e　エ　　f　ア

2　a　①　インド　　②　棚田　　b　エ　　c　イ　　d　減反　　e　ア　　f　ア　　g　イ

3　a　ウ・オ　　b　東日本大震災による原発事故をきっかけに，風評被害に苦しむ被災地の産物を購入しようという動きが増えた。　　c　イ　　d　ア・ウ　　e　エ

4　a　班田収授法　　b　ア　　c　イ　　B　a　①　エ　　②　ウ　　b　管領　　c　枯山水　C　a　南蛮貿易を有利に進めるため。　b　スペインやポルトガルが信仰するカトリックの本拠地だから。　c　ア　　D　a　三重県　　b　①　松平定信　　②　ア　　c　ラクスマン　E　a　旧藩主に代わり新たに中央から知事や県令を派遣した。　　b　不平等条約の改正交渉　c　イ・エ　　F　a　お雇い外国人　　b　イ　　c　ア・ウ

○推定配点○

1　a①・c・d　各3点×3　　他　各1点×6　　2　各1点×8

3　b　5点　　他　各1点×4(a・d各完答)

4　Cのa・b・Eのa・b　各3点×4　　他　各1点×16(Eのc・Fのc各完答)　　計60点

＜社会解説＞

1　(地理―日本の国土と自然・産業・環境問題など)

ア　福島・群馬・新潟3県にまたがる大湿原。2005年にはラムサール条約にも登録された。

イ　包蔵水力(発電可能な水資源)が大きく，上流部は電源地帯として知られている。

重要　a　①　利水や治水，砂防など多目的で建設されるダムが多い。　②　環境影響調査。高度経済成長期から実施計画はあったが，法律が制定されたのは1997年と先進国の中でも最も遅いといわれる。しかし，法律施行後もその実効性については多くの課題が指摘されている。

b　大都市の近郊で栽培。アは北海道・鹿児島，ウは栃木・福岡，エは北海道・千葉など。

c　シカは雪に弱くかつては冬を越すことが難しかった。また，オオカミのような天敵もいないためエサを食べつくした群れが高地の湿地帯にまで進出，生態系に大きな影響を与えている。

d　「きつい」・「汚い」・「危険」といわれる職場は3Kと呼ばれ過酷な労働環境から日本人には敬遠されることが多い。そうした部分の穴埋めをしたのが外国人労働者である。

e　1990年代は世界1だった日本の鉄鋼業は中国をはじめとするアジア諸国の急成長で苦戦，全国各地に造られた大規模な高炉の整理統合が進んでいる。

f　情報化社会の進展に伴って紙の需要は大幅に減少しつつある。ただ，段ボール原紙は電子取引による宅配の増加の恩恵を受けている。イは情報用紙，ウは段ボール原紙。

2　(地理―日本のコメ政策・世界地理など)

a　①　1960年代後半，緑の革命で高収量品種の導入などに成功したインドは1970年代にはコメの輸出国に転じた。　②　1枚の面積は小さいが斜面をおおう棚田は水資源の涵養《かんよう》など大きな働きを持っている。日本でも環境教育や観光など多方面で注目されている。

b　減少に転じた1962年は高度経済成長の真っただ中。コメが自由化されたのは90年代の後半。

c　ロシアを除きヨーロッパ最大の面積を持つ国家。アはリトアニア，ウはルーマニア。

重要　d　転作などを通じて米の作付面積を減らす農業政策で2018年に廃止された。

e　製造業は最大の就業者を抱える産業。高齢化社会を支える医療・福祉産業は製造業に次ぐ規模

に拡大している。Bは情報通信業，Dは教育・学習支援業。

f　江戸時代の和釘の副業から始まったといわれる。イは梵鐘《ぼんしょう》などの銅器，ウは小千谷縮。

やや難　g　戦時中の食糧不足に対応して制定された法律。1995年からは新食糧法が施行。

3　**（政治―政治のしくみ・国民生活と消費活動など）**

a　エシカル消費とは地球環境や社会貢献などより広い視野からの消費の意味。

b　農産物だけでなく福島沖で水揚げされる魚介類は厳格な検査をして安全が確認されているにもかかわらず多くの消費者から敬遠，いまだに輸入を拒否している国もある。

c　2013年では13兆円，2020年では80兆円近く後者の方が多い。消費税額は倍近く，所得税も大幅に増加，コロナ対策もあり財政はさらに悪化している。

重要　d　首長は住民の直接選挙だが首相は国会での指名，解職請求は地方自治のみ。国会の二院制に対し地方議会は一院制，議会の解散制度は地方自治にも取り入れられている。

e　国連分担金は各国の経済規模で決められており，現在はアメリカ・中国・日本の順。

4　**（日本の歴史―古代～近代の政治・文化・外交など）**

重要　A　a　6歳以上の男子には2段(約24a)，女子にはその3分の2の口分田が与えられた。

b　春日大社の境内に位置する300m足らずの山。伐採が禁止され原生林に覆われている。

c　遣唐使の廃止は894年，紀貫之らによる古今集の編纂は10世紀初め。平等院は11世紀中頃，最澄と空海が唐から帰国したのは9世紀初め。

B　a　①　2度にわたって宋に渡り臨済宗の開祖となった僧。　②　鎌倉時代は農業生産が飛躍的に向上，畿内を中心に牛馬耕や二毛作などが普及していった。

b　足利一族である細川・斯波《しば》・畠山の3氏が交代で就任したため3管領と呼ばれた。

c　水を用いず石で滝を，白砂で水を表現した禅宗寺院に多く作られた庭。

C　a　宣教師の多くがカトリックのスペインやポルトガルの出身であった。

b　派遣された4人の少年はローマ教皇グレゴリウス13世に謁見《えっけん》することができた。

c　天正遣欧使節は1590年に帰国，豊臣秀吉がバテレン追放令を出したのは1587年。

基本　D　a　三重県を構成するのは旧伊勢国・志摩国・伊賀国および紀伊国の一部。

b　①　8代将軍・徳川吉宗の孫。　②　風俗の取り締まりなど厳格な政治を実施。

c　通商交渉は拒否され，長崎入港の許可証を受けただけで帰国した。

重要　E　a　薩摩・長州・土佐3藩の軍事力を背景に断行，天皇中心の中央集権国家を目指した。

b　出発の翌年(1872年)は幕末に結ばれた条約の改正交渉に入れる年であった。

c　使節団は1873年9月に帰国。イは73年1月，エは73年7月。アは1879年，ウは1885年。

F　a　政府だけで500人以上雇用，中には大臣並みの給料を払った者もいた。

b　日本は戦費の調達，ロシアは革命の激化があり共に戦争の継続に苦しんでいた。

c　大戦は1914年～18年。アジアから欧米諸国の関心が薄れた間隙《かんげき》を突き日本は中国に進出，軍需品の需要もあり空前の好景気を迎えた。ロシア・フランスは連合国側，ラジオは1925年。

★ワンポイントアドバイス★

一般的な社会科の知識では対応しきれない内容も多い。世の中の動きに関心を持ち，能動的な形で学習を進めていこう。

＜国語解答＞ 《学校からの正答の発表はありません。》

［一］ 問一 A 4　B 1　問二 2　問三 1　問四 2　問五 2　問六 ア 8　イ 1　ウ 5　問七 しっとに似た感情(8字)　問八 4　問九 3　問十 1　問十一 3　問十二 2　問十三 ① 四(日目)　② (例) 村の子どもたちを従えているガキ大将　③ 東京　④ 四(人)

［二］ 問一 (例) ① 読者が目的の本を見つけるまでいっしょに探すこと。　② 読者に代わって本を読むこと。　③ 経験と知識のちく積。　問二 本好きの人たちが行く特別なところ(16字)　問三 (例) 一人になれる場所を求め，持ち帰って読む本を探し，被災の処理や連らくのために使う。(40字)　問四 (例) 自然災害などによる被災地では，その地域のたくさんの大人たちが，地域の人たちのためにさまざまな救助や救援活動をしている。子どもたちも守られる場合が多いが，お年寄りや身体の不自由な方の手助けなど，自分ができることを自ら探して実行し，助け合うことが大切であり必要なことだと思う。うまくできなくても，不安ばかりでなく，前向きな気持ちを持ち続けることで周りの人にも伝わり，日常を取りもどす大きな力になるはずだ。(200字)

［三］ A 1　B 4

［四］ 1 冷(ます)　2 楽観(する)　3 格式　4 富(む)　5 均等　6 ほんまつ　7 ほうまん　8 す(る)

○推定配点○

［一］ 問一・問六・問十三①③④ 各2点×8　問十三② 4点　他 各3点×10

［二］ 問一 各4点×3　問二 3点　問三 5点　問四 10点

［三］・［四］ 各2点×10　計100点

＜国語解説＞

［一］ (小説―心情・場面・文章の細部の読み取り，ことばの意味)

基本　問一 ――部Aは「じっと見つめる」という意味で4が同じ。Bは期待通りにならないという意味で1が同じ。

問二 ――部前で「毎日のように彼女をやっつけている手前，私には彼女の家に行くことは有り難い役目ではなかった」という「私」の心情が描かれているので2が適切。この心情をふまえていない他の選択肢は不適切。

問三 ――部前で，「私」が声をかけたことで思いがけずきぬ子本人が出てきたが，「毎日のように彼女をやっつけている」のに，「私」が持って来た魚をのぞきこみながら普通に話しかけてくるきぬ子の様子が描かれているので1が適切。――部前のきぬ子と，とまどっている「私」の様子を説明していない他の選択肢は不適切。

問四 魚の代金を受け取るのが「ひどく卑賤な行為のような気がし」てうそをついたのに，くり返し魚の代金を聞かれたため，話を終わらせようとして――部のように言っているので2が適切。「卑賤な行為」にふれ，「いきどおったように」を意地になっていることとして説明していない他の選択肢は不適切。

問五 ――部直後で，きぬ子の姿が目にうかび，彼女を見ようと角屋に向かう「私」の様子が描かれているので2が適切。――部直後の描写をふまえていない他の選択肢は不適切。

やや難　問六 ――部アは男性を意識したこびるような「なまめかし」い声なので8が適切。イの「きゃあ，きゃあ嬌声を上げる」は喜んで興奮している様子なので1が適切。ウは若い男性に対してわがままを言って自分の言うことを聞かそうとして「ヒステリックな声」を出しているので5が適切。

問七　――部の気持ちを「私はなぜか……」で始まる段落で「しっとに似た感情」と表現している。

重要　問八　――部前でのきぬ子の声は，相手の男にしっとするほど「私」に強い印象を与え，その声を――部の「甘美な味」にたとえて描いているので4が適切。パインナップルの甘さときぬ子の声が重なっていることを説明していない他の選択肢は不適切。この後の「二人は何か……」で始まる段落の描写も参考にする。

問九　最後の「バスの中に……」で始まる場面で，きぬ子一家を乗せたバスを必死に追いかけている輝夫の様子が描かれており，――部でも「きぬ子と聞くと」すぐさま反応している輝夫の様子が描かれているので3が適切。きぬ子に関心を持っていることを説明していない他の選択肢は不適切。

問十　――部の「漁火」は問五――部の「漁火」と同様，「私」のきぬ子への恋心を表現しているので1が適切。きぬ子への恋もかなわなかったむなしさを説明していない他の選択肢は不適切。

問十一　「バスが動き出した」と同時に――部のようになっているので3が適切。1の「来年の夏まできぬ子に会えないことに気づき……後かいで胸がいっぱい」，2の「きぬ子に忘れ去られてしまうのではないかとあせり」，4の「申し訳なさ」はいずれも読み取れない。

重要　問十二　きぬ子一家を乗せたバスを追いかけて「子供たちはみんな走り出し」，「どこまでもバスといっしょに走って行った」が「一人ずつバスから落伍し」，「　」では最後の一人の輝夫も「トンネルの中で落伍した」ことが描かれているので2が適切。走るバスに追いつくことができない子供たちや輝夫の描写を，きぬ子の世界には手が届かないこととして説明していない他の選択肢は不適切。

やや難　問十三　①「角屋に魚を届けた日」は冒頭～「やはり兄妹……」で始まる段落まで，「私は戦い終わった……」で始まる段落までが「その翌日」，「それから三日目」が「その日」なので，角屋に魚を届けた日から「四日目」である。　②「私」は「輝夫を呼び出し」，「みんなに命令し」てきぬ子と一緒にいた大学生の青年をやっつけようとしたり，最後の場面でも「私にまねて，子供たちはみんな走り出した」りしていることが描かれているので，「私」が村の子どもたちみんなを従えているガキ大将のような存在であることが読み取れる。　③砧家へ来ている親せきの大学生のことを「『きぬ子をいじめる東京のやつがいる……』」と「私」が話していることから，砧家も「東京」から来たことが読み取れる。　④「それから三日目に……」で始まる段落で，砧家は「きぬ子と彼女の両親と女中の四人」であることが描かれている。

［二］（論説文―要旨・細部の読み取り，記述力）

重要　問一　冒頭から続く3段落で，①は「読者が目的の本を見つけるまでは……いっしょに探してくれ」ること，②は「読者に代わって本を読み，問題を解決することはしません」と述べていること，③は「図書館員の経験と知識のちく積が必要です」と述べているので，これらの内容をそれぞれまとめる。

基本　問二　「二十一世紀に……」で始まる段落で，図書館とは「本好きの人たちが行く特別なところ(16字)」というイメージが長い間あったことを述べている。

問三　――部前で「とつ然の被害からやっと自分を取りもどした人が，」「一人になれる場所を図書館に求め，持ち帰って読む本を探し，次いで被災の処理や連らくのために図書館を使う」という報告がされていることを述べているので，これらの内容を指定字数以内でまとめる。

やや難　問四　解答例では，自分より弱い立場の人を手助けするなど，自分ができることを探しながら助け合い，前向きな気持ちを持つことを述べているが，被災した人たちの気持ちに寄りそいながら，きびしい状況の中でも「被災した子どもたち」ができることを具体的に考えていこう。

[三]　(ことばの用法)

Aと1は「だ」に置きかえられるので形容動詞の活用語尾。2は断定の助動詞「だ」の連用形。3は連体詞「大きな」の一部。4は比況(たとえ)の助動詞「ようだ」の連体形の一部。Bと4は「が」に置きかえられるので部分の主語を表す格助詞。1は「(古い)うで時計」にかかる連体修飾語を表す格助詞。2は「もの」に言いかえられるので体言の代用の格助詞。3は用言の後につく準体言助詞。

重要 [四]　(漢字の読み書き)

1の音読みは「レイ」。熟語は「冷蔵」など。2は先行きをよいほうに考えて心配しないこと。3は家がらなどによって定まっている礼儀や作法。4の音読みは「フ・フウ」。熟語は「豊富」「富貴」など。5は平等で差がないこと。6の「本末転倒」は重要なこととどうでもいいことを取り違えること。7は豊かに満ちていること。8の音読みは「サツ」。熟語は「刷新」など。

★ワンポイントアドバイス★

小説では，主人公の心情の変化を物語の展開とともに確認していこう。

MEMO

大切なことはメモしておこうネ！

2022年度

入　試　問　題

2022年度

フェリス女学院中学校入試問題

【算　数】（50分）　＜満点：100点＞

【注意】　1．答を出すのに必要な図や式や計算を，その問題のところにはっきりと書いてください。

　　　　　2．円周率を使う場合は3.14としてください。

1　次の問いに答えなさい。

(1)　次の □ にあてはまる数を求めなさい。

$$1\frac{21}{20}-\left\{2.1\div\left(\square-4.125\right)-\frac{7}{4}\right\}=\frac{7}{5}$$

答 □

(2)　容器Aには，濃さが９％の食塩水が210ｇ入っています。

容器Bには，濃さが２％の食塩水が280ｇ入っています。

容器Aから食塩水をくみ出し，容器Bからは容器Aからくみ出した量の２倍の食塩水をくみ出します。続いて，容器Aからくみ出した食塩水を容器Bに入れ，容器Bからくみ出した食塩水を容器Aに入れ，それぞれよくかき混ぜたところ，濃さが等しくなりました。

次の ア ， イ にあてはまる数を求めなさい。

①　容器Aと容器Bの食塩水の濃さは， ア ％になりました。

答 ア □

②　容器Aからくみ出した食塩水は， イ ｇです。

答 イ □

⑶　24を分母とする真分数23個と17を分母とする真分数16個の，あわせて39個の数を小さい順に並べた数の列を考えます。ア ～ ウ にあてはまる数を求めなさい。この数の列において，となりどうしの数の差が最も大きくなるとき，その差の値は ア で，となりどうしの数の差が最も小さくなるとき，その差の値は イ です。また，となりどうしの数の差をすべて加えた和の値は ウ です。

答	ア		イ		ウ	

⑷　図のように三角形ABCと三角形BDEがあります。
点Ｂは直線ＡＤの真ん中の点で，点Ｅは直線BC上の点です。また，直線BCの長さは11㎝で，直線ACと直線DEの長さは等しく，㋐の角と㋑の角の大きさは等しいです。三角形ABCの面積が22㎝^{2}のとき，直線BEの長さは □ ㎝です。□ にあてはまる数を求めなさい。

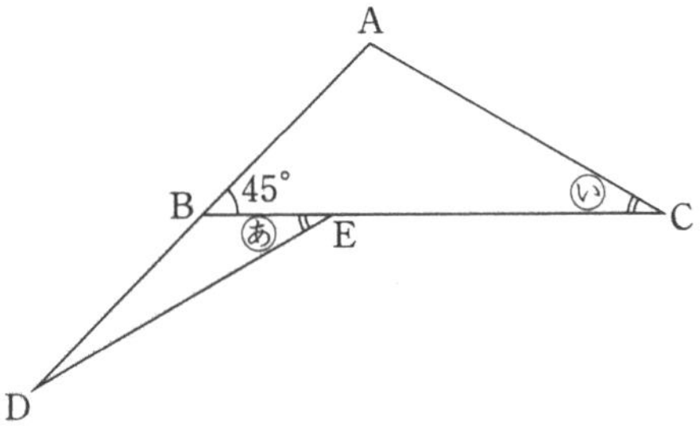

答	

⑸　白い碁《ご》石と黒い碁石がたくさんあります。この中の６つの碁石を次のⒶ，Ⓑ，Ⓒの規則にしたがって横一列に並べます。
Ⓐ　白い碁石を３つ以上使う。
Ⓑ　白い碁石を３つ以上連続して並べない。
Ⓒ　黒い碁石を３つ以上連続して並べない。
次の ア ～ ウ にあてはまる数を求めなさい。
①　左はしと右はしが黒い碁石になる並べ方は ア 通りあります。
②　左はしと右はしが白い碁石になる並べ方は イ 通りあります。
③　左から３番目が白い碁石になる並べ方は ウ 通りあります。

答	ア		イ		ウ	

2 1から100までの異なる整数が書かれた100枚のカードがあります。
まず，6の倍数が書かれているカードに赤色のシールをはりました。
次に，4の倍数が書かれているカードに黄色のシールをはりました。このとき，4の倍数が書かれているカードに赤色のシールがはられている場合は，赤色のシールをはがしてから黄色のシールをはりました。
最後に，7の倍数が書かれているカードに緑色のシールをはりました。このとき，7の倍数が書かれているカードに赤色または黄色のシールがはられている場合は，赤色または黄色のシールをはがしてから緑色のシールをはりました。
緑色のシールをはったあとの100枚のカードについて，次の ア ～ カ にあてはまる数を求めなさい。

① 緑色のシールがはられているカードは ア 枚あり，それらのカードに書かれている整数の合計は イ です。

② 黄色のシールがはられているカードは ウ 枚あり，それらのカードに書かれている整数の合計は エ です。

③ 赤色のシールがはられているカードは オ 枚あり，それらのカードに書かれている整数の合計は カ です。

答

①	ア		イ	
②	ウ		エ	
③	オ		カ	

3 AさんとBさんが，壁《かべ》をぬります。Aさんは，壁の半分の面積をぬった後，残り半分をぬるときは，はじめの8割のぬる速さになります。Bさんは，いつも同じ速さで壁をぬることができます。
次の問いに答えなさい。

(1) AさんとBさんが，同じ面積の壁をそれぞれ一人でぬったところ，ぴったり同じ日数でぬり終わりました。Aさんがはじめの半分の面積をぬる速さと，Bさんがぬる速さの比を，できるだけかんたんな整数の比で表しなさい。
(求め方)

答

⑵　⑴でＡさんとＢさんが壁をぬるのにかかった日数が36日だったとします。ぬりはじめて24日後の，ＡさんとＢさんのぬった壁の面積の比を，できるだけかんたんな整数の比で表しなさい。
（求め方）

答

4　下の図のような道があります。ＡからＢ，およびＣからＤの道は下り坂で，ＢからＣ，およびＤからＥの道は平らな道で，平らな道の道のりの合計は１㎞で，ＥからＦまでは上り坂となっています。太郎さんと花子さんは，坂を上るときは時速３㎞で上り，平らな道は時速４㎞で進み，坂を下るときは時速５㎞で下ります。太郎さんと花子さんはそれぞれＡとＦから同時に出発し，ＤとＥの真ん中の地点ですれ違いました。太郎さんがＦに到着する６分前に花子さんはＡに到着しました。次の問いに答えなさい。

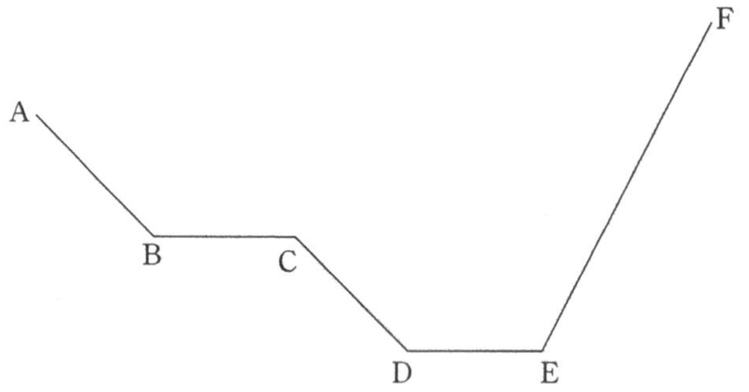

⑴　ＢからＣまでの道のりは □ ㎞です。□ にあてはまる数を求めなさい。
（求め方）

答

⑵　太郎さんと花子さんが出発してから54分後にすれ違ったとするとき，ＡからＦまでの道のりは □ ㎞です。□ にあてはまる数を求めなさい。
（求め方）

答

5 図のようなすべての辺の長さが12cmの三角柱があります。直線EFの真ん中の点をMとします。
円Sは，3点D，E，Fが含まれる平面上にあって，中心がD，半径が12cmの円です。
円Tは，3点B，E，Fが含まれる平面上にあって，中心がM，半径が6cmの円です。
点Pは，円Sの円周上を動く点で，点Aから見て時計回りに6秒で1回転するように動きます。
点Qは，円Tの円周上を動く点で，点Dから見て時計回りに動きます。
点P，Qはどちらもはじめ点Eの位置にあり，同時に動き始めます。点Pと点Qの動く速さの比は10：3です。

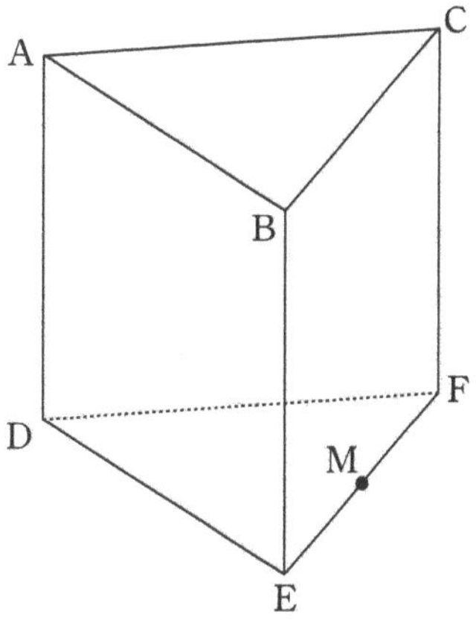

次の問いに答えなさい。⑴，⑵は ア ～ エ にあてはまる数を求めなさい。⑶は求め方も書きなさい。

⑴ 点Qは，円Tの円周を1周するのに ア 秒かかります。

⑵ 点P，Qが動き始めてからはじめて出会うのは イ 秒後で，2回目に出会うのは ウ 秒後です。99回目に出会うのは エ 秒後です。

答	ア		イ		ウ		エ	

⑶ 点Pが動き始めてから32.5秒後のとき，円Sを直線PEで2つの図形に分けます。このうち，小さいほうの図形の面積は オ cm^2です。
（求め方）

答	オ	

【理　科】（30分）　＜満点：60点＞

1　以下の３種の生物の組み合わせの中で，ひとつだけちがう性質や特ちょうをもつものを選び，ちがっている点を説明しなさい。

1　アサリ・イルカ・マグロ　　　2　アサガオ・ヒマワリ・ホウセンカ
3　テントウムシ・チョウ・バッタ　　　4　シイタケ・タマネギ・ニンジン
5　アブラナ・タンポポ・チューリップ

2　私たちは毎日の生活の中で，都市ガスやプロパンガスといった燃料を燃やして火を起こしています。燃料には様々な種類があり，用とによって使い分けられています。

今，３種類の燃料ア～ウがあります。これらの燃料を用いて，実験を行いました。

実験１　１ｇの燃料アを燃やした熱で様々な温度の水を温め，水温を記録した。

実験２　１ｇの燃料ア～ウを燃やした熱で０℃の氷100ｇの入った０℃の水100ｇを温め，水温を記録した。

実験３　１ｇの燃料ア～ウを燃やしたときに発生した気体エの重さを記録した。

表１　実験１の結果

水の重さ（g）	加熱前の水温（℃）	加熱後の水温（℃）
200	0	50
200	20	70
200	40	90

表２　実験２の結果

燃　　料	加熱前の水温（℃）	加熱後の水温（℃）
ア	0	10
イ	0	20
ウ	0	28

表３　実験３の結果

燃　　料	発生した気体エの重さ（g）
ア	3.3
イ	3.0
ウ	2.8

1　ガスバーナーやアルコールランプなどの火を使う実験を行うときに，特に気をつけなければならないことを２つ答えなさい。

2　燃料が燃えると数種類の気体が発生します。その中でも気体エは地球温暖化に大きく影きょうを与えている気体の１つと言われています。気体エの特ちょうについて正しいものを１つ選びなさい。

⑴　鼻をつくようなにおいがする。
⑵　うすい塩酸に鉄を加えると発生する。

(3)　雨水にふくまれ，酸性雨の原因となる。

(4)　ムラサキキャベツの液にふきこむと，よう液の色が赤色になる。

3　燃料が燃えるためには，空気中にふくまれる気体オが必要です。気体オの特ちょうについて正しいものを１つ選びなさい。

(1)　水に全くとけない。

(2)　空気中に三番目に多くふくまれている。

(3)　石灰水に吹き込むと，石灰水が白くにごる。

(4)　オキシドール（過酸化水素水）に大根の小片を加えると発生する。

4　実験２について，燃料ア～ウの中で加熱後に氷が残っているものはどれか。番号で答えなさい。

(1)　ア　　(2)　イ　　(3)　ウ　　(4)　アとイ

(5)　アとウ　　(6)　イとウ　　(7)　アとイとウ　　(8)　どれも残らない

5　１ｇの燃料アを燃やした熱で０℃の氷50ｇの入った０℃の水50ｇを温めました。加熱後の水温は何℃か答えなさい。

6　燃料ア～ウを燃やした熱で０℃の水100ｇを51℃まで温めました。このとき気体エの発生量が最も少ない燃料をア～ウの中から記号で答えなさい。また，その燃料を燃やしたときに発生した気体エの重さを答えなさい。

3　温度が上がるとものの体積がぼう張するということについて，丸底フラスコとガラス管を用いて，２種類の温度計ア・イを作って実験をしました。

ア　何も入れていない丸底フラスコに，ガラス管のついたゴムせんをつけ，ガラス管の部分には色をつけたゼリーを入れた。

イ　赤インクで色をつけた水を丸底フラスコに満たし，ガラス管のついたゴムせんをした。

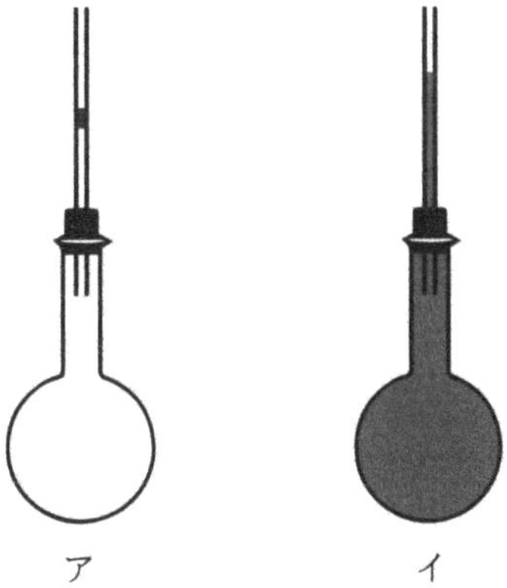

ア　　　　　イ

下表はいろいろなもののぼう張率を表したものです。ぼう張率とは，ものの温度が１℃上がったとき，もとの体積を１として，どれだけ体積が増えるかという割合を表す量です。

もの	ぼう張率
水	0.00021
空気	0.0037
ガラス	0.000025

1　わずかな温度変化を調べるとき，ア・イのどちらの温度計を使うとよいですか。またその理由を答えなさい。

2　アの温度計で，水を使わずゼリーを使うのはなぜですか。

3　イの温度計で，ガラス管の断面積が12mm^2，フラスコ内に20℃の水が200cm^{3}入っているとすると，30℃のお湯につけたとき，ガラス管内の水面の高さは，およそ何cm上がると考えられますか。

4　実際にイの温度計を温かい水につけ，ガラス管内の水面の高さの変化をよく観察すると，はじめ少し下がってから，上がることがわかりました。なぜ少し下がるのか，その理由を答えなさい。

5　イの温度計を，よりわずかな温度変化を測れるようにするには，どのように作りかえればよいですか。

4　1年の中で昼の時間がもっとも長い日は6月21日頃の「夏至（げし）」とよばれる日です。一方，昼の時間がもっとも短い日は12月21日頃の「冬至（とうじ）」とよばれる日です。2020年の「夏至」と「冬至」は6月21日と12月21日でした。それぞれの日の横浜《はま》における日の出・日の入の時刻は下表の時刻でした。

2020年		日の出	日の入
夏至	6月21日	4時26分	19時00分
冬至	12月21日	6時47分	16時32分

1　夏至の日と冬至の日の日の出と日の入の時刻について，昼の時間（日の出の時刻から日の入の時刻まで）の長さから，次のような予想を立てました。下記の文中の｛　｝から当てはまるものを1つ選びなさい。

夏至の日の日の出の時刻は1年でもっとも｛①　**はやく・おそく**｝，また夏至の日の日の入の時刻は1年でもっとも｛②　**はやく・おそく**｝なる。一方，冬至の日の日の出の時刻は1年でもっとも｛③　**はやく・おそく**｝，また冬至の日の日の入の時刻は1年でもっとも｛④　**はやく・おそく**｝なる。

2　前問1で立てた予想が正しいかどうか，夏至の日と冬至の日それぞれ前後1か月間の日の出と日の入の時刻を調べてみました。次のページのグラフは2020年の「夏至」と「冬至」の前後1か月間の横浜における日の出と日の入の時刻を示したものです。

下記の文中の［①］から［④］に当てはまる語句をア～カの中から選び，（　①　）から（　③　）には当てはまる時刻を入れなさい。なお下記文中の｛1①｝から｛1④｝には前問1で選んだものと同じものが入ります。

2020年横浜で，日の出の時刻が1年でもっとも｛1①｝なるのは［　①　］でした。また日の入の時刻が1年でもっとも｛1②｝なるのは［　②　］で，その時刻は（　①　）でした。一方，日の出の時刻が1年でもっとも｛1③｝なるのは［　③　］で，その時刻は（　②　）でした。また，日の入の時刻が1年でもっとも｛1④｝なるのは［　④　］で，その時刻は（　③　）でした。以上のことから前問1で立てた予想は正しくないことがわかりました。

【語句】
ア．夏至の日よりも前から　　エ．冬至の日よりも前の日
イ．夏至の日の前後10日間　　オ．冬至の日の前後10日間
ウ．夏至の日よりも後の日　　カ．冬至の日よりも後の日

「夏至」の前後1か月間

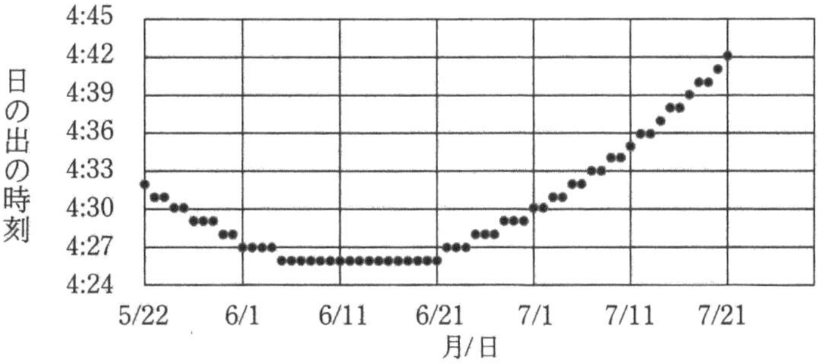

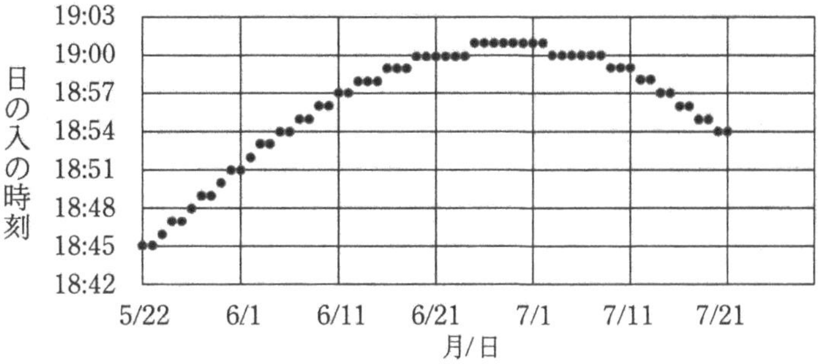

「冬至」の前後1か月間

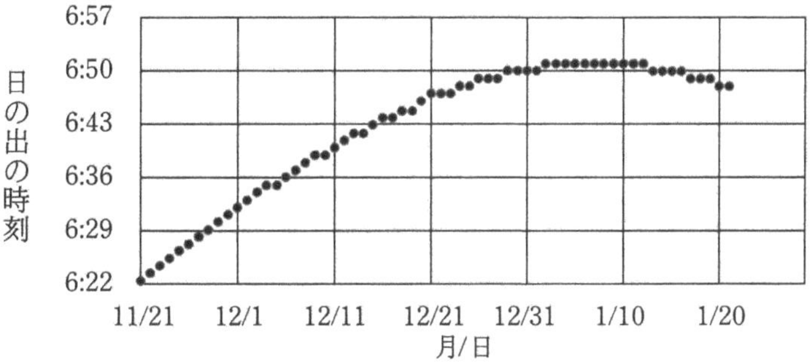

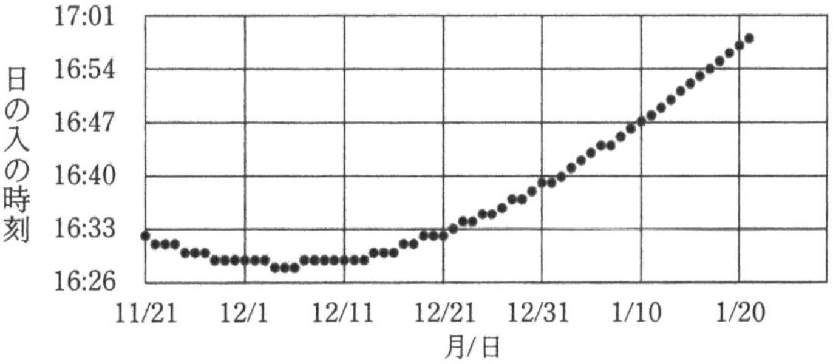

3　地上で太陽の動きを観測すると，日の出と日の入の時刻は変化しますが，太陽は，いつも同じ速さで動いているように見えます。しかし実際は，太陽が動いているのではなく，地球が一日一回転（この動きを「自転」といいます）しながら太陽のまわりを一年かけて一周（この動きを「公転」といいます）しています。その様子を示したものが次のページの図1です。ただし，図中の太陽の大きさは地球の大きさとくらべてはるかに小さく示しています。また，図中の「地じ

く」とは地球が自転するときに中心となる「じく」のことです。

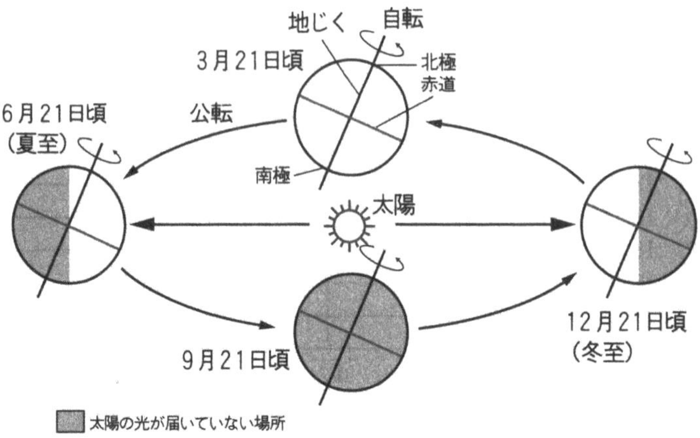

図１

横浜で太陽の動きを見ると，朝，東の方角からのぼり，昼頃，南の空でもっとも高くなります。

これを太陽の南中《なんちゅう》といいます。南中をすぎると太陽はしだいに低くなり，夕方，西の空にしずみます。右図２は，時間とともに変化する太陽の位置を，とう明な半球上に記録したものです。

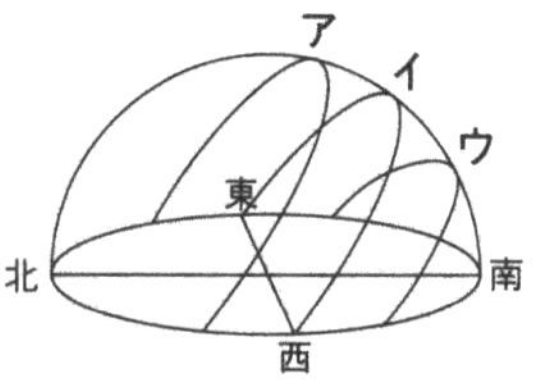

図２

⑴　下記の文中の｛　｝から当てはまるものを１つ選び記号で答えなさい。また季節によって太陽の通り道が変化する理由を上図１から考え，文章で説明しなさい。
夏至の日の太陽の通り道を示すものは図中の｛①　**ア・イ・ウ**｝で，日の出の方角は｛②　**ア．真東・イ．真東より南・ウ．真東より北**｝で，太陽が南中する高さは｛③　**ア．１年で１番高く・イ．１年の中で真ん中の高さに・ウ．１年で１番低く**｝なる。また，日の入の方角は｛④　**ア．真西・イ．真西より南・ウ．真西より北**｝になる。

⑵　「日時計」のように太陽の動きで時刻を決めていくと，規則正しく時を刻む「時計」の時刻とずれが起きてきます。「日時計」では太陽が南中する時刻はいつも12時ちょうどになりますが，その時刻が「時計」では12時ちょうどになっているとは限りません。次のページの２つのグラフは2020年の「夏至」と「冬至」の前後１か月間の横浜における太陽の南中時刻を示したものです。
太陽が南中する時刻をいつも12時ちょうどにし，次の日の太陽が南中する時刻までを１日とすると，ある時期の１日は24時間よりも長くなり，またある時期の１日は24時間より短かくなってしまいます。そこで，私たちは実際に見えている太陽とは別にいつでも同じ速さで移動する「仮想の太陽」を考え，実際に見える太陽の速さの変化分をならした平均の長さを「１日の長さ」と定義して使っているのです。このことが，「日時計」の時刻と規則正しく時を刻む「時計」の時刻がずれる原因です。この時刻のずれを「均時差」といいます。次のページの図のグラフは１年間の「均時差」の変化を示したものです。「均時差」が「＋（プラス）」の場合は「日時計」の時刻のほうが進んでいて，「−（マイナス）」の場合は「日時計」の時刻がおくれていることになります。

「夏至」の前後1か月間

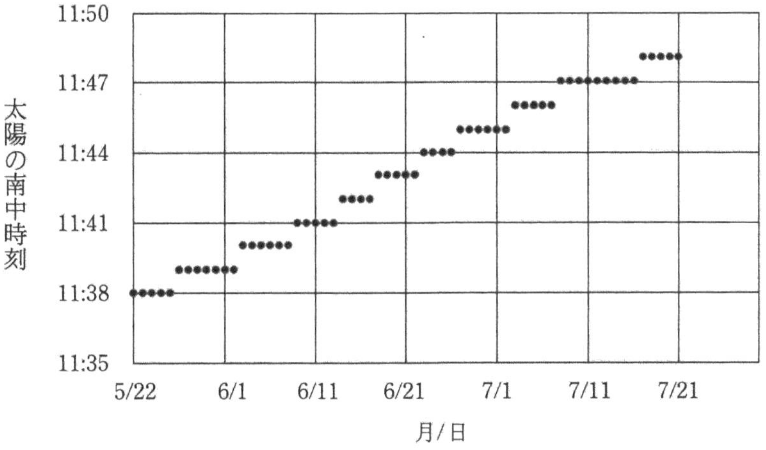

「冬至」の前後1か月間

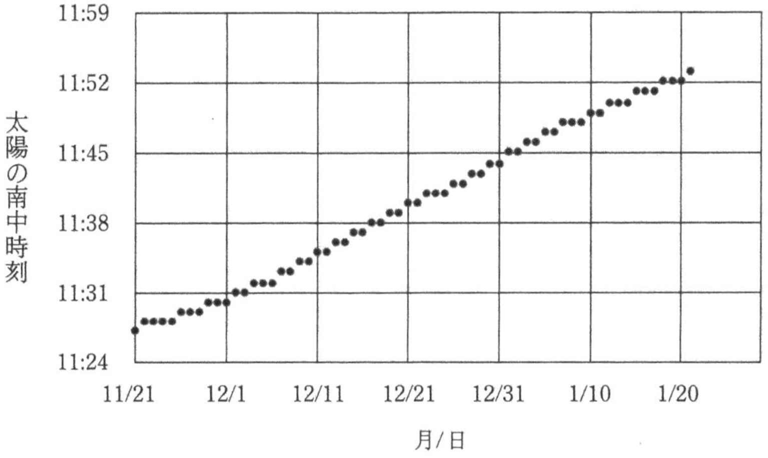

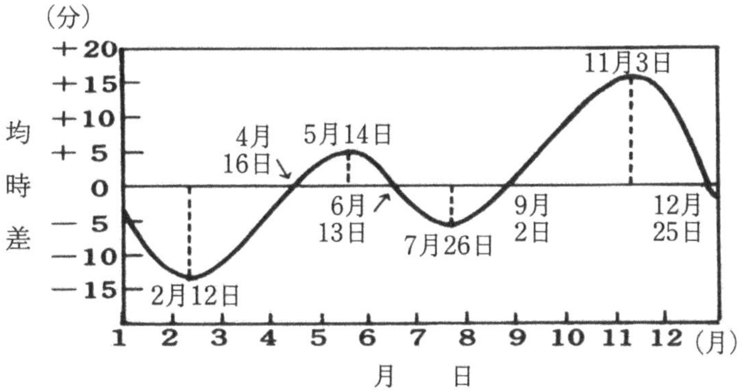

（問１）下記の文中の｛　｝から当てはまるものを１つ選び，（　）には当てはまる時刻または月日を入れなさい。

「夏至」と「冬至」の頃の太陽の南中時刻は前ページの２つのグラフからじょじょに｛①　**はやく・おそく**｝なってきていることがわかる。また，太陽が南中する時刻に観測する場所によって時差があり，日本では，兵庫県の明石（東経135°）で南中する時刻を基準（12：00）にしているので明石よりも東に位置する横浜（東経139°）では南中時刻が19分｛②　**はやく・おそく**｝なる。以上のことから横浜で（③**時刻**　　　）に太陽が南中するときには「日時計」とずれがないことになり，前ページの２つのグラフと前ページの「均時差」のグラフの（④**月日**　　　）と（⑤**月日**　　　）の記録からもそのことがわかる（④⑤**早い順に記入しなさい**）。また，前問**2**の ① ～ ④ も前ページの「均時差」のグラフにおいて，「夏至」と「冬至」の頃の太陽の南中時刻が｛⑥　**はやく・おそく**｝なってきていることから同じ結果となることがわかる。

（問２）前ページの図のグラフのような１年間の「均時差」がうまれる理由は２つ考えられます。その１つは前問(1)の理由と同じです。もう１つの理由を10ページの図１から考え，文章で説明しなさい。

【社　会】（30分）　＜満点：60点＞

1　次の生徒と先生の会話を読み，――a～qについての問いに答えなさい。

生徒：日本は昔，ヨーロッパの人たちから「黄金《おうごん》の国」と呼ばれていたという話を聞きましたが，本当ですか。

先生：『東方見聞録《とうほうけんぶんろく》』という，イタリアの旅行家の話をもとにした本のなかに，宮殿《きゅうでん》が黄金でできている「ジパング」という国がでてきて，これが日本のことではないかと言われています。これはその旅行家がa元《げん》に滞在《たいざい》していた時期に聞いた話のようですが，正確なことはよくわかっていません。

生徒：本当に日本の宮殿が，黄金でつくられていたのですか。

先生：東北地方で８世紀半ばに金が発見され，これが東大寺の大仏に用いられたことは有名ですね。それ以降もこの地方で砂金がたくさん採れ，b中尊寺の金色堂《こんじきどう》などがつくられたことから，そのようなうわさが伝わったのではないかと言われています。

生徒：日本で金がたくさん採れたというのは意外な感じがします。

先生：金だけではなく銀もたくさん採れました。c16世紀から17世紀にかけて，日本では世界の銀の３分の１が産出されていたそうです。

生徒：銀はそのころなぜ，たくさん採れていたのですか。

先生：d16世紀に各地で鉱山開発が熱心に行われたからです。それだけでなくこのころ銀の新たな精錬《せいれん》法が伝わり，銀を大量に生産できるようになったこともあります。また16世紀末には銅も世界一の生産量となりました。

生徒：これらは輸出もされたのですか。

先生：銀はe南蛮《なんばん》貿易やf江戸時代初期の貿易，その後のg長崎での貿易でさかんに輸出され，輸出先の国では主に貨幣《かへい》の原料として使われました。しかし金銀の産出は17世紀後半になると減り，かわって銅が輸出されるようになります。

生徒：銅と言えば，h弥生時代には青銅器が使われていたと習いましたが，銅は古代から採れていたのですか。

先生：いい質問ですね。弥生時代の青銅器の原料となった銅は，大陸からもたらされたものであったようです。国内では８世紀にi武蔵国《むさしのくに》でみつかり，和同開《わどうかい》珎《ちん》《ほう》がつくられたという記録があり，これが銅の産出のほぼ最初の時期とみられています。

生徒：銅も貨幣の原料として使われたのですか。

先生：はい。ただ，j鎌倉時代から室町時代にかけては，中国から輸入した銅銭が使われ，国内で貨幣はつくられませんでした。k豊臣秀吉の時代に再び貨幣がつくられるようになり，江戸時代には金貨・銀貨・銅貨の３種類が発行されました。

生徒：お金の価値と同じく，lオリンピックのメダルも金・銀・銅の順ですよね。なぜ価値が一番高いものが金なのでしょうか。

先生：金は世界的に産出量がとても少なかったため，古くから権力者だけが手にすることができる貴重な財宝でした。ただ，金に対する銀の価値は，国や時代によって異なることもありました。例えば幕末に日本が開国した時期，日本では金と銀の交換比率が１対５であったのに対し，外国では１対15の割合でした。

生徒：それでどのようなことが起こったのですか。

先生：外国商人たちは日本で銀貨を金貨と交換すると，より多くの金貨を手に入れられたので，日本の金貨がたくさん国外に持ち出されました。m幕府は金の量を減らして質を悪くした小判を発行して対応しましたが，結果的には社会の混乱をまねきました。

生徒：そうだったのですね。明治時代以降はどうなりますか。

先生：明治政府は鉱業《こうぎょう》生産に力を入れ，西洋の近代技術を積極的に導入しました。なかでも銅山は技術革新《かくしん》により生産量が増え，銅はn再び輸出品の一つとなりました。

生徒：そのような背景から日本で最初の公害事件といわれるo足尾鉱毒《あしおこうどく》事件も起こったのですね。

先生：さらにp日中戦争から太平洋戦争の時期になると，金や銀よりも銅の方が，q武器や兵器などの軍需《ぐんじゅ》品の原料として重視されるようになり，増産のために国の全力が傾《かたむ》けられるようになっていきました。

生徒：そうだったのですね。日本でも金や銀が豊富に採れた時代があったことがよくわかりました。

a① 元は鎌倉時代に日本に攻めてきましたが，元と幕府との戦いに関係する文として，正しいものをア～ウからすべて選びなさい。

ア 元は日本を従えようと，前もって使者を何回か送ってきた。

イ 元は亀甲船《きっこうせん》という鉄製の屋根でおおわれた船で攻めてきた。

ウ 元は日本に攻めて来る前に朝鮮半島の高麗《こうらい》を征服《せいふく》していた。

② 元との対戦を指揮した幕府の執権《しっけん》は誰でしたか。漢字で答えなさい。

b これが建てられた時期に行われていた政治の説明として，正しいものをア～ウから一つ選びなさい。

ア 幕府がおかれ，武士による政治が行われていた。

イ 天皇の位をゆずった上皇《じょうこう》が政治を行っていた。

ウ 天皇が律令《りつりょう》の政治の立て直しをはかっていた。

c このころ本格的な開発が始まった石見《いわみ》銀山は，輸出される銀の多くを産出しました。この銀山があるのは，現在の何県ですか。

d どのような人たちが，どのような目的で鉱山開発に力を入れたのですか。16世紀という年代を手がかりに説明しなさい。

e この貿易の相手国をア～エからすべて選びなさい。

ア スペイン　　イ イギリス　　ウ オランダ　　エ フランス

f この時期に海外に貿易に行くには，幕府の渡航《とこう》許可証が必要でした。この許可証のことを何といいますか。

g 江戸幕府の６代・７代将軍に仕えたある人物は，金や銀が海外に流出するのを防ぐために，長崎での貿易を制限しました。儒《じゅ》学者でもあったこの人物の名前を答えなさい。

h 弥生時代に用いられた青銅器には，どのようなものがありましたか。銅剣・銅たくのほかに，もう一つ答えなさい。

i 武蔵国は現在のどこにあたりますか。ア～エから一つ選びなさい。

ア 東京都・神奈川県・山梨県の一部　　イ 東京都・埼玉県・千葉県の一部

ウ 東京都・埼玉県・神奈川県の一部　　エ 東京都・埼玉県・山梨県の一部

j　このころの経済活動について述べた文として，正しいものをア～ウから一つ選びなさい。

ア　都の東西では，朝廷が管理する市が開かれ，役人や京内の人々が必要な品物を手に入れていた。

イ　大阪にはたくさんの蔵屋敷《くらやしき》が立ち並び，地方からの産物がここで取り引きされて，各地に流通するようになった。

ウ　交通のさかんな場所などで，決まった日に多くの人が集まって，さまざまな品物の売買が行われるようになった。

k　次のア～ウの史料のうち，秀吉の命令ではないものを一つ選びなさい。（史料はやさしく書き直しています。）

ア

> 一　奉公《ほうこう》人や上級から下級の武士にいたるまで，奥《おう》州出兵以後，新たに町人や百姓《ひゃくしょう》になった者があれば，その土地の者が調べ，いっさい身分を変えて住まわせてはならない。もし隠《かく》していたら町や村を処罰《しょばつ》する。
> 一　村々の百姓たちで田畑の耕作をせず，商売を営んだり賃《ちん》仕事に出る者がいたら，本人は申すまでもなく，村全体を処罰する。

イ

> 一　諸国の城は，修理をする時でも必ず届け出ること。ましてや新しい城を築くことはかたく禁止する。
> 一　許可なく結婚してはならない。

ウ

> 一　日本は神国《しんこく》であるから，キリスト教の国から，邪法《じゃほう》（有害な教え）が広められていることは，まことによくないことである。
> 一　宣教師は，日本に滞在することを禁止とするので，今日から20日間で準備し帰国すること。

l　1964年には東京オリンピックが開かれましたが，これと同じころのできごとをア～ウから一つ選びなさい。

ア　経済白書に「もはや戦後ではない」と書かれた。

イ　日本と韓国との国交が正常化した。

ウ　日本が国際連合に加盟《かめい》した。

m　金の量を減らして小判の質を下げたことは，経済にどのような影響《えいきょう》を与えましたか。

n　右のグラフは，1885年の日本の輸出品の品目をあらわしています。アは何ですか。

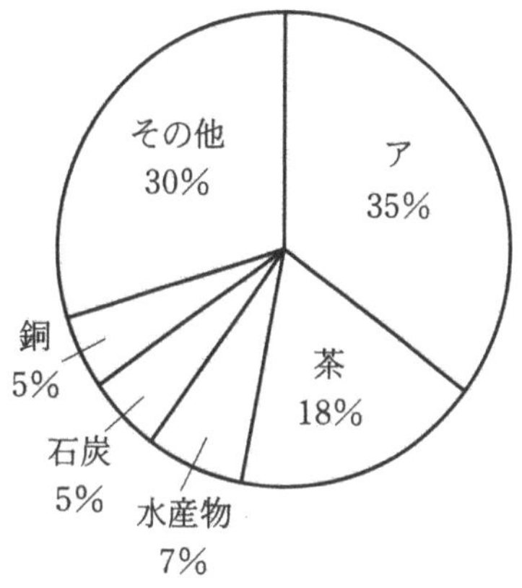

o① 鉱毒の被害をうったえ，鉱山の操業《そうぎょう》停止などを求めた人物の名前を答えなさい。

② この鉱毒被害が広がったのは1890年頃からでした。1890年代のできごととしてまちがっているものをア～ウから一つ選びなさい。

ア 鹿鳴館《ろくめいかん》が建てられ，舞踏会《ぶとうかい》がひんぱんに開かれた。

イ 条約改正が一部実現し，領事裁判権が廃止《はいし》された。

ウ 初めての衆議院議員選挙が行われ，第１回帝国議会が開かれた。

p この戦争が始まる前の年に，東京の中心部で大事件が起こり，その結果，軍部の力がとても大きくなりました。この事件の名前を答えなさい。

q 戦時中，物資が軍事に優先的に用いられたため，国民に必要なさまざまな物が不足しました。これに対応するためにとられた方法として，正しいものをア～ウから一つ選びなさい。

ア 砂糖《さとう》・マッチなどは，町内ごとに抽選《ちゅうせん》によって配られるようになった。

イ 政府が品物の価格をすべて高く定め，人々があまり買わないようにした。

ウ 日用品などは，不足する原料を使わず別の材料でつくられるようになった。

2 次の文章は，主に宮城県と鹿児島県について述べたものです。文中の（１）～（３）に入る言葉を答え，――ａ～ｆの問いに答えなさい。

宮城県では（　１　）平野を中心にして，稲作がさかんです。ここで栽培《さいばい》されている米の品種として，「ひとめぼれ」が有名です。この米は，梅雨や夏の時期にａ（　　　）の方角から吹いてくる冷たい風がもたらす冷害にとても強い米です。ｂ青森県八戸《はちのへ》市付近から宮城県牡鹿《おしか》半島にかけて広がる山地で砂鉄が豊富に取れたことから，江戸時代には伊達《だて》氏の（　１　）藩などで鉄は主要産品の一つでした。伝統工芸品としての鉄製品には，さび止めとして漆《うるし》が使われてきました。岩手県二戸《にのへ》市の浄法寺《じょうぼうじ》地域は，ｃ現在の日本では希少となった漆の産地です。

鹿児島県の霧島《きりしま》市では，ｄ半導体や半導体の製造装置に使う部品の生産がさかんです。霧島の山々から流れ出る川の周辺では，ｅコシヒカリに由来する「ヒノヒカリ」などの米が栽培されています。活火山として有名な桜島は，1914年の噴火《ふんか》で，薩摩《さつま》半島の向かいにある（　２　）半島と陸続きになりました。この半島の太平洋側にある志布志《しぶし》港からの木材の輸出量（2018年）は全国１位で，ｆその多くは杉の丸太の輸出です。九州から台湾まで続く南西諸島に沿って，長さ1350キロメートル，平均深度6000～7000メートルの琉球海溝《りゅうきゅうかいこう》がのびています。この海溝は，陸側の（　３　）の下に海側の（　３　）がもぐりこむ運動によってつくられています。

ａ（　）に入る適切な言葉を，ア～エから選びなさい。

ア 北西

イ 北東

ウ 南西

エ 南東

ｂ 岩手県釜石《かまいし》市では現在も，自動車用部品などに用いられる鉄製品が生産されています。次のページの表は，世界の自動車生産上位３か国（アメリカ，中国，日本）の自動車生産台数とその内訳を示しています。日本にあたるものを表中のア～ウから選びなさい。

（単位 千台）

国名	生産台数	乗用車	トラック・バス
ア	25225	19994	5231
イ	8822	1927	6896
ウ	8068	6960	1108

（2020年）

矢野恒太記念会『日本国勢図会2021／22年版』より作成。

c　次のア～エの４つの県は，伝統工芸品の生産で知られています。これらのうち，伝統工芸品としての漆器《しっき》の生産県にあてはまらないものを一つ選びなさい。

ア　滋賀県　　イ　石川県　　ウ　福島県　　エ　青森県

d　日本は韓国・中国・台湾などと半導体の貿易を行っています。以下の表は，それらのうちの２つについて，日本が輸出入をしている品物の上位３品目（2020年）を示しています。AとBの組み合わせとして正しいものを，ア～エから選びなさい。

A

（輸入合計２兆8398億2900万円）　（輸出合計４兆7665億6000万円）

順位	Aからの輸入品	輸入額全体にしめる割合（%）	Aへの輸出品	輸出額全体にしめる割合（%）
1	機械類	26.2	機械類	39.7
	うち　集積回路	3.7	うち　集積回路	4.6
2	石油製品	10.9	鉄鋼	6.8
3	鉄鋼	9.3	プラスチック	6.2

B

（輸入合計２兆8591億2200万円）　（輸出合計４兆7391億5200万円）

順位	Bからの輸入品	輸入額全体にしめる割合（%）	Bへの輸出品	輸出額全体にしめる割合（%）
1	機械類	58.0	機械類	45.1
	うち　集積回路	40.1	うち　集積回路	15.1
2	プラスチック	3.9	プラスチック	5.7
3	鉄鋼	2.5	自動車	5.7

矢野恒太記念会『日本国勢図会2021／22年版』より作成。

ア　A－中国　　B－台湾　　　イ　A－台湾　　B－韓国

ウ　A－韓国　　B－台湾　　　エ　A－台湾　　B－中国

e　鹿児島県の農業産出額（2019年）は全国で第２位でしたが，そのうち米のしめる割合は約４％でした。この県は畜産がさかんですが，それに対して米のしめる割合が少ない理由を答えなさい。

（参照：農林水産省「生産農業所得統計」（2019年）による。）

f　杉は苗木《なえぎ》から50年以上育てると，伐採《ばっさい》に適した木になります。山に苗木を植えてから10年ほどの間，苗木の成長をうながすために毎年夏に，ある作業を行います。この作業をなんといいますか。

3 次の文章を読んで，――a～fについての問いに答えなさい。

日本はa周囲を海に囲まれており，b海流や地形の影響で多くのc魚介《かい》類が集まります。かつて，日本は世界有数の漁獲《ぎょかく》量があり，水産物の輸出が輸入を上回っていました。ところが，世界各国が水産資源やd鉱物資源に対する権利を主張できる排他的《はいたてき》経済水域を設定したこともあり，e日本の漁獲量は減少してきました。そのため，現在日本はfえびをはじめ多くの水産物を輸入しています。

a　海を利用した発電の例として海上風力発電があります。次の表は，日本の水力・原子力・火力・風力の発電量について，2010年と2018年を比べ，2010年を100とした場合の数値を表しています。風力発電を示しているものをア～エから選びなさい。

	2010年	2018年
ア	100	21.5
イ	100	96.4
ウ	100	106.8
エ	100	161.7

矢野恒太記念会『日本国勢図会2021／22年版』より作成。

b　日本海を流れる暖流の名前を答えなさい。

c　日本の魚種別漁獲量では，いわし類が最も多く獲《と》られていますが，いわしを獲る漁法をア～ウから一つ選びなさい。

ア　はえなわ　　イ　まきあみ　　ウ　底引きあみ

d　日本近海では，さまざまな地下資源が確認されています。そのなかには，本来は気体ですが，海底下で氷状に固まっているものがあります。「燃える氷」ともよばれ，新しいエネルギーとして注目されているこの資源の名前を答えなさい。

e　次の図は日本の沖合《おきあい》漁業・遠洋漁業・沿岸《えんがん》漁業の漁獲量の推移を示したものです。図中のA～Cの漁業の組み合わせとして正しいものを次のページのア～エから選びなさい。

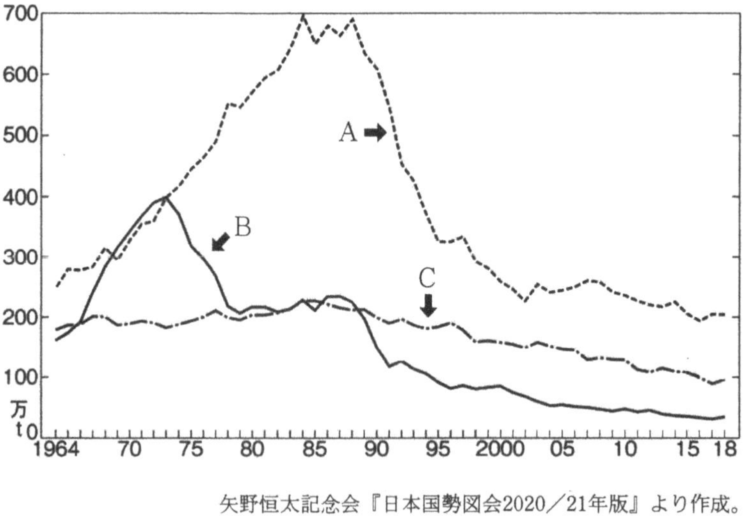

矢野恒太記念会『日本国勢図会2020／21年版』より作成。

	A	B	C
ア	遠洋漁業	沿岸漁業	沖合漁業
イ	遠洋漁業	沖合漁業	沿岸漁業
ウ	沖合漁業	遠洋漁業	沿岸漁業
エ	沖合漁業	沿岸漁業	遠洋漁業

f　日本は東南アジアの国々からえびを多く輸入していますが，養殖《ようしょく》池をつくるためにマングローブの林が破壊《はかい》されることもあります。一方，マングローブがあることで，2004年にインドネシア沖で地震が発生した際には，ある程度被害《ひがい》が抑えられました。このときマングローブはどのような役目を果たしたのか説明しなさい。

4　次の文章を読んで，――a～eについての問いに答えなさい。

日本では2006年にaバリアフリー法が施行《しこう》（2018年および2020年一部改正）され，高齢者《こうれいしゃ》や障がい者など，あらゆる人が不自由なく安全に施設を利用できるよう，公共交通機関や建物のバリアフリー化が義務付けられました。これにより，駅にエレベーターが設置されたり，ノンステップバスが導入されたりと，社会は少しずつ変化してきましたが，bさまざまなバリア（障壁《しょうへき》）が今も残っています。例えば，あなたが小さい頃《ころ》に遊んでいた近所の公園も，他の人にとっては危険で，楽しむことができない場所かもしれません。

2020年，東京都議会における提案がきっかけで，東京都世田谷区にc「インクルーシブ公園」が誕生しました。インクルーシブとは「全てを含《ふく》む」という意味で，この公園には，歩行が難しかったり，体を支える力が弱かったりして，一般的《いっぱんてき》な公園で遊びづらい子どもへの配慮《はいりょ》が施《ほどこ》された遊具などがあり，障がいの有無や年齢，国籍《こくせき》に関係なくみんなで遊ぶことができます。

インクルーシブの取り組みが進んでいるアメリカやdオーストラリアでは，こうした公園の整備が進んでいますが，日本ではまだ国内に数例ほどしかありません。自分の住んでいる地域にもインクルーシブ公園を作ってほしいと望む声が各地で高まっており，市民団体が結成されたり，署名を集めて首長に提出したりとeさまざまな働きかけがなされています。

a　法律が施行されるまでの流れとして，まちがっているものをア～エから一つ選びなさい。

ア　地方自治体の首長が，その地域の意見をまとめて法律案を提出する。

イ　立法をつかさどる国会で話し合われ，可決されると法律が成立する。

ウ　法律が憲法に違反《いはん》していないかどうかの審査《しんさ》は，裁判所が行うことができる。

エ　法律が成立した後に，天皇が国民に対して公布する。

b　次のページのグラフは，横浜市が障がい者を対象に実施したアンケート結果（2020年）の一部です。

「普段《ふだん》の生活で外出する時や，外出したいと思う時に困ることはどのようなことですか」（複数回答可）という質問に対し，さまざまな回答がよせられています。この回答結果を見ると，設備のバリアフリー化だけでは解決しない問題があることがわかります。こうした問題を解決するために，社会はどのようなことをしていくべきか，あなたが考える具体的な案を一つ書きなさい。

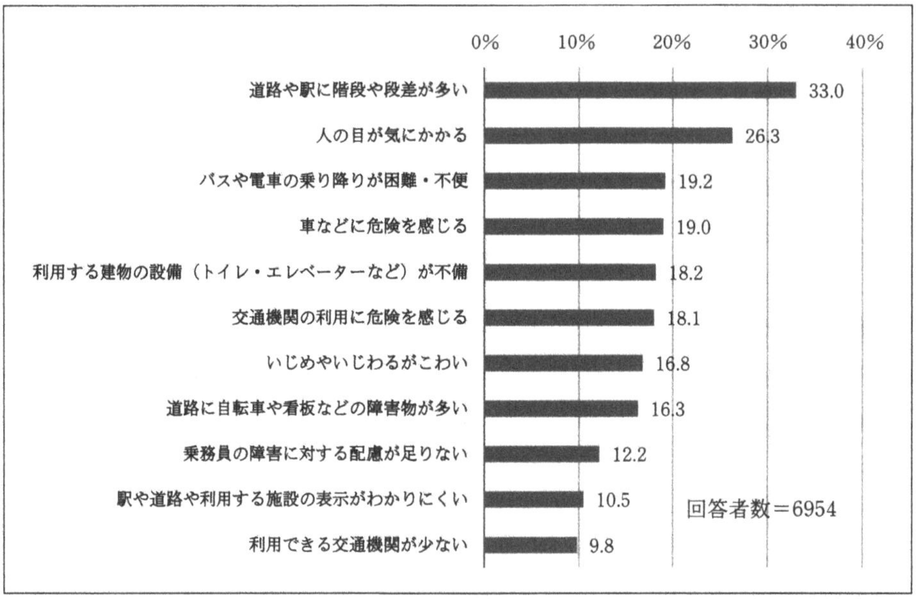

横浜市健康福祉局『第４期横浜市障害者プラン策定に向けたニーズ把握調査　結果報告書』(2020年)
より作成。

c　インクルーシブ公園で見られる工夫の例として，ふさわしくないものをア～エから一つ選びなさい。

ア　お年寄りもゆっくりくつろげる広いベンチ

イ　ピクトグラム（絵文字）を使った標識

ウ　コンクリートより柔《やわ》らかいゴムチップ舗装《ほそう》を施した地面

エ　犬連れの人が利用できるドッグラン（犬専用広場）

d　オーストラリアの説明として，正しいものをア～ウから一つ選びなさい。

ア　豊かな鉱山資源があり，石炭と綿花の生産量は世界一位である。

イ　白人，アジア系の人々のほか，アボリジニと呼ばれる先住民が住む。

ウ　世界有数の石油産出国であり，OPEC《オペック》に加盟している。

e　住民が地方自治体に対して働きかける手段の一つに住民投票があります。過去に日本で行われた住民投票の争点として，まちがっているものをア～エから一つ選びなさい。

ア　米軍基地建設のための埋《う》め立《た》ての賛否を問う

イ　市町村合併《がっぺい》の賛否を問う

ウ　選択的《せんたくてき》夫婦別姓《べっせい》制度の賛否を問う

エ　原子力発電所建設の賛否を問う

問二　次の中から、この文章で筆者が言っている「対話」にあたるものを二つ選びなさい。

1　今年の夏休みの旅行にどのような服を持って行くかを家族で話し合った

2　感染症《せんしょう》を根絶するためにどのような政策をとるべきかを政府内で議論した

3　地域の清掃《そう》をどのような順番でわりふってゆくかを町内会で討論した

4　新商品を店のたなにどのように並べればよく売れるかをチームで検討した

5　目的地に最も早く着くにはどの電車に乗ればよいかを駅員さんと相談した

6　八百屋《やおや》の店先でトマトがもう少し安くならないかと店主と交しょうした

7　より良いクラスを作るにはどうすればよいかを学級会で意見交かんした

8　久しぶりに故郷から出てくる友だちと食事の場所の打ち合わせをした

問三　あなたがだれかと会話ではなく対話したいと思う関心事と、その関心事についてのあなたの意見を二百字以内で書きなさい。

［三］「せめて」「きっと」という言葉を両方用いて三十字以内の文を一つ作りなさい。

［四］次の――部1～5のカタカナの部分を漢字で書きなさい。また――部6～8の漢字の読み方をひらがなで書きなさい。

1キョクセツの多い山道　城を2キズく　家庭3サイエン

身の4チヂむ思い　胸を5ハる　6一糸乱れず行進する

ラストシーンが7圧巻だ　歌集を8編む

＊問題文に使用した作品における難しい漢字表記は、現在一ぱん的に使われている漢字またはひらがなに改めるか読みがなをほどこすかしてあります。また、送りがなを加えたりけずったりしたものもあります。なお、今日の人権意識に照らして不当・不適切と思われる語句や表現については、原文の歴史性と文学性とにかんがみ、そのままとしました。

2　虫に食われた粗末なものでも小さい子供が遊ぶのにちょうどよいもの

3　この土地では子供がめったに見ることがないようなめずらしいもの

4　金せん的価値とはまったく関係なく本人が純すいに気に入ったもの

［二］　次の文章を読んで後の問に答えなさい。

あなたは、だれかと対話をした経験があるだろうか。会話ではなく、対話である。

よほど特別の事情がない限り、私たちは日常的に会話をしている。駅のキヨスクでチョコレートバーを買い、会社の守衛さんにあいさつし、職場で同りょうと打ち合わせをして、昼食時にショートメールで遠方の友人と近きょうを伝えあい、帰宅して家族と今日のニュースについて話し合う。このどの場面でも、私たちは会話をしている。そのいくつかは軽いやり取りであったり、ただ楽しむためであったりする。他方、仕事の打ち合わせなどはかなり真けんに、ときに厳しいやり合いをしなければならない。

だが、このどれもが会話であっても対話ではない。

対話とは、真理を求める会話である。対話とは、何かの問いに答えようとして、あるいは、自分の考えが正しいのかどうかを知ろうとして、だれかと話し合い、真理を探求する会話のことである。ただ情報を検さくすれば得られる単純な事実ではなく、きちんと検討しなければ得られない真理を得たいときに、人は対話をする。それは、自分を変えようとしている人が取り組むコミュニケーションである。

ショッピングや仕事でのやり取りは、自分の要望と相手の要望をすり合わせようとする交しょうである。友人や恋人との会話は、よい関係を保ち、相手を理解し、たがいに話を楽しもうとする交流である。これらの会話は有意義かもしれないが、真理の追求を目的としてはいない。対話は、何かの真理を得ようとしてたがいに意見や思考を検討し合うことである。

私たちは日常生活の中で、ほとんど対話する機会がないのではないだろうか。それは、真理の追求が日常生活で行われなくなっているからである。だが実は、対話をしなければならない場面は、日常生活の中にも、思ったよりもたくさんあるのだ。

仕事場でも、ただ当面のあたえられた業務をこなすだけではなく、仕事全体の方向性や意味が問われる場合、たとえば、「良い製品とは何か」「今はどういう時代で、どのような価値を消費者は求めているのか」「かん境問題に対して、わが社はほおかむりをしていていいのか」など真けんに論じるべきテーマは少なくないだろう。家庭でも、子どもの教育をめぐって、そもそも子どもにとっての良い人生とはなにか、そのために何を学んでほしいのか、親と子どもとはどういう関係なのか、子ばなれするとはどういうことか、これらのことについて家族で話し合う必要はないだろうか。地域でも、どのような地域を目指せばいいのか、住人はどのような価値を重んじているのか、以前からの住人と新しく来た人たちはどう交流すればよいか。本当はこうしたことについてひざをつき合わせて対話する必要があるのではないだろうか。

（河《こう》野哲也《てつや》『人は語り続けるとき、考えていない　対話と思考の哲学』）

問一　この文章の内容を八十字以内で要約しなさい。

ましさ

問十三　――部「それはなんともこそばゆいような光景だった」と「私」が思ったのはなぜですか。

1　ゴミの中から自転車を拾うという自分のアイデアが、だれもがやっている平ぼんなことに過ぎないと気づかされたから

2　自転車が簡単に手に入ると期待していた子供たちに、世の中はあまくないという現実を教えることができたから

3　ゴミあさりを先にやっている親子づれの姿に、まさに自分たちがこれからやろうとしていることを見てしまったから

4　競争者がいることにも気づかず、得意げに家族をつれて粗大ゴミの山をあさりにきた自分のおろかさを思い知らされたから

問十四　――部「私はそんな親子のいる家庭をひどくなつかしいもののように想像して、安どの微笑を禁じ得なかった」とありますが、このときの「私」の気持の説明としてふさわしいものを選びなさい。

1　つつましくも仲良く物を拾う親子を見て、自分もあのようになごやかな家族でありたいとうらやましさを感じている

2　原っぱに物を拾いに来る人々の姿を見て、自分の子供時代と同様に使える物は拾って使うのが当然だと改めて確信している

3　人目をしのんで物を拾う人々の姿に戦後の物のない時代が思い出されたが、現代はもうそこまで悲さんではないのだと気を取り直している

4　この町にも捨てられた物を利用して生活している人々がいるのだと、自身の生まれ育ったかん境が思い合わされ親近感を覚えている

問十五　「暗いからいいようなものの、～『やめろ！　きたならしいことは！』」（――部A）「私はなおも家族にむかってさけぶのをやめなかった。～とにかく私は彼らを引きあげさせるのにやっきになっていた」（――部B）とありますが、このときの「私」の説明としてふさわしいものを選びなさい。

1　粗大ゴミへの関心をそれなりにおさえてきたのに、自分の心のおくにあるさもしい根性《じょう》が家族のあさましいゴミあさりによって思いがけなくあらわになった気がしてたえられないでいる

2　ゴミあさりは自分が提案したことではあったが、いざ実際に家族一丸となってやってみたところいくら探してもろくなもの一つ見つからず、落たんのあまりやけを起こしている

3　家族がむちゅうでゴミあさりに興じ欲望をむき出しにする光景にあっけにとられ、いつもの平穏《おん》な家族の姿とはあまりにかけはなれた様子をおそろしく思っている

4　ゴミあさりに熱中するあまり家族のだれもが父親である自分の言葉に耳を貸さないことに腹を立て、何としてでも家長としての権いを取りもどそうとあせっている

問十六　――部「彼は最初から他のどんな品物にも目をくれずに、道ばたにころがっていたヤシの実――それも虫の食った古いかざりもののヤシの実を一個、ラグビーのボールのようにしっかりこわきにかかえていた」とありますが、「私」は「三歳の子供」がかかえている「ヤシの実」をどのようなものとして見ていますか。

1　家族の拾得物の中でいちばんすぐれていると本人が思っているもの

問七　——部「私は足元にころがっている銀ピカの真新しそうなトースターをさもばかにしたようにくつのつま先でけったりした。また、ほこりをかぶってはいるが最新型とおぼしいミシンやトランジスタ・ラジオも思いきりけとばしてやった」とありますが、このときの「私」の説明としてふさわしいものを選びなさい。

1　十分に使える新品同様のものをあとでこっそり拾いにくるために、他の人に先に見つけられないようにかくそうとしている

2　ゴミとして捨てられる新品などという自分の理解をこえたものを消し去ることで、混乱した気持を落ち着かせようとしている

3　ふだんから物を大事にあつかっている自分としては捨てられた新品を息子に見せたくないので、体《てい》よく片づけようとしている

4　他人が自分の持ち物より立派なものを捨てることがしゃくにさわりながらも、わざとゴミへの関心がないふりをしようとしている

問八　Ⓐ　に入るふさわしいものを選びなさい。

1　まじまじと　　2　さりげなく

3　あからさまに　　4　やみくもに

問九　「　」部における「私」の説明としてふさわしいものに○、そうでないものに×を書きなさい。

1　いくらでも自転車が手に入るので自転車屋という商売に対する不信感が強まっている

2　冬なのにヘビをこわがる息子が情けなく、いらだっている

3　意気ようようと捨てられた自転車を拾いに行ったのに、まだ世間体を気にしている

4　見つけた自転車をすでに自分のものにしたような気持でいる

5　ヘビのおかけで子供が危険なゴミの山に入ろうとせず、ほっとしている

6　ゴミの山をくまなく探して手ごろな子供用の自転車を見つけようとしている

問十　——部「私はこの子にも当分の間はあの自転車で練習させて、じょうずになったら新しいのを買ってやればいいと言い訳がましく考えていた」とありますが、どのようなことに対する「言い訳」なのですか。本文中の言葉を用いて二十字以内で書きなさい。

問十一　「あの映画の自転車」（——部A）、「今日私がうるさくせがまれているような子供の自転車」（——部B）の説明としてふさわしいものをそれぞれ選びなさい。

1　親子の思い出がたくさんつまった思い入れの強いもの

2　機能や装しょく品を備えた娯《ご》楽や道楽のためのもの

3　近所の自転車屋ではめったに売っていない希少価値があるもの

4　いつでも廃品の山からほり出すことのできる不用なもの

5　家族を養っていくのになくてはならないもの

6　父子のきずなを決定的に引きさくいまわしいもの

問十二　Ⓑ　に入るふさわしいものを選びなさい。

1　どんなことをしてでも必死に子供らを食わせるという真けんさ

2　物を大切に使うことを子供らにしっかり教えこもうとするきまじめさ

3　子供らにはじをかかせまいと自分をぎせいにしてまで働くやさしさ

4　子供らにはぜいたくをさせず拾ってきたものでがまんさせるつつ

b　目星をつける

1　見こみを立てる　2　目標を立てる

3　計画を立てる　4　対策を立てる

問二　〰〰部ア・イと同じ意味で用いられているものをそれぞれ選びなさい。

ア　身につまされる

1　思いがけない良い知らせを聞き、身につまされて言葉が出なかった

2　これまでの努力がすべてむだになって、身につまされてしまった

3　セミが成虫になるのを最後まで見届け、身につまされる感動を覚えた

4　いたましい事件をニュースで知って、身につまされる思いがした

イ　タカをくくる

1　A君は、勉強しなくてもテストで満点を取れるだろうとタカをくくっていた

2　B君は、楽しみにしていた行事が中止になるかもしれないとタカをくくっていた

3　C君は、今日こそはたん生日のプレゼントが届くはずだとタカをくくっていた

4　D君は、宝くじの一等が万が一当たったら何を買おうかとタカをくくっていた

問三　後の問に答えなさい。

①　「私」の家族は、「私」をふくめて何人家族ですか。

②　いつの時代の話ですか。元号を漢字二字で書きなさい。

問四　――部「その方法」とありますが、具体的にどのような方法ですか。二十字以内で書きなさい。

問五　――部「いわゆる人間らしい文化生活」とは、どのような生活のことを言うのですか。

1　仕事であくせくするよりも家庭での団らんを大切にする温かみのある生活

2　宗教的な敬けんさや道徳的な正しさに価値を置く精神的に深みのある生活

3　物質的な豊かさを追求したり便利さや機能性を重視したりする快適な生活

4　どんなものでも最新のものやごうかなものばかりを買うぜいたくな生活

問六　――部「そのグロテスクさ」とは、どのようなことに対して言っているのですか。

1　少しでも古びたものは捨ててはばからないという派手ではなやかな生活へのあこがれがうきぼりになっていること

2　文化生活における必じゅ品と言われる多くのものが実生活においては必ずしも必要不可欠ではないという事実があらわになっていること

3　必要なら作り不要になれば容しゃなく捨てるという人間の心の自己中心的なきたならしい部分がむき出しになっていること

4　電化製品から装しょく品までありとあらゆるものを分別することなく投棄してしまう地域住民のマナーの悪さが明るみになっていること

ちがっていたようだ。こと自転車に関しては世の中はうまく出来ている。おしげもなく捨てる人もいれば待ちかまえていて拾って行く人もいる。ただ捨てる人間は白昼堂々とやってくるのに、拾うほうは夜陰《いん》に乗じ人目をぬすんでひそかにやってくるというちがいがあるのだった。結局町の古自転車の台数はプラスマイナス・ゼロというよりはかなり不足気味で、い然として自転車業者を利する結果になっているのだろう。それにまた彼らだって、銀ペンキをぬって若干《じゃっかん》手直しを加えるだけで何千円にもなるこの「粗大ゴミ」を見のがすはずはなかった。

　先着の一家の中に同年ぱいの競争者をみつけたために、私の子供たちはひどくし激されたと見えて、負けじとばかりに廃品の山をくずしにかかっていた。『おい兄貴！　来てみろ！　こんなものがあるぜ！』『よーし、いま行くからな！　ちょっと待ってろ！』――兄と弟とが闇の中でけたたましく呼び交わしているその有様は、まるで宝の山でも探しあてたかと思うようだった。自転車さがしのつもりでやってきたのが、いまや当初の目的は見失われて物欲をむきだしにしたゴミあさりが展開されていた。問十五A 暗いからいいようなものの、私はさすがにはじで顔が赤くなるのを覚えてしきりに彼らをしかりつけた。『やめろ！　きたならしいことは！』だがだれも耳をかす者はいなかった。彼らの母親までもが、いったい何を探し出そうというのか、いく重にも積み重ねてある家具の山に足をかけてガラガラと引きくずしていた。問十五B 私はなおも家族にむかってさけぶのをやめなかった。『やめろ！　いい加減に！　そんなガラクタ、いくら欲ばって持って帰ったって使えやしないのだ！　使えないからこそ捨ててあるのだ！　こじきみたいなまねはよせ！　よせ！』そんなふうに口走る言葉は、私が日ごろひれき〈注8〉している見解とも現に今夜こうしてここにやって来ているその行ないとも明らかにむじゅんしているのだったが、とにかく私は彼らを引きあげさせるのにやっきになっていた。そしてそのくせ問題の子供用自転車については、もう二、三日待てばまた同じような品物が出るかもしれないなどと考えているのだった。

　後刻、一家五人が明かりの下に集合してみると、五人のうち三人までは大なり小なりいかがわしい拾《しゅう》得物をたずさえてきていることがわかった。あさましいゴミあさりに加わらなかったと言えるのは、かろうじて三歳の子供だけだった。問十六 彼は最初から他のどんな品物にも目をくれずに、道ばたにころがっていたヤシの実――それも虫の食った古いかざりもののヤシの実を一個、ラグビーのボールのようにしっかりこわきにかかえていた。

（阿部《あべ》昭《あきら》「自転車」）

〈注1〉ぬすみやさぎなどの犯罪行為によって不法に手に入れた品物
〈注2〉すわるときやねるときに下に敷《し》くもの
〈注3〉生まれて間もない赤んぼう
〈注4〉あわれなようす。ひさんなさま
〈注5〉気が小さくてびくびくしているさま
〈注6〉財産などを使い果たすこと
〈注7〉大便と小便
〈注8〉心の中をかくさず打ち明けること

問一　＝＝＝部a・bの言葉の文章中の意味としてふさわしいものをそれぞれ選びなさい。

a　憂き目を見る

1　相手にされなくなる　　2　悲しい経験をする
3　いやな気持になる　　4　意外な体験をする

の少年のように、かつての私のように、ボロをまとっているわけでも腹をすかしているわけでもなかった。幼い息子は、目の前を消防自動車が通り過ぎると、大きくなったらあれを買ってほしいなどと言うのだった。また市役所の〈注7〉し尿《にょう》処理車が通りかかると、あれもいつか買ってほしいなどとせがむのだった。食いふくれて満足を知らない子供たち！

そんなわけで同じ自転車に寄せる感懐《かい》も、私の場合は子供たちとちがって骨身にしむ貧ぼうとこ独のにおいのするものばかりだった。そして自転車をすてるといえば、その昔やはり二十年近くも前にたった一度だけ私は自分の愛車を遺棄したことがあった。私は大学生で、冬の夜おそく家庭教師のアルバイト先から帰ってくる途《と》中だった。毎晩々々そんな日がつづき、金もなく楽しい事もないので私はなんとはなしに捨てばちな気分におちいっていた。私は真っ暗な中でわざと目をつぶったり両手をハンドルから放したり、寒さしのぎにただもう気ちがいのようにペダルをふんだりしてしっ走していた。と、やにわに自分の身体が宙を五メートルぐらい、ふわあっと飛んだように思った。工事中の路上に置いてあった黒いドラム缶にまともにつっこんだのだった。放り出された私は不思議なことにかすり傷ひとつ負わなかったが、古い自転車はすっかりひしゃげてしまい、完全な円であるべき車輪が不等辺四角形のようになっているのが暗がりでも見分けられた。で、私はその自転車をその場に遺棄して、歩いて家へ帰った。よごれた下着をよその家にぬぎ捨ててきたようないやな気持がしないでもなかったが、とにかくもう見る気がしなかった。いま思うと、あの時の私の自転車こそは百パーセント更《こう》生不能の「粗大ゴミ」の見本ともいうべきものだった。

ところで、昼間私が原っぱでみつけて確保したつもりでいた子供用の自転車がどうなったか？　――それについて報告しておかなくてはならない。その晩私が夕食のテーブルでおもむろにその一件を打ち明けると、妻も子供たちも熱心な反応を示したのは言うまでもなかった。とりわけ上の二人の息子は、現在あてがわれているのよりも少しでもましな古自転車を欲しがっていたから、われ勝ちに現場へとかけつけることになった。しかし、私の一家五人が一団となって「粗大ゴミ」の山のふもとにとう着した時には、目あての子供用自転車はもう無くなっていた。それどころか、昼間見かけた大人用の古物さえあらかた姿を消していた。

あんなものはだれも持って行くま問二イいとタカをくくっていた私は軽率であった。おくればせながら私が気づいたことは――どうやら古自転車の回収にかけては私などをうわまわる常連がいるらしいということだった。問十三それはなんともこそばゆいような光景だった。そこにはすでに何組かの――私に似た――親子づれがいたのである。小さな女の子をつれた若い母親もいた。彼らははじめから手ぶらでやってきたのか、それとも何か廃品を出しにきたついでにほり出し物をあさっているのか、闇《やみ》の中でゴミの山をつきくずしては懐中電灯でそこここを照らしていた。それにしても、昼間は人気のないこの原っぱが夜になるとともににぎわいだすというのもゆ快な話であった。

あの子供用自転車もきっと彼らのしわざだった。彼らはおそらくこの私以上に子供に新品の自転車を買いあたえる余ゆうのない父親や母親にちがいなかった。問十四私はそんな親子のいる家庭をひどくなつかしいもののように想像して、安どの微《び》笑を禁じ得なかった。このあたりにはふところの暖かい連中ばかりが住んでいるかのように思いこんでいた私は、ま売りつけられた「粗大ゴミ」よりはるかに上等なものだと判断せざるを得なかった。私はその場は遠目に目星をつけるだけでおとなしく引きかえした。

　三歳《さい》の息子の手を引いて通りを歩きながら、私はこの子にも当分の間はあの自転車で練習させて、じょうずになったら新しいのを買ってやればいいと言い訳がましく考えていた。どこのだれかわからない——ひょっとしたらすぐ近くに住んでいるのかもしれない——よその子供のお古《ふる》をわが子に使わせるのは、父親としてはなはだ心痛むことだが、ぬすんだ品物ではないのだからはじる必要もなかった。にもかかわらず私はどこからともなく、自転車泥棒《どろぼう》！　という声が聞こえてくるように思うのだった。なぜそんなことがいまごろ急に気になりだしたかというと、それにはたわいのない理由があった——二十年以上も昔に私はそんな題名の忘れがたいイタリア映画を見たことがあったのである。

　もっとも、あの映画の自転車は今日私がうるさくせがまれているような子供の自転車ではなかった。まだ自転車が「粗大ゴミ」に成り下がっていなかった戦争直後の混乱の時代に、一台の古自転車をぬすまれたがために父と子が悲しい一日を過ごす破目になる話だった。すてるどころか、古自転車が立派に質に入った時代の話だった。長いこと失業していた父親がやっとビラはりの仕事にありついて、妻のシーツと入れかえに自転車を質屋から出す。そして幼い息子をつれて勇躍《やく》ビラはりに出かける——そんなふうに映画は始まっていたようである。だが主人公はビラをはっているすきにその自転車をぬすまれてしまう。警察に届けるが相手にされない。古自転車の市場にも行ってみる。血眼になって探しているうちに自分の自転車に乗った男をみつけるが、にげられてしまう。父親はいらいらして子供に当たりちらすが、子供はつかれと空腹でしゃがんだきり動かない。（情けないことに、あれほど感動した私ももはや断片的なシーンのいくつかしか覚えていない。白状すると私はこの筋書きも古い映画事典をたよりにたどっているのである。）父親はすねる子供を放って歩いて行くが、そのうちに背後で子供が河に落ちたというさわぎを耳にしてあわててかけつける。だが息子ではなかった！　父は子がいとおしくなり、レストランに入ってわずかの金で料理を食わせ、自分も一杯《ぱい》の酒にいい気持になる。だがとなりのテーブルではわが子と同じ位の年れいの金持の子供が両親に囲まれてごうかな食事を楽しんでいる。軽いさい布、家で待っている妻のこと、明日からの仕事のこと——たちまち父親の酔《よ》いはさめてしまう。そうしてこの父親は、苦しい一日の終わりにフットボール競技場でとうとう人の自転車をかっぱらい、子供の見ている前でとらえられる。ラストシーンは、情状しゃく量のすえしゃく放された父親が子供の手を引いて男泣きに泣きながら夕暮れの人ごみに消えて行くところで終わっていたように思う。

　私はなんだかひどく身につまされて、見終わったあとその主人公の父親のように泣きぬれていた。すべてがついこないだまでの私の身の上のようであった。戦争から帰ってきた私の父は、ビラはりこそしなかったが、自転車こそぬすまなかったが、食べる苦労にやせおとろえていたのは似たようなものだった。それにひきかえ今の私は——あの映画のうらぶれた父親に遠くおよばない。Ⓑ において、死んだ自分の父親にすらおよばない。私はせいぜい子供の自転車を調達すべく「粗大ゴミ」の山におそるおそる分け入ったりするぐらいが関の山だった。私の子供らもまたしかりだった。彼らはあの映画当外れな反省心をかきたてられる。それは私が戦争中の物資欠ぼうの時代に、いやというほど節倹《けん》貯蓄《ちく》の精神をふきこまれたあわれむべき「昭和一桁《けた》」生まれの人間だからか。それに私はきょうは小さな息《むす》子を連れてもいた。子供の手前も父親が道ばたに落ちている品物を拾い上げて点検したりするのは好もしくなかった。

そんなふうに好奇《き》心をおしかくして、色さいゆたかな「粗大ゴミ」の山を 問八 Ⓐ あおぎ見ながら、私がひそかに探しているものがないでもなかった。それは——子供用の自転車だった。私の家では上の二人に一台ずつ、いずれは下のも仲間に入ることだから都合三台の小型自転車を常時確保しておかなくてはならなかったのである。

小学生の息子たちが欲しがっていたのは、五段変速のややこしい切りかえギアを装備し、ハンドルの前にバスケット、サドルの下にあやしげな弁当箱のような物入れを取り付けた今流行のサイクリング・ツアー車だった。そのバスケットにグローヴを投げ入れて野球の練習にかけつけるのが、この辺の小学生のカッコいいスタイルとされているようだった。ところが私も妻もそのキザな乗り物に好感を持っていなかった。第一に、それは値段が高すぎる。第二に、じきに背たけがのびてサイズが合わなくなるのがわかっているのに、そんなおもちゃめいた自転車はくだらないぜいたく品である。第三に、みんなが乗っているからといって人のまねをすることはない。要するに私は、その種の高価な自転車を息子に買ってやるつもりは毛頭なかったのである。

その代わり、私はまず長男に町の自転車屋で中古の子供用自転車を五千円で買いあたえて、しばらくはそれでがまんさせることにした。今なら私は大分目が肥えているからだまされないが、当時はいい買い物をしたぐらいに思っていた。中古とはいえ、とにかく全身銀色に美しく光っていたからである——早い話が、それは例の「粗大ゴミ」の一種に銀ペンキをぬりたくり、ところどころに油をさすなどして一時的に走行するようにしただけのしろものであったのだが。それが証拠には、その自転車はある日とつ然音もなくこわれてしまっていた。というより、あるしゅん間からの前の車輪がてこでも動かなくなったのだった。しかし今度は私はもう自転車屋に相談に行く気はなかった——こうしてまっすぐ原っぱへやってきたほうがよほど手っ取り早かった。

問九 見わたしたところ、きょうは空き地の道路側には何台かのさびた大人の自転車しか見当たらなかった。私はわきへ回って鉄条もうをくぐりぬけ、廃《はい》品の山の裏手へとふみこんだ。子供は道のはしに立って心配顔に私に呼びかけ、そんなところへ行かないほうがいいという意味のことをさけんでいた。冬でもヘビが出ると思っているのだ。夏、私はこの草はらでめずらしく青いトウセミトンボを見かけて教えてやったりしたが、子供はその時もたえずヘビの不意の出現を警かいしている風だった。私は、ヘビはいまごろはねむっているからだいじょうぶだと言いながら、あたりを物色していた。そしてそこの冬がれた草むらの中に、私はヘビではなしに、まだかなり新しい子供用の——白いバスケットまで付いた——自転車が一台ひっくり返っているのを発見していた。だが私はべつにあわてもさわぎもしなかった。手をふれようともしなかった。真っ昼間、人通りも少なくないこんなところでわが子の自転車を調達しているのを近所の口うるさい主婦たちに見とがめられては面白くない——日が落ちてから取りにきたほうがいい。私は足元に横だおしになって冷たく光っている品物をしきりに値ぶみして、それがいつか五千円で見えるのだった。もっとも、彼らを遺棄したのは土地の人間ではなく――ここの住人ならとなりの県へ、箱根か伊豆《いず》のほうへでも捨てに行くはずだ――東京からはるばる一時間ドライヴしてきた主人の手で、それとも知らずに冬空の下に置き去りにされたわけである。

どうしてまたそのような問一a憂《う》き目を見ることになったのか。それというのも、近ごろの愛犬家にはおそろしく移り気な連中が多く、一種類の犬をしばらく飼うとたちまちあきがきて別の種類のが欲しくなる。それで何万も出して手に入れた犬をおしげもなく車の窓から捨ててしまうらしかった。あきる理由はいろいろだった。流行につられて飼ってはみたものの、毎日の世話が思いのほか面どうだったり、大きくならないペットのつもりで買ったのにどんどん肥大するので当てが外れたりして、じゃまになる。それにまた、アクセサリーとしての畜《ちく》犬は、そのけものの色がらやムードがマンションのインテリアにマッチしないという率直明快な理由からも処分される。そんなわけで、この海辺の町ではあわれな野ら犬といえばむしろ血統書付きの高級舶《はく》来犬ばかりで、むさくるしい雑犬のほうがかえって大事にされているくらいなのである。

四つ足でさまよい歩く「粗大ゴミ」のむれ！　この残にんで無表情な呼び名を前にして不吉《きつ》な戦りつをおぼえない者がいるだろうか。まだ使える自転車どころか、生きている犬だっていとも簡単に「粗大ゴミ」にされてしまうのだから、そのうちには人間もなんらかの方法で残留組と「粗大ゴミ」の組とに仕分けされて、定期的に一つ焼きゃく炉《ろ》の中で処理されてしまうようにならないものでもなかった。しかもその風潮たるや、よくよく考えてみれば、なにも今はじまったことではない。おば捨て〈注3〉も、嬰《えい》児殺しも、アウシュヴィッツも、ヒロシマも、悪魔《ま》が人間という名の「粗大ゴミ」の始末に困りぬいて発明した能率的な処理法ではなかったか。

それはともかく、ここ数日また例の原っぱの一角に「粗大ゴミ」が「集合」しつつあった。二《ふ》た月か三月《みつき》に一ぺん市役所から回収日が告示されると、その一週間ぐらい前から日を追って家具調度の山がきずかれて行く。見ていると遠くからわざわざ小型トラックでステレオセットや洋服ダンスを捨てにくる人もいて、ちょっと見ると嫁《よめ》入り支たくでもはじめたのかと思うようだった。面白いことには、大きな品物を捨てにくる連中ほど陽気で活気にあふれていて、この情熱的なすてっぷりを見よと言わんばかりに手あらくがらくたのただ中に投げこむのだった。彼らの気はくにしりごみしながらも散歩がてらにそれとなく近づいてみて、私はいささか気を悪くしてしまうこともあった。それらの「粗大ゴミ」が私の家で珍《ちん》重しているミゼラブル〈注4〉な家具類よりもはるかに立派であることが多いからであった。

とはいえもちろん私はそれらの物に指一本ふれるべきではなかった。問七私は足元にころがっている銀ピカの真新しそうなトースターをさもばかにしたようにくつのつま先でけったりした。また、ほこりをかぶってはいるが最新型とおぼしいミシンやトランジスタ・ラジオも思いきりけとばしてやった。だがそのくせ頭のすみでは、これならまだ使えるじゃないかとか、この程度ならちょっと修ぜんすればまだ何年も動くだろうにとか、そんなことに未練がましくこだわっているのだった。私は物をすてるという行為《い》に対する自分の小心翼《よく》々〈注5〉たる心理が度しがたいものに思われた。自分自身ふだん特に物を大事にしているわけでもないのに、いざ他人があんまり見事に物品をとうじん〈注6〉するのを目撃《げき》すると、見

【国　語】（五〇分）〈満点：一〇〇点〉

【注意】　句読点や記号などは字数にふくめます。

【一】　次の文章を読んで後の問に答えなさい。

　私は町の自転車屋というものがいまだに一軒《けん》として店をたたまず、それどころか大いにはんじょうしているらしいのが不思議でならなかった。色とりどりの正札のついた最新型の自転車が彼《かれ》らのショーウィンドウにずらりと並んでいるのを横目で見ながら、私はあんな物を売りつけられないでも済む方法をみつけたつもりでいた。問四その方法によれば、私の家では向こう十年でも二十年でも一台の自転車も購《こう》入せずに済ませられるはずであった。というのも――よその土地のことは知らず――私が住んでいるこの海辺の町では、いまだ十分使用にたえる自転車を道ばたに遺棄《き》することがはやりだしていたからである。

　この地区の「粗《そ》大ゴミ」集合所に指定されている近所の原っぱに行くと、自転車ならスクラップ並みの古いのからほとんど新品同様のまで、大人《おとな》用から小児《に》用まで、あらゆるタイプとサイズの自転車が何台も捨ててあった。同じ土地の住民である私はその果かんな捨てっぷりに一驚《きょう》し、このように急激に、集団的に自転車が不用になる場合について思いめぐらさざるを得なかった。念願の自家用車《マイ・カー》に取って代わられたのか、引っこしの荷やっかいになるので処分して行ったのか、それとも新しい自転車に買いかえたのか。それにしてはまだろくに乗った形せきもない新品がまじっているのはどういうわけか。〈注1〉贓《ぞう》品のたぐいであろうか。しかもこの町のバイスィクル・ライダーの数は、年々増えこそすれ少しも減っているようには見受けられない。どうやらこの界わいには、私などの見当もつかぬ金持が多いのか、それとも物を粗末にする人間がかたまって住んでいるとしか思えなかった。

　自転車だけではなかった。ふつう一ぱんの家庭で日常使われる家具調度の品目はすべてそこに数え上げることができそうだった。なべかまからはじまって冷蔵庫にガスレンジに流し台、風呂おけにたらいに洗たく機、食堂用のいすとテーブル、応接間のソファのセット、さらには柱時計、テレビ、鏡台、スーツケースの類まで一通りそろっていた。吸入器、かつら、仏だん、ワニのはく製といったようなものさえあった。つまり、大ざっぱに言って、グランドピアノ以外の物は何であれそこで――手に入れたければ――手に入れることができるのであった。なるほどそれらの品物は、元来人間どもが問五いわゆる人間らしい文化生活を営むために必要にせまられてやむにやまれず発明したものにはちがいなかった。だがこうやって用済みになって一個ずつむざんに白日の下にさらされているのを目にすると、問六そのグロテスクさは思いの外で、まるで自分の腹からぞうもつをつかみ出して見せつけられたようなぐあいだった。なんとまあ、われわれはたくさんの汚《お》物を自分の体内に後生大事にかかえこんでいることか！

　しかし、その程度の光景にいちいちびっくりしていたのでは、時代おくれの人間と言われても仕方がなかった。もっと海のほうへ行くと、物品ばかりか、生き物もさかんにすてられていたのである。海沿いの防砂林の松林では、マルチーズやコッカー・スパニエルが何匹《ひき》も寒空にさまよっていた。ぬいぐるみかしら？　そう思って近づくと、正真正めい〈注2〉の生きている犬なのであった。それが飢《う》えこごえて、かれ草をしとねにふるえながらうずくまっているので、遠目にはよく出来たぬいぐるみにも

MEMO

大切なことはメモしておこうネ！

2022年度

解　答　と　解　説

《2022年度の配点は解答欄に掲載してあります。》

＜算数解答＞　≪学校からの正答の発表はありません。≫

1　(1)　5　(2)　①　5　②　84　(3)　ア　$\frac{1}{24}$　イ　$\frac{1}{408}$　ウ　$\frac{11}{12}$　(4)　3
　(5)　ア　2　イ　6　ウ　10

2　ア　14　イ　735　ウ　22　エ　1132　オ　7　カ　342

3　(1)　9：8　(2)　21：20

4　(1)　0.6　(2)　8.75

5　ア　10　イ　5　ウ　30　エ　1475　オ　152.4

○推定配点○
各4点×25　計100点

＜算数解説＞

1　(四則計算，割合と比，濃度，消去算，数の性質，規則性，平面図形，場合の数)

(1)　$\square=2.1\div\left(\frac{41}{20}-\frac{28}{20}+\frac{35}{20}\right)+4\frac{1}{8}=\frac{7}{8}+4\frac{1}{8}=5$

重要　(2)　①210：280＝3：4より，食塩水全体の濃さは(3×9＋2×4)÷(3＋4)＝5(％)

②Aから□gくみ出しBから□×2g入れたとき，①より，Aにできた食塩水の濃さも5％である。右図において，色がついた部分の面積は等しく210－□(g)：□×2gが(5－2)：(9－5)＝3：4

したがって，(210－□)×4＝840－□×4が□×2×3＝□×6に等しく，□は840÷(6＋4)＝84(g)

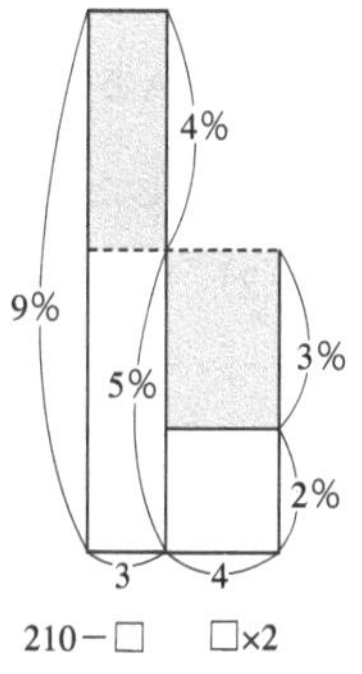

重要　(3)　分母を24×17にしたとき，分子を順に並べると以下のようになる。

17 24 34 48 51 68 72 85 96 102 119 120 136 144 153 168 170 187 192 204
216 221 238 240 255 264 272 288 289 306 312 323 336 340 357 360 374 384 391

ア　隣どうしの数の差が最大になる値…上表より，隣どうしの数の差が最小になる例は68－51＝17であり，分数の差が最大になるのは17÷(24×17)＝$\frac{1}{24}$

イ　隣どうしの数の差が最小になる値…同様に120－119＝1であり，分数の差が最大になるのは1÷(24×17)＝$\frac{1}{408}$

ウ　隣どうしの数の差の合計…上表より，(7＋10＋14＋3＋17×3＋4＋13＋11＋16×2＋1＋8＋9＋15＋2＋5＋12)×2÷(24×17)
＝197×2÷(24×17)＝$\frac{11}{12}$

重要 (4)　右図において，AHは22×2÷11＝4(cm)

三角形ABFは直角二等辺三角形であり，

FC＝BEは11－4×2＝3(cm)

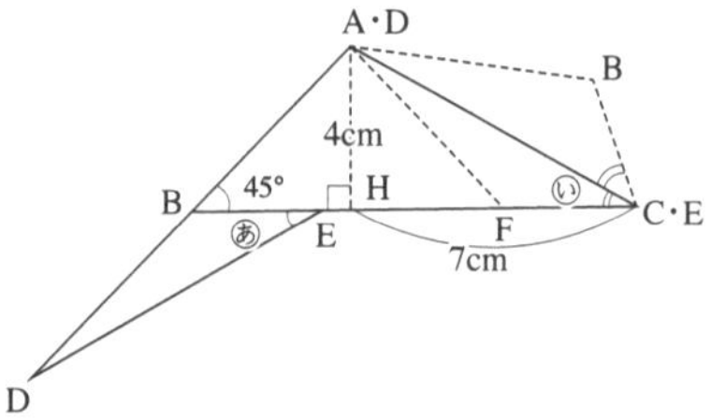

重要 (5)　①下図より，2通り

●○●○○●　●○○●○●

②下図より，6通り

○○●●○○　○○●○●○　○●●○●○　○●○●○○　○●○●●○

○●○○●○

③下図より，10通り

○●○○●●　○●○○●○　○●○●○○　○●○●○●　○●○●●○

●●○○●○　●●○●○○　●○○●●○　●○○●○○　●○○●○●

基本 2　**(数の性質，規則性)**

①ア7の倍数…98÷7＝14(枚)

イ合計…7×(1＋2＋3＋4＋5＋6＋7＋8＋9＋10＋11＋12＋13＋14)＝7×(1＋14)×14÷2

＝49×15＝735

②ウ7の倍数ではない4の倍数…7，4の公倍数は28，56，84の3枚あり，100÷4－3＝22(枚)

エ合計…4×(1＋25)×25÷2－(28＋56＋84)＝1300－168＝1132

③オ7の倍数でも4の倍数でもない6の倍数…6，18，30，54，66，78，90の7枚

エ合計…6＋18＋30＋54＋66＋78＋90＝(6＋78)×3＋90＝342

重要 3　**(仕事算，割合と比)**

(1)　1：0.8＝5：4より，Aさんの前半の仕事の速さを5，後半の仕事の速さを4，前半と後半の仕事量をそれぞれ20とする。

Aさんの日数…20÷5＋20÷4＝4＋5＝9(日)　Bさんの仕事の速さ…20×2÷9＝$\frac{40}{9}$

したがって，2人の仕事の速さの比は5：$\frac{40}{9}$＝9：8

(2)　24：36＝6：9，(1)より，6日までの2人の仕事の比を求める。

Aさんの仕事量…5×4＋4×(6－4)＝28　　Bさんの仕事量…$\frac{40}{9}$×6＝$\frac{80}{3}$

したがって，28：$\frac{80}{3}$＝21：20

やや難 4　**(速さの三公式と比，割合と比，単位の換算，消去算)**

右図において，ABの距離＋CDの距離

＝EGの距離(イ)とする。

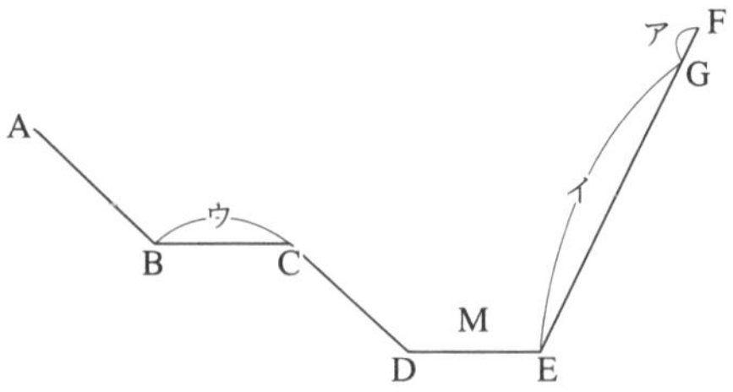

(1)　AからDまで進む時間とFEを下る時間は等しい…$\frac{ア}{5}$＝$\frac{ウ}{4}$より，ア：ウは5：4

FEを上る時間とAからDまで進む時間の差は0.1時間…$\frac{ア}{3}$＝$\frac{ウ}{4}$＋0.1より，ア×4＝ウ×3＋1.2

アが⑤，ウが④のとき，⑤×4＝⑳が④×3＝⑫と1.2の和に等しく①は1.2÷(20－12)＝0.15

したがって，ウは4×0.15＝0.6(km)

(2)　MEの距離…(1)より，(1－0.6)÷2＝0.2(km)

イの距離…(1－0.2)÷4＋$\frac{イ}{3}$＝$\frac{54}{60}$＝$\frac{9}{10}$より，

イは(0.9－0.2)×3＝3.5(km)
アの距離… (1)より，0.6÷4×5＝0.75(km)
したがって，全長は1＋3.5×2＋0.75＝8.75(km)

重要 **5** **(速さの三公式と比，割合と比，立体図形，平面図形，図形や点の移動，規則性)**

(1) 円Sの円周が30のとき，円Tの円周は15
PとQがそれぞれ1周する時間の比は
(30÷10)：(15÷3)＝3：5
したがって，Qが1周する時間は
6÷3×5＝10(秒)

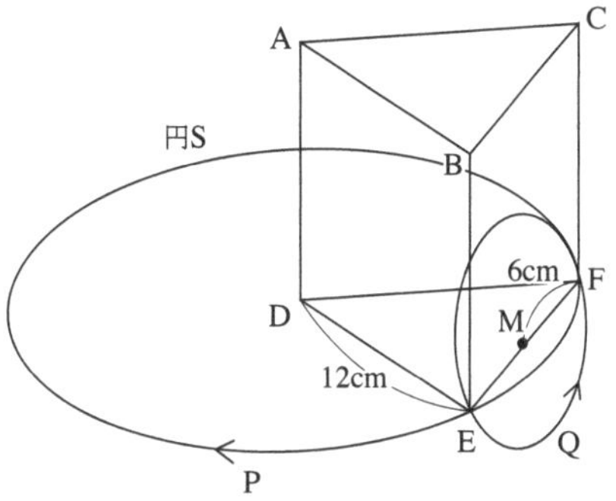

(2) イ右図より，Pが初めてFに着くのは6÷6×5＝5(秒後)
(1)より，Qが初めてFに着くのは10÷2＝5(秒後)
したがって，P，Qが初めて出合うのは5秒後
ウP，Qが2回目に出合うのは6，10秒後の最小公倍数で30秒後
エ イ・ウより，P，Qが出合う時刻は5，30，35，60，65秒後と続く。
したがって，99回目は5＋30×(99－1)÷2＝1475(秒後)

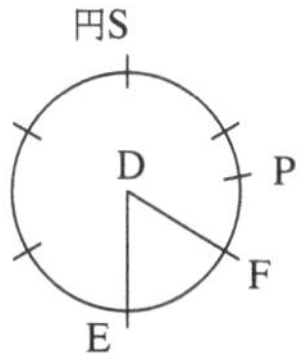

(3) 32.5÷6＝5…2.5(秒)より，Pは円周上を2.5÷6＝$\frac{5}{12}$(周)した位置にある。右図より，求める面積は12×12×3.14÷12×5－12×6÷2
＝12×(15.7－3)＝152.4(cm^2)

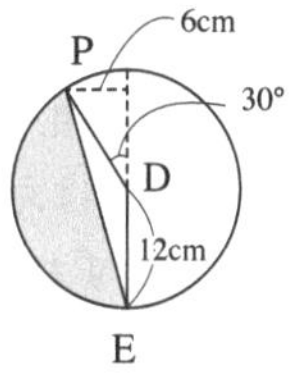

★ワンポイントアドバイス★

1(2)は，②「くみ出した食塩水の重さ」の計算ができるかどうかがポイントであり，(3)「分数の値」は24×17で通分すると計算がらく。2「数の性質」は難しくなく，5「速さの三公式と比・立体図形」も難しくない。

＜理科解答＞ ≪学校からの正答の発表はありません。≫

1 1 (例) イルカ えら呼吸をせず，肺で呼吸する。 など
2 (例) ホウセンカ 花びらが離れている。 など
3 (例) テントウムシ 他の動物を食べる肉食である。 など
4 (例) シイタケ 葉緑体を持たず光合成をおこなわない。 など
5 (例) チューリップ 子葉が1枚で，本葉は細長く平行脈を持つ。 など

2 1 (例) 動かない台の上で，端の方は避けて使う。
(例) 近くに燃えやすいものを置かない。 などから2つ
2 (4) 3 (4) 4 (8) 5 60℃ 6 ウ，1.05g

3 1 ア，空気は水に比べて，1℃あたりの体積の増え方が大きいから。
2 ゼリーは粘り気があり，ガラス管の中で落ちずにとどまりやすいから。
3 3.5cm

4　はじめはガラスでできたフラスコが膨張して体積が増えるため。
5　ガラス管をもっと細いものに取りかえる。

4　1　①　はやく　②　おそく　③　おそく　④　はやく
2　①　ア　②　ウ　③　カ　④　エ
（時刻）　①　19時01分　②　6時51分　③　16時28分
3　(1)　①　ア　②　ウ　③　ア　④　ウ
（理由）　地球が地軸を傾けたまま太陽のまわりを公転しているから。
(2)　問1　①　おそく　②　はやく　③　11時41分　④　6月13日
⑤　12月25日　⑥　おそく　問2　地球が太陽のまわりを公転する軌道は，円から少し外れている。そして，その軌道を回る速さが一定ではないから。

○推定配点○
1　各2点×5　2　1～3　各2点×4　4～6　各3点×3(6は完答)
3　各2点×5(1は完答)　4　各1点×23　計60点

<理科解説>

1　(動物・植物－動植物の特徴)

1　本問は解答がいくつか考えられるので，そのうちの1つを答えればよい。いずれも海に生息する動物である。アサリは軟体動物のうちの二枚貝で，背骨はない。一方，イルカはセキツイ動物のホ乳類，マグロはセキツイ動物の魚類で，背骨を中心とした骨格がある。あるいは，アサリとマグロはえらで呼吸するが，イルカは肺で呼吸する。これらから1つ答える。

2　いずれも被子植物の双子葉類である。アサガオとヒマワリは合弁花である。ヒマワリは多数の小さな花が集まって，大きな花のように見えるが，小さな花の花びらは5枚がつながっている。一方，ホウセンカは5枚の花びらがあり，2枚＋2枚＋1枚に離れる離弁花である。あるいは，ヒマワリとホウセンカは自立して伸びるが，アサガオは他のものにつるを巻き付けてのびる。また，アサガオとホウセンカは1つの子房からいくつもの種子ができるが，ヒマワリは1つの子房が硬い種皮の役割をして，1つの種子ができる。これらから1つ答える。

3　いずれも昆虫である。テントウムシとチョウは，卵→幼虫→さなぎ→成虫のように完全変態するが，バッタはさなぎの時期がない不完全変態をする。あるいは，テントウムシは肉食だが，チョウとバッタは草食である。また，テントウムシの後ろばねは硬いが，チョウとバッタの4枚のはねはどれもやわらかい。これらから1つ答える。

4　シイタケは菌類であり，光合成を行わず，枯れ木から栄養分を吸収している。また，種子をつくらず胞子で殖える。一方，タマネギとニンジンは植物であり，葉緑体を持って自ら栄養分をつくることができる。また，種子でふえる。これらから1つ答える。

5　アブラナとタンポポは被子植物の双子葉類で，根は主根と側根からなり，葉は幅が広く網状脈を持つ。一方，チューリップは被子植物の単子葉類で，根はひげ根であり，葉は細長く平行脈を持つ。また，アブラナやタンポポは種子から育てられるが，チューリップは球根から育てられるのがふつうである。あるいは，アブラナとチューリップは花びらが1枚ずつ離れるが，タンポポは多数の小さな花が集まって，大きな花のように見えるが，小さな花の花びらは5枚がつながっている。ただし，チューリップは双子葉類ではないので，ふつう離弁花には含めない。これらから1つ答える。

2 （燃焼－燃料の熱量と二酸化炭素放出量）

基本 1　ガスバーナーやアルコールランプのように火を使うときは，やけどや火災にじゅうぶんに注意しなければならない。まず，動かせる机や，ぐらついている机は避けて，理科室のように床に固定された水平な台の上で扱う。このとき，台の端の方では落下する可能性があるので，少し内側で使う。近くにはアルコールの入ったびんや，ノートなどの紙など，燃えやすいものを置かない。着る服は化学繊維を避け，長髪は結ぶなど，燃え移りにくい身なりにする。万一の場合に備え，近くにぬれぞうきんなどを用意する。また，新しい空気が入るように換気扇などを使い，不完全燃焼によって一酸化炭素が発生するのを防ぐ。これらの中から2つ答えればよい。

2　燃料には成分として炭素が含まれており，完全燃焼すると二酸化炭素が発生する。(1)二酸化炭素は無臭である。(2)水素の説明である。(3)雨水には二酸化炭素が溶けるため，ふつう弱い酸性だが，これを酸性雨とは呼ばない。人類が放出した硫黄酸化物や窒素酸化物によって，強い酸性となったものを酸性雨という。(4)二酸化炭素は水に溶けて酸性になるので，ムラサキキャベツ液は赤色やピンク色になる。

3　物質の燃焼とは，物質が酸素と結びつくことである。(1)酸素は水に溶けにくいが，わずかに溶ける。水中の生物は溶けた酸素を利用する。(2)空気中に約21％含まれており，窒素に次いで2番目である。(3)二酸化炭素の説明である。酸素と石灰水は反応しない。(4)大根やジャガイモ，動物の肝臓（レバー）などには，過酸化水素を分解する酵素が含まれており，オキシドールを加えると酸素が発生する。

4　氷が融けて水になる間は，水温は0℃のまま上がらない。表2を見ると，加熱後の水温はどれも0℃よりも高いので，氷はすべてなくなって水になっている。

やや難 5　表1から，1gの燃料アを燃焼した熱で，200gの水の温度が50℃上がる。この熱量を200×50＝10000とする。表2から，0℃の氷100gの入った0℃の水100gを温めると，10℃の水200gになった。水の温度上昇に使われた熱量は200×10＝2000だから，氷100gを融かすのに使われた熱量は10000－2000＝8000である。次に，0℃の氷50gの入った0℃の水50gを温めると，氷50gを融かすのに使われた熱量は8000÷2＝4000である。残った熱量は10000－4000＝6000であり，水の量は100gになっているから，温度の上昇は6000÷100＝60℃である。

6　表2から，1gの燃料を燃焼させたときの熱量の多い順はウ＞イ＞アである。また，表3から，1gの燃料を燃焼させたときの気体エ（二酸化炭素）量の多い順はア＞イ＞ウである。よって，水を同じ温度まで温めるのに必要な燃料の量は，ウが最も少なく，さらに，放出する二酸化炭素の量もウが最も少ない。表2で，1gのウの燃焼によって出る熱量は，氷100gを融かす熱量が8000と，水200gの温度を28℃上げる熱量が200×28＝5600で，合計が13600である。100gの水の温度を51℃上げる熱量は，100×51＝5100だから，燃料ウの使用量は，5100÷13600＝0.375gとなる。最後に，表3から排出される気体エの量を計算すると，0.375×2.8＝1.05gである。なお，燃料アとイで同じ計算をすると，アは1.683g，イは1.275gとなる。また，アはベンゼン，イはプロパン，ウはメタンの実際の数値に近い。

3 （熱の性質－水や空気の体積変化）

1　表から，1℃あたりの体積の増え方は，空気が水の10倍以上である。そのため，わずかな温度変化の場合，水の体積変化は観察しにくいが，空気はある程度は観察できる。

2　水は，ガラス管の中で蒸発したり，ガラス管を伝ってフラスコの中に落ちたりしやすい。ゼリーは粘り気があるため，ガラス管のその場にとどまりやすい。また，すきまができにくいので，空気の体積変化を正しく測定することに適している。

重要 3　温度が20℃から30℃へ10℃上昇すると，表から水の体積は200×0.00021×10＝0.42cm^3増える。

この体積分だけガラス管の水面が上がる。ガラス管の断面積が$12\mathrm{mm}^2=0.12\mathrm{cm}^2$だから，上がる高さは0.42÷0.12＝3.5cmである。

4　フラスコを温かい水につけたとき，まずフラスコのガラスが温まるために膨張し，中の体積が増える。そのため，最初は水面が下がる。やがてフラスコの中の水が温まって膨張すると，水面が上がり始める。

5　体積の変化を見やすくするには，ガラス管の断面積を小さくすればよい。同じ体積変化でも，断面積が小さいと，水の高さの変化が大きくなる。

4　(太陽－太陽の動きと均時差)

1　夏至の日は一年じゅうで昼の長さが最も長いので，日の出の時刻が早く，日の入りの時刻が遅いと予想される。冬至の日は一年じゅうで昼の長さが最も短いので，日の出の時刻が遅く，日の入りの時刻が早いと予想される。

2　図から，日の出の時刻が最も早いのは，夏至の6月21日より前の6月5日から17日間で，4時26分である。また，日の入りの時刻が最も遅いのは，夏至の6月21日よりあとの6月25日から8日間で，19時01分である。一方，日の出の時刻が最も遅いのは，冬至の12月21日よりあとの1月2日から11日間で，6時51分である。また，日の入りの時刻が最も早いのは，冬至の12月21日より前の12月4日から3日間で，16時28分である。

3　(1)　夏至の日は，太陽の南中高度が一年じゅうで最も高い。日の出の位置は真東よりやや北寄り，日の入りの位置は真西よりやや北寄りである。これは，地球が地軸を傾けながら太陽のまわりを公転しているためである。

(2)　問1　図から，夏至，冬至のころは，太陽の南中時刻が少しずつ遅くなっている。横浜は明石よりも東にあるので，南中時刻が19分早い。そのため，横浜での太陽の南中時刻が19時41分のとき，明石ではちょうど12時となり，日時計と時計が一致する。これは，夏至付近では6月13日，冬至付近では12月25日にあたる。この2つの日では，均時差のグラフでも＋から－へ変化しており，南中時刻が遅くなっていくのが読み取れる。　問2　太陽の南中時刻が一年を通じて一定でないのは，太陽の日周運動が正確に24時間ではないためである。その一つの原因は，(1)でみたように，地球が地軸を傾けているため，太陽が赤道上にある場合とは動きが異なることである。もう一つの原因は，太陽のまわりを公転する地球の軌道が完全な円ではなく，わずかにつぶれた楕円だからである。そのため，地球の公転の速さは一定ではなくわずかに速くなったり遅くなったりする。

★ワンポイントアドバイス★

問題文や図表の情報を正しく読み取り，意味をよくとらえて，問題の流れに沿うように考えを進めていこう。

＜社会解答＞ ≪学校からの正答の発表はありません。≫

1 a ① ア・ウ ② 北条時宗 b イ c 島根県 d 戦国大名が自国の経済力を強化するため。 e ア f 朱印状 g 新井白石 h （例） 銅鉾 i ウ j ウ k イ l イ m （例） 貨幣の価値が下落したため物価の高騰を招いた。 n 生糸 o ① 田中正造 ② ア p 二・二六事件 q ウ

2 1 仙台 2 大隅 3 プレート a イ b ウ c ア d ウ e （例） 保水力の弱いシラス台地が広がっているため。 f 下草刈り

3 a エ b 対馬海流 c イ d メタンハイドレート e ウ f （例） 海岸や河口に広がるマングローブが津波の勢いを弱めたから。

4 a ア b （例） 小さなころからの教育を通じて，差別意識をなくすといった施策を充実させていくこと。 c エ d イ e ウ

○推定配点○

1 a 各2点×2(①完答) b・c・e～l・n～q 各1点×15 d・m 各4点×2
2 1～d 各1点×7 e 4点 f 2点
3 a～c・e 各1点×4 d 2点 f 4点
4 a・c～e 各1点×4 b 6点 計60点

＜社会解説＞

1 （日本の歴史—古代～近代の政治・社会・外交など）

a ① フビライは征服した高麗を仲介して使者を派遣し服属を要求，幕府はこれを拒絶して元の襲来に備えた。亀甲船は豊臣秀吉を苦しめた亀形の屋根に鉄板の装甲を施した軍船。 ② 18歳の若さで執権に就任，元の使者を切り捨てるなど強硬策で国難に対応した。

b 12世紀初め奥州藤原氏の初代清衡によって平泉に建てられた阿弥陀堂。白河上皇の院政は11世紀末，幕府の創設は12世紀末，律令の立て直しを図ったのは平安遷都を断行した桓武天皇。

c 14世紀に発見された島根県大田《おおだ》市の鉱山で，2007年には世界遺産にも登録された。

d 石見銀山をめぐっては戦国時代に毛利氏や大内氏，尼子氏が争奪戦を演じた。

e 南蛮とは古代中国の中華思想に基づき南方の異民族を称した言葉で，南ヨーロッパ系の国からやってきた人々を指した。のちに渡来したイギリス人やオランダ人などは紅毛人と呼ばれた。

重要 f 朱印を押した公文書で黒印状よりも重要視されていた。

g 幕府の儀式や典礼を整え将軍の権威を高め文治主義に基づいた正徳の治を行った。

やや難 h 銅と錫の合金で作られた金属器。九州北部を中心とする銅鉾《どうほこ》や銅戈《どうか》，瀬戸内の銅剣，近畿の銅鐸など地域性もみられ権威の象徴や祭器として用いられた。

i 国府は現在の東京都国分寺市・府中市付近，山梨は甲斐，千葉は上総・下総・安房の国。

j 農業技術の向上に伴い生産力も高まり各地で市が立つなど商品の流通も盛んになっていった時代。都に市が開かれたのは平城京や平安京，大坂に蔵屋敷が集中したのは江戸時代。

k 1615年，大坂の陣で豊臣氏を滅ぼした直後に幕府が定めた武家諸法度。アは朝鮮出兵に備えて出された人掃令《ひとばらいれい》，ウは宣教師の国外退去を命じたバテレン追放令。

l 1965年，日本は韓国を朝鮮における唯一の合法的な政府と認めた日韓基本条約を結んで国交を正常化した。「もはや戦後ではない」と国連加盟はともに1956年の出来事。

m 質を落とすことで貨幣価値は大きく下落，そのため物価は高騰し庶民の生活は苦しくなってしまう。生活困難となった庶民は開国への反発を強め攘夷運動や反幕府感情を強める結果となった。

n　日本の近代化を支えた生糸は戦前には輸出で不動の1位の座を占めていた。

o　①　1901年，衆議院議員を辞職して天皇に直訴した人物。　②　明治前半(1980年代)，外務卿の井上馨は極端な欧化政策で条約改正を目指したが国民の反発を買って失敗した。

p　1936年2月26日，陸軍皇道派青年将校が起こしたクーデター。首相官邸や警視庁など日本の中枢を4日間にわたり占拠，戒厳令で鎮圧されたがこれ以降軍部の発言力が高まった。

q　物資不足から金属の代わりに木や陶器などが用いられるなど様々な代用品が登場した。砂糖やマッチなどは配給，国家総動員法では適正価格を制定し物価の安定が図られた。

2 (日本の地理―国土と自然・産業など)

1　東北地方唯一の政令指定都市。江戸時代，伊達藩62万石の城下町として発展した。　2　鹿児島県南東部に突出した半島。　3　ユーラシアプレートの下にフィリピン海プレートが潜り込む南海トラフではマグニチュード8以上の巨大地震の発生が危惧されている。

a　冷たい親潮の上空を吹き降ろす「やませ」と呼ばれる北東風。冷たく湿った風のため冷害を引き起こし，かつては凶作風や飢餓風などと呼ばれて恐れられた。

b　2000年代の末に中国が世界1に，アメリカではSUVやピックアップトラックの人気が高い。

c　輪島塗(石川)，会津塗(福島)，津軽塗(青森)はいずれも伝統的工芸品に指定されている。

やや難　d　集積回路の生産では台湾が世界の半分近くを生産，ついて韓国・日本の順となっている。ただ，最先端の微細加工では台湾や韓国の独壇場となっている。

e　農業産出額は北海道・鹿児島・茨城の順。南九州を覆うシラス台地は土壌の保水力が弱く水田耕作には不向きな土地となっている。

f　苗木の成長の邪魔になる雑草やツルなどを取り除く作業。枝打ちや間伐は成長した後の作業。

3 (日本の地理―国土と自然・水産業など)

a　自然エネルギーの中心だが日本では出遅れていた。アは原子力，イは水力，ウは火力。

基本　b　世界的な暖流である黒潮から分かれて日本海を北上する海流。

c　日本近海の表層を回遊する魚で，魚群を網で包囲して獲る。アはマグロ，ウはヒラメなど。

d　日本近海には世界有数の埋蔵量があるとされるが，採掘技術やコストなど課題も多い。

e　1970年代に入ると各国が経済水域を宣言，遠洋漁業は大きな打撃を受けた。

4 (政治―憲法・政治のしくみ・国際社会など)

重要　a　法律の提案権は国会議員と内閣が持っている。

b　多様な人が自由に参加する社会を作るには道路などの設備面でのバリアフリーも大切だが，一人一人が多様な人のことを思いやる心のバリアフリーこそが求められている。

c　ドッグランはあくまで犬を遊ばせる目的で作られた特別な空間。

d　ブーメランで知られる狩猟採集民族。白人入植者に迫害され人数は激減，2000年代に入り政府が公式に謝罪した。石炭，綿花の世界一は中国，天然ガスが中心で石油はあまり多くない。

e　夫婦別姓は法律(民法)の問題であり地方自治体が直接関与するものではない。

★ワンポイントアドバイス★

単なる社会科の知識ではなく一般常識といえる内容の出題が増えている。日ごろからいろいろなものに関心を払い自分の意見をまとめる練習をしておこう。

＜国語解答＞ ≪学校からの正答の発表はありません。≫

[一] 問一 a 2 b 1 問二 ア 4 イ 1 問三 ① 五人 ② 昭和
問四 (例) 近所に捨てられている自転車を利用する方法(20字) 問五 3
問六 3 問七 4 問八 2 問九 1 × 2 × 3 ○ 4 ○
5 × 6 ○ 問十 (例) よその子供のお古をわが子に使わせること。(20字)
問十一 A 5 B 2 問十二 1 問十三 3 問十四 4
問十五 4 問十六 4

[二] 問一 (例) 真理を得ようとしてたがいに意見や思考を検討し合う対話は，私たちの日常生活の中でほとんど行われていないので，もっと対話を通してコミュニケーションすべきである。(78字) 問二 2・7 問三 (例) 私はなぜ勉強をするのかについて対話したい。今は受験という目標に向かって勉強しているが，受験が終わったからといって勉強が終わるわけではない。受験の結果にかかわらず，勉強したことは自分の中に積み重なっている。学校や大学を卒業して社会人になっても，新たな場で勉強することがある。勉強したことは自分の知識となり，決して消えることはないのだから，受験のためだけでなく，自分自身のために勉強し続けたい。(195字)

[三] (例) せめてあと一日早く雪が降ったら，きっとスキーを楽しめたろう。(30字)

[四] 1 曲折 2 築(く) 3 菜園 4 縮(む) 5 張(る) 6 いっし
7 あっかん 8 あ(む)

○推定配点○
[一] 問一～問三・問八 各2点×7 問四・問十 各5点×2 問九 各1点×6
他 各3点×10
[二] 問一 8点 問二 4点(完答) 問三 10点
[三]・[四] 各2点×9 計100点

＜国語解説＞

[一] (小説－心情・場面・文章の細部の読み取り，指示語，空欄補充，ことばの意味，慣用句)

基本 問一 ——部aの「憂き目」はつらくて悲しいこと。——部bの「目星」は大まかな見こみ，見当という意味。

問二 「身につまされる」は他人の不幸や失敗などが，まるで自分の身にも起こっているかのように切実に感じられるという意味。「タカをくくる」は大したことは無いだろうと甘く見ていること。

問三 ① 「ところで，昼間……」で始まる段落などで描かれているように，「私」と「妻」と三人の「子供たち」の「一家五人」である。

② 「とはいえ……」で始まる段落で，「私」が「『昭和一桁』生まれの人間」であると描かれている。

重要 問四 問四——部後で，「私」が住んでいる地区の「粗大ごみ」集合所には自転車が何台も捨ててあることが描かれているので，その自転車を利用するという方法を指定字数以内にまとめる。

問五 粗大ゴミとして捨てられているものは「人間らしい文化生活」を営むために「必要にせまられてやむにやまれず発明したもの」であるので，「物質的な豊かさ……便利さ」を説明している3が適切。問五——部前後で，粗大ごみについて説明していることをふまえていない他の選択肢は不適切。

やや難 問六 「グロテスク」は気味の悪さや不快な印象を与えるさま。問六——部は，必要にせまられて発明したさまざまな品物が，用済みになってむざんに捨てられている様子に対するものなので，

「人間の心の自己中心的なきたならしい部分」として説明している3が適切。用済みになって簡単に捨ててしまう自己中心的な人間の心を説明していない他の選択肢は不適切。

問七　問七――部前後で，問七――部の「銀ピカの真新しそうなトースター」や「最新型とおぼしいミシンやトランジスタ・ラジオ」は「私」の家にある「家具類よりもはるかに立派」な物だったため，気を悪くしてしまうこともあったということ，またそうは思いながらも「頭のすみでは，これならまだ使えるじゃないか」といった「私」の心情が描かれているので，これらの心情をふまえた4が適切。「気を悪くしてしまう」「未練がましくこだわっている」という心情をふまえていない他の選択肢は不適切。

問八　空らんAは「好奇心をおしかくして」あおぎ見ている様子なので，2が適切。

問九　自転車屋に行くより自転車が捨ててある原っぱへきたほうが手っ取り早かったことは描かれているが，1の「自転車屋という商売に対する不信感」は描かれていないので×。2の「いらだっている」も描かれていないので×。「わが子の自転車を調達しているのを……見とがめられては面白くない」とあるので3は○。「(見つけた自転車を)日が落ちてから取りにきたほうがいい」とあるので4も○。「ヘビのおかげで……ほっとしている」ことは描かれていないので5は×。「廃品の山の裏手へとふみこん」でいるので6は○。

重要　問十　問十――部直後で「……よその子供のお古をわが子に使わせるのは，父親としてはなはだ心痛む」という「私」の心情が描かれているので，この心情を「言い訳」としてまとめる。

問十一　――部Aの映画の「自転車」は，ビラはりの仕事のために必要不可欠なものであるので，このことをふまえた5が適切。――部Bの「自転車」は「小学生の息子たち……」で始まる段落で描かれているように，さまざまな装備がされたカッコいいスタイルのぜいたく品である自転車のことなので，　2が適切。

重要　問十二　空らんⒷは，生活のために自転車でビラはりの仕事をする映画の父親や，同じように食べる苦労にやせおとろえていた自分の父親に，せいぜい子供の自転車を調達するぐらいしかできない自分はおよばないと「私」が思っていることなので，1が適切。「真けん」な思いにおよばないことを説明していない他の選択肢は不適切。

問十三　問十三――部は，自分たちと同じようにゴミの山から自転車などのほり出し物をあさっている親子づれを見たときの「私」の心情なので，3が適切。「こそばゆい」＝自分たちがやろうとしていることを見てきまりがわるくなった，ということを説明していない１，２は不適切。４の「競争者がいることにも気づかず……おろかさを思い知らされた」も不適切。

問十四　映画の少年のように，子供のころ貧しかった「私」は，お金がある人ばかりが住んでいると思っていたこの町に，捨てられた物を利用している余ゆうのない人もいることがわかって問十四――部のように思っているので，4が適切。昔の自分と重ね合わせて親近感を覚えたことを説明していない他の選択肢は不適切。

やや難　問十五　問十五――部Aでは家族がゴミあさりをすることに「はじで顔が赤くな」り，問十五――部Bでは自転車さがしが目的だったのに，その行ないとはむじゅんしてゴミあさりをする家族を止めようとしている。粗大ゴミの山には「好奇心をおしかくして」「ひそかに探しているものがないでもなかった」「私」だが，家族のゴミあさりによってその心をはっきりと見せつけられたようになり，必死になって家族を止めているので，1が適切。家族のゴミあさりと自分の心のおくにあるものが重なったことを説明していない他の選択肢は不適切。

重要　問十六　粗大ゴミの中には「私」の家にある家具類よりもはるかに立派なものも多くあり，「私」も捨てられている自転車を値ぶみしているが，三歳の息子は金せん的な価値がある他のどんな品物にも目をくれずに，自分が気に入った物を拾っているので4が適切。本人が気に入ったものであることを説明していない他の選択肢は不適切。

[二]（論説文－要旨・細部の読み取り，記述力）

重要　問一　本文では，「対話」は「真理を求める会話で」あり，「何かの真理を得ようとしてたがいに意見や思考を検討し合う」コミュニケーションであるが，「真理の追求が日常生活で行われなくなっているから」「日常生活の中で，ほとんど対話する機会がな」いので「対話をする必要がある」ということを述べている。本文のテーマである「対話」について筆者がどのように考えているかをまとめていく。

問二　真理の追求を目的とし，意見や思考を検討し合うことである「対話」は，政策の議論とある2と，より良いクラスを作るために意見交かんしたとある7である。他は軽いやり取りや，自分の要望と相手の要望をすり合わせようとする交しょうなどである「会話」である。

やや難　問三　解答例では「なぜ勉強をするのか」という関心事について，受験や学校での勉強だけでなく，自分自身のためにも勉強し続けたい，という考えを述べている。「会話ではなく対話したいと思う関心事」であることをふまえ，ふだん疑問に思っていること，他の人の考えを聞いてみたいと思う関心事を思い返し，自分の意見を明確に述べていこう。

[三]（短文作成）

「せめて」は少なくともこれだけは実現させたいという最低限の願望，「きっと」は話し手や書き手の確信や強い要望などを表すので，「～であったら」という願望と，その願望を条件に予想できた結果を指定字数以内で短文にする。

重要　[四]（漢字の読み書き）

1は曲がりくねっていること。2の音読みは「チク」。熟語は「建築」など。3は野菜を作る畑。4の「身の縮む思い」はおそろしさや緊張のあまり，体が丸まって小さくなったように感じること。5の「胸を張る」は胸をそらせて，自信のある様子をすること。6の「一糸(いっし)乱れず」は少しも乱れず，整然としているさま。7は最もすぐれた部分。8の「編む」は多くの材料を集めて書物や本を作ること。

★ワンポイントアドバイス★

論説文の要約では，中心となるキーワードを筆者がどのような意味で用いているかを確認していく。

MEMO

大切なことはメモしておこうネ！

2021年度

★★★★★★★★★★★★★★★★★★★★★★★★★★★★★

入　試　問　題

2021年度

フェリス女学院中学校入試問題

【算　数】（50分）　＜満点：100点＞

【注意】 1．答を出すのに必要な図や式や計算を，その問題のところにはっきりと書いてください。

2．円周率を使う場合は3.14としてください。

1　次の問いに答えなさい。

⑴　次の計算をしなさい。

$1\frac{5}{8}\div\frac{13}{14}-\left(0.8\div\frac{4}{3}-\frac{4}{15}\right)$

答

⑵　図の２つの円は半径が等しく，それぞれの中心は点A，Bです。Cは円周上の点で，Dは直線ACともう一方の円が交わってできた点です。㋐の角の大きさを求めなさい。

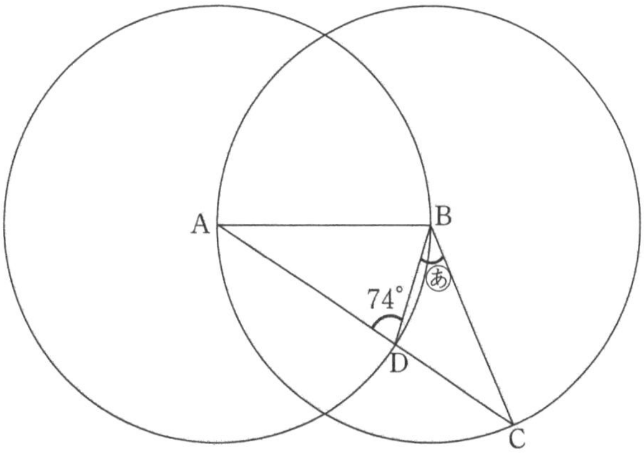

答

⑶　分数 $\frac{4}{180}$，$\frac{5}{180}$，$\frac{6}{180}$，$\frac{7}{180}$，…，$\frac{179}{180}$ の中で，約分すると分子が３になるものは $\frac{\square}{180}$ です。□ にあてはまる数をすべて求めなさい。

答

(4)　３つの容器Ａ，Ｂ，Ｃのそれぞれに水が入ってぃます。容器Ａと容器Ｂに入っている水の重さの比は５：３です。次の ア ， イ にあてはまる数を求めなさい。

①　容器Ａから容器Ｂへ水を260g 移すと，容器Ａと容器Ｂに入っている水の重さの比は４：５となりました。水を移したあと容器Ｂに入っている水の重さは ア gです。

答

ア	

②　①に続けて，容器Ｂから容器Ｃへ水を何ｇか移すと，３つの容器の水の重さが等しくなりました。はじめに容器Ｃに入っていた水の重さは イ gです。

答

イ	

(5)　次の ア ， イ にあてはまる数をそれぞれ求めなさい。

１～400までの整数が１つずつ書かれたカードを重ねます。上から１枚目には１，２枚目には２，…，400枚目には400と書いてあります。はじめに，上から数えて３の倍数枚目のカードを取りのぞきます。このとき，残ったカードの上から ア 枚目には286と書かれています。
続けて，残ったカードについても，同じように上から数えて３の倍数枚目のカードを取りのぞきます。最後に残ったカードの上から47枚目に書かれている整数は イ です。

答

ア		イ	

2　図のように，１辺の長さが６㎝の立方体ABCD－EFGHがあります。直線AFとBEが交わってできる点をP，直線BGとCFが交わってできる点をQとします。
次の ア ， イ にあてはまる数をそれぞれ求めなさい。
三角すいDEGHの表面積は，三角すいBFPQの表面積の２倍より ア cm^2大きいです。
また，三角すいDEGHの体積は，三角すいBFPQの体積の イ 倍です。

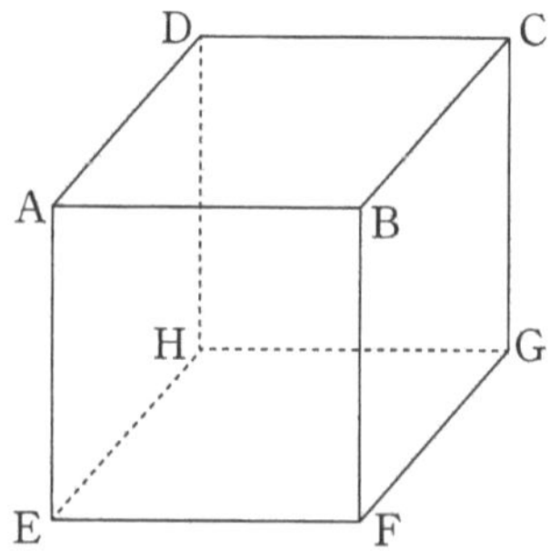

答

ア		イ	

3　川の上流のＡ地点と下流のＢ地点の間を往復する遊覧船があります。川はＡ地点からＢ地点に向かい一定の速さで流れています。また，遊覧船の静水時での速さは一定とします。この遊覧船でAB間を一往復したところ，ＡからＢへ行くのに６分，ＢからＡに戻るのに24分かかりました。次の問いに答えなさい。

⑴　川の流れる速さと，遊覧船の静水時での速さの比を，最も簡単な整数の比で求めなさい。

（求め方）

答

⑵　AB間には，パトロール船も往復しています。静水時では，パトロール船の速さは遊覧船の速さの２倍です。遊覧船とパトロール船がＡを同時に出発し，遊覧船がはじめてＢに着いたとき，パトロール船はＢからＡに向かって420mのところにいました。AB間の距離は何mですか。

（求め方）

答

4　図のように，２つの円が重なっています。

２つの点Ａ，Ｂは２つの円が交わってできる点です。大きいほうの円は，中心が点Ｏ，半径が６cmです。小さいほうの円は，直線ABが直径です。次の問いに答えなさい。

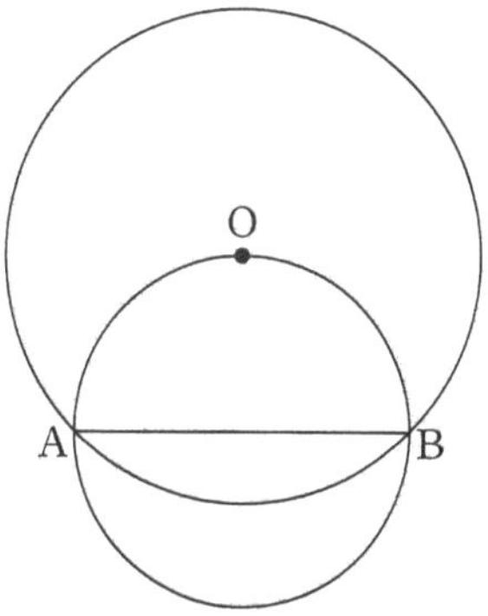

⑴　図の ▒ 部分の面積を求めなさい。

（求め方）

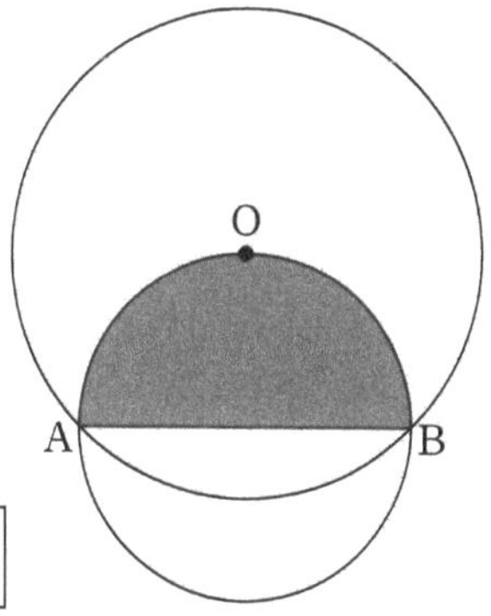

答

⑵　右の図の ■ 部分の面積を求めなさい。

（求め方）

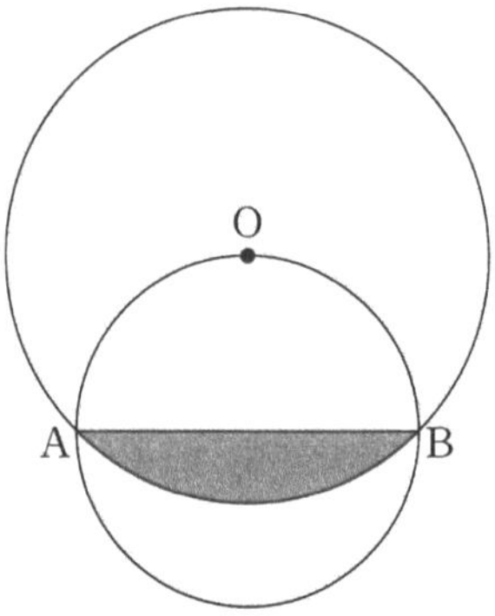

答

⑶　右の図を，点Oを中心として時計回りに150°回転させるとき，

図の ■ 部分が通ってできる図形の面積を求めなさい。

（求め方）

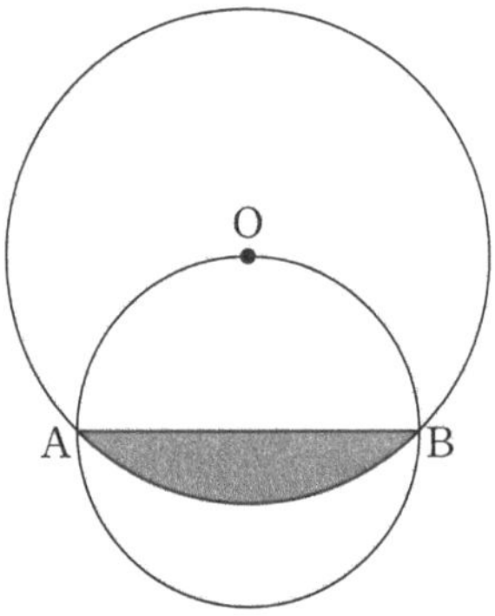

答

5　1以上の整数 y と，y より大きい整数 x に対して，

$$[x,\ y]=(x-1)\times y-x\times(y-1)$$

と約束します。例えば ［7，4］＝6×4－7×3＝3 です。

また，3以上の整数に対して，記号〈　〉を次のように約束します。

〈3〉＝［2，1］

〈4〉＝［3，1］

〈5〉＝［4，1］＋［3，2］

〈6〉＝［5，1］＋［4，2］

〈7〉＝［6，1］＋［5，2］＋［4，3］

以下の ア ～ ク にあてはまる数をそれぞれ求めなさい。

⑴　〈8〉＝［ ア ，1］＋［6， イ ］＋［ ウ ， エ ］＝ オ

答	ア		イ		ウ		エ		オ	

(2) 〈2021〉＝ カ
（求め方）

答 | カ |

(3) 〈 キ 〉＝289
（求め方）

答 | キ |

(4) 〈 ク 〉＝2450
（求め方）

答 | ク |

【理　科】（30分）　＜満点：60点＞

1　1　私たちの体にはたくさんの骨や筋肉があり，これらが働いて体を動かしたり，支えたりしています。

骨どうしは，密着して結合しているものもあれば，わずかなすき間をあけながら結合しているものもあります。

図1は，つま先を上に持ち上げたときのヒトの足の骨（白）と筋肉（灰色）をあらわしています。

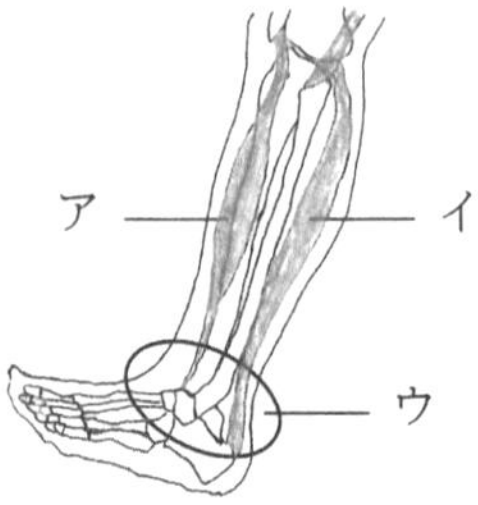

図1

⑴　図1のア，イは筋肉をさしています。つま先を上に持ち上げたときにちぢむ筋肉をア，イから1つ選びなさい。

⑵　図1のウの部分を何というか答えなさい。

2　ニワトリの体にも，たくさんの骨や筋肉があります。ニワトリの手羽先と手羽元を用いて，つばさの部分を観察しました。図2は骨（白）と筋肉（灰色）の一部分のスケッチです。図3は筋肉をすべて取り，骨だけにしたもののスケッチです。またニワトリのつばさとヒトのうででは，骨のつき方や数がとてもよく似ています。図4はヒトのうでの骨のスケッチです。

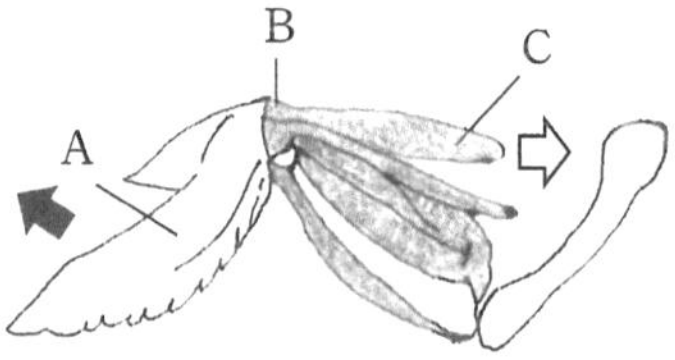

図2

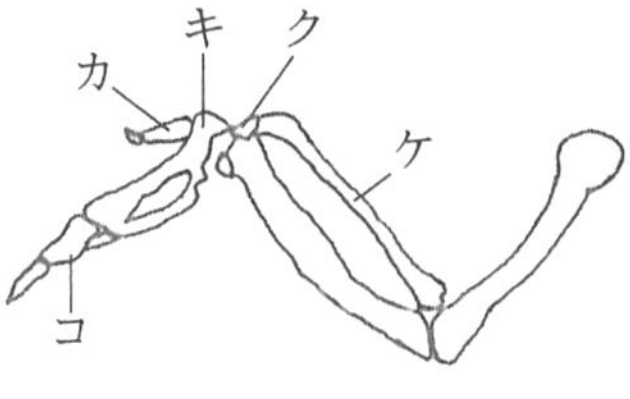

図3

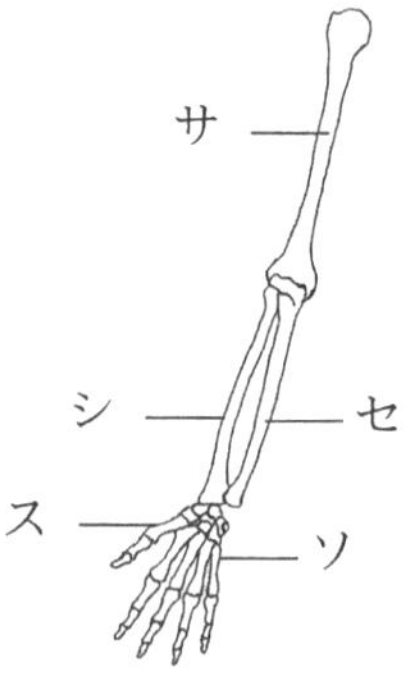

図4

⑴　図2のCの筋肉を白い矢印の方向に引っ張ると，つばさの先たんAが黒い矢印の方向に動きました。このことからCの筋肉の先たんBは，どの骨についていると考えられますか。図3のカ～コから1つ選びなさい。

⑵　図3のケの骨に対応していると考えられるヒトのうでの骨を，図4のサ～ソから1つ選びなさい。

3　ヒトは背骨を持つ動物です。次のア～ウから，ヒトの背骨の説明として適当なものを1つ選びなさい。

ア　ヒトの背骨は，1本の長い骨でできている。

イ　ヒトの背骨は，短い骨どうしが密着して結合してできている。

ウ　ヒトの背骨は，短い骨どうしがすき間をあけて結合してできている。骨どうしのすき間には，クッションのようなやわらかい構造が存在する。

4　私たちは地球で生活しており，絶えず重力（引力）のえいきょうを受けています。

重力（引力）は，ものを地球の中心に向かって引っ張る力です。ただし，宇宙空間では重力（引力）のえいきょうが小さくなります。

(問)　宇宙飛行士が宇宙空間にいる時は，地上にいる時とくらべて，身長が約１～２㎝高くなると報告されています。その理由を説明しなさい。

5　私たちの体の中では，心臓のはたらきによって血液がじゅんかんしています。図５は体の正面から見たヒトの心臓をあらわしており，タ～テは心臓の４つの部分をさしています。

(1)　図５のタ～テから，小腸から流れてくる血液が最初に流れこむ部分を１つ答えなさい。

(2)　図５のタ～テから，肺へむかって血液を送り出す部分を１つ答えなさい。

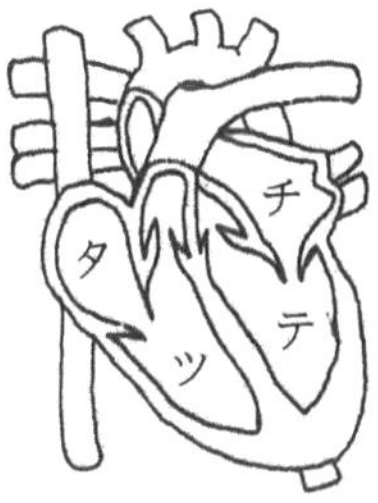

図５

6　私たちは地球で生活しているため，重力（引力）のえいきょうを受けて血液は下向きに引っ張られています。しかしヒトの体は，重力（引力）に逆らって血液を上向きに流れさせる仕組みを持っています。そのため心臓から顔に血液は流れていくことができますし，下半身へと届いた血液も心臓までもどってくることもできます。

(問)　宇宙飛行士は宇宙空間に行って最初の２～３日は，地球にいるときよりも顔が丸く見えます。まるで満月のように顔が丸くなることから，この現象を「ムーンフェイス」といいます。ムーンフェイスは血液が関係しておこる現象です。ムーンフェイスが起こる仕組みを「血液」という言葉を使って説明しなさい。

2　下の図１のように，しゃ面上に小球を置き，静かに手をはなして転がす実験をしました。図１の直線部分を転がるようすを連続写真にさつえいして，小球が１秒あたりに進むきょり（これを「速さ」といいます）を調べました。

小球の重さと手をはなす高さを変えて実験をした結果をまとめると，次のページの表１のようになりました。小球としゃ面の間にまさつはなく，空気のていこうは考えません。

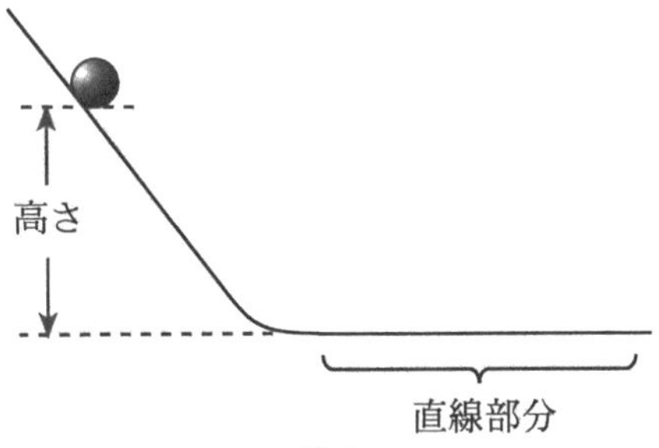

図１

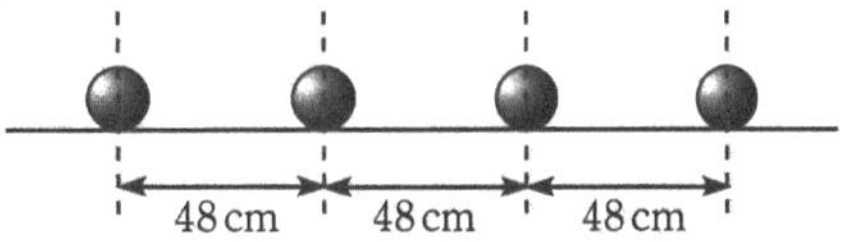

図２

1　100gの小球を30㎝の高さから転がした場合（表１の〈あ〉），直線部分を転がる様子を連続写真でさつえいしたところ，図２のようになりました。図２は0.2秒ごとに写真をさつえいしたものです。図２の小球は，１秒あたり何m進んでいますか。

2　表１の結果から，しゃ面を下りきった時の小球の速さを決める条件について，どのようなことがわかりますか。２つ答えなさい。

表1

小球の重さ	手をはなす高さ	直線部分を1秒あたりに進むきょり（速さ）
100 g	15 cm	1.7 m
100 g	30 cm	〈あ〉
100 g	45 cm	3.0 m
100 g	60 cm	3.4 m
200 g	15 cm	1.7 m
200 g	30 cm	〈あ〉
200 g	45 cm	3.0 m
200 g	60 cm	3.4 m

図3のように，直線部分の先にばねの片側を固定して置いておくと，しゃ面を転がってきた小球はばねにぶつかり，ばねは縮みます。このとき，ばねが最も縮んだ長さを測りました。

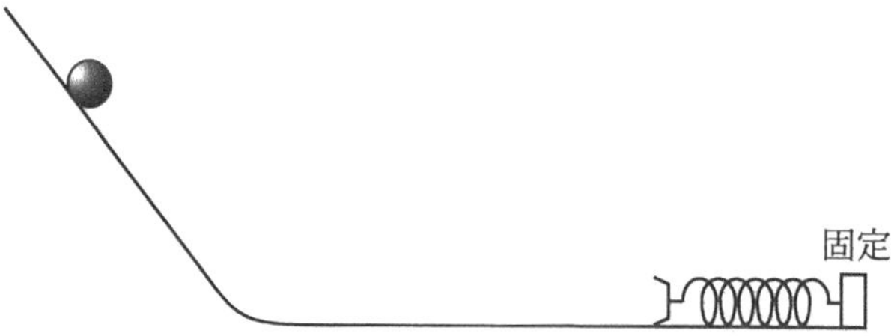

図3

小球の重さ，直線部分の速さと，ばねが最も縮んだ長さの関係をまとめたところ，表2，表3のようになりました。

表2　100 g の小球を用いた場合

直線部分を1秒あたりに進むきょり（速さ）	ばねが最も縮んだ長さ
1.7 m	1.0 cm
〈あ〉	1.4 cm
3.0 m	1.7 cm
3.4 m	2.0 cm

表3　直線部分の速さが1秒あたり1.7 m の場合

小球の重さ	ばねが最も縮んだ長さ
100 g	1.0 cm
200 g	1.4 cm
300 g	1.7 cm
400 g	2.0 cm

3　この実験から，小球の速さとばねが最も縮んだ長さとの間に，どのような関係がありますか。

4　この実験から，小球の重さとばねが最も縮んだ長さとの間に，どのような関係がありますか。

5　200gの小球を用いてばねを4.2cm縮めるには，何cmの高さで手をはなせばよいですか。

3 鉄と塩酸を用いて次のような実験を行いました。

実験１　塩酸50cm^{3}をビーカーに注ぎ，そこに鉄を加えた。このとき発生した気体の体積を測定すると表１のような結果が得られた。

実験２　実験１と同じこさの塩酸500cm^{3}をビーカーに注ぎ，そこに鉄を加えた。このとき発生した気体の体積を測定すると表２のような結果が得られた。

実験３　鉄0.8gをビーカーに加え，そこに実験１と同じこさの塩酸を注いだ。このとき発生した気体の体積を測定した。

表１　実験１で発生した気体の体積

加えた鉄（g）	0.2	0.4	0.6	0.8	1.0
発生した気体（cm^3）	80	160	200	200	200

表２　実験２で発生した気体の体積

加えた鉄（g）	0.2	0.4	0.6	0.8	1.0
発生した気体（cm^3）	80	160	240	320	400

1　塩酸と鉄が反応したときに発生した気体は何か答えなさい。

2　発生した気体の性質として正しいものを次のア～オからすべて選びなさい。

ア　空気よりも軽い。　　　　　　　イ　ものを燃やすのを助ける。

ウ　火をつけると音をたてて燃える。　エ　水にとけやすい。

オ　し激しゅうがある。

3　実験１と実験２の結果から，200cm^{3}の気体が発生したときに反応した鉄は何gか答えなさい。

4　実験１で鉄1.2gをすべて反応させる場合，何cm^{3}の塩酸が必要か答えなさい。

5　塩酸を２倍のこさにして実験１と同じ操作を行いました。結果として正しいものを次のア～エからすべて選びなさい。

ア　鉄を0.2g加えたとき，発生した気体の体積は160cm^{3}であった。

イ　鉄を0.6g加えたとき，発生した気体の体積は200cm^{3}より多かった。

ウ　鉄を0.8g加えたときと，1.0g加えたときの発生した気体の体積は同じになった。

エ　実験１とすべて同じ結果になった。

6　実験３で塩酸を表３のように注いだ場合，どのような結果が得られますか。発生した気体の体積を計算し，解答用紙にグラフを書きなさい。

表３　実験３で注いだ塩酸の体積

注いだ塩酸（cm^3）	20	40	60	80	100
発生した気体（cm^3）					

4 次のページの図１は，西から東へ1000mの広さがあり，高さが300mある丘《おか》の等高線の様子を示した図です。また図２は，図１のＡ～Ｃの地点でボーリング調査を行い，地下の地層の重なりを示したものです。

図1

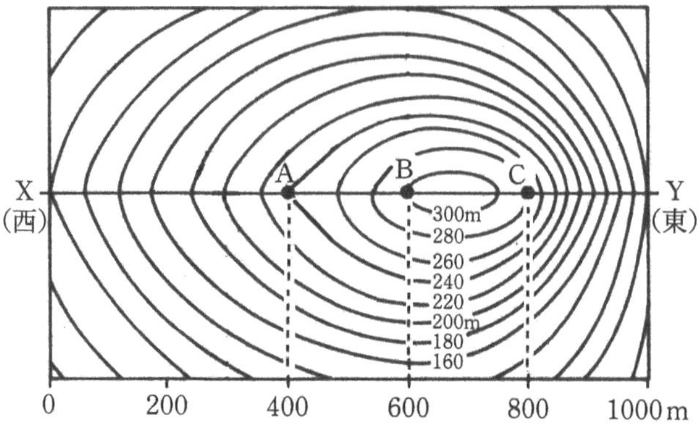

図2

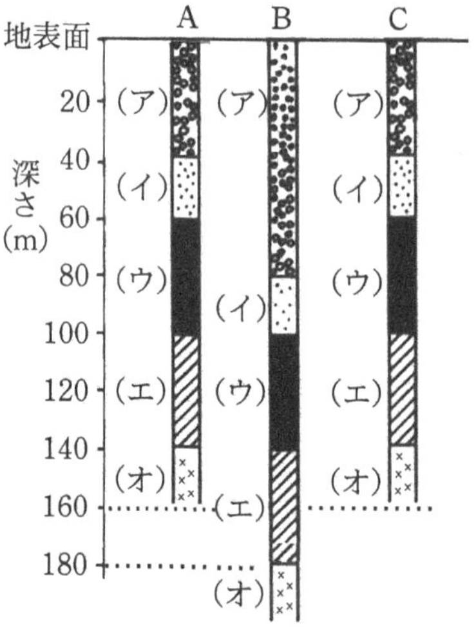

次の①～⑥の説明文は上図の地層ができた順に説明したものです。

① 大昔，この土地は海岸に近い浅せの海底であった。

② 気候が温暖化し，サンゴがたくさん生息した。

③ 土地がしずみ，海底が海岸から遠くなった。

④ 火山がふん火した。

⑤ 土地がおし上げられ，河口付近の海底になった。

⑥ 土地がさらにおし上げられ，海底が陸地になった。

1 図2の地層（ア）～（オ）に関する次の問に答えなさい。ただし，（ア）～（オ）の地層はすべてちがう岩石でできています。

⑴ 地層（ア）は2㎜以上のつぶでできていました。何岩でしょうか。

⑵ 地層（イ）は火山がふん火したとき出たものが海底に積もってできた「ぎょうかい岩」です。「ぎょうかい岩」にふくまれる2㎜以下のつぶは何でしょうか。

⑶ 地層（ウ）は海岸から遠くおき合《あい》の海底まで運ばれ積もったもので，一番つぶの細かい「ねん板岩」とよばれるものです。ねん板岩は，何岩がさらにおし固まってできたものでしょうか。

⑷ 地層（エ）をつくっている「せっかい岩」に塩酸をかけるとあわが出ました。このあわは何でしょうか。

⑸　地層（エ）で多く発見されたものは何でしょうか。

⑹　地層（オ）をつくっている岩石は何岩でしょうか。

2　前のページの図１の丘《おか》を西（X）から東（Y）へ垂直に切ったときに，地層（エ）の断面はどのように見られるか，解答用紙の図中にボーリングした地点（図１のＡ～Ｃ）のはん囲で表しなさい。なお，図２のすべての地層は，ずれや曲りはなく，たい積しています。

3　図３は今から99年前（1922年）の横浜《よこはま》市にある海岸線の様子を示した地図です。また図４は今から82年前（1939年）の図３と同じ場所の様子を示した地図です。図３の時点から17年たって，海がうめたてられ公園ができたことがわかります。

図３＊

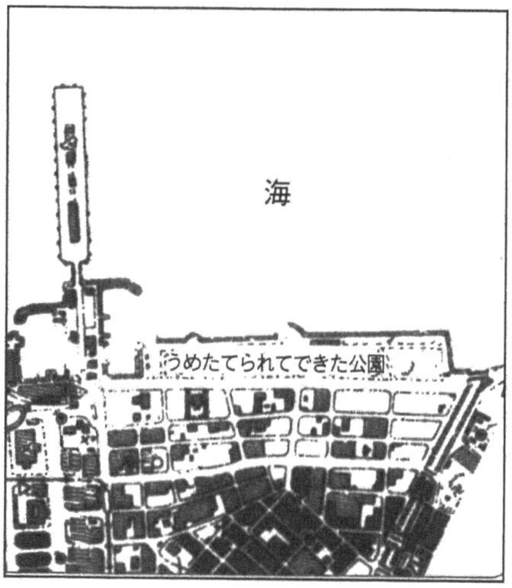

図４＊

＊図３は旧日本陸軍陸地測量部、図４は同左部と横浜市が作成した地図を一部改変したものです。
（原図の出典：『横浜タイムトリップガイド』同左制作委員会編）

今から８年前（2013年）に，その公園でボーリング調査が行われました。公園の地下６ｍの深さまでボーリングした結果，下表のような地層の重なりができていることがわかりました。

地表からの深さ	地層の様子
0ｍ～0.5ｍ	最近、公園を整備するために入れられた土
0.5ｍ～1.8ｍ	海がうめたてられたときに市内の他の場所の河川から運ばれた土砂
1.8ｍ～4.5ｍ	赤レンガの破片・熱で変形したガラス片・かわら・とう器の破片
4.5ｍ～6ｍ	海がうめたてられる前の海岸の砂や小石

（問）　地表から1.8ｍ～4.5ｍまでの深さの地層にあるものは，いつごろ，何が原因でできたものか，考えられることを説明しなさい。

【社　会】（30分）　＜満点：60点＞

1　次の文を読んで，文中の（１）～（４）に入る言葉を入れ，――ａ～ｃについての問いに答えなさい。

瀬戸内海は，江戸時代に西廻《まわ》り航路が通るなど，昔から重要な海上交通路でした。日本海側からａ北九州市と本州にはさまれた海峡《かいきょう》を通り抜けると，瀬戸内海に入ります。

広島県尾道《おのみち》市と愛媛県今治《いまばり》市の間に浮かぶ島々は，いくつもの橋でつながれています。この海道の今治市側にある来島《くるしま》海峡は潮の流れが速く，徳島県と兵庫県の間にある（　１　）海峡と同様に，渦潮《うずしお》がよく見られる海上交通の難所です。今治は江戸時代からせんい産業がさかんで，現在では（　２　）の生産で全国１位を誇《ほこ》っています。来島海峡を抜けて南下すると，海の汚《よご》れで消えてしまったカブトガニの保護活動が行われているｂ西条《さいじょう》市があります。

岡山県と香川県の間の瀬戸内海は，本州と四国が最も近接している海域です。瀬戸内海で２番目に大きい（　３　）島は，日本で初めてオリーブ生産を始めた地として知られ，この島を持つ香川県は，日本で生産されるオリーブの大半を産出しています。気候が小麦栽培《さいばい》に適していたことから，この県ではうどんの生産もさかんになりました。しかし，ｃ日本の小麦生産は，価格の面で海外産の小麦に苦戦しています。また，香川県では稲作も行われていますが，この地域の気候の特性から，１万か所以上の（　４　）が各地につくられています。

ａ　①　次の表は，北九州，京浜，阪神，中京の各工業地帯における製造品出荷額等（2017年）の構成を示したものです。この中で，阪神工業地帯はどれですか，ア～エから選びなさい。

	金属（%）	機械（%）	化学（%）	食料品（%）	せんい（%）	その他（%）	製造品出荷額等（億円）
ア	16.3	46.6	5.6	16.9	0.5	14.1	98,040
イ	20.7	36.9	17.0	11.0	1.3	13.1	331,478
ウ	9.4	69.4	6.2	4.7	0.8	9.5	577,854
エ	8.9	49.4	17.7	11.0	0.4	12.6	259,961

矢野恒太記念会『日本国勢図会2020／21年版』より作成。

②　この市は，都道府県の仕事の一部を任されている市の一つです。このような市は全国に20ありますが，これらの市のことを何といいますか。

ｂ　次のページの地形図は，この市内を流れる川の一部を示しています。

①　地図中に多く見られる「」は何を表していますか。

②　「」が，この地図の中で多く見られる理由を説明しなさい。

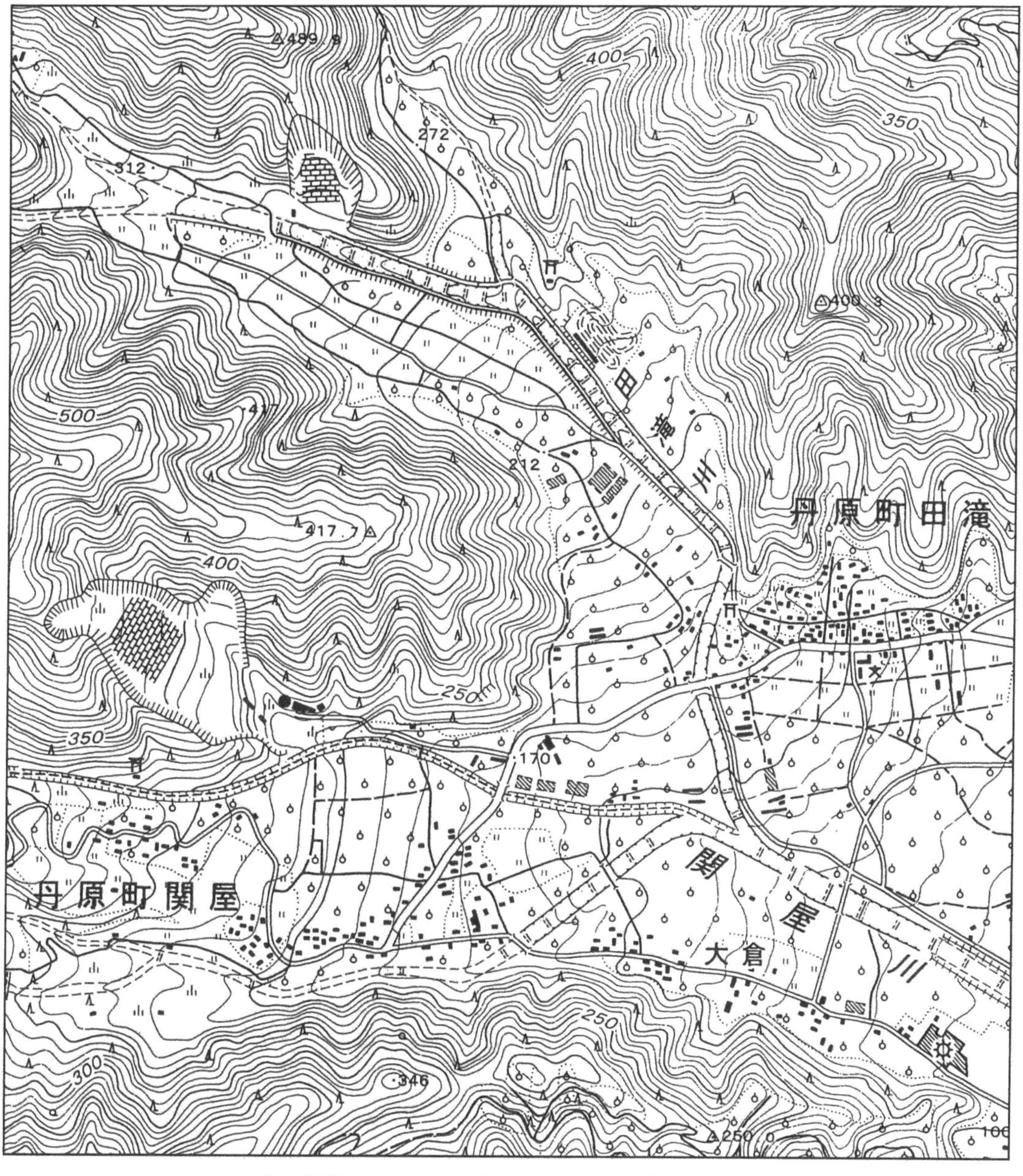

国土地理院発行２万５千分の１地形図「伊予小松」より（約1.5倍に拡大）。

C　日本の小麦の輸入先（2019年）上位３か国の正しい組み合わせを，ア～エから選びなさい。

	ア	イ	ウ	エ
１位	カナダ	アメリカ	カナダ	アメリカ
２位	アメリカ	カナダ	アメリカ	カナダ
３位	中国	オーストラリア	オーストラリア	中国

矢野恒太記念会『日本国勢図会2020／21年版』より。

2 次の文を読んで，――a～gについての問いに答えなさい。

島国である日本は，a港（空港も含む）を利用して外国との貿易を行っています。日本では，エネルギー資源やb工業原料を海外から輸入して，それらをもとに製品をつくり輸出するというc（　　　）貿易がさかんに行われてきました。

貿易で発展してきた日本経済ですが，1980年代後半のd円とドルの交換比率の変化や貿易まさつを背景に，e産業の空洞《くうどう》化が問題になりました。また，日本はf食料自給率が低く，g多くの農産物を輸入しています。

a　次の表は，2019年の輸出額が最も多かった港の，輸出および輸入の上位３品目を示したものです。この港がある都道府県を答えなさい。

輸出品		輸入品
自動車	1位	液化ガス
自動車部品	2位	石油
内燃機関（エンジンなど）	3位	衣類

矢野恒太記念会『日本国勢図会2020／21年版』より作成。

b　セメント工業で利用される資源で，国内で自給できている原料は何ですか。

c　（　）に入る言葉を答えなさい。

d　例えば，１ドルが100円から200円になった場合，日本の貿易に与える影響を正しく説明しているものを，ア～エから一つ選びなさい。

ア　輸出品の価格は，円では変わらないが，ドルでは２倍になるので，輸出が増加する。

イ　輸出品の価格は，円では変わらないが，ドルでは半分になるので，輸出が減少する。

ウ　輸入品の価格は，ドルでは変わらないが，円では２倍になるので，輸入が減少する。

エ　輸入品の価格は，ドルでは変わらないが，円では半分になるので，輸入が増加する。

e　これにより国内ではどのような問題が起こりましたか。説明しなさい。

f　次の表は，日本の米，小麦，野菜類，果実類の自給率を示しています。野菜類を示しているものを，表中のア～エから選びなさい。

（単位：％）

	ア	イ	ウ	エ
1960年	102	100	100	39
1980年	100	97	81	10
2000年	95	81	44	11
2017年	96	79	39	14

二宮書店『データブック オブ・ザ・ワールド2020年版』より作成。

g　次のページの表は，日本が輸入しているある農作物の輸入先上位４か国（2019年）を示しています。その農作物をア～ウから一つ選びなさい。

ア　大豆　　イ　カカオ豆　　ウ　コーヒー豆

順位	国名
1位	ブラジル
2位	ベトナム
3位	コロンビア
4位	エチオピア

矢野恒太記念会『日本国勢図会2020／21年版』より作成。

3 次の文を読んで，――a～pについての問いに答えなさい。

馬は，現代の私たちにはあまり身近ではありませんが，歴史的には長い間，人間が利用してきた動物です。日本では馬がどのような役割を果たしてきたのかを少し考えてみましょう。

馬と人との関わりは，日本ではa5世紀には始まっていました。これは馬をかたどったはにわが見つかったことや，b古墳《こふん》に馬具《ばぐ》がおさめられていたことなどがらわかります。また，このころ大陸からやってきた人々によって，馬に乗る風習も伝えられたとみられています。

大宝律令が制定された時代には，馬の飼育《しいく》などを行う場所が各地に定められました。そして，cそこで飼育された馬は，役人が乗るために主要な道路に配置されたり，朝廷の軍備にあてられました。

また馬は，古くから信仰や儀礼《ぎれい》にも関わる動物でした。神が乗る動物として神社にささげられることや，d朝廷の儀式や行事において重要な役割をつとめることもありました。

10世紀以降，各地で成長してきた武士たちにとって，馬は欠かせないものでした。武士は馬を飼い，戦いにそなえて日ごろから武芸の訓練にはげみました。e絵巻物には，このような武士たちの戦うようすが多く描かれています。

一方でf農作業にも馬や牛が使われるようになりました。また，荷物を運ぶ際にも牛馬が使われ，馬の背に荷物をのせて運送する，馬借《ばしゃく》といわれる業者も現れました。この馬借らが，借金の取り消しを求めて立ち上がったことをきっかけに，日本最初の一揆《いっき》といわれるg(　　　　)の土一揆が起こりました。

戦国時代になると鉄砲が伝来しましたが，その後も軍事の場面において，馬は重要な役割を果たしていました。戦国大名であったh武田氏は，当時最強といわれた騎馬隊《きばたい》を組織したことで有名です。

江戸時代には幕府の支配が安定し，大きな戦乱がなくなりました。iそのため馬の軍事的な役割も減りました。一方で，交通や輸送のために，j馬が街道の宿場《しゅくば》に置かれるようになり，役人や大名行列，武士などの往来に利用されました。将軍徳川綱吉《つなよし》は生類憐《しょうるいあわれ》みの令を定めましたが，そのなかで，牛馬の荷の重さを制限したり，病気の牛馬を捨てることを禁止しました。

幕末には，開港した地に外国人が暮らすようになりましたが，彼らにも乗馬の文化がありました。k馬に乗っていたイギリスの商人が，神奈川の生麦《なまむぎ》というところで薩摩藩《さつまはん》の大名行列に出くわし，無礼《ぶれい》であるとして斬《き》りつけられる事件も起こりました。

明治時代になると，l銀座などの都会では，馬車や鉄道馬車が走るようになりました。農耕にも馬が用いられ，m北海道の開拓《かいたく》には，積極的に導入されました。

また，馬は近代の戦争にも利用され，特に太平洋戦争では多くの馬が必要となりました。nそのため農村から馬が集められ，戦地に連れて行かれて，兵士と同様に多く犠牲になりました。また，o石油などの不足から，国内の輸送も牛馬に多くをたよるようになりました。こうしたなかで，空襲で焼死する馬もたくさんいました。

戦後になると，p飼育される馬の数は急速に減りました。そして，馬と人との関係は大きく変わり，現在はあまり身近ではない動物となってしまったのです。

a　次のア～エのうち，5世紀のできごとを一つ選びなさい。

ア　ワカタケルが自分の勢力を示す手紙を中国に送った。

イ　奴国《なこく》の王が中国から金印を授かった。

ウ　対等な外交を求めて遣隋使《けんずいし》が送られた。

エ　卑弥呼《ひみこ》が中国から倭王《わおう》の称号と銅鏡を授かった。

b　古墳が現れはじめた地域として，正しいものをア～エから一つ選びなさい。

ア　九州・瀬戸内　　イ　瀬戸内・近畿　　ウ　九州・近畿　　エ　近畿・関東

c　この馬などを利用し，都から地方に赴任《ふにん》した役人は何と呼ばれますか。

d　儀式や年中行事が，朝廷の政治の重要な部分を占めるようになった時代のことがらとして，適当なものを次のア～エから一つ選びなさい。

ア　書院造の建築様式が広まり，生け花が床《とこ》の間《ま》に飾《かざ》られるようになった。

イ　各地の自然や人々の生活のようすなどを記した「風土記《ふどき》」がつくられた。

ウ　狂言《きょうげん》が演じられたり，御伽草子《おとぎぞうし》などの話が楽しまれるようになった。

エ　阿弥陀仏《あみだぶつ》を信じ，死後に極楽浄土《ごくらくじょうど》へ行くことを願う教えが広まった。

e　右の絵は，『蒙古襲来絵詞《もうこしゅうらいえことば》』という絵巻物の一部です。竹崎季長《たけざきすえなが》(右の人物)が，元と戦った後に，幕府を訪れた場面が描かれています。彼が幕府を訪れたのはなぜですか。ア～エから正しいものを一つ選びなさい。

ア　幕府に忠誠をつくして戦ったのに，先祖伝来の土地の支配を保証されなかったため。

イ　幕府の命令で戦ったのに，地方の武士であったことから御家人として認めてもらえなかったため。

ウ　九州地方の御家人を率いて元軍に立ち向かったのに，守護に任命されなかったため。

エ　先頭に立って戦い，手がらをたてたのに，恩賞として新しい領地をもらえなかったため。

f　次のア～エのうち，牛馬による農耕が広まった時代とは，異なる時代のものを一つ選びなさい。

ア　備中《びっちゅう》ぐわなどの新しい農具が発明される。

イ　農民たちで村のおきてや用水の使用法を定めるようになる。

ウ　稲の品種改良や二毛作が広まる。

エ　農具を作る職人が現れ，鉄製の農具が広く使われるようになる。

g　(　)に入る言葉を答えなさい。

h　次のア～ウは，織田信長が武田軍と戦った長篠《ながしの》の戦いについて述べた文です。内容が正しいものをすべて選びなさい。

ア　この戦いに勝利したことで，それまで無名の大名であった織田信長の名が全国に広まった。

イ　織田信長は，オランダから輸入した鉄砲を大量に活用して鉄砲隊を組織し，武田軍を破った。

ウ　織田信長軍には，当時連合していた徳川家康と，信長の家臣であった豊臣秀吉が一緒に加わって戦った。

i　同様に大名たちも，軍事的なつとめ以外に，新たな仕事を負担させられるようになりました。どのような仕事を負担させられるようになりましたか。一つ答えなさい。

j　①　この時代，街道を通って江戸との間を往来する大規模な行列は，将軍や大名の行列のほかにどのようなものがありましたか。一つ答えなさい。

②　大名行列の人数は，その大名の石高《こくだか》によって定められていました。石高とはどのようなものですか。ア～ウから正しい説明を一つ選びなさい。

ア　その大名が幕府から支給される年間の給与額を，米の量で表したもの。

イ　その大名の領地から一年間でとれると予想される，計算上の米の収穫高。

ウ　その大名が自分の領地から集める，年間の年貢の量の合計。

k　この事件をきっかけにして，翌年の1863年には，イギリスと薩摩藩との間で戦争になりました。この戦争が薩摩藩にもたらした変化として，正しいものをア～エから一つ選びなさい。

ア　開国に反対するのをやめ，幕府を倒《たお》して新しい政府をつくる運動を始めた。

イ　外国への敵対感情が高まり，薩摩藩士による外国人襲撃《しゅうげき》が各地で起こった。

ウ　外国に対抗できる強い国にするために，幕府と協力するようになった。

エ　開国への反対が高まり，開国を認めた幕府を倒そうとする動きが，藩内で生まれた。

l　次の絵は，明治時代初期のもので，鉄道馬車やレンガ造りの建物が描かれ，また，軍服など洋服を着ている人たちの姿も見られます。そのほかに，このころに登場したものを絵の中から二つ探して答えなさい。

『東京名所之内銀座通煉瓦造《れんがづくり》鉄道馬車往復図』より

m　開拓と北方の警備を目的に，北海道に送られた人々を何といいますか。

n　太平洋戦争の時期に，馬以外にも戦争に必要とされて家庭などから回収されたものがありますが，それは何ですか。

o　アメリカが日本に対して石油の輸出を禁止したことは，日本にとって大きな痛手となりました。このできごとより前に起きたことを，ア～エからすべて選びなさい。

ア　ハワイの真珠湾《しんじゅわん》を日本軍が攻撃した。

イ　日本とドイツとイタリアが，軍事同盟を結んだ。

ウ　日本が，東南アジアや太平洋の島々を占領した。

エ　ヨーロッパで第二次世界大戦が始まった。

p　下のグラフは日本における馬の総飼育数の移り変わりを表したものです。

①　Aの期間は，日本の社会が何と呼ばれる時期にあたりますか。

②　Aの時期に馬の総飼育数が減少したのはなぜですか。輸送・交通手段の変化もあげられますが，それ以上に大きな理由があります。馬がおもに何に使われていたかを考え，その理由を説明しなさい。

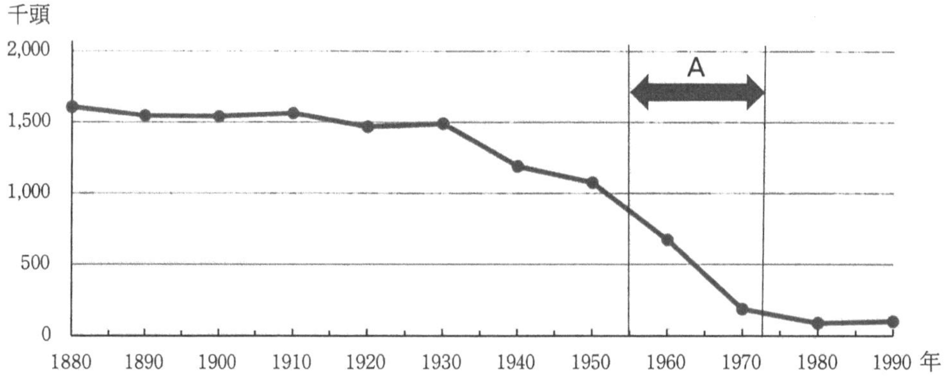

『馬政統計』馬政局、『畜《ちく》産年鑑《かん》』農林省畜産局、『馬関係資料』農林水産省生産局より作成。

4　次の文を読んで，――a～eについての問いに答えなさい。

国連は世界が抱《かか》えている問題に向き合い，aSDGs《エスディージーズ》として17分野の目標を掲《かか》げています。その一つに性（ジェンダー）による差別や困難をなくすジェンダー平等があります。世界経済フォーラムが毎年発表しているbジェンダーギャップ（男女格差）指数《しすう》を見ると，日本では特に女性の政治分野への進出が進んでいないことがわかります。現在のc衆議院における女性議員の割合は9.9%にとどまり，世界の女性議員比率ランキングでは190か国中167位と，とても低い順位になっています。

このような状況を改善するために，候補者男女均等法が2018年に制定されました。この法律により，国会やd地方議会の選挙で，各政党は候補者数を男女同数にする努力が求められます。これはあくまで目標であり，義務ではないため限界もありますが，より多様な声を政治に反映する第一歩と言えるでしょう。政治だけではなく，あらゆる分野において，e女性も男性と同じように参加できる社会をめざしていくことが大切です。

a　SDGsとは，（　　　）な開発目標のことを指します。（　）に入る言葉を答えなさい。

b　ジェンダーギャップ指数は，経済・教育・保健・政治の４分野14項目で，男女平等の度合いを数字で表したものです。男女平等の状態であると指数は「１」になり，「０」に近づくほど不平等で男性優位《ゆうい》な状態と評価されます。次の表は，2020年度の日本に関するジェンダーギャップ指数および世界における順位を示したものです。この表から読み取れることとして，まちがっているものをすべて選びなさい。

ア　日本では，９割以上の女性が大学などの高等教育機関に進学する。

イ　日本では，女性の方が男性より健康寿命《じゅみょう》が長い。

ウ　日本の国家代表は過去50年間，全員男性であった。

エ　日本の女性は，世界的にみて管理職になる割合が高い。

分野	項目	日本の順位（153カ国中）	指数（日本）	指数（世界平均）
経済	労働参加率	79	0.814	0.661
	同一労働での男女賃金格差	67	0.672	0.613
	収入における男女格差	108	0.541	0.499
	管理職[*1]につく男女比	131	0.174	0.356
	専門職・技術職につく男女比	110	0.680	0.756
教育	識字率	1	1.000	0.899
	初等教育（小学校）在学率	1	1.000	0.757
	中等教育（中学校・高校）在学率	128	0.953	0.954
	高等教育（大学など）在学率	108	0.952	0.931
保健	男女の出生数	1	0.944	0.925
	健康寿命[*2]の男女比	59	1.059	1.034
政治	国会議員の男女比	135	0.112	0.298
	大臣の男女比	139	0.056	0.255
	過去50年間の国家代表の在任年数の男女比	73	0.000	0.190

＊１：管理職とは、職場で責任を持って指揮をとる役職のこと
＊２：健康寿命とは、健康上の不安がなく日常生活が送れる期間のこと

世界経済フォーラム Global Gender Gap Report 2020 より作成。
（一部わかりやすく言いかえています。）

c　衆議院について述べた次の文のうち，まちがっているものを一つ選びなさい。

ア　内閣が提出した法律案は，常に参議院よりも先に衆議院で審議《しんぎ》される。

イ　議員の任期は４年間で，立候補できるのは25歳以上である。

ウ　内閣の政治に反対する場合，衆議院だけが内閣不信任決議案を出すことができる。

d　地方議会が制定する，その地域のみに適用《てきよう》する決まりのことを何といいますか。漢字で答えなさい。

e　次のグラフは，女性で仕事についている人の割合（2018）を，国ごとに年齢《ねんれい》別に表したものです。日本は，スウェーデンなどと比べ，20代後半から30代にかけて一時的に下がることが特徴です。こうした特徴は日本社会のどのようなところに原因があって出てくるものでしょうか。あなたの考えを説明しなさい。

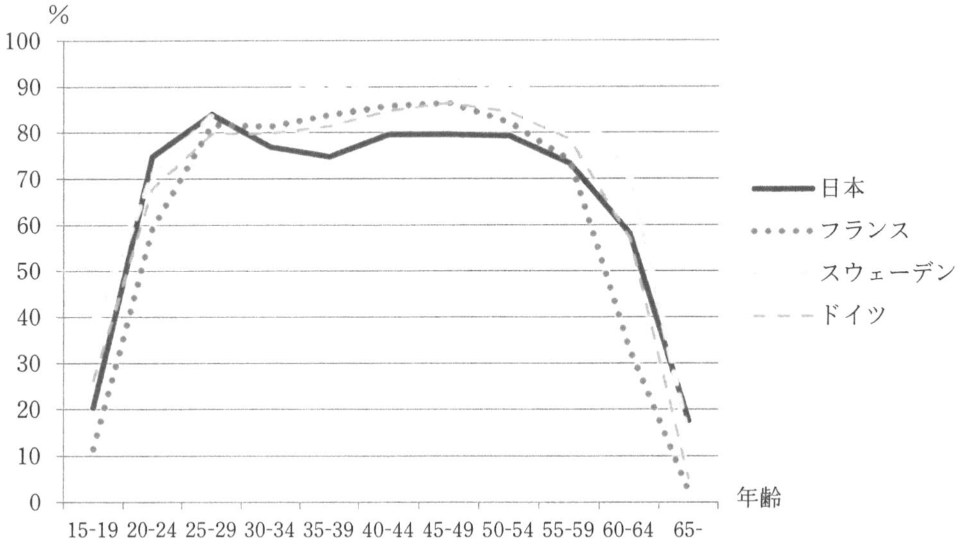

独立行政法人労働政策研究・研修機構『データブック国際労働比較2019』より作成。

きぬくことです。知識も同じで、よくわかるためには自分でわかる必要があります。自分でわからないところを見つけ、自分でわかるようにならなければなりません。自発性という色がつかないと、わかっているように見えても、借り物にすぎません。実地の役には立たないことが多いのです。

（山鳥重《あつし》『「わかる」とはどういうことか――認識の脳科学』）

問一 □部A・Bにあてはまるものをそれぞれ選びなさい。

1 だから　2 あるいは　3 ところが
4 しかも　5 ところで

問二 ――部「ミステリーは殺人犯という形でわからない部分をまず教えてくれます」とありますが、現実生活においてまずやらなければならないことは何ですか。文章中の言葉を用いて二十字以内で書きなさい。

問三 ――部「自分の手持ちの材料から、犯人探しをやる」とはどのようなことですか。文章中の言葉を用いて三十字以内で書きなさい。

問四 「　」部の内容を、六十字以内で要約しなさい。

問五 「わからないこと」があってそれがおもしろいと感じたあなたの体験を、どのようにおもしろかったかがわかるように百八十字以内で書きなさい。

[三] 次の各文は、どれも表現が適切ではありません。適切でない理由をそれぞれ後から選びなさい。

ア 私の実力ではとうていAに負けるだろう。
イ 今日はすごい寒いからぶ厚いコートが必要だ。
ウ その店員はそっと近づいてきた人に声をかけた。
エ 私の夢は建築家になって立派な家を建てたいと思っている。

（理由）
1 主語と述語が正しく対応していない
2 修飾《しょく》語の形が修飾される語に正しく対応していない
3 修飾語がどこにかかっているかがはっきりしない
4 うち消しの表現を必要とする修飾語がうち消しがないのに用いられている

[四] 次の――部1～5のカタカナの部分を漢字で書きなさい。また――部6～8の漢字の読み方をひらがなで書きなさい。

1 ジョレツをさだめる　運動会の2 ショウシュウ係
3 リャクレキを書く　王に4 ツカえる
ほめられて5 テれる　茶わんに6 盛る
7 刻む　8 潮流

＊問題文に使用した作品における難しい漢字表記は、現在一ぱん的に使われている漢字またはひらがなに改めるか、読みがなをほどこすかしてあります。また、送りがなを加えたり取ったりしたものもあります。

す。老学者は病気で、一日ベッドで暮らしています。庭に出ることもありますが、車いすを使わなければならず、それも召使《めしつかい》がかかえ上げて乗せてやらなければなりません。とても、犯罪を起こせる状態ではありません。老学者の部屋に何か犯人がねらうような高価なものがあるのかと、警察もホームズも考えますが何もありそうにはありません。警察は頭をかかえてしまいます。ホームズは考え続けます。ホームズの頭は、それがないと日常生活が出来ないくらい強い近眼、老学者の机の引き出しのかぎ穴のまわりに乱雑につけられたきず、老学者のベッド付近で見つけた婦人のものらしいくつあと、という三つの事実をひとつにまとめようとさかんに回転します。どうも、老学者がくさいのですが、彼のまわりに女性のかげはありません。

ホームズは必然的な結論にたどりつきます。このひどい近眼の殺人者は街へはにげようがない。なぜなら、まわりがよく見えないからたちまちつかまってしまうはずだ。問一 B 、犯人は老教授の家の中のどこかにひそんでいるにちがいない、という結論です。可能性は老教授の部屋しかありません。そして、確かに犯人はそこにかくまわれていたのです。

問二 ミステリーは殺人犯という形でわからない部分をまず教えてくれます。そのわからない部分を、少しずつわかるようにしてくれるのがミステリーです。

ミステリーの面白さは話の中に作者がわざとちりばめた手がかりらしいものの中から、どれが本当の手がかりかを見つけ出すことにあります。その手がかりがあれば話がひとつにまとまってしまう、という手がかりです。「金色の鼻眼鏡」の場合は、登場する人物のだれもが犯人でなく、実は犯人はそれまでは一度も登場しなかった人物という設定です。しかも、その人物の存在は度の強い婦人用眼鏡の持ち主、ということで最初から暗示されていたのです。

このようにミステリーではわからない部分は犯人探しという形で準備されていますが、現実生活ではそうはゆきません。犯人は準備されていないのです。犯人、つまりわからない部分は自分で発見しなければなりません。ですが、わからない問題を発見した後は、その解決方法はミステリーの犯人探しと似ています。問三 自分の手持ちの材料から、犯人探しをやるのです。

学校ではわからないことは試験問題とか、先生からの質問という形であたえられます。ですが、このように受け身の形で人からあたえられた問題（わからないこと）が解けたからといって、知識が自分のものになるわけではありません。本当の意味でのわかる・わからないの区別の能力は人からあたえられるものではありません。自分から自発的にわからないことをはっきりさせ、それを自分で解決してゆかないかぎり、自分の能力にはならないのです。

筆者の引用はいつも古すぎて申し訳ありませんが、「十で神童、十五で秀才、二十《はたち》過ぎればただの人」という言葉があります（まちがっていたらごめんなさい）。学校で試験が出来たからといって、それはあたえられたことをこなしているだけで、その人の能力の尺度にはなりません。社会に出た時、なんやあいつ、と無能をさらすことになります。社会で生きてゆくには自分で自分のわからないところをはっきりさせ、自分でそれを解決してゆく力が必要です。

人間は生物です。生物の特ちょうは生きることです。それも自分で生

3　自分のライバルがあらわれて興奮している

4　自分の過ちに気づいてはずかしく思っている

問十一　□に入るものを選びなさい。

1　暗中模索《さく》　2　疑心暗鬼《き》　3　自己嫌悪《けんお》　4　自暴自棄《き》

問十二　――部「三吉には『よせよ』という言葉さえ、もう自由には出なかった。彼はそれとなく師範のいる方へ背を向けた」とありますが、このときの「三吉」の説明としてふさわしいものを選びなさい。

1　運動場にいる皆からいくじなしだといわんばかりの視線を浴びせられるので、せめて河田師範とだけは目を合わせないようにして、これ以上みじめにならないようにしている

2　比野が腹黒い人間であることを今さらながら思い出し、不本意ながら比野の仲間に組み入れられてしまったことを認め、自分の中に芽生え始めていた河田師範への謝罪の気持を捨てようとしている

3　比野を刺激《し》してさらにあだ名をさけばれたり自分の本心があらわになったりしかねない事態にきわめてきん張し、河田師範や人人の自分への関心をしゃ断して、にげ出したくなっている

4　もとはと言えばすべて自分の発言が原因であることを思うと比野を責めることもできず、ひたすら自分のおろかさや軽率さばかりが思われるので、静かに人人のいかりや非難を受け止めようとしている

問十三　この作品で、「三吉」にとっての「恐怖」とはどのようなものですか。文章全体をふまえて、ふさわしいものには○、そうでないものには×を書きなさい。

1　先生にあだ名をつけたことが明らかになって学校からばつを受けることへの恐怖

2　容ぼうをからかうあだ名をつけるような軽はくなことをして河田師範からにくまれることへの恐怖

3　皆から自分がいくじなしであると言われてしまうことへの恐怖

4　河田師範に新しいあだ名がつくことで自分のつけたあだ名が否定されてしまうことへの恐怖

5　河田師範に悪意を持っていた男が、いつか自分をもぶじょくする日が来ることへの恐怖

6　先生のあだ名をつけたのが自分であることを当の先生に知られてしまうことへの恐怖

［二］　次の文章を読んで後の問に答えなさい。

世に有名なイギリス、ロンドンはウエストエンドのベーカー通り二二一番地に居を構えるシャーロック・ホームズという私立探偵《てい》はどんな難事件でも解決してしまう変な男です。

「金色の鼻眼鏡《めがね》」という事件では、ある老学者の論文の口述筆記をするためにやとわれた優秀《しゅう》な青年が何者かに殺されてしまいます。首筋をさされ、血まみれになって死ぬのです。手には不思議な眼鏡、女物の金色の鼻眼鏡がしっかりとにぎられていました。しかも、その眼鏡はものすごく度が強く、それがなくてはとても、日常の生活が出来そうにありません。そう査が進むにつれ、青年には恋人《こい》がいて、その恋人と激しいけんかをしていたことがわかります。問一［A］、その恋人は鼻眼鏡をかけています。さっそく警察へ引っ張られますが、その眼鏡はかざりみたいなもので、たいした度ではありませんでした。どうもちがうようで

3　校長のかた苦しいあいさつから解放されてようやく気楽なふん囲気になったこと
4　自分達のいたずらを大目に見てくれそうな新任教師がやっと着任したこと

問五　――部「何かをきっかけに爆発したい」とありますが、「何か」とは具体的にどのようなことですか。十五字以内でぬき出しなさい。

問六　――部「次のしゅん間には彼は自分の思い当たったことで独りでに顔が赤くなった」とありますが、このときの「三吉」の状態を表すものとしてふさわしいものを選びなさい。
1　気をもんでいる　　2　気がせいている
3　気持がゆれている　　4　気持が高ぶっている

問七　「彼は、皆と一しょになって笑えなかった」（――部a）「彼は皆と一しょに笑えなかった」（――部b）とありますが、同じ内容をくり返すことでどのような効果をあげていますか。
1　河田師範に「にんにく」というあだ名をつけたことが、あとで三吉の心に暗いかげを落とすことを暗示する効果
2　発言者自身の笑い声で場をしらけさせないように、三吉が無理に笑いをこらえていることを明らかにする効果
3　河田師範があだ名の命名者に報復するのではないかという心配が、三吉の心に芽生え始めていることを強調する効果
4　自分の言葉がさえぎられ最後まで言い切ることができなかったことに、三吉が不満を覚えていることを印象づける効果

問八　「三吉」にとって「そのようなよろこびの方がはるかに自由なのであった」（――部）のはなぜですか。
1　自分の知識や才能をかくすことなく表に出すことができて、大きな満足感にひたれるから
2　命名者としての責任にしばられることなく、あちこちでわき上がる賞賛を存分に味わえるから
3　あだ名をつけたのが三吉だとは知らずにおもしろがっている勢力家を、こっそりあざわらえるから
4　三吉が命名者であることをかくすことで乱暴者たちに目をつけられるおそれが消え、気楽になれるから

問九　――部「彼はそれが心配であった」とありますが、「それ」とはどのようなことですか。本文中の言葉を用いて四十字以内で書きなさい。

問十　――部「しかし次のしゅん間には、それと同様のこうげきが彼自身に加えられなければならなかった。彼は自分の顔が独りでにあかくなるのを覚えた」について答えなさい。

①　「それと同様のこうげき」とありますが、「それ」とはどのようなものですか。
1　自分よりはるかに優れた才能を持つその男に対するねたみ
2　悪意やぶべつに満ちた悪口を言うその男に対するにくしみ
3　年長者に向かって生意気なことを言うその男に対する軽べつ
4　実力もないのにえらそうにふるまうその男に対するいらだち

②　「彼は自分の顔が独りでにあかくなるのを覚えた」とありますが、このときの「三吉」の説明としてふさわしいものを選びなさい。
1　その男に敗北してくやしく思っている
2　その男の態度にいきどおりを覚えている

彼が以前の彼なら、その賛辞を快く受け入れたであろうが彼にはもうそれが彼の傷口へあらあらしくふれるのであった。（梶《かじ》井《い》基《もと》次郎《ろう》「大蒜《にんにく》」）

〈注1〉学問や技芸を教える人
〈注2〉長さの単位。一尺は約三十センチメートル
〈注3〉中国、春秋時代の呉《ご》の名臣
〈注4〉中国の旧称《しょう》。今は使わない
〈注5〉中国の長編小説
〈注6〉こっけいさをねらった句
〈注7〉学問・知識があることをひけらかすさま
〈注8〉口ぶり、話しぶり
〈注9〉にぎりしめ、おさえつける
〈注10〉からかう
〈注11〉砲丸《ほうがん》投げの弾

問一 ═══部**a**・**b**の意味として正しいものを選びなさい。

a わだかまる

1 落ちて広がる　2 散らばってしずむ
3 たまってとどまる　4 うかんでただよう

b ひとかど

1 大人びていること　2 一人前であること
3 専門的であること　4 人気があること

問二 ～～～部**ア**・**イ**の使い方として正しいものをそれぞれ選びなさい。

ア 期せずして

1 学級会では私とAさんが期せずして同じ意見を発表した
2 Bさんは自分で注文した本がやっと届いて期せずしてよろこんだ
3 野球大会で最強といわれつづけていたチームが期せずして優勝した
4 つぼみをふくらませていた花が期せずしてさきはじめた

イ 聞きとがめる

1 父は、部屋の片づけが終わったと弟が言ったのを聞きとがめて庭のそうじをたのんだ
2 階下にいる兄は、二階で私が聞いている音楽を聞きとがめて曲名を当てた
3 母は、私が勉強の進み具合についていい加減な返事をしたのを聞きとがめてしかった
4 祖父は、表通りの車のそう音をびん感に聞きとがめていつもうんざりしている

問三 「三吉」の年れいが推測できる部分を十五字以内でぬき出しなさい。

問四 「いよいよ河田師範の顔がそれらの眼の矢面に立ったしゅん間、生徒達はみな急にうれしくなった」（――部A）「いよいよ公然と生徒の前に現れる段になった時、彼らは用意をしていたようにうれしそうな眼付きをしたのである」（――部B）とありますが、このときの「生徒達」のうれしさはどのようなことに対するものですか。

1 たくましい河田師範の豪傑笑いを直接聞ける機会がとうとうやってきたこと
2 笑いを爆発させるための材料となる新任教師が今まさに目の前に現れたこと

れる、まるいボールやゆがんだボールがつぎつぎにけり上げられた。そして生徒達は、運動場にはびこっているゴムマリの野球の陣《じん》をぬいながら争ってそれを取ろうとひしめいていた。また一方には〈注11〉鉄弾《ショット》を投げている一群があった。

三吉は運動が出来ない少年であったが、やはりそんな生徒は一団を造って毎日申し合わせたように風のふかないかげにより合って雑談にふけるのであった。——

その日も三吉はその群の中にいた。そして話に耳を傾《かたむ》けながらも、運動場にもみ合っている生徒達をながめていた。

その時彼は柔道のけいこ着をつけた偉《い》大な体格の男が、鉄弾《ショット》を投げる生徒の中にまざっているのを見つけた。それは疑いもなく河田師範であった。その近所には河田師範が投げるのを見るために人だかりがしていた。

雑談をしていた仲間もそれを見つけると、それを見るためにかけ出して行った。

そしてそこには三吉と、平田と、も一人絵のうまい比野という生徒の三人が残っていた。しかし彼にはそこでその三人がいるということに何か気まずい思いがあった。しかし彼はそこにいた。

三吉は、だんだん師範にあだ名をつけたことが苦い悔《く》いとなっていた。そして多少のはばかりが師範に感ぜられていたものであるから、そこへかけてゆく気にはなれなかった。——

鉄弾《ショット》が、その近くに見物している生徒らの頭より高くあがって、おちるとその一群からははく手や、感たんの声がきこえた。三吉らが話を止めてその方に目をやった時、何を思ったか、その絵の得意な比野という男が、大きな声で、「にんにく」とどなった。

三吉は面食らわざるを得なかった。真顔になって「おいよせよ。」と言ったが、比野はそれをどなると、三吉のかげへ身をかくして、また、「にんにく。」とどなった。

鉄弾《ショット》の方の一群の中の数人が三吉らの方をながめた。それを見ると三吉は、はらはらした。近所にいたものも、両方を見くらべて笑っていた。その視線が三吉には、彼自身の困きゃくしているのをおもしろがって見ているように思われた。

ことにそんなに無鉄ぽうにどなった比野に対しては、「ここに、先生のあだ名をつけた男がいますよ。」と河田師範に知らせる悪意さえ感じた。

三吉は先生に知られるのをおそれていた。またそれをおそれていることが人人にわかるのをおそれていた。それを知ったら人人は思いやりなく、いくじなしだというにきまっていると思われた。彼は人人にいくじなしのように思われるのがいやであったので、ことに、その比野という男がそれを知ったら、何の容しゃもなくそれを種に三吉をおどすだろうと三吉は思っていた。そして比野はそういう方では評判の悪らつ性を持った男であった。

三吉はその比野が悪魔《ま》のような眼で、ちゃんと自分のその恐怖を見ぬいて、こんなことをするのじゃないかと邪《じゃ》推する気持もあった。問十二三吉には「よせよ」という言葉さえ、もう自由には出なかった。彼はそれとなく師範のいる方へ背を向けた。

比野ももう満足したらしくどならなかった。しかし彼はさらに手痛い手術を三吉に試みた。

「津田もなかなか傑《けつ》作を作るね。にんにく、とはうまくつけたな。」

ばチャンスだ。」といって皆の顔をうかがったのである。

ある者はそれが耳の聞きちがいだろうとも思わず聞き流していた。またある者は機会《チャンス》がどうしたのだといぶかしんでいた。

しかし中にそれを意地悪く問ニイ聞きとがめた者がいた。その男が近所の者に、「先生、玉つきとまちがってるぜ。」といった。その男の話によると玉つきでは両天びんの玉をチャンスというので、それは彼の説によるとチャンスの意味を取りちがえた玉つきの通用語なのであった。「将棋《ぎ》のように王手飛車とでもいえばいいのに生意気に英語を使ったりするからはじをかくんだ。」といってその男はあざけった。

それが口火になって級の者が「ハハハ、チャンスか。」といってうち興じていた時、三吉にはそのチャンスというあだ名がやがて彼の命名したあだ名を圧とうするのではないかというけねんが生じた。問九彼はそれが心配であった。

その気持を彼は前から経験していた。それはその柔道師範に他のだれかが新しいあだ名をつけかけた時に感ずる、自分のあだ名の権威《い》に対こうしようとする者に対するにくしみやしっとの感じであった。この時にも彼はそれを感じたのであったが、そのあだ名の由来を説明してきかせた男の、――その男は級の中のしゃれ者であったが――それをいう時の柔道師範に対する悪意であった。「知らないくせに、生意気に英語を使うからはじをかくんだ」その言葉がもたらす河田師範に対する毒毒しいぶじょくを感じた。それは彼があだ名の対こう者と彼をにくむ感情と共に起こって来たのかも知れなかったが、彼は明らかにその男をにくむべき男だと思ったのであった。

問十しかし次のしゅん間には、それと同様のこうげきが彼自身に加えられなければならなかった。

彼は自分の顔が独りでにあかくなるのを覚えた。

ことに彼は彼の無意識に働いていた意志というものが、河田師範の容ぼうを露《ろ》骨に〈注10〉揶揄《やゆ》したものであると思った時、自分がいかに非紳《しん》士的な男であったかと思った。

次にはその報いが、――自分こそ、河田師範からにくまれねばならない人間なのだ――という考えがうかんだ。彼の心はざんげの気持では止まっていなかった。さらに先生に対する恐怖《きょうふ》に移って行ったのであった。

さらにまたそのざんげの気持は問十一□の状態に――なぜ自分はこんなに軽はくな男なのであるか。なぜ軽はくにも、あの時、自分に、我こそそのあだ名の命名者にならなければならないという気持になったのであるか。――

彼はその考えに責められた。ことに最も身ぶるいするほどたまらなかったのは、その時の自分の衒学的な態度、――ことに救われないように思えたのは、それが衒学でも何でもない自分の軽率な早合点ではあるまいかという考えが彼をさす時であった。

しかし一方では彼の気持とは、まるっきり無関心に彼のあだ名がひろがってゆきつつあった。――と彼には思えた。彼はその考えをひがみだと思いたかったのであったが、それが事実である証こが意地悪く彼の目にふれた。

ある日の正午の休けい時間であった。

冬の寒さにもめげず、運動場には活気がみなぎっていた。蹴《しゅう》球に使わそしてその連想にぴったりと合うべく伍子胥なる人物——それはもう水滸伝の豪傑にちがいないと彼には思えた——その伍子胥のにんにくをつるしたような眼が、その不可解のままでしかも変に忘れがたく、意識の底にこびりついていたその狂句の記おくから、ぽっかりとうかび上がって来たのであった。

そしてそれらが三つどもえになってもみ合い、やがてこん然とゆう合されたのであった。

にんにくをつるしたような河田の眼。

彼はこの新しい狂句を得てとほうもなく有頂天になってしまった。

しかし三吉自身はそのにんにくというものすらもさだかには知っていないのであった。

しかしそれが支那人のたしなむ、ねぎのような臭《しゅう》気を多量にもっているもの、らっきょうのような形をしたもの、薬種屋の店先につるされているもの、とばく然と覚えていた。しかしその知識をどこから得たか、また彼が一度でもそれを見、それをかいだか、また一度でも確かに薬種屋の軒《のき》でそれを見たかということにはどれにも確実な記おくを持たなかった。

そうなれば彼の解しゃくもあいまいなものなのであったが、彼はかえってそれが一種の霊感のように思えたのであった。

にんにくをもてはやしている生徒達も、そんなことにはとん着がなかった。

しかしそのにんにくという言葉の音《おん》、そのいやしく舌にこびるような音を彼らが舌の上で味わって見て、次にそれを河田師範の風ぼうの上におっかぶせる時、彼らはとつ然うれしそうに笑い出すのであった。——少なくとも三吉の友達の比野という生徒の意見はそうであった。彼はやはりそのにんにくなる言葉はきいたことがあるが、博物学的の知識を欠いていた一人であった。

三吉が比野からその意見をきいた時、三吉は例の由来の委細を、その根きょのあいまいなのにも気付かずに、得意になって〈注7〉衒《げん》学的な〈注8〉口吻《こうふん》で語ってきかせたのであった。

しかしそれでもにんにくには陰《いん》な力があって人人の口から口へ伝わってゆく。——この想像は三吉に気持のいいものであったし、それは事実でもあった。三吉はその証こを新しく目げきするたびに彼が 問一b ひとかどの諷刺《ふうし》家になりすました気持であった。

群《むら》がっているコイに一片の麩《ふ》を投げあたえた。コイの群《むれ》にたちまち異常な喧轟《センセイション》が起こされる。——彼はそのように想像するのがうれしかった。そして一切が彼に味方しているように感じていた。

しかし彼のその得意にはだんだん暗い陰《かげ》がさしていった。そして彼をあまやかし、彼をおだて、彼に与《くみ》していた一切のものが彼を裏切り、彼に敵意を持っていると思わねばならない時がだんだんやって来た。

ある日彼らの級の柔道の時間が来たとき、その河田師範は、柔道の選手の一人を相手として寝業《ねわざ》の教授をした。

師範がいろいろ説明してきかせたなかに生徒には何だかさっぱりわからないことがあった。それはチャンスという言葉なのであったが、師範がその選手の首を片手で〈注9〉扼《やく》して、残りの手で相手のうでの逆をとるという業を示した時師範はその機会という英語を使って、「こうすれ

　このようにやや声《こわ》高に三吉が言った時、その近所にこもっていた、笑いの爆発の用意が堤《つつみ》を切ったように解放せられた。三吉の言葉は、そうなれば全部いってしまうのを要しなかったのである。

「蒙古、はっはははは」

「水滸伝、はっはははは」

　このような笑いのうず巻の中心に位して、三吉は我ながら顔が赤くなるのを覚えた。問七a 彼は、皆《みな》と一しょになって笑えなかった、我ながら自分の言葉が効果が強く反きょうしてしまったものだから。――彼の皆を笑わせたい欲望が、我ながら感心するような警句を生み、あまり見事に当たりをとってしまったものだから、彼は一種のきまり悪さを感じたのであった。

問七b 彼は皆と一しょに笑えなかった。ただ「えへへへへへへ。」と笑ったのみだった。

　式が済んでしまってからも鳴りどよもしているその笑い。離れ離れにすわっていた生徒達の親しい者同志が顔を見合わせた時、双《そう》方はここでもうれしそうな顔をした。

「変な顔だね。」言葉は省かれても両方の心は一致《ち》していた。

　三吉は、やはりそんな一対が出会うやいなや冒《ぼう》頭を省いて「にんにく、はははは。」といって笑い出すのを見て満足の頂点にいた。しかも彼らはだれがそんなうまいことをいったのか知らなかった。

　三吉は、五年級の運動家で、日ごろ勢力をふるっている乱暴者が、赤んぼうのように楽しそうにしてそのあだ名の命名者におしげもなく大声で賛仰《ぎょう》の声を放っているのをぼう観した時、「ここでも認められている。」という気がしてうれしさが加わった。

　その男はその命名者が三吉であるとは知らない、それを三吉自身が何くわぬ顔をしている――その気持が彼にはゆ快であった。また三吉にはそんな勢力家に面と向かってほめられるよりは、問八 そのようなよろこびの方がはるかに自由なのであった。

　にんにくをつるしたような伍子胥の眼。

〈注6〉この狂《きょう》句か川柳かわからないものが三吉の記おくに留まったのは、いつごろかまたどこからかわからなかった。しかしそれは彼の記おくの中にわけのわからないものとして変に問一a わだかまっていたのであった。

　彼にはその記おくが、河田師範の顔を見たしゅん間に、問二ア 期せずしてかびの生えているような古い記おくのたい積からうかび上がって、その疑問を氷解したことが何よりうれしかった。それは彼に霊《れい》感――そういうものの存在を肯《こう》定せしめたほどであった。彼にはその解しゃくがもう疑うべがらざるものに思えたのであった。――

　彼はいい気持になってその解しゃくが成り立った段階を分せきしていた。

　それによると、彼が河田師範を見たしゅん間に連想したものは、これもいつ見たか、どこで見たか知れない水滸伝の絵であった。その中に活やくしている豪傑の姿であった。それはことにまなじりがさけてそのはしが上の方へつるし上がっている所で、河田師範の容ぼうと一致していた。――それが彼自身の解しゃくでは蒙古人種の特ちょうなのであった。

【国　語】〈五〇分〉〈満点：一〇〇点〉

【注意】句読点や記号などは字数にふくめます。

【一】**次の文章を読んで後の問に答えなさい。**

校長の簡単なしょうかいが済んで、当の新任柔道《じゅう》〈注1〉師範《はん》河田三段があいさつのために壇《だん》へ登った時、その講堂の中にうやうやしく並《なみ》いた生徒達の眼《め》はみな好奇心にかがやいていた。たいていの眼はいたずら者らしい光を帯びていた。

そして問四Aいよいよ河田師範の顔がそれらの眼の矢面に立ったしゅん間、生徒達はみな急にうれしくなった。

後の方にすわっているものの中には、わざわざこしをのばしてながめたものもあった。そしてその眼は同じくうれしそうになって生徒達の頭の中へまた割りこんで行った。

河田師範の顔が見られたのは、本当をいえばそれが最初ではなかった。校長に導かれて、羽織はかまで着席した時にも、またその朝体操の先生達のいる部屋の中で豪傑《ごうけつ》笑いをしているときにも、河田師範は生徒の視線に〈注1〉六尺近くの巨躯《きょく》をさらしていたのではあったが、問四Bいよいよ公然と生徒の前に現れる段になった時、彼《かれ》らは用意をしていたようにうれしそうな眼付きをしたのである。

生徒達は腹からうれしさがこみ上げて来るのを感じて、「うううう」とのどをつまらせた。それは何か非常にうまいあだ名か警句がだれかから出されるのを待っているのであった。それはごくわずかなものでよかった、ほんの少しの火花のようなもの、それで結構であった。とにかく生徒達は彼らの笑いを爆《ばく》発させたかったのであった。その笑いといっても——笑わずにはいられないというよりも、むしろ笑わねばならない、全部で笑わねばならないという意識から生じて来たものなのであるが——

津《つ》田三吉《きち》もその中の一人であった。彼はその中学の最上級生の五年級の中の一人であった。

——三吉が河田師範の顔を見た時、彼も急にうれしさがこみ上げて来た。そして講堂にみなぎっている、問五何かをきっかけに爆発したいという生徒達の意識を感じると彼は一種の圧ぱくめいたものを感じた。

「ここで何かいわなければ……。」そんな欲望が彼をおそった。

次のしゅん間、三吉には心の中になにかしらない、しかし変に河田師範というものと離《はな》るべからざるあるものが思い出されて来たような気がした。それは変な気持であった。

問六次のしゅん間には彼は自分の思い当たったことで独りでに顔が赤くなった。

「にんにくだ、にんにくだ。

　にんにくをつるしたような〈注3〉伍子胥《ごししょ》の眼。

これだ。」

三吉のその時の心の中には、そのどこで覚えたか知らない、しかも何の意味だかりょう解が出来ない川柳《りゅう》の記おくと、またどこで見たのかはっきり覚えない〈注4〉支那《な》の水滸伝《すいこでん》の絵図の記おくとがよみがえって来て、当の河田師範の風ぼうと三つどもえになってもみ合い、やがてこん然とゆう合されたのを感じたのであった。

「ほう見事なものだ。あれは蒙古《もうこ》だよ。水滸伝だ。にんにくを……………。」

2021年度

解　答　と　解　説

《2021年度の配点は解答欄に掲載してあります。》

＜算数解答＞ ≪学校からの正答の発表はありません。≫

1　(1)　$1\frac{5}{12}$　(2)　42度　(3)　27，54，108，135　(4)　①　ア　800　②　イ 480
(5)　ア　191　イ　104

2　ア　18　イ　4　3　(1)　3：5　(2)　1248m

4　(1)　28.26cm²　(2)　10.26cm²　(3)　33.81cm²

5　(1)　ア　7　イ　2　ウ　5　エ　3　オ　12　(2)　1020100　(3)　35
(4)　100

○推定配点○
1・4　各6点×10(1(3)完答)　他　各5点×8(5(1)完答)　計100点

＜算数解説＞

1　(四則計算，平面図形，数の性質，割合と比，濃度，規則性)

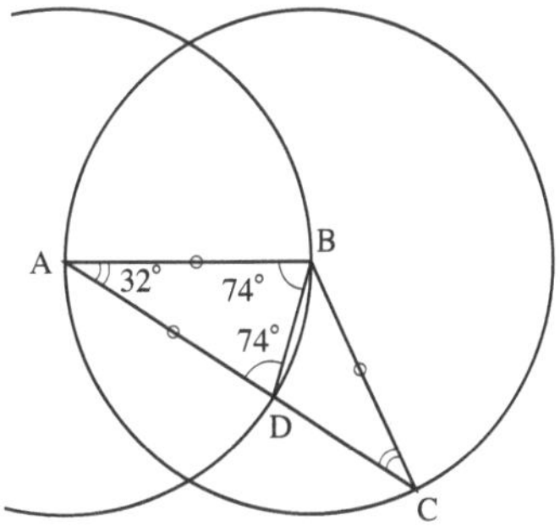

(1)　$\frac{13}{8}\times\frac{14}{13}-\left(\frac{4}{5}\times\frac{3}{4}-\frac{4}{15}\right)=\frac{7}{4}-\left(\frac{3}{5}-\frac{4}{15}\right)$
$=\frac{7}{4}-\frac{1}{3}=\frac{17}{12}$

基本　(2)　右図において，角ACBは180－74×2＝32(度)
したがって，角あは74－32＝42(度)

重要　(3)　分母は180＝2×2×3×3×5であり，分子が3×3×3＝27，27×2＝54，27×2×2＝108，27×5＝135のとき，約分されて3になる。

重要　(4)　①　5＋3＝8，4＋5＝9の最小公倍数72により，5：3＝45：27が4：5＝32：40になった。
したがって，容器Bの水の重さは260÷(40－27)×40＝800(g)になった。
②　①より，容器Aには800÷5×4＝640(g)が入っている。
したがって，最初の容器Cの水の重さは640－(800－640)＝480(g)

重要　(5)　286…286の次に現れる3の倍数は288＝3×96であり，286は2×96－1＝191(枚目)
1組目(1，2)，2組目(4，5)，～，96組目(286，287)
2巡目の47枚目…各組の最後の(8)，(17)，(26)，～，の各数は8×1＋0，8×2＋1，8×3＋2，～，で求められ，12組目の最後の( )の数は8×12＋11＝107である。
したがって，上から48枚目が106，47枚目が104である。
1組目(1，2，(4)，5，7，(8))，2組目(10，11，(13)，14，16，(17))，～，
12組目(100，101，(103)，104，106，(107))

重要　2　(立体図形，平面図形)

ア…三角錐D－EGHの表面積は6×6÷2×3＋正三角形DEG＝54＋正三角形DEGである。
三角錐B－PFQの表面積は6×3＋正三角形BPQ×2＝18＋正三角形BPQ×2であり，この表面積

の2倍が36＋正三角形BPQ×4である。したがって，正三角形BPQ×4＝正三角形DEGであり，面積の差は54－36＝18(cm^2)

イ…三角錐D－EGHと三角錐B－PFQの底面積の比は2：1，高さの比は2：1であり，三角錐D－EGHの体積は三角錐B－PFQの4倍

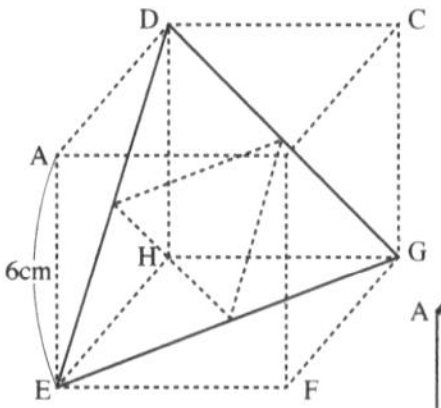

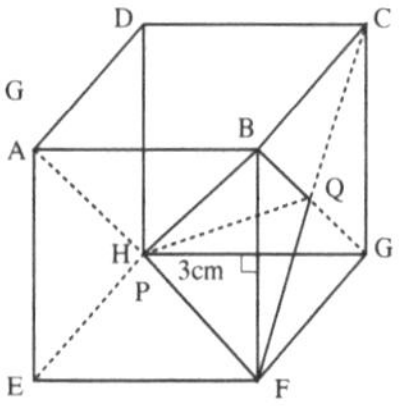

3 （速さの三公式と比，流水算，割合と比）

基本 (1) 下りの速さと上りの速さの比は24：6＝4：1であり，川の速さが(4－1)÷2＝1.5，静水時の速さが1＋1.5＝2.5に相当する。したがって，これらの比は1.5：2.5＝3：5

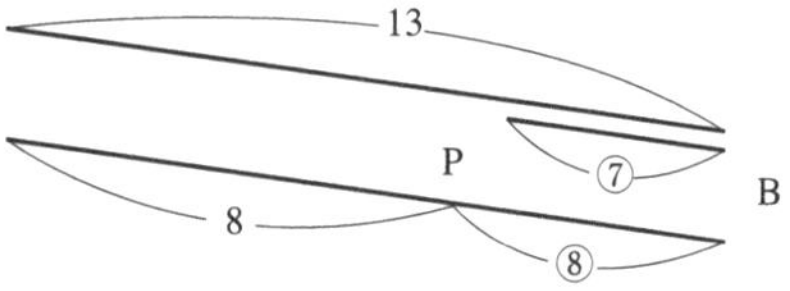

重要 (2) (1)より，遊覧船の下りの速さが3＋5＝8のとき，パトロール船の下りの速さは3＋5×2＝13，上りの速さは10－3＝7である。
上図において，パトロール船がBまで13下ったとき，遊覧船はPまで8下り，さらに，遊覧船がPからBまで⑧下ったとき，パトロール船は⑩－③＝⑦上った。したがって，⑦が420m，⑧が420÷7×8＝480(m)であり，AB間の距離は480÷(13－8)×13＝1248(m)

4 （平面図形，図形や点の移動）

重要 (1) 図1において，円Cの半径AC×ACの面積は直角二等辺三角形OABの面積に等しい。
したがって，円Cの半円部分の面積は6×6÷2÷2×3.14＝28.26(cm^2)

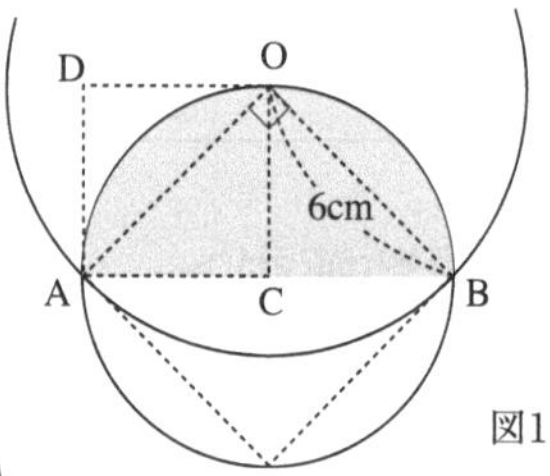

図1

(2) 図2において，色がついた部分の面積は6×6×3.14÷4－6×6÷2＝28.26－18＝10.26(cm^2)

(3) 図3において，(1)・(2)より，(6×6－6×6÷2)×3.14÷360×150＋10.26＝33.81(cm^2)

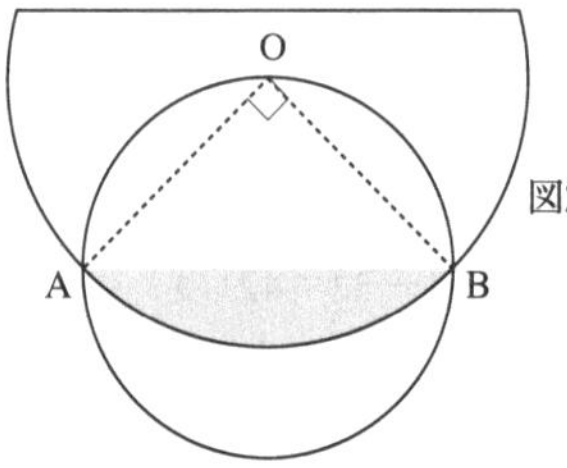

図2

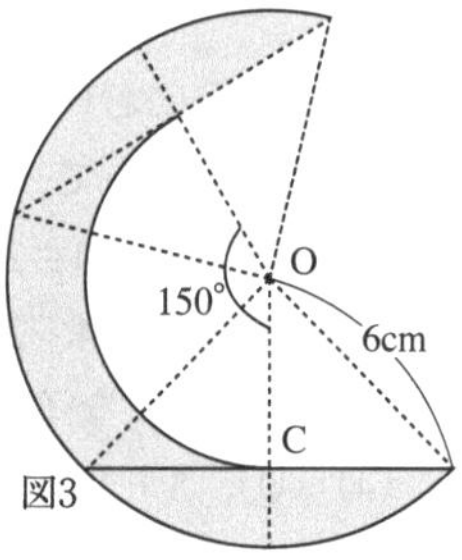

図3

5 （演算記号，数の性質）

基本 (1) ＜8＞＝[7，1]＋[6，2]＋[5，3]＝6×1－7×0＋5×2－6×1＋4×3－5×2＝4×3＝12

やや難 (2) 演算の例は，以下を示す。
＜3＞＝1×1，＜4＞＝2×1，＜5＞＝2×2，＜6＞＝3×2，＜7＞＝3×3，＜8＞＝4×3
＜X＞のXが2×A＋1の場合，＜X＞＝A×A
したがって，＜2021＞の2021＝2×1010＋1より，1020100

(3) (2)より，＜X＞＝289＝17×17，X＝2×17＋1＝35

(4) (2)より，＜X＞＝2450＝50×49　したがって，X＝50×2＝100

★ワンポイントアドバイス★

1(5)「3の倍数」については2巡目の規則をつかみ，2(1)斜面の「正三角形」については面積自体が計算できないことに気づこう。5(2)～(4)は，問題の例で示されている規則をつかまないとわけがわからなくなる。

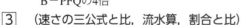

＜理科解答＞ ≪学校からの正答の発表はありません。≫

1 1 (1) ア (2) 関節 2 (1) キ (2) シ 3 ウ

4 地上では下向きの重力によって，骨と骨の間の部分が押し縮められるが，宇宙空間では重力を感じないため，押し縮められないから。 5 (1) タ (2) ツ

6 地上では下向きの重力によって，頭よりも足の方に血液が多く流れるが，宇宙空間では重力を感じないため，頭にも血液が多く流れるから。

2 1 2.4

2 手を離す高さが4倍になると，小球の速さは2倍になる。小球の速さは，小球の重さとは無関係である。

3 小球の速さとばねが最も縮んだ長さは比例する。

4 小球の重さが4倍になると，ばねが最も縮んだ長さは2倍になる。 5 135

3 1 水素 2 ア，ウ 3 0.5 4 120 5 イ 6 下図

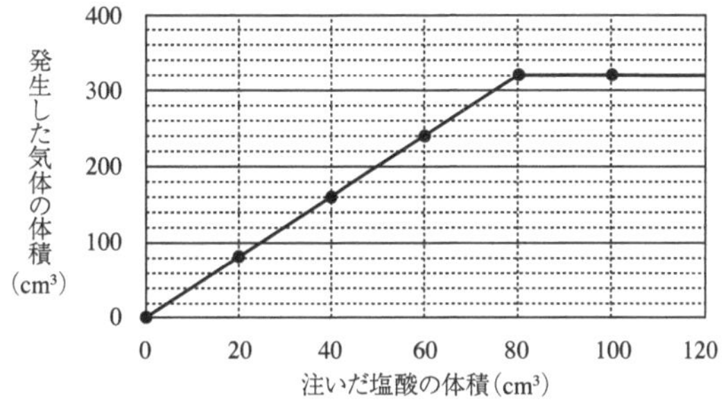

4 1 (1) れき岩 (2) 火山灰 (3) 泥岩 (4) 二酸化炭素
(5) サンゴの化石 (6) 砂岩 2 下図

3 関東大震災のとき，揺れによって建物が壊れたり，大規模な火災が発生したりして，大量のがれきが生じた。

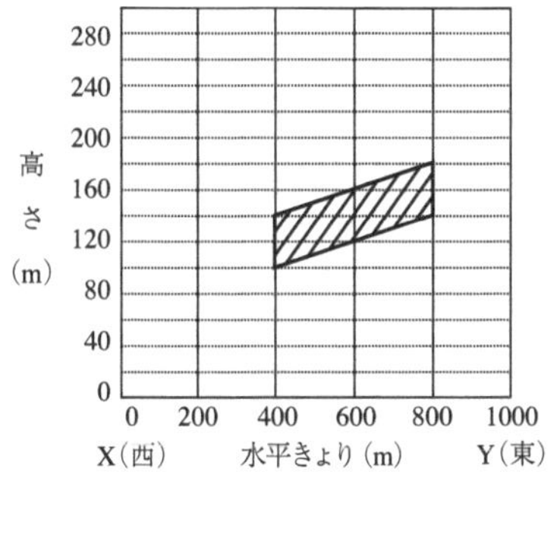

○推定配点○

1 1・2・3・5 各1点×7 4・6 各3点×2

2 1 2点 2～5 各3点×4

3 各3点×7 4 1 各1点×6 2・3 各3点×2 計60点

＜理科解説＞

1　（人体－ヒトの骨格）

1　ウは足関節（足首の関節）である。アとイの一対の筋肉の動きによって，足首とその先の間を曲げたり伸ばしたりすることができる。つま先を持ち上げるとき，筋肉アは縮み，筋肉イは伸びる。逆に，つま先を下へ伸ばすとき，筋肉アは伸びて，筋肉イは縮む。

2　鳥類のつばさとホ乳類の前あしは，現在でははたらきが異なるが，進化の上では同じ起源の器官であり，共通のつくりがみられる。Cを右に引いたときにAが動くためには，Cの先端のBが，Aの内部にあるキの骨につながっている必要がある。なお，カはヒトの親指の骨にあたる。また，図3のケに対応するのは，図4のシ（とう骨）である。

3　ヒトの背骨は，約30個の小さな骨からできている。小さな骨どうしの間には，クッションのようなはたらきをする構造（椎間板（ついかんばん））がある。

4　地上では，重力がはたらくために，背骨の小さな骨どうしの間の構造には，圧縮の力がかかり続けている。一方，宇宙空間では，重力と遠心力がつりあって重力を感じない（いわゆる無重力状態）ため，小さな骨どうしを圧縮する力がはたらかず，身長が少し伸びる。もちろん，地上に帰還すると身長はもとにもどる。

5　小腸から出た血液は，肝臓にたち寄ったあと，大静脈を通って心臓の右心房（タ）に入る。さらに右心室（ツ）を通ったあと，肺動脈を通って肺に向かう。肺で二酸化炭素を排出し酸素を取り込んだ血液は，肺静脈から心臓の左心房（チ），左心室（テ）を通り全身へ向かう。

6　地上では，重力がはたらくために，血液は下向きに引っ張られ，足の方に多く，頭の方に少ない。しかし，宇宙空間では重力を感じない状態になるので，血液は足にも頭にも同じように行き届く。そのため，地上にいるときに比べて宇宙空間では，顔がむくんだように見え，まるで月のような顔（ムーンフェイス）となる。一方，脚は細くなる。

2　（物体の運動－小球の運動とばねの縮み）

1　小球は，0.2秒間で48cm＝0.48mずつ動いているので，1秒あたり0.48÷0.2＝2.4（m）進んでいる。

2　表1で，小球の重さが100gの場合，手を離す高さが15cmから60cmへ4倍になると，速さは1.7m/秒から3.4m/秒へ2倍になる。同じように，小球の重さが200gの場合も，速さは1.7m/秒から3.4m/秒へ2倍になる。つまり，小球の速さは，重さには関係せず，手を離す高さによって決まる。

3　表2では，小球の速さが1.7m/秒から3.4m/秒へ2倍になると，ばねが最も縮んだ長さも1.0cmから2.0cmへと2倍になる。つまり，小球の速さとばねの縮みの間は，比例の関係にある。

4　表3では，小球の重さが100gから400gへ4倍になると，ばねが最も縮んだ長さは1.0cmから2.0cmへと2倍になる。

重要　5　表3から，200gの小球が1.7m/秒の速さで進むとき，ばねが最も縮んだ長さは1.4cmである。これを3倍の4.2cmにするには，表2のことから，小球の速さを3倍にしなければならない。表1のことから，速さが1.7m/秒なのは，手を離す高さが15cmのときであり，速さを3倍にするには，手を離す高さを9倍の15×9＝135（cm）にすればよい。

3　（気体－水素の発生量）

1　塩酸のような強い酸と，鉄などの金属が反応すると，水素が発生する。

基本　2　水素は最も軽い気体であり，無色無臭である。水には溶けにくい。水素は自身が燃える気体であり，他のものを燃やす性質はない。

3　表1で，鉄を0.2g増やすごとに，発生する気体は80cm3ずつ増加する。よって，200cm^{3}の水素が発生するための鉄の重さは，鉄：水素＝0.2：80＝□：200　より，□＝0.5gとなる。表2から考えても同じ結果となる。

4　表1で，鉄と塩酸が過不足なく反応するとき量の比は，鉄：塩酸＝0.5g：50cm^3である。鉄が1.2gの場合に必要な塩酸，0.5：50＝1.2：□　より，□＝120cm^3となる。

5　実験1より，鉄と塩酸が過不足なく反応するとき量の比は，鉄：塩酸：水素＝0.5g：50cm^3：200cm^3である。このことから，塩酸の濃さを2倍にしたときの量の比は，鉄：塩酸：水素＝1.0g：50cm^3：400cm^3である。その結果は次の表のようになり，選択肢イが正しい。

加えた鉄〔g〕	0.2	0.4	0.6	0.8	1.0	1.2
発生した気体〔cm^3〕	80	160	240	320	400	400

重要　6　実験1より，塩酸と鉄が過不足なく反応するとき量の比は，鉄：塩酸：水素＝0.5g：50cm^3：200cm^3である。よって，鉄を0.8gにしたときの量の比は，もとの比を1.6倍すればよいので，鉄：塩酸：水素＝0.8g：80cm^3：320cm^3となる。つまり，次の表のような結果となり，これをグラフに描けばよい。

注いだ塩酸〔cm^3〕	20	40	60	80	100
発生した気体〔cm^3〕	80	160	240	320	320

4 (地層－地層のボーリング調査)

1 (1)　2mm以上の粒はレキであり，レキが固まってできた堆積岩はレキ岩である。

(2)　凝灰岩には2mm以下の火山灰をはじめ，何種類かの噴出物が含まれる。

(3)　16分の1mm以下の粒は泥であり，泥が固まってできた堆積岩は泥岩である。泥岩がさらに押し縮められると，頁岩(けつがん)や粘板岩(ねんばんがん)になる。

(4)　石灰岩の主成分は炭酸カルシウムであり，塩酸をかけると二酸化炭素が発生する。

(5)　地層(エ)は説明文②にあたる。当時の生物は，現在は化石となっている。

(6)　地層(オ)は説明文①にあたる。海岸に近い浅瀬では，砂やレキが堆積するが，(ア)～(オ)はすべてちがう岩石なので，砂が固まってできた堆積岩の砂岩があてはまる。砂は，16分の1mm以上2mm以下の粒である。

2　図1を読むと，Aは標高240mである。図2から，地層(エ)は，A地点の地下の深さ100m～140mにあるので，地層(エ)の標高は，240－100＝140(m)から，240－140＝100(m)までである。

同じように考え，Bは標高300mで，地層(エ)は深さ140m～180mにあるので，地層(エ)の標高は，160m～120mである。また，Cは標高280mで，地層(エ)は深さ100m～140mにあるので，地層(エ)の標高は，180m～140mである。これら3か所の地層(エ)を図中に書き込むと，ちょうど直線で結ぶことができる。

3　地表からの深さが4.5m～6mにある砂や小石は，図3の1922年よりも前の海底にあったものである。地表からの深さが1.8m～4.5mは，図3と図4の間，つまり，1922年と1939年の間に積み重なったものである。その中身を考えると，1923年(大正12年)9月1日の大正関東地震に伴う関東大震災のガレキと考えられる。関東大震災のとき，横浜では揺れによって建物が倒壊しただけでなく，多数の場所から発生した火災が合流し，市街地を焼き尽くした。このときのがれきで港を埋め立て，その上にきれいな土砂を積み重ねた。これを，関東大震災の復興の象徴として整備したものが，現在の山下公園である。

★ワンポイントアドバイス★

数値の変化のようすを捉えるときは，差を作ったり，比を作ったりするとともに，実際のどんな現象を表しているのか想像しよう。

＜社会解答＞ ≪学校からの正答の発表はありません。≫

1 1 鳴門(海峡) 2 タオル 3 小豆(島) 4 ため池 a ① イ ② 政令指定都市 b ① 果樹園 ② (例) 温暖で水はけのよい土壌など果樹栽培にむいているから。 c イ

2 a 愛知(県) b 石灰石 c 加工(貿易) d ウ e (例) 工場の海外移転により職を失う労働者が増えるという問題。 f イ g ウ

3 a ア b イ c 国司 d エ e エ f ア g 正長 h ウ
i (例) 河川の改修や城・寺社の造営工事。 j ① (例) 朝鮮通信使 ② イ
k ア l ガス灯・人力車 m 屯田兵 n (例) 金属製品 o イ・エ
p ① 高度経済成長 ② (例) 農業の機械化により農耕馬の需要が減ったから。

4 a 持続可能 b ア・エ c ア d 条例 e (例) 出産や子育てに対し保育などの社会的な受け皿が十分でないことや，育児は女性の仕事といった考えがいまだに残っている点。

○推定配点○

1 1～4・a～b①・c 各1点×8 b② 4点 2 a～d・f・g 各1点×6 e 4点
3 a～f・h・j②・k・m～p① 各1点×13(o完答) g・j①・l 各2点×3(l完答)
i・p② 各4点×2 4 a・d 各2点×2 b・c 各1点×2(b完答) e 5点 計60点

＜社会解説＞

1 (日本の地理―瀬戸内の自然や産業など)

1 幅が1.3km程度の狭い海峡で大小の島や暗礁が点在，大潮の時には約1.4mもの落差が生じ速い潮流や直径30mにも及ぶ大きな渦潮が見られる。

2 今治は繊維産業に欠かせない良質の水が豊富で高級なタオルの代名詞として知られる。

3 香川県に属する島で昔からしょう油や手延べそうめんの産地としても有名である。

4 降水量が少なく現在でも1万数千ものため池が活躍している。

a ① 江戸時代から綿工業を中心に発展，戦前では日本最大の工業地帯を形成していた。アは北九州，ウは中京，エは京浜工業地帯。 ② 都道府県並みの権限を認められた都市。

基本 b ① 果物が実を結ぶ様子を表した地図記号。 ② 愛媛は柑橘類の生産では日本1の県。

c 品質や価格の面で海外産には対抗できず自給率は12％程度にとどまっている。

2 (日本の地理―農業・貿易問題など))

a 輸出では日本1位，総合でも成田空港に次ぎ第2位の名古屋港。

b 鉄鉱石をコークス(石炭)で還元する製鉄では不純物の除去に石灰石を必要とする。

c 現在では機械類の輸入が第1位であり，従来までの加工貿易型から企業が世界中に生産ラインを構築する国際分業(水平分業)型へと変化しつつある。

d 1ドルの輸入品は100円から200円となるため輸入代金は2倍となってしまう。

重要 e 1980年代後半からの急激な円高や人件費の高騰から生産拠点の海外移転が加速，それに伴う工場閉鎖による雇用機会の大幅減少が危惧されている。

f 果物に比べると自給率は高く輸入量は横ばい傾向が続いている。また，その多くが加工や業務用に用いられるため外国産が増えているという実感は少ない。アは米，ウは果物類，エは小麦。

g 大豆はアメリカ・ブラジル，カカオ豆はガーナ・エクアドルからの輸入が多い。

3 （日本の歴史―古代～現代の政治・社会・外交など）

a　ワカタケルは5世紀後半，宋に上表文を送り朝鮮半島外交を有利に進めようと図った倭王武といわれる。イは1世紀中ごろ，ウは7世紀初頭，エは3世紀前半の出来事。

b　3世紀前半から中ごろ畿内を中心に発生，大和王権の進展に伴い全国に波及していった。

c　律令制のもと，諸国に派遣された地方官で中央貴族がその任に当たった。

d　毎年定まったときに決まった形で行われる行事で平安中期に発達した。藤原道長の日記(御堂関白記)には朝廷の会議や儀式の手順などが詳細に記されている。

e　肥後の弱小御家人であった竹崎季長は自費で鎌倉に赴き自身の功を幕府の重臣に直訴，その結果肥後国海東郷の地頭職を恩賞地として賜わった。

f　備中ぐわや千歯こきなど新しい農具が普及したのは江戸時代の中期以降。

やや難　g　正長元年(1428年)，近江坂本の馬借による徳政要求の一揆。興福寺の僧が記した日記には「日本開闢《かいびゃく》以来土民蜂起の是れ初めなり」と記されている。

h　徳川家康からの救援要請に織田信長が大軍を持って出兵。信長の名が広まったのは桶狭間の戦い，当時の日本は世界でもトップクラスの鉄砲生産国であった。

i　木曽川など大きな河川や江戸城，日光東照宮の造営・改修といった巨大な土木工事やその費用負担を求められ，諸藩の財政が困窮する大きな要因となった。

J　①　将軍の代替わりに来日，幕府は多額の費用をかけて接待し日朝の文化交流にも大きな役割を果たした。　②　太閤検地により確立した収穫高を基準とした土地の価値。

基本　k　薩英戦争で鹿児島は火の海と化した。攘夷の不可能を悟った薩摩藩は討幕へと方針を転換しイギリスに接近，軍の近代化を急速に進めることとなった。

l　ガス灯は1872年横浜で初めて点灯，人力車は1869年に発明された明治の代表的乗り物。

m　士族の生活を援助する目的もあって導入，のちには平民にも拡大された。

n　1941年，金属回収令が公布され寺の鐘や家庭の鍋，釜など様々な金属類が回収された。

o　日本の南部仏印進駐(1941年8月)に対しアメリカは在外資産の凍結や石油禁輸措置で対抗した。

重要　p　①　朝鮮戦争による特需で日本経済は息を吹き返し高度経済成長を実現。1967年には西側諸国でアメリカに次ぐ経済大国に成長した。　②　当初は主に軍事目的に飼育されていたが，その後は運搬や農耕目的に飼育される数が増えていった。

4 （政治―政治のしくみ・国民生活など）

a　2015年，「誰一人取り残さない」を理念に国連で採択された行動計画。

b　指数は0が完全不平等，1が完全平等を，1を超えると女性が優位にあることを意味する。

c　法律案は衆参どちらから審議してもよいが，予算は衆議院に先議権が与えられている。

重要　d　法律の範囲名で制定され違反者には懲役や罰金などを科すこともできる。

e　妊娠や出産を機に退職する女性が多いことを意味するM字カーブ。女性の育児負担が重いうえ保育所などの公的な整備が追いついていないことが大きな社会問題となっている。

★ワンポイントアドバイス★

記述問題ではまずポイントを箇条書きで書き出してみることである。字数はあまり気にせず，主語述語といった文の構成に注意しよう。

＜国語解答＞ ≪学校からの正答の発表はありません。≫

[一] 問一 a 3 b 2 問二 ア 1 イ 3 問三 中学の最上級生の五年級（11字） 問四 2 問五 非常にうまいあだ名か警句（12字） 問六 4
問七 1 問八 2 問九 （例） あだ名が三吉の命名したにんにくから他の者がつけたチャンスになってしまうこと。（38字） 問十 ① 2 ② 4 問十一 3
問十二 3 問十三 1 × 2 × 3 ○ 4 ○ 5 × 6 ○

[二] 問一 A 4 B 1 問二 （例） わからないことを自分で発見すること。（18字）
問三 （例） 自分が持っている知識を手がかりに問題を解決していくこと。（28字）
問四 （例） 自発的にわからないことを見つけ，自分で解決して身につけた知識や能力が，実際の社会を生きてゆくために役に立つのである。（58字）
問五 （例） 本を読んでいて，意味がわからない言葉が出てくると，自分なりに意味を考えたり予想したりしながら読み進めることがある。先に読み進めると，自分が考え，予想した通りの意味であることがわかると，とてもうれしくなる。意味がわからない言葉をすぐに調べたりだれかに聞いたりするのではなく，自分なりの意味を考えつつ，後で答え合わせするというのも，私の読書の楽しみ方の一つである。（180字）

[三] ア 4 イ 2 ウ 3 エ 1

[四] 1 序列 2 招集 3 略歴 4 仕（える） 5 照（れる） 6 も（る）
7 きざ（む） 8 ちょうりゅう

○推定配点○
[一] 問一・問二 各2点×4 問九・問十三 各5点×2（問十三完答） 他 各3点×10
[二] 問一 各2点×2 問二 4点 問五 10点 他 各5点×2
[三] 各2点×4 [四] 各2点×8 計100点

＜国語解説＞

[一] （小説－心情・場面・文章の細部の読み取り，指示語，空欄補充，ことばの意味，四字熟語）

基本 問一 二重傍線部aは，心の中にある感情や考えがとどこおっていることなので，3が適切。二重傍線部bは，相応の能力や内容をそなえていて一人前であること。

問二 波線部アは，思いがけなく，偶然に，という意味なので1が適切。波線部イは，話の中の不正確な点や不都合な点を問いただしたり，非難したりする，という意味なので3が適切。

問三 冒頭の場面の「津田三吉も……」で始まる段落で，三吉が「中学の最上級生の五年級」であることが描かれている。

重要 問四 傍線部B直後の段落で，Bの理由として，笑いの対象は「ごくわずかなもので……結構であ」り，「生徒達は彼らの笑いを爆発させたかった」状況だったことが描かれているので，2が適切。「笑いを爆発させたかった」ことを説明していない他の選択肢は不適切。

問五 問五傍線部は「生徒たちの意識」で，一つ前の段落で描かれているように，「笑いを爆発させたかった」彼らは「非常にうまいあだ名か警句（真理を鋭くついた短い言葉のこと）」を待っていたのである。

重要 問六 問六傍線部の「自分の思い当たったこと」とは，直後でも描かれているように，ある川柳の「にんにく」と「水滸伝の絵画」が「河田師範の風ぼう」と「こん然とゆう合された」すなわち，似ていることに思い当たった，ということである。河田師範の「非常にうまいあだ名か警句」を思いついたことで気持ちが高ぶって，三吉は傍線部のようになっているので4が適切。

やや難 問七　問七傍線部a・bはいずれも，河田師範につけたあだ名に対するものである。「しかし彼の……」で始まる場面で，河田師範に新しいあだ名をつけた者に，にくしみと河田師範に対するぶじょくを感じたが，「自分こそ，河田師範ににくまれねばならない人間なのだ」「なぜ軽はくにも，あの時，自分に，我こそそのあだ名の命名者にならなければならないという気持ちになったのであるか」という三吉の心情が描かれており，ここの「あの時」＝問七傍線部a・bのある場面を表しているので，1が適切。問七傍線部a・bの場面と「あの時」の場面を説明していない他の選択肢は不適切。

問八　問八傍線部前で，生徒達や日ごろ勢力をふるっている乱暴者が，河田師範のあだ名の命名者が三吉とは知らずに，楽しそうにあだ名の命名者に賛仰（尊ぶこと）の声を放っているのはうれしく，ゆ快であったという三吉の心情が描かれている。命名した責任を誰にも問われることなく，あだ名が賞賛されることを味わえることを問八傍線部は表しているので，2が適切。「命名者が三吉であるとは知らない」で，生徒達や勢力家が「楽しそうに……賛仰の声を放っている」のがゆ快であることを説明していない他の選択肢は不適切。

重要 問九　問九傍線部の「それ」は直前で描かれているように，「三吉にはそのチャンスというあだ名がやがて彼の命名したあだ名を圧とうするのではないか」という「けねん（気になって不安になること，心配）」のことなので，この部分を指定字数以内にまとめる。

重要 問十　①　問十傍線部直前で，新しいあだ名をつけた男に「河田師範に対する毒毒しいぶじょくを感じ」，「その男をにくむべき男だと思った」という，その男を「こうげき」する三吉の心情が描かれており，このことが問十傍線部の「それ」のことなので，2が適切。直前の三吉の心情を説明していない他の選択肢は不適切。

②　問十傍線部直後で，自分のつけたあだ名が「河田師範の容ぼうを露骨に揶揄したものであると思った時，自分がいかに非紳士的な男であったか」「自分こそ，河田師範からにくまれねばならない人間なのだ」という三吉の心情が描かれているので，4が適切。河田師範を揶揄したあだ名をつけた自分をはずかしく思っていることを説明していない他の選択肢は不適切。

問十一　空らん問十一の説明として直後で，「なぜ自分はこんなに軽はく（態度が軽々しく，誠実さが感じられないこと）な男なのであるか。……」という考えに責められた，と描かれているので，自分で自分自身がいやになることという意味の3が入る。1は，手がかりのないまま，あれこれと試みること。2は，疑いの心があると何でもないことでもおそろしく感じたり，疑わしく感じたりすること。4は，自分の思うようにならず，自分がどうなってもよいと投げやりになること。

問十二　問十二傍線部前で，河田師範に「にんにく」とどなる比野を止める三吉と，三吉のかげへ身をかくして再度「にんにく」とどなる比野の様子を周囲の人人が笑いながらながめている状況の中で，あだ名をつけたことを先生に知られることと，そのことをその人人に知られるのをおそれている三吉の心情と様子が描かれている。比野が面白がってさらにあだ名をさけんで河田師範に知られるかもしれず，人人にもそのことがわかってしまうかもしれないというきん張する事態に，この場からにげ出したくなって問十二傍線部のようになっているので，3が適切。河田師範に知られるのをおそれていることを人人が知ったら，「いくじなしだというにきまっていると思われた」と描かれているが，実際には「笑っていた」とだけ描かれているので，1の「いくじなしだといわんばかりの視線」は不適切。2の「比野の仲間に組み入れられてしまったことを認め」，4の「比野を責めることもできず」「静かに……受け止めようとしている」も描かれていないので不適切。

やや難 問十三　1の「学校からばつを受けること」は描かれていないので×。「ことに彼は……」で始まる場面の「自分こそ，河田師範からにくまれねばならない人間なのだ」というのは「ざんげの気持ち」

で，「恐怖」は「軽はくにも……あだ名の命名者にならなければならないという気持ちになった」ことに対するものなので，2は×。最後の場面で，河田師範に「にんにく」というあだ名をつけたことを「三吉は先生に知られるのをおそれていた。またそれをおそれていることが人人にわかるのをおそれていた。それを知ったら人人は……いくじなしだというにきまっていると思われた」という三吉の心情が描かれているので，3，6は○。「しかし彼のその得意……」で始まる場面で，三吉を「裏切り，彼に敵意を持っていると思わねばならない」こととして，新しい「あだ名がやがて彼の命名したあだ名を圧とうするのではないかというけねんが生じた」ことが描かれているので，4も○。5の「いつか自分もぶじょくする日が来ること」は描かれていないので×。

[二]　**(論説文－要旨・細部の読み取り，接続語，記述力)**

基本　問一　空らんAは，直前の内容につけ加える内容が続いているので「しかも」が入る。空らんBは，直前の内容を理由とした結論が続いているので，「だから」が入る。

問二　「このように……」から続く2段落で，現実生活では「わからない部分は自分で発見しなければな」らないこと，「自分から自発的にわからないことをはっきりさせ」ることを述べているので，これらの内容をふまえ，指定字数以内にまとめる。

問三　問三傍線部は「ミステリーの犯人探しと似ています」と述べており，問三傍線部前で，ミステリーは話の中にちりばめた「手がかり」によってひとつにまとまってしまう，と述べている。また，問三傍線部直後の段落で，わからないことを「自分で解決してゆかないかぎり，自分の能力にはならない」と述べているので，「自分の手持ちの材料」＝自分の「知識」を「手がかり」に，「犯人探しをやる」＝問題を解決していく，というような内容でまとめていく。

重要　問四　「　」部を段落ごとの要旨で整理すると，自分から自発的にわからないことをはっきりさせ，それを自分で解決してゆかないかぎり，自分の能力にはならない→社会で生きてゆくには自分で自分のわからないところをはっきりさせ，自分でそれを解決してゆく力が必要→自分でわからないところを見つけ，自分でわかるようになるという自発性がないと，実地の役に立たないことが多い，という内容になる。これらの内容からくり返し述べている部分に着目し，筆者の考えを指定字数以内にまとめる。

やや難　問五　解答例では「読書」を例に，わからない言葉の意味を自分なりに考えることのおもしろさを述べている。勉強や自分の好きなことなどを通して「わからないこと」を「おもしろいと感じた」体験を思い返してみよう。

やや難　**[三]**　**(文と文節，ことばの用法)**

アの「とうてい」は，後にうち消しの表現をともなうので，理由は4。正しくは「私の実力ではとうていAに勝てないだろう」など。イの修飾語「すごい」は形容詞で，形容詞の「寒い」を修飾するには連用形の「すごく」にする必要があるので，理由は2。正しくは「今日はすごく寒いから……」となる。ウの「そっと」が，「近づいて」と「かけた」のどちらにかかっているかがはっきりしないので，理由は3。正しくは「その店員は近づいてきた人にそっと声をかけた」あるいは「そっと近づいてきた人にその店員は声をかけた」など。エの主語「夢は」に対する述語「思っている」が正しく対応していないので，理由は1。正しくは「私の夢は建築家になって立派な家を建てることだ」など。

重要　**[四]**　**(漢字の読み書き)**

1は，一定の基準に従って並べること。2は，呼び出して集めること。3は，おおまかな経歴。4の音読みは「シ・ジ」。熟語は「仕事」「給仕」など。5の音読みは「ショウ」。熟語は「照明」など。6の音読みは「セイ・ジョウ」。熟語は「盛大」「繁(はん)盛」など。7の音読みは「コク」。熟語は「深刻」など。8は，潮の干満によって生じる海水の流れ。

★ワンポイントアドバイス★

記述問題では，どのようなテーマであるか，体験や考えなど何を述べるのかを明確にすることが重要だ。

MEMO

大切なことはメモしておこうネ！

2020年度

★★★★★★★★★★★★★★★★★★★★★★★

入　試　問　題

2020年度

フェリス女学院中学校入試問題

【算　数】（50分）　＜満点：100点＞

【注意】　1．答を出すのに必要な図や式や計算を，その問題のところにはっきりと書いてください。

　　　　　2．円周率を使う場合は3.14としてください。

1　次の問いに答えなさい。

(1)　次の □ にあてはまる数を求めなさい。

$$\left\{3 \div \left(2\frac{1}{22}-1.35\right) - \square \div 17\right\} \div 1\frac{2}{3} = 1$$

答

(2)　図において三角形ABCは正三角形です。㋐の角の大きさを求めなさい。

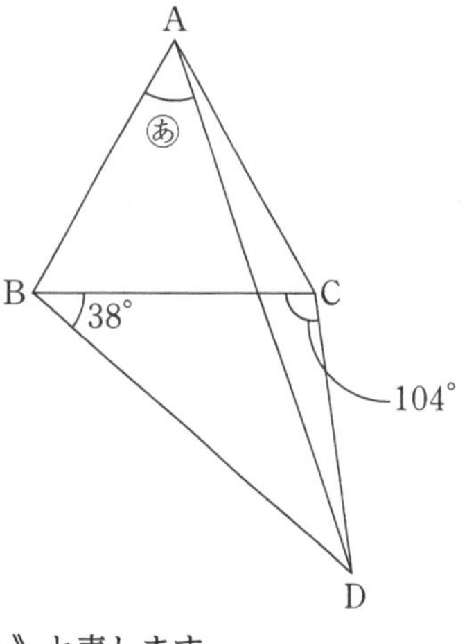

答

(3)　1からAまでのすべての整数を1回ずつかけ合わせた数を《A》と表します。

例えば，《3》＝1×2×3＝6　です。

次のB，Cには，あてはまる整数はいろいろ考えられますが，Bにあてはまる整数のうち，最も小さいものを答えなさい。

《2》×《3》×《4》×…×《10》× B ＝ C × C × C

答

(4) はじめ，容器A，Bに入っている水の量の比は 9：7 でした。容器A，Bに水をそれぞれ16リットル，12リットル加えると，容器A，Bの水の量の比は 17：13 になりました。はじめ，容器Aに入っていた水の量は何リットルでしたか。

答

(5) 同じ長さの7本の矢印を横一列に並べます。
例1のように，となり合うどの2本の矢印の組も向き合っていないような7本の矢印の並べ方は ア 通りあります。
例2のように，となり合う2本の矢印の組のうち，1組だけが向き合っているような7本の矢印の並べ方は イ 通りあります。ア，イ にあてはまる数を求めなさい。

例1 ← ← ← → → → →

例2 ← → → ← → → →

答	ア		イ	

2 右図のように，正三角形ACEと正三角形BDFがあります。3つの頂点B，D，Fは，それぞれ辺AC，辺CE，辺EAの真ん中の点です。点Pと点Qは，それぞれ頂点A，頂点Fを同時に出発します。
点Pは A→B→C→D→E→F→A の順に，
点Qは F→B→D→F の順に動き続けます。
次の(1)，(2)のア～カにあてはまる数やアルファベットを求めなさい。

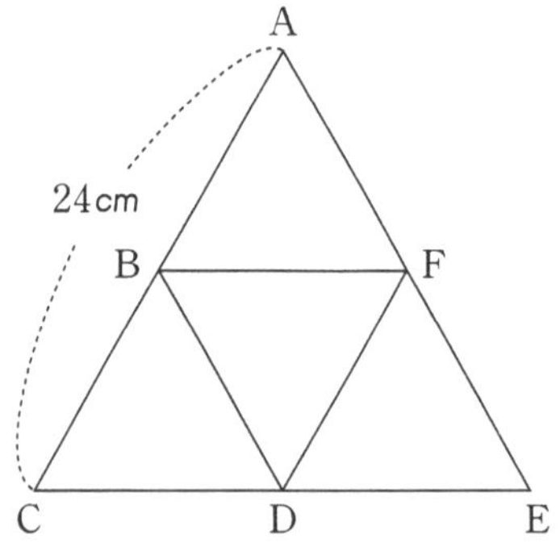

(1) 点Pと点Qの速さはともに秒速12cmとします。このとき，点Pと点Qが初めて出会う場所は頂点 ア で，それは出発してから イ 秒後です。初めて出会った後，ウ 秒ごとに頂点 ア で出会います。

答	ア		イ		ウ	

(2) 点Pの速さは秒速３㎝，点Qの速さは秒速４㎝とします。このとき，点Pと点Qが初めて出会う場所は頂点 [エ] で，それは出発してから [オ] 秒後です。初めて出会った後，[カ] 秒ごとに頂点 [エ] で出会います。

答	エ		オ		カ	

[3] 次の問いに答えなさい。

(1) 図のように直線ABを直径とする半円があります。■部分の面積を求めなさい。

(求め方)

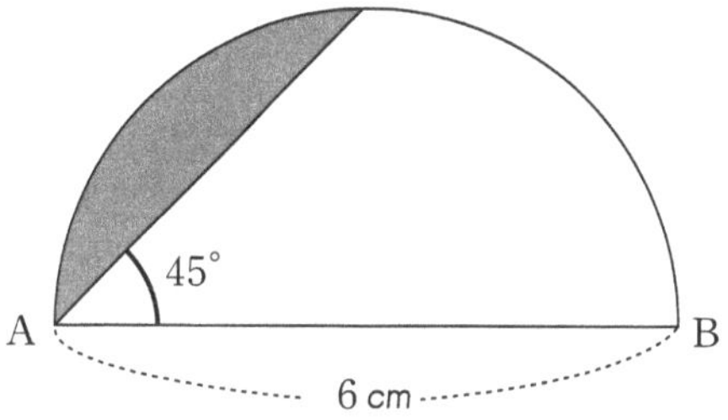

答	

(2) 図のように直線ＡＢを直径とする半円があります。■部分の面積を求めなさい。

(求め方)

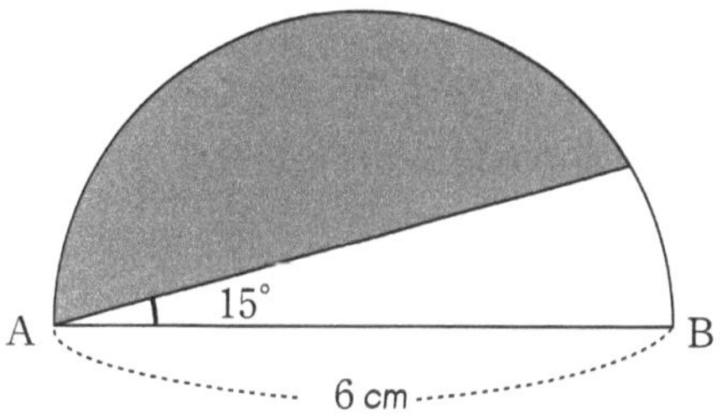

答	

4 1番目の数を10とします。

2番目の数は，1番目の数を$\frac{2}{3}$倍して，10を加えた数とします。

3番目の数は，2番目の数を$\frac{2}{3}$倍して，10を加えた数とします。

このようにして，次々と数を作ります。次の問いに答えなさい。

(1) 4番目の数を求めなさい。

答 [　　　　]

(2) これらの数と30との差を次のように考えました。次の[ア]～[エ]にあてはまる数を求めなさい。

1番目の数と30との差は　30－10＝(30－10)×[ア]と表せます。
2番目の数と30との差は　(30－10)×[イ]と表せます。
3番目の数と30との差は　(30－10)×[ウ]と表せます。

このように考えると，6番目の数と30との差は[エ]です。

答	ア		イ		ウ		エ	

(3) 初めて29より大きくなるのは何番目の数ですか。

(求め方)

答 [　　　　]

5　Aさん，Bさん，Cさん，Xさんの所持金はそれぞれ1600円，3000円，4000円，x円です。Aさんと Xさんの所持金の差はa円，Bさんと Xさんの所持金の差はb円，Cさんと Xさんの所持金の差はc円です。a，b，cはすべて異なる数です。
あとの問いに答えなさい。⑴，⑵は下のわくの中から選んで答えなさい。

① $a<b<c$	② $a<c<b$	③ $b<a<c$
④ $b<c<a$	⑤ $c<a<b$	⑥ $c<b<a$

（注意）例えば①は，bがaよりも大きく，cよりも小さいことを表しています。

⑴　a，b，cの大小関係についてありえないものを，上のわくの中の①～⑥からすべて選び，その番号を答えなさい。

答

⑵　bとcの和がaの2倍に等しいとき，a，b，cの大小関係として考えられるものを，上のわくの中の①～⑥からすべて選び，その番号を答えなさい。

答

⑶　bとcの和がaの2倍に等しいとき，Xさんの所持金x円はいくらですか。
（求め方）

答

【理　科】（30分）　＜満点：60点＞

1　1　植物は，根から水を吸い上げ，それを葉から水じょう気として空気中に放出しています。この現象を何といいますか。

2　1の現象について調べるため，ホウセンカを育てて実験を行いました。

【実験1】

①　ホウセンカにたくさん葉がついたところで，ホウセンカをまわりの土ごとほり出した。根を傷めないようにしながら，水の中で根についた土を洗い落とした。

②　①のホウセンカを，赤い色水にさした。

③　葉やくきが赤くなったら，図1，2のようにくきを切って，断面を観察した。

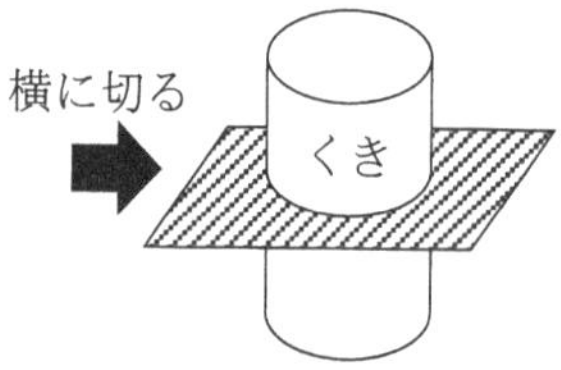

図1

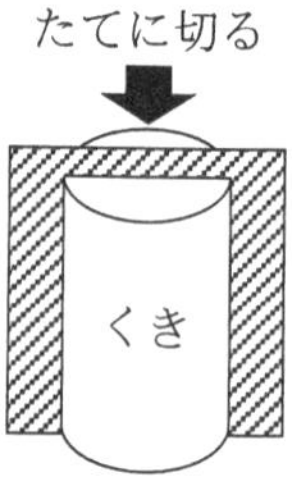

図2

⑴　図1のように，くきを横に切って断面を観察した場合，赤く染まっている部分として最も適したものを下のア～カから1つ選びなさい。図の灰色の部分が，赤く染まっている部分です。

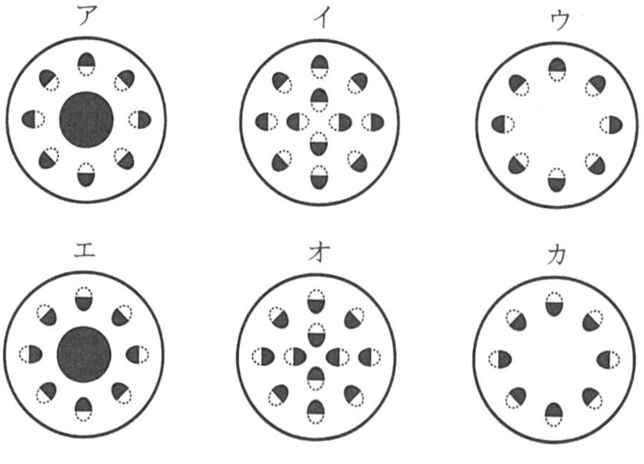

⑵　図2のように，くきをたてに切って断面を観察した場合，赤く染まっている部分を解答用紙の四角形に書きこみなさい。ただし赤く染まっている部分は黒くぬりなさい。なお解答用紙の四角形はくきの断面をあらわしています。

【実験2】

①　ホウセンカの葉から，表面のうすい皮をピンセットではがした。

②　①のうすい皮を，けんび鏡で観察すると，葉の表面に穴が観察された。

⑶　下のア～オを，けんび鏡を使う順番に並びかえなさい。

ア　ステージにプレパラートをのせ，留め金でおさえる。

イ　反射鏡を動かして，視野全体が明るく見えるようにする。

ウ　けんび鏡を日光が直接当たらない，平らな明るい場所に置く。

エ　けんび鏡を横から見ながら，調節ねじを回し，対物レンズとプレパラートの間をできるだけ近づける。

オ　接眼レンズをのぞきながら，調節ねじをゆっくりと回し，対物レンズとプレパラートの間をはなす。

⑷　この実験で観察された，葉の表面にある穴を何といいますか。なお，この穴は１の現象で水じょう気が放出される穴です。

3　１の現象は，天候などの条件に応じて，【実験２】で観察された葉の表面にある穴を開閉することで調節されます。

⑴　１の現象をおさえる必要があるのは，どのような天候のときでしょうか。最も適したものを下のア～ウから１つ選びなさい。

ア　よく晴れて高温になった日

イ　くもりで，ジメジメとした日

ウ　雨が降って，昼でもうす暗い日

【実験２】で観察された葉の表面にある穴は，水じょう気が放出されるだけでなく，呼吸や光合成にともなって出入りする気体の通り道にもなります。

⑵　植物が光合成をするために，気体を多く出入りさせるのは，どのような天候のときでしょうか。最も適したものを⑴のア～ウから１つ選びなさい。

⑶　⑴と⑵で答えたことから，光合成と１の現象の間には，どのような関係があるでしょうか。気づいたことを述べなさい。

2　体で感じる暑さは気温だけでなく，そのときの，しつ度（空気のしめり気）も大きくえいきょうします。同じ温度でもしつ度がちがうと感じ方がちがいます。しつ度が高いときは「暑く」（暖かく），しつ度が低いときは「寒く」（すずしく）感じます。しつ度は，空気中にふくまれる水じょう気の量の割合で表します。空気中の水じょう気の量は気温によってちがい，空気の体積１立方メートルの中にふくまれる水じょう気の量の限度を「ほう和水じょう気量」といいます。しつ度はその空気の「ほう和水じょう気量」に対する「ふくまれている水じょう気量」の割合を％（パーセント）で表します。なお気温を０℃から40℃まで５℃ずつ変化させたときの「ほう和水じょう気量」は下表のようになります。

気　温〔℃〕	0	5	10	15	20	25	30	35	40
ほう和水じょう気量〔g〕	4.8	6.8	9.4	12.8	17.2	23.0	30.3	39.6	51.1

1　上表の結果をまとめた次の文の（　）に語句を入れ，文章を完成させなさい。

空気の出入りがない場所で，ほう和水じょう気量は，気温が高くなるにつれて（　①　）ので，気温が高くなるほど，しつ度は（　②　）なると考えられる。

2　水じょう気をふくんだ空気の温度が下がり，空気中の水じょう気量がほう和水じょう気量をこえると水じょう気は何に変化しますか。また，この変化が上空ではなく地上でおきる場合，身近に観察できる例を一つ具体的に示しなさい。

空気のしつ度を測るそう置をしつ度計といいます。しつ度計はいろいろな種類がありますが，「かんしつ計（かんしつ球しつ度計）」がよく使われています。かんしつ計は右図*のようにガラス製の同じ型の温度計（アルコールまたは水銀入り）を２本となり合わせてとりつけます。そのうちの１本の最下部の球の部分を水をふくませたガーゼでおおいしめらせます。しめらせた部分を「しつ球」といい，この温度計は「しつ球温度計」といいます。もう１本の温度計は，通常の使い方で測定し，「かん球温度計」といいます。

しつ度はこれら２本の温度計で測定した「かん球」と「しつ球」の温度差から求められます。気象台でもこの観測器に一部工夫したそう置を使用しています。

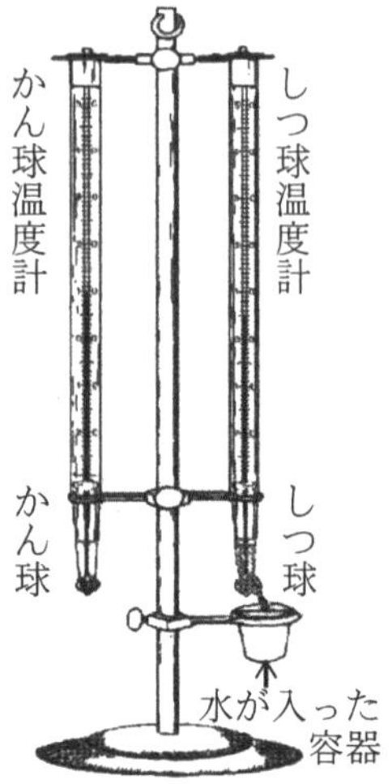

*右図は気象庁ホームページ「気象観測の手引き」より一部改変

3　「かん球」と「しつ球」の温度差に関して説明した下記の文中の（　）にあてはまる語を入れ，｛　｝からはあてはまる語を選びなさい。

暑いときに，あせをかき，あせがかわいたときや，プールで泳いだ後に，プールの水から出たときに｛①暖かく・冷たく｝感じることと同じように，「しつ球」の表面では水分が（　②　）するため，「かん球」の温度よりも「しつ球」の温度の方が｛③高く・低く｝なる。また，空気が｛④かわいて・しめって｝いるほど水分が多く（　②　）するため「しつ球」の温度は｛⑤高く・低く｝なる。以上のことから「かん球」と「しつ球」の温度差が大きいほど，しつ度が｛⑥高い・低い｝といえる。

体で感じる温度の基準として「不快指数」というものがあります。この指数は今からおよそ60年前に米国の気象局が，冷ぼうや暖ぼうに必要な電気の量を予測するために気候の快適度を数字で表すものとして考案されたものです。気温としつ度を次のように組み合わせて計算するものです。

不快指数＝0.81×気温〔℃〕＋0.01×しつ度〔%〕×(0.99×気温〔℃〕－14.3)＋46.3

下表は不快指数と体で感じる暑さ・寒さの度合いの関連をおおむね示したものです。

不快指数	体で感じる度合い
54 以下	寒い
55 ～ 59	はだ寒い
60 ～ 74	快適
75 ～ 79	やや暑い
80 ～ 84	暑くてあせが出る
85 以上	暑くてたまらない

4　室温が26℃でしつ度が50%のときの不快指数を求め，体で感じる暑さ・寒さの度合いを上表から答えなさい。なお不快指数の答えは小数第１位を四捨五入し整数で答えなさい。

次のページの表とグラフは，横浜《よこはま》の気象台で2018年７月23日に１時間ごとに観測された気温としつ度とそれらの数値から計算された不快指数をグラフにしたものです。なお，気温の単位は℃で測定値の小数第1位を四捨五入し整数にした数値です。しつ度の単位は%，不快指数には単位はありません。

2018年7月23日　横浜での1時間ごとの観測値・計算値

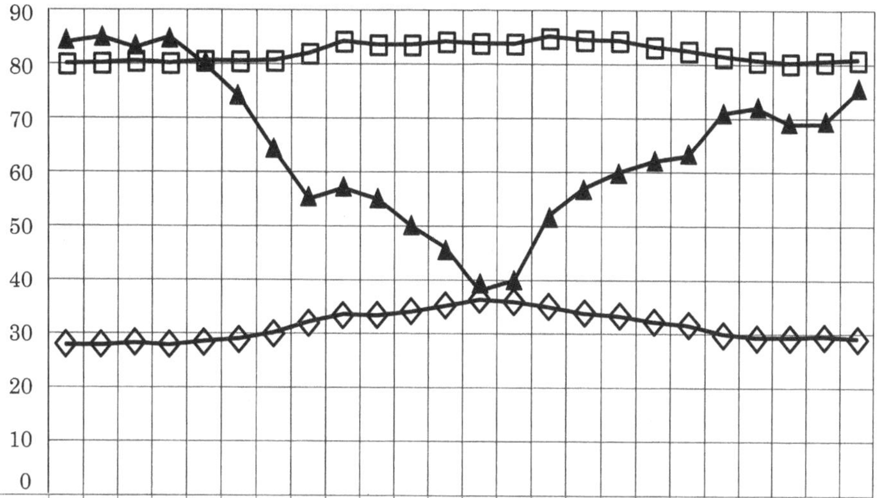

時刻	1	2	3	4	5	6	7	8	9	10	11	12	13	14	15	16	17	18	19	20	21	22	23	24
◇ 気温	28	28	28	28	29	29	30	32	34	33	34	35	36	36	35	34	33	32	32	30	29	29	30	29
□ ア	80	80	81	80	81	81	81	82	84	84	84	84	84	84	85	85	84	83	83	82	81	80	81	81
▲ イ	84	85	83	85	80	74	64	55	57	55	50	46	38	40	52	57	60	62	63	71	72	69	69	75

5　上の表・グラフのアとイは何を示しているか答えなさい。

6　上の表・グラフのイの変化は，気温の変化とどのような関係になっているか答えなさい。

7　下記の文章は「観測日の9時ごろに天気の変化があった」ことを考察したものです。文章を読んで下記の問に答えなさい。

気象台では屋外で気温やしつ度を観測している。そのため，観測器（温度計とかんしつ計）を周囲の人工物（人がつくったもの）のえいきょうを受けない場所に設置する必要があり，その場所には地面からの熱をさけるために，しば生が植えられている。

また，右図*のように太陽からの日射をさけるために断熱材を入れた二重の容器（つつ）の中に観測器（温度計とかんしつ計）を入れて，常に一定の風を通している。この容器（つつ）は「通風とう」とよばれ，その通風とうの下部には，地面で反射した日射が直接当たらないようにしゃへい板も付いている。

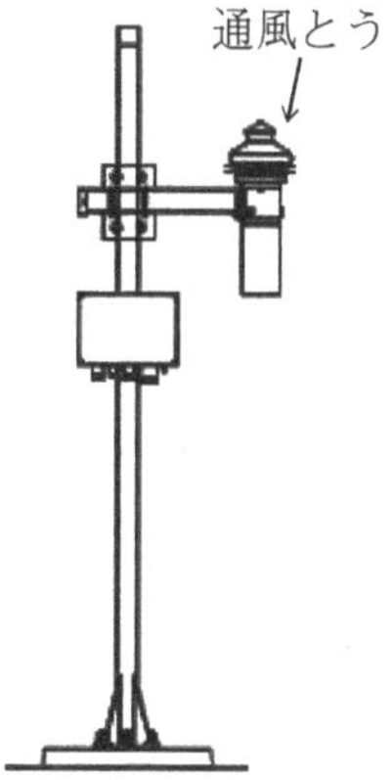

***右図は気象庁ホームページ「地上気象観測」より一部改変**

以上のような観測方法から上の表・グラフのイの数値の変化は，天気の変化によるものと考えられる。観測日の天気は「晴れ」だったが，9時の天気は，一時的に「晴れ」から「くもり」になったと思われる。なお気象台の天気の記録も確認したところ，9時の天気は「くもり」であった。

問　文中の下線部のように「一定の風を通している」理由を考え，説明しなさい。

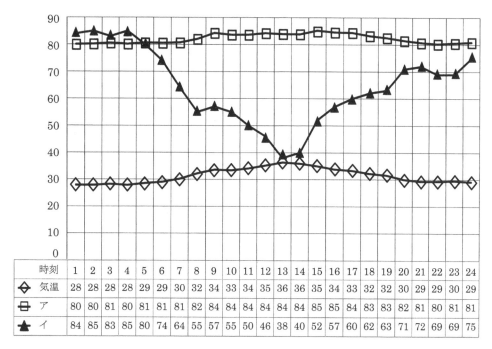

3　1つの物体を，両側から反対向きに同じ大きさの力で引っ張ると，静止して動きません。この原理を用いて，ばねの性質について考えてみましょう。ただし，ばねの重さは考えないものとします。

図1のように，5㎝のばねAの上端《たん》を棒に固定し，下端に50gのおもりをつるしたところ，ばねはのびて，全体の長さが7㎝になりました。

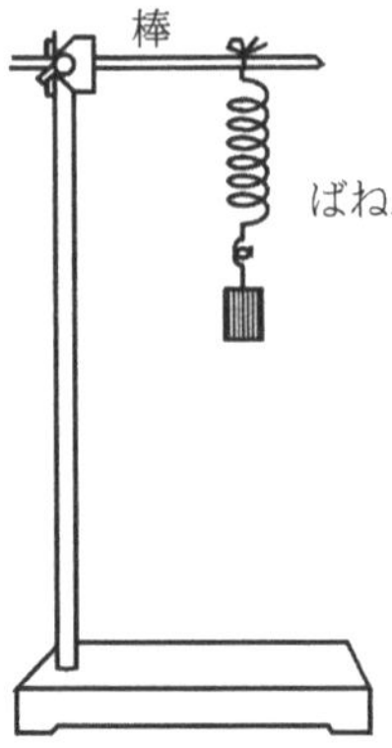

図1

1　以下の文の（　）にあてはまる語や数字を答えなさい。

ばねAは下端を，（　ア　）gぶんの力で（　イ　）向きに，おもりから引っ張られています。

このときばねAは静止しているので，上記の原理から，上端を，（　ウ　）gぶんの力で（　エ　）向きに，（　オ　）から引っ張られています。

2　図2のように，ばねAを横にして両端にひもをつけ，それぞれのひもをかっ車にかけて50gのおもりをつるしました。1と同様に考えると，ばね全体の長さは何㎝になりますか。

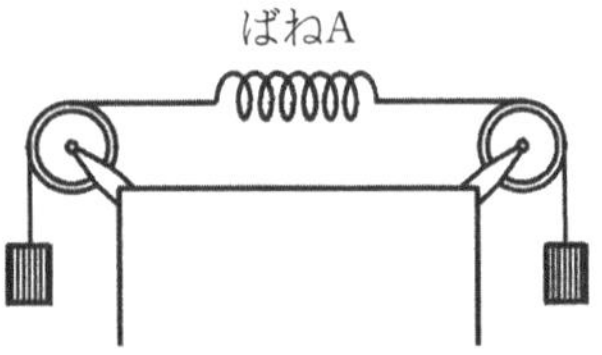

図2

ばねAのかわりに，性質の異なるばねBを用いて，図1と同じ実験をしました。8㎝のばねBの上端を棒に固定し，下端に50gのおもりをつるしたところ，ばねはのびて，全体の長さが12㎝になりました。

このばねBとばねAの両方を用いて，以下の実験をしました。

3　図3のように，ばねAの下端にばねBをつるし，ばねBの下端に50gのおもりをつるしました。このとき，以下の文の（　）にあてはまる語や数字を答えなさい。

全体が静止しているので，AとBのばねを一つの物体として考えると，ばねAの上端は（　カ　）gぶんの力で（　キ　）向きに，ばねBの下端は（　ク　）gぶんの力で（　ケ　）向きに引っ張られています。いっぽう，それぞれのばねだけで考えると，ばねAの下端は（　コ　）gぶんの力で（　サ　）向きに（　シ　）から引っ張られており，ばねBの上端は（　ス　）gぶんの力で（　セ　）向きに（　ソ　）から引っ張られています。

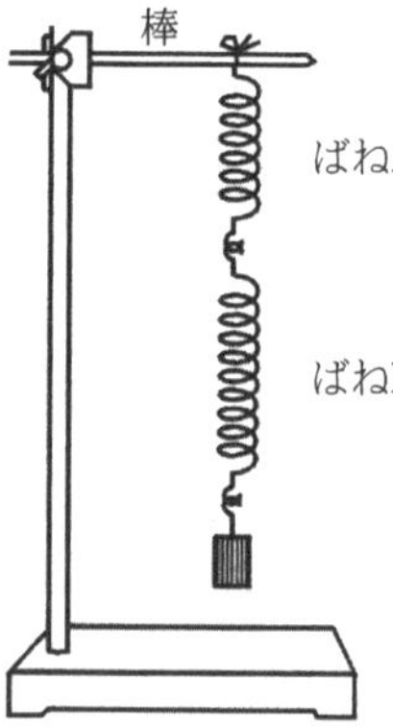

図3

4　3のとき，全体の長さは何㎝になりますか。

4　ドライアイスは二酸化炭素の固体です。いっぱんにドライアイスは氷と異なり，温度が上がると液体にならずに気体の二酸化炭素になります。ドライアイスは氷よりも低い温度で用いられ，食品の冷温保存にも使われています。

1　ドライアイスを用いて次のような実験を行いました。

【実験１】　ドライアイスを水の入ったコップの中に入れると白いけむりが出た。ドライアイスがとけた後の水にBTBよう液を加えると，水の色が変化した。

【実験２】　ドライアイスに金属製のスプーンをおし当てると，しばらくの間スプーンが細かくゆれた。

【実験３】　右図のような水の入ったペットボトルに二酸化炭素を入れ，ふたをしてふるとペットボトルはへこんだ。

【実験４】　右図のような水の入ったペットボトルにドライアイスを入れ，ふたをしてふるとペットボトルは破れつした。

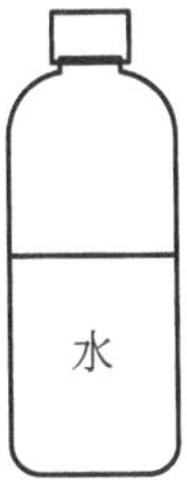

(1)　【実験１】の白いけむりとは何ですか。次のア～エの中から１つ選びなさい。

ア　水じょう気　　イ　氷のつぶ　　ウ　ドライアイスのつぶ　　エ　二酸化炭素

(2)　【実験１】でBTBよう液を加えた後の水は何色か答えなさい。

(3)　【実験２】でスプーンがゆれるのは，スプーンがふれた部分のドライアイスが気体になり，スプーンをいっしゅんおし上げるためです。この現象は木製のスプーンでは起こりません。その理由を次のア～カの中から１つ選びなさい。

ア　木は金属よりやわらかいから
イ　木は金属よりかたいから
ウ　木は金属より軽いから
エ　木は金属より重いから
オ　木は金属より熱を伝えやすいから
カ　木は金属より熱を伝えにくいから

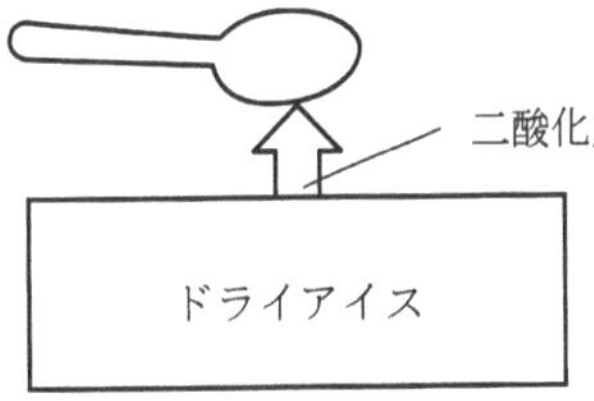

(4)　【実験３】でペットボトルがへこんだのはなぜか答えなさい。

(5)　【実験４】でペットボトルが破れつしたのはなぜか答えなさい。

2　家庭での冷温保存には冷蔵庫が使われています。しかし，現在の電気で動く冷蔵庫がない時代は，氷で冷やす冷蔵庫が使われていました。この冷蔵庫は主に上下２段のたなが付いており，片方に氷を入れて冷蔵庫内部の温度を下げ，もう一方のたなで食品を保存していました。氷を入れていたのは上下どちらのたなだと考えられますか。食品の冷やしやすさを考え，理由とともに答えなさい。

【社　会】（30分）　＜満点：60点＞

1　次の文章は北海道，栃木県，長野県について述べたものです。文中の（1）～（8）に入る言葉を答え，――a～cについての問いに答えなさい。

北海道の（　1　）民であるアイヌの人たちは，秋に川に戻《もど》って来る魚を食料などとして大切に用いてきました。現在，流氷で有名な網走《あばしり》市など（　2　）海の沿岸地域では，この魚の受精卵を人工的にふ化させて飼育し，稚魚《ちぎょ》を川に放流する（　3　）漁業を行っています。また，網走市の背後《はいご》にある北見地方は，a日本最大の（　　　）の産地です。

栃木《とちぎ》県は稲作に適した地域ですが，b裏作用作物として（　　　）の生産が戦後からさかんになり，現在日本一の生産量をほこります。県南部では幕末から（　4　）焼きと呼ばれる陶器《とうき》が生産され，主に台所用品として使われてきましたが，現在は民芸品として有名です。計画的に整備された工場の集積地のことを（　5　）と言いますが，宇都宮《うつのみや》市にある（　5　）は，内陸につくられたものとしては国内最大級です。

c長野県と山梨・静岡県の境にある（　6　）山脈は南アルプスとも呼ばれ，希少《きしょう》なライチョウが生息しています。また，長野県最大の湖である（　7　）湖の周辺では，（　8　）機械工業がさかんです。そのためこの地域は，この工業がさかんなヨーロッパの国にちなんで「東洋のスイス」と呼ばれたこともあります。

a　次の円グラフは，（　）に入る野菜の全国における生産の割合を示したものです。（　）に入る野菜を答えなさい。

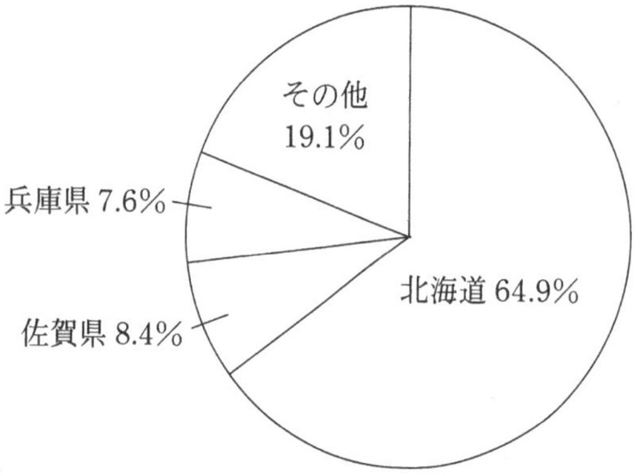

全国　1,228,000トン（2017年）

矢野恒太記念会『日本国勢図会2019／20年版』より作成。

b　次の表は，（　）に入る農作物の生産量を示したものです。（　）に入る農作物を書きなさい。

順位	県名	生産量(トン)	割合
1	栃木	25,100	15.3%
2	福岡	17,700	10.8%
3	熊本	10,800	6.6%
	全国	163,700	100%

（2017 年）

矢野恒太記念会『日本国勢図会2019／20年版』より作成。

c　長野県では，夏と冬との気温の差や昼と夜との気温の差が大きいという，内陸性気候の特徴《ちょう》がみられます。内陸性気候がこのような気候となる理由を書きなさい。

2　次の地図についての問いに答えなさい。

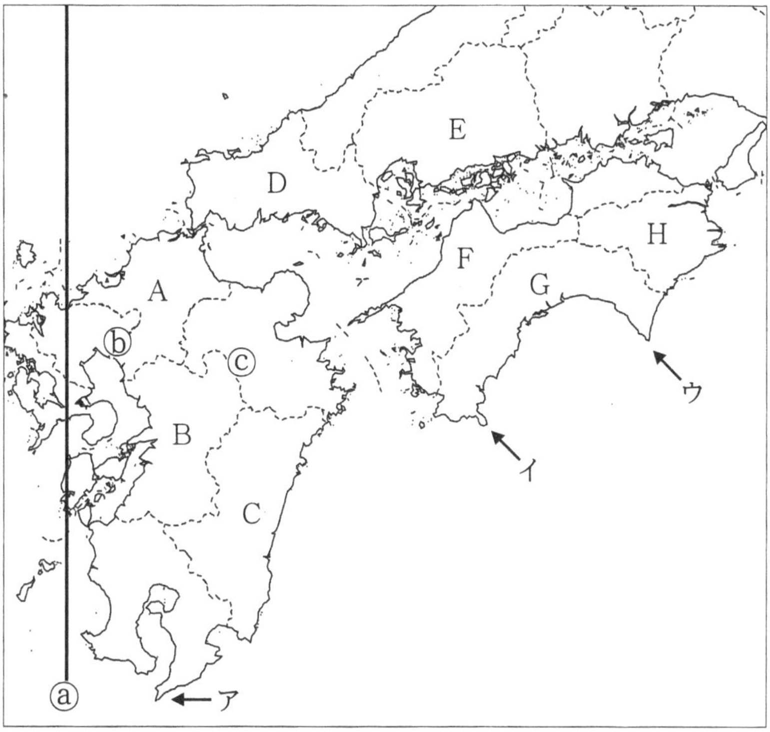

問1　ⓐの経線は東経何度を示していますか。ア～エから選びなさい。
　ア　125度　　イ　130度　　ウ　135度　　エ　140度

問2　ⓑの地域では，網《あみ》目状に用水路がつくられていますが，これを何といいますか。

問3　ⓒにある発電所は，化石燃料に頼《たよ》らない方法で発電しています。ここで行われている発電方法を答えなさい。

問4　室戸岬《むろとみさき》を示しているものを地図中のア～ウから選びなさい。

問5　C県やG県では，ビニルハウスや暖房を利用して野菜をつくることがさかんです。このように費用をかけても，商品が高く売れて利益が得られるのはなぜですか。

問6　次の表中のア～ウは，図中のB県で多く生産されている，メロン，すいか，みかんのいずれかについて，上位3位までの道県を示しています。すいかを示しているものはどれですか。

順位	ア	イ	ウ
1	B県	茨城県	和歌山県
2	千葉県	北海道	F県
3	山形県	B県	B県

(2017年)

矢野恒太記念会『日本国勢図会2019／20年版』より作成。

問７　次の表は，前のページの図中のＢ，Ｅ，Ｆ，Ｈの４県の養殖《ようしょく》業の種類別収獲量を示しています。Ｈ県を示しているものをア～エから選びなさい。

（単位：トン）

	まだい	かき類	わかめ類	のり類
ア	120	95,634	107	3,650
イ	10,254	46	506	38,783
ウ	38,568	645	不明	3,316
エ	不明	61	5,946	1,373

（2016 年）

矢野恒太記念会『データで見る県勢2019年版』より作成。

問８　次の表は，図中のＡ，Ｄ，Ｇの３県について，県内の人口が多い上位２都市それぞれの，県総人口に占める割合を示しています。Ａ県を示しているものをア～ウから選びなさい。なお，●は県庁所在地です。

	第１位の都市	第２位の都市
ア	● 47.1％	6.8％
イ	● 29.9％	18.8％
ウ	19.4％	● 14.1％

（2018 年）

矢野恒太記念会『日本国勢図会2019／20年版』より作成。

3　次の文章を読み，問いに答えなさい。

奈良の東大寺を訪れると，高さが約15メートルもある大仏に，だれもがおどろくことと思います。ただ大仏は，これまで何度も戦乱で焼け，奈良時代につくられた部分は少ししか残っていません。a世界文化遺産《いさん》にも登録されているこの大仏と大仏を納めた建物である大仏殿《でん》は，今日までどのような歴史をたどってきたのでしょうか。

東大寺に最初に大仏がつくられたのは，今からおよそ1300年前の奈良時代です。b聖武《しょうむ》天皇は，さまざまな社会不安が続くなか，仏教の力で国が安らかになることを願い，国分寺を建てることや大仏をつくることを命令しました。またc僧の行基《ぎょうき》にも協力を命じました。聖武天皇の次の天皇の時代に大仏が完成すると，貴族や僧など１万人が参列し，盛《せい》大な式典が行われました。聖武天皇の遺品を納めた東大寺のd正倉院には，その式典で使われた品々も納められています。

東大寺はその後，平安時代末のe源氏と平氏の合戦で平氏によって焼きうちされ，大半が焼けてしまいました。f『(　　　　)』によれば，大仏は頭が焼け落ち，胴体《どうたい》は溶けて山のようになったそうです。しかしすぐに僧が民衆から寄付を集めたり，朝廷《ちょうてい》や源頼朝の援助によって大仏はつくり直され，大仏殿も再建されました。またこのとき南大門に安置された運慶《うんけい》・快慶《かいけい》らによるg(　　　　)は，鎌倉文化の代表的な作品です。

15世紀後半からはh室町幕府がおとろえ，戦国の世となっていきました。この時期，東大寺は再び戦乱にあい，大仏殿は全焼し，大仏はわずかな部分を残してすべて溶け落ちてしまいました。東大寺の僧たちは，天皇やi織田信長の力を借りて寄付を集めようとしましたが，戦乱が続き，再建はかないませんでした。やがて，天下統一を果たした豊臣秀吉は，京都にj方広寺《ほうこうじ》という寺を建て，そこに東大寺にならって大仏をつくりました。

その後，江戸時代の k 5代将軍徳川綱吉《つなよし》の時代に，東大寺の僧の熱心な活動によって，約130年ぶりに大仏が再建されました。また大仏殿は幕府が中心となり，l 諸大名にも費用を負担させ再建されました。当時の記録によれば，m 完成した大仏や大仏殿を見るために大勢の人々が奈良を訪れ，大変なにぎわいであったと記されています。ただ，資材となる大木や資金の不足から，奈良時代のものよりも大仏は１メートルほど低く，大仏殿は３分の１ほど小さくなりました。これが現在の大仏ですが，大仏殿はなお，現存する世界最大級の木造建築物とされています。

a　世界文化遺産とは，ユネスコが人類にとって極めて高い価値を持つと認めた歴史的な遺産です。日本の世界文化遺産のうち，「負の遺産」として未来に語り伝える目的から登録されたものを答えなさい。

b　このほか聖武天皇がたびたびおこなったあることも，この時期の社会不安が背景にあったと考えられます。あることとは，どのようなことですか。

c　朝廷は行基を僧の高い位につけて，大仏づくりに協力させました。それ以前は，行基は朝廷からどのように見られていましたか。

d　正倉院のように，断面が三角形の木材を横に組み合わせて壁《かべ》をつくる建築法を何といいますか。

e　この合戦で活躍《やく》した源義経《よしつね》は，のちに兄と対立し，ある一族をたよって逃《のが》れました。この一族は何と呼ばれましたか。

f　（　）には，平氏一族が栄え滅《ほろ》びていくさまがつづられた，鎌倉時代に成立した文学作品が入ります。その作品を答えなさい。

g　（　）に入る言葉を答えなさい。

h　次のできごとを起きた順に並べかえなさい。

ア　室町幕府の滅亡《めつぼう》　　イ　桶狭間《おけはざま》の戦い　　ウ　鉄砲の伝来

i　信長の本拠《きょ》であった安土《あづち》について述べた次のア～ウのうち，正しいものを一つ選びなさい。

ア　安土では信長の許可のもと，武士や商人から選ばれた代表が城下町の決まりをつくるなど，自分たちの手で政治が行われた。

イ　安土は南蛮《なんばん》貿易の中心地として栄え，安土城のような洋風建築を取り入れた建物や，南蛮寺と呼ばれた教会などがつくられた。

ウ　安土では琵琶湖《びわこ》の水運を利用した流通が活発となり，商工業者の往来や営業も自由に行うことができたため，経済が発展した。

j　秀吉が，この寺の大仏殿をつくるために利用するとして，おこなったことは何ですか。

k　綱吉が仏教の教えに基づいて出した法令で，人々の間では不満が高まったといわれるものは何ですか。

l　大名について述べた次のア～ウのうち，正しいものを一つ選びなさい。

ア　大名は１万石以上の領地をもつ家臣で，そのほとんどは戦国時代以来の領地をそのまま支配することを認められた。

イ　大名は江戸に妻子をおき，みずからも１年おきに家臣をつれて江戸に住み，幕府に仕えなければならなかった。

ウ　徳川氏に古くから仕えていた家臣は，大名の中でも親藩《しんぱん》と呼ばれ，江戸から近い関東や東海地方に領地をもつ者が多かった。

m　江戸時代には，神社や寺にお参りに行く旅を楽しむ庶民《しょみん》が増えました。有名な神社や寺があり，参拝者が多く訪れたことなどから栄えた町を何といいますか。

4　次の文章は，江戸時代以降の日本の教育の歴史を述べています。文章を読んで（１）～（３）に言葉を入れ，――ａ～ｈについての問いに答えなさい。

江戸時代の初めには，幕府は武力を背景にして他の勢力をおさえる政治を行っていましたが，やがて学問や道徳に基づいて世の中を治めるようになっていきました。幕府が特に重視したのは，a儒《じゅ》学の中の朱子《しゅし》学という学問でした。幕府は，儒学をひらいた孔子《こうし》をまつる聖堂の近くに学問所を建て，家臣たちに儒学を学ばせました。各地の大名も，家臣やその子どもたちに教育を施《ほどこ》すために学校を建てましたが，これは（　１　）と呼ばれました。また，庶民に読み書きそろばんを教える寺子屋も，数多く建てられました。

江戸時代後半には，ヨーロッパの学問を学ぶ蘭《らん》学が広まりました。b医者の杉田玄白《げんぱく》は，前野良《りょう》沢《たく》と一緒にオランダ語の医学書を苦心してほん訳して出版し，その後，オランダ語の入門書や辞書をつくる人も現れました。

明治時代になると，c政府は学校の制度を定め，すべての子どもに教育を受けさせることをめざしました。そして，全国の町や村に小学校が建てられました。大日本帝国憲法発布の翌年には（　２　）が出され，天皇への忠誠《ちゅうせい》や国家への奉仕の精神を養うことが教育の基本方針とされました。

太平洋戦争が始まると，しだいに学校で勉強することが難しくなっていきました。中学生や女学生は工場などで働くことを強《し》いられるようになり，d男子大学生は戦場にかり出されました。また，学童の集団疎開《そかい》も行われました。

戦争が終わると学校が再開されましたが，e初めのうちは，「青空教室」で学ぶ子どもたちも多くいました。民主的な社会をつくるための改革が次々に実施《じっし》され，教育の民主化も進められました。1946年に日本国憲法が公布されましたが，fこの憲法は，第26条で教育を受ける権利を保障しています。また，戦前や戦争中にさまざまな研究が国家によって干渉《かんしょう》された経験から，g日本国憲法は，表現の自由などとあわせて学問の自由を保障しています。

h国際社会でも，教育を受ける権利は基本的人権ととらえられ，1989年に国連総会で採択《さいたく》された「（　３　）条約」は，締《てい》約国が教育についての（　３　）を認め，平等な機会を与えるために具体的にしなければならないことを定めています。

a　朱子学は，幕府が人々を支配するうえでも役に立つと考えられました。その理由としてもっともふさわしいものを，次のア～ウから一つ選びなさい。

ア　主君と家来，父と子などの上下の秩序《ちつじょ》を大切にしていたから。

イ　法を守ることを重視し，社会の安定をめざす教えだったから。

ウ　質素・倹《けん》約を重んじ，ぜいたくを禁じる教えだったから。

b　杉田玄白があとから書いた手記によると，手に入れたオランダ語の医学書をほん訳する決意をしたのは，自身の経験を通じてその必要性を実感したからです。玄白はどのような経験によって何に気づいたのですか。

c　次のア～ウの文のうち，まちがっているものを一つ選びなさい。

ア　学校の制度ができた当時は，授業料の負担が重く，制度に反対して一揆《き》を起こす人たちもいた。

イ　最初は通学する子どもは少なかったが，しだいに増え，明治時代の終わりごろには，ほとんどの子どもが小学校に通うようになった。

ウ　男子は働き手として重要であったため，明治時代を通じて女子よりも小学校に通う割合が低かった。

d　このことを何といいますか。

e　「青空教室」で授業が行われたのは，どのような理由からですか。

f　日本国憲法第26条は，第１項《こう》で教育を受ける権利を保障していますが，第２項では，それを実現するための手だてを定めています。第２項が定めていることを一つ答えなさい。

g　日本国憲法は，精神（心）の自由として「学問の自由」や「集会，結社および言論，出版その他一切の表現の自由」を保障しています。これら以外に憲法で精神（心）の自由として保障されている自由を，一つ答えなさい。

h　教育を受ける権利は，なぜだれもが保障されなければならない基本的人権ととらえられるのですか。あなたの考えを書きなさい。

以内で書きなさい。

② 古代、中世の社会におけるアジールの例を本文中から四つぬき出しなさい。

問五 「」部「現代に生きている私たちは～外国で暮らせるのです」とありますが、ここに示されている現代人の考え方はどのようなものですか。この文章全体の内容をふまえ、本文中の言葉を用いて四十字以内で書きなさい。

問六 あなたが変えたいと思っている現代の常識を一つ挙げ、その常識を捨てたときにどのような変化が起こると思うか、あなたの考えを二百字以内で書きなさい。

[三] 次の各文から、主語と述語の関係になっている部分をぬき出し、主語、述語の順で記号を書きなさい。

1 アその　イ本は　ウ私も　エ以前に　オ読みました。

2 ア富士山の　イよく　ウ見える　エ部屋を　オ予約した。

[四] 次の――部1～5のカタカナの部分を漢字で書きなさい。また――部6～8の漢字の読み方をひらがなで書きなさい。

敵に1ホウフクする

健康を2タモつ

花を3ソナえる

大臣が4ジショクする

5カンパがとう来する

6分別のつく大人

7枝葉末節

8類まれな才能

＊問題文に使用した作品における難しい漢字表記は、現在一ぱん的に使われている漢字またはひらがなに改めるか、読みがなをほどこすかしてあります。また、送りがなを加えたり取ったりしたものもあります。

あるいは、追いかけられている人が農具のひとつである馬《ま》ぐわの下でパンを一片食べている間は、追っ手は近づいてはならないというルールもあります。私たちには子どもの遊びのようにみえるかもしれませんが、このアジールは、古代、中世の人びとの人間関係のなかでは、とても重要な役割をはたしていたのです。

「我が家は城なり」という〈注〉法諺《ほうげん》もアジールとしての家を示しているのです。たとえ殺人犯であっても家にのがれ、その家の主人が犯人をかくまっているばあい、警察などの公権力といえども家におし入ることはできないとされていたのです。現在の私たちには理解しにくいこのアジールを説明するためには、中世人の空間、つまり世界についての考え方の輪かくを示しておく必要があるでしょう。

現代に生きている私たちは、世界はひとつだと考えています。たしかに飛行機にのりさえすれば、たいていのところへは十数時間で行けます。どこへ行っても今私たちが使っている時計で時間を計り、円をその国の通貨にかえさえすれば生活できるのです。世界中の人びとの生活の様式がたいへん似てきていますから、あまり抵抗《ていこう》なく外国で暮らせるのです。

このような世界に生きている私たちには、現代の世界の常識を過去にもちこもうとするけい向があります。ところが古代や中世の人びとは、私たちの世界とはひじょうに異なった世界に生きていたのです。

（阿《あ》部《べ》謹《きん》也《や》『自分のなかに歴史をよむ』）

〈注〉　法律についてのことわざ

問一　この文章の展開のしかたの説明としてふさわしいものを選びなさい。

1　はじめに一ぱん的な意見を示し、それを否定したうえで独自の意見を主張する

2　はじめに具体的なことがらを一つあげ、それを根拠《きょ》として結論を導き出してゆく

3　はじめに主張を述べ、それについての具体例をいくつかあげて、最後に主張を確認する

4　はじめに二つの対照的な意見を並べ、それらを対比させつつ一つの結論にまとめてゆく

問二　――部「人間と人間の関係がモノを媒介として結ばれる関係と、目に見えないきずなによって結ばれるものとの二つの関係からなりたっている」とありますが、次の各文を「モノを媒介として結ばれる」関係と「目に見えないきずなによって結ばれる」関係とに分けた場合、どちらかが一つだけになります。それを選びなさい。

1　XさんはYさんが営む食堂の常連客である

2　XさんとYさんはともに東海道線で通学している

3　XさんはYさんの仕立てたスーツを着ている

4　XさんとYさんは愛し合って結こんした夫婦である

問三　――部「では彼らは時間と空間をどのように考えていたのでしょうか」とありますが、古代、中世の人びとは「空間」をどのように考えていましたか。それがわかる四十字以上四十五字以内の一文をぬき出し、最初の五字を書きなさい。

問四　――部「このような空間をアジール（聖域、避難所）といいます」について答えなさい。

①　「アジール（聖域、避難所）」とはどのような場所ですか。四十字

す。しかし、古代、中世の人びとの関係を頭におきながらこの問題を考えようとすると、現在私たちがもっている「常識」をいったん捨てなければならないのです。

つまり、古代、中世の人間と人間との関係のあり方は、現代人のそれとはたいへん異なっているので、それを理解するためには、私たちの常識をいったんたな上げにする必要があるのです。

たとえば、私たちには時間が均質的でまた直線的に流れてゆくと考えるけい向がありますし、空間は三次元の均質的な場であると考えています。これは現代という特しゅな時代に生きている私たちの常識ですが、古代、中世の人びとは時間と空間をそのようにはとらえていなかったのです。**問三**では彼らは時間と空間をどのように考えていたのでしょうか。

具体的な例をとってみましょう。

古代、中世の人びとは空間を均質的な場であると理解してはいませんでした。聖なる空間とそうでない空間があって、前者はおそれをもって接しなければならない空間でした。そのような意識は日本人のばあいは今でも残っていて、床《とこ》の間に上がってはならないということはだれでも知っているでしょう。床の間は日本の家では聖なる場所なのです。

古代、中世の社会では、たとえば神殿《でん》は聖なる場所でしたから、そこにはいった者にもその聖性が移ると考えられていたのです。人殺しをしたり、どろぼうをしたりして追いかけられている人が神殿の中ににげこんだばあい、追っ手は神殿をとり巻いて、犯人が出てくるのを待つのです。神殿にはいって捕らえることはできません。

なぜできないのでしょうか。それは神殿が聖なる領域で、いったんそこにはいった者は聖性を帯びますから、その者を捕らえることはできないと考えられていたからです。その聖性は、神殿のなかにいる間だけそこに留まる者に移っているので、いったん神殿を出ると聖性を失い、すぐに捕らえることができるのです。神殿内には水も食料もありませんから、囲んで待っていれば、飢《う》えとかわきのために犯人はいずれは出てこざるをえないのです。

しかしアテネのキロニーデンの神殿では、聖なる像にひもを結んで、そのひものはしをもって神殿から出ている間は、犯人を捕らえることはできないことになっています。ひもを通して聖なるモノが神殿の外にいる犯人にも伝わっていると考えられたためでしょう。

問四このような空間をアジール（聖域、避《ひ》難所）といいます。現在では大使館や赤十字の建物に、かろうじてのこっているくらいですが、古代、中世の社会では個人の家も聖なる場所に近い性質をもっていましたから、いたるところにアジールがあったことになります。

子どもの遊びのひとつおにごっこに、円をえがいたなかにいる子どもを捕らえることはできないというルールがありますが、それも古代、中世のおとなのアジールのルールが現在まで子どもの遊びのなかにのこっているとみることができます。

アジールにはいろいろな形態があって、渡《わた》し舟《ぶね》もアジールでした。追いかけられている人が渡し場に追っ手より先につき、舟にのったとき、あとから追っ手が近づいたばあい、船頭は追いかけられている人を船首にのせ、追っ手を船尾《び》にのせて、対岸につくと船首の客をまずおろし、そののち舟を一回転させて船尾を陸につけて追っ手をおろすことになっているところもあります。

れなくなっている
2　味方でたった一人生き残ってしまった自分の今後を決する重要な局面で、蚊のようなちっぽけな存在にふり回されてはいられないと気がせいている
3　目の前の蚊のようなささいなことが気になり、武士としての生きざまや自分の命の行く末という重大事が二の次になるほどなげやりになっている
4　命を失うのか生き延びられるのかという生死のかかった極限状態にあるが、たとえどのような結末になろうとも静かに受け止めようと覚ごを決めている

問十二　――部「この時、新蔵はしかられている若者より、もっと大きく自分の体がふるえて来るのを感じていた。ほとんど自分で制ぎょできない程、手もあしもどう体もがくがくと大きくふるえて来た」のはなぜですか。
1　合戦の神とまで呼ばれた山県昌景が、見るからに戦に関して素人《しろうと》同然の下級武士にあまりにもくだらない動機で殺されたことに、強いいきどおりを覚えたから
2　堂堂たる山県昌景を討ち取った者たちがただの雑兵であることにおどろき、雑兵でさえ相当の力量を持つような敵軍に捕らえられていることが急におそろしくなったから
3　自軍の宝と言われた山県昌景が一見して技術も実力もない者たちに簡単に殺されたことで、新たな武器の力にしょうげきを受け、自軍再興の望みはないことに絶望したから
4　大きな存在であった山県昌景が自分よりうで前も身分もおとる者たちに討たれて、山県を守れなかった自分のふがいなさを痛感し、くやしさがおさえられなかったから

問十三　――部「刀が欲しかった。槍をすてて、刀が欲しかった」とありますが、「新蔵」にとって、「刀」とはどのようなものですか。
1　幼いころから常に手元にあった、思い入れの強いもの
2　槍よりも軽く、けがをしていても簡単にあつかえるもの
3　どの武器よりも殺傷能力が高く、戦では欠かせないもの
4　自分のうで前を示し、武士としてのほこりとなるもの

問十四　――部「この日初めての、合戦場にあるじゅう実感がこの時新蔵のひん死の五体をみたしていた」とありますが、このときの「新蔵」の説明としてふさわしいものを選びなさい。
1　この日はずっと捕らわれの不自由な身の上だったので、ようやく自由の身になり解放感を味わっている
2　生きて捕りょになるのは恥だと考えていたので、やっといさぎよく死ぬ場を見つけられて安どしている
3　敵と直接向かい合い、自分の力の限りをつくして戦うことができたことに満足し、喜びさえ感じている
4　たわいない理由で山県昌景を狙撃した兵たちを討ち取り、うらみを晴らして、達成感をかみしめている

【二】　次の文章を読んで後の問に答えなさい。

問二 人間と人間の関係がモノを媒介《ばいかい》として結ばれる関係と、目に見えないきずなによって結ばれるものとの二つの関係からなりたっているというとき、私たちは現代人としての常識でその関係を理解しようとしま

あらしいふるまいを敵方がもてあましあきれていることを表している

4　新蔵という名前を出さないことによって、ぬけがらのようになってしまった新蔵を敵方が物のようにあつかっていることを表している

問八　――部「やがて新蔵の裸身はほのおの光で赤く光った」という一文は、どのような様子を表していますか。

1　先程まで激しい合戦の中にいた新蔵がまだ興奮しており、すぐにでも戦いを再開しようとしている様子

2　いつ殺されてもおかしくない状況《きょう》に置かれてしまった新蔵が、周囲の者を警かいして身構えている様子

3　新蔵が敵の前であっても少しもひるまず、かえって大きないかりを内に秘めていることがわかる様子

4　捕りょとして無様な姿をさらすことを新蔵が強く恥じていることが、だれの目にも明らかである様子

問九　――部「武士が言いかけた時、初めて『恥』という言葉が、それの持つ正当な意味をもって、新蔵の耳にはいって来た」という一文からはどのようなことがわかりますか。

1　それまで新蔵は裸であることのみを恥だと考えていたので、捕りょになることが恥だと聞かされておどろきをかくせないでいること

2　捕りょとなることが恥であるという戦の常識を忘れさせるほど、新蔵にとって今回の合戦が異常なものであったということ

3　捕らえられたら潔く死ぬしかないと考えてただ殺せとわめき続けていたため、新蔵には武士の言葉が全く聞こえていなかったこと

4　武士の言葉をたんなる気休めとしか思っていなかった新蔵が、敵の大将が本当に恥ではないと言っているのを知って感激していること

問十　――部「裸でよかったのだ、裸で！」と「新蔵」が考えるのはなぜですか。

1　これまでつちかってきた戦の技術や経験などが何の意味も持たないような合戦には、きちんと武具をつけて臨む価値を見いだせなかったから

2　いとも簡単に敵に敗北して捕りょになってしまう弱い自分は、立派な武具がふさわしいような勇かんな武士ではないと感じられたから

3　ごうかな武具で敵をひるませる従来の戦法が通用しなかったので、武具の威《い》力に頼らず初心に返って武士としてのうでをみがくべきだとさとったから

4　強い武将たちをも一しゅんのうちに殺してしまうような敵に必死にあらがうよりも、武具を捨てていさぎよく降参の意を示すのがよいと気付いたから

問十一　――部「そして、首をはねられようと、仕官しようと、どちらでも構わないが、どちらかに早く決めてもらわなければならぬと思った。こうして蚊にせめ立てられていてはやり切れない」とありますが、このときの「新蔵」の説明としてふさわしいものを選びなさい。

1　命を失うことも武士としてのほこりを失うこともどちらも自分にとってはおそろしいことであり、苦しい選択《たく》をせまられていたたま

〈注6〉赤色の不動明王。いきどおりの形相で、右手に剣《けん》、左手になわを持ち、背に火炎《えん》をおう
〈注7〉むすこ
〈注8〉貴人や目上の人などが下したことばや命令
〈注9〉馬のひづめ
〈注10〉武士が主君の家来として仕えること
〈注11〉長さの単位。一間は約一・八メートル
〈注12〉敵味方入りみだれてのはげしい戦いの場
〈注13〉マツなどの木をたばねて、火をつけて明かりとしたもの

問一 ═══部A・B・Cの意味として正しいものを選びなさい。

A 神妙に
1 おとなしく、すなおに　2 きびきびと、すばやく
3 感情を表に出さないで　4 みじめで情けなく

B うやうやしく
1 おおげさに　2 よそよそしげに
3 おもねって　4 へりくだって

C みだりに
1 うっかり不注意に　2 考えもなくむやみに
3 くわだててひそかに　4 予告なくとつ然に

問二 「多田新蔵」はこの合戦で何軍に属していますか。また、敵は何軍ですか。

問三 ——部「多田新蔵の捕らわれの姿は、どう見ても余りかっこうのいいものではなかった」とありますが、どのような姿が「余りかっこうのいいものではなかった」のですか。十五字以内で書きなさい。

問四 ——部「弱い夏の夕陽が斜に落ちていた」はこの文章の中でどのような効果をあげていますか。
1 太陽のように光りかがやくかつての武田軍の栄華《が》を読者に明示する効果
2 武田軍があえなく敗戦に終わってしまったことを読者に印象づける効果
3 武田軍にわずかな勝機がいまだ残されていることを読者にほのめかす効果
4 最後まで立派に戦い抜いた武田軍の兵士たちの美しさを読者にうったえる効果

問五 ——部「こんな合戦ってあるか！」とありますが、この合戦で敵軍はどのような作戦で圧勝したのですか。文章中の言葉を用いて三十字以内で具体的に説明しなさい。

問六 ——部「とつ然新蔵は大声を上げてわめくように泣き出した」のはなぜですか。文章中の言葉を用いて簡潔に答えなさい。

問七 ——部「裸の捕りょは、織田の武士たちに手取り足取り担がれて、三重に張りめぐらされてある柵の設けられてある地帯をこえた」とありますが、ここでの「裸の捕りょ」という言い方はどのようなことを表していますか。
1 新蔵が捕らわれの身であることを強調することで、敵方に自由をうばわれた新蔵が悲しみにうちひしがれていることを表している
2 新蔵と呼ばないことで、とつ然笑ったり泣いたりする不可解な態度の新蔵を敵方がもうまともに相手にしていないことを表している
3 着物も着ないで平気でいる新蔵のさまを言うことで、新蔵のあら

でも知らぬ間に立ち上がっていた。

　新蔵は改めて、そこに居並んでいる五人の雑兵の姿を見つめた。言うまでもなく今日の合戦で、織田方の鉄砲隊に属した武士たちであろうが、武士になってから、そう長い歳《さい》月を送っているものとは見えない。あるいは刀一つ使えないかも知れない。

　この雑兵たちは、手持ちぶさたをまぎらわすために、彼らの眼にも目立って見えた一人の武田の武将に照準したのであろう。ばからしいことは百も承知していたが、そのばからしいことの限りが、この時、彼にこの日初めての忿怒《ふんぬ》を点火した。

　新蔵はとつ然、大きいうなり声を上げると一しょに、彼らの方へ、篝火の光の輪の中へ身をおどらせた。とっ進した。若い武士はさっと身を背後に退いた。が、その時新蔵の手は、武士の持っている槍にのびていた。

　新蔵は槍をうばった次のしゅん間、槍をかかえ直すとみるや、いきなり、立ち上がりかけた若い一人の雑兵のわき腹をつきさしていた。そしてつきさしたまま、二、三間走って行って、立木の根本におし付けるようにして、相手の体から槍を抜いた。

　新蔵は叫《きょう》声と怒《ど》声が周囲にわき起こっているのを聞いていた。桟敷から何人かの武士たちがかけ降りた。篝火の光の中を、二、三人の武士たちが入り乱れて横切った。

　まっ先にせまって来たのは、槍をうばわれた若い武士だった。ふりかぶった刀の半分が篝火の光の中でひらめいたが、あとはやみの中に消えた。

　新蔵は雑木の間をくぐってのがれた。気が付いた時、彼は竹やぶに沿った道路を走っていた。何人かの足音がすぐあとにせまっていた。

「来い！」

　新蔵は立ちどまると、槍を小わきにかかえたまま、やみの底をうかがうように、身をおりながら向きを変えた。

　一人をついた。太ももらしかった。

　また一人をつきさした。十分の手応えを感じている時、新蔵は裸の肩先を横から斬り下げられた。はげしい痛みが全身を走った。**問十三**刀が欲しかった。槍をすてて、刀が欲しかった。

　新蔵は重傷を負いながらまた走った。が、何程も走らぬうちに、彼は再び立ちどまると、槍をつえにして立ち、おそらく自分にとって最後であるにちがいない決とうの相手がせまって来るのを待った。

　そこは坂の中途《と》らしかった。はるか下の方で、いくつかの〈注13〉たいまつが動いている。叫声と喚《かん》声が、次第に高くなって聞こえて来る。

　多田新蔵にとって、ひどくばからしい、ほとんど信じられぬくらいの間の抜けた大会戦の一日は、いま終わろうとしていた。**問十四**この日初めての、合戦場にあるじゅう実感がこの時新蔵のひん死の五体をみたしていた。が、それも長くは続かなかった。多田新蔵は新しい決とうの相手が現れるのを待たないで、ひざを折って、地面にたおれた。

（井上靖《やすし》「篝火」）

〈注1〉長さの単位。一尺は約三十センチメートル
〈注2〉夜、あたりを明るくするために燃やす火
〈注3〉時間の長さ。三十分
〈注4〉軍の大将が陣を構える場所
〈注5〉一段高いところに板をしいて、見物客を座らせるようにしたところ

け、桟敷から先刻新蔵をきつ問した若い武士が降りて来た。
　五人の雑兵たちは、罪人のように、そこに一列に並んで座った。百しょうに武具を着けたような品のない連中だった。二人は若く、三人は中年だった。
「お前たちか、山県昌景を狙撃《そげき》したのは」
　若い武士は言った。その言葉ははっきりと新蔵の耳にはいって来た。
「は」
　五人の中では、一番ましに見えている二十二、三の若者が答えた。
「命令もないのに、なぜ狙撃した？」
「は」
　若者は顔を上げた。
「以後、気を付けます」
「気を付けますでは相すまぬ。全軍の統制を破って、問一C みだりに発砲《ぼう》するとは何事だ。不届至極である」
　それから、
「お前が他の者に命じたのだな？」
「は」
「なぜ、みだりにそのようなことをした？」
「は」
　若者はすっかりおびえ上がって、口もろくにきけないらしく、長いこと口をもぐもぐさせていたが、
「ひ、ひまだったのでございます」
「ひま？」
「あの時、することがなかったのでございます。まことに申しわけございません」
　若者は両手を大地についていたが、よほどおびえているらしく、体は大きくふるえていた。
　若い武士は言った。
「本来ならきびしくばっするところだが、この度だけは見のがしてやる」
　問十二 この時、新蔵はしかられている若者より、もっと大きく自分の体がふるえて来るのを感じていた。ほとんど自分で制ぎょできない程、手もあしもどう体もがくがくと大きくふるえて来た。
　新蔵は戦線の左翼《よく》で、山県昌景が飛弾にたおれた時を見ていた。それはぐう然彼の眼にはいった〈注12〉修羅《しゅら》場の一シーンであったが、山県昌景の死の意味は武田軍にとっては、限りなく大きいものであった。合戦の神と言われ、長く武田の至宝と言われた山県昌景の死は、急に武田軍の運命を暗く冷たいものにしたのである。新蔵はその時山県昌景さえおれてしまったのだからもうこの合戦はだめだと思った。
　しかし、それにしても、山県昌景の死は、信じられぬ程あっけないものであった。彼はくずれ立った味方の軍勢に下知するために、馬上に大きく身をうかせた。それはどこから見ていても、山県昌景以外の何人とも見えぬ堂堂たる姿であった。
　が、次のしゅん間、彼はいきなり前かがみになったと思うと、たわいなく馬上から転がり落ちたのであった。信じられぬようなあっけない落馬の仕方であった。乱戦の最中だったので、この出来事はたちまちにして戦場の混乱のうずの中に巻きこまれ、あと形もなくなってしまったのである。
　ひまだったから狙撃したと言うのか。ひまだったから！　新蔵は自分

新蔵は槍の柄が横から自分の胸に当たったのを感じた。それに支えられるようにして体を起こした。

どうして生命をたすけて、仕官をすすめるのであるか。信長が父多田淡路守を知っているためであるか。あるいは自分が赤ふんどし一本の異様な姿でいるためか、それが勝利者の気まぐれな心をしげきしたのか。

新蔵がなおも返事をしないでいると、若い武士は、

「考えておけ。仕官すればよし、そうでなければ首をはねる。とくと考えておけ」

それから彼は、

「すみへ座らせておけ」

と、他の者に命じた。すぐ暗くなっている樹蔭《いん》から、二、三人の武士が現れると、新蔵の両手を取った。

新蔵はそこから〈注11〉三間程はなれた雑木のしげみのそばに移された。そこに移されると、急に蚊《か》の群れが新蔵の裸身をおそって来た。これはたまらないと思った。

今の場合、新蔵には仕官の問題より蚊のしゅう撃《げき》の方が気にかかった。仕官の方はさして重要な問題ではなかった。仕官を断って首をはねられても、それはもともと予定していたことである。捕まった時、すでにそうした運命が自分にやって来ることを覚ごしていた。だれも彼もみんな相果てたのだから、自分一人が助かっても仕方のないことであった。

しかし、仕官しろというのなら、仕官してもいいと思う。捕りょになったことに恥を感じなかったように、敵方へ仕えることも、今の場合、そこにたいした意味があろうとは思われない。こんどの合戦では、何か重大なものが一本抜けているのだ。今まで通用していたものが、全部通用しなくなっている感じである。

新蔵はうでをやたらに左右にふりまわしていた。問十一 そして、首をはねられようと、仕官しようと、どちらでも構わないが、どちらかに早く決めてもらわなければならぬと思った。こうして蚊にせめ立てられていてはやり切れない。

ひどくばからしい合戦にふさわしく、その結末も新蔵にはばからしく、こっけいに思えた。

新蔵は暗やみの中で、大きな眼を光らせた。先刻まで自分が座っていた席に、おいぼれ武士が一人現れたかと思うと、何か二言三言言って、丁ねいに頭を下げて立ち去って行ったからである。

すると、こんどは別の武士が現れ、同じように、篝火に半顔を照らされながらそこに座り、また何か言って、桟敷の方に問一B うやうやしく頭を下げて立ち去って行った。

それから次から次へと、武士たちは現れた。若い武士も居れば、年取った武士も居た。堂堂たる武士も居れば、貧相なやつも居る。図体の大きいのも居れば、小さいのも居る。階級も雑多であった。中には、手負うた武士も居た。

新蔵はやがて彼らが、今日の合戦で手がらを立てた武士たちであることを知った。彼らは所属している部隊からわざわざここに出向いて来て、何かひと言かふた言、ここにいる武将たちから労をねぎらう言葉をもらい、それに感激して引きさがって行きつつあるのであった。

そうしているうちに、新蔵はおやと思った。

篝火の光の輪の中に、今までとはちがって、いやにおどおどした一見して下級武士と見える五人の武士が現れたからである。こんどの場合だ

「早く斬れ！」

と、新蔵はさけんだ。

「斬られたいのか？」

「早く斬れ！　殺せ！」

「ばかなやつだな。恥じるにはおよばぬと上様はおっしゃっておられる」

「斬れ！」

「恥じるには――」

問九 武士が言いかけた時、初めて「恥」という言葉が、それの持つ正当な意味をもって、新蔵の耳にはいって来た。

「恥？」

「恥じるにはおよばぬと言うのだ」

「恥じる？　だれが恥じるか！　ばか！」

新蔵はどなった。実際に彼は自分が捕らわれたことを少しも恥じていなかった。恥じるようなまともな合戦ではなかった。

どこか一点正常でない狂ったところがあった。高阪《さか》昌澄《まさずみ》も、内藤《とう》昌豊《とよ》も、みんなあっけなく一しゅんにして相果てたのだ。信ずべからざることが起こったのだ。土屋昌次も、原昌胤《たね》も死んだ。馬場信春も死んだ。その他大勢の優れた武将たちがみんな銃火の中に息を引き取ったのだ。主君勝頼《より》でさえどうなったかわかったものではない。

新蔵はばからしいといった気持しか持っていなかった。死んだ者がみなこっけいに見えた。昼間、彼は馬防柵のところで号泣したが、味方一万五千の将士の死を悲しんだのではない。

それとは少しちがっていた。柵をこえることのできなかった無念さが、ただ火のように胸をつき上げて来たのだ。柵さえこえることができたら、おそらく武田勢は織田、徳川の連合軍を〈注9〉馬蹄《てい》の下にふみにじっていたことであろう。この合戦では討死しても恥でないと同様に、捕らわれようが、にげようが、いっこうに恥ではないのだ。

「俺がなぜ裸になったか、貴様は知っているか」

新蔵はどなった。逆に彼は若い武士に質問したのだ。

「そんなことを知るか」

「わからんだろう、お前には」

新蔵は大きな裸身をふるわすようにして笑った。そして、ぷっつりと笑いをとめると、

「ばからしいのだ。こんな合戦は裸でたくさんなのだ。裸で、赤ふんどし一本でたくさんなのだ」

実際に、よろいを着たり、馬に乗ったり、槍を持ったりしたことが、今思えばこっけいに思える。**問十** 裸でよかったのだ、裸で！

その時、ぷっつりとなわは切られた。新蔵はふいに体の自由を得て、前にのめった。

「生命はたすけてやる。〈注10〉仕官しろ」

武士は言った。

「仕官!?」

「上様の有難いお情けを終生忘れるな」

新蔵は地面に前のめりになったままの姿勢でいた。体を起こさなかった。仕官をすすめられようとは、全く思いも寄らなかったからである。

「返事をしろ。――異存はあるまいな」

また若い武士は言った。

しかし、今日の合戦で、武田の騎《き》馬隊を食い止め、そこに銃火を集中し、文字通りしかばねの山を築いた織田、徳川連合軍の陣《じん》地の馬防柵《さく》の近くまで来ると、問六とつ然新蔵は大声を上げてわめくように泣き出した。彼のほこりにまみれた顔を、なみだがうす黒いしずくとなっていくすじも流れ落ちた。

死体は一歩一歩柵に近付くごとに多くなった。武田の武士ばかりだった。新蔵の胸に、合戦時に自分をいく度となくおそった無念だった思いが、火となってふき上げて来た。

新蔵自身、いく度、この柵にせまったことか！　馬をおどらせた。柵は高かった。馬から降りて柵を抜こうとした。新蔵ばかりでなく、武田の何千の将士が同じことをした。すると天地をとどろかして銃火が、あたりにさくれつした。何回も何回も同じことをくり返して、武田の騎馬隊は、そのほとんどが全くこの馬防柵のところでついえたのである。

柵の前まで来た時、新蔵はついに動かなくなった。大地にしゃがみこんだ。問七裸の捕りょは、織田の武士たちに手取り足取り担がれて、三重に張りめぐらされてある柵の設けられてある地帯をこえた。

（中略）

おびただしい〈注2〉篝火《かがりび》のたかれている地帯のまん中を、新蔵は五人の武士たちにまもられて引き立てられて行った。原野の何十という酒宴《えん》場では、武士たちがよっぱらってさわいでいた。折れた槍《やり》の柄が飛んで来たり、大きな酒盃《はい》が肩をかすめたりした。と言っても、それらは必ずしも新蔵をめがけて投げられたものではなかった。大殺りくの行われた日の夜の興奮が、酒のよいであおり立てられ、彼らを狂《きょう》人にしているのであった。

新蔵が〈注3〉小半刻《こはんとき》歩かされて連れて行かれたのは、極楽寺山のふもとの信《のぶ》長の〈注4〉本営であった。ここでも、あかあかと篝火はたかれ、酒宴は開かれていた。

そこは寺の境内のようなところであった。丁度〈注5〉桟敷《さじき》のように一段と高く造られた板敷の席には、何十人かの武将たちがずらりと居並んで、たがいに酒盃を交わしていた。

新蔵は庭先に引きすえられた。一人の中年の武士が庭へ降りて来ると、篝火を新蔵の近くに移すように命じた。問八やがて新蔵の裸身はほのおの光で赤く光った。顔も体もさながら〈注6〉赤不動のように見えた。

こんどは別の一人の、身分のありそうな若い武士が降りて来た。

「多田淡路守《あわじのかみ》の〈注7〉せがれと言ったのは本当か」

「うそを言って何とする？」

「上様はご存じだぞ」

「上様とはだれだ」

「言葉をつつしめ」

槍の石づきで背中をひとつ小づかれた。この時、新蔵は初めて自分が信長の面前に引き出されていることを知った。が、桟敷の上のどこに信長が居るかわからなかった。大勢の武将の居ることだけはわかったが、新蔵の居るところからでは、一人一人の顔を判別することはできなかった。

若い武士はいったん去って行ったが、また現れた。

「捕らわれの身になっても、いっこうに恥じることはないという有難い〈注8〉御諚《ごじょう》だぞ」

それには構わず、

【国　語】（五〇分）〈満点：一〇〇点〉

【注意】　句読点や記号などは字数にふくめます。

【一】次の文章を読んで後の問に答えなさい。なお、一部本文の省略があります。

問三 多田新蔵の捕《と》らわれの姿は、どう見ても余りかっこうのいいものではなかった。〈注1〉六尺近いみごとな体は、いたるところにこぶをつけたように筋肉が盛り上がっていたが、なんと言っても、赤いふんどし一本の裸《はだか》姿である。

両手は体ごとあらなわでぐるぐる巻きにしばられていたが、右手の第二関節から手首へかけてだけが自由にされていた。新蔵はそのわずかに自由を許された手で、肩《かた》に担いだ抜《ぬき》身の大刀の柄《つか》をにぎっていた。要するに彼《かれ》は赤ふんどし一本の姿で、大きな抜身の刀を肩に担いで、引き立てられて行ったのである。

彼が連れられて行く原野の風はまだ生ぐさかった。いたるところに討死した武田方の将士の死体が横たわっていて、そこに問四 弱い夏の夕陽《ひ》が斜《なめ》に落ちていた。

べらぼうな話だ！　問五 こんな合戦ってあるか！

新蔵は一日中彼の心を去来した思いを、いまも胸にいだいていた。敗戦の悲しみもなかったし、捕らわれの恥《はじ》も恐怖《きょうふ》もなかった。あるものは、奇妙《きみょう》な戦とうが行われ、奇妙な結果になり、みんな死んだ中に、自分一人が生き残っているという変てこな感がいだけであった。

彼が歩いて行く原野に横たわっている武士たちの死体は、今まで彼が見て来たいかなるものともちがっていた。斬《き》って斬って、斬りまくった果てに、力つきて斬《ざん》死したといった納得の行く姿ではなかった。みんな不得要領のうちに、相果てたといった奇妙な死様をしていた。どれもこれも、みんな銃弾《じゅうだん》に射抜《ぬ》かれている。中には刀さえ抜いていないやつがある。死顔はみんなみにくかった。

べらぼうな話だ！　こんな合戦ってあるか！

だから、多田新蔵は自分が奇妙なかっこうで捕《ほ》りょになっても、いっこうに気にかからなかった。恥ずかしくもなければ、怖《こわ》くもくやしくもなかった。

彼はふてくさったように、大きな体をずしんずしんと横へいに運んで行きながら、時時周囲を見まわして、

「水！」

とどなった。

「ぜいたくを言やあがる！」

織田兵は取り合わなかった。

「捕りょのくせに問一 A 神妙に歩け！」

「ばからしくて、神妙に歩けるか！」

新蔵は、時時、周囲の織田兵たちがぎょっとする程大きな声で笑った。無性に腹の底からこみ上げて来る笑いだった。

「狂《くる》ったのか」

だれかが言うと、新蔵はその声の方へ顔をまわして、

「狂った？　ばか者めが！　ばからしくて狂えるか、一体、なんだ、この合戦は！」

新蔵は路上に横たわっている味方の武士たちの死体をふみこえたり、それにつまずいたりしながら歩いた。

MEMO

大切なことはメモしておこうネ！

2020年度

解　答　と　解　説

《2020年度の配点は解答欄に掲載してあります。》

＜算数解答＞　≪学校からの正答の発表はありません。≫

1　(1)　45　　(2)　52度　　(3)　7350　　(4)　18リットル　　(5)　ア　8　　イ　56

2　(1)　ア　B　　イ　1　　ウ　6　　(2)　エ　D　　オ　60　　カ　72

3　(1)　2.565cm^2　　(2)　9.525cm^2

4　(1)　$24\frac{2}{27}$　　(2)　ア　1　　イ　$\frac{2}{3}$　　ウ　$\frac{4}{9}$　　エ　$2\frac{154}{243}$　　(3)　9番目

5　(1)　②，⑤　　(2)　③　　(3)　2550円

○推定配点○

3・4　各5点×8　　他　各4点×15(5(1)完答)　　計100点

＜算数解説＞

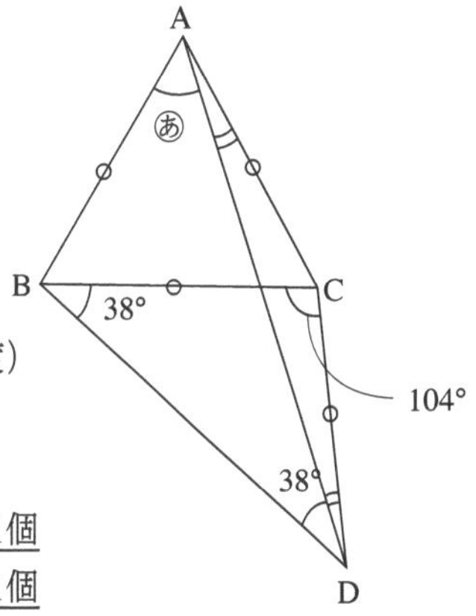

1　(四則計算，平面図形，演算記号，数の性質，割合と比，場合の数)

(1)　$\square=\left(3\div\frac{153}{220}-\frac{5}{3}\right)\times17=\frac{135}{51}\times17=45$

基本　(2)　右図において，三角形　CBDの角BDCは180－(38＋104)＝38(度)であり，三角形CBD，CADはそれぞれ二等辺三角形である。したがって，角あは，60－{180－(60＋104)}÷2＝52(度)

重要　(3)　全体の積の式において，2が9個，3が8個，4が7個，5が6個，6が5個，7が4個，8が3個，9が2個，10が1個ある。

2が9個…3個×3　　3が8個…2個×3＋<u>2個</u>　　4が7個…2個×3＋<u>1個</u>

5が6個…2個×3　　6が5個…1個×3＋<u>2個</u>　　7が4個…1個×3＋<u>1個</u>

8が3個…1個×3　　9が2個　　10が<u>1個</u>

これらについて，下線部の積は3×3×4×6×6×7×9×9×10＝3×3×2×2×2×3×2×3×7×3×3×3×3×2×5で，3が8個＝2個×3＋2個，2が5個＝1個×3＋2個，7が1個，5が1個である。したがって，3を1個，2を1個，7を2個，5を2個かけた3×2×7×7×5×5＝7350がBである。

重要　(4)　最初のA，Bの水量をそれぞれ⑨，⑦とすると，⑨＋16，⑦＋12が17：13であり，⑨＋16の13倍である⑨×13＋208と⑦＋12の17倍である⑦×17＋204に等しい。したがって，①は(208－204)÷(7×17－9×13)＝2であり，最初のAの水量は2×9＝18(リットル)

重要　(5)　ア…左から1本目だけが左向き，左から2本目までが左向き，…，左から6本目までが左向き，すべて左向き，すべて右向き⇒全部で7＋1＝8(通り)

イ…＜左はしの2本だけ，右はしの2本だけが向き合う場合＞

残りの5本が向き合わない並べ方は5＋1＝6(通り)あるので全部で6×2＝12(通り)

＜左から2本目と3本目だけ，右から2本目と3本目だけが向き合う場合＞

1本目の向きが2通り，残りの4本が向き合わない並べ方は5通りあるので全部で2×5×2＝20(通り)

＜左から3本目と4本目だけ，右から3本目と4本目だけが向き合う場合＞

1本目と2本目の向きが3通り，残りの3本が向き合わない並べ方は4通りあるので全部で3×4×2＝24(通り)

したがって，全部で12＋20＋24＝56(通り)

2 (平面図形，図形や点の移動，速さの三公式と比，規則性，数の性質)

基本 (1) P，Qはそれぞれ1秒で次の頂点に着き，右表より，初めて[ア]Bで[イ]1秒後に出会い，[ウ]6秒ごとにBで出会う。

▼　　　▼
P：BCDEFA　BCDEFA
Q：BDFBDF　BDFBDF

重要 (2) Pは12÷3＝4(秒)，Qは12÷4＝3(秒)で次の頂点に着き，下表より，初めて[エ]Dで[オ]60秒後に出合う。この後，12秒ごとにPはADADADと進み，QはFBDFBDと進むので，[カ]12×6＝72(秒)ごとにDで出会う。

▽ (12)　▽ (24)　▽ (36)　▽ (48)　▼ (60)
4 8 12 16 20 24 28 32 36 40 44 48 52 56 60
P：B C D E F A B C D E F A B C D
Q：B D F B D F B D F B D F B D F B D F B D
3 6 9 12 15 18 21 24 27 30 33 36 39 42 45 48 51 54 57 60

基本 **3** (平面図形)

(1) 図1において，黒い部分は

3×3×3.14÷4－3×3÷2

＝7.065－4.5＝2.565(cm²)

(2) 図2において，直角三角形OHCのOC：CHは2：1であり，黒い部分は3×3×3.14÷360×150－3×3÷2÷2＝15×3.14÷4－2.25＝9.525(cm²)

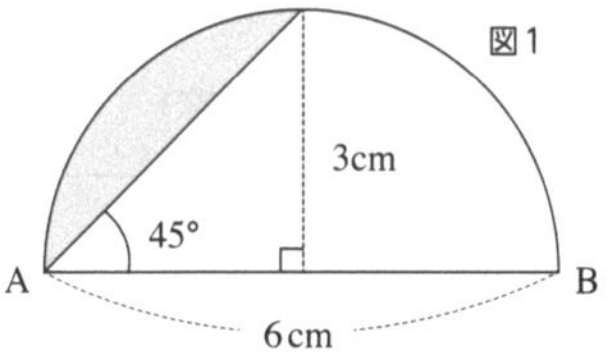

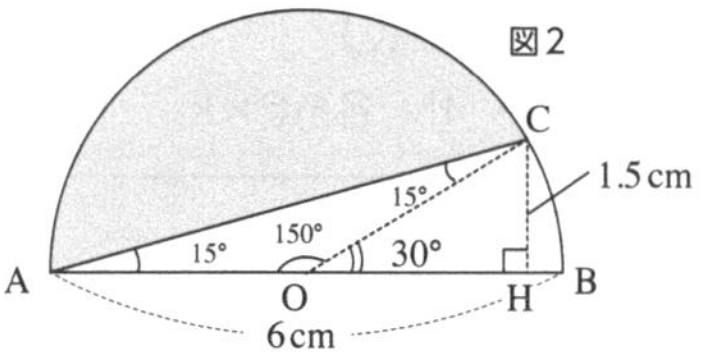

4 (規則性，割合と比)

基本 (1) 2番目…$10\times\frac{2}{3}+10=\frac{50}{3}$　3番目…$\frac{50}{3}\times\frac{2}{3}+10=\frac{190}{9}$

4番目…$\frac{190}{9}\times\frac{2}{3}+10=\frac{650}{27}=24\frac{2}{27}$

重要 (2) [ア]…20÷20＝1　[イ]…$\left(30-\frac{50}{3}\right)\div20=\frac{2}{3}$　[ウ]…$\left(30-\frac{190}{9}\right)\div20=\frac{4}{9}$

したがって，6番目の[エ]は$20\times\frac{4}{9}\times\frac{2}{3}\times\frac{2}{3}\times\frac{2}{3}=20\times\frac{32}{243}=\frac{640}{243}=2\frac{154}{243}$

重要 (3) (2)より，30との差が30－29＝1より小さくなる場合(真分数)は，以下より，9番目

7番目…$\frac{640}{243}\times\frac{2}{3}=\frac{1280}{729}$　8番目…$\frac{1280}{729}\times\frac{2}{3}=\frac{2560}{2187}$　9番目…$\frac{2560}{2187}\times\frac{2}{3}=\frac{5120}{6561}$

重要 **5** (割合と比，論理)

(1) 下図において，ア，イでは①a＜b＜c，ウでは③b＜a＜c，エでは④b＜c＜a，オでは⑥c＜b＜aであり，②・⑤がありえない。

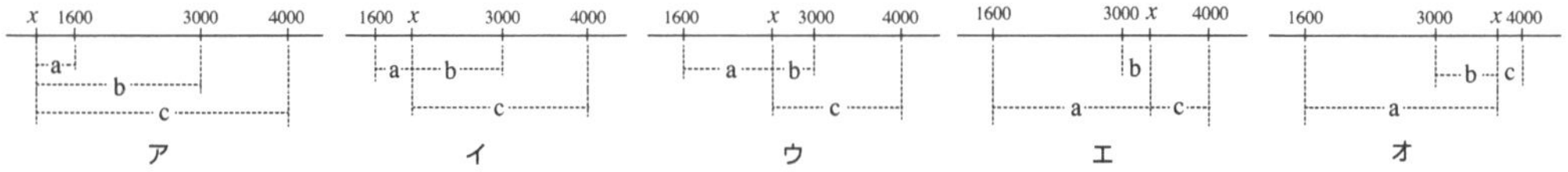

(2) (1)において，エ④・オ⑥は問題の条件にあてはまらない。

ア①…b＋c＝3000－x＋4000－x＝7000－x×2はａ×2＝(1600－x)×2＝3200－x×2と等しくない。

イ①…b＋c＝7000－x×2がa×2＝(x－1600)×2＝x×2－3200に等しいとき，x×4が7000＋3200＝10200に等しく，xは10200÷4＝2550(円)→a＝2550－1600＝950，b＝3000－2550＝450で条件に合わない。

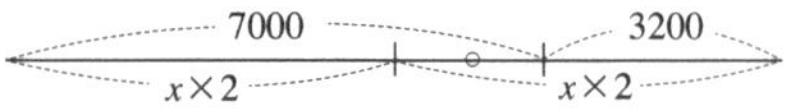

ウ③…$b+c=7000-x\times2$が$a\times2=x\times2-3200$に等しいとき，イ①で確かめた条件に合う。
(3)　(2)より，2550円

★ワンポイントアドバイス★

1(3)「整数の積」は数が多いため個数をまちがえやすく，(5)「矢印の並び方」は，最初の設問の答えを2つ目の設問について利用する。4(3)についても(2)の利用を考える。2「点の移動」，3「面積」は確実に得点しよう。

＜理科解答＞ ≪学校からの正答の発表はありません。≫

1　1　蒸散
2　(1)　カ　(2)　右図　(3)　ウ→イ→ア→エ→オ　(4)　気孔
3　(1)　ア　(2)　ア
(3)　蒸散の量が多いときに，光合成量も増える。

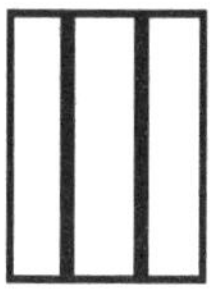

2　1　①　増加する　②　低く
2　変化　水　具体例　空気中に水蒸気が多いときに気温が下がると，空気中に細かな水滴が浮かんだ霧となり，遠くが見えにくくなる。
3　①　冷たく　②　蒸発　③　低く　④　かわいて　⑤　低く　⑥　低い
4　不快指数　73　度合い　快適　5　ア　不快指数　イ　湿度
6　気温が上がるとイは下がり，気温が下がるとイは上がる関係。
7　通風筒の中の空気と外の空気で，温度や湿度をつねに等しくするため。

3　1　ア　50　イ　下　ウ　50　エ　上　オ　棒　2　7cm
3　カ　50　キ　上　ク　50　ケ　下　コ　50　サ　下　シ　ばねB
ス　50　セ　上　ソ　ばねA　4　19cm

4　1　(1)　イ　(2)　黄色　(3)　カ
(4)　二酸化炭素が水に溶けて，体積が減ったから。
(5)　ドライアイスが二酸化炭素になると，体積が大きく増えるから。
2　氷によって冷やされた空気は，密度が大きく下へ動こうとするので，氷を上の棚に置き，食品を下の棚に置くと，食品に冷たい空気が当たって冷やしやすい。

○推定配点○

1　各2点×8
2　1・3・4・5　各1点×12　2・6・7　各2点×3(2は完答)
3　各1点×17
4　1(1)～(3)　各1点×3　1(4)，(5)・2　各2点×3　計60点

＜理科解説＞

1　(植物のはたらき－植物体内の水の動き)

1　植物が，体内の水を水蒸気として体外に出すはたらきを蒸散という。体温を調節したり，根からの水の吸収を促進したりする。

基本　2　(1)・(2)　ホウセンカは双子葉類の植物で，茎の断面では，道管や師管が環のように並んでいる。

そのうち内側が，根からの水を全身に送る道管である。

(3) 顕微鏡は，直射日光の当たらないしっかりした台に置き，反射鏡を調節して視野を明るくしてから，ステージにプレパラートを置く。ピント合わせは，まず横から見て対物レンズとプレパラートを近づけ，その後，接眼レンズをのぞいて対物レンズとプレパラートを遠ざける。

(4) 気孔は葉の裏に多くあり，2つの孔辺細胞にはさまれた空間である。

3 (1) ふつう，昼間には気孔を開いて蒸散をおこなう。しかし，高温で乾燥するときは，体内の水分が足りなくなるおそれがあり，気孔を閉じて蒸散を防ぐことがある。

(2) 光合成が盛んなのは，太陽光が強く当たるときである。このとき，二酸化炭素を多く吸収するために気孔を広げる必要がある。

(3) 気孔が大きく開いているときは，蒸散が盛んであり，また，二酸化炭素を多く吸収できるので，光合成も盛んである。しかし，乾燥しすぎるときは，蒸散を抑えるために気孔を閉じてしまうので，光合成の量も減ってしまう。

2 (気象－湿度の観測)

1 表にあるように，気温が高くなると，飽和水蒸気量は多くなる。実際に含まれる水蒸気量が変わらないならば，気温が高くなるほど湿度は低くなる。

2 飽和水蒸気量を超えた分の水蒸気は，液体の細かい水の粒に変化する。この水滴が上空にできると「雲」であり，地上にできると「もや」や「霧」である。1km向こうが見えればもやで，見えなければ霧である。また，「湯気」も空気中に浮かんだ水滴である。

重要 3 乾湿計では，湿球温度計の液だめの部分に湿ったガーゼを巻き付けている。ガーゼから水が蒸発するときに熱を奪うので，乾球温度計の示す温度より，湿球温度計の示す温度の方が低い。特に，空気が乾燥し湿度が低いときは，水の蒸発がより盛んになるので，湿球温度計の示す温度はより低くなり，乾球温度計と湿球温度計の示す温度の差が大きくなる。逆に，湿度が100％のときは，水が蒸発しないので，乾球温度計と湿球温度計の示す温度は等しい。

4 不快指数の式に当てはめると，$0.81\times26+0.01\times50\times(0.99\times26-14.3)+46.3=73.08$であり，四捨五入により73である。表に当てはめると，体で感じる度合いは「快適」である。

5 この日の気温は，28℃～36℃の範囲にあり，猛暑日である。イ▲を見ると，13時には38まで下がっている。これがもし不快指数だとすると，体で感じる度合いは「寒い」となり，実態に合わない。よって，つねに80～85の値であるア□が不快指数であり，イ▲が湿度である。

6 午前中に気温が上がると，イ▲の湿度は下がっている。午後に気温が下がると，イ▲の湿度は上がっている。これは，問1のしくみによる。

7 図の装置は，アメダスの温度計の装置を示している。昔は百葉箱を用いて人手で行っていた観測は，現在，アメダスを使い自動で行われているが，観測の基本的な考え方は同じである。百葉箱が風通しの良い設計になっていたのと同じく，問題の通風筒では換気扇を使って，つねに空気を入れ替えている。これは，筒を密閉して中の空気の温度や湿度を測っても，外の気温や湿度と同じにならないからである。

3 (力のはたらき－ばねののびとつりあい)

1 ばねAは，下端はおもりから下向きに50gの力を受け，上端は棒から上向きに50gの力を受けてつりあっている。このときの長さが7cmである。

基本 2 ばねAは，左端はおもりから左向きに50gの力を受け，右端はおもりから右向きに50gの力を受けてつりあっている。つまり，問1と全く同じつりあいの関係となっており，このときの長さも7cmである。

3 ばねに直接触れているものを考える。ばねAは，下端はばねBから下向きに50gの力を受け，上端は棒から上向きに50gの力を受けてつりあっている。ばねBは，下端はおもりから下向きに50gの力を受け，上端はばねAから上向きに50gの力を受けてつりあっている。

4　ばねAには50gの力がかかっており，長さは7cmである。ばねBにも50gの力がかかっており，長さは12cmである。全体の長さは，7＋12＝19(cm)である。

4 (状態変化－二酸化炭素とドライアイス)

1　(1)　水にドライアイスを入れると，固体のドライアイスが気体の二酸化炭素に変化して泡になり，水面から外へ出ていく。この泡の温度は周囲の水や空気よりも低い。すると，泡に含まれていた水蒸気や，空気中にあった水蒸気が冷やされ，細かな水滴となって，まるで白い煙のように見える。なお，アとエは気体であり，目に見えない。また，ウのような固体の粒ではない。

(2)　二酸化炭素が水に溶けると，酸性を示す。そのため，BTB液は黄色になる。

(3)　金属製のスプーンは熱を伝えやすいので，ドライアイスの表面に熱を与えて二酸化炭素に変える。二酸化炭素は体積が大きいので，スプーンは一瞬だけ持ち上げられるが，金属は重いのですぐに下がる。再びスプーンはドライアイスに触れ，最初からの動きを繰り返す。そのため，スプーンはドライアイスの上で揺れるように動き，やり方次第では，ベルのような音を出す。木製のスプーンだと熱を伝えにくいので，うまくいかない。

(4)　二酸化炭素は水に少し溶ける気体である。そのため，実験3では二酸化炭素が水に溶けて体積が減少し，ペットボトルがへこむ。

(5)　固体のドライアイスが気体の二酸化炭素になると，温度にもよるが体積は約800倍に増える。そのため，実験4ではペットボトルの内部の圧力が高くなり，破裂する。ただし，この実験は，大けがのおそれがあり危険なので，安易に行ってはいけない。

2　昔の冷蔵庫は，現在のように電気と冷媒ガスを使うものではなく，上部に氷を入れる棚があって，氷屋で買った氷の塊を入れて全体を冷やすものであった。氷で冷やされた空気は，密度が大きいので降りていき，下にある食品を入れた棚全体が冷えるというしくみである。もし氷を入れる棚が下にあると，下の方だけが冷えて，冷蔵庫全体が冷えない。

★ワンポイントアドバイス★

当たり前と思うことでも，基本の考え方にしたがって忠実に考え，的確なことばで記述できるようになろう。

<社会解答>　≪学校からの正答の発表はありません。≫

1　1　先住　2　オホーツク　3　栽培　4　益子　5　工業団地　6　赤石　7　諏訪　8　精密　a　タマネギ　b　イチゴ　c　(例)　海から隔てられているため，空気が乾燥し気温の変動が大きくなるから。

2　問1　イ　問2　クリーク　問3　地熱発電　問4　ウ　問5　(例)　ふつうより早く栽培することで品物がない時期に出荷できるから。　問6　ア　問7　エ　問8　イ

3　a　原爆ドーム　b　(例)　都を頻繁に移したこと。　c　(例)　半朝廷的な動きをする危険な人物とみなしていた。　d　校倉造　e　奥州藤原氏　f　平家物語　g　金剛力士像　h　ウ→イ→ア　i　ウ　j　刀狩　k　生類憐みの令　l　イ　m　門前町

4 1　藩校　2　教育勅語　3　子ども[児童]の権利　a　ア　b　(例)　死体の解剖に立ち会いターヘルアナトミアの正確さに驚いたから。　c　ウ　d　学徒出陣
e　(例)　空襲で校舎が焼失したから。　f　(例)　子どもに教育を受けさせる義務
g　(例) 信教　h　(例)　一人の人間が社会の中で成長していくためには物事を判断するための基本的な能力が欠かせず，そのためには一定の知識を身につけることが必要だから。

○推定配点○
1　1～8・a・b　各1点×10　c　3点　**2**　問1～問4・問6～問8　各1点×7　問5　3点
3　a・d～m　各1点×11　b・c　各3点×2　**4**　1～3・a・c・d・g　各1点×7
b・e・f　各3点×3　h　4点　計60点

＜社会解説＞

1　(日本の地理―北海道・栃木県・長野県の歴史・自然・産業など)

1　固有の文化や伝統を有する少数民族。1997年にはアイヌ文化振興法が成立，2008年には国会でアイヌ民族を先住民族とする決議もなされた。
2　北海道や千島列島などに囲まれた海域。大陸棚が発達し水産資源の宝庫となっている。
3　出荷まで人の手で管理する養殖に対する言葉。最近では研究が進み魚種も拡大している。
4　土鍋など素朴な日常生活に用いられる陶器を中心に製造。大正末期に人間国宝にもなった浜田庄司がこの地に定住し民芸運動の中心地となった。
5　内陸部に多く計画的に工場を配置。中小工場が集団で移転し生産効率の向上を図っている。
基本　6　山脈の南部に位置する赤石岳(3120m)から命名。3000m級の山々が連なる山脈。
7　県中央に位置し水深が6m前後の浅い湖。近年は水質の悪化が進行している。
8　戦争中空襲を避けて工場が移転したことを契機に，乾燥した気候や製糸産業で培われた熟練工の存在などから発展。最近では電子部門への進出が進んでいる。
やや難　a　戦前，北見地方は世界の約70％を占めるハッカの大産地であったが，戦後合成ハッカの登場で衰退。その後はタマネギの主産地へと転換していった。
b　冬の日照時間が長く昼と夜の寒暖差が大きい気象条件がイチゴの生産に適していた。
c　日中は直射が強く地面の温度は上がるが，夜間は地面からの熱放射が大きく気温が低下する。

2　(日本の地理―中国・四国・九州の自然・産業など)

問1　明石の標準時子午線(東経135度)，東京近辺の経度(東経140度)などから判断。
問2　低湿地の耕地の周囲に設けられた排水・灌漑用の人工の水路。九州最大の筑後川の下流域では網目状にクリークが発達し国内でも有数の穀倉地帯となっている。
重要　問3　地下のエネルギーを蒸気や熱水の形で取り出して発電。火山国である日本は世界でも有数の地熱大国であり，大分県の八丁原《はっちょうばる》には日本最大級の地熱発電所が存在する。
問4　四国の南東端に位置する温暖な地で台風の通り道としても知られている。イは足摺岬。
基本　問5　高知平野や宮崎平野ではキュウリやナスなどの夏野菜を冬から春に栽培し東京などに出荷。
問6　熊本では3月初旬から出荷され6月には終了する。イはメロン，ウはミカン。
問7　わかめの養殖は岩手県･宮城県･徳島県の順。アは広島県(E)，イは熊本県(B)，ウは愛媛県(F)。
問8　九州の中枢都市である福岡市は全国でも第5位(155万人)の大都市。2位は政令指定都市でもある北九州市。アは高知県，ウは山口県(第1位は下関市で第2位が県庁所在地の山口市)。

3　(日本の歴史―古代～近世の政治・社会・文化など)

a　人類の犯した悲惨な出来事を後世に伝え戒めとするもの。公式な分類ではないがアウシュヴィ

ッツ強制収容所や奴隷貿易の中継地・ゴレ島など20か所程度が挙げられている。

やや難 b　藤原広嗣の乱に衝撃を受けた天皇は伊勢行幸をきっかけに平城京を離れ，以後5年の間，恭仁京《くにきょう》→難波宮→紫香楽宮《しがらきのみや》と矢継ぎ早に遷都を繰り返しやがて平城京に戻っていった。

c　用水施設を作るなど社会事業を通じて民衆の圧倒的な支持を受けていた行基に対し，朝廷は僧尼令違反として布教を禁止するなど弾圧を加えていた。

d　三角材が湿気に応じて膨張・収縮することで室内の湿度を一定にする働きがあるといわれる。

e　清衡・基衡・秀衡の3代にわたり平泉を中心とする独立王国を築いた一族。

f　琵琶法師によって語り伝えられた仏教的無常観に基づく軍記物の代表作品。

g　仁王像ともいわれ，口を開いた阿像と口を閉じた吽《うん》像の2体からなる怒りの形を表現した仏像。

h　鉄砲伝来(1543年)→桶狭間の戦い(1560年)→室町幕府の滅亡(1573年)の順。

i　琵琶湖に面し当時の大動脈である琵琶湖の水運を押える政治・経済的な要衝に位置していた。

重要 j　京都方広寺の大仏殿造営を口実に，その釘やかすがいに利用するとして百姓から武器を回収。

k　戌年生まれの綱吉は特に犬を大切にし，数万頭という野犬を収容保護したという。

l　3代家光の時に制度化，江戸での生活や往復の費用が大名の財政を圧迫した。大名は領地替えが行われたほか，武家諸法度違反や相続問題で改易(取り潰《つぶ》し)や減封も行われた。

m　伊勢神宮の宇治山田，善光寺の長野など全国各地に生まれた。

4 (歴史・政治—近世～現代の社会・文化・憲法など)

1　長州藩の明倫館，会津藩の日新館など全国に200校以上が作られた。

2　全国の学校に配られ礼拝や奉読を強制，天皇制の精神的支柱となっていった。

重要 3　すべての子どもが持つ「生きる」，「育つ」，「守られる」，「参加する」権利を保障したもの。28条では教育を受ける権利も規定されている。

a　南宋の朱熹《しゅき》が大成した儒学。林羅山が徳川家康に登用されたことで幕府の御用学問となった。

b　小塚原刑場で解剖を観察，ターヘルアナトミアに描かれた人体図との符合に驚かされた。

c　男子の就学率は女子の２倍前後。1907年には男女とも就学率は95％前後となった。

d　1943年，戦局の悪化に伴い文科系学生の徴兵猶予が打ち切られた。

e　戦後の数年間，焼けた校舎の代わりに校庭や野原での授業が各地で行われた。

f　国民に対しその保護する子女に普通教育(一般的で基礎的な教育)を受けさせる義務を課し，義務教育は無償(授業料や教科書などは無料だが一定の範囲はある)とされた。

重要 g　宗教を信仰するかどうかや，どの宗教を信仰するかを自分で決める権利。その他，精神の自由の中核となる自分で判断する思想及び良心の自由などがある。

h　人間が成長・発達し自己の人格を完成していくためには，その基礎となる様々な知識を身につけることが極めて重要である。

★ワンポイントアドバイス★

記述問題では書いたままにしないことも大切である。必ず読み直しを行い，修正することで得点の大幅アップを目指そう。

＜国語解答＞ ≪学校からの正答の発表はありません。≫

［一］ 問一 A 1 B 4 C 2 問二 (新蔵) 武田(軍) (敵) 織田，徳川連合(軍) 問三 (例) 赤ふんどし一本で刀を担いだ姿。(15字) 問四 2
問五 (例) 武田の騎馬隊を自陣の馬防柵で食い止め，銃火を集中する作戦。(29字)
問六 (例) 馬防柵をこえて納得の行く戦いができなかったことが無念だったから。
問七 4 問八 3 問九 2 問十 1 問十一 3 問十二 1
問十三 4 問十四 3

［二］ 問一 3 問二 4 問三 聖なる空間 問四 ① (例) 犯人であっても入った者は聖性を帯びるので，捕らえることはできない聖なる場所。(38字) ② 神殿・個人の家・渡し舟・馬ぐわの下 問五 (例) 時間は均質的で直線的に流れてゆき，空間は三次元の均質的な場であるという考え方。(39字) 問六 (例) 電車やバスなど公共の乗り物には，ほとんど「優先席」がある。高齢の方や障害のある方などが優先的に座ることのできる席だが，私は「優先席」は必要ないのではないかと思う。優先席がなくても，座席が必要な人には席を譲るという意識を社会全体で持つことが重要だと思うからだ。特別に何かをしなくても，どのような人も同じように暮らせる社会になれば，助けが必要な人だけでなく，健常者にとっても暮らしやすい社会になると思う。(200字)

［三］ (主語・述語の順) 1 ウ・オ 2 ア・ウ

［四］ 1 報復(する) 2 保(つ) 3 供(える) 4 辞職(する) 5 寒波
6 ふんべつ 7 しようまっせつ 8 たぐい(まれな)

○推定配点○
［一］ 問一・問二 各2点×5 問三・問五・問六 各4点×3 他 各3点×9
［二］ 問一～問三 各3点×3 問六 10点 他 各4点×3(問四②は完答)
［三］ 各2点×2(各完答) ［四］ 各2点×8 計100点

＜国語解説＞

［一］ (小説－心情・場面・文章の細部の読み取り，ことばの意味)

基本 問一 Aは，1の意味のほかに，けなげで感心なこと，人知をこえた不思議なこと，という意味もある。Bは，相手を敬って振る舞うさまを表す。Cは，結果を考えずに行うこと。

問二 捕りょとなった新蔵は織田兵に引き立てられて行っていること，「しかし，今日の……」で始まる場面で，「織田，徳川連合軍」の陣地にある馬防柵を，新蔵たちの「武田」の武士たちはこえられず，ついえたこと，が描かれているので，新蔵は「武田軍」，敵は「織田，徳川連合軍」である。

問三 冒頭で，「赤いふんどし一本」の姿で，刀を担いでいる新蔵の「かっこう」が描かれている。

重要 問四 ――部は，「討死した武田方の将士の死体が横たわってい」る状況を描いており，「弱い」「落ちていた」という描写から，2が適切。

問五 ――部の「合戦」については，問二でも考察したように「しかし，今日の……」で始まる段落で，陣地内の馬防柵で武田の騎馬隊を食い止め，そこに銃火を集中した織田，徳川連合軍の様子が描かれているので，この部分を具体的にまとめる。

やや難 問六 ――部直後で，馬防柵に近付くごとに多くなっているのは味方の武田軍の武士の死体ばかりで，無念の思いが火となってふき上げてきた新蔵の心情が描かれている。また，(中略)後「それとは……」で始まる段落でも，「柵をこえることのできなかった無念さが，ただ火のように胸をつき上げて来たのだ」と，この時の心情を思い返している。その死体は「斬りまくった果てに，力つきて斬死したといった納得の行く姿ではなかった」ものであったこともふまえ，新蔵の無念の気持ちを説明する。

重要　問七　無念の気持ちで動くこともできなくなった新蔵が，「織田の武士たちに手取り足取り担がれて」いる様子で，「裸の捕りょ」は人間としての新蔵ではなく，物のようにあつかっていることを表しているため，4が適切。無念の気持ちで動けなくなっているので，1の「敵方に自由をうばわれた新蔵が悲しみにうちひしがれている」は不適切。「裸の捕りょ」は作者の描写なので，2も不適切。3の「新蔵のあらあらしいふるまい」も不適切。

問八　――部は，合戦で勝利し，武士たちがよっぱらってさわいでいる織田・徳川連合軍の織田信長の本営に，新蔵が引き立てられてきた場面である。――後で，敵の武士に対して反抗的な態度でいることから，3が適切。1の「戦いを再開しようとしている」，2の「周囲の者を警かいして身構えている」，4の「強く恥じている」は，いずれも不適切。

問九　――前後で，若い武士が，捕らわれの身になっても恥じることはない，という信長の言葉をわざわざ新蔵に伝えているのは，戦では敵軍の捕りょになることは恥だからであり，このことが「『恥』という言葉が，それの持つ正当な意味」である。さらに――後で，「捕らわれたことを少しも恥じていなかった。恥じるようなまともな合戦ではなかった。」という新蔵の心情が描かれているので，2が適切。1・4の新蔵の心情，3の「全く聞こえていなかった」はいずれも不適切。

問十　――前で，この合戦は恥じるようなまともな合戦ではなく，銃火によって大勢の優れた武将たちがあっけなく一瞬にして息を引き取るような，信じられないことが起こり，死んだ者がこっけいに見えるほど，ばからしいという気持ちしか持っていなかったという新蔵の心情が描かれている。これまでのやり方ではまともに戦えないような合戦だったことで，よろいを着るなど，きちんと身なりを整えるのがばからしかったため，新蔵は――部のように考えたので，1が適切。今回の合戦が「ばからしい」ものであったことを説明していない他の選択肢は不適切。

重要　問十一　――直後で，――部を「ひどくばからしい合戦にふさわしく，その結末も新蔵にはばからしく，こっけいに思えた」と新蔵は思っていることから，首をはねられるか仕官するかという重要なこともどうでもいいと思えるほどなげやりになっているので，3が適切。「こっけいに思えた」ことを説明していない他の選択肢は不適切。

問十二　――直後で，合戦の神と言われた山県昌景が，刀一つ使えないような若い下級武士に，ひまだったからというばからしい理由で狙撃されたことに，忿怒(はげしく怒ること)していることが描かれているので，1が適切。「忿怒を点火した」＝はげしく怒っていることを説明していない他の選択肢は不適切。

重要　問十三　冒頭でも描かれているように，新蔵は赤ふんどし一本の裸姿でも抜身の刀を肩に担ぎ，織田方の鉄砲隊の若い武士たちに対しては「刀一つ使えないかもしれない」と思っていることから，刀を特別なものとしていることが読み取れる。――部で，追ってきた敵に肩先を斬り下げられた時に，「槍をすてて，刀が欲しかった」と思っているのは，刀であれば自分は負けないという思いがあるからなので，4が適切。1の「幼いころから常に手元にあった」は描かれていないので，不適切。刀に対する思いを説明していない，2・3も不適切。

重要　問十四　――部は，雑兵たちを次々と槍でつきさした後の，新蔵の心情である。「ひどくばからしい，ほとんど信じられぬくらいの間の抜けた大会戦」の最後に，ようやく自分の手で敵と戦うことができたため，新蔵は「じゅう実感」に満たされているので，3が適切。直接敵と戦っている直前の場面を説明していない他の選択肢は不適切。

[二] (論説文－論理展開・要旨・細部の読み取り，記述力)

問一　本文は，冒頭の段落で，古代，中世の人びとの関係のあり方を考えるとき，現代人の私たちがもっている「常識」をいったん捨てる必要があるという主張を述べ，「たとえば……」以降で，古代，中世の神殿など具体例をあげ，最後の段落で，もう一度主張をまとめている，という展開をしているので，3が適切。

基本　問二　4のみ，「目に見えないきずなによって結ばれる」関係である。

問三　「古代，中世の人びと……」で始まる段落で，古代，中世の人びとにとって空間は，「聖なる空間とそうでない空間があって，前者はおそれをもって接しなければならない空間でした。(44字)」と述べている。

重要　問四　①　——部直前の3段落で,「アジール(聖域,避難所)」の具体例の一つである「神殿」について，神殿は聖なる場所で，そこにはいった者は聖性を帯びるため，犯人であっても，そこにいる間は捕らえることはできない，ということを述べている。これらの内容を指定字数以内でまとめる。

②「古代，中世の社会では……」で始まる段落の「神殿」,「このような空間……」で始まる段落の「個人の家」,「アジールには……」で始まる段落の「渡し舟」，次段落の「馬ぐわの下」，の四つである。

問五　「たとえば……」で始まる段落で，現代人である私たちには「時間が均質的でまた直線的に流れてゆくと考えるけい向がありますし，空間は三次元の均質的な場であると考えています」と述べているので，この部分を「～という考え方。」という形でまとめる。

やや難　問六　どのような「現代の常識」があるか，あらためて生活をふり返ってみよう。解答例では「優先席」を挙げているが，他にも，制服など男女による服装の違いなど，私たちが当たり前と思っている常識を挙げ，その常識を捨てることでどのような変化が起こるかを，具体的に述べていこう。

重要 [三] (文と文節)

1の述語は「読みました」で，この動作をしている「私も」が主語になる。2の文では，主語である「富士山の」に対して「見える」が述語の関係になっていて,「富士山の　よく　見える」は「部屋を」を修飾している。この文全体の述語は「予約した」で，主語はない。

重要 [四] (漢字の読み書き)

1は仕返しをすること。2の音読みは「ホ」。熟語は「保存」など。3の音読みは「キョウ」「ク」。熟語は「供給」「供物」など。4は自分から職をやめること。5は寒冷な空気が移動してきて，気温が急激に下がる現象。6は物事の善悪などを判断すること，また，その能力。同じ漢字で「ぶんべつ」と読む場合は，種類によって区別する，という意味で用いる。7は主要ではない中心からはずれたつまらないこと。「枝葉」は枝と葉で，幹が主要なもののたとえであるのに対して，主要でない部分のたとえ,「末節」は木の末のほうの節(ふし)で，主要でないささいな部分のたとえ。8の「類まれ」は，めったにないことであるさま。音読みは「ルイ」。熟語は「種類」など。

★ワンポイントアドバイス★

記述問題では，「本文中の言葉を用いて」「具体的に説明」など，設問の指示をふまえて，説明していくことが重要だ。

2019年度

★★★★★★★★★★★★★★★★★★★★★★★

入　試　問　題

2019年度

フェリス女学院中学校入試問題

【算　数】（50分）　＜満点：100点＞

【注意】 1. 答を出すのに必要な図や式や計算を，その問題のところにはっきりと書いてください。

2. 円周率を使う場合は3.14としてください。

1 次の問いに答えなさい。

(1) 次の □ にあてはまる数を求めなさい。

$$\frac{21}{32}\div\left\{1.75\div\left(\square-\frac{7}{6}\right)\right\}\times\frac{26}{35}=\frac{1}{8}$$

答 □

(2) 白色，黄色，赤色のさいころがそれぞれ1個ずつあります。この3個のさいころを同時に投げます。次の ア ， イ にあてはまる数をそれぞれ求めなさい。

① どの2個のさいころの出る目の差も4以下となるような，目の出方は ア 通りです。

② 出る目の最も大きい目が5であるような，目の出方は イ 通りです。

答 ア □ イ □

(3) 次のページの図の3つの円はどれも半径が4cmで，それぞれの中心は点A，B，Cです。点A，Bを中心とする円は，どちらも点Cを通り，直線ABの長さは2cmです。図の太線の長さは □ cmです。

□ にあてはまる数を求めなさい。

答 □

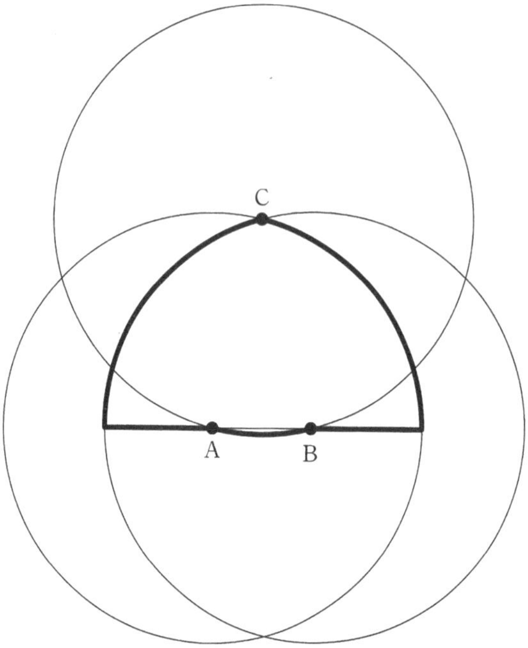

(4)　$\frac{\boxed{ア}}{5}$と$\frac{\boxed{イ}}{\boxed{ウ}}$はどちらも約分できない分数で，$\frac{\boxed{ア}}{5}$は１より大きく，$\frac{\boxed{イ}}{\boxed{ウ}}$は１より小さいです。この２つの分数の差は$\frac{1}{3}$に等しいです。次の問いに答えなさい。

①　$\boxed{ウ}$ にあてはまる整数を求めなさい。

答

②　$\boxed{ア}$，$\boxed{イ}$ にあてはまる整数をそれぞれ求めなさい。

答

ア		イ	

(5)　A，B，C，Dの４人の家は，右の図のように２本の直線道路でつながっています。

Aさんは，自分の家からCさんの家まで分速150mの速さで移動し，すぐにDさんの家まで分速90mの速さで移動しました。Bさんは，自分の家からCさんの家まで分速90mの速さで移動し，すぐにDさんの家まで分速

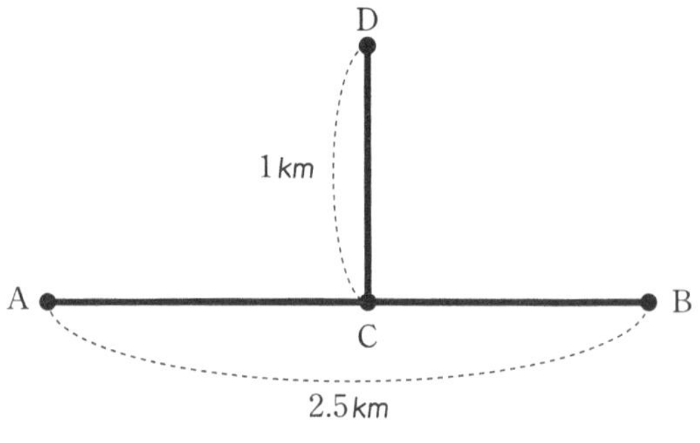

150mの速さで移動しました。AさんとBさんは同時に自分の家を出発し，同時にDさんの家に着きました。AさんとCさんの家は何mはなれていますか。

答 [　　　　]

2　濃《こ》さが６％の食塩水Aと，濃さが［ア］％の食塩水Bがあります。食塩水Aと食塩水Bを５：３ の割合で混ぜ合わせ，800ｇの食塩水を作り，そこに100ｇの水を加えて混ぜ合わせると，濃さが８％になりました。また，700ｇの食塩水Aと，550ｇの食塩水Bからそれぞれ［イ］ｇの食塩水を取り出し，Aから取り出したものはBへ，Bから取り出したものはAへ入れて混ぜ合わせると，２つの食塩水の濃さが同じになりました。［ア］，［イ］にあてはまる数をそれぞれ求めなさい。

答 | ア | | イ | |

3　１辺の長さが31cmの正方形の紙と，１辺の長さが23cmの正方形の紙を，図１のように正方形に折ったものをそれぞれA，Bとします。Aの，紙が二重でない部分にBをすき間なく重ねると，次のページの図２のようになりました。　部分の面積が84cm²のとき，次のページの問いに答えなさい。

図１

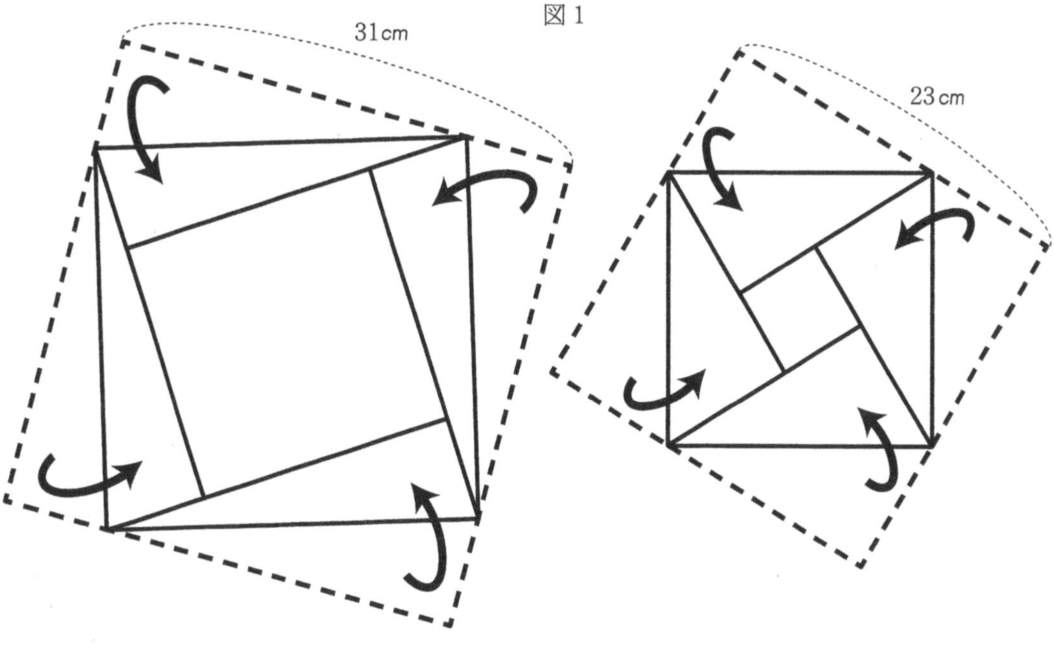

図2

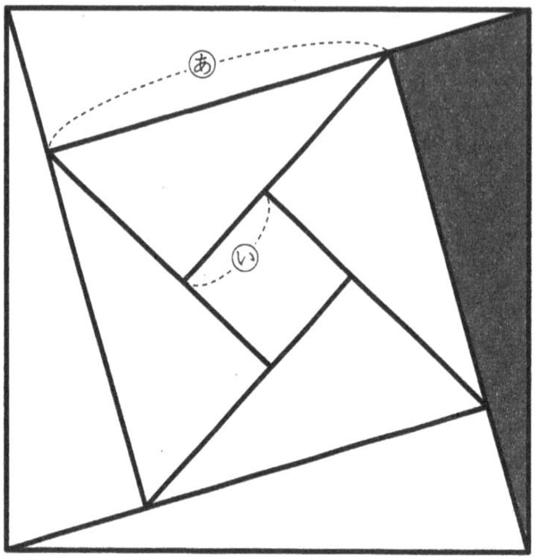

⑴　あの長さを求めなさい。
（求め方）

答

⑵　いの長さを求めなさい。
（求め方）

答

4　右の図のように，一直線上に10cmはなれた点A，Bがあります。次の問いに答えなさい。

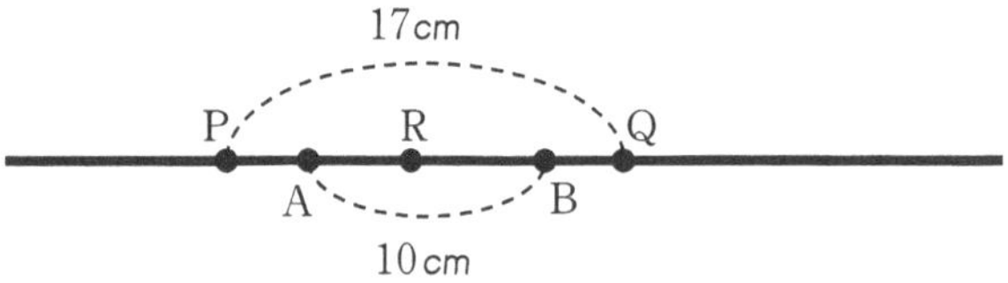

⑴　同じ直線上でAの左側に点Pがあり，Bの右側に点Qがあり，AとBの間に点Rがあります。この２点P，Qは17cmはなれています。P，Q，RのA，Bからの距離のすべての合計 AP＋AQ＋AR＋BP＋BQ＋BR を求めなさい。
（求め方）

答

⑵　⑴のPとQのように，Aの左側とBの右側に，17cmはなれた点の組が何組かあります。また，AとBの間にも点が何個かあり，この直線上には，A，B以外に点が全部で30個あります。この30個の点の，A，Bからの距離のすべての合計は468cmです。AとBの間の点はいくつありますか。
（求め方）

答

5 図1は，透明《とうめい》な正六角柱です。これを，長方形GABHが正面となるように見ると，図2のようになります。このとき長方形KEDJは長方形GABHと完全に重なって見えます。次の問いに答えなさい。

図1

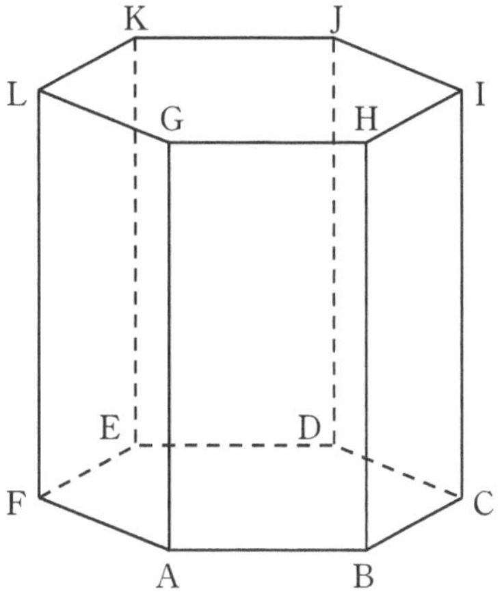

図2

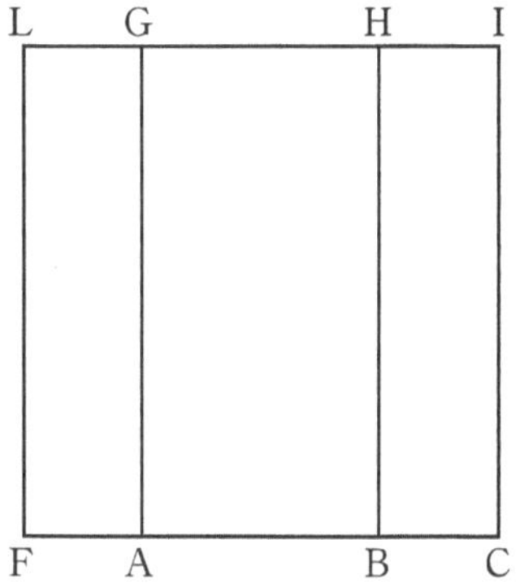

(1) この正六角柱の頂点から，3つの頂点を選び直線で結んで三角形を作ります。図2の向きから見たとき図3の太線のように見える三角形は，全部でいくつありますか。

図3

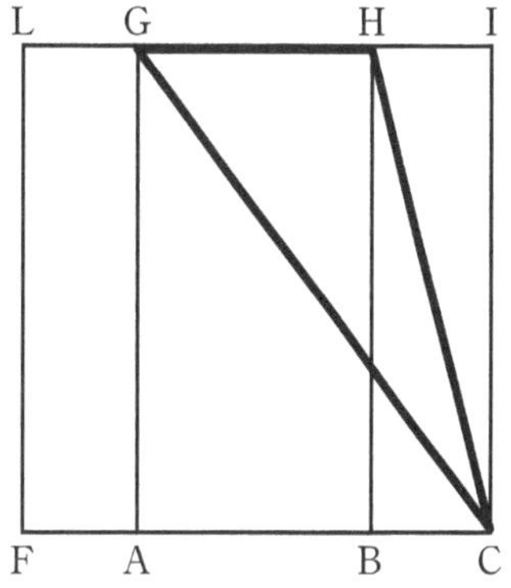

答

(2) (1)のすべての三角形の面積の合計が60cm^2のとき，最も面積が小さい三角形の面積を求めなさい。

（求め方）

答

【理　科】（30分）　＜満点：60点＞

1　表は各温度において，水100ｇにとける食塩の量を示したものです。

水温（℃）	20	40	60	80
食塩（g）	36.0	36.6	37.0	37.6

1　次のア～エのうち，正しいものをすべて選びなさい。

ア　食塩や砂とうなどが水にとけているものを水よう液という。

イ　水よう液はすべて無色である。

ウ　水よう液はすべてとう明である。

エ　ものが完全にとけた水よう液のこさは，上の方も底の方もすべて同じである。

2　次のア～エのうち，「食塩が水にとける」と同じ意味の「とける」を表しているものを１つ選びなさい。

ア　鉄くぎを塩酸に入れるととけた。

イ　氷がとけて水になった。

ウ　アルミニウムはとかしてリサイクルされる。

エ　炭酸水には二酸化炭素がとけている。

3　食塩をできるだけとかした40℃の食塩水300ｇがあります。この食塩水の水を25ｇ蒸発させると，結しょうとして出てくる食塩は何ｇですか。小数第二位を四捨五入して小数第一位まで答えなさい。

4　食塩をできるだけとかしたある温度の食塩水300ｇがあります。この食塩水の水を25ｇ蒸発させた後，温度を40℃とすると食塩7.8ｇがとけ残っていました。はじめの食塩水の温度を次のア～エから選びなさい。

ア　20℃　　イ　40℃　　ウ　60℃　　エ　80℃

5　海水には食塩などがとけています。ここでは海水を食塩水とみなし，そのこさは海水100ｇあたりに食塩が3.0ｇとけているものとします。

　20℃の海水を300ｇ用意し，そこに食塩を少しずつ加えます。すると，ある量より多く加えたときに食塩のとけ残りが見られました。ある量とは何ｇですか。小数第一位を四捨五入して整数で答えなさい。

6　食塩は料理の味付けだけでなく，冷蔵庫がない時代は食料の保存にも使われていました。石川県の能登《のと》では，海水から食塩を取り出す塩づくりが行われています。

①～⑤はその方法の一部を示したものです。

①　海水を桶《おけ》でくみ，大きい桶にためる。

②　ためた海水を砂の上にまく。

③　陽にあててかんそうさせた砂を集め，ろ過をできる箱に入れる。

④　箱の上から海水を流しこみ，ろ過をする。

⑤　ろ液を大きい釜《かま》で加熱して，水を蒸発させる。

⑴　方法②では，熊手《くまで》のような道具で次のページの図のように砂に筋目を入れます。これは，まいた海水の水分を早く蒸発させるためですが，なぜ早く蒸発するのか答えなさい。

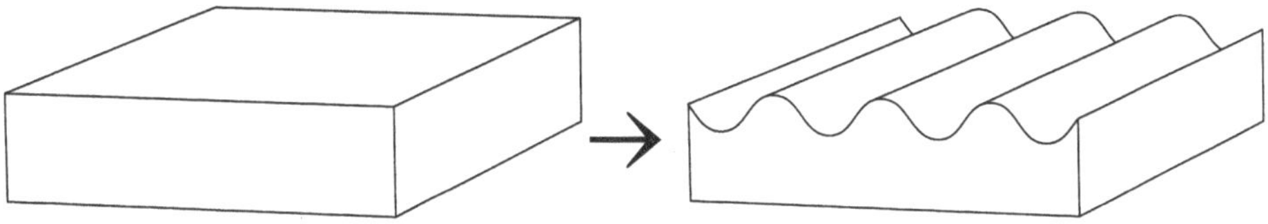

⑵　桶でくんだ海水をそのまま加熱して食塩を得るのではなく，方法①～④によって得られるろ液を加熱するのはなぜか答えなさい。

2　生物には，様々な特ちょうがあります。次の８種類の生物を，図１のように上から順番にＡ～Ｈに仲間分けをしました。Ａ～Ｈにはそれぞれ１種類の生物があてはまります。

＜生物＞			
アサガオ	アヒル	クジラ	クモ
トンボ	ハエ	ミカヅキモ	メダカ

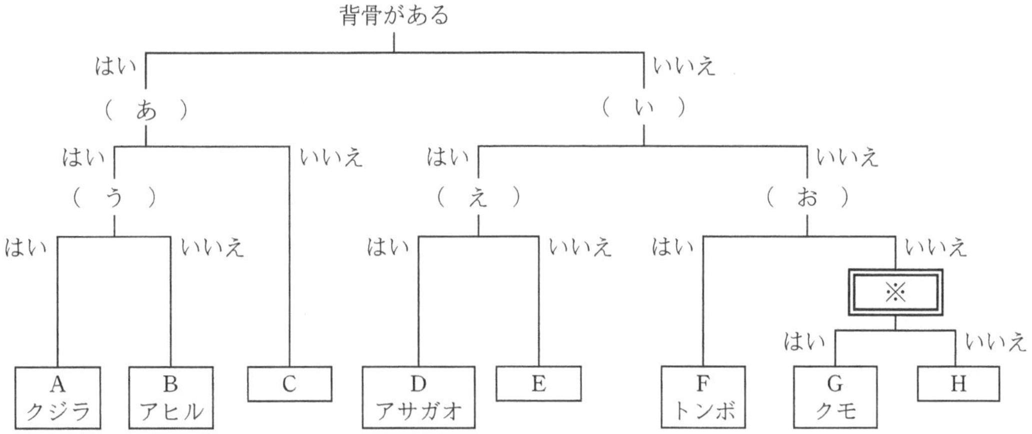

図１

1　⑴　図１の（あ）～（お）の仲間分けの条件を，以下の１～10から選び，番号で答えなさい。ただし，同じ番号は一度しか答えることはできません。

1　卵を産み，仲間を増やす
2　親と似た姿の子を産み，仲間を増やす
3　種子をつくり，仲間を増やす
4　光合成をおこなう
5　歩いたり，泳いだり，飛んだりして，自分で移動することができる
6　はね，またはつばさを２枚持つ
7　はね，またはつばさを４枚持つ
8　さなぎの時期がある
9　えらで呼吸する
10　肺で呼吸する

⑵　前のページの図１のＣ，Ｅ，Ｈにあてはまる生物の名前をそれぞれ答えなさい。

⑶　図１の ※ の仲間分けの条件を答えなさい。ただし，体のつくりを条件とし，⑴の１～10以外の条件を答えなさい。

⑷　図１の方法でシイタケを仲間分けすると，Ａ～Ｈのどこにあてはまりますか。Ａ～Ｈの記号で答えなさい。ただし， ※ の条件は，⑶で答えた条件を用いなさい。

2　海岸の岩場には多くの生物が生息しています。岩場を歩いていると，図２の生物が岩かげに向かっていきおいよく走っていました。

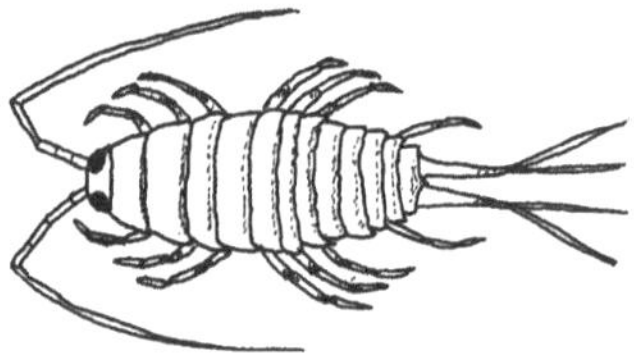

図２

⑴　図２の生物の説明として正しいものを，以下のア～エから１つ選び，記号で答えなさい。

ア　図２の生物は，こん虫であり，ゴキブリでもある。

イ　図２の生物は，こん虫であるが，ゴキブリではない。

ウ　図２の生物は，こん虫でないが，ゴキブリである。

エ　図２の生物は，こん虫でなく，ゴキブリでもない。

⑵　⑴の答えを選んだ理由を説明しなさい。

3　導線の周りに小さな方位磁針を置きます。図１のように，はじめはすべての方位磁針のＮ極が北を指しています。図２の矢印の向きに電流を流すと，それぞれの方位磁針は図２のようにふれました。この現象をもとに，以下の問いに答えなさい。

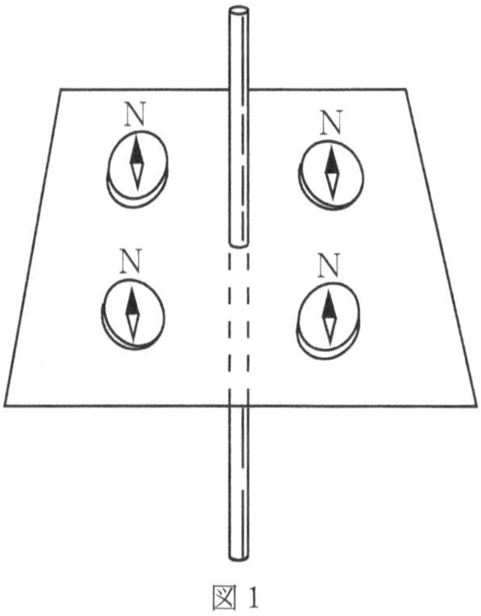

図１

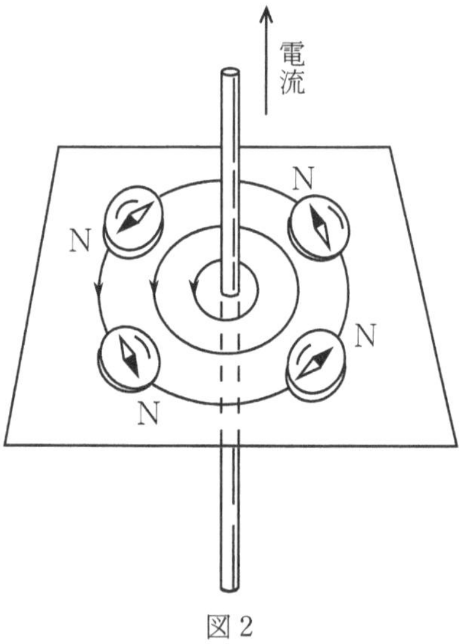

図２

1　次のページの図３のように導線の下に方位磁針を置きます。次のページの図４はそれを上から見た図です。電流を流す前，方位磁針は図の状態になっていましたが，電流を流すと針がふれました。

⑴　針は図４のア・イのどちらにふれますか。

⑵　針のふれる角度を大きくする方法を２つ答えなさい。ただし，導線の形は変えないものとします。

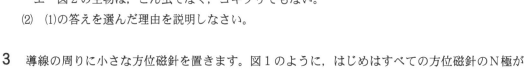

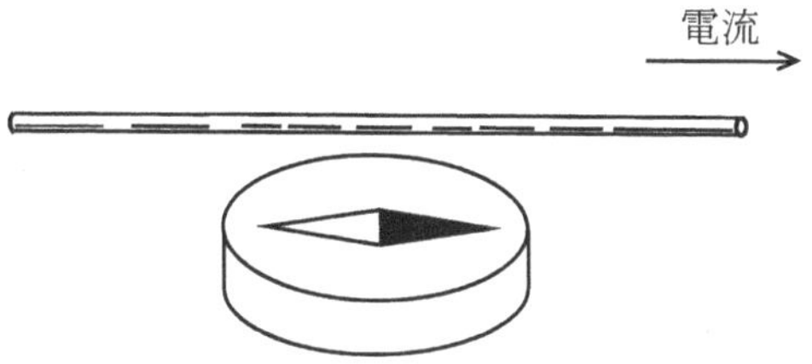

図3

図4

2　導線の形を変えて1と同じ実験をしました。以下の(1)～(3)のそれぞれの場合，針はア・イのどちらにふれますか。ふれない場合は解答らんに✕と書きなさい。ただし，導線は太い線で，電流の向きは太い矢印で示してあります。

(1)

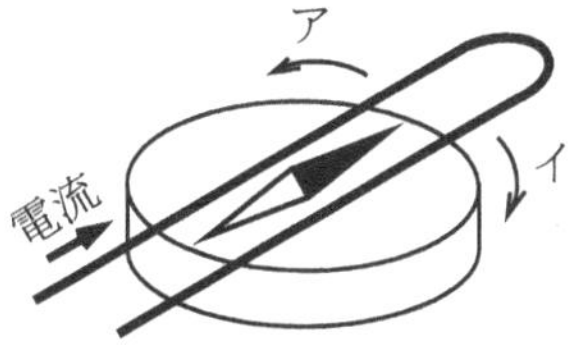

(2)

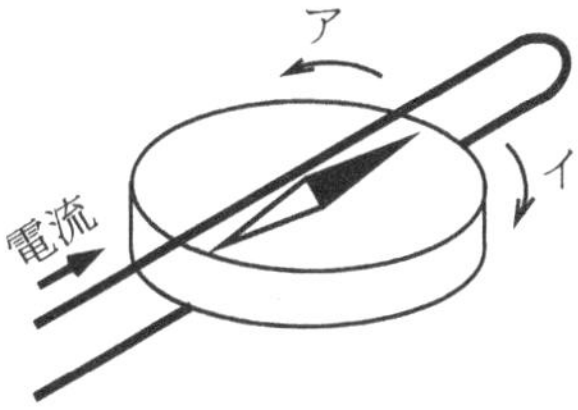

(3)

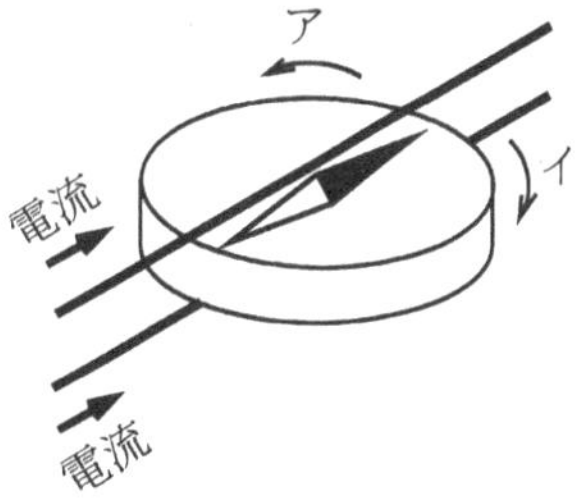

4　人々は大昔から太陽や月など天体の動きを観測して，時刻を定め，暦《こよみ》（カレンダー）をつくってきました。現在，時刻は天体の動きとは関係なく，より精度の高い時計によって定められていますが，日本をふくむ多くの国で使われている暦は，地球が太陽のまわりを1周するおよそ365日を1年とする「太陽暦《れき》」とよばれるものです。

1　昨年（2018年）の春分の日は3月21日で，横浜《よこはま》での日の出は5時44分，日の入りは17時54分でした。この春分の日の昼の時間と夜の時間を比べた下記の文中の（　）にあてはまる数字を入れ，｛　｝からは一番あてはまる語を選びなさい。

昼の時間は（　①　）時間（　②　）分で，一方，夜の時間は（　③　）時間（　④　）分であるので，｛⑤　**昼・夜**　｝の時間の方が（　⑥　）分長いといえます。

春分の日にもかかわらず，昼と夜の時間が等しくならない原因は2つ考えられます。1つは，太陽の｛⑦　**上辺・中心・下辺**　｝の部分が，水平線（地平線）と重なったときを，日の出と日の入りの時刻としていることによります。もう1つの原因は太陽からの光が大気（空気）の中で少し曲がり，太陽の位置が実際の位置よりも少し｛⑧　**上・下**　｝に見えることも関係しています。

2　昨年（2018年）の春分の日は3月21日でしたが，春分の日が3月20日の年もあります。日本の祝日を定めている「国民の祝日に関する法律」によると，春分の日は「春分日」にもとづくとされています。「春分日」というのは天文学のよび名で，次のページのように定義されます。

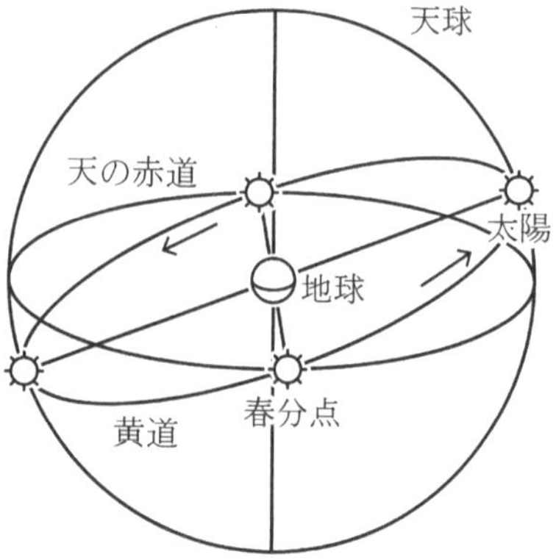

右図は地球を中心に宇宙で「天球」という空間を考え示したものです。その球面上に地球から見た太陽の位置を１年間かけて結びました。それを「黄道《こうどう》」とよび，１年間の「太陽の通り道」を示しています。

また地球の赤道を天にまで延長したものを「天の赤道」といいます。黄道と天の赤道は，たがいにかたむいているため，２点で交わり，その交点のうちの一方を「春分点」とよびます。

そして，太陽が春分点の上を通過する時刻がふくまれる日を「春分日」としています。

表は2009年から2018年までの10年間に太陽が春分点の上を通過した日時を示しています。なお時刻は日本時間で通過時刻に近い時刻です。

年	日	時
2009 年	3 月 20 日	20 時
2010 年	21 日	2 時
2011 年	21 日	8 時
2012 年	20 日	14 時
2013 年	20 日	20 時
2014 年	21 日	2 時
2015 年	21 日	8 時
2016 年	20 日	14 時
2017 年	20 日	20 時
2018 年	21 日	2 時

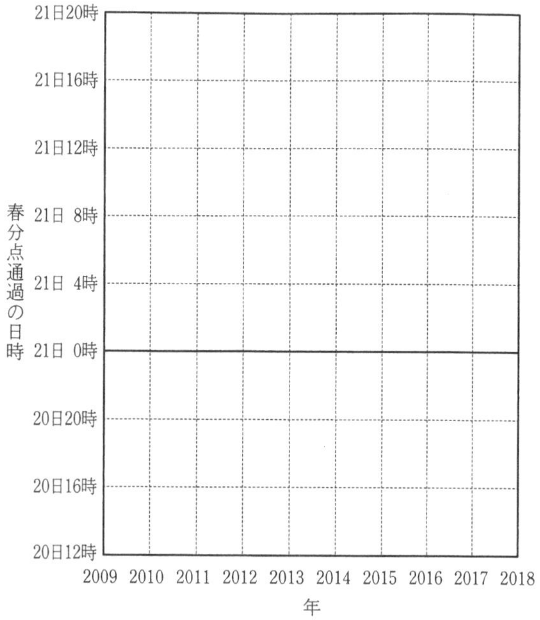

⑴　１年ごとの太陽の春分点通過の日時を，右上と同じ解答用紙のグラフに示しなさい。どのように変化していくのか，グラフの日時を示す点を結びなさい。なお，定規は使えませんので点を結ぶ線は曲がってもかまいません。

⑵　⑴のグラフからわかったことを下記の文にまとめました。文中の（　）にあてはまる数字を入れ，｛　｝からは一番あてはまる語を選びなさい。

太陽の春分点通過の日時は毎年（　①　）時間ずつ｛②　**早く・おそく**　｝なるので，そのままの日付で「春分の日」を決めると，暦（カレンダー）と季節がずれてしまいます。そのため（　③　）年間に１回１日前の日付になるようにしています。

⑶　上記の下線部に関して，暦（カレンダー）では具体的にどのように調整しているか説明しなさい。

⑷　地球は太陽のまわりをいつも同じ速さで回っています。地球が太陽のまわりを１周する時間はおよそ365日ですが，⑶の調整を合わせると，365日０時間よりも何時間長くなる，または短くなるでしょうか。長くなる場合は＋（プラス）をつけて短くなる場合は－（マイナス）をつけて答えなさい。

3　キリスト教のイースター（復活祭）の日はクリスマスのように毎年決まった日ではなく，毎年変わるため，わかりにくいのですが，一部の教会を除いて，次の「　」のように決められています。

「春分の日の直後の満月の日の次にくる最初の日曜日」

なお，この取り決めでは，春分の日は毎年３月21日に固定され，暦（カレンダー）で春分の日が３月20日の年でも，3月21日を春分の日としてイースターの日を決めていきます。また，春分の日（３月21日）の曜日が日曜日以外で，その日が満月であれば，その直後の日曜日がイースターの日になります。

以上のことからイースターの日が，一番早い場合と一番おそい場合，それぞれ何月何日になるか下記のように考えました。解答用紙の □ の中に月日の数字を，（　）の中に曜日を書き入れなさい。

一番早い場合

春分の日：［　月　日］　→　満月：［　月　日］　→　イースター：［　月　日］
（　曜日）

一番おそい場合

春分の日：［　月　日］　→　満月：［　月　日］　→　イースター：［　月　日］
（　曜日）

【社　会】（30分）　＜満点：60点＞

1　A　下の表は，2017年に水揚《あ》げ量と水揚げ金額の多かった全国の漁港の上位８位までを示しています。この表をもとに以下の文の――ａ～ｊについての問いに答えなさい。

水揚げ量（万トン）	漁港	順位	漁港	水揚げ金額（億円）
28.1	銚子《ちょうし》	1	焼津《やいづ》	478.8*
15.4	焼津	2	福岡	450.2
14.0	釧路《くしろ》	3	長崎	354.5
13.6	長崎	4	銚子	278.6
12.8	境港《さかいみなと》	5	根室《ねむろ》	228.7
11.3	〔　　　〕	6	三崎《みさき》	222.6
10.0	八戸《はちのへ》	7	〔　　　〕	208.3
9.3	枕崎《まくらざき》	8	境港	205.8

＊焼津の金額は税抜き

『銚子市統計書　平成29年度版』全国主要漁港水揚高順位より作成。

水揚げ量が日本一の銚子港は，すぐ北にある鹿島《かしま》臨海工業地域と，ａ南西にある京葉工業地域にはさまれた場所にあります。ｂこの港の先にある犬吠埼《いぬぼうざき》灯台は世界的にも有名です。ｃ銚子港は水揚げ量が全国で１位ですが，水揚げ金額は４位です。また，ｄ銚子では江戸時代からしょう油が作られるようになり，現在もさかんに製造されています。

ｅ長崎港のある長崎市や北の佐世保《させぼ》市では，（　　　）業がさかんです。佐世保から北のｆ平戸《ひらど》までは，九十九《くじゅうく》島などｇ入江と岬《みさき》が複雑に入り組んだ（　　　）海岸が続いています。このような海岸は，三重県や岩手県などでも見られます。

2017年に，ｈ宮城県内で水揚げ量と水揚げ金額が最も多かった漁港は［　　　］港で，２位は気仙沼《けせんぬま》港でした。ｉ宮城県は東日本大震災で大きな被害を受けましたが，ｊ県内の水揚げ量は少しずつ回復しています。

ａ　次のア～ウのグラフは，2015年の関東内陸工業地域，瀬戸内工業地域，京葉工業地域の製品出荷額等の割合を示しています。京葉工業地域に当たるものを選びなさい。

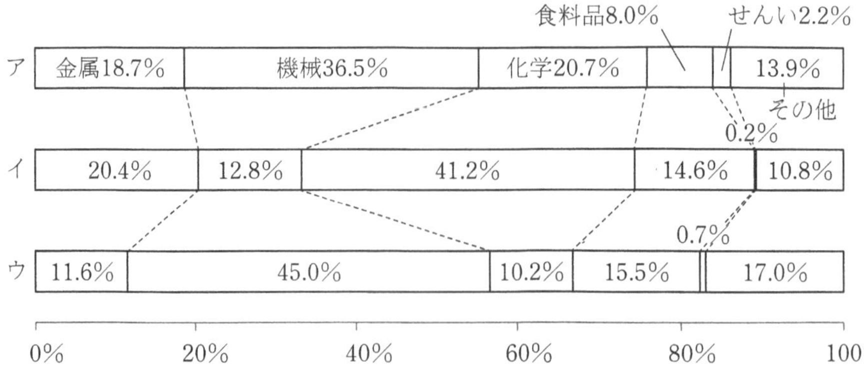

『日本国勢図会2018／19年版』より作成。

b　灯台を表す地図記号を次のア～エから選びなさい。

c　前のページの表を見ると，この漁港に限らず，多くの漁港で水揚げ量の順位と水揚げ金額の順位が同じではありません。このようなことが起こる理由を答えなさい。

d　日本は，しょう油の原料である大豆の多くを輸入に頼っています。日本の輸入先を示した次の表の中で，Aに入る国名をア～エから選びなさい。

国名	輸入量（千トン）
アメリカ	2349
A	521
カナダ	322
世界計	3218

（2017年）

『日本国勢図会2018／19年版』より作成。

ア　ブラジル　　イ　中国　　ウ　オーストラリア　　エ　ロシア

e　（　）に入る工業の種類を答えなさい。

f　ここでは和牛の生産も行われています。2017年に肉用牛の頭数が国内1位だった都道府県を，ア～エから選びなさい。

ア　宮崎県　　イ　北海道　　ウ　熊本県　　エ　岩手県

g　（　）に入る言葉を答えなさい。

h　前のページの表の〔　〕内には表中の〔　〕と同じ漁港名が入ります。その名前を答えなさい。

i　東日本大震災の時に，震災の被害を受けていない九州などの自動車工場でも生産ラインが止まりました。その理由を答えなさい。

j　東北地方の被災都市に支所を置き，被災した地方公共団体などに支援を行っている国の行政機関の名前を答えなさい。

B　次の文章を読んで，文中および次のページの表中の――a～fについての問いに答えなさい。

2017年に日本を訪れた外国人の数は，過去最高を記録しました。表を見ると，外国人旅行者がよく訪れる都道府県の上位には，a国際空港や，箱根・京都などの観光地がある都道府県が入っています。最も多くの旅行者が訪れる東京では，観光のほか，b百貨店（デパート）やドラッグストアでの買い物も人気です。

c豊かな自然が広がる北海道も多くの観光客をひきつけます。冬にはニセコ町などに，良質な雪を求めて南半球のdオーストラリアからスキー客が訪れます。また，e表中の〔　　　〕県には，韓国との間で高速船が運行されていることもあり，韓国からの旅行者が多く訪れます。

a　世界各国から国際線が乗り入れ，また，国内の路線も集中している拠点空港のことを何といいますか。

訪日外国人都道府県別訪問率ランキング（2017年）	順位	入国外国人旅行者国（地域）別ランキング（2017年）
東京都	1	中国
大阪府	2	韓国
千葉県	3	（台湾）
京都府	4	（香港）
〔　　　〕県	5	アメリカ
愛知県	6	f タイ
神奈川県	7	オーストラリア
北海道	8	マレーシア

JNTO（日本政府観光局）資料などにより作成。

b　次のグラフは百貨店，コンビニエンスストア，大型スーパーの年間販売額を示しています。百貨店の説明として正しいものをア～ウから一つ選びなさい。

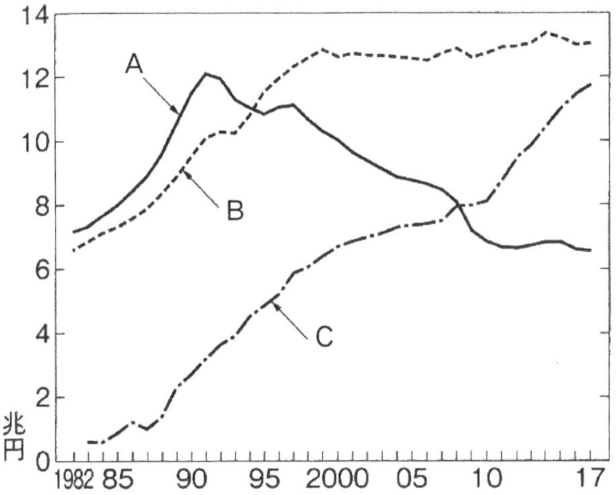

『日本国勢図会2018／19年版』より作成。

ア　景気の低迷《ていめい》や人々の生活様式の変化により，販売額が少なくなってきたAが百貨店である。

イ　自動車が普及《ふきゅう》し，郊外で買い物をする人々が増えたことで販売額が増加したBが百貨店である。

ウ　日本に来る外国人旅行者が多くの買い物をしているため，販売額が急増しているCが百貨店である。

c　北海道で，希少な動植物の生息地となっていることから，世界遺産に登録された場所はどこですか。

d　オーストラリアのシドニーでは夏の間，1時間時刻を進めるサマータイムを導入しています。シドニーでサマータイムが実施されているとき，日本とシドニーとの時差について正しいものをア～エから一つ選びなさい。なお，シドニーは東経150度の経線を時刻の基準としています。

ア　日本とシドニーの時差はなくなる。　　　イ　日本とシドニーの時差は1時間になる。

ウ　日本とシドニーの時差は2時間になる。　　エ　日本とシドニーの時差は3時間になる。

e　〔　〕内には前のページの表中の〔　〕と同じ県名が入ります。その県名を答えなさい。

f　次の地図中の**ア～エ**からタイを示しているものを選びなさい。

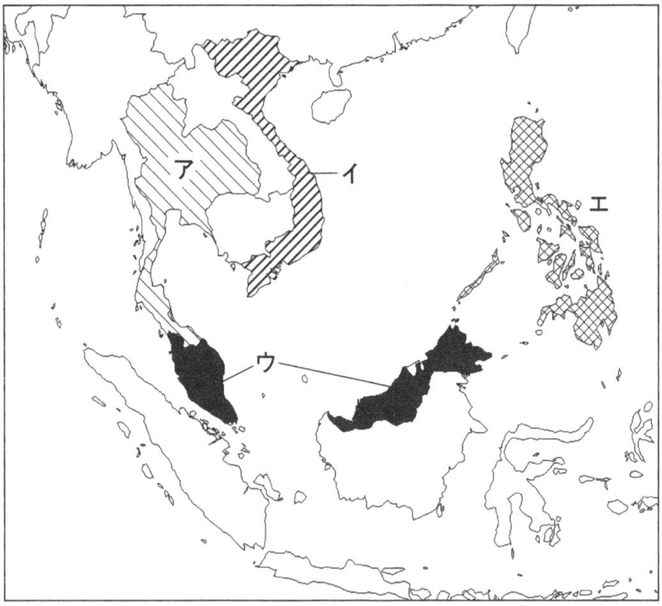

C　次の文を読んで，――a～dについての問いに答えなさい。

Aさん：最近，仮想通貨という言葉をよく聞きますが，本物のお金なのですか。

先生：仮想通貨とは，私たちがふだん使う紙幣《しへい》や硬貨とは異なる種類のお金です。千円札をよく見ると「日本銀行券」と書いてありますね。紙幣は日本の中央銀行（日本銀行）が発行し，その量を管理して価値を保っています。一方，仮想通貨は$_a$<u>インターネット</u>上でやりとりされるデジタルのお金で，国による信用の裏づけはありませんが，ネットワークを利用して管理されています。

Aさん：お金の信用ってどういうことですか。

先生：この千円札は，本来はただの紙切れですよね。でも国がこれを千円の価値があると保証して，みんなもそれを信じているからお金として使われているのです。つまり，紙幣や硬貨でなくても，信用されるものであればそれはお金になりえます。

Aさん：大昔《むかし》は，塩や布がお金として使われていたと聞いたことがあります。

先生：その通り。塩や布は腐《くさ》らないから保存ができるし，持ち運んで，ほしいものと交換できる。それに塩や布はみんなにとって貴重なものだから，価値があると思われて，お金の役割を果たしたのです。

Aさん：では仮想通貨もそういった条件を満たせばお金として利用できるのですね。そのうちふだんの買い物だけではなく，$_b$<u>税金</u>や$_c$<u>社会保険料</u>の支払いにも仮想通貨が使えるようになるかもしれませんね。

先生：それはまだわかりません。仮想通貨が持つさまざまな危険性も指摘されていますし，注意してあつかう必要がありますね。

Ａさん：これからもしっかりｄお金のことを考えていきたいと思います。

ａ　インターネットが発達し，私たちの生活は便利になった一方で，新たな問題も出てきました。その問題の一つに「デジタルデバイド」があります。この言葉の意味として正しいものをア～エから一つ選びなさい。

ア　誤った情報が簡単に拡散してしまうこと

イ　個人情報が流出してしまうこと

ウ　情報を得やすい人とそうでない人との間に格差が生じること

エ　インターネットに夢中になる若者が，実際の社会との関わりを絶《た》ってしまうこと

ｂ　税金についての説明としてまちがっているものをア～ウから一つ選びなさい。

ア　所得税は，地方に納める税金で，収入が多くなるほど高い税率になる。

イ　固定資産税とは，所有する土地や建物に対してかかる税のことである。

ウ　消費税は，商品の値段に一定の割合で課せられるため，収入の少ない人ほど負担が大きいと指摘される。

ｃ　40歳から加入が義務づけられている社会保険はどれですか。次のア～エから一つ選びなさい。

ア　国民年金　　イ　健康保険　　ウ　生命保険　　エ　介護《かいご》保険

ｄ　本文を読み，「お金」に必要な条件として，適当でないものをア～エから一つ選びなさい。

ア　価値があると信用できる。　　イ　商品と交換することができる。

ウ　蓄《たくわ》えることができる。　　エ　目に見える物として存在している。

2　次のＡ～Ｅの史料を読み，各問いに答えなさい。（史料は一部だけをぬき出して，わかりやすく書き直してあります。）

Ａ

> 養老《ようろう》７年（723年）の規定により，開こんした土地は，期限が来たら国におさめることになっている。そのため農民はなまけてしまい，開こんした土地がもとのように荒れてしまう。これからは開こん地を自分の財産とすることを認め，（　　　）というような規定をあてはめることなく，永久に取り上げないことにせよ。　（天皇が出した命令）

問１　（　）に当てはまるものを，次のア～エから選びなさい。

ア　公地公民　　イ　大宝律令《たいほうりつりょう》　　ウ　三世一身《さんぜいっしん》　　エ　班田収授《はんでんしゅうじゅ》

問２　この命令によって私有地を持つことが認められ，おもに（　　）や（　　）などが，開こんを進めていくようになりました。（　）に入る言葉を，次のア～エから二つ選びなさい。

ア　武士　　イ　貴族　　ウ　農民　　エ　寺院

問３　この法令を出した天皇が行ったできごとを，次のア～ウから選びなさい。

ア　国ごとに国分寺をつくらせる。

イ　坂上田村麻呂を東北地方に派遣《はけん》する。

ウ　富本銭《ふほんせん》を発行する。

B

近ごろの関東の政治は大変乱れている。将軍といっても幼《おさな》く名ばかりである。それで北条義時《よしとき》は，何事でも北条政子の命令であるということにして，ほしいままに政治を行い，朝廷が定めたきまりを忘れたかのように勢いをふるっている。これはまさしくむほんであろう。早く全国に命令して北条義時をうて。

（朝廷が出した命令）

問１　この命令を出した人物を答えなさい。

問２　下線部は，何代目にあたる将軍のことですか。

問３　この命令をうけて幕府は朝廷と戦うことになりますが，その際，北条政子はどのような働きをしましたか。

C

第３条　下田・函館《はこだて》のほか，神奈川・長崎・新潟・兵庫を開港する。

第４条　日本への輸出入品に対しては，別に定める通り日本の役所に関税を納めること。

第６条　（　１　）人に対して罪をおかした（　２　）人は，アメリカ領事裁判所において（　３　）の法律で罰《ばっ》すること。

（アメリカと結んだ条約）

問１　この条約を結ぶために，幕府と交渉《こうしょう》したアメリカ人の名前を答えなさい。

問２　（　）に入る国名の組み合わせとして，正しいものを次のア～ウから選びなさい。

ア　１＝アメリカ　　２＝日本　　３＝日本

イ　１＝日本　　２＝アメリカ　　３＝アメリカ

ウ　１＝アメリカ　　２＝日本　　３＝アメリカ

問３　この条約が結ばれた時期のことがらとして，正しいものを次のア～ウから一つ選びなさい。

ア　貿易が開始されると，はじめは輸出額よりも輸入額が上回った。

イ　薩摩《さつま》藩は開国に反対し，下関で外国船を砲撃《ほうげき》する事件を起こした。

ウ　幕府は，これに続いてほかに４か国とも，同様の条約を結んだ。

問４　この条約には不平等な内容がありました。その内容がすべて対等なものに改正されるまでには，およそ何年かかりましたか。次のア～エから選びなさい。

ア　約10年　　イ　約30年　　ウ　約50年　　エ　約70年

D

日本は同盟条約の義務によって参戦しなければならない立場にはいない。…ただ，一つは（　１　）からの依頼にもとづく同盟のよしみと，一つは日本がこの機会に，（　２　）の根拠地を東洋から一掃《いっそう》して，国際的に一段と地位を高めることの利益と，この二点から参戦にふみ切るのが良い策であると信じる。

（1914年の閣議における外務大臣の発言）

問１　文章中の（１）・（２）に入る国を，次のア～オからそれぞれ選びなさい。

ア　イギリス　　イ　オランダ　　ウ　フランス　　エ　ドイツ　　オ　ロシア

問２　下線部のような考えから，日本は参戦して中国などに出兵しますが，その結果を述べた文としてまちがっているものを，次のページのア～ウから一つ選びなさい。

ア　中国では日本に対する反発が高まり，はげしい抵抗運動が起こった。

イ　アメリカは，中国で勢力を拡大しようとする日本の動きに警戒《けいかい》を強めた。

ウ　ヨーロッパ諸国は，中国における自国の利益を日本に守ってもらおうと期待した。

問3　この戦争の終わりごろ，日本国内では各地で大きな民衆運動が起き，政府が軍隊を用いて鎮圧《ちんあつ》しました。この民衆運動は，どのような状況に対して起こったものですか。

E

> 日中両国の国民は，両国の間にあった不正常な状態を終わらせることを強く望んでいる。戦争状態の終結と日中国交の正常化という両国国民の願望の実現は，両国関係の歴史に新たな一頁《ページ》を開くこととなるだろう。…
>
> 1　日本国と中華人民共和国との不正常な状態は，この共同声明が出される日に終了する。
>
> 2　日本政府は，中華人民共和国政府が中国の唯一《ゆいいつ》の合法政府であることを承認する。
>
> （日本と中国が出した声明）

問1　上の文書が出された頃，急速に普及した電化製品を，次のア～エから一つ選びなさい。

ア　デジタルカメラ　　イ　電気洗濯《たく》機　　ウ　パソコン　　エ　カラーテレビ

問2　サンフランシスコ講和会議で平和条約が結ばれても，この時まで中国との講和が結ばれていなかったのはなぜですか。次のア～ウから一つ選びなさい。

ア　中国が講和会議に招かれなかったから。

イ　中国が平和条約の調印を拒否したから。

ウ　会議で調印された平和条約が，中国国内で承認されなかったから。

問3　国交を長く結べなかったため，終戦前後の中国で混乱のなか家族と生き別れた日本人の子供たちが，肉親を探し始めるのに長い年月がかかりました。

①　中国人に預けられ，育てられたこのような人たちは，なんとよばれますか。

②　終戦直前に，家族と生き別れるほどの混乱が起きた理由を説明しなさい。

3　ぼくは他人から冷たい人と思われるようなことだけはしたくない。

4　この春退職して故郷へ帰られる先生の送別会を計画している。

B　学校の門の前で待ち合わせよう。

1　雨が降りそうであわてて帰った。

2　君は一人ではない、友がいる。

3　たのんでおいた本がようやく届いた。

4　子供たちは公園で遊んでいる。

[四]　「たとえ」「断じて」という言葉を両方用いて三十字以内の文を一つ作りなさい。

[五]　次の——部1～5のカタカナの部分を漢字で書きなさい。また——部6～8の漢字の読み方をひらがなで書きなさい。

座席へ1ミチビく　　約束を2シツネンする

長年の3コウセキをたたえる　　畑を4タガヤす

5シガイチの中心に公園がある　　定期券を6拾得する

規則に7基づく　　山の8頂

＊問題文に使用した作品における難しい漢字表記は、現在一ぱん的に使われている漢字またはひらがなに改めるか、読みがなをほどこすかしてあります。また、送りがなを加えたり取ったりしたものもあります。

ものだと思います」。

近年、〈注3〉ポストモダン的な「自由な聴《ちょう》取」をことさらにもてはやすような風潮があって、最新の録音／再生〈注4〉メディアが可能にしたところの、聴き手が元の音源を好き勝手に切ったりはったり、重ねたり反復したりする聴き方によって、まるで音楽体験の新しい地平が切り開かれるかのような論調を目にすることも、まれではない。だが三輪と同じように私は、「時間の一回性／不可分性／不可逆性の共有」――後にもう一度ふれようと思うが、私はこの「不可分性」の定義をかなり広くとっている――こそが、音楽が音楽であり続けるための最後のとりでだと信じている。この一線をこえてしまったら、それこそ音楽は三輪の言う「パブロフの反射反応」＝「シグナル」に堕《だ》してしまうだけではないか。確かに音楽は生理的な次元に大きく左右される。だが音楽体験のすべてが単なる刺《し》激／反応に還《かん》元されてしまったら、それはもはや音楽ではない。別の言い方をすれば、もし何らかの演奏会やＣＤを中座／中断しても何の痛痒《よう》も感じなかったとすれば、その人にとってそれは音楽＝生命ではなく、ただのシグナル＝モノだったということだ。

（岡《おか》田暁《あけ》生《お》『音楽の聴き方』）

〈注1〉　三人が向かい合って話すこと

〈注2〉　旧ソ連の大脳生理学者パブロフが、イヌに一定の波長の音を聞かせたときに食物をあたえ続けると、後にはこの音を聞かせただけでもだ液が出ることに気づいた

〈注3〉　近代に生まれた進歩や機能を第一とする考え方を批判し、脱《だつ》近代をめざすけい向

〈注4〉　ここでは、情報を記録することのできる電子機器のこと

問一　――部「不可逆にして不可分の一つの時間」とありますが、ここではどのような時間のことを言うのですか。

問二　――部「音楽を何かしら命あるものとして感じている」とありますが、「命あるもの」とはどのようなものですか。

1　聴き手の五感を刺激するもの

2　聴き手の人生経験を豊かにするもの

3　聴き手の感情と結びつきをもつもの

4　聴き手の自由な空想を広げるもの

問三　「三輪眞弘」は「着メロ」について「シグナルみたいなもの、パブロフの犬みたいなもの」（――部）と言っていますが、筆者はどのような言葉で言っていますか。本文中から五字以上、十字以内でぬき出しなさい。

問四　この文章で筆者は、音楽体験とはどのような体験であるべきだと主張していますか。わかりやすく四十字以内で書きなさい。

問五　テレビ・ラジオのコマーシャルソングや電車の発車メロディーのような、一部分だけを用いた音楽について、良い点と悪い点の両方を挙げながらあなたの考えを二百字以内で書きなさい。

【三】　次のA・Bの文の――部と言葉の働きが同じであるものを選びなさい。

A　セミの声を聞くと、子供のころの夏休みのことが思い出される。

1　いつもは元気なのに今日は欠席している友人の様子が気づかわれる。

2　東京から福岡までは新幹線と飛行機のどちらでも行かれる。

にのび縮みするいきいきとした姿を取りもどしたのとは対照的に、何をしても子供たちと良好な関係を築けなかった自分の無力さを痛感した

２　もつれ合ったゴカイがやわらかくほぐれて海にしずんで行く様子を見て、子供たちとの間で複雑にからみ合っていた思いもゆっくりと消えてゆき、これまでの出来事が終わりをむかえたと自覚した

３　えさを盗んだにくらしい子供たちに見せつけるように投げ捨てたゴカイが、緑色の海の底に広がりながらしずんでいく様子を見て、子供たちへの復しゅうを完全に成しとげたように感じ満足した

４　赤く色あざやかなゴカイが緑色の深い海の底へとしずんでいく美しさに目をうばわれて、子供たちとのいざこざでジタバタし続け弱っていた僕の心もなごみ、すべてのことが心温まる思い出になると感じた

【二】次の文章を読んで後の問に答えなさい。なお、一部本文の省略があります。

自分が音楽にどう反応《のう》しているかをきちんと聴《き》き取ってあげる――実はこれはそんなに簡単なことではない。マスメディア時代に生きる私たちは、音楽を聴くより以前にすでに大量の情報にさらされているし、知らないうちに「音楽の聴き方」についていろいろなことを刷りこまれている。それに他人の意見や反応だって気になる。そして私自身が音楽を聴くときの目安にしているのは何かといえば、それは最終的にただ一つ、「音楽を細切れにすることへのためらいの気持ちが働くか否か」ということである。細切れとはつまり、演奏会の途中で席を外したり、ＣＤなら勝手に中断したりすることだ。何かしら立ち去りがたいような感覚と言えばいいだろうか。音楽という**問一**不可逆にして不可分の一つの時間を、音楽とともに最後まで共体験しようという気持ちになれるかどうか。自分にとってそれが意味／意義のある音楽体験であったかどうかを測るサインは、最終的にこれ以外ないと思うのである。

これは「分かる」とか「よかった」とか「ぐっと来る」とか、そういうこととは必ずしも関係ない。すぐにはピンと来ないかもしれない。だが、たとえ一ぱん的な意味で「よかった！」という感想を持つわけではなかったとしても、「これは最後まで聴いてあげなくてはいけないものだ」という感情がどこかにわいてきたとすれば、それこそが「縁《えん》」というものだ。それは音楽を通して一つの時間を自分とともに体験する隣《りん》人――音楽の作者や演奏者もふくむ――への敬いの気持ちであり、**問二**音楽を何かしら命あるものとして感じている証《あかし》なのだと思う（中略）。

西村朗《あきら》および小沼《こぬま》純一との〈注1〉鼎《てい》談で三輪眞弘《まさひろ》は、次のようなことを言っている（雑誌『洪《こう》水』第三号、二〇〇八年）。「たとえば着メロとか、僕はそうとうたえがたいんです。なぜかというと、曲が始まって、途中で切らなければならないわけです。もし音楽が好きだという人がいたら、そんなことがどうしてできるんだろうとまずは思うわけです。つまり好きなグループの作品を着メロにしたとする。好きなグループなのにどうして途中でばっさり切れるのという、そういう感覚を僕は持っているんです。そういう意味で、多分その人にとっての着メロは僕が考えている音楽とはちがうものなんだろうと。たぶんなんらかの情緒《ちょ》を喚《かん》起するものであるだろうけど、**問三**シグナルみたいなもの、〈注2〉パブロフの犬みたいなものであって、僕が考えている音楽とはかけはなれている

2　盗んだことをさとしもしなかった前回とは異なって、子供たちの方から謝るように仕向けたい気持

3　何も言えずに引っこんだ前回とは異なって、相手の意表をついて先制こうげきし優位に立ちたい気持

4　にらむことしかできなかった前回とは異なって、二度と盗みを許すつもりはないとわからせたい気持

問十　――部「『えさをやろうか。え?』さり気なく言ったつもりだが、あるいは兄弟はその語調のうらに、なにか底意を感じたのかも知れない」とありますが、「兄弟」がどのような「底意」を感じたと「僕」には思われたのですか。ふさわしいものを二つ選びなさい。

1　持ち帰るのがめんどうだからゴカイをおしつけよう

2　人のえさを盗むほど貧しいとはあわれだ

3　盗みを働いたと親に言いつけてやろう

4　えさで手なづけてつりの秘けつを聞き出そう

5　自分たちがゴカイを盗んだ犯人だと白状しろ

6　ゴカイをやるから自分の代わりに魚をつれ

問十一　――部「僕はしだいに自分のこんなバカな思い付きを後かいし始めていた」とありますが、なぜですか。

1　自分の自尊心を守ることしか考えられず子供たちを追いつめ過ぎ、結果的に彼らの自尊心をふみにじってしまっていることに気づいたから

2　せっかく子供たちのことを思いやった自分の行為《い》が台無しになりそうで、かたくなに反こう的な態度をとり続ける子供たちにいきどおりを感じたから

3　ゴカイを盗まれた被《ひ》害者である自分の方からわざわざ子供たちに歩み寄ろうとするのは、やはり筋ちがいでふさわしくないと思い直したから

4　子供たちにおだやかな口調で声をかけようとしたがきん張してぶっきらぼうになり、かくしていた敵意がむき出しになったから

問十二　――部「その時とつ然、兄の方がいやにはっきりと答えた。『いらん!』」とありますが、このとき「僕」は「兄」の様子をどのようにとらえていますか。

1　物ほしげにえさを見ていたわけでもないのに僕がしつこくえさをやると言うのでめんどうになり、早く追いはらおうと威嚇《いかく》している

2　先日ゴカイを盗んだ犯人だと自分たちを疑っているから近づいてきたのだと察し、自分たちの潔白を僕にわかってもらおうとうったえている

3　僕の申し出が悪意からであろうが好意からであろうが、すきを見せて決して心を許すまいと必死にきょ絶する姿勢をとっている

4　とつ然手のひらを返したようにおだやかになった僕の態度にうす気味悪さを感じおびえているが、僕にさとられまいと虚勢を張っている

問十三　――部「赤くもつれ合ったゴカイは、ひとかたまりのまま緑色を帯びた海水に落ち、そこでやわらかくほぐれ、数条の赤い模様をつくり、美しくのび縮みしながら、しずかにしずんで行った。しずんで見えなくなるのを見届けて、僕は子供に背を向けた」とありますが、このときの「僕」の説明としてふさわしいものを選びなさい。

1　僕からも子供たちからも捨てられたゴカイが、海の中でしなやか

ちを犯人として追いつめる決定的な証拠《こ》が見つからずむきになっている

③　このときの「子供たち」と「僕」の様子を象ちょう的に表している一文をぬき出し、最初の五字を書きなさい。

問六　――部「ひざ頭までひたす海水を、はねのけるような気持で進みながら、何だかやり切れない感じがしだいに強くなって来た」とありますが、このときの「僕」の説明としてふさわしいものを選びなさい。

1　ゴカイを盗まれたことで生じたむしゃくしゃした気持をすべてふりはらおうとやっきになっているうちに、何もかもがいやになってきている

2　ゴカイを盗まれたことに対するくやしさを辺り一面にぶつけているうちに、管理のあまかった自分自身にも思い当たって反省し始めている

3　あくまでも自分の方が正しいと必死に自分に言い聞かせるが、子供たちにふり回されてまったく正義が通らなかったことにむなしさを覚えている

4　ゴカイを盗んだくせに平気な顔をしている子供たちのことはどうにも許せないが、子供相手にケンカをするのも大人げないので平常心を取りもどそうとしている

問七　――部「やはりくもったような天気のハッキリしない日だった」という一文は、この文章の中でどのような効果をあげていますか。

1　魚の引きを楽しむために防波堤にやってくる何の変てつもない僕の日常がくり返されることを印象づける効果

2　先日子供たちにゴカイを盗まれたのと同じようなしゃくにさわる出来事が再び起こることを暗示する効果

3　くもって日光がささないような日はゴカイの色もあざやかに見えず、僕の気持も乗らないことをほのめかす効果

4　その日はつりに向いていない天気で、いつまでねばっても魚は一匹もつれるはずがないことを強調する効果

問八　――部「次の瞬間、その自分のやり方が急にあらあらしく僕に反発してきた」とありますが、このときの「僕」の説明としてふさわしいものを選びなさい。

1　自分のつりの楽しみをじゃましている子供たちなのに、えさをかくして彼らが二度と悪事を働かないように気をつかっている自分の人のよさにあきれ果て、いやけがさしてきた

2　口下手なあまり子供相手にうまくやれるはずがないと最初からあきらめて、どうしても人と関わらないようにしようとする内気な自分に気づき、悲しくなってきた

3　えさを盗んでも悪びれない子供たちの厚かましさに圧とうされてしまった自分の気の小ささを思い出し、日ごろからいだいていたゆううつな気分がますます強まってきた

4　子供たちの姿を見ただけでまたえさを盗られるかもしれないと警かいし、こっそりえさをかくすようにした自分自身のいくじのなさが情けなく、腹立たしくなってきた

問九　――部「今日はこちらからえさをわけてやる」とありますが、ここから「僕」のどのような気持が読み取れますか。

1　大人げなく動ようしてしまった前回とは異なって、すべてを受けとめるおだやかな大人でいたい気持

と同時に、他人のえさを盗むというひれつな手を使うことにいきどおりを覚えた

4 えさ箱があらされ、自分の心をおどらせてくれたゴカイがうばわれたことにいかりを覚え、えさがなくなってひまを持て余している子供たちのしわざだととっさに確信した

問四 ――部「ふり返って僕をながめていたらしい小さい方の子供の視線と、僕の視線がパッと合った。急におびえた表情になって、視線を外らして、すこし身体を兄の方にずらすようにした。兄の方は、だまってつり糸を垂れたまま、じっとうきをながめている」とありますが、「僕」はこのときの「兄弟」の様子をどのように見ていますか。

1 弟は他人の顔をじろじろ見ていたぶしつけな態度を見とがめられてあわてふためいており、兄はばつの悪さをごまかそうと身を固くしている

2 弟は動き回ってつりのじゃまをしたことをしかられるかもしれないという不安で泣き出しそうになっており、兄は幼い子供には手を出せまいとたかをくくっている

3 弟はゴカイがいなくなってとほうに暮れている僕が気の毒でいたたまれなくなっており、兄はめんどうに巻きこまれまいと知らず顔をきめこんでいる

4 弟はゴカイを盗んだことがばれたのではないかという恐怖《きょうふ》感で逃《に》げ出したくなっており、兄はゴカイを盗んだことをかくし通そうと気を張っている

問五 ――部「向こうも内心ジタバタしているが、別の意味でこちらもジタバタしている」について答えなさい。

① 「向こうも内心ジタバタしている」とありますが、「僕」はこのときの「兄」をどのように見ていますか。

1 僕が見つめているので逃げるに逃げられないし、さおを引き上げたら盗んだゴカイが見えてしまうし、動きが取れずうろたえているが、動ようを見すかされまいと平静をよそおっている

2 ゴカイを盗んだのが自分たちであることに僕が気づいているのかどうか知りたいが判断がつかず、これからどのような行動に出たらよいかわからなくて僕の様子を注意深く観察している

3 自分から近づいてきたのに声をかけるわけでもなく、それでいて何か言いたげに自分たちのそばに張りついてくる僕の存在にへきえきし、わざと獲《え》物をのがして関心をそらそうとしている

4 ゴカイを盗んでしまったことを非常に後かいしているが今さら謝ることもできず、かといって僕に無言でにらまれると謝らないわけにもいかず、なやむあまりつりに身が入らないでいる

② 「別の意味でこちらもジタバタしている」とありますが、このときの「僕」の説明としてふさわしいものを選びなさい。

1 すぐにゴカイを返して謝ろうともせず僕の存在を無視してつりを続ける子供たちのふてぶてしい態度におどろきあきれている

2 盗みを認めようとしない子供たちがにくいはずなのに、にらみつける僕におびえる子供たちを見るとふびんにも思われ困わくしている

3 子供たちにいかりをぶつけることも大人らしく事態をおさめることもできず、どうしてよいかわからなくてあせりを感じている

4 絶対に子供たちがゴカイを盗んだと確信しているのに、子供た

そうか、と僕は言い、しかし俺はもう帰るし、どうせえさは捨てるんだから、要るのなら置いてゆくよ、とまだ言い終わらないうちに、

「いらん」

とも一度兄が言った。ほとんど同時に弟がくちびるを曲げるようにして、

「いらないぞ」

とつけ加えた。兄の声は、前ほどつっけんどんではなく、やや弱々しくひびいた。そうか、としかし僕もすこしむっとした。しばらく視線を合わせていたが、僕はつき出したえさ箱のかっこうがつかず、そのままゴカイを放り出すようにして海面に捨てた。三人の視線は一度にその方に動いた。

問十三 赤くもつれ合ったゴカイは、ひとかたまりのまま緑色を帯びた海水に落ち、そこでやわらかくほぐれ、数条の赤い模様をつくり、美しくのび縮みしながら、しずかにしずんで行った。しずんで見えなくなるのを見届けて、僕は子供に背を向けた。

（梅崎《ざき》春生《お》「魚の餌《えさ》」）

〈注1〉糸巻きにつり糸を巻きつけて糸をくり出したり巻き取ったりする装置がついているさお

〈注2〉取った魚を入れるための器

〈注3〉つり糸につけて魚がえさに食いついたのを知らせる目印

問一　えさがなくなった出来事の前、「僕」は防波堤で出会った「兄弟」をどのような子供たちだと感じていましたか。

1　本職の漁師にも負けないほどのうでを見せつけようとしている生意気な子供たち

2　貧しい家庭に暮らし、日ごろから魚をつって家計を助けている子供たち

3　毎日のように防波堤に通ってつりに夢中になっているむじゃきな子供たち

4　漁師の家に生まれ、つりの技術を一生けん命にみがいている子供たち

問二　――部「えさ屋で買うゴカイが、つぶがそろって生きがよければ、僕の心はおどる」とありますが、なぜですか。

1　いきいきとしたゴカイを自分の思い通りにできると思うと、活力をあたえられる気がするから

2　新せんなゴカイが手に入ればあらゆる魚がつれると思うと、うれしさがこみあげてくるから

3　つぶがそろって赤い色があざやかなゴカイだと、ぶきみな形でも気持悪く感じないですむから

4　質の良いゴカイをふんだんに使えると、つりの玄人になったようなほこらしい気分になるから

問三　――部「盗ったな！　僕ははっとあたりを見回した」とありますが、このときの「僕」の説明としてふさわしいものを選びなさい。

1　たくさんいたはずのゴカイが、つり糸を垂らしながらぼうっと考え事をしているうちにいなくなっていたので、我に返りだれが盗ったかあわてて確かめようとした

2　戦争中で物が不足している時代だったので、貴重なえさであるゴカイが盗まれたことをどうしても許せず、何が何でも犯人を見つけてやると息巻いていた

3　兄弟が大人《おとな》以上に魚をたくさんつりあげる理由がやっとわかった

ねのけるような気持で進みながら、何だかやり切れない感じがしだいに強くなって来た。子供たちからなめられたような気がしたのか、子供の所業がしゃくにさわったのか、またその所業を見のがした自分がやり切れなかったのか。そしてあいつらは、えさを盗《ぬす》むのに、たくさんの中からよりによってこの俺《おれ》をえらんだ。どういう目安で俺に白羽の矢を立てたのか。そういうことを考えることは、あまりゆ快なことではなかった。連れでもいたら、その連れに話すことで、いく分気持は軽くなるだろうが、僕はその時ひとりだった。口下手《べた》な僕は、ことにそのころは性質もしめっていて、防波堤でもどの常連とも会話すら交わしたことはなかったのだ。

　まあその日から一週間ばかりたった。**問七** やはりくもったような天気のハッキリしない日だった。前の日とちがって、魚の当たりが悪かっか。潮加減がよくなかったのだろう。僕は朝からつれないでいい加減くさっていた。その上岩にひっかけて、糸を何本も切らしていた。昼の弁当を食い終わっても、僕のびくはほとんど空だった。そこでもう今日は止めて帰ろうと思ったのだ。

　そしてふとふり返った時、そこにこの間の子供がいたのだ。この前と同じように、兄弟並んで、ぼんやりと海をながめている。その時僕は、ほとんど無意識に、そして彼らに気付かれないように、自分のえさ箱をわきに引き寄せていたのだ。**問八** 次の瞬《しゅん》間、その自分のやり方が急にあらあらしく僕に反発してきた。れいのジタバタが始まった。

「ふん」

　と僕は思った。そんならあの子供たちに、**問九** 今日はこちらからえさをわけてやる。そんな思いつきがとたんに頭をかすめた。もうどうせ帰るのだから、残りのゴカイは不用なわけだ。ゴカイというやつは、とても条件を良くしないと、翌日まではもたないのだ。

　僕は立ち上がった。えさ箱をぶら下げて、ためらわずに兄弟に近づいて行った。

　足音を聞いて、兄弟にふり向いた。警かいするように二人の表情はとつ然するどくなった。兄の方は、よりそってきた弟をかばうように、身体を動かして構えた。その兄の目付きは、僕をたじろがせるほどはげしかった。

問十「えさをやろうか。え？」

　さり気なく言ったつもりだが、あるいは兄弟はその語調のうらに、なにか底意を感じたのかも知れない。

「えさがないのだろう。いらないのか」

　子供のかたわらのえさ箱は空で、底には小量のどろがかさかさにかわいている。兄は警かいの色をますます深め、じっと僕をにらんでいる。にらむとこの子はやや眇《すが》目になるのだ。弟の方の顔はしだいにくずれて、今にも泣き出しそうな顔になった。しかし泣き出しはしなかった。目をキラキラさせて、くちびるをかみしめている。**問十一** 僕はしだいに自分のこんなバカな思い付きを後かいし始めていた。しかしこのままではひっこみがつかない。僕は少しいらだって来た。

「えさ、欲しくないのか」

　笑って見せようとしたが、笑い顔にならなかったかも知れない。僕はえさ箱を目の前につき出そうとした。

問十二 その時とつ然、兄の方がいやにはっきりと答えた。

「いらん！」

て、ほとんど見当たらない。そこでゴカイ。

毎日毎日魚つりをつづけている中に、初めはあまり気持良くなかったが、僕はしだいにゴカイという虫が好きになってきた。ゴカイというのは、形はムカデに似ていて、赤い色の虫だ。まったく見慣れると、ゴカイは女体のようになまめかしい。**問二**えさ屋で買うゴカイが、つぶがそろって生きがよければ、僕の心はおどる。身もだえするゴカイにつり針をさすのは、一種のふしぎな快感があった。

で、その日はくもっていた。沖《おき》の方が暗くて、夕立が来そうな気配もあった。僕は沖の方に向いてつっていたのだ。防波堤の外側と内側とでは、その日によってつれ方がちがうし、またつれる魚の種類もちがう。その日は外側の方が当たりが良くて、皆《みな》そちら側にさおを出していたというわけだ。

その子供たちは、えさを使い果たしたのか、人の〈注2〉びくを見て回ったり、足を組んで沖をながめたり、そんなことばかりしていたんだが——、ふと僕はえさをつけかえようとして、かたわらのえさ箱を見た。するとゴカイがいなくなっている。

まだ十四匹《びき》余りいたはずなのに、それが、二、三匹になっていて、その二、三匹も箱のふちにひっかかって、だらしなくのび縮みしている。

問三盗《と》ったな！　僕ははっとあたりを見回した。その子供たちは、内側の方にこしかけている。**問四**ふり返って僕をながめていたらしい小さい方の子供の視線と、僕の視線がパッと合った。急におびえた表情になって、視線を外《そ》らして、すこし身体《からだ》を兄の方にずらすようにした。兄の方は、だまってつり糸を垂れたまま、じっと〈注3〉うきをながめている。

さっきまでつりは止めて、そこらをウロチョロしていたし、またぼんやり海をながめていたではないか。今海面を見つめている兄のこわばった顔は、痛いほど僕の視線を感じているにちがいないのだ。僕は意地悪く、しばらくじっとそこから視線を放さないでいた。そう言えば先刻、僕のかたわらで何かかすかな音がした。僕はそれに気をとめないでいたのだ。あの足音は至極かるかった。そうか。えさを盗るのに、弟を手先に使ったな。そう僕は判断した。僕はそっと立ち上がった。弟がその僕をちらと横目で見た。僕はさおをたたんで帰り支度をした。えさ箱をびくにしまい、かぶっているムギワラ帽《ぼう》の中からたばことマッチを出し、火をつけた。それからそろそろと子供たちの方に近づいた。

僕が近づくと、二人は急にきん張したようだった。かたくなに僕の方を見ないようにして、ことに弟の方は背をかたくして、あきらかにおそれに満ちた表情でそっぽを向いている。子供のえさ箱の中には、僕のと大体同じ型の同じ大きさのゴカイが、ぐにゃぐにゃともつれ合っていた。そして子供のうきがビクッと大きく動いた。

「そら、引いてるじゃないか」

そう僕は言いかけて、途《と》中で止めた。兄はつりざおを上げようとはしない。じっとしている。うきが動かなくなって、それからそろそろとさおを上げた。糸の先は針ばかりになっている。えさをとられたのだ。

「バカだな。しっかりしろ」

そう言おうとして、僕はやはり言わなかった。**問五**向こうも内心ジタバタしているが、別の意味でこちらもジタバタしている。その意識が急に僕の口辺をこわばらせた。僕はそのまま背を向け、ふり返らず、まっすぐに防波堤を岸の方に歩いた。防波堤は岸に近づくにつれて低くなり、満潮時だから海水に没《ぼっ》している。**問六**ひざ頭までひたす海水を、は

【国　語】（五〇分）〈満点：一〇〇点〉

【注意】　句読点や記号などは字数にふくめます。

【一】　次の文章を読んで後の問に答えなさい。

それはもう十年も前のことになる。

十年前というと、まだ戦争中のことだ。戦争中だというのに、大の男がせっせと防波堤《てい》に通って、魚をつる。それも僕《ぼく》だけじゃなく、防波堤の常連とでも言ったようなのが、十人近くいた。それに半常連。フリの客など。それに本職の漁師も時にこれに加わる。その本職の漁師たちは、おたがいに大阪《さか》弁で会話した。その海は九州のある湾《わん》だから、すなわち彼《かれ》らは他国者だというわけだ。

つまり何かの事情で移住してきたこれらの漁師たちは、その湾の漁場は土地の漁師にしめられ、また舟《ふね》を持つ余ゆうもないらしく、余ぎなくこの防波堤にも仕事にやってくる。大体そういうことらしい。移住してきた事情は聞かなかった。彼らは総じて身なりも貧しく、態度も粗野《そや》だった。大阪弁がかえってその粗野な感じを助長した。それに彼らは僕らを、防波堤の常連たちを、敵視しているような気配もあった。その連中の多くは、防波堤の礎《そ》石についた赤貝を採る。四月や五月、そんな水の冷たい季節でも、平気で水にもぐる。ヒラメのように体を平たくしてしずんで行き、二分も三分ももぐっている。それらが時につりざおをたずさえて、僕らの仲間入りをする。

これら本職のやり方を見ていて、僕は素人《しろうと》と玄人《くろうと》のつり方の差をはっきりと知った。

つまり本職のつり方は、あらゆる合理的な考えの上に立っている。だいいちつれそうな天候や潮具合《あい》の時しか来ないのだ。ところが素人常連のは、魚の引きを楽しむためにわざと弱いさおを用いたり、必要でもないのに〈注1〉リールざおを使用したりする。まあこれは一種の頽廃《たいはい》だ。

その中にあって『是《ぜ》が非でも』つり上げようとする漁師たちのやり方は、はっきりと目立った。それによって生活を支えるか支えないかの差異だろう。それに体格もちがっていた。彼らのはだは赤《しゃく》銅色で、手足もたくましかった。僕らは、老人もいたし若いのもいたが、概《がい》して虚《きょ》弱な感じの者ばかりだった。戦争中のことだから、生きのいいのは大てい兵隊とか工場に引っぱられている。のん気に魚つりなんか出来るのは、病気上がりの虚弱者なのだろう。この僕がそうだった。胸の病気のあとで、しばらくのんびりと魚つりでもして暮らせと、医者から言われたのだ。

その子供たちが、この漁師のだれかの息子《むすこ》かどうか、僕は知らない。しかしかれらは子供のくせに、やたらに魚つりがうまかった。僕などにくらべて、いつも二倍か三倍もつり上げてゆく。玄人級だ。身なりもよくないし、つり道具もお粗末なものだ。それでたくさんつる。二人とも体にくらべて頭が大きい。貧相な感じの子供だった。頭が似ているから、兄弟なのにちがいない。上は数え年で十二か十三、小さい方は十歳《さい》ぐらいか。

それは七月ごろだったかしら。そのころはメバルはすでに遠のいて、セイゴ、キスゴ、平あじ、ハゼなどの雑魚《ざこ》が来ていた。日によってはボラが群をなしてやってくる。よくつれてえさが足りなくなることもある。僕の使うえさは大ていデコかゴカイ。デコやゴカイよりも岩虫の方が適当だが、これはなかなか手に入らない。さらに防波堤のへりに付着する黒貝の肉、これが最上なのだが、これは常連がおおむね取りつくし

2019年度

解　答　と　解　説

《2019年度の配点は解答欄に掲載してあります。》

＜算数解答＞ 《学校からの正答の発表はありません。》

1 (1) $1\frac{8}{13}$ (2) ア 186 イ 61 (3) 16.56
(4) ① 15 ② ア 6 イ 13 (5) 1312.5m

2 ア 14 イ 308 3 (1) 17 (2) 7 4 (1) 44cm (2) 6個

5 (1) 4個 (2) $10cm^2$

○推定配点○

4・5 各7点×4 他 各6点×12 計100点

＜算数解説＞

1 (四則計算，場合の数，平面図形，図形や点の移動，数の性質，速さの三公式と比，割合と比，単位の換算)

(1) $\square=\frac{7}{4}\div\left(\frac{21}{32}\times\frac{26}{35}\times8\right)+\frac{7}{6}=\frac{35}{78}+\frac{7}{6}=\frac{21}{13}$

重要 (2) ① 最小の目Aと最大の目Bを(A，B)で表す。

(1，5) →他が1か5のとき，3×2＝6(通り) 他が2，3，4のとき，6×3＝18(通り)
(2，6)も同様であり，計(6＋18)×2＝48(通り)

(1，4) →他が1か4のとき，6通り 他が2，3のとき，6×2＝12(通り)
(2，5)，(3，6)も同様であり，計(6＋12)×3＝54(通り)

(1，3) →他が1，3のとき，6通り 他が2のとき，6通り
(2，4)，(3，5)，(4，6)も同様であり，計6×2×4＝48(通り)

(1，2) →他が1，2のとき，6通り
(2，3)，(3，4)，(4，5)，(5，6)も同様であり，計6×5＝30(通り)

(1，1) →他も1であり，計6通り

したがって，全部で48×2＋54＋30＋6＝186(通り)ある。

② 1つの目が5で他の2つの目が4以下のとき→3×4×4＝48(通り)

2つの目が5で他の目が4以下のとき→3×4＝12(通り)

3つの目が5のとき→1通り

したがって，全部で48＋12＋1＝61(通り)ある。

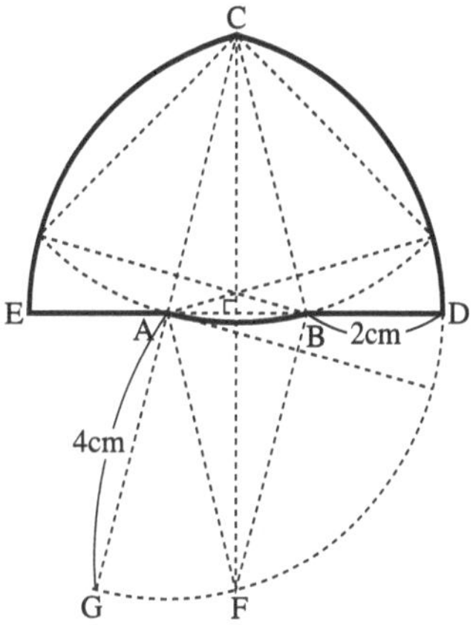

やや難 (3) 右図において，おうぎ形ADCとBECは合同であり，おうぎ形BECとFADも合同である。したがって，四角形AFBCはひし形であり，おうぎ形CABとAGFは合同であり，太線の長さは4×3.14＋2×2＝16.56(cm)である。

基本 (4) ① $\frac{7}{5}-\frac{1}{3}=\frac{16}{15}$であり，1未満にならないのでアは6であり，$\frac{6}{5}-\frac{1}{3}=\frac{13}{15}$であるからウ

は15である。

② ①より，ア は6，イ は13である。

重要 (5) 右図において，Aさんの家からCさんの家までをアm，Bさんの家からCさんの家までをイmとする。AさんがDに着くまでの時間は$\frac{ア}{150}+\frac{1000}{90}=\frac{ア}{150}+\frac{100}{9}$(分)，BさんがDに着くまでの時間は$\frac{イ}{90}+\frac{1000}{150}=\frac{イ}{90}+\frac{20}{3}$であり，Bさんがイm進む時間とAさんがアm進む時間の差は$\frac{100}{9}-\frac{20}{3}=\frac{40}{9}$(分)である。したがって，Aさんがアm進んだとき，BさんはCさんの家まで$90\times\frac{40}{9}=400$(m)の位置におり，分速の比150：90＝5：3より，アmは(2500－400)÷(5＋3)×5＝1312.5(m)である。

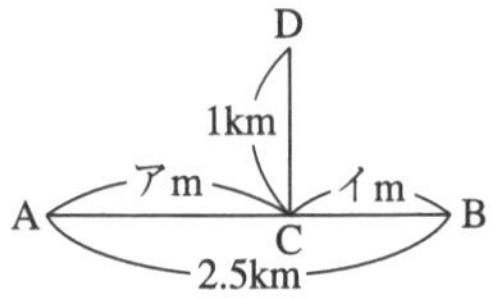

重要 2 (割合と比，濃度)

ア…水を加えて食塩水の重さが(800＋100)÷800＝$\frac{9}{8}$(倍)になったので，水を加える前の食塩水の濃さは$8\times\frac{9}{8}$＝9(％)であった。

したがって，5×6＋3×ア＝(5＋3)×9＝72より，ア は(72－30)÷3＝14(％)

イ…AとBの食塩水の重さの割合は700：550＝14：11であり，入れ替える重さもこの割合になるようにすればよいので，イ は700÷(14＋11)×11＝308(g)である。

【別解】 550÷(14＋11)×14＝308(g)

重要 3 (平面図形，図形や点の移動)

(1) 正方形Aのなかの正方形アの面積は31×31－84×2×4＝961－672＝289＝17×17(cm²)であり，(あ)は17cm

(2) 正方形Bのなかの直角三角形イ4個の面積は，①より，23×23－17×17＝240(cm²)であり，正方形Bのなかの正方形ウの面積は289－240＝49＝7×7(cm²)であり，(い)は7cmである。

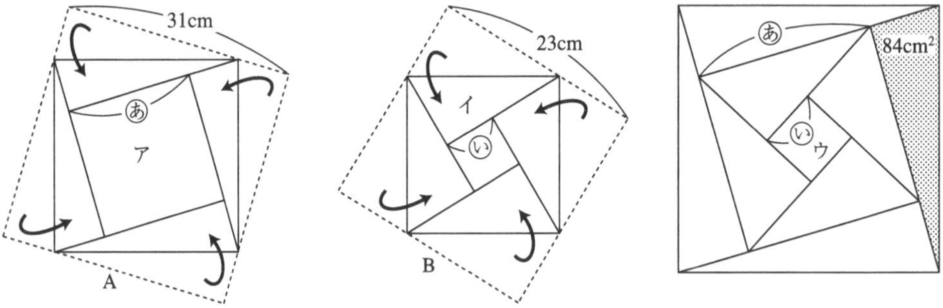

4 (平面図形，鶴亀算)

基本 (1) (AP＋AQ)＋(AR＋BR)＋(BP+BQ)＝17×2＋10＝44(cm)

重要 (2) A，Bの外側にあって間が17cmの2点の組が□組，A，Bの内側にある点が△個あるとする。2×□＝○とすると，○と△について(17×30－468)÷(17－10)＝6(個)

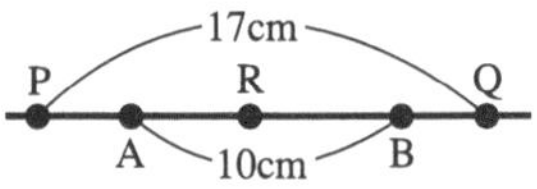

5 (立体図形，平面図形，場合の数)

基本 (1) 次ページ図において，KJ，GH，KH，GJのそれぞれとCを結んでできる4つの三角形が当てはまる。

やや難　(2)　(1)において，三角形KJCとGHCは合同であり，三角形KHCとGJCも合同である。図アにおいて，三角形KCJとKFCの面積比は1：2であり，三角形KFC，KHC，GJCは合同である。したがって，三角形KJCとGHCの面積はそれぞれ，60÷(1+2)÷2＝10(cm²)

図ア
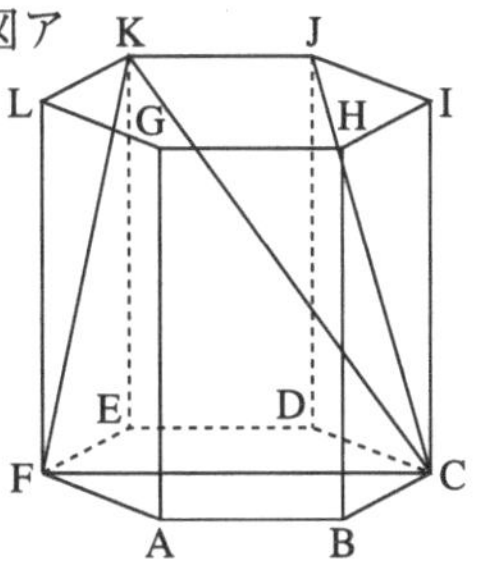

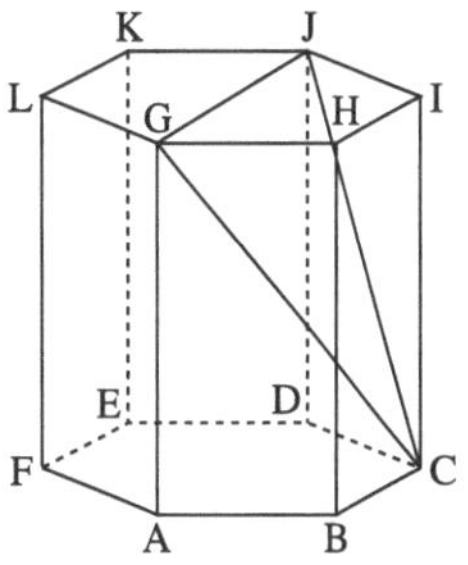

★ワンポイントアドバイス★

1(3)「太線の長さ」，5(2)「三角形の面積」は内容としては難しいが，カンで解答を予測して正解する受験生も少なくないと思われる。要は，難しいと感じた問題は後に回して解法がわかる問題を優先するということである。

＜理科解答＞《学校からの正答の発表はありません。》

1　1　ア，ウ，エ　2　エ　3　9.2g　4　ア　5　96g　6　(1)　砂の表面積を広くして，日光を多く受け蒸発しやすくするため。　(2)　釜で加熱する燃料を節約するように，できるだけ濃い塩水をつくるため。

2　1　(1)　あ　10　い　4　う　2　え　3　お　7　(2)　C　メダカ　E　ミカヅキモ　H　ハエ　(3)　からだが2つの部分に分かれている。　(4)　H　2　(1)　エ　(2)　昆虫ならば足の数が6本だが，図2はちがうので，昆虫ではなく，昆虫のなかまのゴキブリでもないから。

3　1　(1)　ア　(2)　導線電流を多く流す。　方位磁針を導線に近づける。　2　(1)　×　(2)　ア　(3)　×

4　1　①　12　②　10　③　11　④　50　⑤　昼　⑥　20　⑦　上辺　⑧　上　2　(1)　右図　(2)　①　6　②　おそく　③　4　(3)　4年ごとに，1年の日数を1日増やす。　(4)　＋6時間

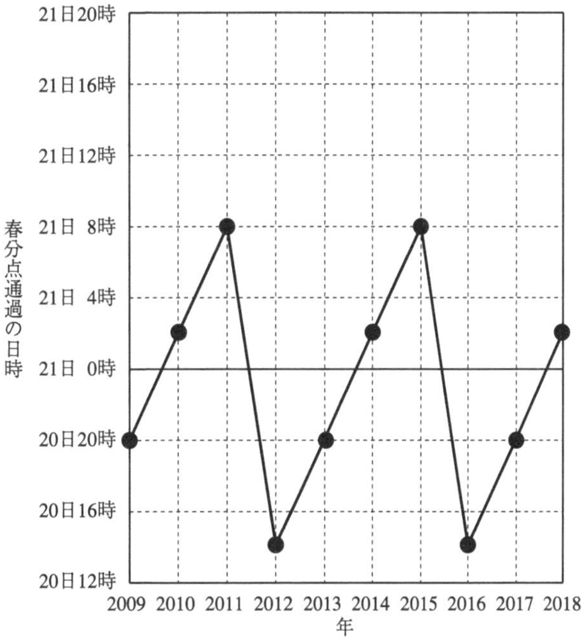

3　(一番早い場合)　春分の日：3月21日　満月：3月21日(土曜日)　イースター：3月22日
(一番おそい場合)　春分の日：3月21日　満月：4月19日(日曜日)　イースター：4月26日

○推定配点○
1　各2点×7　　2　1(1)・(2)　各1点×8　　1(3)・(4)・2　各2点×4
3　1　各2点×3　　2　各1点×3
4　1・2(2)　各1点×11　　2(1)・(3)・(4)　各2点×3　　3　各2点×2(各完答)　　計60点

＜理科解説＞

1 （ものの溶け方ー食塩水と製塩）

1　水溶液では，溶けている物質が目に見えない大きさまで小さくなって，水と完全に混ざっている。そのため，完全に溶けている水溶液は透明であり，どの部分も同じ濃さである。ただし，無色とは限らない。色のついた水溶液には，コーヒーシュガー水溶液や各種の清涼飲料水，硫酸銅水溶液や塩化銅水溶液などがある。

2　食塩が水に溶けても，食塩は小さくなっただけで，食塩そのものが変化して別の物質に変わったのではない。だから，水を蒸発させるともとの食塩が出てくる。同じ意味の「溶ける」はエである。アも「溶ける」と書くが，鉄は塩酸と反応して別の物質に変化しており，反応後に水を蒸発させても鉄は戻ってこない。イとウは「融ける」と書き，固体が液体に変化する状態変化である。他の液体に混ざるという意味ではない。

3　もとの水溶液は，食塩をできるだけ溶かした飽和水溶液である。水を25g蒸発させたので，その25gに溶けていた食塩が結晶となって出てくる。表より，40℃の水100gには食塩が36.6g溶けるので，水が25gに溶けていた食塩は，100：36.6＝25：□より，□＝9.15gで，四捨五入により9.2gである。

やや難　4　最後の食塩水は40℃の飽和水溶液であり，重さは，300－25－7.8＝267.2(g)である。表より，40℃の水100gには食塩が36.6g溶けて，飽和水溶液136.6gになる。飽和水溶液267.2gであれば，水の量は，136.6：100＝267.2：□より，□＝195.6gであり，食塩の量は267.2－195.6＝71.6(g)である。このことから，最初の飽和水溶液は，水が195.6＋25＝220.6(g)で，食塩が71.6＋7.8＝79.4(g)溶けていたことがわかる。水100gあたりに直すと，220.6：79.4＝100：□より，□＝36.0gとなり，表から最初の温度は20℃だったとわかる。なお，本問で溶け残った食塩が7.8gであり，これが問3の結果よりも少ないことから，最初の水溶液に溶けていた食塩の量も問3より少ないと考えられる。つまり，最初の温度は40℃よりも低かったとわかるので，選択肢ではアしかない。

5　海水100gに食塩が3g溶けているので，海水300gには食塩が9.0g溶けている。だから，海水300g中の水の量は300－9.0＝291(g)である。水100gには食塩が最大36.0g溶けるので，水291gなら，100：36.0＝291：□より，□＝104.76g溶ける。はじめに食塩が9.0g溶けているので，加えることができる食塩は，104.76－9.0＝95.76(g)である。それ以上加えると溶け残りができてしまう。よって，解答は四捨五入して96gである。

6　(1)・(2)　海水を直接に加熱して水をすべて蒸発させるには，大量の燃料が必要である。昔は燃料として薪を使っていたが，海水の97％を占める水を蒸発させるほど大量の薪を手に入れるのは困難である。そこで，水を通しにくい泥や粘土の上に砂を広げ，海水をまいて日光を使って水を蒸発させ，塩類の結晶をつくる。この結晶には砂がついているので，砂ごと取って，海水を流し込んでからろ過する。ろ過した液は，海水に比べるとずっと濃いので，そこから燃料を使って釜で水を蒸発させれば，燃料を節約して塩を取ることができる。この方法は，揚げ浜式とよばれ，昔は能登や瀬戸内など各地で行われていた。砂にでこぼこをつけるのは，砂と空気が触れる面積を増やすことで，蒸発する面積を増やすことと，日光を受ける面積を増やすことができるからである。なお，実際の海水中の塩類は，3分の2ほどの食塩と，3分の1ほどの他の塩類が含まれるので，釜から塩を取り上げるときに工夫して，食塩以外の塩類を減らしている。

2 （動物・植物ー生物のなかま分け）

1　(1)・(2)　図1では，背骨がある生物がA，B，Cの3種あり，クジラとアヒルがすでに入っているので，残るCにあてはまるのはメダカである。(あ)は，クジラとアヒルに共通し，メダカにない特徴なので，選択肢のうちでは10の肺呼吸である。また，(う)は，クジラはほ乳類であり子を産むが，アヒルは鳥類であり卵を産むので，選択肢の2があてはまる。残る生物はハエとミカヅキモである。(い)では，アサガオとハエの共通点が選択肢には見当たらないので，Eはミカヅキモに決まり，(い)は選択肢の4の光合成があてはまる。(え)は，アサガオは花が咲き種子で増えるが，ミカヅキモは分裂で増えるので，選択肢の3があてはまる。Hはハエに決まる。(お)は，トンボに羽が4枚あり，クモには羽がなく，ハエには羽が2枚あるので，(お)は選択肢の7があてはまる。　(3)　クモにあてはまり，ハエにあてはまらない体のつくりの条件を答える。クモとハエはどちらも節足動物だが，クモは昆虫ではなく，からだは頭胸部と腹部の2つに分かれている。ハエは昆虫なので，からだは頭部，胸部，腹部の3つに分かれている。　(4)　シイタケのようなキノコのなかまは，カビのなかまとともに菌類のなかまである。シイタケには背骨がない。また，(い)光合成をせず，他の枯れ木などから栄養分を吸収している。(お)羽がなく，※からだは2つに分かれていないので，ハエと同じHの分類になる。

基本　2　(1)・(2)　昆虫のからだは頭部，胸部，腹部の3つに分かれており，足が6本である。ゴキブリも昆虫である。図2の生物は昆虫でないからゴキブリでもない。図2は海岸に多く生息するフナムシであり，足を14本持っている。節足動物ではあるが，昆虫類ではなく甲殻類に分類され，エビやカニなどと近いなかまである。

3 （電気と磁石ー電流のまわりの磁界）

1　(1)　図2をみると，電流の流れる向きに向かって(図2では下から見て)右回りに，方位磁針のN極を向かせるはたらきがある。これは，電流の流れる向きに対して，まわりの空間に右回りに磁界(磁場)ができているためである。図3では左側から見て右回りの磁界ができているので，導線の下側にある方位磁針の位置には，手前から奥に向かう磁界ができている。同様に，図4では下側から見て右回りの磁界ができているので，導線の下側にある方位磁針の位置には，左に向かう磁界ができている。つまり，方位磁針のN極はアの向きに動く。　(2)　導線の形は変えないので，方位磁針に導線を何度も巻き付けるという答えは不可能である。導線のまわりの磁界を強めるには，電池を直列につなぐなどして電流を多く流せばよい。あるいは，方位磁針を導線にもっと近づけると，磁界の強い位置に方位磁針を置くことができる。

重要　2　(1)　方位磁針の上に，逆向きに電流が流れる2本の導線があるので，アにふれるはたらきと，イにふれるはたらきがつりあって，結局，方位磁針はふれない。　(2)　方位磁針の上にある導線がつくる磁界によって，方位磁針はアの向きにふれる。方位磁針の下にある導線は逆向きに電流が流れているが，方位磁針との上下関係も逆なので，やはり方位磁針はアの向きにふれる。よって，アの向きに大きくふれる。　(3)　方位磁針の上にある導線がつくる磁界によって，方位磁針はアの向きにふれる。方位磁針の下にある導線がつくる磁界によって，方位磁針はイの向きにふれる。アにふれるはたらきと，イにふれるはたらきがつりあって，結局，方位磁針はふれない。

4 （太陽と月ー地球の公転と暦）

1　昼の長さは，17時54分－5時44分＝12時間10分である。夜の時間は，一日24時間から昼の時間を引けばよいので，24時間－12時間10分＝11時間50分である。このように，春分の日は，昼の長さと夜の長さがほぼ等しいものの，正確には昼の長さが20分長い。その原因のひとつは，日の出と日の入りの時刻が，太陽の中心ではなく上の端で決まっているためである。太陽の上の端が地平線にかかると日の出，太陽の上の端まで地平線に沈むと日の入りである。そのため，中心と端の幅のぶん太陽が動く時間が昼の長さに加わる。もうひとつの原因は大気差とよばれ，大気による太陽光の屈折によって，太陽が少し浮き上がって見えるためである。

重要 2 (1) 表の10個のデータについて，グラフ用紙にはっきりわかるように点を取り，フリーハンドで構わないので，しっかりした線で結ぶ。 (2)・(3) 表やグラフから，2009年，2010年，2011年と，太陽が春分点を通過する日時は，毎年6時間ずつおそくなっていく。しかし，毎年6時間早めると，日付がどんどんずれてしまう。そこで，2012年は，3月21日14時ではなく，1日前の3月20日14時になっている。同じことが，2016年でもいえる。これは，春分点を通過する日時がどこまでもずれていくのを防ぐため，2012年や2016年には，日付を1日ずらす調整がなされているからである。つまり，うるう年となっている。うるう年はふつう4年に1度ずつ設定され，1年が365日ではなく366日とされる。 (4) 地球が太陽のまわりをちょうど365日でまわっているとすると，(2)でみたように，何年も経てば，春分点を通過する日付がどこまでもずれていく。しかし，4年に1度ずつうるう年を設けると，ずれは一定の範囲におさまって，ずれ続けることはない。このことから，地球が太陽のまわりをまわる時間は，365日よりも，4分の1日，つまり6時間長い。

3 イースター(復活祭)の日の決め方は，実際は一通りではないが，本問では問題文の説明に沿って計算していく。春分の日は，どちらの場合も3月21日とする。一番早い場合，春分の日が満月であり，土曜日でもあった場合，イースターはその次の日曜日だから，翌日の3月22日となる。一番おそい場合，春分の日から直後の満月までが最も長いのは，春分の日の前日の3月20日が満月だった場合である。満月の周期を30日とすると，3月20日の次の満月は4月19日である。さらに，この満月からイースターまでが最も長いのは，満月が日曜日だった場合であり，イースターは次の日曜日である4月26日となる。

★ワンポイントアドバイス★

問題文と図表から，要点をすばやく読み取り，問題文の流れにしたがって筋道を立てて解き進めていこう。

＜社会解答＞《学校からの正答の発表はありません。》

1 A a イ b ウ c (例) 水揚げされる魚により取引価格が異なるから。 d ア e 造船 f イ g リアス h 石巻 i (例) 関連工場が被災し部品の供給が止まってしまったから。 j 復興庁 B a ハブ空港 b ア c 知床 d ウ e 福岡 f ア C a ウ b ア c エ d エ

2 A 問1 ウ 問2 イ・エ 問3 ア B 問1 後鳥羽上皇 問2 4代目 問3 (例) 頼朝以来の幕府の恩を訴え御家人の結束を呼びかけた。 C 問1 ハリス 問2 イ 問3 ウ 問4 ウ D 問1 1 ア 2 エ 問2 ウ 問3 (例) 大戦景気による物価高やシベリア出兵を見込んだ米価の高騰。 E 問1 エ 問2 ア 問3 ① (中国)残留孤児 ② (例) ソ連が中立条約を一方的に破棄し満州に侵攻したから。

○推定配点○
1　Ac・i　各4点×2　　Ae・g・j・Ba　各2点×4　　他　各1点×14
2　B問1・C問1・E問3①　各2点×3　　B問3・D問3・E問3②　各4点×3
他　各1点×12(A問2は完答)　　計60点

＜社会解説＞

1 (日本の地理・政治ー国土と自然・貿易・環境問題・政治・財政など)

重要 A　a　京葉工業地域は日本で最も化学工業の割合が高い。アは瀬戸内，ウは関東内陸工業地域。
b　光っている灯台を上から見た図。アは重要港，イは工場，エは発電所。　c　日本一の漁獲高
を誇る銚子はサバやイワシといった大衆魚が中心。　d　自給率は7%程度しかなく大部分を輸入。
輸入大豆は主に採油用に用いられている。　e　リアス海岸で良港に恵まれているうえ，長崎に
は幕末に幕府の艦船修理工場が，佐世保には明治時代に海軍の基地がおかれるようになったこと
から発展。　f　肉牛は北海道，鹿児島，宮崎，熊本，岩手の順。宮崎はブロイラー(鶏)，岩手
基本 は乳牛も多い。　g　山地が沈降してできた，出入りの多い複雑な海岸線を持つ地形。　h　北上
川河口に位置し米の積出港として発展した宮城県第2の都市。　i　自動車は3万点にも及ぶ部品
の組み立て型産業で多くの関連企業に支えられている。　j　10年の期限付きで設置，盛岡・仙
台・福島に復興局を置いている。

B　a　自転車の車軸の軸受け(ハブ)とスポークのように放射状に空路を展開，これにより乗り換
えや荷物の積み替えがスムーズに進む。　b　人口減少や消費形態の変化から百貨店の販売は減
少。Bは大型スーパー，Cはコンビニ。　c　豊かな自然や，陸地と海の生物の食物連鎖もみられ
る世界自然遺産。　d　日本の標準時は東経135度なのでシドニーとの時差は1時間。　e　福岡・
重要 韓国プサン間は高速船3時間で結ばれている。　f　インドシナ半島中央に位置する王国。イはベ
トナム，ウはマレーシア，エはフィリピン。

C　a　情報格差の意味。ITの進歩に伴い格差はますます拡大，雇用や収入面などにも影響を与え
重要 社会の階層にも結び付く傾向がみられる。　b　所得税は国に納める税で，収入に応じ5%から
45%の7段階で課税。　c　高齢化が進む中，介護が必要な人を社会全体で支えようと2000年4月
に導入された制度。要介護度に応じて様々なサービスを受けることができる。　d　現在急速に
普及している電子マネーもデータとして記録するもので見える存在ではない。

2 (日本の歴史ー古代～現代の政治・社会・外交など)

A　問1　新しく開墾した者は三代，用水路を改修して開墾した者はその代に限り私有を許可。
問2　開墾するには多額の費用が必要になるので開発は財力のある者たちによって進められた。
重要 問3　聖武天皇によって出された墾田永年私財法。同じ年には大仏造立の詔も発せられた。

重要 B　問1　源実朝の暗殺により源氏将軍が絶えた機を狙って出された幕府打倒の院宣。　問2　源頼
朝の遠縁にあたる藤原頼経。摂関家の出身でわずか2歳で鎌倉に下向。　問3　鎌倉時代は総じて
女性の地位は高く，女性の地頭も存在。夫・頼朝の死後は将軍の後見として幕政にも積極的に参
加，実朝の死後は尼将軍として実質的に将軍の役割を果たした。

C　問1　下田に着任した初代駐日総領事。イギリスやフランスの脅威を訴え条約調印に成功。
問2　日本に滞在する外交人の裁判は，本国の法に基づき本国の領事が行う領事裁判。　問3　ア
重要 メリカに続きオランダ・ロシア・イギリス・フランスとも同様の条約を締結。　問4　残された
関税自主権の回復は，1911年に結ばれた日米通商航海条約。

重要 D　問1　日英同盟を口実に参戦，チンタオなど中国におけるドイツ基地を攻撃。　問2　日本の中

国での権益拡大を危険視したイギリスなどは戦域の限定を要請。　問3　大戦による空前の好景気で物価は上昇，さらにシベリア出兵のうわさから米を買い占める商人なども現れ，コメの価格は戦前の4倍に高騰。

重要　E　問1　日中共同声明で国交を回復したのは1972年。1960年代後半から70年代にかけカラーテレビ・クーラー・カー(自動車)は3Cと呼ばれ庶民のあこがれとなった。　問2　中華民国(台湾)と中華人民共和国は内戦状態でもあり会議には招請されなかった。インド・ビルマ・ユーゴスラヴィアは不参加，ソ連・チェコスロヴァキア・ポーランドは調印を拒否。　問3　①　日本へ帰国した人も多いが，言葉や教育の問題などから日本の社会に適応できないなど問題も生じている。　②　1945年8月8日，ソ連は宣戦を布告し翌9日には満州などに侵攻。激しい戦闘の結果多くの人々がシベリアなどに抑留された。

★ワンポイントアドバイス★

記述問題はまずは要旨を箇条書きで書いてみることである。字数は気にせずコンパクトにまとめることを第一に考えよう。

＜国語解答＞《学校からの正答の発表はありません。》

［一］　問一　2　　問二　1　　問三　4　　問四　4　　問五　①　1　　②　3
③　子供のえさ　　問六　1　　問七　2　　問八　4　　問九　3　　問十　2・5
問十一　1　　問十二　3　　問十三　2

［二］　問一　(例)　もどれず，中断のできない時間　　問二　3　　問三　単なる刺激／反応
問四　(例)　音楽を通して音楽の作者や演奏者などと一緒に一つの時間を最後まで共にする体験。(38字)　　問五　(例)　全体の一部分だけを用いた音楽として，テレビ・ラジオのコマーシャルソングや電車の発車メロディーは，注意を引きつけるという意味では効果的ではある。しかしその作品の作者は全体を聴いて味わってもらうことを目的に作品を生み出しているはずであり，一部分だけを用いるのは作者の意図に反する。シグナルとして使用するのなら，目的を明確にしてそれ専用の短い音楽を作るなど，音楽の一部分だけを用いるべきではないと思う。(198字)

［三］　A　1　　B　4

［四］　(例)　たとえ困難が待ち受けていても，あきらめることは断じてない。(29字)

［五］　1　導(く)　　2　失念　　3　功績　　4　耕(す)　　5　市街地　　6　しゅうとく
7　もと(づく)　　8　いただき

○推定配点○

［一］　問十　4点(完答)　　他　各3点×14
［二］　問一・問四　各5点×2　　問五　15点　　他　各3点×2　　［三］　各2点×2
［四］　3点　　［五］　各2点×8　　計100点

＜国語解説＞

［一］（小説－心情・場面・文章の細部の読み取り）

基本　問一　「その子供たちが」で始まる場面で描かれているように，身なりやつり道具はお粗末で貧相な感じの「兄弟」の子供たちは玄人級に魚つりがうまくたくさんつっている→子供たちが日ごろから魚つりをしているため魚つりがうまいこと，しかし貧相な感じから遊びで魚つりをしているのではないこと，が読み取れるので2がふさわしい。1の「見せつけようとしている」，3の「つりに夢中になっているむじゃきな」は読み取れないのでふさわしくない。「(子供たちが)漁師のだれかの息子かどうか，僕は知らない」とあるので，4もふさわしくない。

問二　問二の傍線部直後で「身もだえするゴカイにつり針をさすのは，一種のふしぎな快感があった」と描かれていることから，生きのいいゴカイにつり針をさすことで自分の力を感じていることが読み取れるので，1がふさわしい。「ゴカイにつり針をさす」ことで感じる「一種のふしぎな快感」に触れていない他の選択肢はふさわしくない。

問三　問三の傍線部直前で，えさを使い果たした子供たちがそこらをウロチョロしているとき「僕」はふとえさをつけかえようとえさ箱を見ると，ゴカイがいなくなっているのに気づいたことが描かれていることから，子供たちがゴカイを盗ったと思って傍線部のようになっているので，4がふさわしい。1の「ぼうっと考え事をしているうちに」，2の「戦争中で物が不足している時代だった」，3の「兄弟が大人以上に魚をたくさんつりあげる理由がやっとわかった」はいずれも描かれていないので，ふさわしくない。

問四　問四の傍線部直後で，弟を手先に使ってえさを盗んだと判断した「僕」が近づくと，弟は「おそれに満ちた表情」でそっぽを向き，兄も緊張してかたくなに「僕」の方を見ないようにしている様子が描かれているので，4がふさわしい。1の「弟は他人の顔をじろじろ見ていた」，2の「弟は動き回ってつりのじゃまをしたことをしかられるかもしれないという不安」，3の「弟」は「僕が気の毒でいたたまれなくなって」「兄はめんどうに巻きこまれまいと知らず顔をきめこんで」はいずれもふさわしくない。

やや難　問五　①　問五の傍線部直前で，盗んだゴカイが見えてしまうため，うきが動いても兄はつりざおを上げようとせず，「僕」にうながされてもじっとして平静をよそおっている様子が描かれているので，1がふさわしい。兄弟がゴカイを盗んだことに「僕」が気づいていると兄は思っているので「(ゴカイを盗んだことに)僕が気づいているのかどうか知りたい」とある2はふさわしくない。「僕」は兄弟に声をかけており，「関心をそらそうとしている」とある3もふさわしくない。4の「非常に後かいしている」も読み取れないのでふさわしくない。　②　盗んだゴカイを見られないようにするためにつりざおを上げようとせず，魚にえさをとられてしまった兄に「僕」は「バカだな。しっかりしろ」と言おうとして言わず，そのままその場を離れている。さらに少し後で，子供たちにえさをとられたことに対してあれこれ考えて不ゆ快に感じていることから，3がふさわしい。子供たちに何か言うのも大人げないと思いながら，どうしてよいかわからずその場を離れているので，1の「ふてぶてしい態度におどろきあきれている」，2の「おびえる子供たちをふびん（かわいそうだ，気の毒だ）にも思われ」，4の「決定的な証拠が見つからずむきになっている」は読み取れないのでふさわしくない。　③　ゴカイを盗んだ子供たちに近づいたものの，結局「僕」はどうすることもできないまま，状況は進展していない。このような問題が解決していない状況は「僕が近づくと」で始まる場面の「子供のえさ箱の中には，僕のと大体同じ型の同じ大きさのゴカイが，ぐにゃぐにゃともつれ合っていた」のゴカイのような状況なので，この一文の最初の五字を書く。

問六　問六の傍線部の「はねのけるような気持ちで進みながら」→子供たちがゴカイを盗んだこと

に腹を立てながらも，「やり切れない感じがしだいに強くなって来た」→気持ちが少し落ち着き，子供相手にケンカする自分に対するやり切れなさを感じている，ということが読み取れるので，4がふさわしい。1の「何もかもがいやになって」，2の「管理のあまかった自分」，3の「あくまでも自分が正しい」はいずれも読み取れないのでふさわしくない。

重要 問七　問七の傍線部直前の「その日」とは子供たちにゴカイを盗まれた日のことで，「やはり」とあることから，この日も「その日」と同じようなことがまた起こるかもしれないことを暗示しているので，2がふさわしい。「その日」＝子供たちにゴカイを盗まれた日と関連づけていない他の選択肢はふさわしくない。

重要 問八　「その自分のやり方」とは，ゴカイを盗んだ子供たちがいたので「僕」は彼らに気付かれないように自分のえさ箱をわきに引き寄せたという行動のことである。そのようなやり方が「あらあらしく僕に反発してきた」→こっそりえさ箱をかくすようなやり方をする自分に腹が立った，ということなので，4がふさわしい。1の「彼らが二度と悪事を働かないように気をつかっている」，2の「最初からあきらめて……悲しくなって」，3の「日ごろからいだいていたゆううつな気分がますます強まって」はいずれもふさわしくない。

問九　「今日は」には，ほとんど何も言わずにその場を離れた前回とは違ってという気持ちがこめられており，前回はえさを盗まれたが今日はえさをわけてやることで相手の意表をつき，相手より優位に立とうとしているので，3が読み取れる。1の「おだやかな大人でいたい」，2の全文，4の「二度と盗みを許すつもりはないとわからせたい」は読み取れない。

問十　「底意」は心の奥にある表面にあらわさない気持ちのこと。問十の傍線部には，前回えさを盗まれた気持ちもふくまれているので，2・5がふさわしい。えさを盗んだことに対する気持ちに触れていない1・4・6,「親に言いつけて」も描かれていないので，いずれもふさわしくない。

重要 問十一　問十一の傍線部の「こんなバカな思い付き」とは直前で描かれているように，前回えさを盗まれたことで今回は「僕」からえさをやろうとしていることで，自分のことしか考えずに子供たちを追いつめるようなことをしていると気づいて後かいしているので，1がふさわしい。子供たちを追いつめてしまった後かいを説明していない他の選択肢はふさわしくない。

問十二　問十一でも考察したように，「僕」は底意をふくんで話しかけたものの，子供たちを追いつめてしまったことを後かいしてしるが，兄はそのような「僕」の気持ちに関係なく，絶対にえさを受け取らず，心も許さないという気持ちで断っているので，3がふさわしい。1の「めんどうになり」「威嚇(相手をおどすこと)している」，2の「自分たちの潔白を僕にわかってもらおうとうったえている」，4は全文がいずれもふさわしくない。

やや難 問十三　問五の③でも考察したように，ゴカイは「僕」と子供たちの関係を象ちょう的に表すものでもある。問五の③では問題が解決していない状況を表しているが，ここでは「やわらかくほぐれ」「しずかにしずんで行った」とあることから，子供たちに対する思いもゆっくりと消えて「僕」の中では終わったと感じていることが読み取れるので，2がふさわしい。ゴカイが「やわらかくほぐれ」「しずかにしずんで行った」ことに「僕」は自分の気持ちを重ねているので，1はふさわしくない。3の「子供たちにへの復しゅうを完全に成しとげた」，4の「美しさに目をうばわれて」「心もなごみ」「心温まる思い出になる」はいずれも読み取れないのでふさわしくない。

［二］（論説文ー主題・要旨・細部の読み取り，記述力）

問一　「不可逆」はもとにもどれないこと，「不可分」は分けることができないことなので，直前の内容をふまえて「もどれず，中断のできない時間」のような形でそれぞれの意味をわかりやすく説明する。

問二　問二の傍線部は，音楽を「最後まで聴いてあげなくてはいけない」ものとして，音楽とともに最後まで共体験しようという気持ちで音楽を通して一つの時間を自分とともに体験するというものなので，3がふさわしい。聴き手の気持ちが音楽と結びつくことなので，他の選択肢はふさわしくない。

基本 問三　最後の段落で「三輪の言う『パブロフの反射反応』=『シグナル』」を直後で「単なる刺激／反応(8字)」と筆者の言葉で言いかえているので，この部分をぬき出す。

重要 問四　冒頭の段落で，音楽とともに最後まで共体験しようという気持ちになれるかが，自分にとって意味／意義のある音楽体験であったかどうかを測るサインであること，次段落で音楽を通して一つの時間を自分とともに体験することが音楽を命あるものとして感じている証であることを述べているので，「音楽を通して音楽の作者や演奏者などと一緒に一つの時間を最後まで共にする体験。(38字)」などの形でこれらの筆者の考えをまとめていく。

やや難 問五　「一部分だけを用いた音楽」として，コマーシャルソングや電車の発車メロディーの良い点と悪い点を挙げる。良い点としては，商品や合図として注意を引きつけるという意味では効果的である。反対に悪い点としては，その作品の作者は全体を聴いて味わってもらうことを目的に作品を生み出しているはずであり，使用目的が全く違うことが考えられる。良い点，悪い点を具体的に挙げながら，「一部分だけを用いた音楽」について，自分がどのように考えているかを述べていこう。

重要 **[三]　(ことばの用法・品詞)**

Aはいずれも助動詞で，Aと1は自発(自然とそのように思われる)。2は可能，3は受け身，4は尊敬。Bと4は場所を示す格助詞。1は様態の助動詞「そうだ」の連用形語尾，2は断定の助動詞「だ」の連用形，3は接続助詞。

[四]　(短文作成)

「たとえ」は「もし」と同様の意味で「たとえ～としても」という形で仮定の事がらを示し，その仮定の内容に関わらず，という意味。「断じて」は「必ず，何が何でも」という意味で，後に打消しを伴う場合が多い。「たとえ～としても，断じて～しない(する)」というような形で，決意や決心の強さを表す文にする。

基本 **[五]　(漢字の読み書き)**

1の音読みは「ドウ」。熟語は「指導」など。2はうっかり忘れること。3の「功」を「攻」，「績」を「積」などと間違えないこと。4の音読みは「コウ」。熟語は「耕作」など。5は商店や人家が密集した地域。6は落とし物などを拾うこと。7はそれを基盤，根拠とすること。8は最も上の部分のこと。

★ワンポイントアドバイス★

自分の考えを述べる記述問題では何を問われているかをしっかり確認し，本文をまとめただけの内容にならないよう気をつけよう。

MEMO

大切なことはメモしておこうネ！

平成30年度

★★★★★★★★★★★★★★★★★★★★★★★★

入　試　問　題

平成30年度

フェリス女学院中学校入試問題

【算　数】（50分）　＜満点：100点＞

【注意】　1．答を出すのに必要な図や式や計算を，その問題のところにはっきりと書いてください。

　　　　　2．円周率を使う場合は3.14としてください。

1　次の問いに答えなさい。

(1)　次の □ にあてはまる数を求めなさい。

$$4\frac{2}{9}\times\left(2.6\div\square-\frac{7}{10}\right)-1\frac{2}{3}=2\frac{2}{15}$$

答

(2)　右図のように，長方形ABCDがあります。点E，Fはそれぞれ辺AB，辺AD上の点で，三角形CEFは直角二等辺三角形です。直線CEの長さは何cmですか。

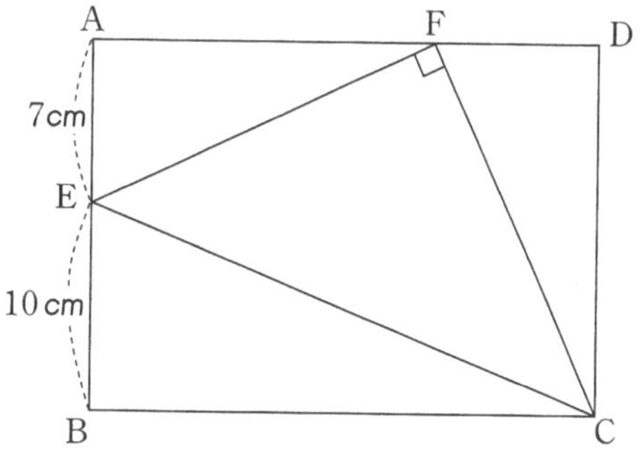

答

(3)　夏休みの宿題が □ 問出ました。はじめの10日間で，全体の$\frac{2}{9}$と1問を解きました。次の10日間で，残りの$\frac{3}{8}$と2問を解きました。さらに次の10日間で，残りの$\frac{4}{7}$と3問を解きました。すると残りは，54問となりました。□ にあてはまる数を求めなさい。

答

(4)　ボールが何個かあります。ボールが44個入る箱Aと，ボールが49個入る箱Bがあります。箱Aの数は箱Bの数より1多いです。これらのボールを箱Aに入れていくと，34個入りません。これらのボールを箱Bに入れていくと，23個入りません。ボールは何個ありますか。

答	

⑸　1から178までの各整数のけた数をすべて足し合わせると[ア]になります。2けたの整数Mから3けたの整数Nまでの各整数のけた数をすべて足し合わせると2018になるようなMとNの組は[イ]組あります。[ア]，[イ]にあてはまる数をそれぞれ求めなさい。

答	ア		イ	

[2]　点Oを中心とする半径4.5cmの大きい円の周上に点P，半径3.6cmの小さい円の周上に点Qがあります。はじめ3点O，P，Qは，右図のように一直線上に並んでいます。はじめの位置から点Pは反時計回りに大きい円の周上を，点Qは時計回りに小さい円の周上を同時に出発して同じ速さで進み，同時にはじめの位置に戻ったときに止まります。次の[ア]～[ウ]にあてはまる数をそれぞれ求めなさい。

はじめてO，P，Qが一直線上に並ぶまでに点Pが進む道のりは[ア]cmです。三角形OPQの面積が最も大きくなるとき，その面積は[イ]cm^2であり，このような場合は[ウ]回あります。

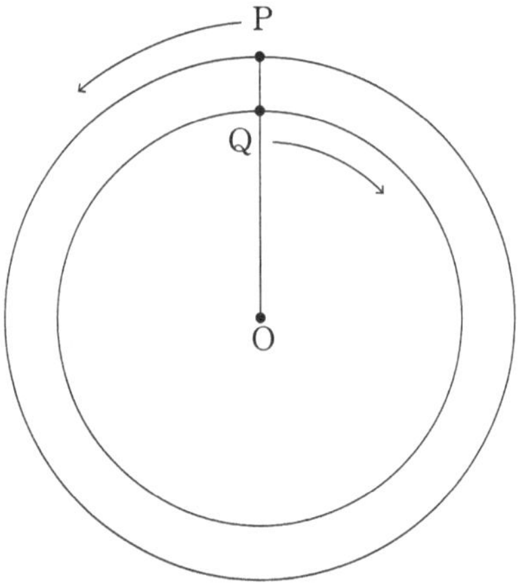

答	ア		イ		ウ	

3 四角形ＡＢＣＤを，(あ)図のように矢印の向きに回転させ，四角形ＥＦＧＤと重なるように動かすことを，「四角形ＡＢＣＤを点Ｄのまわりに，時計まわりに90°回転させる」といいます。次の[ア]，[イ]，[ウ]にあてはる数をそれぞれ求めなさい。

(あ)図

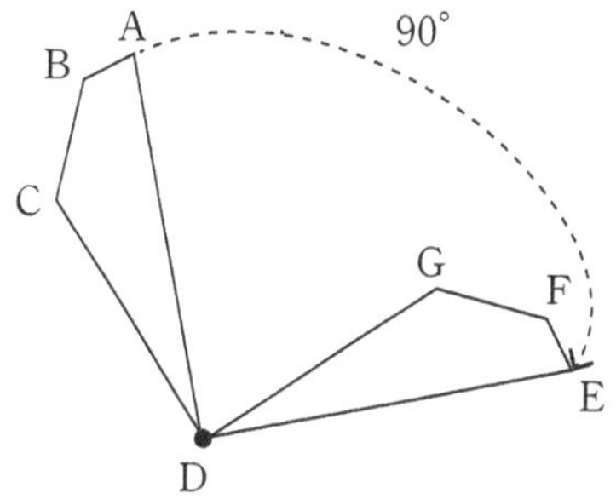

(1) (い)図は，ある四角形を点Ｏのまわりに，時計まわりに90°回転させるとき，その四角形が通るところを表したものです。曲線$\overset{\frown}{\mathrm{PR}}$は点Ｏを中心とする円の一部です。
３つの点Ｑ，Ｏ，Ｒは一直線上にならんでいます。また，直線PQの長さと直線QOの長さは等しいです。この四角形の角のうち，最も小さい角の大きさは[ア]°です。
（求め方）

(い)図

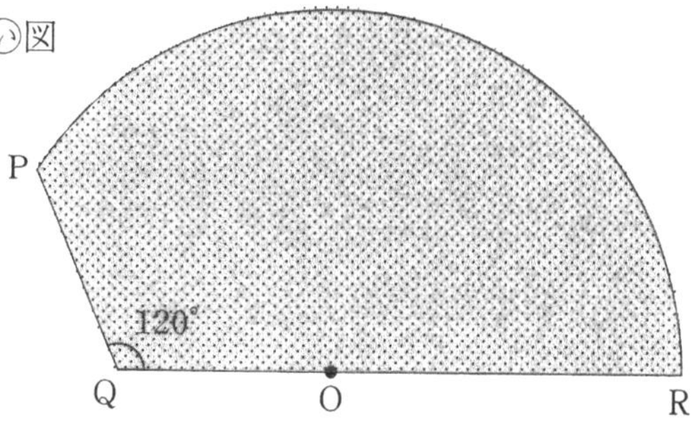

答 | ア | |

(2) (い)図は，(1)とは別の四角形を点Ｏのまわりに時計まわりに □ °回転させたとき，その四角形が通ったところを表したものと考えることもできます。□ にあてはまる数のうち，最も小さいものは[イ]で，そのときの四角形の角のうち，最も小さい角の大きさは[ウ]°です。
（求め方）

(い)図

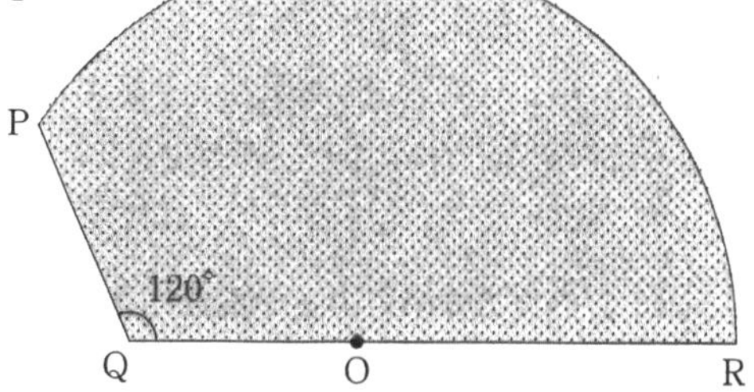

答 | イ | | ウ | |

4 右図のように，立方体ABCDEFGHがあります。
点Ｌ，Ｍ，Ｎは，それぞれ辺ＢＣ，辺ＡＢ，辺ＡＤの真ん中の点です。次の問いに答えなさい。

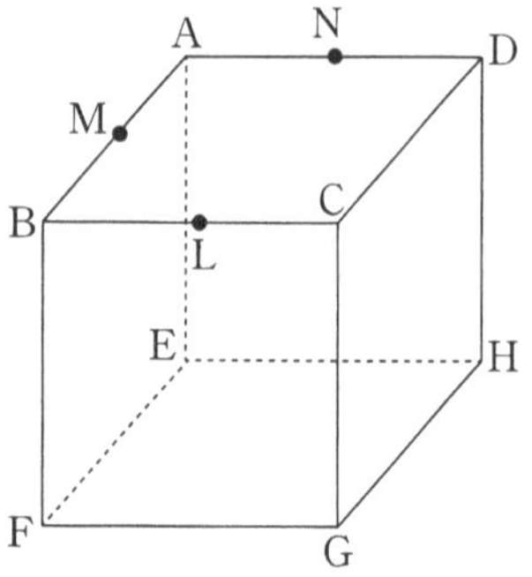

⑴ この立方体の辺の上や頂点に点Ｐをとります。三角形ABPが二等辺三角形になるような，点Ｐのとり方は何通りありますか。

答

⑵ この立方体を，３つの点Ｌ，Ｎ，Ｇを通る平面で切ったとき，２つに分かれた立体の表面積の差は，もとの立方体の表面積のア倍です。また，２つに分かれた立体の体積の差は，もとの立方体の体積のイ倍です。ア，イにあてはまる数をそれぞれ求めなさい。
(求め方)

答 ア　　イ

⑶ この立方体の１辺の長さを６㎝とします。この立方体を３つの点Ｍ，Ｎ，Ｇを通る平面で切ったとき，切り口の形はウです。頂点Ａを含む方の立体の体積はエcm^3です。ウにあてはまる図形を，次の①～④から選び番号で答え，エにあてはまる数を求めなさい。
①三角形　②四角形　③五角形　④六角形
(求め方)

答 ウ　　エ

5　ある町の人口を2000年から2015年まで５年ごとに調べたら，右の表のようになりました。次の問いに答えなさい。

2000 年	10000 人
2005 年	
2010 年	12000 人
2015 年	17280 人

⑴　2015年の人口は，2010年の人口の何倍ですか。
（求め方）

答

⑵　2010年の人口は，2005年の人口の1.25倍に増えていました。2005年の人口は何人ですか。
（求め方）

答

⑶　仮に，2000年から2015年まで５年ごとに，同じ倍率で人口が変化したと考えたとき，次の問いに答えなさい。
①　この倍率は何倍ですか。
②　①で求めた倍率を用いて，この町の2020年の人口を予測すると，何人ですか。
（求め方）

答 | ① | | ② | |

【理　科】（30分）　＜満点：60点＞

1　うすい塩酸とうすい水酸化ナトリウム水よう液を，次のア～エのように試験管に入れました。試験管は３本ずつ用意しました。

ア　塩酸を５mL

イ　塩酸４mLと水酸化ナトリウム水よう液１mLを混ぜたもの

ウ　塩酸2.5mLと水酸化ナトリウム水よう液2.5mLを混ぜたもの

エ　水酸化ナトリウム水よう液を５mL

これらの水よう液にアルミニウムの小さい板，鉄の小さい板，石灰石の小さいかたまりを入れて，試験管内の様子を観察しました。表はその結果です。

	アルミニウム	鉄	石灰石
水よう液ア	キ	①	キ
水よう液イ	キ	②	キ
水よう液ウ	カ	③	カ
水よう液エ	キ	④	カ

【結果】　カ：何も起きなかった　　　キ：気体が出て，固体がとけた

ク：気体は出なかったが，固体はとけた

1　表の実験結果について，次の問いに答えなさい。

⑴　鉄を入れた実験の①～④で観察されることとして正しいものを，結果カ～クから選びなさい。

⑵　アルミニウムを水よう液ウに入れた結果がカになった理由を説明しなさい。

2　アルミニウムを水よう液ア～エに入れた後，約10分たってから，試験管内の水よう液を２mLずつ取り，蒸発皿に入れてガスバーナーであたためました。しばらくすると水分が蒸発し，どの水よう液からも固体が出てきました。

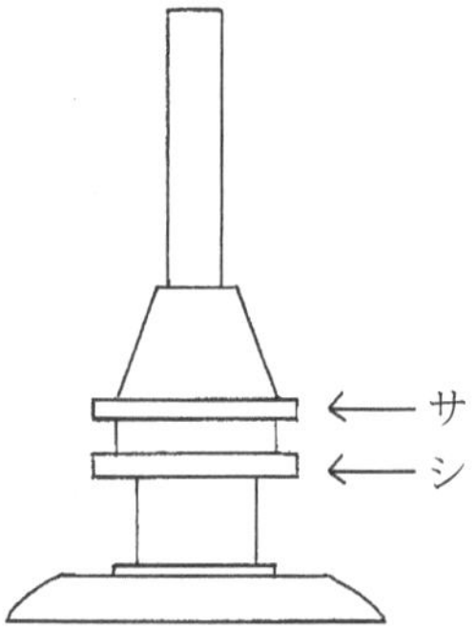

⑴　水よう液イから出てきた固体には２種類がふくまれています。それぞれどのようにしてできたものですか。説明しなさい。

⑵　ガスバーナーの炎の大きさを変えるときには，ガスの量を調節します。ガスの量を調節するときに回すねじは，図のサとシのどちらですか。

⑶　ガスバーナーの火を消す時には，図のサとシのどちらのねじを先に閉めますか。

3　石灰石を入れたときに出た気体を調べたところ，二酸化炭素だとわかりました。

二酸化炭素であることを確かめる実験を２つ考え，どのような実験結果が観察されるか，それぞれ答えなさい。ただし，気体検知管は使わないことにします。

2　次のページの図１のように，弦（げん）におもりをつけて，コマを用いて木の台に張った楽器があります。コマからコマまでの長さを弦の長さといい，弦の長さはコマを移動することで変えることができます。また，音を出すときは弦の長さの中央をはじくことにします。同じ材料で太さ（直径）の異なるA，B，Cの３種類の弦を用いて以下の実験をしました。

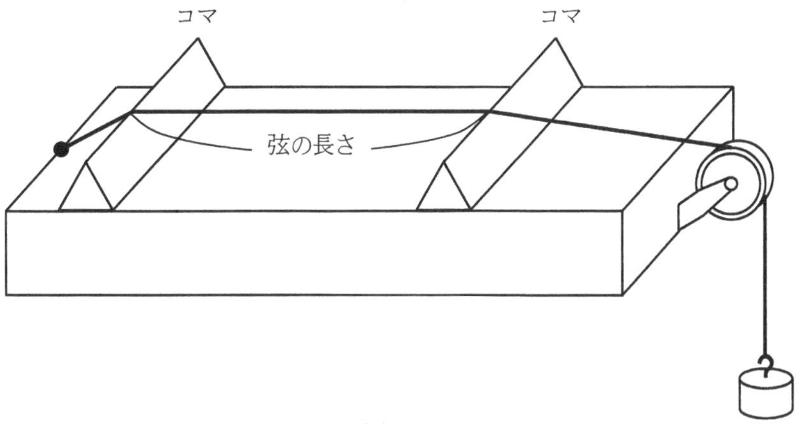

図1

【実験1】 弦Aにおもりを1個つけて張り，弦の長さを20㎝にして，はじいて音を出しました。1回目にはじいたときと，2回目にはじいたときの弦のしん動のようすをよく観察したところ，図2のようになりました。

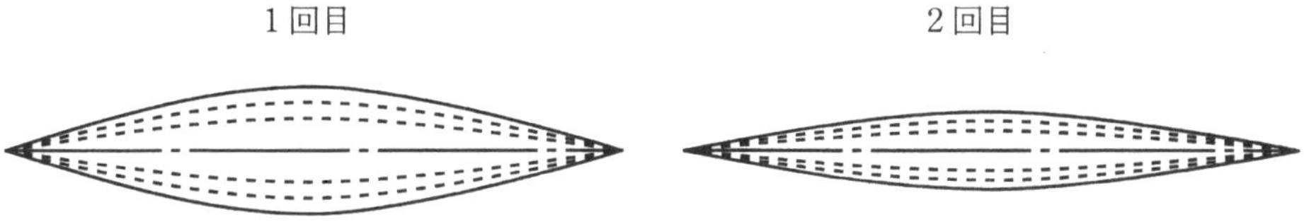

図2

1　1回目と2回目では，音にどのようなちがいがありますか。

【実験2】 弦Aについて，おもりの個数は1個のまま弦Aの長さを長くすると，音の高さが低くなりました。弦Aの長さとおもりの個数を変えて，同じ高さの音が出るときを調べると，表1のようになりました。

表1

弦Aの長さ	おもりの個数
20 cm	1個
40 cm	4個
60 cm	9個

2　弦Aの長さが80㎝のとき，表1と同じ高さの音を出すためには，おもりを何個つければよいですか。

【実験3】 弦A，B，Cについて，おもり1個をつけたとき，同じ高さの音が出る弦の長さを調べると，表2のようになりました。

表2

弦の種類	弦の直径	弦の長さ
A	0.3 mm	80 cm
B	0.6 mm	40 cm
C	1.2 mm	20 cm

3　おもりの個数が同じで同じ高さの音が出るとき，弦の直径と弦の長さとの間には，どのような関係がありますか。

4　弦の長さとおもりの個数を同じにしたとき，弦A，B，Cのうちで，最も高い音の出る弦はどれですか。

5　弦Bの長さが50cmのとき，前のページの表1の場合と同じ高さの音を出すには，弦Bにおもりを何個つければよいですか。

6　弦Cにおもりを1個つけたとき，前のページの表1の場合と同じ高さの音を出すには，弦Cの長さを何cmにすればよいですか。

3　ヒトは生きていくために食べ物をとります。口から入った食べ物は消化され，食べ物にふくまれる水分や養分は，体内に吸収されます。吸収されなかった物は，体外へはい出されます。図1は，食べ物の消化に関わる体の部分を表しています。

1　図1の①～⑨の部分を，①から入った食べ物が⑨で体外へはい出されるまでに通る順番に並べかえなさい。ただし，使わない番号があってもよい。

2　ヒトの体内で，次の⑴⑵のはたらきをする部分を，図1の①～⑨よりそれぞれ1つずつ選び，答えなさい。また，その部分の名前を答えなさい。

⑴　主に食べ物にふくまれる養分を吸収する

⑵　体内に吸収された養分をたくわえたり，体にとって害になるものを分解する

3　よくかんで食べたほうが，消化によい理由を2つ説明しなさい。

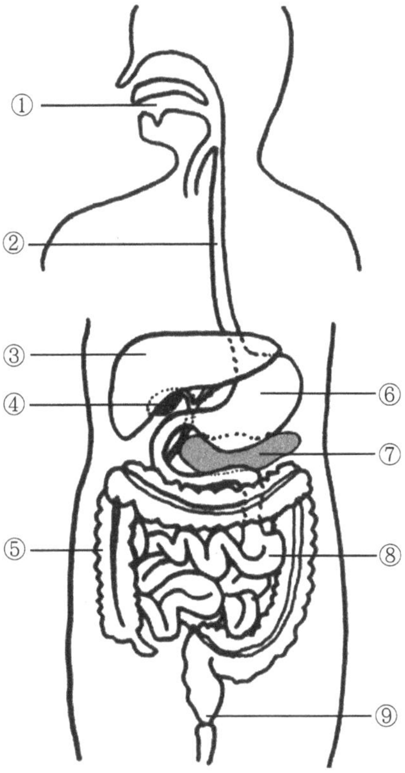

図1

だ液のはたらきについて調べるために，次のような実験をしました。

【実験】　試験管ア～ウに次のものを入れて，それぞれよく混ぜる。

試験管ア	つぶしたごはん1gに 水2mLを加える。
試験管イ	つぶしたごはん1gに だ液1mLと水1mLを加える。
試験管ウ	つぶしたごはん1gに だ液1mLとうすい塩酸1mLを加える。

試験管ア～ウを約40℃の湯につけ，10分後，それぞれの試験管にヨウ素液をたらして反応を観察する。

4　試験管アと試験管イで予想される結果と，それら2つの結果をくらべてわかることを説明しな

さい。

5　試験管イと試験管ウの結果をくらべることで何について調べることができますか。

4　1　川原や海岸にある土や石を分類するとき，その大きさ（直径）が２㎜以上のものを「れき」といいます。特に256㎜以上ある大きなれきを「巨《きょ》れき」といいます。また，２㎜より小さなものは「砂」に分類され，$\frac{1}{16}$㎜すなわち0.0625㎜より小さなものは「どろ」に分類されます。

⑴　図１は海岸の地形を上空から見て地図に表したものです。図中の㋐～㋔の位置で巨れきがある場所，砂が１番多くある場所，どろがある場所を，それぞれ１つ選びなさい。

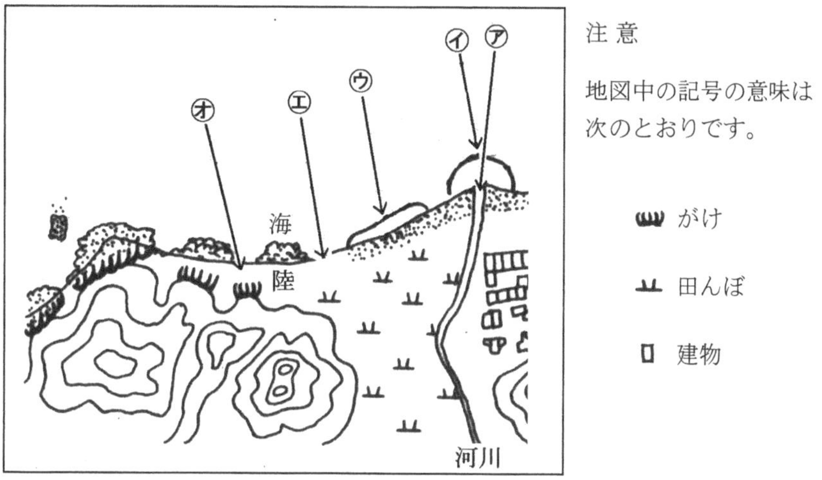

注 意
地図中の記号の意味は
次のとおりです。

図１

⑵　川原と海岸の砂をそれぞれ集め，水洗いをしてかんそうさせたもののうち，つぶの大きさが４㎜より小さいものを100ｇはかりとって，ふるい（図２のように底にあみがはってある容器）にかけました。この実験では，底のあみの穴の大きさが２㎜，１㎜，$\frac{1}{2}$㎜，$\frac{1}{4}$㎜，$\frac{1}{8}$㎜と異なる５つのふるいを使いました。
そのふるい分けた結果を次のページのようなグラフに表しました。グラフの横じくはふくまれている砂つぶの大きさを表し，縦じくは100ｇはかりとった全体の量に対する割合を示しています。

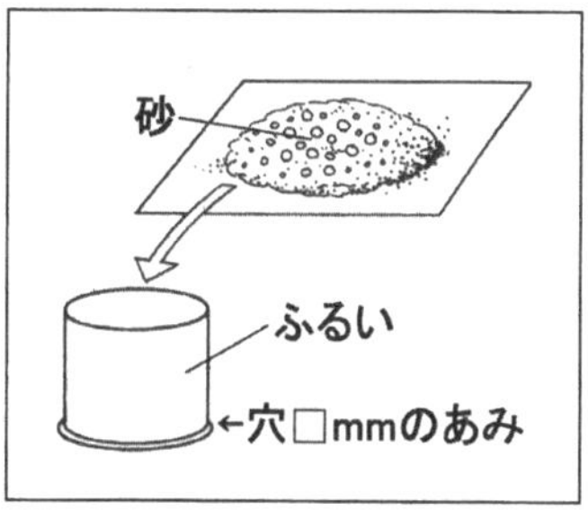

図２

①　ふるい分ける砂は１回だけ100ｇはかりとることとします。５つのふるいをどのように使うと，この実験は手早く失敗することなくできるでしょうか。解答らんに５つのふるいを図で示し，図中に言葉でも説明しなさい。なお，ふるいの容器はすべて同じ大きさです。

②　次のページのグラフ１は川原の砂，グラフ２は海岸の砂をふるい分けた結果です。２つの結果をくらべ，そのような結果になった原因を考えなさい。そして，下記の文の下線部に語句を入れ，文章を完成させなさい。

２つの結果をくらべると

海岸の砂は＿＿＿＿＿＿＿＿＿＿＿＿＿＿＿＿＿＿＿＿

川原の砂は＿＿＿＿＿＿＿＿＿＿＿＿＿＿＿＿＿＿＿＿

その原因として考えられることは

海岸では＿＿＿＿＿＿＿＿＿＿＿＿＿＿＿＿＿＿＿＿＿＿＿＿＿＿＿＿＿＿

川では＿＿＿＿＿＿＿＿＿＿＿＿＿＿＿＿＿＿＿＿＿＿＿＿＿＿＿＿＿＿＿

注意

下図のわくは①の図の下書き用です。

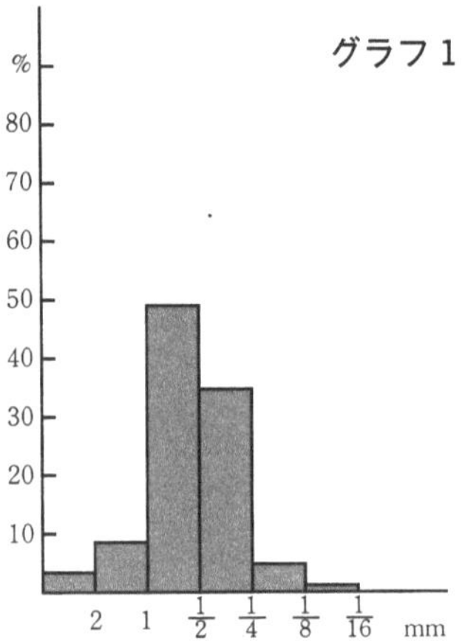

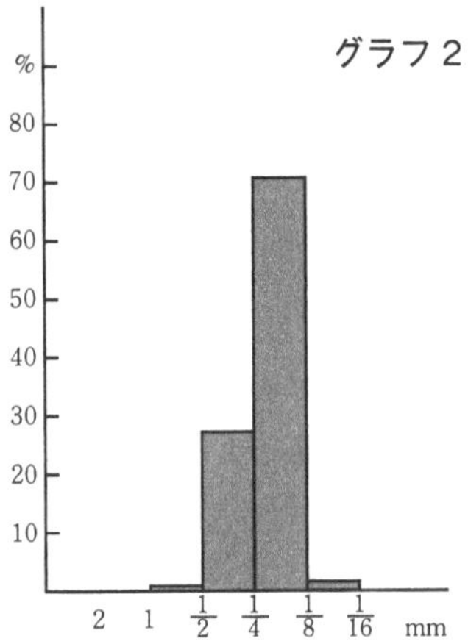

2　「白砂青松《はくしゃせいしょう》」という言葉は日本の海岸の特ちょうを表したものです。白い砂浜に松の木が生えている風景で，「白い砂」はカコウ岩に由来します。地表にあるカコウ岩は長い間，風にさらされると細かくなります。その中で多く存在するセキエイというつぶが「白い砂」の正体です。「白い砂」をけんび鏡で見るととう明なガラス状のつぶであるセキエイを確認することができます。砂浜を歩くと足元から「キュッ！キュッ！」という音がひびくことがあります。「鳴き砂（鳴り砂）」とよばれる現象です。「鳴き砂」が起きる砂浜の砂は，セキエイが多くふくまれています。また，砂の表面がきれいな海水で洗われ，よせてはかえす波に何度もみがかれるためつぶの大きさもそろってきます。

そこに人の足裏の力が加わると，砂つぶどうしがこすれ合い音が発生すると考えられています。

「鳴き砂」は砂がほんの少しよごれただけで鳴らなくなるので，きれいな砂浜の自然環境をまもるための目安となります。

⑴　次のページのグラフ３と４は，同じ海に面した２カ所の海岸で，それぞれ集めた砂を，前記１⑵の方法でふるい分けをした結果です。どちらの砂にもセキエイが多くふくまれていました

が，「鳴き砂」が起きたのはグラフ３の砂だけでした。グラフ４の砂では「鳴き砂」は起きませんでした。この２つの違いは何によるのか，ふるい分けの結果からわかることと自然環境から考えられることを，それぞれ１つずつ書きなさい。

⑵　砂は山から河川を通じて長い時間をかけて海に流れ出ます。砂浜は川から流れてくる砂の量と海に流れ出ていく砂の量のバランスがとれている場所ですが，そのバランスがくずれると砂浜の面積は変化していきます。

＜状態＞

①　冬になると夏よりも砂浜はせまくなる

②　近年，日本では海水浴ができる砂浜が減っている

上記の①②の砂浜の状態を生み出したと考えられる原因をそれぞれ１例をあげて説明しなさい。

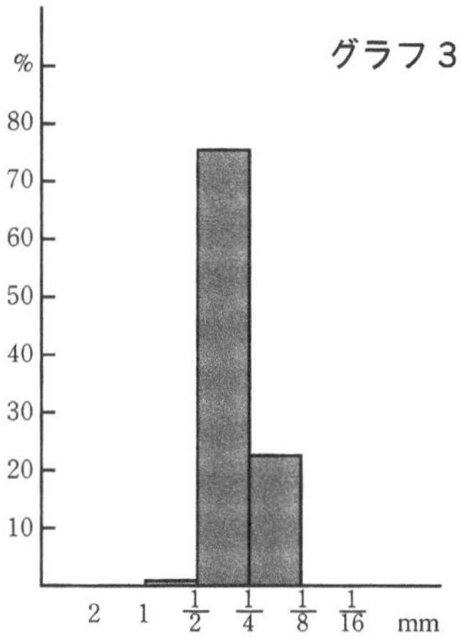

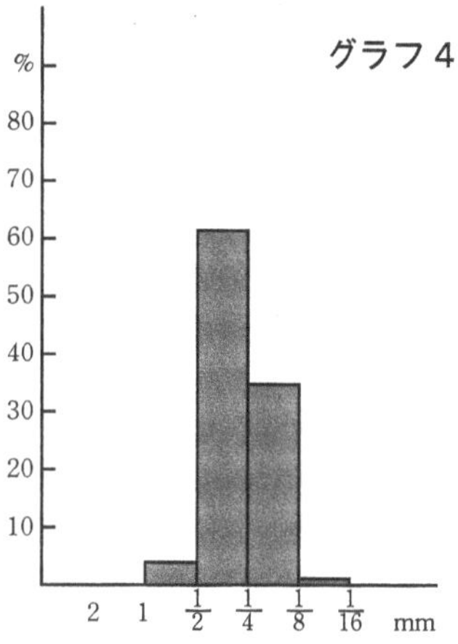

【社　会】（30分）　＜満点：60点＞

1　新幹線に乗って西に向かい，静岡県，岡山県，そして九州を訪ねてみました。次のA～Cの文章を読み，――の問いに答えなさい。

A　東京駅から東海道新幹線の「ひかり」号に乗ると，約1時間で静岡駅に到着します。ここで下車して在来線で西に向かうと，焼津《やいづ》港の最寄《もよ》り駅である焼津駅があります。a焼津港は日本有数の水揚《あ》げ量をほこる漁港です。

静岡駅から再び新幹線に乗り次の掛川《かけがわ》駅に向かう途中に，b茶畑が見えてきます。掛川駅から先のc浜松駅で下車して在来線を西に少し行くと，淡水《たんすい》と海水が混じった汽水湖であるd（　　　）湖があります。浜松駅のすぐ東を流れるe（　　　）川を北上して長野県との境に広がる山々まで足をのばすと，f全国有数の美しい人工林が広がっています。江戸時代には，ここでとれた材木の多くはこの川を下って運ばれました。

a　①　この港は遠洋漁業の基地として有名ですが，遠洋漁業とは海岸から（　　　）をこえる距離の海で行う漁業のことです。（　）に入る言葉を答えなさい。

②　2016年の焼津港の水揚《あ》げ量は全国第2位でした。第1位となった千葉県にある漁港の名前を答えなさい。

b　静岡県は2016年に茶の生産で日本一でしたが，静岡県に次いで生産量が多い府県をア～エから選びなさい。

ア　鹿児島県　　イ　高知県　　ウ　三重県　　エ　京都府

c　下の地図は浜松駅周辺を示したものです。次のア～エのうち地図の中にはない施設《しせつ》を一つ選びなさい。

ア　交番　　イ　郵便局　　ウ　博物館　　エ　消防署

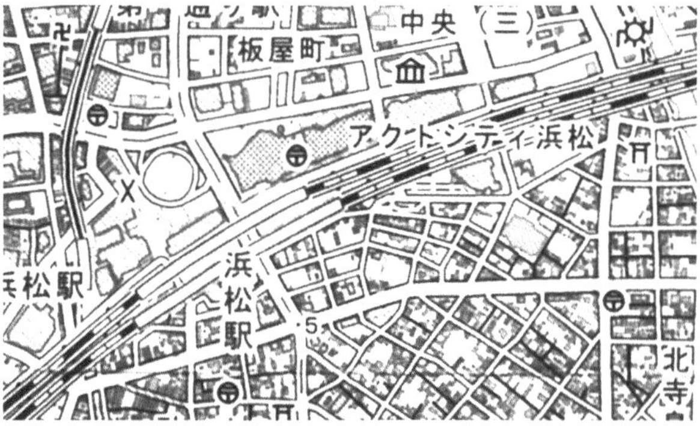

国土地理院発行の
2万5千分1地形図
「浜松」（2016年発行）

d　（　　　）に入る湖の名前を答えなさい。

e　（　　　）に入る川の名前を答えなさい。

f　人工林では定期的に間ばつが行われ，間ばつ材は出荷されていましたが，近年ではそのまま山に放置して出荷しないことがあります。その理由を答えなさい。

B　新大阪から「のぞみ」に乗ると，約45分で岡山駅に到着します。岡山駅からバスに乗り，15分ほどでa岡山後楽園《こうらくえん》や岡山城に着きます。岡山後楽園と岡山城の間の旭《あさひ》川は，児島《こじま》湾に流れ込みます。b児島湾は古くから干拓《かんたく》が行われてきましたが，この地域では，稲作ではなくおもに綿花が栽培《さいばい》されてきました。岡山県ではこの綿花をもとにせんい産業が発達し，国産ジーンズ発祥《はっしょう》の地となりました。岡山駅から c 瀬戸大橋線に乗り，倉敷《くらしき》市の児島駅まで行くと，ジーンズを扱《あつか》うお店がたくさんあります。

児島駅から西に向かうと，d（　　　）地区があります。ここは，e 石油化学工業などが発達し，かつては大気汚染《おせん》が問題となりましたが，現在では夜景が楽しめるスポットとして人気があります。

岡山駅から在来線で東に向かうと，40分ほどで岡山の伝統工芸品である f（　　　）焼が有名な地域に着きます。

a　岡山後楽園のほか，水戸の偕楽《かいらく》園，金沢の兼六《けんろく》園は三名園とよばれています。次の表は，三名園のある県の農業産出額と，農業産出額に占《し》める米，野菜，畜《ちく》産，の割合を示しています。ア～ウは，岡山県，茨城県，石川県のいずれかを示していますが，岡山県を示しているものを選びなさい。

	農業産出額（億円）	米の割合（%）	野菜の割合（%）	畜産の割合（%）
ア	1235	21.9	15.2	43.4
イ	475	49.7	18.9	19.4
ウ	4292	17.8	39.8	28.0

『データでみる県勢2017年版』より作成。

b　干拓されてすぐの土地は稲作に適しませんが，その理由を答えなさい。

c　次の表中のア～エは四国の４県を示していますが，瀬戸大橋がかかる四国側の県を示しているものを選びなさい。

	人口（千人）	人口密度（人／㎢）	耕地率（%）	漁業生産額（億円）	養殖《ようしょく》業生産額（億円）
ア	750	181	7.3	62	62
イ	972	518	16.5	65	118
ウ	1375	242	8.9	254	550
エ	721	102	4.0	278	218

『日本国勢図会2017／18年版』などにより作成。

d　（　）に入る地区名を答えなさい。

e　日本は原油の多くをサウジアラビアから輸入しています。近年サウジアラビアは，観光業にも力を入れ始めていますが，それはどのような理由からですか。

f　（　）に入る焼き物の名前を答えなさい。

C　a 博多駅から九州新幹線の「さくら」号に乗ると，20分弱で久留米《くるめ》駅に到着します。久留米市の周囲に広がる平野では，b 米と麦の栽培が１年を通じてさかんです。c 久留米はとんこつラーメン発祥の地として知られ，この近辺ではとんこつラーメン専用の小麦なども栽培されています。

新幹線で久留米から南に向かい熊本駅で在来線に乗りかえて東へ向かうと，d 日本有数の活火山である（　　　）山に着きます。この山のふもとからは，地下水が流れ出ています。熊本県ではこの水を利用する産業がさかんで，e「シリコンアイランド」とよばれる九州で，中心的な位置を占めています。

熊本駅から新幹線「さくら」号で20分ほど行くと，新水俣《みなまた》駅に到着します。f水俣では過去に大きな公害病が発生しましたが，現在では市民の努力によって海の環境《かんきょう》は元にもどりました。

a　この新幹線は2011年に開業しましたが，その建設費用の一部は国が公共事業費として負担しました。

①　下の円グラフは2017年度の国の歳出《さいしゅつ》を示していますが，ア～ウには，公共事業費，地方財政の援助《えんじょ》，社会保障費のいずれかが入ります。公共事業費を示すものを選びなさい。

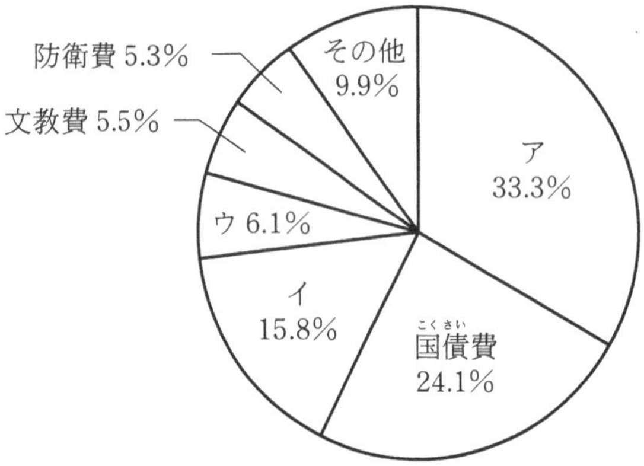

『日本国勢図会2017／18年版』より作成。

②　国の予算は国会で決められます。そのほかの国会の仕事としてまちがっているものを，ア～エから一つ選びなさい。

ア　内閣総理大臣を指名する。

イ　内閣が外国と結んだ条約を承認する。

ウ　裁判官をやめさせるかどうかの裁判を行う。

エ　天皇の国事行為に助言と承認をあたえる。

b　次の三つの文は，日本の農業に関して述べたものです。これらには共通するおもな原因があると考えられますが，それはどのようなことですか。

・九州地域の稲作では，これまでの稲の品種がうまく育たなくなってきたため，より良く育つ新品種の作付けが増加している。

・2010年ごろから，北海道や青森県で高級ブランド米の生産がさかんになってきた。

・2060年には青森県の平野部で，りんごの生産が困難になるという予想も出てきている。

c　地元でとれた農産物や水産物を，その地域で食べたり使用したりすることを何といいますか。

d　（　）に入る山の名前を答えなさい。

e　①　「シリコンアイランド」で作られた工業製品は世界中に輸出されています。次のページの表は，2016年の日本のおもな輸出入の相手国ですが，AとBの国名を答えなさい。

輸出相手国（2016年）

順位	国　名	輸出額（億円）	全体に占める割合（%）
1	A	141429	20.2
2	B	123614	17.7
3	韓国	50204	7.2

輸入相手国（2016年）

順位	国　名	輸入額（億円）	全体に占める割合（%）
1	B	170190	25.8
2	A	73221	11.1
3	オーストラリア	33211	5.0

『日本国勢図会2017／18年版』より作成。

② 九州は現在，「カーアイランド」とよばれるほど自動車工業もさかんです。ここ30年の間に日本の自動車の輸出台数は減ってきていますが，海外での日本車の生産台数は大きく増加しています。日本の自動車産業が海外で生産する利点として，生産や輸送，そして関税にかかる費用を安くおさえられるということがありますが，これ以外の利点を一つ挙げなさい。

f この公害病は日本だけでなく，南アメリカ大陸のある川の周辺でも発生しています。それはこの川の土砂から砂金がさかんに採取・精錬《せいれん》されているからですが，世界最大の流域面積を持つこの川の名前を答えなさい。

2 次のA～Hは，歴史の中で戦いを担《にな》ってきた人々について述べた文章です。読んで問いに答えなさい。

A 奈良時代，a平城宮には多くの役所がおかれ，そのなかには軍事の役所もありました。農民たちは，律令にもとづいてさまざまな税や労働を負担しましたが，兵士として警備を行う仕事もありました。その一つであるb防人《さきもり》は，7世紀後半に起きた白村江《はくすきのえ》の戦いをきっかけに置かれるようになったものです。

a 平城宮の正門は（　　）門とよばれ，そこから南に幅《はば》70mの（　　）大路《おおじ》がまっすぐにのびていました。（　）には同じ言葉が入りますが，その言葉を答えなさい。

b 白村江の戦いが，なぜ防人を設置するきっかけになったのですか。戦いの結果にふれて説明しなさい。

B 平安時代の半《なか》ばから，地方の役人や有力者が，自分の領地を守るために自《みずか》ら武装したり，武装した人を家臣として従えたりするようになりました。こうしてa武芸をもって戦うことを仕事とする武士が現れました。武士の集団の中には，朝廷や貴族に仕え，大きな力をつける者もいました。b保元《ほうげん》の乱は，天皇家や藤原氏が兄弟の間で対立し，武士を動員して争われましたが，この戦いで活躍《かつやく》し，その後平治《へいじ》の乱で源頼朝の父義朝《よしとも》を破ったc平清盛は，武家として初めて太政《だいじょう》大臣となって政治を行うようになりました。

a　10世紀半ばに，武士による初めての戦乱があいついで起こりました。その舞台《ぶたい》となった地方を，次のア～オから二つ選びなさい。

ア　東北地方　　イ　関東地方　　ウ　東海地方　　エ　近畿《きんき》地方　　オ　瀬戸内地方

b　保元の乱で勝利した天皇は誰《だれ》ですか。漢字で答えなさい。

c　平清盛の政治は，それまでの貴族の政治とあまり変わりませんでしたが，なかには独自の取り組みもありました。経済的な利益を目的として，平氏が注目し，積極的に取り組んだことがらを答えなさい。

C　a源頼朝が朝廷から征夷《せいい》大将軍に任命され，b武士による政権が成立しました。将軍の家来となった御家人《ごけにん》たちは，先祖伝来の土地を将軍に認めてもらい，また，てがらを立てると新たに領地を与えられました。そのかわりに彼らは，将軍から戦いの命令が出されると，かけつけて幕府のために戦いました。

元軍が襲来《しゅうらい》したときには，御家人たちは必死に戦いましたが，新しい領地をほとんどもらえませんでした。一方でc戦いなどの費用を負担しなければならず，生活がきびしくなり，幕府への不満がつのっていきました。

a　征夷大将軍という言葉は，このころから幕府の長のことを示すようになりましたが，もともとはどのような役職を示す言葉でしたか。

b　御家人を統制し，軍事や警察の仕事をする役所として鎌倉に置かれた機関を答えなさい。

c　戦いや警備をする費用のほかに，九州の御家人たちは，幕府に命じられた仕事をするのにかかる費用も負担しなければなりませんでした。一度目の元軍の襲来のあとに命じられたこの仕事はなんですか。

D　室町時代，a（　　）は任命された国を自分の領地のように支配し，大名と呼ばれるようになりました。15世紀半ばには，将軍家の後継《つ》ぎ争いに有力な武士たちも加わってb京都で応仁の乱が起こりました。このの ち各地で国内を独自に支配する戦国大名が生まれました。戦国大名の一人として力をのばした織田信長は，長篠《ながしの》の戦いでは，鉄砲を使って武田氏の騎馬《きば》隊を破り，c全国統一を目指しました。

a　（　）に入る言葉を答えなさい。

b　応仁の乱で荒れ果てた京都を復興させていったのは，おもにどういう人たちですか。次のア～エから一つ選びなさい。

ア　主君を倒《たお》して力をつけた武士　　イ　多くの土地を所有していた大寺院

ウ　公家《くげ》とよばれた京都の貴族　　エ　町衆《まちしゅう》とよばれた商工業者

c　このなかで，織田信長は石山本願寺を10年の戦いの末に降伏《こうふく》させました。石山本願寺は，どのような勢力の中心地でしたか。

E　豊臣秀吉の時代に，武士と百姓の身分の違《ちが》いは明確にされていきました。江戸幕府は，全国の大名を従え，大名は支配を認められた領地の石高《こくだか》に応じて軍事的な役目を負担しました。しかし，平和な時代が続くようになると，各藩《はん》の大名は，a戦いのかわりに江戸城の改築工事や大きな堤防《ていぼう》工事などにかり出されるようになりました。このことには，各藩に財力をたくわえさせず，b幕府が圧倒的な経済力を持って支配する目的もありました。

a　徳川家光は，江戸城の改修工事を大名たちに命じましたが，家光について書いた次のア～ウのうち，まちがっているものを一つ選びなさい。

ア　天皇や公家に対する法令を定めて，朝廷《ちょうてい》を統制した。

イ　日本人が海外へ渡航《とこう》することや，海外から帰国することを禁止した。

ウ　武家諸法度《はっと》を改め，参勤交代の制度や，大きな船の建造禁止などの内容を加えた。

b　幕府は，全国の米の生産量の約四分の一にあたる領地を支配し，また，京都や大阪，長崎などの重要な都市も支配していました。そのほかに，どのようなところを直接支配しましたか。

F　明治維新《いしん》ののち，新政府は，日本が欧米《おうべい》に負けない強い国となることを目標とし，富国強兵を唱えてさまざまな改革を行いました。その一つとして徴兵令《ちょうへいれい》が出され，それまでの武士にかわり，近代的な軍隊が整えられました。またa大日本帝国憲法には，兵役《へいえき》が国民の義務であることが定められました。bこの時代の後半には，近代になって最初の外国との戦争が起こり，清《しん》やロシアと戦いました。

a　次の図は，大日本帝国憲法のもとでの国のしくみを表したものです。軍隊は，次のア～ウのどこに位置づけられていましたか。

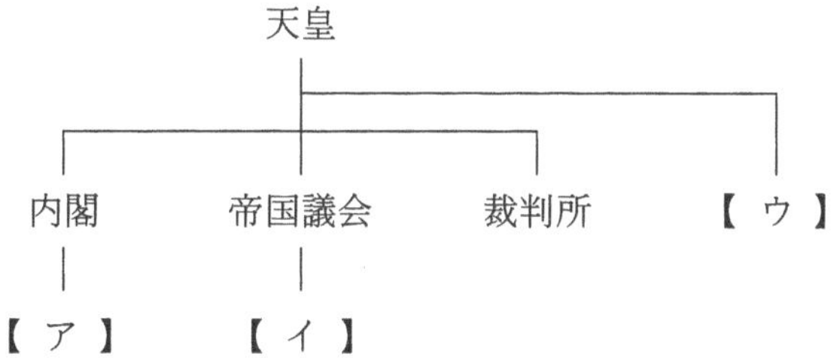

b　日清戦争と日露戦争について述べた次のア～ウのうち，まちがっているものを一つ選びなさい。

ア　日清戦争後，軍備の増強がはかられ，清から得た賠償金《ばいしょうきん》のほとんどを，そのための費用として用いた。

イ　日露戦争の前に，重工業が発達し，大型の機械や兵器なども国内で生産できるようになった。

ウ　日露戦争は，日清戦争以上の戦費がかかり税金が引き上げられたため，戦後，人々の生活はますます苦しくなった。

G　昭和のはじめ，a日本は国内の不景気を解消するため大陸へ進出し，やがて日中戦争へと発展しました。この戦争が長引くなか，b多くの男性が軍隊にかりだされるようになりました。さらに太平洋戦争が続き兵力が不足すると，大学生まで徴兵され，戦地に送られるようになりました。c戦争の終わる１年ほど前からは，アメリカによる日本本土への空襲《くうしゅう》が始まり，一般市民も大きな被害《ひがい》を受けるようになりました。

a　この過程《かてい》で日本は国際連盟から脱退《だったい》しました。これは国際連盟が日本のある行いを問題視したためですが，それはどのような行いですか。

b　国民に軍隊への入隊を命令する通知を召集令状《しょうしゅうれいじょう》といいましたが，またのよび名を何といいますか。

c　アメリカはこのころから，空襲によって直接日本を攻撃《こうげき》できるようになりましたが，それはなぜですか。

H　敗戦によって，日本はアメリカを中心とする連合国軍に占領《せんりょう》され，軍隊は解散されました。また$_{a}$女性の参政権が認められるなど民主化の改革が進められ，新たに制定された$_{b}$日本国憲法では，その原則の一つに平和主義が定められました。やがて$_{c}$冷戦の対立を背景に，アメリカは日本を独立させ，再び軍備を持たせる方針に転換《てんかん》しました。そのなかで自衛隊が発足し，国の防衛や災害救助にあたることとされました。自衛隊はのちに$_{d}$国連の平和維持《いじ》活動などにも派遣《はけん》されるようになり，近年の安保法制の改定で，その任務はさらに拡大していくことが考えられます。

a　この改革によって，それまで低い地位におさえられていた人々の権利が拡大され，生活の向上がはかられました。この対象は，女性のほかどのような人々でしたか。二つ挙げなさい。

b　次の文は，日本国憲法の第９条です。文中の（　）には同じ言葉が入りますが，何という言葉ですか。

「日本国民は，正義と秩序《ちつじょ》を基調とする国際平和を誠実《せいじつ》に希求《ききゅう》し，国権の発動たる戦争と，（　　）による威嚇《いかく》又《また》は（　　）の行使《こうし》は，国際紛争《ふんそう》を解決する手段としては，永久にこれを放棄《ほうき》する。」

c　日本はサンフランシスコ講和会議で48か国と平和条約を結び，独立を回復しました。次のア～ウから，平和条約の内容として正しいものを一つ選びなさい。

ア　日本は千島列島・南樺太《からふと》などを放棄する

イ　日本の独立後もアメリカ軍が日本にとどまる

ウ　日本の国際連合への加盟《かめい》を認める

d　この活動への参加として，自衛隊は2012年から2017年まで，アフリカに新しくできたある国に派遣されていました。ある国とはどこですか。

【四】　次の――部１～５のカタカナの部分を漢字で書きなさい。また――部６～８の漢字の読み方をひらがなで書きなさい。

まだ日が１アサい　　配りょを２カく

見学の３ジュンロ　　４エイキュウ不変

５ヒガンを達成する　　６注ぐ

７工面する　　８養生する

いた人びとの暮らしや、彼らが生きているさまざまな問題に対する解釈が、いかに平板で限定されたものであるのかが実感されるのだ。

　その場に出かけ、人びとの暮らしや、人びとがさまざまな問題を生きる状きょうを参与観察したり、多様な人びとから暮らしをめぐる聞き取りをしたりすると、「人びとの知恵」としか言いようのないもの――そこで〝生きられた〟、人びとの日常をしっかり意味づけている暮らしの技法や人間関係をめぐる作法、共同体のちつ序を維《い》持するために必要な規はんや価値、方法などに出会える。

　言いかえれば、調査研究する私がそれまでに考えていたことを軽やかにこえていくような〝生きられた知〟と出会うことこそ、フィールドワークの**問二b**だいごみなのである。

（好井裕明《よしいひろ》『違《い》和感から始まる社会学』）

〈注〉危険

問一 □部**ア・イ**にあてはまるものをそれぞれ選びなさい。

1 そこで　2 および　3 ところで　4 しかも

5 だから　6 しかし　7 あるいは　8 つまり

問二 ＝＝部**a・b**の意味として正しいものを選びなさい。

a 無償

1 きわめて貴重で他にかえがきかないこと

2 見返りとしてのお礼やお金がいらないこと

3 行動に個人的な目的や意図がないこと

4 責任が重くて取り組むのが簡単でないこと

b だいごみ

1 期待される良い結果や効果　2 物事の根本的な意味

3 本当の良さやおもしろさ　4 そのものだけにある長所

問三 ――部「自らの存在を透明にできる」とありますが、どのようなことですか。三十字以内で書きなさい。

問四 ――部「フィールドワークする私を、つねに『あけておく』必要があるのだ」について答えなさい。

①ここでいう「あけておく」とはわかりやすくいうとどのようなことですか。三十字以内で書きなさい。

②「あけておく」ことでどのようなことが起こりますか。文章中の言葉を用いて二十字以内で書きなさい。

問五 ――部「フィールドにおいて、私たちが確かめたいと考える仮説より、はるかに豊じょうな意味に満ちた現実に出会うことになる」とありますが、「はるかに豊じょうな意味に満ちた現実」とは具体的にはどのようなものですか。八十字以内でぬき出し、最初と最後の五字を書きなさい。

［三］ 次のA～Cの各文と文の組み立てが同じものをそれぞれ選びなさい。

A まっ白に雪をいただいた富士山が緑のおかの向こうに見える。

B 世界中の船が集まる横浜《はま》港は、代表的な日本の港だ。

C 空には鳥の歌う声が響きわたり、地には虫の鳴く声がわき上がる。

1 去年の秋に私の植えた球根は赤いチューリップの球根だ。

2 夜明けの時間がしだいに早くなり、気温も少しずつ高くなってきた。

3 『源氏物語』は千年もの間多くの人によって読みつがれてきた。

る。それは「つねに自分をできる限りオープンにしておくこと」だ。

目の前に展開する出来事、あるいは人びととの語りで感じ取る新たな何かなど、未知なるものに対して、問四フィールドワークする私を、つねに「あけておく」必要があるのだ。

もちろん、これまで従って生きてきた規はんや大切だと思う価値からすれば、簡単に理解したり、承認したりすることができないような出来事もあるだろう。ふだんであれば、それは、「理解する必要のないもの」として、その時点で関係を断ったり、きょりをとったりできるはずだ。しかし、フィールドワークには、そうした〝常識的対応〟はなじまないのである。

たとえば、ネットワーク組織論者である金子郁容《いく》は、かつてボランティアとは何かを論じ、その本質を「つねに自分の窓をあけておくこと」だと述べている（金子郁容『ボランティア――もうひとつの情報社会』岩波新書、一九九二年）。ただだれかのためになりたい、貢献《こうけん》したいというだけでは、ボランティアは続かない。ボランティアをすることで、私が新たに何を得ることができるのかが大事だというのだ。

つまり、ボランティアは問二a無償の貢献ではあるが、同時にそれを実せんする私にとっても確実にプラスになり、よりよく生きていくうえでさまざまな寄《よ》与があるのだ。その意味で、ボランティアは他人《ひと》のためではなく、自分のために行うとも言いかえられる。

私をつねに「あけておく」ことで、新たな、異なる空気が流れこんでくる。どんな空気かはわからない。新鮮《せん》でおどろきに満ちたものかもしれないし、よどんでにごったどうしようもないものかもしれない。しかしいずれにせよ、その空気を自分のなかにとりこみ、その意味を考えることを通して、私自身がさまざまなかたちに変容する可能性が広がっていくのである。

私をつねに「あけておく」ことは、私にとって新鮮でおどろきに満ちたことだろう。問一 イ それは同時に、つねに未知の出来事にそうぐうし、どうすべきかをなやみ考えるという〈注〉リスクを引きうけることでもあるのだ。

フィールドワークをすることは、ボランティアをすることではない。しかしフィールドワークは単に何かを調べることではなく、調べている私が、つねに変容し得る可能性をもつ営みなのである。

ところで、私たちは何を求め、何と出会いたいと思い、フィールドに出るのだろうか。

社会調査の決まりきった見方では、ある社会問題をめぐる仮説があり、その仮説を検証するために調査をするということになる。検証のために、精緻《ち》に設計された計量的手法で質問紙調査を行えば、確かめたいことに関連するデータは得られるだろう。まさに〝確かめるための〟調査が実施《し》できるわけである。

しかし、ある人が生きてきた歴史や生活をその人から聞き取るという、生活史の「聞き取り」や、調査する者自身が調べたい現実に入りこみ、そこで〝生きられている〟人びとの現実を詳《しょう》細に観察する「参与観察」など、いわゆる質的な調査では、問五フィールドにおいて、私たちが確かめたいと考える仮説より、はるかに豊じょうな意味に満ちた現実に出会うことになる。

そこで暮らしている人びとの姿を詳細に見つめ、生活や文化をめぐる語りにしっかり耳をかたむけるならば、自分がそれまで考え、想像して

【二】 次の文章を読んで後の問に答えなさい。

フィールドワークという言葉がある。社会学では現地調査、野外調査と言ったりするが、基本は、何かを調べたい人が調べたい場所に出かけ、調べたい現実に入りこんだり、現実を観察したり、調べたい人からくわしく話を聞き取ったりする営みのことだ。

私の大学院時代、指導をしてくれた先生は「社会学者は野良《のら》仕事をしなければならない」と口ぐせのように言っていた。先生自身は調査に動く研究者ではなく、どちらかといえば理論志向だったので、現場に出て調査することへのあこがれや思いこみから、フィールドワークを〝野良仕事〟と語っていたのだろう。

いずれにせよ、社会学は世の中をなんらかの方法で調べ、その結果をもとに研究する営みだと私は考えている。もちろん、調べ方は多様で、その対象となる現実や問題に合わせなければならないし、これが一番という方法はない。

フィールドワークというと、人類学を連想する人も多いだろう。現に、人類学のテキストには、必ずフィールドワークという言葉が登場する。人類学誕生の経緯《い》を考えれば、それは当然といえるかもしれない。たとえばイギリスが世界中に植民地を増やし、帝《てい》国としてはん栄していた時代、多くの異なる民族を統治支配するために、それぞれの土地で暮らす人びとの生活や文化を知る必要があった。結果的にはキリスト教や西欧《おう》文化が地元の宗教や文化をはかいしていったが、その過程でさまざまな未開の地を調べる知的実せんとして、人類学がかたちを整えていったのだ。

研究者が、ある土地へ出かけ、土地の人と同じように暮らすために、土地の言語や習慣を学ぶ。土地の人からすれば、研究者はまったくのよそ者という立場から、自分たちと言語や文化を共有し、それらをおびやかす危険性のない知り合いのよそ者へと変ぼうしていくのだろう。

研究者は、異なる言語や文化をもつ人びとが生活する場所へ出かけ、まずそれを学び、そのうえで、彼らが生きている文化や生活の特ちょうや問題などを論じる。

そのとき、すでに人類学のなかで議論されてきているように、フィールドワーカー自身の位置や立場性が問題となる。また、フィールドワーカー自身がそれまでに生きてきた文化や生活をめぐる価値や規はんなどと、調べている対象が、相互にどのように関連しているのかということも大きな問題となる。

問一 [ア] 、人類学にせよ社会学にせよ、他者が生きている現実を調べようとするとき、客観的な調査方法を守りさえすれば、科学的な研究が可能だという信奉《ぼう》は、すでに明らかな幻《げん》想だということである。

調査研究する者が、自らが生活者として生きてきた歴史や、そこで使ってきた自明なるもの（常識的な知識や、さまざまな思いこみや決めつけをめぐる価値など）からまったく影響を受けないことはあり得ないし、自らの存在をあたかも透《とう》明人間のように消し去って、他者への影響が一さいないように、現実に入りこむことなどできはしない。

フィールドワークする者にとって、問三 自らの存在を透明にできるようなふへん的な方法などない。だから、自らの存在と調べようとする現実との関係性や相互の影響のありようを、研究の実せんのなかで反省的にとらえ返していく作業は、必須《す》であり、基本なのである。

こうした課題に関連し、フィールドワークにとって必須の要件があ予感も忘れ果てて、恥をかかされたように、ぼくの頭とほおに血がのぼった」のはなぜですか。

1　一度は心が通い合ったように感じた山口が、再びぼくをこばんだように感じられたから

2　せっかく気をつかってやっているのに、山口がぼくを見下すような態度をとったから

3　本気で心配して弁当をすすめているのに、山口がいつまでもすねているように思われたから

4　素直にぼくについてきた山口が、今になってぐずぐずした態度に変わったから

問十一　――部「――ぼくらはどうしてわざわざ空ッ風のさむい屋上などを密会所に定めたのだろう」とありますが、「ぼく」はその理由をどのように推測していますか。一文でぬき出し、最初と最後の五字を書きなさい。

問十二　――部「……すべての人間たちを、自分らの足の下にかんじることが、せめてものその代償なのかもしれなかった」とは、わかりやすく言うとどのようなことですか。

1　病弱であるため仲間といっしょに働けずみなから白い目で見られているという共通点を持った「ぼくと山口」は、現実のすべての人間たちを足の下に見下すことによって、働くことができない後ろめたさを解消しようとしているということ

2　貧しくて満足に食事をとることができないという共通点を持った「ぼくと山口」は、現実のすべての人間たちを足の下に見下すことによって、貧しい者どうし逆境に負けず強く生きてゆこうとはげまし合っているということ

3　野球選手になることをひそかに目ざしているという共通点を持った「ぼくと山口」は、現実のすべての人間たちを足の下に見下すことによって、だれよりも強い選手になることをちかい合っているということ

4　地上の生活になじめずに現実からにげているという共通点を持った「ぼくと山口」は、現実のすべての人間たちを足の下に見下すことによって、かろうじて自分たちのみじめさを受け入れることができているということ

問十三　――部「ぼくは、山口とぼくの関係を、それまでより親しいものにしようとは決して努めなかった」とありますが、なぜですか。

1　一つの弁当を分け合うという行為なしに、山口と親しい関係を保てる自信がもてなかったから

2　ぼくと山口が親しくなればなるほど食事を分け合うのが当たり前になり、山口が感謝しなくなるから

3　食事をもらうために山口がぼくに親しげにふるまうような、対等でない関係になるのがいやだったから

4　山口が食事以外のことまでもぼくにたよるようになったら、ぼくの負担が大きくなりすぎるから

問十四　――部「無言で協定したおしばいじみた約束」を具体的に表している一文を本文中からぬき出し、最初と最後の五字を書きなさい。

問十五　「ぼくと山口」の友情について、あなたが思ったことを百八十字以内で書きなさい。

るために練習にはげむこと

問四 ――部「自然ぼくは居残りの一員としての毎日をつづけなければならなかった」とありますが、「ぼく」の目から見ると、他の「居残り」の人たちはどのようなようすに見えますか。二十字以内で書きなさい。

問五 ――部「ぼくは秘事を暴かれたような羞恥を平手打ちのようにかんじて」とはどのようなことですか。

1 自分だけの楽しい空想の世界にとつ然よそ者が入ってきて、自尊心が傷つけられたこと

2 今までだれにも言っていなかった将来の夢をとつ然他人に知られ、非常に困わくしたこと

3 ふだん見せていない自分のおどけた一面をうっかり人に見せてしまい、自分でもおどろいたこと

4 警かい心を解いた自分の姿を他人の前にさらけ出したことに気づき、精神的な痛手を受けたこと

問六 ――部「ふりかえって、ぼくはぼくの強さの確認と」とありますが、「ぼくの強さ」とは具体的にどのようなことですか。文章中の言葉を用いて書きなさい。

問七 ――部「その笑顔には、秘密のわかち合いめいたものが、力無くではあったが、ふくまれていたのだ。――友人になれる」とありますが、「友人になれる」と思ったのはなぜですか。

1 人目をぬすんで屋上で過ごしているぼくの秘密を知っても何も言わず静かに笑顔を見せた山口なら、ぼくの秘密をすべてわかってくれると確信したから

2 秘密にしていたはずの素のままの自分を見せてしまったぼくを、やはり秘密をかかえているらしい山口が受け入れてくれたように感じたから

3 病弱な仲間たちに調子を合わせていつも陰うつな顔しか見せなかった山口が、本当は気のやさしい素直な一面を持ち合わせていると気づいたから

4 それまで高圧的な態度でぼくを見下していた山口がぼくのかくれた運動能力の高さを認めたことで、山口よりも優位な立場になれたような気がしたから

問八 ――部「何の気なしにその姿勢をおぼえていながら、その理由にいままで気づかなかったぼくは、なんてバカだ」とありますが、「その理由」とはどのようなことですか。簡単に書きなさい。

問九 「　」部「実を言えば、~むしろ非礼である」の部分にあらわれている「ぼく」の「山口」に対する気持としてふさわしいものを選びなさい。

1 山口に弁当をすすめることで、かえって彼がより空腹を感じることがないようにしよう

2 無理に仲間に引き入れるようなことをして、孤独を愛する山口の世界をふみにじらないようにしよう

3 繊細でほこり高い山口に不用意に弁当をすすめて、彼を傷つけないようにしよう

4 気難しい山口にひとりよがりな言葉をかけて、友情をこわすことがないようにしよう

問十 ――部「……激高が、ぼくをおそった。先刻の思りょや後かいの

人人がうるさそうに新聞で顔をかくしてねむっていたりしている山口を見ると、ぼくはよく子供ぎらいの年寄りを連想した。彼の動作にはそんな片意地なエネルギイのないにおいがした。

（山川方夫《まさお》「煙突《えんとつ》」）

〈注1〉ゼロ点で負けること
〈注2〉小麦をひいたときにできる種皮のくず
〈注3〉足首からひざまでまきつけて使う細長い布
〈注4〉気持をかくさず言動をかざらないようす。率直であるようす
〈注5〉自分の力や才能などを信じて持つほこり
〈注6〉がんこで自分の意志を曲げず人と仲良くしないこと

問一 ══部**ア**・**イ**の言葉の使い方として正しいものをそれぞれ選びなさい。

ア うつろに
1 暗かった町なみが日の出をむかえて少しずつうつろにかがやき出してきた
2 心配事をかかえているA君は、授業中に窓の外をうつろにながめていた
3 早春の公園ではうつろにかおっているウメの花をたくさんの人が楽しんでいる
4 友だちの誕生祝いは何にするかと、子どもたちがうつろにささやき合っている

イ 威丈高に
1 テニスの試合で優勝したA君は、大喜びで表しょう台に上がり、威丈高に手をふった
2 Bさんは、転んで泣いている妹を急いで助け起こそうと、威丈高に手をさしのべた
3 集合写真に写ったCさんは、列のいちばん後ろで威丈高になってほほえんでいた
4 D君は、連日の野球の練習でつかれ果てた部員を休ませず、威丈高に命令を下した

問二 ――部「秘密の、そこはぼくのホーム・グラウンドであり」とありますが、わかりやすく言うと、「ぼく」にとってどのような場所ですか。
1 ずっと自分の心の中だけで大切にしてきた、思い出がたくさんつまった場所
2 自分以外にはだれも訪れる人がいないので、じっと静かにしていられる場所
3 他のだれにも知られず、自分がいちばん自分らしくいられる場所
4 自分しかまだ見つけておらず、しかもだれにも教えたくない場所

問三 ――部「全身全霊をうちこんで、という表現がピッタリするような感覚に、たしかに、いつもぼくはかわいていた」とありますが、「ぼく」はどのようなことを求めているのですか。
1 心も体も健康で毎日の生活がじゅう実し、何の心配もなく自分のしたいことに熱中できること
2 他の仲間たちといっしょに精一ぱい勉強して、社会の役に立つような人間に成長すること
3 体がじょうぶでなくても、せめて気持には張りがあって、毎日好きなことをして楽しく過ごすこと
4 落ちこみがちな自分の気持を奮い立たせて、一流の野球選手にな

が起ったように、ぼくはひとみのすみで山口が食べるのをながめていた。一口で口に入れて、彼はわざとゆっくりとかんでいるようであった。

ある照レ臭《くさ》サから、相手の目を見たくない気持はぼくにもあった。だまったまま、ぼくらは交互《ご》に弁当箱に手をのばした。当然の権利のように、彼はイカの丸煮も、ちゃんとひとつツマんだ。……じょじょにぼくはかれが傷つけられていないことに、またそうふるまってくれていることに、ある安どと信らいとをいだきはじめた。それは、最後に残った山口のぶんのひとつに、ちゅうちょなく彼のやせた手がのびたのを見届けたとき、ほとんど感謝にまで成長した。――ぼくは彼が〈注6〉けんかいなヒネクレた態度を固執《しつ》せずに、気持よくぼくに応えてくれたことがうれしかった。

ぼくと山口とは、それからというもの、毎日屋上を密会の場所と定めて、いつも弁当を半分コするようになった。

問十一――ぼくらはどうしてわざわざ空ッ風のさむい屋上などを密会所に定めたのだろう。その小学校には、かなりひろい赤土の運動場も、動員で空ッぽになった教室もあったし、また、運動場のうしろのくすんだ濃緑《のう》の林におおわれた小丘《きゅう》には、秘密のあいびきには好適の場所がいくらでもあった。そしてさらにその向うには、ほとんどいつも人気のない草ぼうぼうのF邸《てい》のしき地が、なだらかにつづいていたのだ。

しかし、ぼくと山口とは、それから毎日、きまって午後の授業が始ったとき、別別の階段から屋上でおちあい、そこで昼食をともにしたのだった。屋上。――おそらくその最初のぐう然の場所をはなれなかったのは、その下界を見下ろして、自分と同じ高さにはただ空ばくたる空しかないという位置に、地上の現実をきらうぼくと彼との趣味《しゅ》が、いっちしたことのせいではないだろうか。――雨の日など、ぼくらは屋上への階段の、てっぺんの一段に足をのせて、階下に向って並んでこしを下した。ぼくはそうしてわずかな食事をわけあうぼくと山口とに、まるで人目をしのぶどろぼうネズミどうしのような、みすぼらしい友情がつながっているのをかんじる。問十二……すべての人間たちを、自分らの足の下にかんじることが、せめてものその代償《しょう》なのかもしれなかった。

しかし問十三ぼくは、山口とぼくの関係を、それまでより親しいものにしようとは決して努めなかった。どちらかといえばぼくはすぐに無我夢中になりやすい人なつっこい甘えんぼで、ザックバランな話相手は欲しかったのだが、山口が、食餌《じ》を提供される引きかえのように、そのぼくの態度をとることがさけたかった。だからぼくと山口とは、毎日弁当を二分するときだけ、それまでと別人のような親密な会話をかわしながら、それ以外は全くそれまでの無関心で冷たんな表情でおし通した。それはまた、山口自身も望んでいたことであったらしい。他の同僚たちと、ぼくは時時ピンポンなどをつき合ったが、彼は絶対にそんな仲間にも加わろうとはせず、そんな場所に顔を出すこともしない。詰所の陰《いん》気な空気のなかで、ぼくと毎日一つ弁当の飯をくうことなど忘れ果てたような顔で、そのくせ子供っぽいびんしょうな目をするどく光らせ、いつもほの白くだまりこくっている彼を見ると、ぼくは時時、彼はぼくとの間に問十四無言で協定したおしばいじみた約束を、内心たのしんでいるのではないかと思った。彼も無為《い》な日常にたいくつして、そんな遊びを必要としているのではないかと思った。

青カビの色をした表紙の微積分の本に目を落としていたり、またさもうちょうさせたものは、外ならぬぼく自身の空腹を想像したことではなかった。そんなことはぼくの頭に、そのしゅん間はなかったのだ。それは、恥ずかしいことだが、善いことをするときの、あの後ろめたさだった。

つづいて、ぼくに弁当をわたすために昼食をぬいている、母へのざい悪がはじまる予感が来た。おそらくこれは習慣になってしまうだろう……。すると、帰途《と》の汽車の中での、あの痛みに似たセツない空腹、そして空ききって痛みもなにもなくなり、どこにも力の入れようのない立腹感がからだ全体にただよいだしたような、あのその次の状態が、ぼくによみがえった。……だが、結局ぼくに弁当を分けることを止《よ》させたのは、神経質で孤高でプライドの強い山口が、ぼくのおし売りじみた親切に、そのまま虚《きょ》心に応えっこないというおそれだった。――ぼくは思った。ぼくは一人で朗らかに弁当を食おう。それはぼくの権利の〈注4〉フランクな主張であり、彼の〈注5〉矜《きょう》持のフランクな尊敬である。あたりまえのことをするのに、あたりまえの態度でしよう。人間どうしのつき合いのうえには、決してふれてはいけぬ場所にふれることは、むしろ非礼である。……思いながら、ぼくの足はもう、彼の横にまでぼくを運んできてしまっていた。

「……あすこ、日当りがいいな。行こう」

それ以上何も言わずに、ぼくは晴れた冬の日がしずかにキラキラとたまっている、屋上のすみにあるいた。返事はなかったが、山口はおとなしくぼくにつづいてきた。へんに反こうして、見透かされたくないのだろうか。ぼくは彼の意外な素直さに、そう思った。

ぼくはだまっていた。彼もだまっていた。だまったまま弁当のふろしき包みを解いたとき、ぼくの腹がク、ルル、と鳴った。異様なきん張の気がゆるんで、ぼくは大声をあげて笑った。……それがいけなかった。アルマイトのふたをめくり、いつものとおり細いイカの丸煮《に》二つと、粟の片手ニギリほどの六つがコソコソと片寄っている内味を見たとき、ぼくの舌は、ごく自然にぼくをうらぎってしまっていた。

「良かったら、食べろよ。半分」

山口はきみょうな微笑にほおをコワバらせて、首を横にふった。それは、意志的な拒《きょ》否というより、首のすわらない赤ンぼうが見せるような、あの意味もなにもない反射的な重心の移動のように、ぼくの目にはうつった。

「食べなよ。いいんだ」

山口は振幅《しんぷく》を心持大きくして、もう一回首をふった。こう着した微笑は消え、なにかウツケたような表情で、目を遠くの空へ放した。

問十……激高が、ぼくをおそった。先刻の思りょや後かいの予感も忘れ果てて、恥をかかされたように、ぼくの頭とほおに血がのぼった。

ぼくはくり返し低く、強く言った。

「ぼくは素直な気持で言ってるんだ。おせっかいなことくらい、わかってる。でも、腹が減ってるんだったら、だめだ、食べなきゃ。……食べなきゃ……、食べたらいいだろ？食べたかったら」

言葉につまって、やっとぼくは興奮から身をはなすべきだと気づいた。ぼくはにぎり飯のひとつをとって、ほお張って横を向いた。もうどうにでもなれ、とさえ思った。こんなバカとは、ツキアイきんない。

――そのとき、山口の手が、ごく素直な速さで、弁当箱にのびた。

「――ありがとう」と彼はぼくの目を見ないで言った。あり得ないこと然ぼくは居残りの一員としての毎日をつづけなければならなかったが、ぼくにはそれはかえって好都合とも思えた。リーグ戦が、あと三ゲエムほど残っていたのだ。

　一月の中旬《じゅん》がすぎるころ、あと残された試合はワセダとの決勝戦だけになった。

　よく晴れた午後であった。その日いっしょに挙行するはずのリーグ戦の閉幕式の考えに夢中になって、ぼくが弁当とボールとをもって階段をかけ上ると、屋上の金あみに幽《ゆう》霊のような姿勢で両手の指をつっこんだまま、広尾《お》方面の焼あとをじっと見下している一人の先客の背が目に入った。山口であった。「若き血」の口笛をふいていたことに、**問五**ぼくは秘事を暴かれたような羞恥《しゅうち》を平手打ちのようにかんじて、口をとがらせて立止った。

　不ゆ快ははなはだしかった。だが、今さら階下へおりて、同僚の不健康な口臭《しゅう》や、無気力でしみったれた笑声や、「年ごろ」の会話を手つきたくみにコネまわしている暗い物置のような詰《つめ》所で、同じようなくすんだ仏頂面をならべてだまりこくる気分に、とうていもどりたくはなかった。ぼくはボールをポケットにねじこみ、再び応えん歌の口笛をふき鳴らしつつ、屋上の中央へと歩みはじめた。

　ぼくと同様、山口もちょっとふりむいただけでぼくを黙《もく》殺した。黒い手編みの丸首のセーターが、うすっぺらな学生服のえりからはみ出し、色白な秀《しゅう》才タイプの彼《かれ》の首を、よけいか細く繊《せん》弱に見させていた。〈注3〉ゲートルをつけてない彼の宮廷《てい》用ふうの細長いズボンの下には、ふつりあいなほど巨大な、重たそうな赤いぶた皮の編上靴《へんじょうか》がならんでいた。

　ぼくは山口の向うをむいたかたくなな背に、ある敵がい心をかんじた。彼に目もくれず、ぼくは一人で壁に向って早慶戦をはじめた。真向からふきつけてくる青く透《す》きとおった風にむかって、おこったように力いっぱいで投げつづけた。……彼を無視する強さを、ぼくはかく得しようとしたのだ。

　山口は何も言わず、そうかと言って下りて行くでも散歩するでもなく、ただじっと金あみごしの下界をながめつづけている。しかし、ぼくは次第に、その彼の不動の存在を忘れて、早慶戦に熱中しだしていた。四対零《ゼロ》。慶應のリードで三回は終った。さあ。飯をたべよう。

問六ふりかえって、ぼくはぼくの強さの確認と、専心していたスポーツに一段落のついたそう快で無心な気分から、ほがらかに山口を見て笑った。すると、彼は意外にも、ぐう然ぼくと目を合わしたのを恥《は》じるように、軽い雲影《えい》がうつるような、無気力な微《び》笑をうかべた。……彼のそんな笑顔なんて、ぼくには初めての経験であった。**問七**その笑顔には、秘密のわかち合いめいたものが、力無くではあったが、ふくまれていたのだ。――友人になれる。そんなむじゃきな直観が、ぼくを陽気にした。拾った弁当箱を片手に、ぼくは山口のほうに近寄ろうとした。

　そのとき、弱弱しく視線を落した山口の目が、ぼくの弁当にふれると、急にそれをすべりぬけて流れた。はッと、はじめてぼくはあることに気づいた。そうだ。彼はいつも昼食をたべてないのだ。――昼休みのはじまるころになると、彼はいつでもスーッと部屋を出て行ってしまう。

問八何の気なしにその姿勢をおぼえていながら、その理由にいままで気づかなかったぼくは、なんてバカだ。――だが、果していま、彼に弁当を半分すすめたものだろうか？**問九**実を言えば、そのときぼくをちゅ

【国　語】〈五〇分〉〈満点：一〇〇点〉

【注意】句読点や記号などは字数にふくめます。

【一】次の文章を読んで後の問に答えなさい。一部、語句の改変があります。

（終戦直後、中学三年生の「ぼく」は、同級生らが戦争で被《ひ》害を受けた工場の後始末に動員されるなか、病弱であるために数人の学生たちとともに学校に残されている。）

小学生や低学年生たちの授業時間に、ぼくはだから玄《げん》関わきの小部屋からぬけ出し、屋上に出て、時時ひとりその平面に特大のマッチ箱のような形でとっ起した出入口の、それもやはり半分から上を黒くぬられている壁《かべ》に、ボールをぶッつけて遊んだ。校舎は森閑《かん》としていて、時として屋上にはりめぐらされた金あみの向うに、校庭で体操をしている幾《いく》組かのそう音や、軽いさけびや、霞《かすみ》町の方から走ってくる小型の都電のきしんだような音響《きょう》までが、アブクのように**問一ア**うつろにうかび上ってくる。人気のない平たんな白い石の砂ばくのような静かな屋上に、ボールはポクンと壁にあたって、ぼくの足もとまで転げてかえってくる。……同じ音程でくりかえすきみょうなつぶやきに似たボールのひびきこそが、つまりはぼくの存在を確証する孤《こ》独なこだまだった。そして、それは比かく的に青空のようないちずな気分になれる、ぼくの好きな遊びだった。「あせをかきたい」というしょう動が起こるたびに、だからぼくはボールをにぎってひとり屋上にかけ上った。

壁には、ちょうどストライクのあたりに、黒いしみがあった。ぼくはそこを目がけて、投げる。――えい、打たしちまえ。レフト、バック。などとつぶやきつつ、一人でカウントを取り、ぼくはそうして六大学のリーグ戦を挙行したのだ。無意識のうちに手加減をしてしまうのか、どうしても母校の慶應《けいおう》は負けなかった。ぼくは熱心に敵方のときも大まじめで投げているので、それが不思議でならなかったが、それでも相手方を〈注1〉スコンクにおさえたときの気分は、なんとも言えないほどうれしかった。

屋上には、たいていあらい風がひとりで**問一イ**威丈高《いたけだか》にかけめぐっていたが、閑静でもあったし、晴れた日には日当りが良かった。だれ一人あらわれない授業時間に、ぼくがそこで過ごす時間は多くなった。

問二秘密の、そこはぼくのホーム・グラウンドであり、ぼくはその壁の直角になったすみに背をもたせて本を読んだり、弁当をたべたりもした。――同僚《りょう》はたいてい白米のキッチリつまったごうかな弁当をひろげていたが、ぼくのはたいてい〈注2〉フスマのパンか、粟《あわ》飯のパラパラなのを防ぐためにそれをオニギリにしたやつであった。ぼくはがまんして、ひとり、たいてい五時間目の終るころに食べた。さもないと帰りの汽車の中で目が回るほど空腹になるのだった。しかし、ぼくは元気だった。……その日の分の一冊を読み終えたときなど、ぼくははげしい速度感をためしてみたい健康へのウズウズした気持にまけて、ひと一人居ないのを幸いに、一人でくるったようにさけびながら、屋上を疾《しつ》走してまわったりする。なにか、それでも物足りはしない。**問三**全身全霊《れい》をうちこんで、という表現がピッタリするような感覚に、たしかに、いつもぼくはかわいていた。

年が変っても、同級生らの動員はいっこう解除されなかった。**問四**自

MEMO

大切なことはメモしておこうネ！

平成30年度

解答と解説

《平成30年度の配点は解答用紙に掲載してあります。》

＜算数解答＞ 《学校からの正答の発表はありません。》

1 (1) $1\frac{5}{8}$ (2) 26cm (3) 279 (4) 562個 (5) ア 426 イ 30

2 ア 6.28 イ 8.1 ウ 18 3 (1) ア 60 (2) イ 75 ウ 52.5

4 (1) 7通り (2) ア $\frac{1}{3}$ イ $\frac{1}{2}$ (3) ウ ③ エ 141

5 (1) 1.44倍 (2) 9600人 (3) ① 1.2倍 ② 20736人

＜算数解説＞

1 (四則計算，平面図形，数の性質，割合と比，相当算，過不足算，数列・規則性)

(1) $\square=2.6\div\left(3\frac{4}{5}\div\frac{38}{9}+\frac{7}{10}\right)=2.6\div\left(\frac{9}{10}+\frac{7}{10}\right)=\frac{13}{8}$

やや難 (2) 右図において，正方形AKLDの1辺は7×2＋10＝24(cm)であり，正方形CFEGの面積は24×24－7×(10＋7)×2＝338(cm²) したがって，CEの長さは□×□＝338×2＝4×169＝26×26より，26cmである。

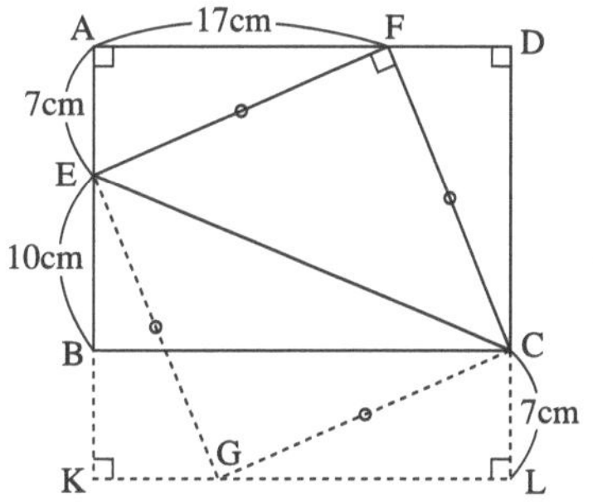

重要 (3) 最初から20日が過ぎて残った宿題は$(3+54)\div\left(1-\frac{4}{7}\right)=133$(問) 最初から10日が過ぎて残った宿題は$(2+133)\div\left(1-\frac{3}{8}\right)=216$(問) したがって，全体では$(1+216)\div\left(1-\frac{2}{9}\right)=279$(問)ある。

重要 (4) 右表において，49個入りの箱Bは(44＋34－23)÷(49－44)＝11(箱)あり，ボールは49×11＋23＝562(個)ある。

A	44	…	44	44	34
B	49	…	49	23	

重要 (5) ア 1桁…9 2桁…2×(99－9)＝180 3桁…3×(178－99)＝237 したがって，これらの和は9＋180＋237＝426

イ 2×△＋3×□＝2018，3×□＝2×(1009－△)より，1009－△が3の倍数であり，△＝1のとき□＝672である。したがって，アより，△＝1，4，…，88まで(88－1)÷3＋1＝30(組)

重要 2 (平面図形，図形や点の移動，速さの三公式と比，旅人算，割合と比，数の性質)

大円と小円の円周の比は4.5：3.6＝5：4でありPとQが等しい時間に進む角度の比は4：5である。

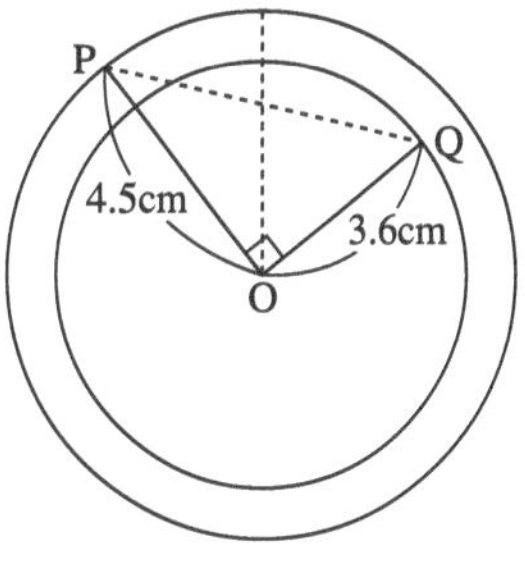

ア P・Qが180度，離れるとき，Pが進む道のりは4.5×2×3.14÷2÷(4＋5)×4＝6.28(cm)

イ 右図のように，角POQが90度のとき，面積が最大になり，4.5×3.6÷2＝8.1(cm²)

ウ Pが4度，Qが5度の速さで進むとき，PとQが1周する時間はそれぞれ，360÷4＝90，360÷5＝72であり，これらの最小公倍数は360である。PとQの間が90度開くときは1回目90÷(4＋5)＝10，2回目10＋(360－90×2)÷(4＋5)＝30，3回目30＋90×2÷(4＋5)＝50と続く。したがって，全部で(350－10)÷20＋1＝18(回)ある。

3 （平面図形，図形や点の移動）

基本 (1)　図1において，角QOPは(180－120)÷2＝30(度)であり，四角形PQOSにおいて，最小の角は正三角形POSの角OSPに等しく60度である。

重要 (2)　図2において，(1)より，角PORは180－30＝150(度)である。

[イ]　回転する最小の角…150÷2＝75(度)

[ウ]　四角角の最小の角…角OTPは(180－75)÷2＝52.5(度)

図1

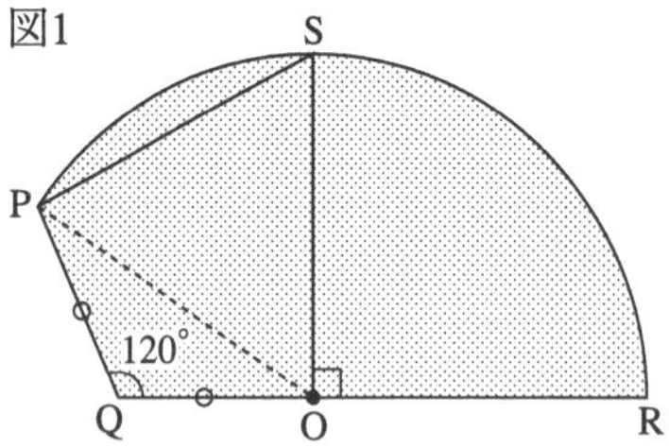

図2

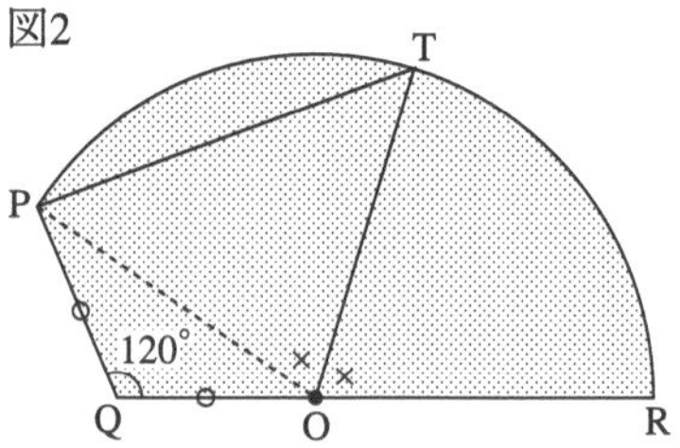

4 （立体図形，平面図形，相似）

重要 (1)　図アにおいて，二等辺三角形ABPのPの位置はP1～P7の7通りある。

重要 (2)　[ア]　図イにおいて，立方体の1面の面積を4にする。立体サとシの前面・後面についての面積の差は(3－1)×2＝4，底面についての面積の差は4である。したがって，これらの差の和4×2は4×6の$\frac{1}{3}$

図ア

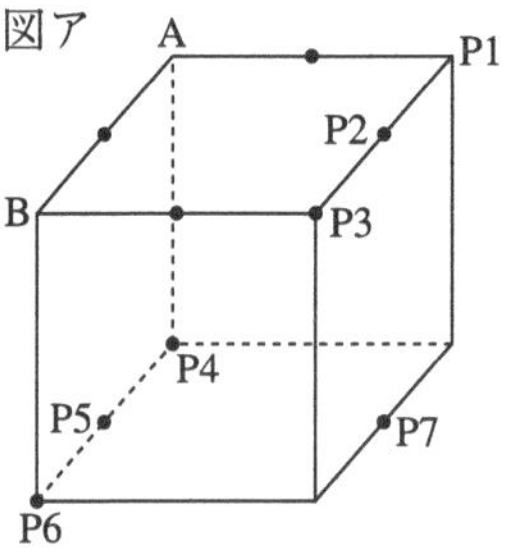

図イ

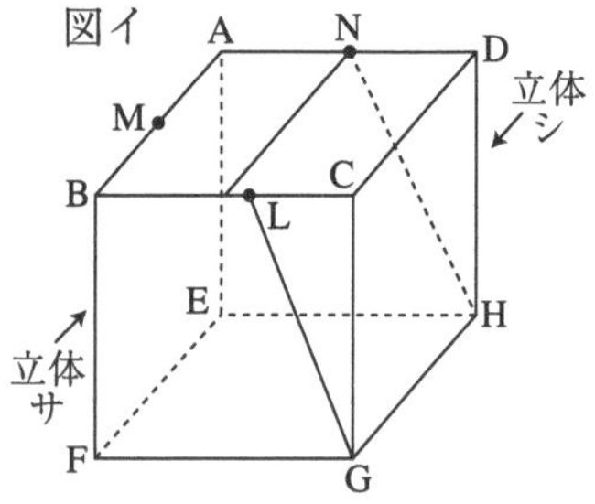

[イ]　[ア]より，立体サとシの前面における面積の差は3－1＝2であり，この差は前面の面積の2÷4＝0.5(倍)であるから，体積についても0.5倍である。

やや難 (3)　[ウ]　図ウより，断面の形は③五角形である。…MNとPQ，MRとSG，NSとRGは平行

[エ]　図ウにおいて，直角二等辺三角形AMNとHGQは相似で，辺の比が3：6＝1：2であり直角三角形NDSとQHSも相似で，辺の比が1：2であるから，SHは6÷(1＋2)×2＝4(cm)，直角三角形NDSとNAOは合同で，OAは6－4＝2(cm)である。したがって，求める体積は12×12÷2×(2＋6)÷3－(3×3÷2×2÷3＋6×6×4÷3)＝192－(3＋48)＝141(cm^3)である。

図ウ

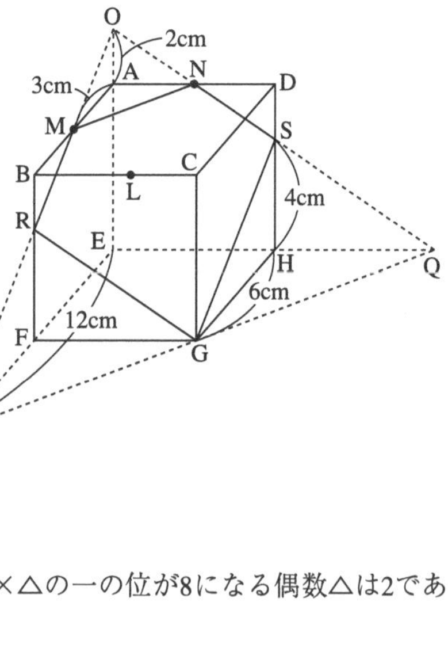

5 （割合と比，数の性質，統計と表）

基本 (1)　17280÷12000＝432÷300＝1.44(倍)

基本 (2)　12000÷5×4＝96000(人)

重要 (3)　①　□×□×□＝17280÷10000＝1.728であり，△×△×△の一の位が8になる偶数△は2である。したがって，倍率□は1.2倍である。

② 17280×1.2＝1728×12＝20736(人)

★ワンポイントアドバイス★

3(2)「Ⓘ図」は(1)と共通であり，PQ＝QOである条件が継続していることに惑わされなければ難しくない。4(3)「立方体の切断」は，よく出題される問題であり，解き方を理解してマスターしよう。

＜理科解答＞《学校からの正答の発表はありません。》

1 1 (1) ① キ　② キ　③ カ　④ カ　(2) 塩酸と水酸化ナトリウム水溶液が過不足なく中和し，中性になったから。　2 (1) 塩酸と水酸化ナトリウム水溶液の中和によって生じた。　塩酸とアルミニウムが反応して生じた。　(2) シ　(3) サ
3 石灰水に吹き込むと白くにごる。　少し水を入れたペットボトルに気体を詰めて振ると，少しへこむ。

2 1 1回目の音は，2回目の音よりも大きい。　2 16個　3 弦の直径と弦の長さとの間には反比例の関係がある。　4 A　5 25個　6 5cm

3 1 ①→②→⑥→⑧→⑤→⑨　2 (1) ⑧，小腸　(2) ③，肝臓　3 だ液がより多く出るから。　食べ物が小さくなると，だ液とふれる面積が大きくなるから。　4 ア 青紫色になる。　イ 茶色のまま変化しない。　(2つをくらべてわかること) だ液のはたらきによって，デンプンが別のものに変化する。　5 液の性質が酸性か中性かによって，だ液のはたらきにちがいがあること。

4 1 (1) (巨れき) ㋔　(砂) ㋑　(どろ) ㋒
(2) ① 右図　② (海岸の砂は)小さめの粒が多く，大きさが比較的そろっている。　(川原の砂は)大きめの粒が多く，大きさはちらばっている。　(その原因として考えられることは) (海岸では)流れが遅く，その速さがほぼ一定である。(川では)流れが速く，その速さが一定ではない。
2 (1) (ふるい分け) グラフ4に比べ，グラフ3の方が，粒の大きさがそろっている。　(自然環境) グラフ3の海岸の方が，砂の汚れが少ない。　(2) ① 冬になると河川の水量が減って，運ばれてくる砂の量が減るから。　② 人間が堤防などをつくったため，運ばれてくる砂の量が減ったから。

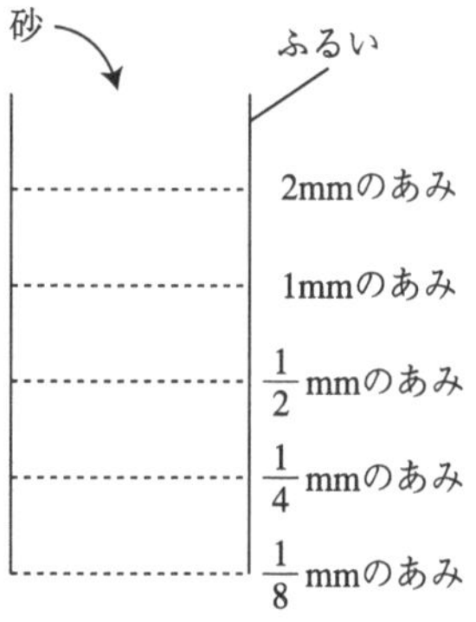

＜理科解説＞

1 (水溶液の性質－中和反応と気体の発生)

重要 1 (1)・(2) アルミニウムは，強い酸性の水溶液にも，強いアルカリ性の水溶液にも溶けて，水素が発生する。実験結果の表のうち，水溶液ア，イは酸性，水溶液エはアルカリ性であり，アルミニウムを加えたとき，どちらも水素が発生する。水溶液ウは過不足なく中和しているので，アルミニウムを加えても水素が発生しない。一方，鉄は，強い酸性の水溶液に溶けて水素が発生す

るが，中性やアルカリ性の水溶液には溶けない。よって，①②は溶けて水素が発生するが，③④は何も反応がない。

2 (1) 水溶液イは，塩酸と水酸化ナトリウムが中和しているが，塩酸が過剰である。この水溶液には，中和でできた塩化ナトリウム(食塩)が含まれている。この水溶液にアルミニウムを加えると，残っていた塩酸とアルミニウムが反応して水素が発生し，水溶液中に塩化アルミニウムができている。だから，加熱して水を蒸発させると，塩化ナトリウムと塩化アルミニウムの白い固体が出てくる。 (2) ガスバーナーの炎を大きくするには，ガスの量を増やせばよい。ガス調節ねじは，図の下側のシのねじである。上から見て反時計回りにまわして開ける。その後，上側のサの空気調節ねじも開けて，炎の色を調節する。 (3) ガスバーナーの炎を消すときは，まず上側のサの空気調節ねじを閉めたあと，シのガス調節ねじを閉じる。最初にガスを閉めようとすると，ガスが不足してバーナーの中に炎が入りこむなど危険である。

3 二酸化炭素であることを確認する方法として代表的なのは，石灰水に吹き込むことである。二酸化炭素を石灰水に吹き込むと，白く濁る。また，ペットボトルに半分以下の水を入れ，残る空間に気体を入れて，栓をして振る方法もある。この場合，二酸化炭素は水に少し溶けるので，ペットボトルがへこむ。気体が塩化水素ならば，水にもっと溶けるので，へこみ具合をみると塩化水素と区別できる。あるいは，二酸化炭素が水に溶けると酸性を示すことから，BTB液など酸・アルカリ指示薬を使う方法もあるが，この方法だと，塩化水素との区別がつきにくい。

2 **(音の性質ー弦の出す音の高さ)**

1 実験1で，1回目と2回目では，弦の太さ，長さ，弦を張る強さは同じと考えられる。だから，音波の振動数は同じであり，音の高さは同じである。図2を見ると，1回目は2回目に比べて，振幅が大きい。だから，1回目の音は，2回目の音よりも大きい音だといえる。

2 弦を長くすると音は低くなる。一方，おもりを増やして弦を強く張ると音は高くなる。よって，弦を長くしながら，おもりを増やすと，同じ高さの音が出る場合がある。表1では，弦の長さを2倍，3倍にしたとき，おもりの個数を4倍，9倍にすると，同じ高さの音になる。そこで，弦の長さが80cmの場合を，40cmの場合を比較すると，弦の長さが2倍なので，おもりの個数を4倍にすれば，同じ高さの音になる。結果，4×4＝16(個)となる。

3 弦を太くすると音は低くなる。弦を短くすると音は高くなる。よって，弦を太くしながら，弦を短くと，同じ高さの音が出る場合がある。表2では，弦の直径を2倍，4倍にしたとき，弦の長さを2分の1，4分の1にすると，同じ高さの音になる。つまり，同じ音が出るときの弦の直径と弦の長さは反比例する。

4 表2では，弦A，B，Cは同じ高さの音が出る。この表2で，弦の長さをすべて80cmにあわせたとすれば，BやCは弦が長くなるので，音は低くなる。よって，弦の長さを同じにしたとき，最も高い音を出す弦はAとなる。

やや難 5 表2から考えると，おもりの個数が同じとき，50cmの弦Bと，その2倍の100cmの弦Aが，同じ高さの音になる。次に，100cmの弦Aが表1と同じ音になるには，表1では20cmの5倍の長さなので，おもりの個数は25個必要である。よって，100cmの弦A，50cmの弦Bのどちらも，25個のおもりをつるせば，表1と同じ高さの音になる。

6 表1では，おもりの個数が1個のとき，弦Aの長さは20cmである。表2から考えると，おもりの個数が同じとき，20cmの弦Aと同じ高さの音を弦Cで出すには，その4分の1の長さである5cmの弦Cを使えばよい。

3 **(人体ーヒトの消化系)**

1 食べた物の通り道は，①口→②食道→⑥胃→⑧小腸→⑤大腸→⑨肛門の順である。その他の，

③肝臓，④胆のう，⑦すい臓は通らない。

2 (1) 食物中の栄養分を，血液などに取り込むのは，⑧の小腸である。 (2) ブドウ糖をグリコーゲンに合成してたくわえたり，アンモニアを尿素に変えたりするなど，化学的な変化が起こるのは③の肝臓である。

3 食べ物をよくかむことによって，消化酵素アミラーゼを含むだ液が，より多く分泌される。また，食べ物がより小さく分けられ，表面積が大きくなると，だ液とよく触れるようになり，栄養分を分解しやすくなる。

4 試験管アでは，ごはんにデンプンが含まれているので，ヨウ素液を加えると青紫色に変化する。一方，試験管イではだ液中の消化酵素アミラーゼのはたらきで，デンプンが分解され糖に変化する。デンプンがなくなるので，ヨウ素液を加えても反応せず，ヨウ素液のもとの色である茶色のままである。

5 試験管ウは，塩酸を加えて酸性の状態になっている。これと中性の試験管イとを比較することで，液の性質による酵素のはたらきの違いを調べることができる。この実験の結果は，試験管ウのヨウ素液が青紫色にならない。これは，デンプンが分解されないことを示しており，だ液に含まれる消化酵素は，酸性の液の中でははたらかないことが分かる。だ液が胃の中ではたらかない原因の一つは，胃の中が酸性に保たれているためである。

4 (地層と岩石ー砂などの粒子の大きさ)

1 (1) 河川から海へ流されてきたレキ，砂，泥は，流れの速さによって堆積する場所が決まる。重いレキは，海に出てすぐの㋐の場所，中程度の砂は，少し流された㋑の場所，粒が軽い泥は海水に流された㋒の場所に堆積する。また，崖のすぐ近くの㋔では，まだ運搬されておらず，ごつごつと角ばった巨レキが数多く落ちている。㋓でも巨れきが少し見られる。 (2) ① 5種類のふるいは，上から順に，穴が大きいものから重ねればよい。穴が小さいものから重ねると，それ以上の大きさの粒が全部ふるいの上に残ってしまい，粒の大きさごとに分けることができない。 ② グラフ1とグラフ2を見比べると，グラフ1の方が粒が大きいことが分かる。これは，グラフ1の川の流れが，グラフ2の海の流れより速いことを意味する。また，グラフ2では粒の大きさがせまい範囲に集中している。これは，グラフ1で示された川の流れの速さが，日々変化が大きいのに対し，グラフ2で示された海の流れが，一定に近いためだと考えられる。

やや難 2 (1) グラフ3はグラフ4にくらべ，粒の大きさのばらつきが少なく，そろっている。これは，粒の大きさがさまざまだと，すきまが少なくなり，こすれ合いが起きにくくなるためと考えられる。また，問題文にあるように，砂に汚れがあると，こすれ合うときにすべってしまい，音が出にくくなるためと考えられる。 (2) ①について，冬は河川の水量が減る。太平洋側の冬は晴天が多く降水量が少ない。また，日本海側では雪が多いものの，河川の水量が増えるのは雪の融ける春になってからである。このように，水量の少ない冬は，上流から運ばれてくる砂の量が減って，砂浜がせまくなる。 ②について，現代では，川岸や海岸には堤防がつくられており，川岸の砂などを侵食し運搬する量が減っている。海では，防波堤などにより，海水の流れも昔と変わっている。そのため，運ばれてきて堆積する砂の量が減り，砂浜が縮小している。

★ワンポイントアドバイス★

図や表は，何と何の関係が表現されているのかをよくとらえ，その意味を一つ一つ言葉にして，正しく利用していこう。

＜社会解答＞《学校からの正答の発表はありません。》

1 A a ① 200カイリ ② 銚子 b ア c エ d 浜名湖 e 天竜川
f （例） 林業従事者の高齢化などにより作業が困難になってきたから。 B a ア
b （例） 海水に含まれる塩分により稲が育たないから。 c イ d 水島地区
e （例） いずれ石油は枯渇してしまうから。 f 備前焼 C a ① ウ ② エ
b （例） 地球温暖化 c 地産地消 d 阿蘇山 e ① A アメリカ B 中国
② （例） 輸出先の国との貿易摩擦を防ぐことができる点。 f アマゾン川

2 A a 朱雀 b （例） 白村江の戦で唐・新羅の連合軍に大敗し国土防衛を迫られたから。
B a イ・オ b 後白河天皇 c （例） 日宋貿易 C a （例） 東北の蝦夷征討のために派遣された総指揮官の名称。 b 侍所 c （例） 博多湾沿岸の石塁築造。
D a 守護 b エ c 浄土真宗[一向宗] E a ア b （例） 重要な鉱山
F a ウ b イ G a （例） 満州事変を引き起こし満州国を建国したこと。
b 赤紙 c （例） 日本本土に近いマリアナ諸島がアメリカの勢力範囲に入ったから。
H a （例） 労働者・小作人 b 武力 c ア d 南スーダン

＜社会解説＞

1 （日本の地理・政治ー国土と自然・貿易・環境問題・政治・財政など）

A a ① 大型の漁船で遠方に出かけ何か月もかける漁。一般的には経済水域外や他国の沖合で行われる。 ② 利根川の河口に位置，サンマやイワシなどの水揚げが多く醤《しょう》油《ゆ》製造も盛ん。

重要 b 茶の生産は静岡(38％)，鹿児島(31％)，三重(8％)の上位3県で8割近くを占める。 c 交番(X)，郵便局(〶)，博物館(血)。消防署の地図記号は(Y)。 d 15世紀末の津波で外海とつながった日本第10位の漁業が盛んな汽水湖。 e 諏訪湖を水源に遠州灘に注ぐ河川。中流部には多くのダムがあり大森林地帯を形成。 f 日本の森林は急斜面が多く林業の作業は大変厳しい。また，安い輸入材の増加もあり手入れの行き届かない森林が増えている。

B a イは水田率の高い北陸の石川，ウは北海道に次ぐ農業県の一つである茨城。 b 綿花は塩害に強く土壌の塩分を取り除く効果もあるといわれる。 c アは徳島，ウは愛媛，エは高知。

重要 瀬戸大橋は岡山の児島と香川の坂出を結ぶルート。 d 埋立地に大規模な石油化学コンビナートや製鉄所を建設，瀬戸内工業地域の中心として発展。 e 現在はムハンマド皇太子の下，石油に依存した国家体制を早期に変革し，製造業やサービス業の成長を目指して急速に舵《かじ》を切りつつある。 f 鎌倉初期から備前一帯で作られる陶器の総称。長時間かけて焼しめた褐色の陶器。

重要 C a ① アは社会保障関係費，イは地方交付税交付金。 ② 天皇は国政に関する権能は持たず，内閣の助言と承認のもとに国事行為のみを行う。 b 気温の上昇により病虫害の発生が増えたり，コメ粒が白く濁ったりする「乳白粒」といった現象がすでに表れている。 c 「互いの顔が見える」ことで消費者の食に対する安心・安全志向の高まりにこたえたり，販売形態の多様化にも貢献。 d 東西18km，南北24km，周囲80kmにも及ぶ世界最大クラスのカルデラ。

重要 e ① かつてはアメリカが中心であったが，最近では対アジア諸国との貿易が上位を占める。

やや難 ② 大量の日本車の流入が現地の自動車産業に大きな打撃を与え経済戦争に発展。そのため輸出の自主規制や現地への工場進出を加速させることで解決を図った。 f 全世界の河川水量の25％を占める大河。水銀を規制する水俣条約も発効。

2 (日本の歴史ー古代〜現代の政治・社会・外交など)

やや難 A a 朱雀《すざく》とは南を守護する霊獣。朱雀大路の南端に位置するのが羅城門。 b 百済再興に失敗し半島から手を引いた中大兄皇子は，西国を中心に各地に山城を築き，都も飛鳥から近江の大津に遷都。国内の防衛体制を固めて内政の充実に努めた。

重要 B a 平将門は一族の内紛から関東8カ国に独立王国を建設。藤原純友は伊予の日振島を拠点に海賊を率いて反乱。 b 皇位継承をめぐって対立した兄・崇徳上皇を讃岐へ流罪にした。 c 大輪田泊や音戸瀬戸を修築，瀬戸内海航路を整備して航海権を掌握。

C a 源義仲，頼朝が任じられて以来武家政権の首長の称号に変化。 b 一般政務や財政を担当する公文所(政所)，裁判を担当する問注所とともに幕府の3大機関。 c 九州北部と長門国の沿岸部防衛のための軍役(異国警固番役)も課せられた。

重要 D a 守護には任期もなく，南北朝の動乱を通して国人たちとの主従関係を強めていった。 b 9世紀に始まったといわれる祇園祭を再興したのも京都町衆。 c 浄土真宗中興の祖といわれる蓮如が大阪に作った隠居所に始まる寺院。

E a 1615年に「禁中並公家諸法度」を発布したのは2代徳川秀忠。 b 佐渡，石見などの重要鉱山を直接支配し貨幣鋳造権を独占。

F a 天皇は陸海軍の統帥権(軍の最高指揮権)，宣戦，講和などの強大な権力を握った。 b 遅れていた重工業部門の発展は日露戦争後。

重要 G a 日本軍の撤退と満州国承認の取り消しを求めた勧告は42対1で可決(反対は日本のみ)。 b 軍の召集令状に赤色の紙が使われていたことからの呼び名。 c 1944年6月のサイパン陥落により東北地方より南部の日本本土全域がB29の爆撃可能範囲となった。以降無差別空襲により50万人もの一般市民が死亡。

H a 労働者の団結権が確立，労働条件の最低基準も規定された。農地改革では安い価格で土地を手にすることができ，自作農が大量に創出された。 b 自衛隊は憲法で禁ずる戦力には当たらないとするのが政府の解釈。 c 2条で千島列島，南樺太，朝鮮，台湾などに対する権利を放棄。 d 2011年，スーダンの南部10州が住民投票で分離独立。石油利権などをめぐって内戦状態となり多くの国内難民も発生。

★ワンポイントアドバイス★

記述問題は何といってもまずは慣れることが一番である。普段から自分の言葉で簡単にまとめる練習をしておこう。

<国語解答> 《学校からの正答の発表はありません。》

[一] 問一 ア 2 イ 4 問二 3 問三 1 問四 (例) 物置のような詰所で無気力に過ごすようす。(20字) 問五 1 問六 (例) 早慶戦に専心して山口を無視すること。 問七 2 問八 (例) 山口は弁当を持ってこられないほど家が貧しいのだということ。 問九 3 問十 1 問十一 (最初) ——おそら
(最後) だろうか。 問十二 4 問十三 3 問十四 (最初) だからぼく
(最後) し通した。 問十五 (例) 二人が親密になるのは屋上で弁当を食べている時だけなのは，病弱で工場に動員されることもないみじめな思いを持つ者同士としてみす

ぼらしい友情でつながっていると感じているからである。人には見せたくない思いでつながっているので，常に仲良くする必要はなかったのだろう。仲の良い友達同士には見えない二人だが，お互いの気持ちを理解している二人の友情はこれからも続くのだと思う。(180字)

［二］ 問一　ア　5　　イ　6　　問二　a　2　　b　3　　問三　(例)　現実を調べ研究しようとするとき，客観的な調査方法を守ること。(30字)　　問四　①　未知なるものから新たに何かを得ようという姿勢でいること。(28字)　　②　自分がさまざまなかたちに変容すること。(19字)　　問五　(最初)　そこで“生　　(最後)　，方法など

［三］ A　3　　B　1　　C　2

［四］ 1　浅(い)　　2　欠(く)　　3　順路　　4　永久　　5　悲願　　6　そそ(ぐ)
7　くめん(する)　　8　ようじょう(する)

＜国語解説＞

［一］（小説－心情・場面・文章の細部の読み取り，指示語，ことばの意味）

基本　問一　アは気がぬけたようにぼんやりしているさまを表すので，2が正しい。イは人を押さえつけるような威圧的な態度をとるさまを表すので，4が正しい。

問二　「そこ」とは，「ぼく」が授業時間にぬけ出して過ごす屋上のことである。最初～問二の傍線部までで描かれているように，「だれ一人あらわれない授業時間に」「好きな遊び」をして過ごす屋上は，「ぼく」にとって自分の好きなように過ごせる場所であり，自分が自分らしくいられる場所なので，3が適当。1の「心の中だけで」，2の「じっと静かにしていられる」，4の「自分しかまだ見つけておらず」がそれぞれ不適当。

問三　冒頭の説明にあるように，「ぼく」は病弱であるため工場の後始末に動員されることなく，学校に残されている。最初の場面の「『あせをかきたい』というしょう動が起こるたびに……ひとり屋上にかけ上がった」，問三の傍線部のある場面の「はげしい速度感をためしてみたい健康へのウズウズした気持ちにまけて……くるったようにさけびながら，屋上を疾走してまわったりする」という描写は，病弱であるため激しい運動ができない「ぼく」の，健康で元気な生活をしたいという気持ちを表したものである。「全身全霊」＝体も心も健康な状態で，好きな遊びで走り回りたい気持ちを，問三の傍線部は表しているので，1が適当。2は全文，3の「体がじょうぶでなくても」，4の「一流の野球選手になるため」がそれぞれ不適当。

やや難　問四　「不ゆ快」で始まる段落で，「ぼく」と同じ「居残り」の人たちが「暗い物置のような詰所で」「無気力でしみったれた笑声や」「くすんだ仏頂面をならべてだまりこくる気分に」「ぼく」はもどりたくなかったことが描かれている。ここでの描写が，「ぼく」の「居残り」の人たちをどのように見ているかを表しているので，この部分の要旨を指定字数以内でまとめる。

問五　問五の傍線部は，いつものように野球のリーグ戦の決勝戦を挙行することを想像しながら屋上に行くと，山口がすでにいたことに対する「ぼく」の心情である。自分だけで空想の世界を楽しんでいた屋上に山口がいることで，空想をじゃまされたように感じ，大切にしていたものを傷つけられたような気がして問五の傍線部のようになっているので，1が適当。2の「他人に知られ」，3の「自分でもおどろいた」は不適当。山口に対して「不ゆ快はなはだしかった」と感じているので，「精神的な痛手を受けた」とある4も不適当。

問六　問六の傍線部前で，山口には目もくれず，早慶戦をはじめることで「ぼく」を黙殺する山口を無視する強さをかく得しようとしたことが描かれている。空想の早慶戦に熱中し専心すること

で，山口の存在を無視することが，この場面での「ぼくの強さ」なので，この部分を用いて説明する。

重要　問七　屋上は「ぼく」にとって誰にも知られずに自分の好きなことができる場所である。屋上に行くことを秘密にしている「ぼく」は，同じように山口にも何か秘密があって屋上に来ていると思っていることを「秘密のわかち合いめいたもの」と表現している。「ぼく」と山口には，屋上に来る理由としての「秘密」がそれぞれあり，山口が「無気力な微笑をうかべた」ことで，「ぼく」はお互いが「秘密」を持っていることを「秘密のわかち合いめいたもの」として感じ，「友人になれる」と思ったので，2が適当。「秘密のわかち合い」について触れていない他の選択肢は不適当。

やや難　問八　問八の傍線部直前で，昼休みの始まるころになると，山口は昼食を食べずに部屋を出て行ってしまうことが描かれている。本文前半で描かれているように，同僚たちは「ごうかな弁当」を持ってきており，それほどごうかではないけれど「ぼく」も弁当を持ってきている。問七でも考察したように，山口も何か秘密があって屋上に来ているが，昼休みに部屋を出て行くのは弁当を持ってきていないからであり，そのことが山口の「秘密」であったことに「ぼく」は気づいたのである。山口が昼食を食べずに部屋を出て行く→弁当をもってきていないから→弁当を持ってこられないほど家が貧しいのだ，という「ぼく」の理解を読み取り，何に気づいて理解したかを説明していく。

問九　「　」部後半で描かれているように，神経質で孤高(ひとりで高い理想を守ること)でプライドの強い山口が，「ぼく」のおし売りじみた親切＝弁当をむりにすすめる親切を虚心(わだかまりなく，素直であること)に受け取ることはないだろうと思って弁当を分けることを「ぼく」はやめた。そして彼のほこりを率直に尊敬し，彼の孤高のプライドにふれることはむしろ非礼(礼儀がないこと)であると思って，一人で弁当を食おうとしているので，3が適当。1の「空腹を感じることがないようにしよう」は描かれていないので不適当。弁当を分けるか「ぼく」が悩んでいることを説明していない2，4も不適当。

重要　問十　問十の傍線部は，結局「ぼく」は弁当を山口にすすめたが，首をふってぼんやりとした表情で目を遠くへ放す山口に対して，「先刻の思りょ(弁当を分けることは山口に非礼だと考えたこと)や後かいの予感(弁当を分けることをやめたのに，山口に弁当をすすめてしまったこと)」も忘れて，激高(怒りで激しく興奮すること)した，ということである。問七でも考察したように，「ぼく」は山口と「友人になれる」と思ったのに，弁当をすすめる「ぼく」に首をふる山口はやはり「ぼく」をこばんでいるのだと感じて傍線部のようになっているので，1が適当。「ぼく」は思わず弁当をすすめたので，「せっかく気をつかってやって」とある2，「本気で心配して弁当をすすめている」とある3，「今になって」とある4はそれぞれ不適当。

問十一　問十一の傍線部の疑問に対する答えとして，これより後で「――おそらくその最初のぐう然の場所をはなれなかったのは，その下界を見下ろして，自分と同じ高さにはただ空ばくたる空しかないという位置に，地上の現実をきらうぼくと彼との趣味が，いっちしたことのせいではないだろうか。」と「ぼく」が考えていることが描かれているので，この一文の最初と最後の五字を書きぬく。

重要　問十二　問十二の傍線部直前で，雨の日に屋上への階段で弁当をわけあう「ぼく」と山口にみすぼらしい友情がつながっているのを「ぼく」は感じていることが描かれている。詰所で過ごす現実から逃げて屋上に行く「ぼく」と山口は，「すべての人間たちを自分らの下のかんじること」＝〈すべての人間たちを見下すこと〉の代償として「みすぼらしい友情がつながっている」＝〈自分たちがみじめであること〉を受け入れている，ということを傍線部は表しているので，4が適当。

1の「みなから白い目で見られている」は描かれていないので不適当。「貧しくて満足に食事をとることができない」のは山口であり，「貧しい者どうし……はげまし合っている」ことは読み取れないので2も不適当。山口は「野球選手になることをひそかに目ざしている」とは描かれていないので3も不適当。

重要 問十三　問十三の傍線部直後で，山口が弁当という食餌を「ぼく」から提供されることの引きかえに，「ぼく」のザックバランな話相手になってくれることを「ぼく」は望まなかったことが描かれているので，3が適当。弁当のために山口が「ぼく」と親しくなるような対等ではない関係になることが「ぼく」はいやだったので，他の選択肢は不適当。

問十四　問十四の傍線部は，少し前の「だからぼくと山口とは，毎日弁当を二分するときだけ，それまでと別人のような親密な会話をかわしながら，それ以外は全くそれまでの無関心で冷たんな表情でおし通した。」ことが，「山口自身も望んでいたことであったらしい」とあるように，はっきりと約束したことではないが，「ぼく」と山口の間で自然とそうなっていったことを表しているので，この部分の最初と最後の五字を書きぬく。

やや難 問十五　「ぼくと山口」がどのような関係であるかを整理すると，

・現実の生活になじめず，それぞれ秘密を抱えて逃げ出してきた屋上でぐう然出会った。

・「ぼく」の弁当を分け合っているときだけ親密になる。→　二人とも病弱で工場に動員されることもないみじめな思いを持つ者同士としてみすぼらしい友情でつながっていると感じているから。

・つねに一緒にいるわけではないが，みすぼらしい友情を二人は楽しんでもいる。

以上のような関係をどのように思ったか，自分の感じたことを書いていこう。二人がどのような友情関係であったかを読み取り，その関係について明確な自分の考えを述べることが重要だ。

［二］（論説文一要旨・細部の読み取り，接続語，空欄補充，ことばの意味）

基本 問一　アは直前の内容(フィールドワーカー自身がそれまで生きてきた文化や生活の価値や規はんなどと，調べている対象が相互にどのように関連しているのかも大きな問題となること)を理由とした内容(他者が生きている現実を調べるとき，客観的な調査方法を守りさえすれば，科学的な研究が可能だということは幻想であること)が続いているので「だから」が入る。イは直前の内容(「あけておく」ことは新鮮で驚きに満ちたことであること)とは対立する内容(同時になやみ考えるリスクを引きうけることでもあること)が続いているので「しかし」が入る。

問二　aは「償」が「無い」すなわち，金銭や品物などの見返りがいらないことなので2が正しい。bはそのものが持つ本当の面白さや良さのことなので3が正しい。「醍醐味」と書き，牛乳から作る濃厚で甘い液体を「醍醐(だいご)」といい，その味は最高であるとされたことから。

やや難 問三　問三の傍線部直前の段落で，調査研究する者が自らが生きてきた歴史などからまったく影響を受けないことはあり得ないし，自らの存在を透明人間のように消し去って現実に入りこむことなどはできないことが述べられており，このことはさらに前の段落の，現実を調べようとするときに客観的な調査方法を守りさえすれば科学的な研究が可能だということは明らかな幻想である，ということの説明になっている。現実を調べようとするときに客観的な調査方法を守りさえすれば科学的な研究が可能だということは幻想である→調査研究する者が自らの存在を透明人間のように消し去って現実に入りこむことなどはできない→自らの存在を透明にできるようなふへん的な方法などない，ということを述べているので，傍線部を具体的に説明すると〈現実を調べようとするときに客観的な調査方法を守ること〉という部分になる。この部分を手がかりにして説明していく。

重要 問四　①　問四の傍線部直後から続く3段落で，同じように「あけておくこと」が本質である「ボランティア」は，ボランティアをすることで新たに何を得ることができるのかが大事だということを引用していることから，フィールドワークでも「未知なるものに対して」ボランティアの本質同様に，「新たに何を得」ようとする姿勢でいることが必要だということである。ボランティアの引用部分を手がかりにして「あけておく」ことで大事なことを読み取っていこう。

② 「私をつねに」で始まる段落で，「あけておく」ことで「私自身がさまざまなかたちに変容する」可能性が広がっていくことが述べられているので，この部分を用いて「あけておく」ことで起こることを説明する。

問五　問五の傍線部の次段落では傍線部の「私たちが確かめたいと考える仮説」について説明し，さらに次段落で「はるかに豊じょう(豊かにみのること)な意味に満ちた現実」の説明として「そこで“生きられた”，人びとの日常をしっかり意味づけている暮らしの技法や人間関係をめぐる作法，共同体のちつ序を維持するために必要な規はんや価値，方法など(76字)」と具体的に述べているので，この部分の最初と最後の五字を書きぬく。

重要 **[三]（文の組み立て）**

・Aと3は，主語(主部)＋連用修飾語＋述語の組み立てになっている。主部は主語の働きをする連文節，連用修飾部は連用修飾語の働きをする連文節のこと。

A 「まっ白に雪をいただいた富士山が(主部)　緑のおかの向こうに(連用修飾部)　見える(述語)。」　3 「『源氏物語』は(主部)千年もの間多くの人によって(連用修飾部)　読みつがれてきた(述語)。」

・Bと1は，主部＋述部の組み立てになっている。述部は述語の働きをする連文節のこと。

B 「世界中の船が集まる横浜港は(主部)，代表的な日本の港だ(述部)。」　1 「去年の秋に私の植えた球根は(主部)　赤いチューリップの球根だ(述部)。」

・Cと2は＿＿部と＿＿部を入れかえても文の意味が変わらない並立の関係になっている。

C 「空には鳥の歌う声が響きわたり，地には虫の鳴く声がわき上がる。」　2 「夜明けの時間がしだいに早くなり，気温も少しずつ高くなってきた。」

基本 **[四]（漢字の読み書き）**

1は時間があまりたっていないこと。2はすべきことをやっていないこと。3は順序よく進むために決められた道順。4は限りなく続くこと。5はなんとしても成しとげたいという願い。6の音読みは「チュウ」。熟語は「注意」など。7は手段や方法を考えて金銭などを用意すること。8は病気やけがの回復につとめること，または健康に注意すること。

★ワンポイントアドバイス★

選択問題では，選択肢の文章が本文のどの部分をまとめているかをていねいに確認し，どこが正しくどこが違っているかをしっかり見きわめよう。

MEMO

大切なことはメモしておこうネ！

平成29年度

★★★★★★★★★★★★★★★★★★★★★★★

入　試　問　題

平成29年度

フェリス女学院中学校入試問題

【算　数】（50分）　＜満点：100点＞

【注意】　1．答を出すのに必要な図や式や計算を，その問題のところにはっきりと書いてください。

2．円周率を使う場合は3.14としてください。

1　次の問いに答えなさい。

(1)　次の計算をしなさい。

$$\left(\frac{13}{24}\div\frac{14}{39}-\frac{5}{12}\times 2\frac{4}{7}\right)\times(1\div 1.25)$$

答

(2)　四角形ABCDの対角線が図のように，交わっています。四角形ABCDの面積は何cm^2ですか。

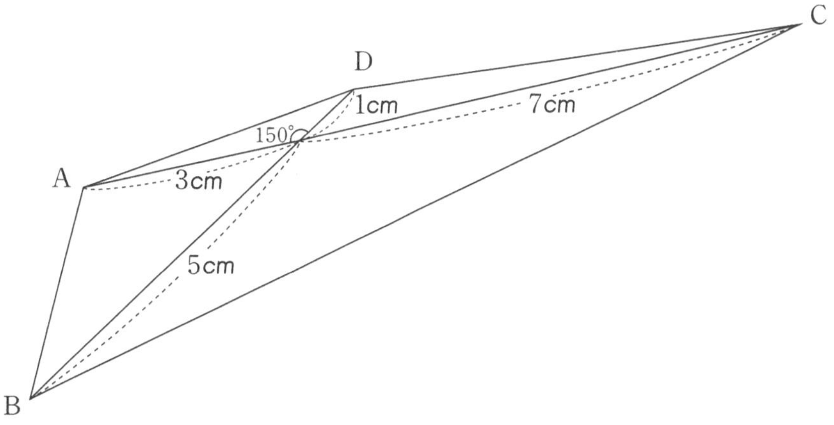

答

(3)　水の入った３つのタンクA，B，Cがあります。Aに入っている水の量は，BとCに入っている水の合計の$\frac{1}{2}$に等しいです。Bに入っている水の量は，AとCに入っている水の合計の$\frac{1}{3}$に等しいです。

Cに入っている水の量は，AとBに入っている水の合計の$\frac{1}{4}$より26リットル多いです。Cに入っている水の量は何リットルですか。

答

(4) 整数を次のようにしてならべます。

1番目の数を1とし，2番目の数を3とします。

1番目の数と2番目の数の合計の一の位を3番目の数，

2番目の数と3番目の数の合計の一の位を4番目の数，……とします。

次の問いに答えなさい。

1，3，4，7，1，8，9，7，………

① 45番目の数を求めなさい。

② 45番目の数から81番目の数までの合計を求めなさい。

答 ①　　②

(5) 次の ア ， イ にあてはまる整数を求めなさい。

$$\frac{1}{101}+\frac{1}{\boxed{ア}}=\frac{1}{\boxed{イ}}$$

答 ア　　イ

2 右の図のような直角三角形ABCがあります。

辺ABの長さは9㎝，辺ACの長さは15㎝です。

点Dは辺AC上にあり，直線ADと直線DCの長さの比は2：1です。

点Pは辺AB上を点Bから点Aまで一定の速さで移動し，点Qは辺BC上を点Bから点Cまで一定の速さで移動します。点Pと点Qの速さの比は3：4です。

2点P，Qが同時に点Bを出発すると，点Pが点Aに着くまでにかかる時間と点Qが点Cに着くまでにかかる時間はどちらも15秒です。

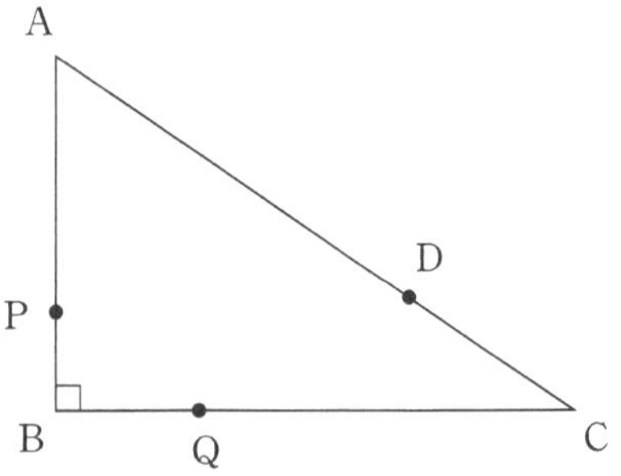

次の問いに答えなさい。

(1) 辺BCの長さを求めなさい。

答

(2) 三角形BPDの面積が三角形ABCの面積の$\frac{2}{7}$倍になるのは，点Pが点Bを出発してから何秒後ですか。

答

(3) 三角形AQDの面積が三角形ABCの面積の$\frac{1}{2}$倍になるのは，点Qが点Bを出発してから何秒後ですか。

答

3 商品Aを売ることを考えます。

はじめ，商品Aの仕入れ値の25％が利益となるように，売り値を決めました。

次の問いに答えなさい。

(1) 売り値が仕入れ値以上となるような値引きを考えます。

売り値の何％まで値引きできますか。

（求め方）

答

(2) 商品Aを１セット10個入りで売っていました。

１セットの売り値は，はじめの売り値の10個分の金額でした。

１セットの売り値はそのままにして，１セットの商品Aの個数を増やして売るサービスを考えます。

利益が出るようにするには，１セットにあと何個まで増やすことができますか。

（求め方）

答

(3) 商品Aを１セット20個入りで売ることにします。

１セットの売り値は，はじめの売り値の18個分の金額を，さらに６％値引きしたものです。商品Aの１個当たりの利益は，１個当たりの仕入れ値の何％ですか。

（求め方）

答

4 図のように，正方形ABCDと，直角三角形BEFと，点Oを中心とする半径４cmの円があります。
部分の面積の合計は29.16cm^2です。次の問いに答えなさい。

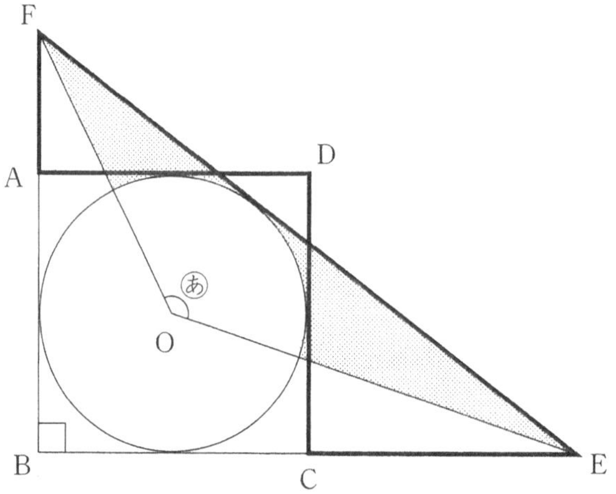

(1) ㋐の角の大きさを求めなさい。

答

(2) 三角形BEFの面積を求めなさい。
（求め方）

答

(3) 図の太線の長さの合計を求めなさい。
（求め方）

答

5 図１のように，体積が１㎤の立方体をすきまなく55個積み重ねてできる立体があります。また，１辺の長さが５㎝より長い立方体の水そうに水面の高さが2.5㎝まで水が入っています。この水そうに，この立体をゆっくり入れます。

次の問いに答えなさい。

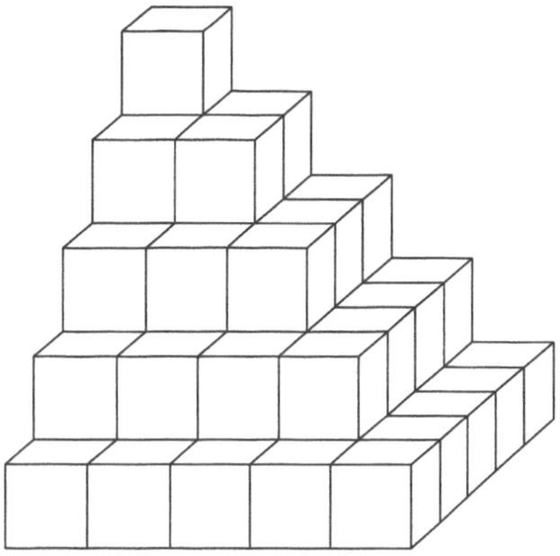

図１

(1) この立体の，面積が25㎠の面が水そうの底に重なるように入れると，水そうの底からの水面の高さが3.5㎝になりました。水そうの底の面積は何㎠ですか。

（求め方）

答

(2) この立体を図２のようにたおし，面積が15㎠の面が水そうの底に重なるように入れると，水そうの底からの水面の高さは何㎝になりますか。

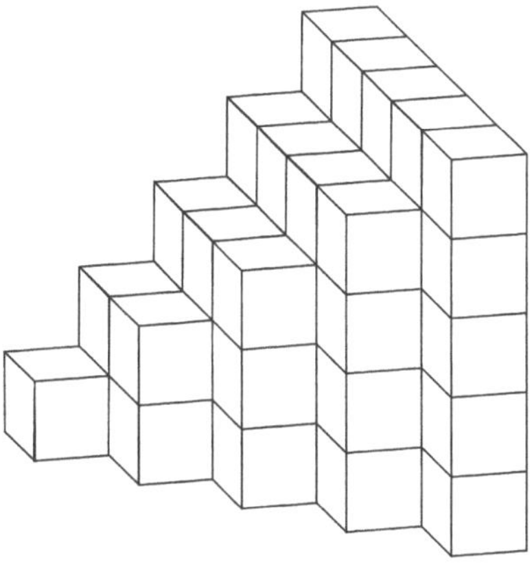

図２

（求め方）

答

【理　科】（30分）　＜満点：60点＞

1　図１のように，３個の同じ豆電球ア～ウが並んでいる箱があります。箱を開けると内部は図２のような配線になっています。図２の⊗は豆電球を，⊣⊢はかん電池を，●はたん子を表しています。豆電球のたん子どうしを導線でつなぎ，それをかん電池につないで，すべての豆電球が点灯している状態にしてから，ア～ウの豆電球のうち１つを取り外しました。

以下の**1**～**3**のようになったとき，箱の中のたん子が導線でどのようにつないであるか，それぞれ解答らんの図に書き入れなさい。ただし，導線どうしが交差してはならない。

1　アを取り外すと　イとウは同じ明るさでついた
　イを取り外すと　アとウは同じ明るさでついた
　ウを取り外すと　アとイはどちらも消えた

2　アを取り外すと　イとウは同じ明るさでついた
　イを取り外すと　アとウは同じ明るさでついた
　ウを取り外すと　アとイは同じ明るさでついた

3　アを取り外すと　イとウは同じ明るさでついた
　イを取り外すと　アはつき，ウは消えた
　ウを取り外すと　アはつき，イは消えた

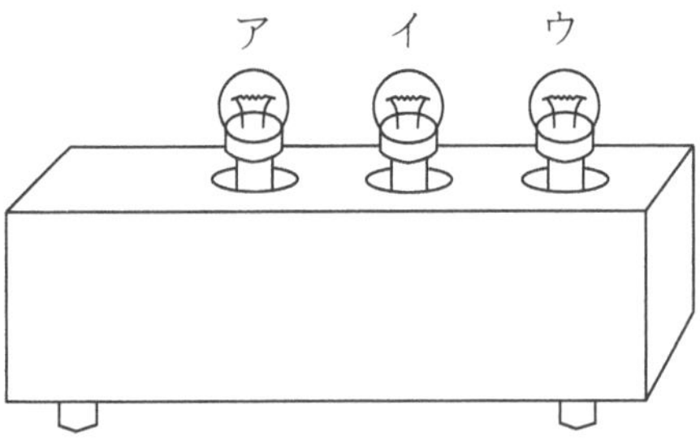

図１

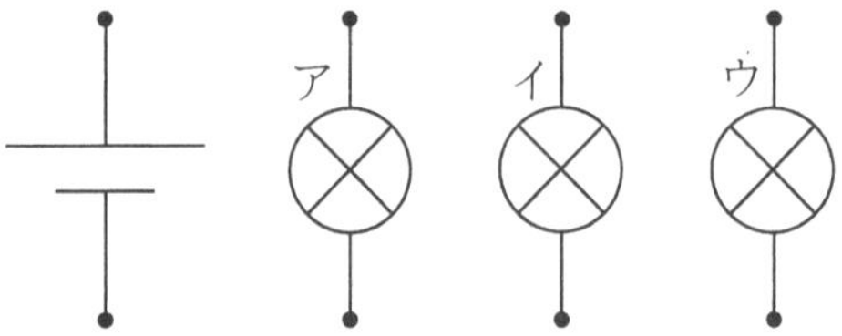

図２

2　「モヤシ」は，植物の種類の名前ではありません。植物の種子に，水を十分にあたえ，暗い場所で発芽させ，しばらく成長させた芽生えを「モヤシ」といいます。ダイズを用いて，次の①～④の方法で，モヤシを育てることにしました。

①　水をたっぷりと入れたガラスのびんの中に，かんそうしたダイズの種子を入れた。
②　12時間後，ガラスのびんの口にネットをかぶせ，輪ゴムでとめて，水を切った。
③　ガラスのびんの口にネットをかぶせたまま，暗い場所に置いた。
④　ネットをかぶせたまま，朝晩２回，びんの口から水を入れてすすぎ，水を切り，びんを暗い場所に置いた。これを数日，くり返した。

このような方法で育てることによって，ダイズは発芽し，モヤシになります。

1　右の図は，ダイズの種子の断面図です。ダイズの種子が発芽するときの養分がふくまれている部分を，図のア～ウから選び，記号で答えなさい。また，その部分の名前を答えなさい。

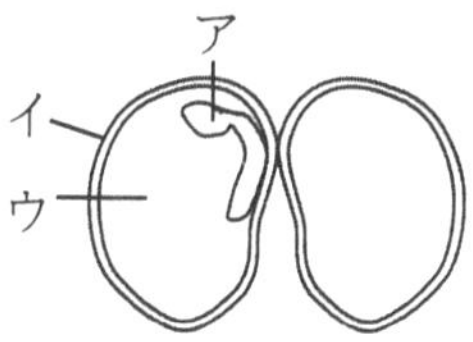

2　②で，水を切らず，ダイズを水の中にしずめたままの場合，ダイズは発芽するか，次のア，イから選び，記号で答えなさい。また，その記号を選んだ理由を説明しなさい。

ア．発芽する　　　イ．発芽しない

3　①②の処理をおこなった後，③のようにガラスのびんを暗い場所に置かず，日光が当たる場所に置きました。その後，④の下線部の処理をおこない，びんを日光が当たる場所に置いて，ダイズを育て続けました。日光が当たる場所で育てたダイズは，暗い場所で育てたダイズにくらべて，次の(1)～(3)について，どのような特ちょうがあるでしょうか。記号で答えなさい。

(1)　くきの太さ　：ア．太い　　イ．細い　　ウ．ちがいはない

(2)　背たけの高さ：ア．高い　　イ．低い　　ウ．ちがいはない

(3)　葉の色のこさ：ア．うすい　イ．こい　　ウ．ちがいはない

4　ダイズを暗い場所で育て続けた場合は，ダイズは花がさくまで成長するか，次のア，イから選び，記号で答えなさい。また，その理由を説明しなさい。

ア．花がさくまで成長を続ける　　イ．花がさく前にかれる

5　青森県の温泉地では，冬でもモヤシの生産が活発におこなわれています。冬であっても，モヤシを生産することができる理由を２つ，説明しなさい。

3　気温が低い冬は，ある種の動物にとっては，活動しにくい季節です。

1　以下の動物が，どのように冬を過ごすか，説明しなさい。

(1)　ナナホシテントウ

(2)　ヒキガエル

(3)　ツバメ

2　気温以外では，生物は何によって季節の変化を感じていますか。生物が季節の変化を感じることができるような事がらを，気温以外に１つあげなさい。

4

1　何か物体が見えるときには，光が必要です。①物体から光が直接出ている場合もありますが，多くの場合は②物体とは別に光が出ている光源があり，その光源から出た光が物体にあたり，はねかえった光が目に届きます。

(1)　上記下線部①に当てはまる生物の名前を１つあげなさい。また，その生物の光は，どのような場所で見ることができますか。

(2)　わたしたちが望遠鏡を使わないで見ることができる宇宙の物体の中で，上記下線部①と②に当てはまるものを，それぞれ２つずつ名前で答えなさい。ただし，人間が作った物体はのぞきます。

(3)　晴れて空気がすんでいる冬の夕方，次のページの図１のように地球が太陽の光を反射して月を照らす「地球照《しょう》」という現象が起きます。このとき，地球から月はどのように見えますか，

形だけでなく明るさもふくめて図示しなさい。解答らんの点線○内に，明るく見える部分は白で，暗く見える部分にはしゃ線／を入れて表しなさい。

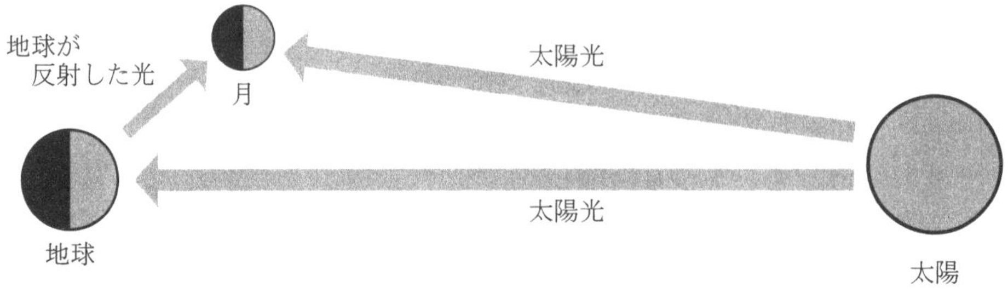

図１

2　星は宇宙の中で１つ１つがバラバラにあるのではなく，大変広いはんいで星の集団をつくっています。その集団を「銀河」とよびます。宇宙には，銀河が無数にあり，私たちのいる銀河は，他の銀河と区別するために「天《あま》の川銀河」や「銀河系」とよばれます。太陽系（太陽と太陽のまわりをまわるわく星（地球，金星，木星など））や，星座を形作る星はすべてこの銀河系の中にあります。銀河系は太陽のような星が1000億個以上集まってできていて，下図２のような円ばん形をしています。中心部分に星が集中し，上から見ても横から見ても一番明るく見えます。

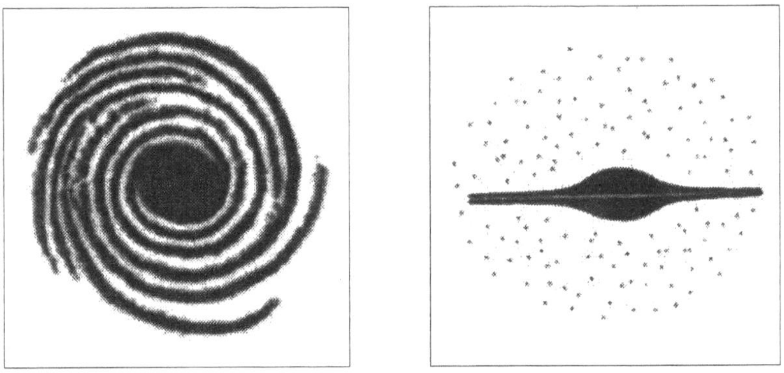

上から見た図　　横から見た図

図２

銀河系の大きさはあまりにも大きいので，光が１年間に進むきょりすなわち「光《こう》年」という単位で表します。上図のように銀河系は円形なので大きさは直径として表されその直径の大きさは約10万光年あります。銀河系のはしからもう片方のはしまで光が進むのに10万年かかるということです。光が進む速さは一定で１秒間に30万km進むとしたとき１光年は約□兆△千億kmになります。

(1)　上記下線部の□と△に当てはまる数字を計算して求めなさい。ただし百億km以下の数字は四捨五入して答えなさい。

地球から見える「天の川」は銀河系を横から見たものです。市街地や月明かりのある日は望遠鏡を使わないで天の川を見ることは難しいですが，七夕の話に登場するおりひめ星とひこ星を見つけることができれば，天の川はその２つの星の間にあります。望遠鏡をその方向に向ければ，たくさんの星を観測することができます。
下図３は天の川周辺の星座の図です。

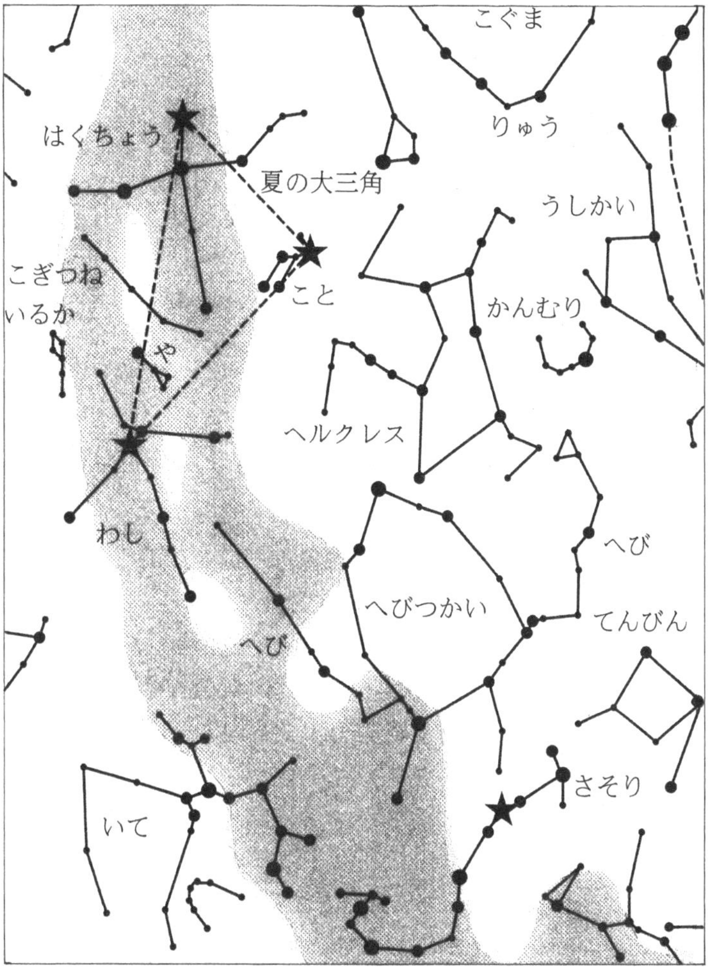

図３

(2)　図３は７月７日の真夜中にどの方角に見える星座の図でしょうか。
　４つの方位（東・西・南・北）から１つ選びなさい。
(3)　「夏の大三角」をつくる①～③の星の名前をカタカナで答えなさい。
　こと座の（　①　）　　はくちょう座の（　②　）　　わし座の（　③　）
(4)　おりひめ星とひこ星の別名をカタカナで答えなさい。

地球（北半球）から天の川は夏だけでなく，冬にも見ることができますが，夏にくらべると大変あわく（うすく）しか見えません。その理由を考えてみましょう。
まず，地球がふくまれる太陽系は銀河系のはしに位置するということが大きな原因です。そして，地球は太陽のまわりを１年かけてまわっています。
(5)　夏と冬の地球の位置から天の川がどのように見えるのか次のページの図４から考え，あとの説明文を完成させ，答は解答用紙に記入しなさい。

【説明文】 夏は　　　　　　　　　　　　　を見ているため明るく見えるが，
　　　　　冬は　　　　　　　　　　　　　を見ているためあわく（うすく）しか見えない。

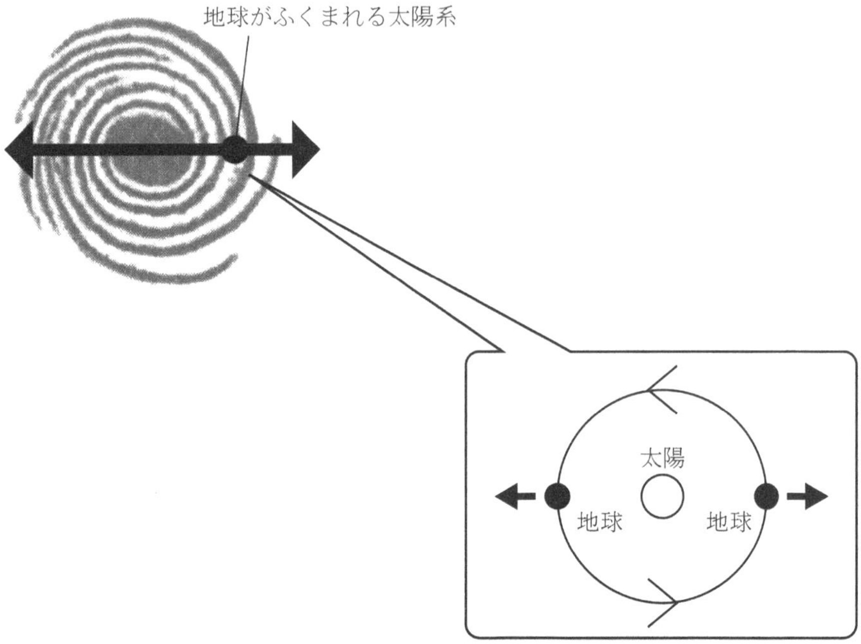

図４

5

１　銅とガラスの板があります。どちらも，一辺が15cmの正方形で，厚みも同じです。
図のように点Aから５cmごとにろうをぬりました。
この点Aを板の裏からガスバーナーの火で温めて，ろうがとけるまでの時間をはかって，熱の伝わり方を調べました。

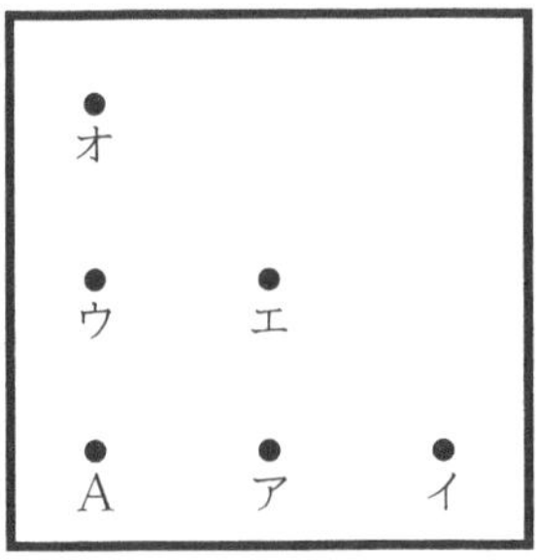

⑴　銅とガラスで比べると，熱が伝わるのが早いのはどちらですか。

⑵　銅の板で，ろうがとける順番を考えなさい。早いものから矢印を使って順に答え，ほぼ同時になるものは（　）をつけなさい。
答え方の例：タ→チ→（ツ，テ）→ト

２　ガラスの容器に半分ほどジャムが入っていて，金属のふたがしてあるびんがあります。このびんのふたが開きにくいときには，次のカ～ケのどれをすると開きやすくなりますか。また，それを選んだ理由を説明しなさい。

カ．ふたを温める　　キ．ふたを冷やす　　ク．容器を温める　　ケ．容器を冷やす

3　ガラスのビーカーに水を半分ほど入れ，おがくずも入れて，ビーカーの底のはしをガスバーナーで温めました。このときのおがくずの動きから，水の動きを調べました。
水の動きは次のサ～スのどれに近い動きになりますか。また，なぜその動きになると考えられるか，理由を答えなさい。

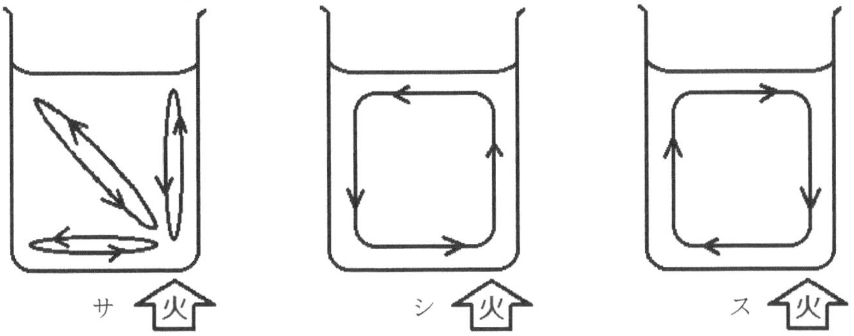

4　ガラスの空の試験管にゴムせんをし，試験管の下半分を高温の湯につけたところ，しばらくするとゴムせんが上に飛ぶようにして外れました。この仕組みを，解答用紙の文に続けて説明しなさい。

【社　会】（30分）　＜満点：60点＞

1　次の文を読んで，――a～kについての問いに答えなさい。

日本の各地で行われている年中行事やお祭りでは，人々の健康や幸せを祈って行われるものが多くあります。例えば，2月の節分の日に行われるa豆まきでは，子供も大人も豆を投げて鬼《おに》と一緒に災《わざわ》いをはらいます。千葉県にあるb成田山新勝寺《なりたさんしんしょうじ》で行われる豆まきは有名ですが，このお寺では「福は内」だけで「鬼は外」は言いません。このお寺でまつっている「お不動《ふどう》さん」が，鬼も救ってくれるとされているからです。

c奈良県の中部ではひな祭りの行事として，子供，特に女の子が体の痛いところを紙で作った人形でなで，dその人形を川に流して健康を願うことが現在も行われています。これは，古い時代のひな祭りのあり方を今に伝えているとされます。

夏にe東京で行われる隅田《すみだ》川花火大会は，もともと江戸時代に伝染病でたおれた人々を供養《くよう》するために始められた行事でした。花火の火花には，病をはらう力があると信じられたといいます。花火発祥《はっしょう》の地はf愛知県三河《みかわ》地方とされ，豊橋《とよはし》にある古い神社では，昔から伝染病をはらうために花火を打ち上げていたようです。

毎年7月に京都の八坂《やさか》神社で行われるg（　　）祭は，千年以上の伝統を誇《ほこ》る大きなお祭りで，全国から伝染病がなくなることを祈って行われてきました。同じ月には，h福岡でも同様の大きなお祭りが行われています。

i弘前《ひろさき》など青森県の各地では，8月に「ねぷた（ねぶた）祭り」が行われます。「ねぷた」のもともとの意味は，子供たちが自分の身に付いた穢《けが》れなどを川に流す灯《ともしび》の器のことであるといいます。現在では，武者《むしゃ》などの絵が描かれた「ねぷた」と呼ばれる山車《だし》を引いて，町を練《ね》り歩きます。

8月に盛大《せいだい》に行われる仙台の七夕祭りでは，美しい七夕飾りが街を彩《いろど》ります。j七夕飾りは大量の紙を用いて作られますが，これらの飾りには裁縫《さいほう》や学業の向上を願うものや，k豊漁を願うものなどがあります。

a　豆まきに使われる豆は大豆です。日本の2013年における大豆の食料自給率として，正しいものをア～エから選びなさい。

ア　1％　　イ　7％　　ウ　13％　　エ　20％

b　成田山新勝寺のある成田には成田国際空港があります。成田空港は「空の漁港」と呼ばれていますが，ここで輸入されている魚介類に共通する特徴《とくちょう》を一つ答えなさい。

c　この地域には日本有数の杉の人工林があります。日本の森林について，正しいものをア～ウから一つ選びなさい。

ア　人工林でも天然林でも，杉の育つ速さはほとんど同じである。

イ　日本では，林業で働く人も，森林資源の量も，年々減っている。

ウ　日本の人工林ではヒノキなどの針葉樹が多く，天然林ではブナなどの広葉樹が多い。

d　この人形を流す川で，奈良県中部から和歌山県に流れ，その河口に和歌山市がある川の名前を答えなさい。

e　隅田川のある墨田《すみだ》区は製造業がさかんで，その8割以上が中小工場です。中小工場の従業員一人当たりの生産額は大工場より少ないですが，その理由を答えなさい。

f　この地方には，自動車工場とその関連工場がたくさんあります。自動車工場では，「ジャスト・

イン・タイム方式」がとられていますが，この方式をとることで，自動車工場に不要となるものはなんですか。

g　（　）に入るお祭りの名前を答えなさい。

h　①　次の表は，九州地方の福岡県，長崎県，宮崎県，沖縄県の産業別人口の構成比および，工業比率を示しています。福岡県を示しているものを，ア～エから選びなさい。

	産業別人口比率（%）			工業比率（%）		
	第1次産業	第2次産業	第3次産業	重工業	化学工業	軽工業
ア	3.4	21.2	75.4	57.9	12.9	29.1
イ	10.8	21.1	68.1	33.9	22.2	43.9
ウ	5.4	16.0	78.6	10.9	44.2	44.5
エ	8.9	21.3	69.8	76.9	2.4	20.7

（2012年）

②　次のア～ウの雨温図は，福岡・福井・松本のいずれかを示しています。福岡を示しているものを選びなさい。

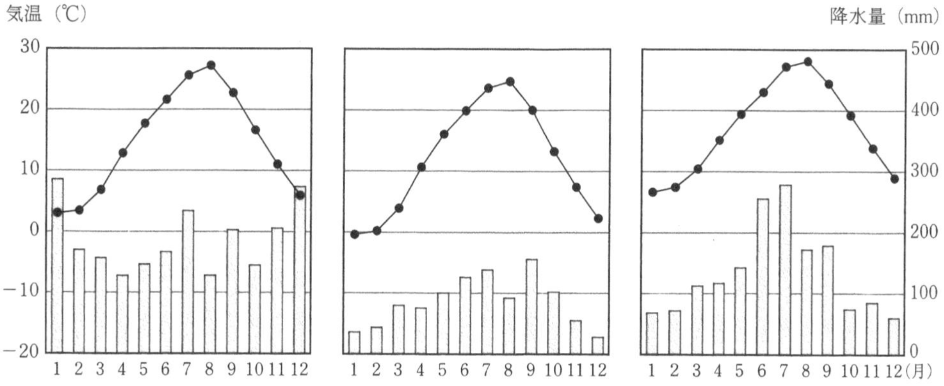

ア　　イ　　ウ

i　①　この都市のある平野の名前を答えなさい。

②　この都市の周辺では，りんごの生産がさかんです。右のグラフはりんごの都道府県別生産量の割合を示したものですが，ア～ウから青森県を選びなさい。

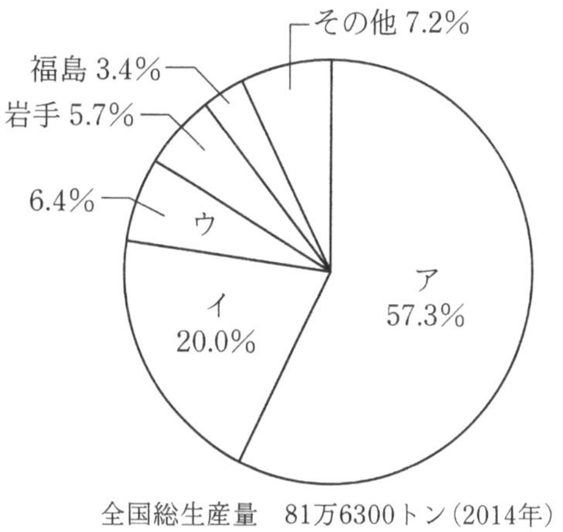

全国総生産量　81万6300トン（2014年）

j　右の表は，日本の製紙用パルプ輸入先上位５カ国を示したものです。Aの国名を答えなさい。

順位	国名	輸入量（千トン）
1	A	444
2	アメリカ	423
3	ブラジル	220
4	チリ	141
5	インドネシア	135

（2015年）

k　①　宮城県から岩手県にかけて伸びる三陸海岸には，日本有数の漁港である大船《おおふな》渡《と》港があります。この港で2014年に漁獲量が最も多かったものを，ア～エから選びなさい。

ア　アジ　　イ　ブリ　　ウ　カツオ　　エ　サンマ

②　宮城県の海産物で，2014年に広島県に次いで生産量が全国２位のものはなんですか。

2　次のA～Cの文を読んで，――についての問いに答えなさい。

A　2015年の国勢調査の速報結果によると，a総人口に占める65歳以上人口の割合は約（　　）％で，ますます高齢化が進んでいます。そのため，b高齢者がより暮らしやすい社会を実現することが求められています。

a　（　）に入る数字を，ア～エから選びなさい。

ア　13　　イ　20　　ウ　27　　エ　34

b　近年，次の３つの例のように，高齢者だけでなくあらゆる人が暮らしやすい社会を目指して設計された製品が作られるようになりました。このような設計のことをなんといいますか。

〈例〉

・階段の二段手すり

子供から高齢者まで自分の身長に合ったものをつかめるよう設計されている。

・マグネット付きコンセント

コードの先端《せんたん》がマグネットになっていて，足を引っかけてもすぐに外れるので，電気ポットなどの転倒事故を防ぐことができる。

・多様な言語で表示可能な券売機

日本語が分からない外国人でも安心して利用できる。

B　18歳以上に選挙権を認めたa参議院議員選挙が，2016年に行われました。この選挙では，前回の参議院議員選挙と比べてb「一票の格差」が小さくなりました。選挙以外にも，c人々が政治に参加できる機会にはさまざまなものがあります。

a　日本には参議院のほかに衆議院がありますが，このような二院制の長所を一つ答えなさい。

b　「一票の格差」について，正しいものをア～ウから一つ選びなさい。

ア　一票の格差とは，65歳以上の高齢者の意見の方が，65歳未満の人々の意見よりも政治に反映されやすいことを意味する。

イ　一票の格差とは，各選挙区で選挙権を持つ人の数が違うことから，選挙区によって投じる票の価値にひらきが生じることを意味する。

ウ　一票の格差とは，近年投票率が下がっているために，実際に投票した人の一票の価値がより高まっていることを意味する。

c　最高裁判所の裁判官が，裁判官としてふさわしいかどうかを人々が判断する制度をなんといいますか。

C　2016年に発表されたa世界の難民の数は，6500万人をこえました。特に紛争《ふんそう》が続くb中東地域からヨーロッパへ大勢の難民が押し寄せ，受け入れ国の経済負担や社会不安も高まっています。

a　2011年から現在まで内戦状態にあり，多くの人が難民となっている国はどこですか。ア～エから一つ選びなさい。

ア　サウジアラビア　　イ　イスラエル　　ウ　イラン　　エ　シリア

b　中東地域では多くの人がイスラム教を信仰していますが，イスラム教徒の礼拝所をなんといいますか。

3　次の年表は，せんいや衣服に関することがらを，時代ごとに大まかに記したものです。――a～sに関する問いに答えなさい。

弥生時代	大陸から機織《はたお》りの技術が伝わり，布がつくられるようになる。 a吉野ヶ里《よしのがり》遺跡から，絹や麻の布切れがみつかる。 b邪馬台国《やまたいこく》の人々の衣服が，中国の歴史書に書かれる。
古墳時代	c機織りや養蚕《ようさん》の技術が発展する。 d豪族《ごうぞく》たちは，上下に分かれた衣服を着る。
飛鳥時代	e役人を12の位に分け，それぞれの位の冠《かんむり》や服の色を定める。
奈良時代	f朝廷《ちょうてい》では中国風の衣服が取り入れられる。 g農民に税として布を納めさせる。
平安時代	日本の気候や生活に合った衣服に変化し，h貴族の女性は十二単《ひとえ》を着るようになる。
鎌倉時代	庶民《しょみん》の動きやすい衣服がもととなりi武士の正装《せいそう》となる。 jいくさの時に身につける，よろいが発達する。
室町時代	朝鮮《ちょうせん》から木綿《もめん》が伝わり，衣服に用いられるようになる。
戦国時代	k南蛮《なんばん》貿易で，鉄砲や生糸《きいと》などが輸入される。 大名たちの間で南蛮風の帽子《ぼうし》・袴《はかま》・マントなどが流行する。
江戸時代	l身分により服装が制限され，農民は麻《あさ》・木綿《もめん》以外を着ることは禁止される。 m綿花の栽培《さいばい》が全国的に広まり，主要な商品作物となる。 n幕末，外国と貿易が始まり，生糸がさかんに輸出される。
明治時代	役人や軍人・警察官などが洋服を着るようになる。 群馬県富岡に製糸工場，o大阪に紡績《ぼうせき》会社がつくられる。 p養蚕農家が多かった埼玉県秩父《ちちぶ》地方で，農民が役所や高利貸しを襲《おそ》う事件が起こる。 q日清戦争のころから，せんい工業がいちじるしく発達する。

大正時代	関東大震災の後，洋服が庶民の間にも広まる。
昭和時代	r 戦時中，衣服は配給制になり（　　　）がないと手に入らなくなる。 s 1950年代をさかいに，せんい工業が大きく成長し，高度経済成長へと進む。

a　この布切れは，死者を納めた，ひつぎの中からみつかりました。吉野ヶ里遺跡で多くうめられていた，土器でつくられたひつぎをなんといいますか。

b　邪馬台国の女性は，どのような服装をしていたと書かれていますか。

c　機織りの技術は，それまでの原始的な方法から，この時代に飛躍《ひやく》的に発展しました。その理由を説明しなさい。

d　このことは，古墳《こふん》のまわりに立てられた，あるものから推測されます。このあるものとはなんですか。

e　このような位が設けられる以前には，重要な役職につく人はどのようなことで決まっていましたか。

f　当時の朝廷の人々の服装は，ある古墳の壁画《へきが》からうかがうことができます。この壁画は奈良時代の少し前に描かれ，中国や朝鮮の影響を受けているといわれます。なんという古墳の壁画ですか。

g　都で年間10日間働くかわりに布を納める税を，なんといいますか。

h　①　このような女性の姿が多く描かれている，この時代の物語をもとにつくられた絵巻物の名前を答えなさい。

②　貴族の男性の正装をなんといいますか。

i　武士のうち，将軍の家来を御家人といいます。御家人について述べた次のア～ウのうち，まちがっているものを一つ選びなさい。

ア　御家人には，将軍の家来となる前の時代から，守り続けて来た領地があった。

イ　御家人は自分の領地に住み，農民を使って田畑を耕作させ，税を取り立てていた。

ウ　御家人は，源氏の将軍が３代で絶えると，幕府の政治をひきついだ北条氏の家来となった。

j　鎌倉には切通しがつくられていましたが，これにはいくさに備えた工夫がなされていました。どのような工夫がなされていましたか。

k　①　この貿易における日本からの主要な輸出品はなんでしたか。

②　鉄砲は国内でも生産されるようになりましたが，生産の中心地はどこでしたか。一つ答えなさい。

③　生糸は，どの国でつくられたものが輸入されましたか。

l　江戸時代の農民について述べた次のア～ウのうち，まちがっているものを一つ選びなさい。

ア　農民は，村で共同して農業を行い，村役人である武士から，生活をきびしく取りしまられた。

イ　農民は，よその土地に移り住んだり，商人や職人になるなど，職業を変えることは許されなかった。

ウ　農民は，収穫した米の約半分を納めることとされ，町人よりも税の負担が重かった。

m　綿花の栽培に用いられた，魚を原料とする肥料をなんといいますか。

n　①　貿易をするために結ばれた条約では，日本に関税自主権が認められませんでした。すでに工業化が進んでいた国々との貿易で関税自主権がないと，国内にどのような問題が起こると考えられますか。

② 日本は欧米５カ国と条約を結びましたが，貿易が始まると，世界で最も産業がさかんだったある国との貿易が８割を占めました。ある国とはどこですか。

o この会社をつくった人物は，日本で最初の銀行を設立し，また多くの会社の設立にたずさわって社会事業にも取り組みました。この人物の名前を答えなさい。

p この事件は，1880年代前半，まゆの値段が下がって生活に苦しむ農民たちによって起こされました。これは，当時起きていたどのようなことと共通した流れのなかで起こりましたか。次のア～ウから一つ選びなさい。

ア 米騒動　イ 自由民権運動　ウ 日比谷焼打ち事件

q この時期に起きた次のア～ウのできごとを，時代順に並べかえなさい。

ア 清が朝鮮の独立を認める。

イ 朝鮮で，国内の改革と外国勢力の撤退《てったい》を求める農民の反乱が起こる。

ウ ロシア・フランス・ドイツが，日本にリヤオトン半島の返還を求める。

r （ ）に入る言葉を答えなさい。

s 1950年には，綿布・毛布・麻袋などのせんい製品の生産がさかんになりましたが，その理由を説明しなさい。

何もしていないのである。

　あ、いま、すごく誤解されそうなことを言ってしまったかもしれない。断じて、私は、たんにさぼっているわけではない。考えている。しかしそのとき、歩いたり、うなったり、頭をかかえたりしているのであって、そのどれをとっても、これが「考える」ということだ、と言えるものはない。

　単純な例だが、何を食べようかと思い、少し考えてチャーハンに決める。考えているしばしの間、私はとくに何かをしたわけではない。ただ、答えを思いつくのを待っていただけである。そう、この「待つこと」こそ、考えることにほかならない。

　哲《てつ》学などでもちがいはない。ただ待ち時間が長くなり、一時間、一日、ときに数年におよぶというだけのことだ。その間ずっと、問いのきん張を持続させ、答えが降りてくるのを待つ。

　もちろん、ただぼーっとしているわけではない。かかえこんだ問いの観点から、すべてを見、すべてを聞く。ほとんどは問いとは無関係だが、しかしつねにそうやって問いのまなざしで見ていると、「あ、これだ」と思えるものに出会う。思わぬものが問いに結びつき、答えに近づくヒントになる。

　考えることは、せっかちな頭には無縁《えん》のことである。その点、現代は難しい時代だろう。分からないことがあるとすぐにネットで調べる。ウェブ上で質問すると誰かが答えてくれたりする。だから、自分でじっくり考えるよりも、どこかにある誰か他の人の答えを探そうとしてしまう。

　数学者高木貞治《さだはる》は、第一次世界大戦で専門書や論文が手に入らなくなり、むしろそのおかげで自分の考えに沈潜《ちんせん》することができたという。私たちも、考えるためには［　　　　］。

（野矢茂樹《き》『哲学な日々―考えさせない時代に抗して』）

問一　この文章全体の内容をふまえて、筆者が言っている「考える」とはどのような行為《い》かを三十字以内で書きなさい。

問二　筆者は、「現代」にはどのような問題があると言っていますか。本文中の言葉を用いて四十字以内で書きなさい。

問三　［　］に、「私たちも、考えるためには」の後に続く内容を書きなさい。ただし、一行のわく内に二行以上書いてはいけません。

［三］　次の各文の＝＝部が修飾《しょく》している部分をそれぞれ記号で書きなさい。

1　三年後、ア私たちのイ学校はウ創立エ百五十周年をオむかえます。

2　昨日ア私がイ公園でウ見つけたエウメのオつぼみはカ今日はキもうクほころんでケいた。

［四］　次の――部1～5のカタカナの部分を漢字で書きなさい。また――部6～8の漢字の読み方をひらがなで書きなさい。

1 モゾウヒンが出まわる　2 ケワしい山道

3 ショチュウみまい　4 セキムを果たす

5 マクがあがる　徳川の6 治世

7 禁物　8 白昼夢

2　次郎の心のおくの不満がどんどん増していくことをほのめかす効果

3　いよいよ次郎の待つ機会が目前にやってきていることを暗示する効果

4　兄弟げんかをしなくなってから長い時間がたっていることを強調する効果

問十三　――部「彼はしだいになんとかしなければならないような気がしだしてきた」のはなぜですか。

1　仲間の手前、いじめられている兄を放っておくわけにはいかなかったから

2　自分がひそかに思いを寄せている真智子に悲しい思いをさせたくなかったから

3　こわくてにげ出したいという本音を仲間にさとられたくなかったから

4　次郎なら恭一を助けてくれるだろうという真智子の期待を裏切りたくなかったから

問十四　「次郎の目には、正木の家で見た若い地鶏が、いつもちらついていた」（～～～部**ア**）、「ここでも若い地鶏が彼の目のまえにちらついた」（～～～部**イ**）とありますが、「若い地鶏」の記おくは、「次郎」にとってどのような意味をもつものですか。

1　世の中の悪に正面から立ち向かって戦えば正義が必ず勝つという意味

2　あえて手出しせずにじっと待っていれば必ず相手が弱点を見せるという意味

3　本能のままに行動すれば何事も自分の思う方向に仕向けられるという意味

4　相手に屈せずこう撃を続ければ最後には支配者になれるという意味

問十五　――部「真智子もこの一隊の後尾にくわわっているのを知って、たまらなくゆかいだった」ときの「次郎」の気持の説明としてふさわしいものを選びなさい。

1　真智子がもう恭一に心を寄せていないことがわかったので、やっと恭一と対等になることができたと安どしている

2　自分と恭一と真智子が協力していじめっ子を退けることができ、三人の間に生じた連帯感をうれしく思っている

3　真智子と恭一を助けたことで祖母や母が自分を見直し、もうつらく当たることはないだろうとほのかに期待している

4　これまで恭一とばかり仲良くしていた真智子を、いまや自分の方が完全に従えたという満足感にひたっている

問十六　□にはいるものを選びなさい。

1　いばったりはしない　　2　彼の相手ではない

3　真智子には近づかない　　4　いじめられることはない

問十七　「次郎」はどのような性格ですか。簡単に二つ書きなさい。

問十八　この文章の後に続く「次郎」の物語を、必ず「祖母」と「母」を登場させて、百八十字以内で創作しなさい。

【二】　次の文章を読んで後の問に答えなさい。

「考える」ってどういうことなのか。私は考えることが商売だから、しょっちゅう考えているが、考えているとき、何をしているのか。実は、

ど、他の兄弟とちがって自分だけが受け入れられていない存在なのだと身にしみて感じられ、暗く重い気持になっている

4　理由はどうあれ大人たちを敵に回してはとうてい勝ち目がないのだと思うほど、母や祖母に取り入る他の兄弟のやり方がうらやましく、それができない自分をふがいなく思っている

問八　――部「しかし、二回とも地鶏の歩がわるかった。次郎は思わず腰をうかして、『ちくしょう!』とさけんだ」とありますが、このときの「次郎」の説明としてふさわしいものを選びなさい。

1　敵に向かっていく地鶏の力強さに感心し、たとえ負けても自分だけは味方してやろうと意気ごんでいる

2　群れを従えて数の力に任せ、こどくな地鶏をいじめるひきょうな老レグホンに腹を立てている

3　地鶏に自分の姿を重ね、自分が老レグホンの勢いに押されているかのようにくやしく思っている

4　負けそうになっている地鶏にかわって、自分が大声を出して老レグホンをいかくしようとしている

問九　――部「彼の体内には、冷たい血と熱い血とが力強く交流した」とありますが、「冷たい血」と「熱い血」はそれぞれ何を表していますか。ふさわしいものを一つずつ選びなさい。

1　正義が勝利する様を目の当たりにした興奮

2　予想通りの展開になったことによるそう快感

3　勝負を見届けることができた安心感

4　勝ち目のない自分に対するあざけりの気持

5　敵に立ち向かっていこうとする活力

6　相手を傷つけてやろうとする残こくな気持

問十　――部「つづいて影のようなほほえみが、彼の顔をよこぎった」ときの「次郎」の説明としてふさわしいものを選びなさい。

1　いかなる境ぐうをも受け入れ前向きに生きようという勇気がわきあがった

2　自分をふみにじっている相手に復讐《しゅう》してやろうという決意が固まった

3　これまでのおく病でせん細な自分の姿が次次と頭に浮かび気はずかしくなった

4　敗者の行く末をとことん確かめてやろうとする意地悪な気持が芽生えた

問十一　――部「しかし、それならそれでいい、とも思った」とありますが、「次郎」がそのように思ったのはなぜですか。

1　恭一や俊三が自分に寄りつかないのは次郎が強いと認めているということになり、そのことで自尊心が満たされたから

2　兄弟げんかをする機会がなければ自分が父からなぐられることもないと気づいて、安心して気が楽になったから

3　どこまでも自分のしようとすることをじゃまする母や祖母の仕打ちがくやしくて、ふてくされた気持になってしまったから

4　自分が期待しているような機会がなかなかやってこないので、復讐することが半ばどうでもよくなってきたから

問十二　――部「うめの実が色づくころになった」という一文は、この文章のなかでどのような効果をあげていますか。

1　自然とともに次郎も大きく成長したことを印象づける効果

移ることを提案した

3 ひどく寒そうにしている客の顔色をはばかっていた母は、温かいお茶をすすめた

4 不正をしている人が世間にはばかっているのを見ると、どうにもやりきれなかった

問二 「次郎」は何人兄弟の何番目ですか。

問三 ——部「次郎はそのたびに息をはずませては、もどかしがった」とありますが、「次郎」はどのようなことを「もどかしがっ」ているのですか。

1 若い方が強いに決まっているのに、地鶏が老レグホンとの戦いを最初からあきらめてしまっていること

2 こどくな地鶏が遠りょがちに群れに近づいていくのに、老レグホンがじゃまをして近づかせないこと

3 若い地鶏がいまにも飛びかかっていきそうな様子を見せるのに、なかなか飛びかかっていかないこと

4 老レグホンが何度もけしかけているのに、若い地鶏がさそいに乗らず冷静に機会を見極めていること

問四 ——部「祖母は、わざわざそのなぐりどくがすむのを待って、双方をひきわけることにしているらしい。しかもぬけぬけと、『もういい、もうそれでがまんしておやり』などという」とありますが、この部分から「次郎」にとって「祖母」はどのような人であるとわかりますか。

1 年長者を大事にする昔かたぎの人

2 だれに対しても厳しくしつけをする人

3 男の子の気持がわからないどん感な人

4 他の兄弟ばかりをえこひいきする人

問五 ——部「彼は、自分の目が、溶鉱炉のように熱くなり、なみだが氷のようにまぶたにしみるのをおぼえるのである」とありますが、このときの「次郎」の気持としてふさわしいものを三つ選びなさい。

1 ひきょうな相手に対する怒り

2 何も言い返せないつらさ

3 弱い兄弟たちに対するさげすみ

4 味方を失ってしまったさみしさ

5 無理やり敗北を強いられるくやしさ

6 反抗《こう》してもむだだというあきらめ

問六 ——部「ふたりの気持はたいていぼくにわかっている」とありますが、「ふたりの気持」とは具体的にどのような気持ですか。本文中から二十字以内でぬき出しなさい。

問七 ——部「こんなことを考えながら、次郎はいつのまにか、視線を自分の足先に落としていた」とありますが、このときの「次郎」の説明としてふさわしいものを選びなさい。

1 自分は母や祖母に何を言われてもいっこうにかまわないが、自分に関わったせいでばあやまでもが親たちや学校の先生に無視されるのはたえられず、むしょうに申しわけなく思っている

2 めんどうな勉強からのがれたい一心で母や祖母に逆らったり兄弟に乱暴してしまうだけなのに、父以外に理解してくれる人がだれもおらず、心細くさびしい気持になっている

3 母や祖母の自分に対する不当なあつかいを思い出せば思い出すほ

ことを忘れていなかった。ふたりはすこしもてあました。そして次郎の指を、一本一本こじおこしにかかった。と、次郎は、やにわに両足で土をけって、自分の上半身を、わざと橋のふちからつきだした。

重心は失われた。次郎のからだは、さかさに落ちていった。着物のすそをにぎられたふたりが、そのあとにつづいた。水草とひしの新芽とが、さんざんに乱れて、しぶきをあげ、うずをまいた。橋の上では恭一と真智子と次郎の仲間たちとが、一列にならんで、青い顔をして下をのぞいた。

三人ともすぐうきあがった。さいしょに岸にはいあがったのは次郎であった。着物のすそがぴったりと足にまきついて、しずくをたらしている。彼は、顔にくっついた水草をはらいのけながら、あとからはいあがってくるふたりを、用心深く立って見ていた。ずぶぬれになった三人は、あしの若芽のなかで、しばらくにらみあっていたが、もうどちらも手を出そうとはしなかった。

「おぼえてろ」。あいてのひとりがそういって土手をあがった。もうひとりはだまってそのあとについた。次郎はふたりを見送ったあとで、はだかになってひとりで着物をしぼりはじめた。

「みんなでしぼろうや」。仲間たちがぞろぞろと岸におりてきた。恭一と真智子は、しょんぼりと道に立っていた。次郎は、しぼった着物を帯でくくって肩にかつぐと、はだかのまま、みんなの先頭に立って、軍歌をうたいながら帰っていった。

彼は、**問十五**真智子もこの一隊の後尾《び》にくわわっているのを知って、たまらなくゆかいだった。恭一とけんかをしてみようなどという気は、そのときには、彼の心のどのすみにも残っていなかった。

恭一は、もう**問十六**［　　　］ような気がしていたのである。

（下村湖人『次郎物語』）

〈注1〉旧制の小・中学校の教科の一つ。道徳教育を授けたもの
〈注2〉長さの単位。一寸は約三センチメートル
〈注3〉長さの単位。一尺は約三十センチメートル
〈注4〉刻みタバコを吸うための道具
〈注5〉長さの単位。一間は約一、八メートル
〈注6〉きょりの単位。一町は約一〇九メートル
〈注7〉財産家。大金持ち

問一　＝＝**ア**・**イ**と同じ意味で用いられているものをそれぞれ選びなさい。

ア　おおぎょうに

1　ご子息が結婚なさったとのこと、おおぎょうにおよろこび申し上げます

2　今年は夏の間天候にめぐまれて、キュウリもトマトもおおぎょうに生育した

3　洪水の危機がせまる中で、町内会長さんはおおぎょうに避《ひ》難を呼びかけた

4　受賞の祝賀会は、あまりおおぎょうにせずに親しい人たちだけで行いたい

イ　はばかる

1　ねている他の乗客をはばかって、私たちは電車内での声高なおしゃべりをやめた

2　話し合いの方向が定まってきたのをはばかって、議長は採決に

ぶないことなんかあるもんか」。彼は、持っていたぼう切れを墓石の上にのせ、射撃をするまねをしながら、そういって、とりあわなかった。

「でもいってみよう。おもしろいや」。戦争ごっこの仲間のひとりがいった。二、三人がすぐそれに賛成した。

「だれだい、いじめているのは」。次郎は、あいかわらず射撃のまねをしながら、おちついてたずねた。「ふたりだよ」。「ふたり?」。次郎は射撃のまねをやめて、ふりむいた。「そうだい、だから恭ちゃん、かわいそうだい」。「おい、みんないこう」。次郎はなんと思ったか、こんどは自分から、みんなの先頭に立って走りだした。

村はずれから学校に通ずる道路のなかほどに、土橋がかかっている。その橋の上に、恭一をはさんで、前後にふたりの子どもが立っていた。次郎の一隊は、橋の五、〈注5〉六間《けん》てまえまでいくと、いいあわしたように立ちどまって、そこから三人のようすをながめた。

恭一は泣いていた。彼をいじめていたふたりは、ふりかえってしばらく次郎たちの一隊を見ていたが、自分たちより年下のものばかりだとみて、安心したように、また恭一のほうにむきなおった。「女ずきのばか!」。そういって、ひとりが恭一のひたいを指先でおした。すると、もうひとりが、うしろから彼の肩《かた》をつかんでゆすぶった。次郎は、これはたいしたいじめかたではないと思った。

が、このとき、橋のむこう〈注6〉半町《ちょう》ばかりのところに、ひとりの女の子が、しょんぼりと立っているのが、ふと次郎の目にとまった。真智《ち》子である。本田の筋むかいの前川という〈注7〉そほう家のむすめで、学校にかよいだすころから、恭一とは大の仲よしであった。学校も同級なため、ふたりは友だちに**問一イ**はばかりながらも、よく連れだって往復することがある。次郎は彼《かの》女が恭一とばかり仲よくするのがしゃくで、ろくに口をきいたこともなかったが、内心では、彼女がひじょうにすきだった。ときたま、彼女のすんだ黒い目で見つめられたりすると、つい顔をあからめて、うつむいたりすることもあった。

彼は、恭一がいじめられているわけが、すぐわかった。そして、真智子のまえではじをかいている恭一の顔を、じっと見つめていたいようなしょう動にかられた。しかし、いじめているふたりに対しては、けっして好感がもてなかった。ことに、真智子のしょんぼりした姿が、どうしても彼をおちつかせなかった。**問十三**彼はしだいになんとかしなければならないような気がしだしてきた。

問十四イここでも若い地鶏が彼の目のまえにちらついた。彼は、やにわに橋の上に走っていって、恭一のまえに立っている子どもをおしのけながらいった。「恭ちゃん帰ろう」。おしのけられた子どもは、しかし、ふりむくと同時に、思うさま次郎のほっぺたをなぐりつけた。次郎はちょっとたじろいだ。が、つぎのしゅん間には、彼はもうあいての腰にしがみついた。横綱《づな》とふんどしかつぎのすもうがせまい橋の上ではじまった。

「ほうりこめ!　ほうりこめ!」。恭一のうしろにいた子どもがさけんだ。しかし次郎は、どんなにふりまわされても、あいての帯をにぎった手を放そうとしなかった。

とうとうふたりがかりで、次郎をおさえにかかった。次郎は、かわいた土の上に、あおむけにたおされた。土ぼこりで白ちゃけた頭が、橋のふちからつきだしている。一間《けん》下は、うすみどりの水草をうかしたほりである。しかし次郎は、そのあいだにも、あいての着物のすそをにぎるどきをあげた。それから、土をかいて、くっくっとめんどりを呼んだ。

次郎はきゅうに勇壮《そう》な気持になった。**問九**彼の体内には、冷たい血と熱い血とが力強く交流した。**問十**つづいて影《かげ》のようなほほえみが、彼の顔をよこぎった。

その夕方、彼はだれのむかえもうけないで、きゅうに正木の祖父母にあいさつして、ひとりで自分の家に帰ったのである。

次郎は、それ以来、学校の往復に俊三のお供をすることを、だんじて肯《がえ》んじなかった。そのことについて母がなんといおうと、彼はろくに返事もしなかった。朝になると、わざとのように、みんなのいるまえを通って、ひとりでさっさと学校にいった。帰りには、きまって道草をくった。ただ以前とちがったところは、夕飯の時間までには、ふしぎなほどきちんと帰ってくることだった。しかも彼は、母や祖母にしっぽをおさえられるようなことをめったにしなくなった。彼は、父のまえではそうとうしゃべりもし笑いもしたが、いったいに家庭ではちんもくがちであった。恭一や俊三に対してすら、自分のほうから口をきくようなことはほとんどなかった。そしてなにかしら、すべてに自信あるもののごとくふるまった。それがおばあさんの目にはいよいよにくらしく見えたのである。

お民は、さすがに、おばあさんよりもいくらかものを深く考えた。しかし、考えれば考えるほど、次郎をどうあしらっていいのか、さっぱり見当がつかなくなってきた。そして、おりおり俊亮《すけ》にしみじみと相談を持ちかけるのだった。「いまのままでいいんだよ。おまえたちは、どうもあれをうたぐりすぎていかん」。俊亮の返事はいつもこうだった。しかし、彼とても、次郎のほんとうの気持がわかっているわけではなかった。

問十四ア次郎の目には、正木の家で見た若い地鶏が、いつもちらついていた。しかし彼は、機会を選ぶことをけっして忘れなかった。めったなことで兄弟げんかをはじめて、また父に〈注4〉きせるでなぐられたりしてはつまらない、と思ったのである。そのかわり、これならだいじょうぶだと思う機会さえ見つかれば、母や祖母がどんなに圧ぱくしようと、こんどこそは死にものぐるいでやってみよう、という決心がついていた。

ところで、そうなると、思うような機会はなかなかやってこない。それに、だれもが、このごろの彼に対して、以前とはちがって警かいの目を見はっている。恭一や俊三は、おばあさんのさしがねもあって、めったに彼のそばによりつかない。みんなが遠まきにして彼を見守っているといったふうである。彼は多少手持ちぶさたでもあり、しゃくでもあった。**問十一**しかし、それならそれでいい、とも思った。そしてあいかわらずむっつりしていた。

問十二うめの実が色づくころになった。

彼は、例によって、学校の帰りに五、六人の仲間と墓地で戦争ごっこをはじめていた。そこへ、おくれてはせつけた仲間のひとりが、次郎の顔を見ると、**問一ア**おおぎょうにさけんだ。「恭ちゃんが、いじめられているようっ」。

次郎はべつに驚いたようすもなく答えた。「ほっとけよ。つまんない」。彼は、恭一がおりおり友だちにいじめられているのを知っていた。それを彼はべつに気味がいいとも思わなかったし、かといって、同情もしていなかった。つまらない、というのが、実際、彼のありのままの気持だった。

「でも、橋の上だよ、あぶないぜ」。「恭ちゃんはすぐ泣くんだから、あはない。ただめんどうくさいだけなんだ。――。

いったいふたりはぼくをどうしようというのだろう。ぼくが家にいると、ふた口めには、この子さえいなかったら苦労はないが、という。だからぼくはなるだけ家にはいないことにしているんだ。すると、こんどは、なぜそんなに老人に心配をかけるのかとか、親の心がまだわからないのかとか、まるで、お寺の地ごくの絵にかいてある青鬼《おに》のような顔をして、どなりつける。心配なんかせんでおけばいいじゃないか。

いったい祖母や母がぼくのためになにを心配するというのだ。**問六**ふたりの気持はたいていぼくにわかっている。わかっているから、ぼくはなるべく家にいない工面をしているのではないか。

（学校の先生が〈注1〉修身で話してきかせることなんかも、半分はうそらしい。だいいち、親の恩は海よりも深しなんていうが、そんなことは、父にはあてはまるかもしれんが、母にはちっともあてはまらない。それに先生は、ばあやのようないい人のことを、ちっとも話してくれないのがふしぎだ。学校で毎日毎日ばあやの顔を見ているくせに）

問七こんなことを考えながら、次郎はいつのまにか、視線を自分の足先に落としていた。

と、築山のほうから、きゅうにはげしいはばたきの音が聞こえだした。見ると、地鶏が、いつのまにかレグホンにむかって決死のたたかいをいどんでいる。燃えるようなとさかの周囲に、地鶏は黄の、レグホンは白の、首毛の円をえがいて、三、〈注2〉四寸《すん》のきょりに相対峙《あいたいじ》している。ひまわりとびゃくれんとが、血をふくんで日のなかにふるえているようだ。

とうとう蹴《け》あった。つづけざまに二回。**問八**しかし、二回とも地鶏の歩《ぶ》がわるかった。次郎は思わず腰をうかして、「ちくしょう！」とさけんだ。

地鶏は、しかし、にげようとはしなかった。やや間をおいて、白と黄の羽が、三たび地上〈注3〉尺余《しゃくよ》の空にあいうった。こんどは互《ご》角である。つづいて、四回、五回、六回と、蹴あいはあいかわらず互角にすすんだ。次郎は、息をとめ、こぶしをにぎりしめ、首をまえにつきだして、それを見守った。

たたかいはしだいに乱れてきた。さいしょまったく同時であった両者の跳躍《ちょうやく》が、いつのまにか交互になった。そしておたがいにくちばしで敵のとさかをかむことに努力しはじめた。こうなると、若さが万事を決定する。レグホンの古びきった血液は、強れつな本能のにおいをとかしこんだ地鶏の血液に比して、はるかにじゅんかんがにぶい。彼の打撃《げき》はしばしば的をはずれた。地鶏が打撃を二度くわえるまに、彼はいちどしかくわえることができなくなった。そして、どうかすると、ひょろひょろとあいてのまたの下をくぐって、その打撃をさけた。

老雄《ゆう》の自信はついにくだけた。彼は、くろずんだとさかに鮮《せん》血をにじませ、くちばしを大きくあけたまま、ふらふらと築山のおくににげこんだ。若い地鶏は、勝ちに乗じてそのあとを追ったが、やがて、築山の頂に立って大きなはばたきをした。そしてめんどりの群れを見おろしながら、たかだかとのど笛を鳴らした。

次郎はほっとして、立ちあがった。そして大きく背のびをしてから、そろそろと築山のかげにまわってみた。老英雄は、夢にも予期しなかった若い反逆者のために、そのながいあいだの支配権をうばわれて、ひっそりとかき根に身をよせている。築山の上では、地鶏がもういちど勝ち

【国　語】（五〇分）〈満点：一〇〇点〉

【注意】　句読点や記号などは字数にふくめます。

【一】　次の文章を読んで後の問に答えなさい。

　ある日、次郎《ろう》は、正木の家の庭石にただひとり腰《こし》をおろして、一心に築《つき》山のほうを見つめていた。築山のあたりには、にわとりが六、七わ、さっきからしきりに土をかいては餌《え》をあさっている。雄《おす》が二わまじっているが、そのうちの一わは、もうこの家に三、四年も飼われている白色レグホンで、次郎の目にもなじみがある。もう一わはそれよりずっと若い、やっと一年ぐらいの地鶏《どり》である。そのよごれのない黄かっ色の羽毛が、ふっくりとからだをつつんで、いかにも元気らしく見える。

　ところで、この地鶏は、ぽつんと一わ、さびしそうに群れをはなれて立っている。おりおり首をすっとのばして周囲を見まわし、それからそろそろとめんどりの群れに近づいていくのであるが、すぐ老レグホンのために追われてしまう。追われるまえに、ちょっと首毛をさか立ててはみる。しかしどうも思いきってたたかってみる決心がつかないらしい。が、そんなことをなんどもくりかえしているうちに、地鶏の首毛の立ちぐあいが、しだいに勢いよくなってきた。**問三**次郎はそのたびに息をはずませては、もどかしがった。

　彼《かれ》は、ふと、喜太郎のひざの肉をかみ切ったときのことを思いおこした。そして、思いきってやりさえすれば、わけはないのに、と思った。が、同時に、彼の心には、恭《きょう》一や俊三《しゅんぞう》とけんかをするときのことがうかんできて、腹がたった。

「次郎、おまえはにいさんに手むかいをする気かい」。彼は母や祖母にいつもそういわれるので、つい手をひっこめてしまう。では、俊三にならば遠りょなくかかっていけるかというと、そうもいかない。「次郎、そんな小さな弟をあいてになんです。負けておやりなさい」とくる。どちらにしても次郎にはつごうがわるい。そして、なによりも次郎のしゃくにさわるのは、彼がしかられて手をひっこめたしゅん間に、きまってあいてがひとつかふたつなぐりどくをしてひきあげることである。**問四**祖母は、わざわざそのなぐりどくがすむのを待って、双《そう》方をひきわけることにしているらしい。しかもぬけぬけと、「もういい、もうそれでがまんしておやり」などという。そんなときの次郎の無念さといったらない。**問五**彼は、自分の目が、溶鉱炉《ようこうろ》のように熱くなり、なみだが氷のようにまぶたにしみるのをおぼえるのである。

（ひとりでは学校にもいけない俊三ではないか。喜太郎のまえでは、口ひとつきけない恭一ではないか。ぼくはなんでこのふたりに負けてばかりいなければならないのだ）

（母や祖母の小言がなんだ。兄に手むかいするのがわるいなら、俊三がぼくに手むかいするのを、なぜとめない。弟に負けてやるのがほんとうなら、恭一がぼくをなぐるのをなぜしからない。ふたりのいうことはいつもとんちんかんだ。それにふたりはぼくが損をしてさえいれば、いつもにこにこしている。ぼくがぼくのすきなことをしたときに、ふたりがうれしそうな顔をしたことなんか、いちどだってありゃしない。そしてなにかといえば「氏より育ち」という。なんのことだかわかりゃしない。おおかたばあやをわるくいうつもりなんだろうが、ばあやはだれよりも正直だ。ぼくのすきなことはばあやもすきだし、ばあやのすきなことはぼくもすきだ。学校で一番になることだって、ぼくはけっしてきらいで

平 成 29 年 度

解 答 と 解 説

《平成29年度の配点は解答用紙に掲載してあります。》

＜算数解答＞ 《学校からの正答の発表はありません。》

1 (1) $\frac{7}{20}$ (2) 15cm² (3) 40リットル (4) ① 6 ② 186
(5) ア 10100 イ 100

2 (1) 12cm (2) $6\frac{3}{7}$秒後 (3) $3\frac{3}{4}$秒後

3 (1) 20% (2) 2個 (3) 5.75%

4 (1) 135度 (2) 112cm² (3) 56cm 5 (1) 52cm² (2) $3\frac{15}{43}$cm

＜算数解説＞

1 (四則計算，平面図形，割合と比，消去算，相当算，数列，数の性質)

(1) $\left(\frac{13}{24}\times\frac{39}{14}-\frac{5}{12}\times\frac{18}{7}\right)\times\frac{4}{5}=\left(\frac{169}{112}-\frac{15}{14}\right)\times\frac{4}{5}=\frac{7}{16}\times\frac{4}{5}=\frac{7}{20}$

重要 (2) 下図より，全体の四角形の面積は(3＋7)×(0.5＋2.5)÷2＝15(cm²)である。

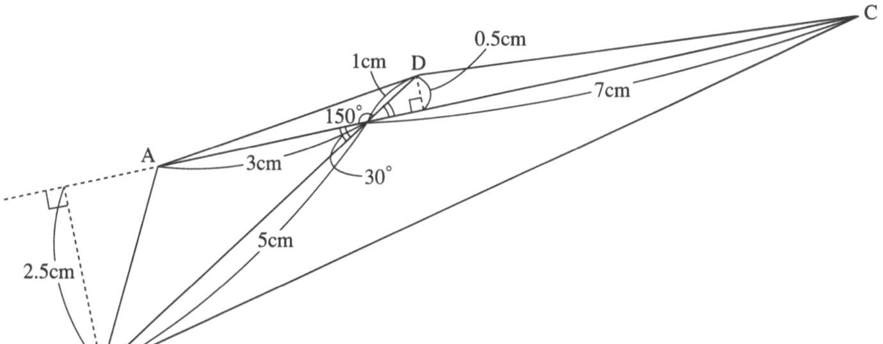

やや難 (3) 各タンクの水量をA～Cで表すと，A×2＝B＋C，B×6＝A×2＋C×2であり，B×6＝B＋C＋C×2＝B＋C×3，B×5＝C×3である。したがって，Bが3のとき，Cは5，Aは(3＋5)÷2＝4であり，Cの5は(4＋3)÷4＝$\frac{7}{4}$より26L多いので，Cは26÷$\left(5-\frac{7}{4}\right)$×5＝130×$\frac{4}{13}$＝40(L)である。

重要 (4) ① この数列では1，3，4，7，1，8，9，7，6，3，9，2の12個が反復して現れるので，45番目の数は45＝12×4－3より，最後から3個前の6である。

② ①より，12個の数の和は{(1＋3＋7＋9)×2＋4＋8＋6＋2}＝60であり，45～48番目の数の和は6＋3＋9＋2＝20，48～60番目と61～72番目の数の和は60×2＝120，73～81番目の数の和は60－(3＋9＋2)＝46である。したがって，求める合計は20＋120＋46＝186である。

重要 (5) $\frac{1}{2}-\frac{1}{3}=\frac{1}{6}$であり，$\frac{1}{100}-\frac{1}{101}=\frac{1}{100\times101}$であるから，$\frac{1}{101}+\frac{1}{10100}=\frac{1}{100}$である。

重要 2 （平面図形，図形や点の移動，相似，速さの三公式と比，割合と比）

(1)　PとQの速さの比は3：4であり，これらの2点がBからスタートして，それぞれAとCに同時に着くので，BCは$9\div3\times4=12$(cm)

(2)　図1において，三角形AEDとABCは相似であり，ED：BCは2：3である。三角形PBDとABCの面積比が2：7＝6：21のとき，PB：ABは$(6\div2)$：$(21\div3)$＝3：7である。したがって，このときの時刻は$15\div7\times3=\frac{45}{7}$(秒後)である。

図1
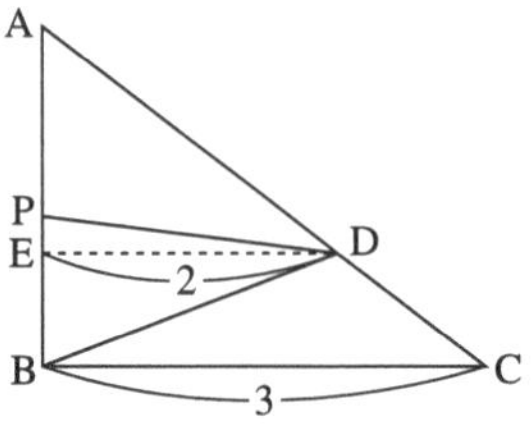

(3)　図2において，三角形AQDの面積が2のとき，三角形AQDの面積が1であり，三角形ABCの面積が$2\times2=4$である。したがって，BQ：BCは$(4-2-1)$：4＝1：4であり，このときの時刻は$15\div4=\frac{15}{4}$(秒後)

図2
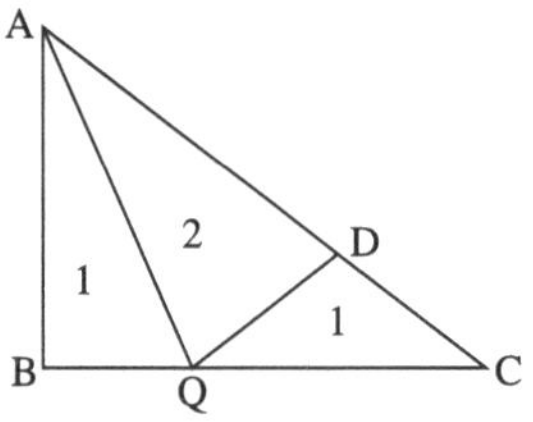

重要 3 （割合と比，単位の換算）

(1)　仕入れ値が100のとき，売り値は$100\times(1+0.25)=125$であり，$100\div125=0.8$であるから，$1-0.8=0.2$すなわち20％まで値引きできる。

(2)　(1)より，売り値125で10個売る金額は，仕入れ値100で$125\times10\div100=12.5$(個)売る金額に等しい。したがって，$12-10=2$(個)まで増すことができる。

(3)　(1)より，20個の売り値は$125\times18\times(1-0.06)=2115$である。したがって，1個の利益は$2115\div20\div100-1=0.0575$すなわち5.75％である。

4 （平面図形）

(1)　右図において，三角形FGOとFKO，三角形OHEとOKEは合同であり，角㋐は$(360-90)\div2=270\div2=135$(度)である。

(2)　(1)より，三角形BEFの面積は斜線部の面積の2倍と半径が4cmで中心角が270度のおうぎ形の面積と1辺が4cmの正方形の面積の和に等しい。したがって，$29.16\times2+4\times4\times3.14\div4\times3+4\times4=58.32+37.68+16=112$(cm^2)である。

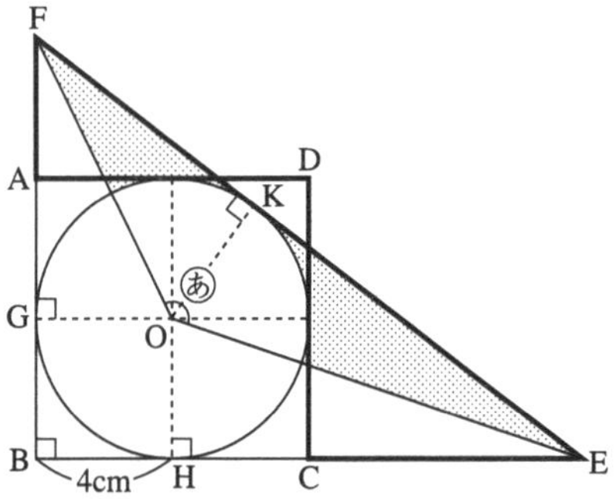

やや難 (3)　辺FE…(1)より，三角形FOEの面積は$29.16+4\times4\times3.14\div360\times135=48$(cm^2)であり，FEは$48\times2\div4=24$(cm)である。

辺AD＋CE＋FA＋DC…(1)より，4cm＋辺KE＋辺FK＋4cm＝8cm＋24cm＝32cm

したがって，太線の長さは$24+32=56$(cm)である。

重要 5 （立体図形，平面図形）

(1)　図1において，水中にある立体の体積は$1\times(5\times5+4\times4+3\times3)+0.5\times2\times2=52$(cm^2)であり，この体積が$3.5-2.5=1$(cm)の高さに相当するので水槽の底面積は$52\div1=52$(cm^2)

図1
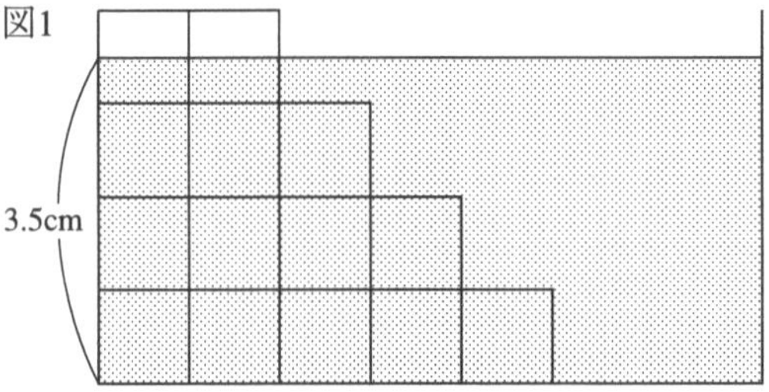

(2)　(1)より，水槽内の水量は52×2.5＝130(cm³)である。図2について，底面から高さ1cmまでの水量は{52－(1＋2＋3＋4＋5)}×1＝37(cm³)，高さ2cmまでの水量は37＋{52－(2＋3＋4＋5)}×1＝75(cm³)，高さ3cmまでの水量は75＋{52－(3＋4＋5)}×1＝115(cm³)である。したがって，求める高さは3＋(130－115)÷{52－(4＋5)}＝$3\frac{15}{43}$(cm)である。

図2

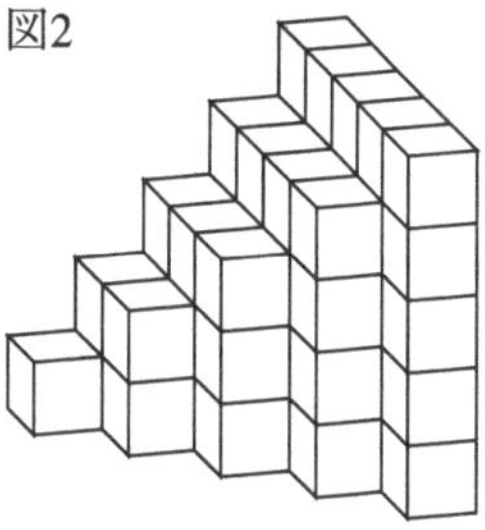

★ワンポイントアドバイス★

1(5)は$\frac{1}{\square}-\frac{1}{\square}=\frac{1}{\square}$という形式で考えると，ヒントを得やすい。容易ではない問題が多いが難問はないので，優先して解く問題を自分で選択して時間配分を考慮することが重要であり，着実に得点することが第一。

＜理科解答＞《学校からの正答の発表はありません。》

1　1

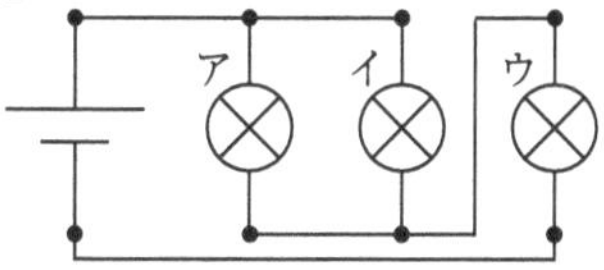

2

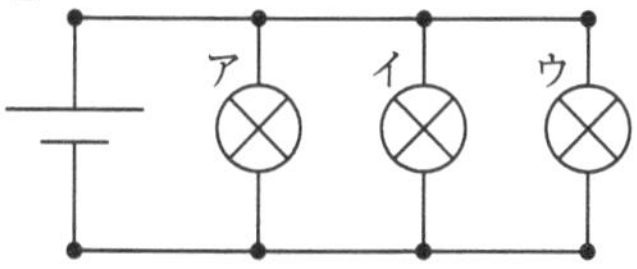

3

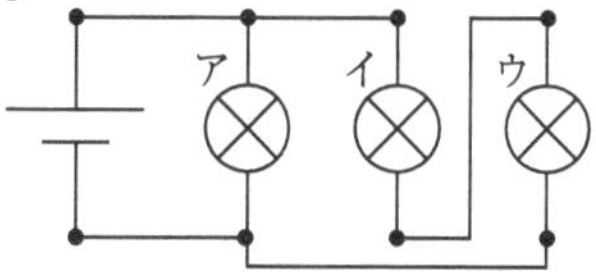

2　1　ウ・子葉　　2　イ・酸素が不足し，発芽に必要な呼吸ができないから。

3　(1)　ア　　(2)　イ　　(3)　イ

4　イ・暗いところで育てると，光合成を充分にできないため，成長できない。

5　温泉使うことで，温度が高い環境で育てられるから。　もやしの生産には，強い光は必要としないから。　温泉の水には，植物に必要な養分が含まれているから。(などから2つ)

3　1　(1)　枯れ葉などの下で，成虫が多数集まって過ごす。　　(2)　土の中にもぐって冬眠する。　(3)　暖かい地方へ渡りを行う。

2　明るい時間である昼の長さを感じる。

4　1　(1)　(例)　ホタル・水質の良い自然の川の周辺

(2)　①　(例)　太陽，シリウス　　②　(例)　月，金星　　(3)　右図

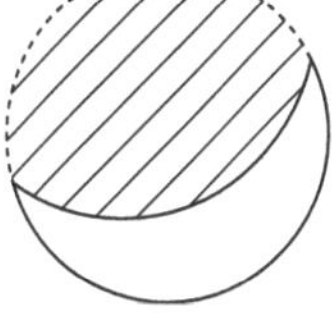

2　(1)　□　9　　△　5　　(2)　南　　(3)　①　ベガ　　②　デネブ

③　アルタイル　　(4)　(おりひめ星)　ベガ　　(ひこ星)　アルタイル

(5)　夏は銀河中心の向き(を見ているため明るく見えるが，)冬は銀河中心とは逆の向き(を見ているためあわく(うすく)しか見えない。)

5　1　(1)　銅　　(2)　(ア，ウ)→エ→(イ，オ)

2　カ・ふたの金属が膨張して，びんとの間に少しすきまができるから。

3　シ・温められた部分に近い水は，密度が小さくなって上へ動くから。

4　(試験管内の下半分の空気が温められると)試験管の中の空気が膨張し，試験管の中の圧力が高まって，ゴムせんを外に押すから。

＜理科解説＞

1 （電流と回路－豆電球のつなぎ方）

重要 1　ウを取り外すと，アもイも消えたことから，ウに対しアやイは直列につながっている。アやイを取り外しても，他の電球は消えないことから，アとイは並列につながっている。

2　どの電球を取り外しても，他の2つの電球がついたままなので，3つの電球は並列につながっている。

3　イを取り外すとウが消え，ウを取り外すとイが消えたことから，イとウは直列につながっている。また，アを取り外しても，イとウはついているので，イやウに対してアは並列につながっている。

2 （植物のはたらき－モヤシの栽培）

基本 1　種子のうち，栄養分をたくわえている部分は最も体積が大きいウである。ダイズのようなマメ科植物の種子は胚乳を持たないので，種皮イの内側のアとウはすべて胚であり，そのうちウは子葉である。アは幼芽などである。

2　多くの植物で，種子の発芽には，酸素，水，適当な温度の3条件が必要である。発芽中の種子は，呼吸がさかんであり，酸素を多く使う。種子を水に沈めると，酸素が不足するので，最初から発芽しない。

3　日光が当たる場所で育てたダイズは，暗い場所で育てたダイズに比べて，光合成をするための葉緑体が多い。そのため，全体に緑色が濃く，茎はがっしりと太く短い。日かげだと，ひょろひょろと細長い茎になる。

4　植物は，光合成によって，成長するための材料や，生活活動のエネルギーを得ている。日光の当たらないところで育てると，種子の中の栄養分がある間は育つが，それ以上は育つことができない。光合成ができないまま呼吸が行われるので，やがて枯れる。

5　一般に，冬は日射量が少なく温度が低いので，植物の生育には不適である。しかし，モヤシはそもそも光の少ないところで育てるので，日射量の影響はない。また，温泉を利用することで，冬でも適当な温度を維持することができる。さらに，温泉には，温泉ごとに異なるさまざまな成分が含まれており，問題の温泉の成分がちょうどモヤシの生育に適していたと考えられる。ちなみに，問題の温泉は，青森県の津軽地方にある大鰐温泉を指していると思われる。ここでは，温泉水で育てた30cm程度の長いもやしが名物になっている。

3 （昆虫・動物－動物の越冬）

1　(1)　ナナホシテントウは，冬季は枯れ葉などの下で，成虫のまま集団になって過ごし，寒さから身を守っている。低温の間は動きが不活発であり，冬眠しているともいえる。　(2)　ヒキガエルは，冬季は土や泥の中，枯れ葉などの下にもぐりこんで，冬眠をしている。　(3)　ツバメは夏鳥であり，気温が下がると南の暖かい地方へと渡りをおこなう。春になると再び日本に戻ってきて，産卵と子育てを行う。

2　季節の変化は，温度以外にも，昼の長さ(日長)によって知ることができる。植物も動物も，周囲の明るさを感じ取って，季節変化を知ることができる。

4 （太陽と月－天体の光）

1　(1)　光を出す生物は多数存在しており，そのうち1つを答えればよい。ホタルは，幼虫が水生であり，水質が良く人工的な堤防のない川で生育するため，光を放つ成虫はその川の近くで夏になるとみられる。キノコのなかまにも，ヤコウタケなどいくつかの種類が発光する。海洋では，数mm程度の節足動物のウミホタル，1mm程度のプランクトンであるヤコウチュウ，富山湾が有名なホタルイカ，深い海底にすむチョウチンアンコウなどがある。また，オワンクラゲの緑色蛍光タンパク質の研究では，2008年に下村脩氏がノーベル化学賞を受賞している。

基本 (2) ①のように自ら光を出す天体は恒星とよばれ，太陽のほか，宇宙には無数の恒星がある。その中から2つ答えればよい。②のように光を反射する天体も，宇宙に無数にあるが，身近なものとしては，金星などの惑星や，月などの衛星，小惑星，彗星などがある。それらから2つ答えればよい。 (3) 問題の図1の位置関係をみると，月は夕方に西の空に見える三日月だと分かる。三日月は右下側が細く光っているが，それ以外の暗い部分にも，地球で反射した光が当たって，薄明るく見える場合があり，地球照とよばれる。

2 (1) 光は1秒間に30万km進むので，1年間では30万×60×60×24×365＝9兆4608億km進む。この長さがほぼ1光年である。四捨五入により，□＝9，△＝5である。 (2)・(3)・(4) 夏の大三角は，夏の南の空高くに見られる。7月ごろの真夜中ごろ，8～9月であれば日の入り後にみられる。天頂付近には，織姫星であること座のベガと，はくちょう座のデネブが並んでおり，その南側に彦星であるわし座のアルタイルがある。 (5) 太陽系は銀河系の円盤部にある。太陽系の近くにある星は1つ1つ見えるが，遠くにある星は全体として明るい光の帯に見え，これを天の川とよぶ。地球から見て銀河系の中心の向きをみると，天の川は明るく見えるが，反対側を見ると淡くしか見えない。このことから，夏の夜空の方向に銀河系の中心があると分かる。なお，地球から見た銀河中心の方向は，いて座の方向であり，問題の図3のように夏の大三角やさそり座の近くにある。

5 （熱の性質―熱の伝わり方）

1 (1) 一般に金属は熱が伝わりやすい。特に銅は銀などとともに金属の中でも熱が伝わりやすい。逆に，ガラスは金属ではなく，比較的熱を伝えにくい物質である。 (2) 一様な銅の板では，熱はどの向きにも同じように伝わる。Aからの長さが短い順に同心円状にろうがとけていく。

重要 2 ガラスのびんと金属のふたが密着しているとき，金属のふたをお湯やコンロの火であたためると，金属のふたが少し膨張する。このとき，ガラスも温まるが，金属の方があたたまりやすいので密着が弱まり，少しすき間ができて開けることができる。逆にガラスの方を冷やすことも考えられるが，ふたの内側にあるガラスだけ冷やすのは難しく，また，金属のふたも冷えてしまうと，そちらも収縮するため，開けるのは無理であろう。

3 温められた水は，密度が小さくなって上へ移動する。横からは温まっていない水が流れ込んできて，加熱される。このように，水全体が循環するように動き，全体が温まっていく。これが対流である。

4 試験管の下部を温めると，試験管の内部で対流が起こり，内部の空気全体が温まる。空気は膨張しようとするが，試験管の体積は変わらないので，中の気圧が高くなっていき，やがてゴムせんが押されて飛んでいく。

★ワンポイントアドバイス★

解答文を書くときは，読む人がわかるように言葉を補いながら，順序立てててていねいに説明することを心がけよう。

＜社会解答＞《学校からの正答の発表はありません。》

1 a イ　b (例) マグロなど比較的価格の高い鮮魚　c ウ　d 紀ノ川
e (例) 資金不足から生産設備や技術が劣っているため。　f (例) (部品などの)在庫
g 祇園　h ① ア　② ウ　i ① 津軽平野　② ア　j カナダ
k ① エ　② カキ

2 A a ウ　b ユニバーサルデザイン　B a (例) 慎重な審議で国民の権利が守れる点　b イ　c 国民審査　C a エ　b モスク

3 a かめ棺　b (例) 中央に穴をあけた布を頭からかぶる形式の衣服　c (例) 中国や朝鮮半島から多くの渡来人がやってきたから。　d 埴輪　e (例) 氏や姓[家柄]
f 高松塚古墳　g 庸　h ① 源氏物語絵巻　② (衣冠)束帯　i ウ
j (例) 道幅を狭めて敵を足止めし崖の上から攻撃しやすくする工夫　k ① 銀
② (例) 堺　③ 中国　l ア　m 干鰯[ほしか]　n ① (例) 安い製品が流入し国内の産業が打撃を受ける点　② イギリス　o 渋沢栄一　p イ
q イ→ア→ウ　r (配給)切符　s (例) 朝鮮戦争が始まり軍用の注文が殺到したから。

＜社会解説＞

1 (日本の地理―国土と自然・産業・貿易など)

a 一時期より国内生産は増えているが絶対量は不足。輸入先は半分以上がアメリカ。

b 日本一の貿易港である成田は通信機や医薬品など小型軽量で価格の高いものを中心に輸入。水産物の割合はそれほど高くはないが，最大の輸入品はマグロで半分近くを占める。

c 成長が早く有用な針葉樹を植林。育つ速さは人工林の方が早く森林資源はほぼ増減はない。

d 中央構造線に沿って流れる川。奈良県では吉野川と呼ばれる。

重要 e 事業所の数では99%を占めるが出荷額では50%程度に過ぎない。

f カンバン方式とも。下請けからの部品をそのつど小口で納入させる方法。

g 9世紀後半，疫病退散を祈願して始まったもので無形文化財にも指定されている。

h ① イは宮崎県，ウは沖縄県，オは長崎県。　② アは福井，イは松本。

基本 i ① 岩木川流域に広がる平野。　② イは長野県，ウは山形県。

j 北欧や北アメリカの針葉樹が主な原料。最近は熱帯などの広葉樹の利用も進んでいる。

k ① サンマは北太平洋を中心に生息。北海道や東北の太平洋側が水揚げの9割を占める。
② 松島湾が有名だが東日本大震災で壊滅的な被害を受けた。

2 (政治―政治のしくみ・国民生活・国際社会など)

A a 世界でも類を見ないスピードで高齢化が進行，2025年には30%，60年には40%と予測される。　b 生活弱者を対象にしたバリアフリーと異なり，すべての人を対象にした考え方。

基本 B a 異なる選択方法で多様な意見をくみ取る考え方ともいわれるが，現在の参議院は衆議院のコピーとの批判も多い。　b 投票価値の著しい格差は憲法の保障する法の下の平等に反する。
c 任命後初めて行われる総選挙の際に実施。過半数が賛成すると罷免される。

C a アサド政権と反政府勢力の内戦が激化。この間隙を縫ってイスラム国が勢力を伸長。
b 唯一神であるアッラーに対する礼拝をおこなう施設。平伏する場所の意味。

3 (日本の歴史―古代～現代の政治・社会・文化・外交など)

a 大きなかめを合わせた棺《ひつぎ》。九州北部に多く見られる埋葬の形式。

b 「其の中央を穿《うが》ち，頭を貫きこれを衣《き》る」とある。ワンピースのような衣服。

c 5～6世紀，朝鮮半島では高句麗・新羅・百済が激しく対立し日本に逃れる人も多かった。

d 家や人物，動物などをかたどった形象埴輪は当時の生活などの様子を探る手助けとなる。

e 氏姓制度では地位や職業などを世襲したが，冠位は能力に応じて個人に与えられた。

f 7世紀末から8世紀初頭の古墳。カビなどで劣化したため解体保存された。

g 調と並び中央政府に納める税。都まで運搬するのも農民の大きな負担(運脚)となった。

h ① 源氏物語の各帖から1～3の場面を絵画化し本文を添えたもの。 ② 奈良時代に朝廷の官人が身に着けた朝服の変化したもの。衣冠は束帯の略装。

i 将軍と主従関係を結んだ武士が御家人で，執権はあくまで将軍の補佐役に過ぎない。

j 三方を山で囲まれた鎌倉は天然の城塞都市。出入りには切通しを通らざるを得なかった。

k ① 当時の日本は有数の銀の産出国で最盛期には世界の4分の1以上を産出したという。
② 近江の国友や紀州の根来《ねごろ》，雑賀《さいか》などでも盛んに生産。 ③ 南蛮貿易の実質は中継ぎ貿易で，ポルトガルやスペインが中国産の生糸などを日本に持ち込み利益を上げた。

l 村方三役とも。名主，組頭，百姓代の三役で本百姓から選ばれた。

m 商品作物を栽培するには油粕や干鰯などの金肥が欠かせなかった。

n ① 当初は輸出が優勢だったが数年後には輸入超過となり国内産業に大きな打撃を与えた。
② 開国をリードしたアメリカだが南北戦争の発生で日本を振り返る余裕はなくなった。

o 旧幕臣で日本経済の近代化の最大の功労者。資本主義の父とも呼ばれる。

p 借金などで苦しんでいた農民に過激な自由党の一部が加わって蜂起。

重要 q 甲午農民戦争が契機となった日清戦争。講和条約(下関条約)では領土の割譲や賠償金に加え朝鮮の独立を承認。条約締結後三国干渉でリャオトン半島を返還。

r コメなど重要物資は最低限の量を配給，衣料品などは一定限度に限り切符と引き換えに販売。

s 朝鮮戦争がはじまると土嚢《どのう》用の麻袋や軍服，軍用毛布，テントなどの繊維製品のほか陣地構築用の各種鋼材やコンクリート，食料品など様々な注文が舞い込んだ。

★ワンポイントアドバイス★

記述問題は何といってもまずは慣れることが一番である。過去問などを利用して1行程度にまとめる練習をしっかりしておこう。

＜国語解答＞《学校からの正答の発表はありません。》

[一] 問一 ア 1 イ 1 問二 三(人兄弟の)二(番目) 問三 3 問四 4
問五 1・2・5 問六 この子さえいなかったら苦労はない 問七 3 問八 3
問九 (冷たい血) 6 (熱い血) 5 問十 2 問十一 4 問十二 4
問十三 2 問十四 4 問十五 4 問十六 2 問十七 (例) 勇敢・内省的
問十八 (例) 濡れた着物をごまかす訳にはいかない。帰宅後，次郎は母に叱られた。だが次郎は，川に落ちたとだけ話し，恭一の件を伝えなかった。そしてその日以来，恭一と次郎の関係は大きく変化する。恭一は次郎に対して敬意を持つようになり，次郎は恭一の前で堂々とし続けた。祖母は，そのような恭一を苦々しく思い，「兄らしくしろ」と叱る。母の俊亮への相談も，数がさらに増えた。

［二］ 問一 （例） 問いの緊張を持続させて，答えが見つかるのを待つ行為。
問二 （例） わからない時に，誰か他の人の考えを探すことが容易になり過ぎてしまった。 問三 （例） 少し情報を遮断しなければならない

［三］ 1 オ 2 ウ

［四］ 1 模造品 2 険 3 暑中 4 責務 5 幕 6 ちせい 7 きんもつ 8 はくちゅうむ

＜国語解説＞

［一］ （物語文ー主題・心情・場面・登場人物・細部表現の読み取り，ことばの意味，記述）

問一 ア 「おおぎょう」は，おおげさという意味。つまり，通常よりも派手だったり，誇張されたりする様子を意味する。正解は4になる。祝賀会を，通常よりもおおげさにしないで欲しいという文脈である。 イ 「はばかる」は，遠慮するという意味。1が正解になる。1では，ねているほかの乗客のため，おしゃべりを遠慮するという文脈である。

基本 問二 傍線三から傍線四までの内容から判断することができる。兄弟は三人兄弟である。次郎のほかに，恭一と俊三がいる。「俊三になら遠慮なくかかって……」以降に，「……そんな小さな弟をあいてになんです……」とある。そこから，俊三が弟であることがわかる。また，「次郎，おまえはにいさんに手むかいをする気かい……」ともある。次郎には兄さんがいることがわかる。にいさんが「恭一」になる。

問三 傍線三の直前に着目する。「しかしどうも思いきって戦ってみる決心がつかないらしい」とある。次郎は，地鶏が思いきって飛びかかっていかないことにもどかしさを感じているのだ。「飛びかかっていきそうな様子を見せるのに，なかなか飛びかかっていかない」とある，3が正解になる。1は，「最初からあきらめて」の部分が明らかにおかしい。2は地鶏に対する次郎のもどかしさを読み取れていない。4は，「老レグホンがけしかけている」がおかしい。

基本 問四 傍線三から傍線五あたりまでを読み進めると，祖母も母も，俊三や恭一の味方ばかりしていることがわかる。「えこひいきする」とある，4が正解になる。1はおかしい。「年長者を大事」とあるが，弟に対して，次郎は大事にされていない。2はおかしい。次郎だけ厳しい指導になっている。3は男の子とあるが，次郎だけ厳しくされていることを考えると，おかしい。

問五 傍線五には，「溶鉱炉のように熱く」「氷のよう」と二方向の表現がある。熱い怒りと，冷たい悲しみという，次郎の二方向の気持ちを類推できる。まず，傍線五直後には，「学校にもいけない俊三」「……口一つきけない恭一」「なんで……負けてばかりいなければならないのだ」という次郎の不満が書かれている。また，母や祖母の仕かけにより，二人が次郎を実際に殴っていることもおさえられる。そういったことから，次郎が，俊三と恭一に対して怒りを抱いていることを読み取る。「ひきょうな相手に対する怒り」とある，1は正解になる。また，この場面で，母や祖母が言うとおりに次郎がけんかに負けることになり，それに対して次郎が言い返していない点もおさえる。次郎が何も言い返せない状況が類推できる。2の「何も言い返せないつらさ」は正解になる。また，無理やり負けさせられることに対して，傍線五直前のように「無念」と感じているのである。「無理やり敗北を強いられるくやしさ」とある，5は正解になる。3は，このような感情を次郎が抱いている可能性はあるが，溶鉱炉のような熱さや，氷のなみだで表される激しい感情ではない。4は，そもそも味方を失う様子は，この場面にはない。

問六 二人の気持ちをわかっているから，「ぼく」はなるべく家にいない工面をしたのである。傍線六よりも少し前にある，「この子さえいなかったら苦労はない」が，二人の具体的な気持だと

考えられる。

問七　傍線七までのところで次郎は，自らが不当な扱いを受けていることを，さまざまな方向から考えて，暗く重い気持ちになっているのである。そういった次郎の様子をおさえることで，解答はわかる。「自分に対する不当なあつかいを……暗く重い気持ちになっている」とある，3が正解になる。1は，親たちまでもばあやを無視しているかどうかはわからない。2は，「めんどうな勉強からのがれたい一心」の部分がおかしい。4は，「母や祖母に取り入る他の兄弟のやり方がうらやまし(い)」の部分がおかしい。

問八　文章全体の展開から，地鶏と次郎の境遇を比較して考えて欲しい。傍線部以降の話の展開を読むと，レグホンに勝った地鶏を見て，次郎も立ち向かう勇気を手にしている。次郎が，地鶏に共感していたことが類推できる。「地鶏に自分の姿を重ね」とある，3が正解になる。

やや難　問九　地鶏が支配権を手にして，レグホンを追い出した。そういう様子を見て，次郎の心の中に生まれた感情である。地鶏のように勝利を手にしようという熱い気持ちと，追いやられたレグホンのような悲惨な敗者が生まれることをやむを得ないと受け入れる冷酷さ。この二つの感情が生まれたと考えられる。冷たい血は，「相手を傷つけてやろうとする残こくな気持」とある，6になる。文章中に「死にものぐるいでやってみよう」とあるが，この点も相手を傷つける残こくな決意だと考えられる。そして，熱い血は，「敵に立ち向かっていこうとする活力」とある，5になる。次郎は戦おうという気持ちを持ったのだ。

問十　傍線九と傍線十は，傍線部が並んでいる。文も続いているため，近い感情表現が書かれている。傍線部の「影のようなほほえみ」は，「影のような」とあるように，否定的な感情である。そう考えると「相手に復讐してやろうという決意」とある，2が正解になる。1は，前向きな気持ちであり，おかしい。3の「気はずかしい」は，この部分の次郎の強い感情としてはふさわしくない。4の「敗者の行く末」はおかしい。まだ，敗者が誰かはわからない。つまり，先に敗者を決めなくてはならないので，おかしい。

やや難　問十一　傍線十一が「しかし」という言葉でつながっていることに着目する。しかし以降の「それでいい」とは，しかし以前の「しゃく」と反対の方向の気持ちになる。選択肢の中では，「半ばどうでもよくなってきた」とある，4があてはまる。1の「恭一や俊三……次郎が強いと認めている」は，読み取れない。傍線部以降も次郎は不満げにむっつりしているのだ。2も，やはり「むっつり」という表現につながらない。3は，「しゃく」と同じ気持ちになってしまっている。

問十二　「うめの実が色づくことになった」という表現は季節の変化を表している。つまり，季節が変化するほど，時間が経ったのである。そして，傍線十二より少し前，「次郎の目には……」から始まる段落以降に書かれているように，「こんどこそは死にものぐるいでやってみよう」と思った次郎は，兄弟げんかの機会を手にすることがなくなった。まとめると，兄弟げんかをしなくなって，長い時間が過ぎたのである。解答は4になる。

問十三　傍線十三の直前には，「真智子のしょんぼりした姿が，どうしても彼をおちつかせなかった」とある。この部分を解答の手がかりにすることができる。真智子のしょんぼりした姿が，何とかしなくてはという思いを次郎の心に起こしたのである。真智子に対して，次郎が内心好意を抱いていたことも，傍線十三より前から，おさえておきたい。解答は，「ひそかに思いを寄せている」「真智子に悲しい思いをさせたくなかった」とある，2になる。

問十四　地鶏は，最初は白色レグホンに追い払われていたが，何度も何度も向かっていった。そして最後には，支配権を奪い，支配者になったのである。次郎にとって，この地鶏は，自分の考えを貫き続けることで，最後には支配者になれる，つまり，勝利を得ることができるという意味だと考えられる。解答は4になる。

問十五　次郎はみんなの先頭に立っている。つまり，みんなを従えている。その一隊の後尾に真智子も続いているのだ。つまり，真智子も次郎に従う一人のような存在になっているのである。そのような状態への満足感から，次郎はゆかいになったのだ。解答は，「自分の方が完全に従えたという満足感」とある，4になる。

問十六　恭一を，いじめから助けたのである。恭一が勝てない相手なのにもかかわらず，次郎は追い払うことができた。次郎は恭一に格の違いを見せつけたのだ。そういったことを考えると，恭一が自分の「相手ではない」と，次郎が考えたことが類推できる。「彼の相手ではない」とある，2が正解になる。

重要　問十七　恭一がいじめられたとき，助けようと年上の二人に立ち向かっていくところから，勇敢な性格が読み取れる。また，母や祖母の様子から，自分自身の行動などを深く考えている姿から，内省的な性格も読み取れる。それ以外にも，怖いもの知らず，大胆，頑固などの性格も読み取れる。

問十八　設問には，「必ず『祖母』と『母』を登場させて」とある。そのため，「祖母」と「母」が次郎に対して抱いていた感情をふまえて，創作するとよい。文章の最後の部分には，恭一に関わる事件が書かれていた。このような事件の後，恭一との関係も変化することが考えられる。そのような視点からも，創作することができる。

［二］（論説文―要旨，細部表現の読み取り，空欄補充，記述）

問一　文章の中ほどに，「この『待つこと』こそ，考えることにほかならない」とある。そこから，考えることは待つことであるとおさえることができる。「哲学などでも……」で始まる段落には，「問いの緊張を持続させ，答えが降りてくるのを待つ」とある。その部分の表現を活用するとよい。

問二　「考えることは……」で始まる段落に着目する。「すぐにネットで調べる」「ウェブ上で質問すると誰かが答えてくれたりする」とある。つまり，他の人の考えを探すことが容易になり過ぎてしまったのである。

重要　問三　「考えることは……」の段落で読み取れることに対して，筆者が否定的であることをおさえる。情報が手に入りやすい状況に対して，筆者は良くないと思っているのだ。特に，前の一文である，「数学者高木貞治」の話には合うようにすること。情報を遮断するという方向で書けるとよい。

基本　**［三］（修飾語）**

1　三年後にむかえるのである。つまり，「三年後」という言葉は，オの「むかえます」を修飾している。　2　昨日見つけたのである。つまり，「昨日」という言葉は，ウの「見つけた」を修飾している。

基本　**［四］（漢字の読み書き）**

1　「模造」とは，実物に似せて作ったという意味である。「模」には，似せる・まねるという意味がある。その意味で「模倣（もほう）」「模擬（もぎ）」という言葉がある。　2　ここでは，斜面が急な様子を意味する。「険」には，あぶないという意味もある。その意味で「危険」「冒険」などの言葉がある。　3　夏の暑い時期，特に七月二十日ごろから八月七日ごろまでをさす。その時期に，挨拶に出す手紙が，暑中みまいである。　4　責任と義務を意味する。「務」は，するべき仕事を意味する。その意味で「義務」以外にも，「任務」「職務」などの言葉がある。　5　「幕」とは，劇場の仕切りのための大きな布のことである。問題文では「幕」が上がったので，これから始まるのである。　6　ここでは，治めた期間を意味する。知的能力を意味する「知性」も「ちせい」と読む。7　してはならないことという意味である。「油断は禁物だ」などのように用いる。　8　目が覚めているときに起こる，現実的でない空想を意味する。「夢」とあるが，寝ているときのことではない。

★ワンポイントアドバイス★

物語の続きを創作する，大型の記述問題が出題されている。設問には，必ず使わなければならない言葉の指定がある。その言葉が指定されている意味をおさえて，創作を進めたい。

MEMO

大切なことはメモしておこうネ！

データ対応

収録から外れてしまった年度の
問題・解答解説・解答用紙を弊社ホームページで公開しております。
巻頭ページ＜収録内容＞下方のQRコードからアクセス可。

※都合によりホームページでの公開ができない内容については，
　次ページ以降に収録しております。

ことができるが、エビ産業ははん囲を限定できない自然や人人を相手にしていて、一律に管理することがむずかしいということ

問五　――部「〝工業的〟エビ生産」とありますが、従来とはちがうエビの生産はどのような問題を新たに生み出しますか。四十字以内で書きなさい。

問六　現在の日本ではウナギが獲れなくなってきつつあります。なぜこの問題が起こったのか、そしてこの問題に対してどのようなことができると思うか、あなたの考えを百八十字以内で書きなさい。

[三]　次の各文について敬語の用い方の正しいものには○を、そうでないものには×を書きなさい。

1　ここへいらっしゃるあいだ、雨は降っていらっしゃいましたか
2　ご注文のさいにはお名前様をちょうだいいたします
3　私の父はいまテレビをごらんになっているところです
4　結婚式にはぜひ先生をご招待もうしあげたいと思います
5　どうぞスープが冷めないうちにいただいてください
6　寒さきびしきおり、いかがお過ごしですか

[四]　次の――部1～8のカタカナの部分を漢字で書きなさい。また――部9～12の漢字の読み方をひらがなで書きなさい。

糸を1タバねる　　2キソクを守る
火花を3チらす　　投票による4サイケツ
商売の5サイカクがある　　6エキシャを建てかえる
鳥の7ス　　無実を8リッショウする
あいさつ運動に9呼応する　　10干害に苦しめられる
かがやきを11放つ　　バスが12混む

だが、エビもはっきりと養殖化の比重が高まってきている。**問五**〝工業的〟エビ生産は、すでに台湾に見られる。資本・技術の力が大きく作用してくる。

日本の業者は、エビ需《じゅ》要はまだまだのびると予測している。価格がさらに下がり、輸入がいまの二倍位までのびることを期待している。しかし海の漁獲はそれほど増えないだろう。否、減るかもしれない。とすると養殖である。

養殖はマングローブ林を破かいする。高密度養殖のためには、生魚をぎせいにした人工飼料が必要になる。大きな資本と細心のテクノロジーも必要だ。いったいだれがこの競争に勝つのだろうか。マングローブ林や生魚をぎせいにされて困るのはだれなのだろうか。

エビというたった一つの商品からでさえ、ずい分とやっかいな問題が見えてきた。

（村井吉敬《よしのり》『エビと日本人』）

〈注1〉「さあ、輸入しよう」という意味。通産省とは現在の経済産業省にあたる

〈注2〉少数の大企業が特定商品の生産や販《はん》売の大半を支配すること

問一 ――部「私は私たちの生活のありよう、私たちと第三世界との関係のありように根本的な疑問を持たずにはいられない」とありますが、「私たちの生活のありよう、私たちと第三世界との関係のありよう」とはわかりやすく言うとどのようなさまですか。同じ形式段落の中の言葉を用いて四十字以内で書きなさい。

問二 ――部「私たちと第三世界との関係の〝歪み〟」とは、具体的にどのようなことですか。

1 日本が天然の魚を輸入し続けたせいで第三世界の海域があらされ、日本が養殖の魚しか輸入できなくなっていること

2 日本がエビを獲ることに費やす石油量があまりにばく大なものになり、第三世界の人人に必要なだけの石油が供給されなくなってしまっていること

3 日本が高級な食材を輸入することが必ずしも第三世界の利益を生み出さず、かえって日本の飽食けい向ばかりを拡大させていること

4 日本がテレビやクルマやコンピューターなどの工業製品を第三世界に売り続けるせいで、第三世界で農業以外の産業が発展しないこと

問三 ――部「おたがいの顔はまったく見えない」とありますが、同じことを言っている部分を本文中から二十字以内でぬき出しなさい。

問四 ――部「バナナが大農園で、より〝工業的〟生産が可能なのに対し、エビは広い海、多くの漁民を相手にした産業である。資本の支配力が貫徹しにくい側面がある」とは、わかりやすく言うとどのようなことですか。

1 バナナは植物なので条件さえととのえば安定した収穫が期待できるが、エビは動物なので行動がつかみにくく、一定の条件のもとでも捕獲量にちがいが出てしまうこと

2 バナナ生産は従事する人人の職種にそれほどちがいがないので賃金を計算しやすいが、エビ産業は出荷までの過程が多く職種もさまざまで、賃金体系も複雑になってしまうこと

3 バナナはある程度日持ちがするので多少生産しすぎてもそれほど損失は出ないが、エビは生鮮食品なので日持ちがせず、あまりたくさん市場に出すと大はばな損失が出るということ

4 バナナ生産は区画された農園で決められた方法によって管理する

アジアの零《れい》細な漁民（小漁民）たちが一九七八年に、バンコクに集まってワークショップを行なった。そのとき、マレーシアの小漁民はうったえた。

「トロール網《あみ》は、あらゆる種類の魚を獲ってしまうだけではない。トロール網は、魚の父さん、魚の母《かあ》さん、魚の兄、姉、弟、妹、魚の子ども、魚の孫、ひ孫、そして魚の卵をみんな獲ってしまう」

零細な漁民たちは、ワークショップの最後に「小漁民マニフェスト」を読みあげた。

「私たちは、外国の強力な船隊が私たちの国、私たちの地域の水域に侵《しん》入することに抗議します。また、政府に対して、合弁企《き》業が小漁民や地元の消費者の利益にほう仕しないのならば、その設立を禁止するよう要求します」（発展のためのアジア文化フォーラム（ＡＣＦＯＤ）、一九七八年）

私たちがエビを食べること、あるいはエビをたくさん輸入することは、第三世界の小漁民たちの日日の営みと深くつながっている。そのことにむとんちゃくのまま「手を結べ、輸入で世界の国国と。〈注1〉Import Now!」（通産省の最近のキャンペーン）などと声高に主張してよいものだろうか。サバやイワシのたくさん獲れる第三世界の国国に、テレビやクルマやコンピューターを輸出し、魚のかんづめを売り、その一方で第三世界の自然資源を、「もっと輸入しよう！」とさけんでいるかのようだ。そして、私たちは未来を予見できぬままにたくさんのエビを買い、グルメ志向にはく車をかけている。

輸入エビは食べ過ぎではなかろうか？

エビを追いかけ、アジア・第三世界の人びととの出会いの中で、私たちは〝飽《ほう》食〟を実感せざるをえなかった。

もちろん、エビだけの問題ではない。食べ物だけの問題でもない。だが、エビという身近な題材を、かなりたんねんに追いかけることによって、問二私たちと第三世界との関係の〝歪《ひず》み〟がうかび上がってきた。彼らが獲り、私たちが食べる。獲り、加工する第三世界の人びとと、食べる私たち、この両者のあいだには、長い複雑な道のりがあり、問三おたがいの顔はまったく見えない。

ジャワやスラウェシの海辺で稚《ち》エビを獲る漁民は、その小さな稚エビが、親エビに成長し、二〇～三〇倍の値で、三〇〇〇キロはなれた日本人の食卓に供せられると知らされても、実感はわかないだろう。私たちも、スーパーで、きれいにパックされたエビが、三〇〇〇キロはなれた海辺で、漁民が三角網で獲り、貝がらでていねいにすくい、洗面器に入れて養殖池に売られ、成長したものなどと考えてもいない。

人と人とが相《あい》対する世界ではない。資本（カネ）とテクノロジーが、私たちと第三世界を縦に結びつけている。バナナの場合、きょ大な多国籍《せき》企業による第三世界の直接的支配と、〈注2〉寡占《かせん》的生産構造がある。エビは大商社や大水産会社が基本的には生産・流通を支配しているといえるが、もっと広域で、企業の数も多い。関わる人の数も多い。また第三世界の側も、バナナより長い流通の経路がある。漁民はバナナ農園の労働者ほど、むき出しの支配を受けてはいない。エビ成《なり》金ということばは聞くが、バナナ成金ということばは聞いたことがない。問四バナナが大農園で、より〝工業的〟生産が可能なのに対し、エビは広い海、多くの漁民を相手にした産業である。資本の支配力が貫徹《かんてつ》しにくい側面がある。

2　大きなつばさで自由に世界をかけめぐり、空を飛べない人間に強いあこがれをいだかせる存在

3　昼と夜の世界の橋わたしをして常に止まることなく流れる時間の移ろいを告げ知らせる存在

4　あちら側の世界とこちら側の世界の境目に立ちはだかり行き来をはばんでいると強く感じさせる存在

［二］　次の文章を読んで後の問に答えなさい。

私たちはエビだけでなく、多くの天然資源や食糧《りょう》を第三世界で買付け、私たちの〝豊かな〟生活を享《きょう》受している。食糧も商品、資本のある者が買うことができると言ってすませるのならば、何も言うべきことはない。しかし、一方で、日本のネコにあたえられる魚のかんづめの中味に、シャム湾《わん》でとれた〝新鮮《せん》なピルチャード〟（イワシに似た魚）が使われ、スーパーに大量にちん列されている。また、東南アジアの漁村で、日本製のイワシのトマトソース煮《に》のかんづめが、やはり大量に売られている。こういうものを見てしまうと、**問一**私は私たちの生活のありよう、私たちと第三世界との関係のありように根本的な疑問を持たずにはいられない。

中村洋子さんの研究によれば（一九八四年）、フィリピンは、エビ、マグロなどの高級魚を日本に輸出し、サバ、イワシなど大衆魚かんづめを日本から大量に輸入してきた。魚介《かい》類輸出の五割、輸入の九割を日本に依《い》存している。これも〝外貨獲《かく》得のため〟とだけいえるのだろうか。低所得層ほど、このようなかんづめを食べているという。このかんづめの輸出はすべて日本の商社の手によって行われている。現在、大衆魚かんづめはパプア・ニューギニアに大量に輸出されている。

そもそも、遠い第三世界の海でエビを獲《と》り、あるいは養殖《しょく》し、それを冷凍《とう》加工して日本に運んでくるには、ばく大なエネルギーが消費されている。日本の養殖クルマエビは、大きく育つまでに、自らの体の一〇倍以上の魚介類を食べる。台湾で、そして東南アジアでのウシエビの高密度養殖も、他の魚介類のぎせいの上に成り立っている。

トロール船で獲られるエビは、直接的に大量の石油を消費する。インドネシアのイリアン海域で操業する四〇〇馬力のトロール船が、年二五〇～三〇〇日操業し、エビ四〇トンを獲ると想定して計算すると、エビ一キロの漁獲に対し、何と石油一〇キロが必要になるという（宮内、『エビの社会科学』未公刊、一九八六年）。この数字には、冷凍加工や輸送に要するエネルギー量はふくまれていない。捕獲するだけで、これだけの石油が使われるのである。これに日本に着いてからの、冷凍倉庫や運送のためのエネルギーが必要であることを考えると、エビは一体いくらの石油を消費することになるのだろうか。

遠洋マグロ漁では「マグロ一トンに石油一トン」と言われていたが、エビはその比ではない。トロールにかかった「くず魚」は、エビの七倍も一〇倍もの重さがある。これらは、海にすてられてしまう。ここにもろう費がある。

「からだの半分は輸入カロリー」といわれるほど、私たちは輸入食で暮らしている。そして、食はどんどん〝高級化、ぜいたく化〟してきている。良質な動物性タンパク食品であるエビは、その典型食品である。しかし、私たちの食の高級化の背後には、これまで述べてきたような、さまざまな問題がある。

る

4　父とのなつかしい思い出があるはずの玉浦なのにだれも父を知っている人がおらず、自分の記おくのたよりなさにがっかりしている

問九　――部「もどりながら彼は、波にもまれている海藻を見た」とありますが、「波にもまれている海藻」は何を表していますか。

1　玉浦の少年たちにさんざん打ちのめされる和一の姿

2　だまって遠くに来たことで親に責められる自分

3　早くにげようとあわてふためいてもつれる自分の足

4　言いがかりをつけてからんでくる玉浦の少年たち

問十　「銀色の水が息をしているように思えただけだった」（═部a）「底には光のうろこが息をしているようにゆれているだけだった」（═部b）の「銀色の水」や「光のうろこ」が「息をしているよう」だという表現は、どのようなことを表していますか。

1　玉浦の海には魚がたくさんいて海の底で大きな群れを作って常にうごめいていること

2　玉浦の海にはどんな人をもひきつけるみ力があってだれにでも親しみを感じさせること

3　玉浦の海には意志を持っていると感じられるえたいの知れない力がひそんでいること

4　玉浦の海には海面からは見えない潮の流れが底の方だけではげしくうずまいていること

問十一　――部「その時のことを考えると、浩の胸にはひっそりと蜜のようなものが流れたが、そのこと自体はもう先行きの知れない興奮ではなかった」という一文について答えなさい。

①「蜜のようなものが流れる」とはどのようなことですか。本文中の言葉を用いて三十字以内で答えなさい。

②「もう先行きの知れない興奮ではなかった」とはどういうことですか。次の文の□に入るふさわしい語句を本文中からぬき出しなさい。

浩にとって和一が□になったこと

問十二　――部「新しい気持は浩を自由にし、夕闇が二人をいつもより結びつけているように感じられた」ときの「浩」の説明としてふさわしいものを選びなさい。

1　自分たちを負かした玉浦の少年たちへの対抗心が燃え上がった

2　和一と自分が同じ土地の人間であるという強い連帯感が生まれた

3　和一と自分との間に二人だけの秘密ができたことによいしれた

4　二人で力を合わせて大きなぼう険をした達成感に満たされた

問十三　「日なたの海から影の海へ、波がたえ間なく流れこんでいた。光と影の境に岩が二つあって、黒いくいが並んだかっこうに海鵜がとまっていた」（〰〰部ア）、「十羽ぐらいいた。一羽残らず陸に背を向けて、海を見ていた」（〰〰部イ）、「海鵜の群れもたけだけしい後姿を見せたまま、ほとんど動かなかった。長い時間をおいては、なかの一羽がつばさを思いきりひろげ、あたりを見まわし、海へ入って行った。海鵜たちはそんな在り方を少しも変えないまま、だんだん夕闇にまぎれて行った」（〰〰部ウ）という部分から、この文章で「海鵜」はどのような存在として描かれているとわかりますか。

1　岩の上で何羽も集まって海を見張り、海のすべての生き物を管理しているかのように思わせる存在

浩の胸いっぱいに広がり、和一との友情がより深まったこと

問五　――部「そこまで行くと、浩はこわくなった」とありますが、なぜですか。

1　和一が話した潮の加減がどうしても理解できず、水の流れがいきなり速くなる様子を想像すると、えたいの知れない無気味さにおそわれたから

2　和一の父のそう難や止め島の話を聞いたり、枯れた一本松を見たりしたことで、玉浦は自分が来てはいけない場所だと改めて感じ始めたから

3　カニがたくさんいるという浜にいざ近づいてみると、多くのカニにはさまれたときの痛さが思いやられて、急におじけづいてしまったから

4　玉浦の子どもたちとはぜひ仲良くしたいと思っているが、力があってすもうが強いという彼らが受け入れてくれるかどうか心配になってきたから

問六　――部「いつも大きく見える彼が、一回りしぼんだようだった」とありますが、なぜそのように見えたのですか。

1　和一が実は強がっているだけであることをびん感に感じ取ったから

2　険しくそそり立っている大きな岩の高さは和一の身長の何倍もあったから

3　向こうの浜は和一が言うほどみ力的な場所ではないと思い始めたから

4　和一に対する信らい感よりも自分の感じているこわさの方が強かったから

問七　――部「波はガラクタをなぶりものにしていた」という様子は、どのようなことを表していますか。

1　すっかりこわされた生けすのガラクタが波にただよっているのを見て、必死について行こうとする浩が和一から対等にあつかわれていないと気づき始めたこと

2　がんじょうなセメントをも崩してしまう波の強さを見て、未知の世界に足をふみ入れる試練に立ち向かわなければならないと浩が心を奮《ふる》い立たせていること

3　人間の営みを一しゅんにして価値のないものにしてしまう自然を目の当たりにして、ちっぽけなことにこだわらずなりゆきに任せるべきだと浩がさとったこと

4　人間の力などとうていおよばない自然の恐ろしさを目の当たりにして、見知らぬ土地で自分にも恐ろしいことが起こりそうなばく然とした不安を浩が感じていること

問八　――部「あてどない悲しい顔だった」ときの「和一」の説明としてふさわしいものを選びなさい。

1　親しみを持っていた玉浦の少年たちに悪《あ》しざまにののしられ、うかつに近づいていった自分のあさはかさをいやというほど思い知らされている

2　なじみの土地であったはずの玉浦が思いがけず自分を受け入れてくれなかったことに傷つき、どうして良いかわからなくなっている

3　たびたびおとずれていた玉浦という土地がらの暗い側面をかいま見たことで、人間というものが信じられなくなり、やけになってい

――帰って来るかしらん、と彼はつぶやいた。

和一が道を登って来るのがわかると、浩はかけ寄った。浩がだまっていると、

――こんなとこへ来んほうがいいっけ、と和一はいった。

泣いたあとの声だったが、なみだはふくんでいない、すがれた調子だった。

――ぼくのせいか、と浩はいった。

――そうじゃあないよ。

――どうされたっけだ。

――いいようにされた。おれら痛くてたまらんっけ。元浜の手合は顔を出すなっていやあがって。

――玉浦の衆は、和一ちゃんちお父さんと一しょの船で死んだのにな。

――ロクな船方はいないさ。ロクな船もないもんで、ひがみっぽいさ。

浩にとって、和一は身近な人になっていた。その日の昼までは、一しょにいると胸がはずんで前後を忘れそうになったが、夕方にはふつうの上級生になっていた。問十二 新しい気持は浩を自由にし、夕闇が二人をいつもより結びつけているように感じられた。（小川国夫『彼の故郷』）

問一　この文章について答えなさい。

①　季節はいつごろですか。次の中からふさわしいものを選びなさい。

1　春の終わりから夏の半ば
2　夏の終わりから秋の初め
3　秋の終わりから冬の初め
4　冬の半ばから春の初め

②　「浩」は何年生くらいですか。

問二　――部「浩はまだそこから向うへは行ったことがなかった」とありますが、「そこから向う」は「浩」にとってどのような所ですか。

1　岩が高く険しい危険な世界
2　自分が行くことのできない世界
3　子どもには行くにあたいしない世界
4　父との大切な思い出がある世界

問三　――部「引潮のようなものが作用した」とありますが、どのようなことを表していますか。

1　ほとんど義務的に足を運んでいること
2　ぴんと張りつめていた気持がやわらいだこと
3　自分でも不思議なほど足が前に進んだこと
4　やはり来なければよかったと後かいしたこと

問四　――部「海へは陽がさしこんでいて、まるで光のつぼだった」とありますが、どのようなことを表していますか。

1　言葉にできないほど美しい玉浦の風景を初めて目にして、浩が心おどるような感動をおぼえていること
2　とつ然目の前にあらわれた海のかがやきの異様さに圧とうされ、浩の心のおく底にかすかな不安が生まれていること
3　殺風景な玉浦の漁村とは対照的に美しく豊かな海は浩にとってみ力的で、思わずぼう険したくなるようなものだったこと
4　見たこともない美しい玉浦の風景を見せてくれた和一への感謝が

和一は向う側の岩の間へ入って、見えなくなった。彼が話していた小さな浜へ下りて行ったのにちがいなかった。それはそうだったが、浩が岩の間へたどり着いて見下ろすと、浜にいたのは和一だけではなかった。彼は二人の少年にはさまれていた。彼らは和一より背が低かった。しかし、和一の方が弱そうだった。彼らにくらべると、和一の体でさえ、日かげの草のように見えた。

浩のうしろでは、波が洞《ほら》に反響《きょう》し続けていたから、彼らの声はきれぎれにしか聞えなかった。

——……来んていいじゃん。

——いばりすぎらあ、おれらが行った時……。

——元浜のやつら……。

——一人でそう思ったのか。

などという言葉の破片が浩の耳へささった。それから、砂に足をとられもどかしい走り方で、こっちへにげてきた和一が、岩へとりつこうとして、大きく口を開いた。問八あてどない悲しい顔だった。岩からむしり取られ、和一は自分から転ぶようなかっこうになった。そして、二人に蹴《け》られると、一人の足にしがみついて噛《か》んだが、小倉もめんのズボンの上からだったから、相手は大して痛がりはしなかった。うしろへまわったもう一人に背中を蹴られて、和一はのけぞった。

浩がにげようとしてふり返ると、切り立った岩がユラッと動いたようだった。だがにげ始めたら、せまいひさしの形の通路はこわくなかった。問九もどりながら彼は、波にもまれている海藻《そう》を見た。行く時には、下を見ないようにして横ばいだったのに……。

浜から部落へ入ろうとして、浩は半てんを着た年寄に会った。その人は浩を見つめながら、ゆっくりすれちがって行った。浩はその人に和一のことをいってみようかと思ったが、切りだせなかった。その人もまた気心が知れなかった。だまったまま浩は部落を横ぎって、県道めざして登った。県道へ出るまでは、一度も立ち止らなかった。

彼は、玉浦の一本道を見守っていた。その行く手は、まきや松、岩や屋根をぬって見えがくれしていた。そして、見えるはん囲に時たま人や犬が現れたが、和一ではなかった。浩は急しゃ面の松林をすかして見たが、問十b底には光のうろこが息をしているようにゆれているだけだった。そのすぐ近くに和一はいる、しかし、見えることはあり得なかった。

やがて浩の視界には、夕方の気配がしのびこんだ。止め島の海鵜のフンが澄《す》んだだいだい色に染まって、深い色の海に美しく浮《うか》び上がった。波は彫《ほ》ったように静止して見えた。問十三ウ海鵜の群れもたけだけしい後姿を見せたまま、ほとんど動かなかった。長い時間をおいては、なかの一羽がつばさを思いきりひろげ、あたりを見まわし、海へ入って行った。海鵜たちはそんな在り方を少しも変えないまま、だんだん夕闇《やみ》にまぎれて行った。

——玉浦の衆はキツい。和一ちゃんだってあんなふうにされた、と浩はつぶやいた。

この秋の運動会のことも遠い思い出のようだった。その日は特に、和一は目立つ生徒だった。リレーの選手で、五年一組の最終走者だったが、三人目までは三位だったのに、彼が走って一位にした。カーブではスピードをおさえていて、直線コースですばらしく走った。

問十一その時のことを考えると、浩の胸にはひっそりと蜜《みつ》のようなものが流れたが、そのこと自体はもう先行きの知れない興奮ではなかった。

――………。

――その前には父ちゃんがよく連れてきてくれたさ。父ちゃんが酒を飲むもんで、帰りに自転車がグラグラしたや。

――夜か。

――夜さえ。海へ落ちそうでおっかないっけや。

二人は部落へ入り、生けがきの間の路地を歩いた。海面は一段低かったから、海近くまで家があった。そしてはずれの家のまきの木は、傷あとのような白い幹をさらしていた。そこからは、海鵜のいる岩がよく見えた。岩の頂きは、しっくいのように白いフンをかぶっていたので、海鵜ははっきり見えた。問十三イ十羽ぐらいいた。一羽残らず陸に背を向けて、海を見ていた。

――魚をねらっているさ。あそこには魚は多いぜ、と和一はいった。

――つりに行けばいいじゃん。

――止め島だもん。

――止め島ってなんだ。

――潮の加減で、行っちゃあ悪い島ってこんだ。

浩には潮ということがよくわからなかった。人もいうように、海には風と関係のない変化があることを彼は感じてはいたが、彼にはわかりにくいことで、わかることをあきらめていた。

――潮で、岩の間を速く水が流れるんだってな、と浩はいった。

――当り前のことをいうな、と和一はあわれむように浩の目を見ていた。

止め島の手前には、岸近くひし形の岩がそそり立っていた。岸の岩を魚の胴《どう》とすると、尾《お》のような形の岩だった。岸から気まぐれな種が飛んだのだろう、その岩には一本松が立っていたが、枯《か》れてから何年もたった様子だった。難破《ば》した船の漁師が立ち上がって死んだかっこうで、その灰色の骨は風によじれていた。枝のさきは、浩が久《く》能山で見たかぶとの角のようにとがっていた。

――向うへ行ってみっか、と浩はいった。

――さっきカニがいるっていった浜はあっちだぞ、と和一はいった。

問五そこまで行くと、浩はこわくなった。ともするといじけそうになる自分をはげまして、岩に沿って歩いた。和一は身軽に歩いていたが、問六いつも大きく見える彼が、一回りしぼんだようだった。

二つの岩の間にはコンクリートのせまい橋があって、やがてその橋は、垂直な岩はだに馬蹄《てい》形のひさしとなっていた。そこは井《い》戸を縦に断ち割った地形だった。

――生けすに使っていたけえが、波が崩《くず》いちゃっただって、と和一はいった。

見下ろすと、セメントで工作したあとがわかった。問七波はガラクタをなぶりものにしていた。そして、一つ所で、おうぎ形にひろがっていた。わき立つあわの上にやわらかな虹《にじ》が静止していた。

和一は馬蹄形のひさしの上を伝わって行った。浩がついて来るのは当然と思っているらしかった。しかし浩は、平気だと自分にいい聞かせてはいたが、

――和一ちゃんと一しょに来るんじゃあないっけ、という内心のささやきをおさえることができなかった。

それでも、ひさしをわたり終った和一がこっちをふり向いてくれた時には、浩は力づけられ、笑って見せた。

【国　語】（五〇分）〈満点：一〇〇点〉

【注意】　句読点や記号などは字数にふくめます。

〔一〕　次の文章を読んで後の問に答えなさい。

二人は崖《がけ》へ向って歩き、大きな青い影《かげ》の中へ身をひたした。遠くから見るとそこは暗かったけれど、中へ入ると、日の当るところよりもかえって、ものの様子がこく明に見えた。

——寒いなあ、と浩《ひろし》はいった。

影のおくには、トンネルが黒黒と口を開けていた。道は登りになってトンネルの上をかすめ、崖の中腹へ出て行った。問二浩はまだそこから向うへは行ったことがなかった。そこには彼《かれ》をこばもうとする空気があるようだった。しかし、一たん抵抗《ていこう》をおしきって向う側へ入ってしまうと、問三引潮のようなものが作用した。浩は胸をはずませながら、

——もう玉浦《うら》の近くだもんな、とつぶやいた。

玉浦はそそり立ち、彼を影の中に包んでしまっていた。

父親が青島《チンタオ》の戦役《えき》から持ち帰った双《そう》眼鏡で、浩は玉浦を見たことがあった。遠い海面がいきなり近づき、波がゆっくり流れていた。潮の色が変る境目にカモメが群れていて、鳴き声が聞えないのが不思議だった。七、八羽いたろうか、大部分は波に乗っていて、なかの一羽か二羽がかわるがわるまっていた。その辺はおだやかだったが、崖の冷たい影のおくには、白い波がきばのようだった。しかし、玉浦の漁村は平和だった。とほうもなく高い崖に両側からはさまれ、三角の浜《はま》に二、三十軒《けん》家があって、船も船小屋もあった。うしろの山のしゃ面をつたわって陽光がすべりこんでいて、そこだけが明るく、ゆるんだひものような渚《なぎさ》がかがやいて動いていた。

和一と浩が海だけが見える地点へ出ると、少し風があった。問十三ア日なたの海から影の海へ、波がたえ間なく流れこんでいた。光と影の境に岩が二つあって、黒いくいが並んだかっこうに海鵜《う》がとまっていた。

崖のたなから細いわかれ道がついていた。その道を下りて行くと、左側には屋根も見えたが、右側は松林で、長い幹は険しいしゃ面とえい角になって、海面近くまで立ち並んでいた。そして、問四海へは陽《ひ》がさしこんでいて、まるで光のつぼだった。

——あそこにも浜があるぞ。カニがいっぱいいらあ、と和一はいった。

浩は背のびしてのぞいたが、浜は見えなかった。問十a銀色の水が息をしているように思えただけだった。

——なぜこんなとこに人がいるのかなあ。

——冬、暖かいだってさ。

——ぼくっちもこっちへ住めばいいっけ。

——学校は小さいぞ。一年に五、六人しかいないって。

——運動会もやるのかなあ。

——浜でやるじゃあないのか。

——運動場はないのか。

——あるよ。土俵もあるし、鉄棒もあるけえが……。

——いいな、それじゃあ。

——こっちの青年は力があって、すもうが強いって、父《とう》ちゃんがいってたっけ。おれらん父ちゃんは伊《い》豆の漁場で船がひっくり返って死んだけえがな、ここの衆も一しょだっけ。

問六　筆者がこの文章で主張していることを、四十字以内で書きなさい。

問七　あなたがこれまで学校で学んだ教科の中から二つ以上をあげ、それらをゆう合させるとどのようなことが学べると思うかを百八十字以内で自由に書きなさい。

【三】　次の各文が完成するように、文中の□にひらがな一字ずつを入れなさい。

1　あたかも雪が降ったかの□□□、桜の花びらがちりしいていた。

2　時間に厳しいＡさんがよもやちこくしてくることなど□□□□□。

3　せまい家ですが、どうかおくつろぎ□□□□。

4　この様子だと、今夜はおそらく雨が降る□□□。

【四】　次の――部1～5のカタカナを漢字で書きなさい。また――部6～8の漢字の読み方をひらがなで書きなさい。

旅の1ハて　　2ユデンがみつかる

3シチュウを建てる　　4シレイを下す

5キリョウのよいむすめ　　よくない6風聞がある

空が7白む　　8定石通りのやり方

「専門」に閉じこめる、ということはしていなかったのではないか。かれは、あらゆることに興味をもち、その興味のおもむくままに、あらゆることをしてみた、というだけのことなのである。「専門」という名の、ふしぎな制限をもたなかったことがあの、のびやかでゆう大なひとりの人物をつくったのだ。学問とか知識とかいうものは、じっさいは〈注3〉茫洋《ぼうよう》としていて、どこにも境界線なんか、ありはしない。もろもろの「学」というのは、いわば、ようかんを切りわけるごとくに、人間のがわが勝手にその茫洋たる世界を便宜《ぎ》上、わけてみたということにすぎないのであって、学問そのものが、はじめからバラバラに存在していたわけではないのだ。学問は、なんとか「学」という個別の「専門」学である以前に、要するに学問であり、学者は、なんとか「学」者である以前に、要するに学者なのである。切りわけられたひときれのようかんを「学問」だと思いこみ、その「専門」にみずからを閉じこめてしまうのは、学者として、とんでもないカンチがいだ。そのカンチがいを、学生たちが「専門バカ」という、**問一B**ミもフタもないあらっぽいことばで批判するのも、けっしてまちがいではないのである。

　学問といい、教育といい、そこで人間が目標とするのは、**問五**［　　］的な人間像であろう。切りわけられたようかんだけにしか興味をもつことのない「専門バカ」をつくることは、教育の目標ではない。しかし、それでは、いったい、どうしたらいいのか。

　わたしは、まず、こんにちの学問の世界での「専門」とか、その展開応用としての教育における「教科目」とかいったものが、はたしてこのままでよいのか、というところからかんがえてみたい。

（加藤秀俊『独学のすすめ』）

〈注1〉　水をくみあげる機械。

〈注2〉　一四～一六世紀にかけて全ヨーロッパに広まった、学問・芸術・文化の復興・再生をめざす動き。

〈注3〉　広広としてはてしないさま。

問一　――部A・Bの言葉の意味としてふさわしいものを選びなさい。

A　おしなべて

1　多少の推測をまじえて
2　他のものと比べて
3　全体にわたって同じように
4　ひとつひとつ確認して

B　ミもフタもない

1　ひどくまちがっていて直しようがない
2　前後のつながりがなく意味がわからない
3　何が本質的なものなのかはっきりしない
4　あからさますぎて味わいもふくみもない

問二　この文章で筆者がいう「学問」とはどのような行為《い》ですか。文章中の言葉を用いて、十字以内で書きなさい。

問三　――部「ルネッサンスのころまでの『知識人』」とはどのような存在ですか。文章中の言葉を用いて、四十字以内で書きなさい。

問四　――部「現代という時代に生きるわれわれのもののかんがえかた」とありますが、それはどのような考え方ですか。自分の言葉で書きなさい。

問五　［　　］に入る最もふさわしい語句を本文中から漢字二字でぬき出しなさい。

【二】 次の文章を読んで後の問に答えなさい。

わたしは、「教科目」というものを中心にしてかんがえ、たとえば実験学級でおこなわれているような「総合」の必要を論じてきた。しかし、ふりかえってみると、われわれは、はじめから「教科目」というものをもっていたわけではなさそうである。わたしのかんがえでは、およそ「教科目」というのは、ひとつの歴史的な産物であって、こんなみょうちくりんなものにおつきあいしながら「教育」がおこなわれるようになったのは、ごくさいきんのことなのである。

日本でも西洋でも、ついこのあいだまでは「学問」とは、しょせん「学問」ということであり、その「学問」とは、要するに知識を探究する、ということ以外のなにものでもなかった。知識の領域は、ぼんやりとわかれていたけれども、ひとりの人間の内部では、さまざまな領域にわたっての好奇《き》心がひとつに統合されていた。レオナルド・ダ・ヴィンチなどはその典型ともいうべき人物であって、かれはいっぽうでは、〈注1〉揚《よう》水機だのハシゴ車だの飛行機の原型などをつくりながら、他方では人体解剖《ぼう》図をつくったり、流体の研究をしたりもした。そして、人生論も書いたし、あの「モナ・リザ」をもふくめて、たくさんの名画ものこした。かれののこした論考は五千枚におよび、そのテーマは、万華《げ》鏡のごとく多岐《き》にわたっているのである。

だからこそ、ダ・ヴィンチは、しばしば「天才」だ、といわれる。たしかにかれは天才であった。しかし、かれが例外的な頭脳であったことはみとめなければなるまいが、だいたい、〈注2〉問三ルネッサンスのころまでの「知識人」というものは、問一Aおしなべていうならば、こうした存在ではなかったのだろうか。「物理学」だの「生物学」だの「機械工学」だのという、もろもろの「学」の名前は、当時の世界では知られていなかった。すくなくとも、こんにちのような意味での厳密な境界線をもってはいなかった。境界線があったとしても、いろんな知的探求の作業はたがいにゆう合しあい、ひとりの人間の内部で統合されていた。

ギリシャ時代には、たくさんの思想家がいた。たとえば、ピタゴラスのように、幾何《きか》学の定理を発見した人もいたし、アルキメデスのように、物理学の探求をした人もいる。アリストテレスのような哲《てつ》学者もいたし、ヒポクラテスのごとき医学者もいた。ギリシャの学問というのは、すばらしい学者たちによって形成されていたのである。しかし、こうした学者たちを、哲学者、物理学者、といったようなことばでひとりひとり、しめくくるのは、ひょっとすると、問四現代という時代に生きるわれわれのもののかんがえかたの投影《えい》にすぎないのかもしれない。ヒポクラテスは、たしかに、人間のからだの仕組みと、健康について論じたけれど、かれじしんがみずからを「医学」の「専門家」とかんがえていたかどうかは、わたしなどにいわせれば、すくなからず疑問だ。こんにちのことばでいえば、ギリシャの学者たちは、それぞれが、ひとりで多面的な知識人であった。ひとりの人間が、こんにちのことばでいえば、「物理学者」、「哲学者」、「数学者」、「政治学者」等等のたくさんの「専門」をかねそなえていた、というのがどうやら歴史的事実というものなのである。プラトンが、おれは「哲学者」なのだから、「専門」外のことは何も知らないよ、などと開きなおっていた、とはわたしには思えない。かれに「哲学者」という名前をあたえたのは、要するに、後世の人びとなのであった。

それとおなじことで、ダ・ヴィンチもまた、みずからをなにがしかの笑」「微笑」の説明としてふさわしいものをそれぞれ選びなさい。

1　虎の研究のために動物園に行ったことを見すかされたおどろき
2　自分の本領は虎を演じることで発揮できるのだという自信
3　ささいなことを書きたてて読者の気をひく劇評家に対するあわれみ
4　自分の個人的な生活にまで口出しされてこみあげてきたくやしさ
5　真けんに虎を演じようとする自分がばかにされたことに対する怒り
6　自分は虎を演じる程度の実力しかない役者だという自らへのあざけり

問九　——部「つづいて由井が登場した。川原が登場したが、そのたびにかかる大向こうかけ声は、深井のそれにおとるとも勝らなかった。深井は『それ見ろ』と思った」とありますが、「それ見ろ」とは前に「深井」が考えたことをうけています。その部分を五十字以内でぬき出し、最初と最後の八字を書きなさい。

問十　——部「深井は得意の絶頂から、たちまちにして恥のどん底に放りこまれた」のはなぜですか。

1　夢中になって虎を演じていた自分を息子が見ていたことを知り、息子に対してつねづね感じていた引け目を再び意識してしまったから
2　舞台の上で我を忘れて虎になりきっていたのに、いきなり現実の人間の世界に引きもどされてすっかり興ざめしてしまったから
3　観客のさかんなかけ声に有頂天になっている自分が冷静な息子の目にはどのようにうつっただろうかと思うと、急に不安になったから
4　自分の演技には満足していたが、人間以外の役を演じることは父親としての威厳を失うことだと初めて気づきうろたえたから

問十一　——部「こうして虎と人間の子とは、暗い背景のかげでしばし泣き合った」とありますが、ここからどのようなことが読み取れますか。

1　動物園にいた虎が本来はするどい野生の力を備えながらも現実には暗いおりのなかでその力を発揮できないでいるように、深井と息子も暗く目立たない世界で生きていかねばならないこと
2　深井が本物の虎になりきってかっさいをあびたにもかかわらず、息子はせりふもない虎しか演じることのできない父にふがいなさを感じており、親子の間にいつまでもうまることのない深いみぞがあること
3　深井は動物園で見た本物の虎のように野性味《み》あふれる虎を演じることができるすぐれた動物役者だが、息子から見ればあくまでも尊敬できる一人の温かみのある父親でしかないということ
4　野生の活力をうばわれた動物園の虎に自分の姿を見たことで深井が虎になりきったように、息子もまた、見事に虎を演じきった父の姿を見て父と一体となり、二人の心が深く通じ合ったこと

問十二　「深井」はどんな人物ですか。三つ選びなさい。

1　冷こくである　　2　物事に没《ぼっ》頭しやすい
3　プライドが高い　　4　おく病である
5　飽《あ》きやすい　　6　感受性が強い

りますが、「いつもながら」感じる「恥らい」の説明としてふさわしいものを選びなさい。

1　父としても役者としても自分をしたってくれている息子に対してどちらにおいても優れていたいのに、役者としてはたいした役が回ってこなくて息子にいいところを見せられないこと

2　息子は規則正しい生活をして朝早くから起きているのに、父として息子を教育すべき自分がねぼうをして息子の前でおそい朝食をとることになり、息子にしめしがつかなくなっていること

3　雑誌に自分の写真をのせてもらうことがごくまれにしかなく、しかもそれがお情けであるのに加え、写真自体がいかにも小さくて、自分の活躍がじゅうぶんに息子に伝わらないこと

4　自分が役者としていつまでたっても一人前になれないことで息子が自分をさげすんでいるのをびん感にさとってはいるが、それでも威厳ある父親を演じなければならないこと

問四　——部「頭の中でひらひらと思いうかぶ事」とは何ですか。文章中の言葉を用いて書きなさい。

問五　——部「父もまた子からの解放を喜んだ」のはなぜですか。

1　父としての立場を忘れて、役者として思う存分虎の行動を観察できるから

2　息子との慣れない外出に気疲れし、一人の時間をのんびりと過ごしたくなったから

3　見たくもないカバではなく自分の好きな虎だけをじっくり見物できるから

4　自分の仕事にむりやり息子を巻きこんでしまった罪悪感がうすれるから

問六　——部「一種のあわれみとともに、みょうな愛情さえも生じて来た」について答えなさい。

①どのようなことに「一種のあわれみ」を感じたのですか。二十字以内で書きなさい。

②「みょうな愛情さえも生じて来た」のはなぜですか。文章中の言葉を用いて二十字以内で書きなさい。

問七　——部「けれども眼前の虎は、彼にただ一度のあくびを見学させただけで、あとは林のように動かなかった。それでも彼は満足した」のはなぜですか。

1　大きなあくび一つで虎のどう猛な姿を十分表現することができるのだとわかり、思いがけない収かくを得たように感じられたから

2　頭の中で想像していた虎とちがって本物はさほど動かないという事実を目の当たりにし、役作りの方向が明確になったように思われたから

3　虎とひたすら向き合い、いっしゅんなりとも虎のあくびの中に野生の姿を見出したことで、虎の気持がわかったように感じられたから

4　虎を長時間見つめて、本物の強さは実は静けさの中にこそあるのだということに気づき、真の虎の恐ろしさを見たように思われたから

問八　——部「彼はそれを読んだ時、ちょっと一種の憤激に近いものを心に起こした。がしかしそれはすぐ消えて、あとには苦笑となり、次いで晴れやかな微笑へ推移した」とありますが、ここでの「憤激」「苦

して、ぬいぐるみののぞき穴から、そっちを見やった。そこには彼の息子の亘が、

「お父さん！」といって立っていた。

問十 深井は得意の絶頂から、たちまちにして恥のどん底に放りこまれた。彼は彼の息子の前で、ぬいぐるみの中の顔を年がいもなく真っ赤にしたが、再び見おろした息子の目には、このふがいない父の一役を、非難するような何物もなかった。かえって父の苦しい境ぐうに同情する、泣きたいような表情が現れていた。

「亘！」深井は思わずそういって、息子の身体をひしと引き寄せた。なみだがぬいぐるみの虎斑《ふ》を伝うてぼろぼろと落ちた。……

問十一 こうして虎と人間の子とは、暗い背景のかげでしばし泣き合った。

（久米正雄『虎』）

〈注1〉くいちがうこと。
〈注2〉神が真理を人間にあらわし示すこと。
〈注3〉二間四方のこと。一間は約一・八二メートル。
〈注4〉喜んで行う様子。
〈注5〉しばいで合図としてたたくひょうし木。

問一 ===**ア**・**イ**と同じ意味で用いられているものをそれぞれ選びなさい。

ア そそくさと

1 友人の結こん式のスピーチをたのまれたAさんは、とても喜んでそそくさと原こうつを書きはじめた
2 クラブの先ぱいにあこがれているBさんは、先ぱいのたん生日のためにそそくさとマフラーを編んだ
3 友人から借りた本を返していないC君は、町で友人の姿を見かけてそそくさとその場を立ち去った
4 ねぼうしてバスに乗りおくれてしまったD君は、必死になって駅への道をそそくさと走っていった

イ ようようとして

1 A先生はとつ然の大地しんにも動じないで、ようようとして生徒のゆう導にあたった
2 金メダルをかく得したB選手は、ようようとして表しょう台のまん中にのぼっていった
3 長年つとめた会社を定年退職したCさんは、ようようとして静かな生活を楽しんだ
4 Dさんは毎月こつこつとおこづかいをためて、ようようとして自転車を手に入れた

問二 ――部「そしてもう晴れ晴れした顔つきをしながら、階下へ下りて行った」ときの「深井」の説明としてふさわしいものを選びなさい。

1 生活のためには役者としてのほこりを捨て、たとえ動物の役であろうとやらないわけにはいかないと、気持をきりかえた
2 演劇の実力者である自分がたかが動物の役であれこれなやむことはないと思いいたり、世間の悪い評判を頭から取りはらった
3 虎などというやりがいのない役を自分におしつけた演劇仲間たちの悪意を感じ、なんとしても彼らをやりこめようと奮起した
4 虎を演じることに恥《は》ずかしさを感じていたが、虎を演じられるのは自分しかいないと考えることによって自信を取りもどした

問三 ――部「彼は息子に対して、いつもながら恥らいを感じた」とあ

学させただけで、あとは林のように動かなかった。それでも彼は満足した。これだけ虎の気持になれればあとは、自分で勝手にはね狂《くる》えるように感じた。

「そうだ。一つ思い切って虎になってやるぞ。おれには色男の気持なぞよりも、もっと切実に虎の気持がわかるのだ」こう彼は心にさけんだ。

やがて彼はそこへもどって来た息子の手をひいて、前よりももっと〈注4〉欣《きん》然としながら、動物園の門を出た。――

翌日彼はふとJ新聞の演芸一夕話《せきわ》といううわさ書きの一らんを見た。するとそこにはれいれいしく、「例の動物役者で売った深井八輔《すけ》は、このごろではすっかり人間ばなれがしてしまって、昼飯はにゃごにゃごいいながらあわび貝で食い、給金はチンチン後足で立ちながら、もらうというこり方だが、いよいよ今度の歌舞伎座《かぶきざ》でも役もあろうに虎一役で大収まりに収まり、動物園に通って熱心に研究中。」と出ていた。それは昨日会った例の劇評家が、筆にまかせて書いた物に相違《い》なかった。

問八 彼はそれを読んだ時、ちょっと一種の憤《ふん》激に近いものを心に起こした。がしかしそれはすぐ消えて、あとには苦笑となり、次いで晴れやかな微《び》笑へ推移した。

「なあにこれがおれの人気なのだ」

そう思うと彼はさらに『虎』一役を成功させる必要を感じた。彼はもうたばこを吸いながらも、飯を食いながらも、ねどこの中にいながらも、ひたすら虎の動作のみを考えていた。

その中にいよいよ初日は来た。そして丁数は進んで彼が虎となって現わるべき三幕目となった。彼は笑い顔一つせずに、虎のぬいぐるみを着て、知らせの〈注5〉柝《き》とともに球江邸《てい》の露《ろ》台上に横たわった。

幕は開いた。まだだれも登場しなかった。ただものうげにねていた虎が、ようやく永い日のねむりから覚めたように、ちょっと身を動かして一声二声「ううっ」とうなった。そのとたんに大向こうから、「深井、深井！」と呼ぶ声が五つ六つかかった。深井は内心すくなからず得意だった。

問九 つづいて由井が登場した。川原が登場したが、そのたびにかかる大向こうかけ声は、深井のそれにおとるとも勝らなかった。深井は「それ見ろ」と思った。そして内心ますます得意だった。

劇は進行した。彼は由井と川原との会話を聞きながら、ひたすら自分が跳躍すべき機を待っている。劇は高潮に達した。そしていよいよ彼の活躍すべきキッカケとなった。

彼はまず猫とも虎ともつかぬ獣の伸《の》びを一回した。それからおもむろに一、二度うなった。そして球江のからかうに連れて、猛然とその胸を目がけておどりかかった。つないであるくさりがぴんときん張するほどに、勢いこんではね狂った。

観客はわき立った。「深井、深井！」と呼ぶ声がずい所に起こった。彼はぬいぐるみを通して、それらのかっさいを聞きながら、ほとんどわれを忘れて跳躍した。もう不平もなかった。憤激もなかった。ゆううつもなかった。恥じょくもなかった。ただ彼の忘我の心の中には、いいようのない快感のみが存在した。

彼のなおも猛然たる跳躍の中に幕は閉じた。見物のかっさいはまだ鳴りひびいていた。彼はすっかり満えつした。そして**問一イ**ようようとしてぬいぐるみのまま、舞《ぶ》台を引き上げて来た。するとその暗い書割《かきわり》のかげで、不意に彼の片手へすがりつく者があった。彼はちょっとびっくり

「だってぼく動物園へ入って見たいんだよ。去年からまだ一度も行かないんだもの」

「動物園?」

思わず反問した彼は、問四頭の中でひらひらと思いうかぶ事があった。彼はこの子供の言葉を、一種の〈注2〉啓《けい》示として感謝していいか、一種の皮肉として苦笑していいか、どっちに取るべきかに迷ったが、たとえ子供を通して、神様から笑われているにしても、この機会を利用して、虎の実態を研究しておくのが、昨今の急務だと彼の職業が教えた。

「動物園へカバが来てるんだからさ。ね。連れてっておくれよ」

「そうだな。それじゃたまには亘坊《ぼう》の相手になって、カバでも虎でも見て来ようか」

(中略)

上野の秋は木木も色づいて、広く白い散歩道には、人の流れが所所に日がさをうかして動いていた。屋内にばかりいなれた深井は、青空の下でおのずから気が晴れ晴れした。彼はまっすぐに動物園へ向かった。

園内に入ると、亘は喜んでかけ出そうとした。深井はそれを引き留めて、

「じゃお父さんは虎を見ているから、お前はすっかり見て回ったら帰っておいで」といいわたした。亘は父がなぜそう虎に興味を持つかとせんさくする余ゆうもなく、勇み立って父のもとからの解放を喜んだ。彼はもう走って行って、サルのおりの前にいる多勢の子供の中にまぎれこんでしまった。

問五父もまた子からの解放を喜んだ。そして一人ゆっくり歩を運んで、ずっと前に来た時の記おくをたどりつつ、猛獣《もうじゅう》のおりを探し回った。目ざす虎のいる所はすぐにわかった。

彼はみょうな心持でおりの前へ立った。〈注3〉方《ほう》二《に》間《けん》ほどの鉄のおりの中には、彼の求むる虎そのものが、ものうげに前足をそろえて、うずくまっていた。そのうすよごれた毛並みと、どんよりくもった日のような眼光が、まず彼の目に入った時、彼はちょっとした落たんを感じた。あまりに今まで想像していた、猛獣の威《い》勢とちがったからである。けれどもじっと見つめている間に、彼の心はだんだん虎に同情して来た。問六一種のあわれみとともに、みょうな愛情さえも生じて来た。このほがらかな秋の日を、うすら寒くおりの中にとざされて、あらゆる野性の活力をうばわれ、ただどんよりとうずくまって、人人の見るがままに動きもせぬ獣、その獣こそは自分の境ぐうにも似ているとさえ感じた。しかしどこが似ているのか、彼自身にもわからなかった。

彼はばく然とそんな感がいに打たれて自分がこの虎にふんするのを忘れ、虎の肢態《したい》を研究するのを忘れてじっとおりの前に立っていた。

虎も動かなかった。彼も動かなかった。この不思議な対照をなす獣と人とは、ぼんやりたがいに見合ったまま、じっといつまでも動かなかった。しまいには深井は、虎と同じ心持を持ち虎と同じ事を考えているように感じた。

とつ然虎は顔をみょうにゆがめた。と思うとそのとたんに、それだけあざやかな銀色のひげを植えた口を開いて、大きな獣のあくびをした。開いた口の中は鮮紅色《せんこう》で、ぼたんというよりはバラの開いたようだった。がそれも一分間とたたずに、虎はまた元のような静けさに帰った。

ふとわれに帰った深井は、危うく忘れかけた自分の目的を、再び心によみがえらせた。問七けれども眼前の虎は、彼にただ一度のあくびを見

【国　語】（五〇分）〈満点：一〇〇点〉

【注意】　句読点や記号などは字数にふくめます。

【一】　次の文章を読んで後の問に答えなさい。

「とにもかくにも、」彼《かれ》はなお床《とこ》の上で考えた。「ふられた虎《とら》一役は、うまくやらなければならない。獣《けもの》にふんすることが、何も恥《ち》じょくというわけではない。獣でも鳥でも、うまくやりさえすれば立派な役者なのだ。そして何といっても、虎をやれる役者は、日本中におれしかないのだ。そうだ。一つ虎をうまくやって見物をわっといわしてやろう。そしてほかの役者どもをけとばしてやろう。今のおれが生きて行くには、そうするよりほかはないのだ」

　彼は急いで起き上ると、階下《した》にいる妻を呼んで、着物を着かえた。**問二**そしてもう晴れ晴れした顔つきをしながら、階下へ下りて行った。そこの長火鉢《ばち》のかたわらには、黄色いふきんがかけてある、彼のおそい朝の食台が待っていた。彼は急いでようじを使うと、**問一ア**そそくさとその朝飯とも昼飯ともつかぬ物に向かった。

　えん側には息子《むすこ》の亘《わたる》が、ひなたぼっこをしながら、古い演芸画報のページを、見るともなくひっくり返していた。その口絵の中には、ごくまれにしかのらぬ、彼の小さい写真姿があるにちがいなかった。お情けでたまにのせてもらう写真。**問三**彼は息子に対して、いつもながら恥《はじ》らいを感じた。この息子の目に、役者としての自分がどのくらいに映るだろう。そしてそれが父としての自分と、どれだけの〈注1〉抵触《ていしょく》を引き起こすだろう。——彼はばく然とそんな事を考えて、はしを運んでいる時に、亘は不意に声をかけた。

「お父さん。今日は稽古《けいこ》がお休みなの」

「ああ立ち稽古までお父さんは休みだ」

　こういいながら彼は、覚えなければならぬせりふが一言もない虎の役を、改めて苦苦しく思い起こした。彼は実際稽古場へは出ても、今度は他人とせりふを合わせる必要もなかった。要するに稽古というものは、彼にはいかに虎らしく跳躍《ちょうやく》すべきかを、一人考えればそれでよかった。

　がしかし虎というものは、一体どんな飛びはね方をするのだろう。彼は絵に描いた虎は見た。旧劇のある物に出る虎も見たが、実物の虎は、ただそれらを通して、ばく然想像しているに過ぎなかった。いざ自分が演ずるとなると、いかに動物役者の自分にも、まるで特ちょうがわからなかった。いずれ猫属《びょうぞく》に入っている獣だから、勢い立った大きな猫《ねこ》と思えば大差はなかろうが、もし旧劇の猫騒《そう》動なぞに出る、猫のしぐさ以上に一歩も出ないで、口の悪い劇評家なぞから、深井の虎は文字通りに、虎を描いて猫に類するなぞといわれてはしゃくだ。——彼はまたそんな事を考え続けた。

　息子の亘は父がそんな事を思いなやんでいるとは知らず、親におもねる子供の技巧《こう》の、おずおずするようなあまえた口調で、なおも問いを進めて行った。

「それじゃどこへも行くご用はないの」

「うん。まあないな。——だが何だって、そんな事を聞くんだ」

「ぼくね。お父さんがひまなら、今日上野へ連れてってもらいたいんだよ。お天気がいいんだからさ。ね。連れてっとくれよ」

「上野のどこへゆくんだ。あんな所へ行ったって、少しもおもしろくはないじゃないか。子供に絵の展覧会はわからないし。——」

しみ、全校生徒の前でたたえた

4 D君は労をおしんでこん虫採集にはげみ、だれにも負けないりっぱな標本をつくりあげた

問二 ――部「それ」の内容を二十字以内で書きなさい。

問三 ――部「写真というのは、じっさいをうつすものではけっしてない」とありますが、何を写すものなのですか。本文中から十字以内でぬき出しなさい。

問四 筆者は、人間はどのようなものの見方をするものだと言っていますか。

問五 この文章全体の内容をふまえて、筆者が考える「取材」とはどのようなものかを六十字以内で書きなさい。

［三］ 次の各文は、どれも表現が適切ではありません。適切でない理由をそれぞれ後から選びなさい。

ア この電車の次の停車駅は石川町にとまります。

イ 私は京都で姉から借りたカメラをなくしてしまった。

ウ 江《え》の島の海で泳いだり丹沢《たんざわ》への登山が私の夏休みの思い出です。

エ あなたには青いセーターより赤いセーターの方が全然似合っている。

（理由）

1 並んで述べられている部分が同じ形になっていない

2 主語と述語が正しく対応していない

3 うち消しの表現を必要とする修飾《しょく》語がうち消しがないのに用いられている

4 修飾語がどこにかかっているかがはっきりしない

［四］ 次の――部1～6のカタカナの部分を漢字で書きなさい。また――部7～10の漢字の読み方をひらがなで書きなさい。

災害を1カソウした2クンレン

富士山の3ソッコウジョ

4シャザイの言葉

社会の5エキになる運動

6シュクガ行事

7家屋　8空回り　9委ねる　10育む

うやっても電線が入っちまう。そうだ、バスの屋根から撮ってやれ」うんぬん。

　ぼくはここで、事実とは何か、真実とは何か、といったむずかしい問題を論じようとは思わない。ぼくがいいたいのは、冒頭に述べたように、何かを取材するときに、イメージというものが大きな働きをする、ということなのである。取材とは、ある意味では、自分のいだくイメージとの戦いである、といってもいい。

　だからといって、ぼくはイメージというものが取材のじゃまになり、マイナスの効果しか持たないというのではない。人間はイメージの動物である。イメージによって、いや、イメージによってしか対象を認識することができないのである。だからこそ、詩人ならともかく、〈注〉ジャーナリストにとっては、ものごとについての自分のイメージを、ことあるごとに反省するということが大切なのだ。（中略）

　だが、それはなかなかむずかしい。自分のいだいているイメージとは、自分がつくりあげている世界そのものである。それを否定することは、自分を否定することだ。どんな人でも、自分をそうかんたんに否定できない。自分のイメージがくずれてゆくのをだれも好みはしない。

　砂漠《ばく》といえば、多くの人たちは、「果てしない銀色の砂の海」を思いえがく。ぼくもそうだった。そのイメージにひかれて、ぼくはサハラへ出かけて行ったのである。だが、サハラは銀色の砂の海などではなかった。行けども行けども、ただ石ころだらけの褐《かっ》色の不毛地がひろがっているだけなのだ。むろん「砂の海」もないわけではないが、その部分はサハラ全体のごく一部で、せいぜい七パーセントにすぎない。しかも、その砂は銀色ではなく、みょうに赤味を帯びた淡《たん》褐色だった。

　ぼくの砂漠のイメージは見事に裏切られた。だが、その石ころだらけの不毛地や淡褐色の砂丘《きゅう》が、砂漠の新しいイメージをぼくのなかにつくりだした。その体験は、最初はひょうしぬけだったが、つぎにはべつのイメージの誕生だった。取材というのは、こういうものだとぼくは思う。

　取材とは、既《き》成のイメージがべつの新しいイメージに生まれかわる、その道行きのことなのである。

（森本哲《てつ》郎『「私」のいる文章』）

〈注〉新聞・雑誌・放送などの編集者・記者など。

問一　＝＝部**ア**・**イ**と同じ意味で用いられているものを選びなさい。

ア　ひょうしぬけ

1　私は何も悪いことはしていないのになぜか先生にしかられてしまい、たいそうひょうしぬけだった

2　テストのために一生けん命勉強したのに、急にテストがなくなってひょうしぬけだった

3　今年は例年以上の厳しい暑さが続き、暑さに強い私もさすがにひょうしぬけしてしまった

4　まさか受かるとは思っていなかったオーディションに意外にも合格し、ひょうしぬけしてしまった

イ　労をおしむ

1　A君は労をおしんで自分の荷物に名札をつけておかなかったので、他人の荷物とまぎれてしまった

2　すばらしい記録を次次にうちたててきたB選手は、労をおしんでとつぜん引退を発表してしまった

3　先生は努力のかいあってコンクールに入賞したCさんの労をお

［二］ 次の文章を読んで後の問に答えなさい。

人間は自分のいだいているイメージが裏切られるとガックリする。そのイメージがあざやかであればあるほど、問一アひょうしぬけは大きい。そこで人間は、本能的に自分の持っているイメージに合わせて対象を見ようとする。つまり、自分のイメージに合わないものごとを、意識的に、あるいは無意識のうちに無視したり、切り捨てたりするのである。

話はとぶが、ぼくはよく世界各地を遺跡《せき》をたずねて歩く。ところが胸にえがいていたイメージと実際の遺跡とは、たいてい、くいちがっている。だからぼくの遺跡への旅は、ほとんどが落たんと失意の旅である。せっかくやって来たのに、イメージとまるでちがっているのは、なんともやるせないものである。けれども、ぼくは思い直して、実際は実際なのだと自分にいいきかせる。そうすると、それはそれで、またおのずから別のイメージを生み出してくれるのである。

ぼくは遺跡の写真を何枚も撮《と》って帰り、それをカメラ好きの友人に見せた。すると彼は一見して、

「こりゃだめだな、使いものにならんよ」と、さも軽べつしたようにいった。そして、ぼくにこう教えた。

「カメラというのはね、問一イ労をおしんじゃいけないんだよ。ほんのちょっと移動してみる、あるいは高さを変えて撮る、そうすればいい写真になるんだ。見ろよ、電線が入っちまってるじゃないか。これじゃ、ぶちこわしだよ。こんなものはよけて撮らなくちゃあ」

なるほど、メソポタミアの最も古い遺跡、ウルのジグラットを撮ったぼくの写真には、電線がちゃんとうつっているのである。エジプトでスフィンクスを手前におき、ピラミッドを向こうに望んだ写真には、電線どころか電柱までが、はっきりとうつっている。そこで友人は舌打ちをしたのだ。

しかし考えてみると、問二それはおかしなことではないか。写真というのは現実の姿を、ありのままにうつしとるものである。ぼくはここでややこしい写真芸術論をブツつもりはないが、たいていの人たちは、写真を見るときに、それを現実の姿を、そっくりうつしとったものとして見る。それなら、どうして電線がうつっていてはいけないのか。そのほうが現実の遺跡の姿を、それこそリアルにうつし出しているわけではないか。

だが、問三写真というのは、じっさいをうつすものではけっしてない。人びとは自分の目でありのままを見ているつもりになっているが、じつは、自分の目以上に、自分のイメージで対象を見ているのである。そして現実の事物が自分のイメージどおりだったときに、はじめて、それをなまなましい現実だと思い、反対に、それが自分のイメージといちじるしくちがっていると、むしろ現実を非現実的のように思ってしまうのである。つまり、人間にとっては、自分のいだいているイメージのほうが、現実そのものよりも現実的なのだ。だからシュメールの聖塔《とう》や、エジプトのスフィンクスをうつしたぼくの写真を見たとき、友人は舌打ちしたのである。それは彼にとっては、遺跡にあるまじき風景であり、およそ非現実的のように思われたのだ。

そういえば、何人かの仲間と遺跡の前に立ったとき、多少とも写真の心得のある連中は、必ず電線だの、電柱だの、マイクロバスだのをよけてカメラを構えた。そして、口ぐちにこうつぶやいていた。

「ちえっ、あんなところにバスをとめやがって……」「まずいなあ、ど

2　せっかく吾一がやると言っているのに、おきぬがやめようと言い出したのが気に入らず、おせっかいなおきぬをさとしている

3　あえて危険なことを進んでしようとする吾一の考えが理解できないが、結果を見てみたくなり、やってみることを強くうながしている

4　自分の好意をまったく受け入れようともしなかった吾一への腹立ちがおさまらず、絶対に吾一に挑戦させずにはおかないと意地になっている

問九　――部「ちくしょう！　ちくしょう！　という気もちだけが、あばら骨のうしろでいきをしていた」とありますが、このときの「吾一」の説明としてふさわしいものを選びなさい。

1　幼いころから自分を見下してきた周囲への嫌《けん》悪感が、激しい憎《ぞう》悪へと胸の中で変化している

2　自分で自分を死においこんだおろかさへの後かいを、心のうちでどうしても消せないでいる

3　絶体絶命の状きょうにあってもあらゆることをはね返す精神を、心のおく底に確かに持っている

4　助けようともしない友だちのはく情さに、やり場のないいかりが腹の底からわきおこっている

問十　――部「あい色の連山の向こうに、雪をかぶった山が、背のびをして、こっちをのぞいていた。吾一はその白い山を見ていたら、ひとりでにおじぎがしたくなって、おじぎをした」とありますが、「吾一」はなぜおじぎがしたくなったのですか。

1　冷たい雪をかぶりぬきんでて高くそびえ立つ白い山の力強さと気高さが、ひとり命がけの挑戦をする自分の心にしみたから

2　暗い連山の向こう側に見えた白い山の明るさが、激しくゆれ動いていた自分の心をおだやかにし、希望を感じさせたから

3　ほかの山と異なり、雪をかぶってひときわ神聖に見える白い山を拝むことで、命がけの冒険がうまくいきそうな気がしたから

4　連山に守られるようにそびえ立っている白い山を見ているうちに、自分もほんとうは孤独ではないのだと思えてきたから

問十一　――部「そして無意識に、そいつを両手で、ポキーンとへし折った」ときの「吾一」の気持を二十字以内で書きなさい。

問十二　――部「いや、田んぼだけではない。クヌギ林も、ダイコンばたけも、遠い山も、近い丘も、何かしみじみと胸にせまってきて、目のうしろが熱くなった」ときの「吾一」の説明としてふさわしいものを選びなさい。

1　死をも覚悟《ご》しなければならず、もう二度と目に映るけしきのような平和な日常はとりもどせないと思い、悲しみにうちひしがれている

2　危ないことをして死ぬかも知れないから、このけしきを見るのも最後だと思うと、見るものすべてがいとおしくなっている

3　死をおそれることなく困難に立ち向かう自分に、周囲の自然すべてが力をあたえてくれているように感じ、うれしくなっている

4　たとえ自分が死んでもこの自然は何も変わらないのだと思うと、自分のしようとしていることがなんともつまらないと感じている

問十三　この文章の後に続く「吾一」の物語を百八十字以内で創作しなさい。

『ふム、じゃ、どうしてもやるんかい』」とありますが、このときの「京造」の説明としてふさわしいものを選びなさい。

1　吾一がやるなら自分は高みの見物をしてやろうと思いつき、わざとやめられないよう仕向けている

2　なんとしても吾一に危険なことをさせまいとするあまり、ついきびしい態度をとってしまっている

3　吾一が自分に助けを求めていることを感じ取り、吾一のずるさにいかりがこみあげてきている

4　せっかく助けてやろうとしたのに吾一は受け入れないと見きわめて、いらだちが頂点に達している

問五　――部「『えこじだなあ、おめえは』。投げつけるように言ったと思うと、京造はすたすたと向こうへ行ってしまった」とありますが、このときの「京造」の説明としてふさわしいものを選びなさい。

1　吾一の態度にひどく気分を害して、もはや吾一を見放してしまっている

2　吾一のやることに関わるのをおそれ、責任のがれをしようとしている

3　あくまでも冒《ぼう》険をしようとする吾一に、おろかさを自覚させようとしている

4　意志が弱いと思っていた吾一の意外ながんこさに、あきれてしまっている

問六　――部「吾一はどきっとした。それこそ、ほんとうに鉄橋から、まっさかさまに、落っこちたような気もちだった」とありますが、このときの「吾一」の気持の説明としてふさわしいものを選びなさい。

1　さっきまでやさしかった京造の態度が急に変わり、とまどいとあせりで動ようしている

2　もう絶対にやめられないのだという事実を身にしみて知り、孤《こ》独と絶望を感じている

3　やりたくないと言えず自ら危険な道を選んだことに、後かいと情けなさを覚えている

4　本心を見ぬく友だちすらいない現実に傷つき、悲しみと敗北感にうちのめされている

問七　――部「かり取られたあとの田は、毛をむしり取られたあとの、けもののはだを見るようで、いかにもさむざむとした感じだった」という一文は、ここでどのような働きをしていますか。

1　いよいよ始まろうとする吾一の挑《ちょう》戦が危険をともなう命がけのおそろしいものであることを暗示している

2　助けてくれる者も自分を守る手立てもないままむぼうな冒険をしなければいけない吾一の暗い気持を象徴《ちょう》している

3　これから訪れるかこくな冬をのりこえるにはあまりにもよゆうのなかった当時の人びとの貧しい暮らしぶりを印象づけている

4　たがいに本音を語り合うことができずにすれちがってしまった京造と吾一の冷え切った関係をたとえている

問八　――部「『吾一ちゃんがやるって言ったんだから、やらねえってことがあるもんか。やらなきゃ。おれが承知しねえぞ』」とありますが、このときの「京造」の説明としてふさわしいものを選びなさい。

1　吾一の挑戦を後押しすることであくまで自分が主導権をにぎっていることを皆《みな》にわからせないではおかないといきがっている

がった。立ちあがったひょうしに、〈注3〉「精神一到《とう》」という、ふるい格言がいなずまのように、彼のあたまのなかを通り過ぎた。彼は大きく目を見開いて、まぶたをぱちっとやった。彼はつったったまま、遠くの山を見つめていた。**問十** あい色の連山の向こうに、雪をかぶった山が、背のびをして、こっちをのぞいていた。吾一はその白い山を見ていたら、ひとりでにおじぎがしたくなって、おじぎをした。

いつ、つかんだのか、彼はかれ枝を一本、無意識ににぎっていた。**問十一** そして無意識に、そいつを両手で、ポキーンとへし折った。それから、彼は土手にあがって行った。

今までは、田んぼなんて、なんとも思っていなかったのだが、土手の上に出たら、その見なれている田んぼが、急に、ちがった姿で彼の前にあらわれてきた。**問十二** いや、田んぼだけではない。クヌギ林も、ダイコンばたけも、遠い山も、近い丘《おか》も、何かしみじみと胸にせまってきて、目のうしろが熱くなった。

太いヘビが二ひきならんでいるような、ぶ気味な線路のあいだを通って、吾一は鉄橋のほうに歩いて行った。そしてまくら木を三つ四つ、またいだら、下からふわっと、つめたい風がふきあげてきた。

彼はいやあな気もちになった。彼はそのまま、まくら木の上にしゃがんでしまった。

(山本有三『路傍《ぼう》の石』)

〈注1〉長さの単位。一間は約一・八二メートル。
〈注2〉田の境。あぜ。
〈注3〉「精神一到何事か成らざらん」。精神を集中して努めれば、どんなことでもできないことはない。

問一 ――部「彼は、なんだか胸がせまってきた」ときの「吾一」の気持の説明としてふさわしいものを選びなさい。

1 思ってもみなかった京造のやさしい言葉が身にしみて、京造の忠告に従ってやめようかどうしようか迷ってきている
2 心のおくにしまいこんでがまんしていたやりたくないという気持が、急にふくらんでおさえがたくなってきている
3 やるかやらないかはあくまでも自分の意志で決めたかったのに、横やりを入れられていらいらがつのってきている
4 京造の言葉で初めて大変なことになったと気づいたが、なんとしてもやりとげようという意志が強くなってきている

問二 ――部「彼はくちびるをかんだまま下を向いてしまった。なみだがぽろっとこぼれた」ときの「吾一」の気持としてふさわしいものに○、ふさわしくないものに×を書きなさい。

1 自分の考えのあさはかさを京造にさげすまれてくやしい
2 やめたいという思いを京造に理解されず悲しい
3 やめようと京造から作ちゃんにたのんでもらうのがなさけない
4 ほんとうはやりたくないし京造に助けてほしい
5 自分の決意をゆるがそうとする京造がにくらしい
6 京造のことばにすぐとびつくような弱みをみせたくない

問三 ――部「彼のちいさいからだのなかには、ことごとにはね返してやろう、はね返してやろうとする精神が、常に燃えていた」とありますが、「はね返してやろうとする精神」とはわかりやすく言うとどのような精神ですか。

問四 ――部「彼がひたいをあげたとたんに、京造は口をとがらせた。」

京造はおきぬの前に立ちはだかって、しかりつけるような調子でどなった。

問八「吾一ちゃんがやるって言ったんだから、やらねえってことがあるもんか。やらなきゃ。おれが承知しねえぞ」

「おしいことをしたなあ」

作次はうらめしそうに、停車場のほうへ行った汽車のあとをにらめていた。

「もう少し早く、くるとよかったんだな」

「ううん、そんな事はねえよ。今にきっとのぼりがやってくるよ。すれちがいだもの」

京造はそう言いながら、土手の上にあがって行った。そして背のびをして停車場のほうに、遠く目を放った。

線路がひとすじ、とちゅうで少し曲がってはいるけれど、向こうにずっとのびているだけで、中間には、目をさえぎる物は何もなかった。葉をふるい落とした、ちいさい林の向こうに、プラットフォームのトタンやねが、水たまりのように白く光っていた。もうそのかげにはいってしまったのか、いま行った汽車の姿も見えなかった。

「おうい、だれか、馬になれよ」

彼は土手の上から大きな声をだした。すると、四、五人ばらばらとのぼって行った。

彼らは騎《き》馬戦の時のように、すぐ騎馬を組んだ。京造は馬の上で手をかざしながら、しきりに西のほうをてい察していた。

「きた、きた」

ややしばらくして、敵軍を発見したように、彼は勇みたって報告した。

「けむりが見える。――なあ、みんなにも見えるだろう」

「うん、見える。見える」

と、馬もいっせいにさけんだ。

「おい、吾一ちゃん。早くぶらさがれよ。あいつが停車場にはいると、すぐ、こっちへやってくるんだから」

京造は馬を飛びおりながら言った。

「おい、吾一ちゃん。どこに、いるんだ」

吾一は返事をしなかった。彼は土手の下の芝《しば》っぱらに足を投げだして、〈注2〉田のくろをながめていた。

おきぬは、みんなが土手の上にあがった時に、にげて行ってしまった。彼女は吾一にも、いっしょににげるようにすすめたけれども、彼は動かなかった。にげればにげるすきはあったのだが、にげることさえめんどくさかった。

ちくしょう、死んだって、かまうもんか。――だれも彼も、みんな死んじまえ。おお火事が起こって、この町そっくり焼けっちまえ。

まわりの人間も、まわりのものも、目にはいるものが、残らずおもしろくなかった。問九ちくしょう！　ちくしょう！　という気もちだけが、あばら骨のうしろでいきをしていた。

「なんだ。そんなとこにいたんか。早くあがってこいよ」

京造が上のほうから言った。

吾一はだまっていた。

「おい、汽車がくるぞ」

作次のするどい声が飛んできたら、吾一は反射的に、すっと立ちあないから、おれがとめてやったんだ」「あいつがかわいそうだから、作ちゃんに話してやったんだよ」と、言われるのでは、なんとしても腹の虫がおさまらなかった。

あっちを考えたり、こっちを考えたりすると、彼にはどう返事をしていいか、決心がつかなかった。彼は首をたれたまま、いつまでも、もじもじしていた。

「おい、どうするんだい」

京造は待ち切れないように、はや口でいった。

「う、うん。――」

吾一には、まだ、きっぱりとした返事ができなかった。

京造はじりじりしてきた。好意を好意として、すぱっと受けてくれないことが、彼にはおもしろくなかった。

しばらくして、吾一はひたいをあげた。あい手の顔いろでどっちにか、きめようと決心したのだ。ところが、**問四**彼がひたいをあげたとたんに、京造は口をとがらせた。

「ふム、じゃ、どうしてもやるんかい」

彼は吾一の血ばしった目の色を見て、そう直感したのだ。

問五「えこじだなあ、おめえは」

投げつけるように言ったと思うと、京造はすたすたと向こうへ行ってしまった。

問六吾一はどきっとした。それこそ、ほんとうに鉄橋から、まっさかさまに、落っこちたような気もちだった。

「吾一ちゃん、だいじょうぶ」

とちゅう、おきぬは心配して、のぞきこむように彼に言った。

吾一はなんにも言わなかった。ただもくもくとして、ウチダ川のほうへ歩いていた。

やがて、彼らは軒《のき》の続いた町をはなれて、田んぼ道に出た。**問七**かり取られたあとの田は、毛をむしり取られたあとの、けもののはだを見るようで、いかにもさむざむとした感じだった。

ウチダ川の鉄橋の近くまで行った時だった。向こうのクヌギ林のなかから、黒いけむりをはいて、汽車がやってきた。

「あっ、汽車だ」

「ばんざあい！」

みんな手をあげてさけんだ。「ばんざい」と言わなかったのは、吾一だけだった。

「おうい、みんなかけろ」

作次は、まっさきになってかけだした。

しかし、彼らがやっと、土手の下にたどりついたと思ったら、山くずれのような、すさまじい音を立てて、列車が彼らのあたまの上を通り過ぎた。ぼうしをアミダにかぶっていた秋太郎《ろう》は、二、〈注1〉三間もぼうしをふき飛ばされてしまった。

おきぬも花カンザシを、あやうく飛ばされるところだった。彼《かの》女はもう、それだけで、すっかりおびえてしまった。

「よそうよ、こんなこと。――あたし、もう……」

重い車輪が、ゴットン、ゴットン、目の前をまわって行ったことを思い返すと、人間が鉄橋にぶらさがるなんてことは、彼女は思っただけでも、ぞうっとした。

「よすなんてことあるかい」

【国　語】〈五〇分〉〈満点：一〇〇点〉

【注意】句読点や記号などは字数にふくめます。

【一】次の文章を読んで後の問に答えなさい。

〔吾《ご》一は、汽車の走っている鉄橋にぶら下がることを友だちの前で約束してしまった。〕

「おめえ、ほんとにやるのけえ」

しばらくして、京造が言った。

吾一はやるとも、やらないとも言わなかった。

「あんなことをやると、おめえ、死んじまうぞ。――」

ちくしょう、何を言っているんだい、と吾一は腹の中で思った。死のうと、生きようと、かってじゃねえか。今になって何を言やあがるんだい。おらあ、――おらあ、――問一彼《かれ》は、なんだか胸がせまってきた。しかし、京造の前でなみだなんか見せては、はじである。目のまわりがみょうにうるんできたが、彼はまぶたをぱちぱちさせて、そんなものを追っぱらってしまった。

「だから、おめえがな、やめてえと言うんなら、おれ、作ちゃんに話してやってもいいぜ。――どうだい。あんなこと、やめにしちゃ……」

吾一は自分の耳を疑ぐった。これが、――ほんとうに京造のことばなのだろうか。彼は思わず京造の顔を見た。

「ああ、京ちゃん、そうしておくれよ。おらあ、そうなると、どんなに助かるかしれねえんだ」

彼はすぐ、そう言いたかった。が、彼の舌はそう軽く動かなかった。問二彼はくちびるをかんだまま下を向いてしまった。なみだがぽろっとこぼれた。

彼には京造のことばが、――あわれんで言っているのか、親切でいってくれてるのか、よく、のみこめなかった。親切ならうれしいが、見さげられているのだと、あわれまれているのだと、がまんができなかった。

おれはしょっちゅう見さげられているんだ、という考えが、彼のあたまには、こびり付いていた。おとっつぁんはうちにいないし、おっかさんは内職をしている。そして、おれのうちは路地の中だ。そんなことを面と向かっていうものはないけれども、だれかがどこかで、そうっといっているような気がして、しかたがないのだ。だから、問三彼のちいさいからだのなかには、ことごとにはね返してやろう、はね返してやろうとする精神が、常に燃えていた。彼が学校で一番になっているのも、一つはそのはね返してやろうが、彼を一番にさせているのだった。

きょうだってそうである。何もこんな事なんか、言いださなくったってすんだのに、作次たちに負けるのがいやで、つい、よけいなことを言ってしまった。しかし、ここへきては、もうよけいなことだでは、すまされない。

いま彼はいのちがけの事にぶっつかっているのだ。けれども、なあに、やってやれない事があるもんか、という気の張りもどこかにあった。手ばなしで橋のランカンをわたるよりは、まくら木につかまるほうが、――しっかり、つかまっていさえすれば、つかまっているだけに、まだしも、こっちのほうが安全だという気もちが、腹の底のほうで、かすかにしていた。が、なんといったって、やらずにすめば、それにこしたことはないのだ。京造のはからいで、うまく、こいつがやめになってくれれば、こんなありがたいことはない。けれども、「あいつにはできそうも

[三]　次のA・Bの文の——部と言葉の働きが同じであるものを選びなさい。

A　先生が笛をふくまではボールを投げない。

1　この本は期待して読んだが思ったほどおもしろくない。

2　ふだんから備えておけば、万が一の場合にも困らない。

3　何度も同じ失敗をくり返してしまい、情けない。

4　いつも店先に置いてあるリンゴが今日はない。

B　発表会のかざりつけがりっぱに完成した。

1　私は先週の日曜日に友人と遊んだ。

2　ほめられた妹はうれしそうに笑った。

3　母は昨日のできごとをおだやかに話した。

4　探検隊は山のおく深くへとさらに進んだ。

[四]　次の——部1～5のカタカナの部分を漢字で書きなさい。また、——部6～8の漢字の読み方をひらがなで書きなさい。

1ゴガン工事　　2アツいかべ　　おやつを3へらす

水を4アびせる　　文化の5サイテン

6恩義　　7冬至　　8参る

や不満がなくなり、ゆとりや柔軟性《じゅうなん》が生まれてくる。〈注3〉融通無碍《ゆうずうむげ》な生き方が自分のものになってくる。

六十パーセントや八十パーセントでこと足れりというような生き方では、大きな目標は達成できないと反論される人もあるかもしれない。

高山に登るとき、「高度順化」が非常に大切であることをご存じだろうか。

十数年前、カトマンズを訪れたときのことだ。最初はヒマラヤの山々をはるかに望むことができただけで、非常な満足を覚えたものだ。ヒマラヤの白き峰《みね》はたとえようもないほど神神《こうごう》しく、静かにそこに端《たん》座していた。

だが、しばらくそこに滞《たい》在していると、もう少し高いところまで登り、ヒマラヤの山々がさらによく見えるところまで行きたくなる。次にはもう少し高いところまで……。この心の高ぶりがとてもいいのである。

実際、最初からいちばん高い地点を目ざそうものなら高山病にやられ、ひどい場合は生命にもかかわる。本格的な登攀《はん》を目ざす人も、低いところからじょじょに高いところへと高度順化をして体をならしながら、頂上を目ざしていく。

問五 人生も、高山を登るごとし、だと私は思う。

六十パーセントのところで満足していれば、やがて、自然にその少し上に登りたくなる。そうなったときに少し高度を上げるのは、無理でも危険でもない。

人生六十パーセント主義は、高度順化をしながら、しだいに自分をレベルアップしていく高等テクニックだといえないだろうか。少しずつ登っていけば、常に自分の現状に満足感を感じながら、じょじょに高みに到《とう》達できるはずだと思う。（斎藤茂太『いい言葉は、いい人生をつくる』）

〈注1〉つきはてなくなり満たされない感じ
〈注2〉あせっていらいらする感じ
〈注3〉その場に当たってうまく物事を処理し、一つのことにこだわらないこと

問一 ――部「いまの日本に理想の国の姿を見ることができるだろうか」について答えなさい。
① 筆者は「いまの日本」の状況をどのようにとらえていますか。
② 筆者の考える「理想の国の姿」とは具体的にどのような姿ですか。文章中の言葉を用いて書きなさい。

問二 筆者が考える人間の「欲」のA良い面と、B悪い面とを、それぞれ文章中の言葉を用いて簡潔に書きなさい。

問三 ――部「目からウロコを落としてくれた」とありますが、ここでは具体的にどのようなことを言っているのですか。三十字以内で書きなさい。

問四 ――部「ほしいと思うものの八十パーセントが手に入れば、それで十分」と考えることによってどうなると筆者は言っていますか。四十字以内でぬき出して、最初と最後の五字を書きなさい。

問五 ――部「人生も、高山を登るごとし、だと私は思う」とありますが、「人生」と「高山を登る」ことにはどのような共通点がありますか。四十字以内で書きなさい。

問六 あなたの今まで持っていた「欲」で、良かったものと悪かったものとをそれぞれ挙げ、「欲」についてあなたの考えを百六十字以上、百八十字以内で書きなさい。

てくること

4　楽しかった夏の思い出が記おくから消えてしまいそうな不安におおわれること

問十三　～～～部a・bの二か所にある「哲学者のように」という表現で、作者はどのようなことを表したかったのですか。

1　流星がおじいさんにいろいろなことを教えてもらったおかげで豊富な知識を得たこと

2　流星が女の子とのへだたりを意識したことで人間としてまた少し成長したこと

3　流星が日常の何でもないことをわざと難解で理くつっぽく表現するようになったこと

4　流星が生きものの生死にふれて命の真理を感じとり深く考えるようになったこと

【二】　次の文章を読んで後の問に答えなさい。

仏教に「小欲知足《しょうよくちそく》」という言葉がある。欲望を小さくすれば容易に満足できるという教えだ。

戦後の日本は右肩《かた》上がりに発展してきた。常に、より高く、より大きく、より豊かに、と望みの器を大きくしてきた。それはそれで、日本をここまで豊かな国にする起爆《ばく》力となり、推進力となってきたと思う。だが、その反動もある。**問一**いまの日本に理想の国の姿を見ることができるだろうか。

私は多くの人に、できれば海外を旅し、可能なかぎりいろんな国を見てほしいと願っている。「ああ、この国はいいなぁ」と心の底から思える暮らしを目のあたりにすることが多いからだ。

戦乱や貧困がきわまり、飢餓《きが》にさらされているような国は例外だが、ふつうは、ほとんどモノのない暮らしでも、家族の愛情と子どもたちの澄《す》んだひとみ、みんなのくったくのない笑顔に出会えるはずだ。それは、はっとさせられるほど美しい。人が幸せに生きていくためには、それほどたくさんのモノは必要ないのだと教えてくれるようである。

人には欲がある。欲は、人を前進させる大きな力になる。そのかわりに、人を呪縛《ばく》し、人を狂《くる》わすこともある。だからこそ釈迦《しゃか》は、欲望をギリギリまでそぎ落とすために、何年にもわたる修行を重ねたのだろう。

もともと、私は大欲の持ち主だったとは思わない。それでも、若いときにはそれなりの欲があり、その分、〈注1〉枯渇《こかつ》感を覚えたこともある。だが、戦争という究極の体験が**問三**目からウロコを落としてくれた。以後、私は人生八十パーセント主義を標榜《ぼう》して生きてきた。**問四**ほしいと思うものの八十パーセントが手に入れば、それで十分。大満足すべし、というわけだ。

最近では、人生六十パーセントぐらいでもいいかな、と感じるようになっている。年齢《れい》や状況《きょう》に応じて、自分に見合った「分」を決めるとよいと思う。

最初から、あまりに高い望みをもちすぎるから、不満が大きくなるのだ。その不満を相手にぶつけて、いらぬけんかを引き起こすこともある。ときには精神が病んでしまうほど身の丈《たけ》以上を自分に望み、自分を責めさいなむ例もある。

そうあってほしい百パーセントの世界から、少し引いた六十パーセントや八十パーセントで生きていこう。「足りない」という〈注2〉焦燥《しょう》感

ては死ぬ営みをくり返してゆくこと

4　時間は永遠に止まることなく流れつづけており、チャンスはのがすと二度とつかまえられないこと

問八　――部「その日、昼も食べずに公園を走り回り、蝉ばかりを採りまくった」ときの「流星」の説明としてふさわしいものを選びなさい。

1　蝉の標本をたくさん作らなければとあせっている

2　過ぎてゆく時間がおしくてたまらないと感じている

3　空腹をすっかり忘れるほど最後の夏休みを楽しんでいる

4　自分が採った蝉をおじいさんに見てもらいたいと思っている

問九　――部「蝶に逃げられた気分だった」とありますが、ここでの「蝶」は「流星」にとってどのような存在ですか。

1　美しくてほのかなあこがれを感じずにはいられない存在

2　自由ほんぽうでうらやましささえ感じさせられる存在

3　じんわりとした温かさで自分をやさしく包みこんでくれる存在

4　はなやかな姿で退くつな自分をなぐさめてくれる存在

問十　――部「こんなに美しいもの」とありますが、その内容としてふさわしいものを選びなさい。

1　生きものそれぞれが与えられている運命にすなおに従っているもの

2　生きているときにはわからなかったあざやかさが死んで初めて表れているもの

3　生きていてもまるで死んだように身を固くしてじっとうずくまっているもの

4　生きていても死んでいてもそれぞれの命のかがやきを持っているもの

問十一　――部「薬品の名前は、難しいものだったが、流星はなぜか一度聞いただけで覚えてしまった。青酸カリ、酢酸エチル、アンモニア。唱えると、胸がどきどきした」とありますが、このときの「流星」の説明としてふさわしいものに○、そうでないものに×を書きなさい。

1　人も殺せるような薬と言われていたので、おそろしく思うと同時にそれをあつかうことを想像して興奮を覚えている

2　以前から知りたかった専門的知識にふれ、虫に関してはもうおとなにも負けないという自信がわきあがっている

3　相手は人間ではなく小さな虫ではあるものの、その生死を完全に支配できるのだと思えて、やや残こくな喜びを感じている

4　薬について教わったことで、やっとおじいさんからはなれて独り立ちできるとほこらしさに胸をはずませている

5　虫を瞬間的に殺すための薬を知り、これで虫たちを苦しませずに標本にできると思って、安ど感に満たされている

6　自分の望むように、最も美しい命の瞬間の姿をそのままとどめる方法を入手できるかもしれないと思い、気持が高ぶっている

問十二　――部「その足音は、軍靴のように重く、流星の夢に、ずかずかとふみこんでくる」とはどのようなことを表していますか。

1　蝉の鳴き声に赤ん坊の泣き声まで加わってたびたび眠りをさまたげられること

2　有無を言わせず自由をうばい取っていくものがえんりょなくやってくること

3　女の子となかよくなれそうもないという予測が現実のものとなっ

青酸カリ、酢酸エチル、アンモニア。呪《じゅ》文のように劇薬の名を唱えると、再び眠《ねむ》気が来た。流星はもう一度、眠りの世界へ引きもどされていった。

（小池昌代「九月の足音」）

問一　この物語について答えなさい。

①　何月何日のできごとですか。

②　「流星」は何年生ですか。

③　「流星」はどのような家に住んでいますか。

問二　═══線部**ア**・**イ**の言葉の文章中の意味としてふさわしいものを選びなさい。

ア　よぎる

1　通り過ぎる　　2　往復する

3　おおいかくす　　4　じゃまする

イ　念じる

1　信じておしとおす　　2　大声でうったえる

3　心の中で願い唱える　　4　ひそかに目指して進む

問三　〰〰部「希望的観測」の用い方として正しいものを選びなさい。

1　私は新しいゲーム機を買うために毎月千円ずつ貯金しようという希望的観測を持った

2　どんなに採くつしても石油資源はまだあると思うのは、おろかな人間の希望的観測だった

3　最新の気象情報をくわしく分せきした結果、明日は晴れであるという希望的観測が出た

4　長い間活やくしてきたA選手は、おおかたの希望的観測どおり、今季での引退を表明した

問四　――部「流星は自分も、永遠の夏に、ピンでとめられたいと強く思った」とありますが、「永遠の夏に、ピンでとめられたい」とは具体的にはどのような気持を表していますか。

問五　――部「ミンミン蟬は、うるさいくらいによく鳴いていた。その鳴き声が、きのう真夜中に泣いていた、赤ん坊の泣き声に、重なった」とありますが、「流星」はどのようなことを感じていますか。

1　短い間しか生きられない生の悲しみと、将来が見えないまま生きていくことに対する不安感

2　照りつける日差しの強さが以前よりもさらにうっとうしさを増した、夏の終わりの季節感

3　再び会えるとは思っていなかったおじいさんに、また蟬を採ってもらえるおどろきと幸福感

4　体中の力をふりしぼって鳴く蟬と赤ん坊の声に表れた、この世に生きているものの存在感

問六　――部「流星はそんなことを考えながら」とありますが、「そんなこと」とは何を意味していますか。十字以内で書きなさい。

問七　――部「そこまで思って流星は、自分が大きな河の流れのなかにいると感じた」とありますが、「流星」が感じている「大きな河の流れ」とはどのようなことを表していますか。

1　この宇宙にあるすべてのものをおさめる大きな存在があって、万物はその計画によって動いていること

2　人間はだれでも例外なく一歩一歩死に向かって進んでいて、しかもその歩みは一瞬も止まらないこと

3　この世の生命には永遠に続くものなど一つもなく、次次と生まれ

を、お湯につけて、やわらかくした。

あいた菓子箱に、脱脂《だっし》綿をしきつめ、そこに死んだ蝉たちを並べていく。どこで採集したか、いつ採ったか、だれが採ったか。この三つが、標本ラベルに必要な情報だ。だれが採ったかを書くときには、おじいさんのことが脳裏にうかんだ。けれど、おじいさんの名前がわからない。自分の名前のそばに、ちいさく、おじいさんと書き入れようか。迷った末に、それはやめた。

標本はりっぱにできあがった。

流星はとても満足だった。

明日からまた、学校である。

ろうかを走ってはいけない。規則は守らなければならない。授業中は、立ちあがってはいけない、しゃべってもいけない。泳ぎだって、四年生ともなれば二十メートルは泳げなければならなかった。しなければならないことと、してはいけないことばかりがひしめきあい、してもいい、とか、してみたらどうかということを、流星は学校で言われたことがない。

ああ、自分もまた、この標本の虫であったら。背中のところを、だれかにピンでとめてもらうのだ。そうすればもう二度と、学校に行かないですむ。

「自分よ、虫になれ、自分よ、虫になれ」

強く**問二イ**念じた。けれど流星がいくら念じても、けっして虫にはなれなかった。

その日の真夜中、また同じころ、例によって、アパートの赤ん坊が泣いた。けれども流星は深い夢のなかにいて、その泣き声を聞かなかった。

夢のなかで、流星はあの女の子にできあがった標本を見せてやっていた。菓子箱をあけると、虫が入っていて、お菓子じゃないの？　と、女の子はがっかりする。流星は、その態度にがっかりして、やっぱ、女に虫を見せるんじゃなかった、と激しく後悔《かい》していたのだった。

アパートの中庭にある楡《にれ》の大木には、ミンミン蝉がとまっていた。

午前四時。

赤ん坊はまだ泣き止まない。その泣き声に唱和するように、いきなり蝉が鳴き始めた。

九月一日が、遠くのほうから、刻一刻と近づいていた。**問十二**その足音は、軍靴《か》のように重く、流星の夢に、ずかずかとふみこんでくる。

夜明けまで、あと数時間。あと数時間の夏休み。

残りの命を燃やすように、蝉はいっしんに鳴き、赤ん坊もまた、いよいよはげしく泣き続けた。

流星は夢から覚め、カーテンをめくって、まだうす暗い外をこっそり見た。そうして夏の終わりを確認した。夜明けが来れば九月だった。そして学校が始まるのだ。自分もわーっと泣きたかったが、思っただけで涙もでなければ声もでない。夜明け前の時間は青く冷たい。世界でいま目を覚ましている生き物は、自分と蝉と赤ん坊だけだと思われた。

机の上に置いた虫かごを見た。昨日は生きていた蝉があお向けになって死んでいる。

「あらゆるところに変化は訪れる」

流星はまた**問十三b**哲学者のようにつぶやきながら、固く目を閉じる。

夕方になってアパートにもどったとき、入り口のところで女の子に会った。母親の言う、「シックな」あの子である。いつもの制服でなく、ジーンズの短パンと、上はカジュアルなTシャツだ。

流星ははっとして、初めてその子をかわいいなと思った。サンダルをはいていて、そこからむきだしの素足がのぞいている。

女の子は、ひとりだった。いくぶん退くつしているように見えたのは、流星の問三希望的観測であったろうか。もし、ひとりなら、女の子に蝉を見せてやりたいと思った。

ふたりは、一瞬《しゅん》見つめあった。

けれど、女の子のほうが先に目をそらし、一階のろうかのほうにかけ出していってしまったので、流星はそのあとを、虫かごと虫取りあみを持って、思わず追いかけていきたくなった。問九蝶《ちょう》に逃げられた気分だった。

仕方なく、ひとりエレベーターに乗って、四階まであがっていく。まだ、母親は帰ってきていない。自由研究の標本を、いよいよ、これから作るのである。

菓子箱をあけた。五匹いる。そして、虫かごのなかには、まだ生きている、いま採集してきたばかりの蝉が二匹。かごから取り出して机のうえに並べる。生きている蝉は、まるで標本のように、じっと机にしがみついている。箱のなかの死んだやつのほうが、逆にいまにも飛び立ちそうだ。

死んでいる蝉と、生きている蝉。じっと見ているうちに、どちらがどちらだか、わからなくなった。

そして、あの女の子に、こういうものすべてを見せてやりたいという気持がわいた。女はこういうものを好きではないかもしれないという考えが、一瞬、頭を問二アよぎったものの、それはすぐにも否定された。問十こんなに美しいものに興味がない人間なんて、どこにいるものか。どこにもいない。そんなふうに決めつけてしまえるという点では、流星はまさに十歳《さい》の子どもだった。

これは専門家のやりかただけどね——と言って、きょう、おじいさんは、流星に、採集したばかりの生きている虫を、すぐに殺して、標本にする方法を教えてくれた。これは、いささか古い方法だが、と断って。

「——虫がくさらないし、色もあざやかに保てるから、いつかは、こうしてみるといい。まずはビンを用意し、そのなかに、青酸カリか酢《さく》酸エチル、アンモニアなどをしみこませた綿を、虫といっしょに入れておくんだ。毒を吸いこんだ虫は、すぐに死んでしまう。こういうものは、薬屋さんに行かなければ買えない劇薬だから、簡単には入手できないけれどね。人も殺せるような薬だよ、くれぐれも使うのならば、気をつけなさい——」

問十一薬品の名前は、難しいものだったが、流星はなぜか一度聞いただけで覚えてしまった。青酸カリ、酢酸エチル、アンモニア。唱えると、胸がどきどきした。

そして帰ってきて、さっそく、ノートのきれはしにメモしておいた。実際に生きた蝉を標本にするのは、もう少し先のことになるだろう。劇薬を買うことを考えただけでも、悪いことをするような気持になる。ただ標本を作りたいだけなのに。

とりあえずは、死んですっかり乾燥した蝉たちを標本箱のなかに収めよう。そう思った流星は、おじいさんのアドバイス通りに、乾燥した蝉

【国　語】（五〇分）〈満点：一〇〇点〉

【注意】　句読点や記号などは字数にふくめます。

【一】　次の文章を読んで後の問に答えなさい。

秋が来る。

菓《か》子箱のなかの乾燥《かんそう》した蟬《せみ》たちのように、問四流星は自分も、永遠の夏に、ピンでとめられたいと強く思った。

朝顔の観察だの、漢字の練習、算数ドリルなど、他のやるべき宿題は終わっていたので、最後の一日も、昆《こん》虫採集をして過ごそうと思う。

公園に行くと、あの虫好きおじいさんが、いつかの日と同じように、杖《つえ》を片手に持ち、ベンチに座っていた。

ぱっと見た大木に、前と同じように透《とう》明な羽のミンミン蟬がとまっていた。ちょっと手の届かない、高いところにいるのも、あの日とまったく同じだった。

「よぉ」

流星を見て、おじいさんがあいさつの片手をあげた。

「また、採ってやろうか」

おじいさんは、若者のように、勢いよく親指をつきたてた。問五ミンミン蟬は、うるさいくらいによく鳴いていた。その鳴き声が、きのう真夜中に泣いていた、赤ん坊《ぼう》の泣き声に、重なった。

「この世はあらゆる泣き声でいっぱいだ」

流星は問十三a哲《てつ》学者のように、独り言を言った。

地球のあっちでもこっちでも、赤ん坊や生き物が泣いている。泣くということが生きることなのだろう。

「え、なんか言ったかい？」

「いえ、その。あの蟬、採ってもらえますか。高くて、ぼくには届きそうにないんで……」

おじいさんは立ち上がって、ひょいと鳴いている蟬をつかんでくれた。そのときも、おじいさんはおしっこをかけられ、「うひゃあ」とさけんだので、流星は思わず笑ってしまった。

また、いつか、このおじいさんに蟬を採ってもらうことがあるだろうか。おじいさんくらい、背がのびたら、もう、おじいさんにたよらなくてもよくなるかもしれない。問六流星はそんなことを考えながら、同時に、夏休みはもう終わりなのだと思った。

明日から、自分は学校に行かなければならない。おじいさんはそのあいだ、なにをするのだろう。同じように、杖を持って公園に来て、このベンチにこしかけるのだろうか。そして蟬は、学校が始まっても鳴いているのかな。

流星の空想は、先へ先へとのびていった。

おじいさんはいつか、死んでしまうだろう。自分だって、いつかはおとなになって、その先にはやっぱり、死が待っているだろう。変わらないのは、蟬の声だけだ。いや、その蟬だって、毎年、ちがう。一匹《ぴき》一匹が別の蟬。問七そこまで思って流星は、自分が大きな河の流れのなかにいると感じた。

流星は、おじいさんに採ってもらったミンミン蟬を虫かごに入れて、問八その日、昼も食べずに公園を走り回り、蟬ばかりを採りまくった。

結果、採れたのは全部で十匹。厳選して二匹を残し、あとは、みんな逃《に》がしてやった。

それどのような「タラコ」を指していますか。文章中からぬき出しなさい。

問五　——部「これとおなじようなことが、私たちの文化についてもあるのではないかと思う」とありますが、筆者は具体的にどのようなことがあると言っていますか。文章中の言葉を用いて六十字以内で書きなさい。

問六　「スピード社会」についてのあなたの考えを良い点と悪い点の両方を挙げながら、百六十字以上、百八十字以内で書きなさい。

[三]　次のA～Cの各文と文の組み立てが同じものを、それぞれ後から選びなさい。

A　むこうの山の残雪が消え、田植えの季節がやって来た。

B　背表紙にラベルがついている本は、図書館のものだ。

C　公園の梅の花がとてもきれいにさいている。

1　私が最も尊敬している人物は父です。

2　電車のおくれのせいで私はちこくをしてしまった。

3　空はどんよりとくもり、時おり雪もちらついている。

[四]　次の——部1～5のカタカナの部分を漢字で書きなさい。また、——部6～8の漢字の読み方をひらがなで書きなさい。

1 コウガク心に燃える　　2 シタをまく　　3 クダがつまる

年が4 アラタまる　　5 キチに富む

6 留め金　　7 易しい　　8 直ちに

にせものばかりみていると本物がわからなくなるばかりではない。にせ物をつくるのに加えた有毒色素が知らぬまに体内に蓄《ちく》積してからだをわるくする。

問五 これとおなじようなことが、私たちの文化についてもあるのではないかと思う。質の点で問題のある出版物やドラマや音楽ばかりを、つぎつぎと「消費」していると、いつのまにか有毒色素みたいなものが精神のなかに蓄積して、人間として品のよくない人間になってしまう。それは短期間にはわからないが、成長期の子どもなどでは、思いがけない結果がでてくるかもしれない。

もし私たちが今のままで、このせっかちな生活をつづけていたら、十年、二十年さきにはずいぶんうすっぺらな文化ができてしまうだろう。ここいらで、どうすればもっとおちついて、丹《たん》念な仕事ができるかをかんがえてみないといけない。

とくに大ぜいの人に製作物をまきちらしている人がおちつかないのはいけない。その人のおちつかない生き方が、国民全部に感染してしまう。新聞や週刊誌やテレビなどを事業としてやっている人に期待するのは、やすあがりに仕上げることばかりかんがえないでほしいということだ。

制作者たちがあわてないでいいように、十分の人間の数を用意してもらいたい。それが私たちの文化の質をささえることになるだろう。

（松田道雄「スピード時代」）

〈注〉親子のえんを切ること

問一 □部**ア**・**イ**にあてはまるものを選びなさい。

ア 1 そもそも 2 いささか 3 かえって 4 だんぜん

イ 1 案の定 2 案外 3 全然 4 当然

問二 ═部**a**・**b**と同じ意味で用いられているものをそれぞれ選びなさい。

a 「けたがちがう」

1 自分とはけたがちがう考えをする人の意見もじゅうぶんに聞いて議論をしよう

2 店員さんがくれたおつりは五十円ほどけたがちがうので返しに行くことにした

3 このくつは私の足とは少しけたがちがうようではいていると足がいたくなる

4 日本とはけたがちがうオーストラリアの大自然に私は圧倒されてしまった

b 「食うや食わず」

1 Aさんは食うや食わずの生活の中でも五人の子どもをりっぱに成人させた

2 Bさんは食うや食わずの節約でためたお金でごうかな自動車を買った

3 Cさんは忙しすぎて食うや食わずの状態が続きとうとう体をこわしてしまった

4 Dさんは日夜食うや食わずの努力を続けてみごと国家試験に合格した

問三 ――部「このこと」とは何を指していますか。文章中の言葉を用いて書きなさい。

問四 ――部**A**・**B**「ほんとうのタラコ」とありますが、**A**・**B**はそれう楽しみがない。のっている時間は短くなったが、退屈《くつ》の程度は［ア］ふえた感じだ。

だが、おかしなもので新幹線が目のまえにあるとなると、旧東海道線にはのる気がしない。世の中の人がみんなスピード・アップしているのに自分がそれに歩調をあわさないと、とり残されるような気持になる。

新幹線にかぎらず、このとり残されてはこまるという気持が、私たち全部をせっかちにしている。それが現代人の生活なのだから仕方がないと、あきらめがちだが、問三このことはもっと慎《しん》重にかんがえないといけないと思う。

みんながせっかちになることで、私たちの生活がお粗末なものになっていることが、［イ］見おとされている。そうして、これをほうっておくと、私たちは人間として低級なものにおちていく心配がある。

たとえば、雑誌は以前は月に一回でていたのが、このごろは生活がスピード・アップして一週間ごとの週刊誌が雑誌を圧倒《とう》してしまった。しかし、毎週つくるとなると、一ヵ月のひまをかけてつくっていたものにくらべると、原稿《こう》に念の入れ方が足りなくなる。発行の間隔《かく》がみじかくなるほど、ニュース性をもたねばならなくなる。あまりのんきな話だと、週刊誌のくせに何だといわれやしないかという気がでてくる。だから、どうしても息のみじかい、深みのたりないものができてくる。週刊誌の原稿が全部そうだとはいわないが、子孫に残しておきたいと思うような文章は少ない。

そう毎週毎週大ニュースがあるわけでないから、こしらえたニュースものせねばならぬ。時どき新聞に謝罪広告などがでているのをみると、そう思わないわけにはいかない。

毎週ださねばならぬ週刊誌でもそうなのだから、毎日ださねばならぬテレビやラジオになると、制作するほうはたいへんなことだと思う。全部が低俗《ぞく》番組だというのでないが、毎日の番組をみていると、投下された労力にふさわしい程度だと思うようなのが多い。

毎日、人を楽しませたり、笑わせたりしなければならぬのはたいへんな仕事だ。やっている友人たちにあって聞くと、よくそんないそがしい生活をしているとおどろく。そういう人たちはみんな、他社におくれまいということだけしかかんがえていない。私たちの生活がスピード・アップしたというが、そんなものと問二aけたがちがう。

これもまた劇の仕事をしている人にきいたのだが、以前は俳優になるためには、親から〈注〉かんどうされて問二b食うや食わずで稽《けい》古の何十年かをおくってやっと役をつけてもらえたのが、いまのテレビの俳優には、そういうタイプの人が少なくなったという。俳優の演技が、それだけ以前の水準からはずれる。俳優だけでなく劇作家も、以前の劇作家ほどの修業をしないで、かんたんに番組をつくる。

毎日、自分の家でドラマをただでみせてもらえるのは結構なことだが、そういうのばかりみていると本物がわからなくなってしまう。

私はこの話をきいて、人工着色のタラコのことを思いだした。私の近所に昔かたぎの魚屋さんがいて、このごろまっかに着色したタラコが気にくわないので、市場から自然のタラコを買ってきて店にならべた。ところが買いにきた奥さん連中は、こんなのじゃなくて、問四Aほんとうのタラコはないのとたずねたそうだ。これが問四Bほんとうのタラコだといっても信用しないで、よその店にいって、まっかな人工着色のタラコを買っていったという。

2　ヨーヨーを買ってもらえないとわかったノボルは、どうしたらよいかをひとしきり考えたあと、ヨーヨーをつくりに出て行った

3　ノボルはヨーヨーなどつまらないという母の話にうんざりしたが、カボチャを食べ終わるまではがまんをし、食べ終わったので出て行った

4　ノボルはヨーヨーを買ってもらえないことをむりやり自分に納得させようとしたが、いらだちをおさえきれなくなって出て行った

問十一　――部「後悔」とは具体的にどのようなことに対する「後悔」ですか。

問十二　――部「私は頭をふって、陸稲に土寄せする鍬の柄をますます強くにぎりしめてふりつづけた」ときの「私」の説明としてふさわしいものを選びなさい。

1　ヨーヨーを買ってもらえずがっかりしているであろうノボルをふびんに思う気持と、貧しさを理由に買ってやらなかった自分の冷たさを、一生けん命に忘れようとしている

2　貧しい家庭に生まれたことを受け入れられないでいるノボルをかわいそうに思う気持と、どうしても貧しさからぬけ出せないままの親でしかない情けなさを、まぎらわそうとしている

3　ヨーヨーを買ってやらない親に愛想をつかしているノボルにすまないという気持と、貧しさと戦うだけの生活に追われている自分の弱さを、ふりはらおうとしている

4　二銭のお金すら自由に使わせないことをなげいているであろうノボルに貧しい現実をわかってほしいという気持と、子をぎせいにする親の身勝手さを、少しでも捨て去ろうとしている

問十三　――部「厳しゅくな精魂のおそろしいおどりであった」という部分には、「私」のどのような思いを読み取ることができますか。

1　青白い月明かりの中で上下するヨーヨーがまるで死者のたましいのように見え、祖先をおそれうやまう気持が生じている

2　ヨーヨーを買ってもらえなかったノボルのうらみやくやしさがヨーヨーにこめられているように見え、そらおそろしさを感じている

3　おもちゃのひとつも買ってやれない貧しい生活の中で親子の交わりをもたらしたヨーヨーに、深く感謝している

4　おもちゃの楽しさや美しさを完ぺきなまでに備えたノボルの気はくのこもったヨーヨーに、強い感動を覚えている

【二】　次の文章を読んで後の問に答えなさい。

世の中がすこしいそぎすぎているように思う。たしかに京都から東京まで三時間たらずでいける新幹線は便利だ。しかし、よくかんがえてみると、列車にのっている時間はへったようにみえるが、一日の実働時間はかえって多くなった。

片道三時間たらずだから日がえりのスケジュールを組むことが多くなる。そうなると、むこうへいってからの仕事が圧縮されるので、密度がたかくなって、気がはる。大いそぎであちこちまわって帰りの列車にのる。そうすると一日に列車にのっている時間は六時間ということになる。

以前の六時間の列車の旅は、停車ごとに、その地方の名物を買ったり、名産の弁当を求めたりする楽しみがあった。だが、新幹線には、そうい

のを選びなさい。

1　ノボルのつくったコマは確かにりっぱだが、最後はやはり大人が手を貸してこそはじめて本物として完成するのだという気持

2　コマを買ってやることはできないが、いつも親の言うことをきくノボルにごほうびとしてせめてひもでもつくってやろうという気持

3　ふだんはいそがしくノボルをかまってやれないが、コマをきっかけに子への愛情を示し何としても親子のきょりを縮めたいという気持

4　ほんもののような見事なコマをつくり上げたノボルのいちずさに心を動かされ、何としてもよいものにしてやりたいという気持

問八　――部「私はばかのように笑いこけた」とありますが、このときの「私」の気持としてふさわしいものを選びなさい。

1　ゆれるバカゴマといっしょに笑うことでわが子を元気づけてやりたいと思う、母親らしい気持

2　ノボルがおもちゃの本来持つべき楽しさを見事に引き出したことに満足し、晴れ晴れとした気持

3　貧しくてノボルにおもちゃの一つも買ってやれない自分の情けなさを、笑いとばそうとする気持

4　やはりおもちゃは手づくりが最良だという自分の考えが正しいとわかって、ゆ快な気持

問九　――部「だが私はこんな場合にさえ、夢をくだいた日ごろの生活からわく打算を忘れぬ非情さを持つ」について答えなさい。

①　「だが私はこんな場合にさえ」には「私」のどのような思いが表れていますか。

1　生活が苦しくておもちゃなど買える余ゆうがないとわかっているノボルが急にわがままを言ったので、とまどう思い

2　おとなしいノボルが親の顔色をうかがいながらねだったので、幼い子どもにお金の心配をさせてすまないという思い

3　ふだんものをねだることなどないノボルがめずらしくねだったので、本当ならその願いをかなえてやりたいという思い

4　いつも子守ばかりして友だちと遊ばないノボルが最新のおもちゃを欲しがったので、子どもらしく感じうれしい思い

②　「夢をくだいた日ごろの生活からわく打算を忘れぬ非情さを持つ」とはどういうことですか。

1　楽しみは一時的なものだから、何事も感情に流されず常に計画的に行うということ

2　おもちゃがなくても子は育つものだから、厳しくしつけをするということ

3　たとえゆとりのない生活がみじめでも、決してひくつな表情は見せないということ

4　何よりも生活費を最優先して判断し、生活に不要なものは切り捨てるということ

問十　――部「ノボルのまつ毛は、ぱしぱしと絶えずしばたたいていたが、きいているのかいないのか、だまってカボチャを食い終わると、すっと戸外へ出て行った」とありますが、このときの「ノボル」の説明としてふさわしいものを選びなさい。

1　ヨーヨーの代わりに何でも買ってやるという母のうそに気づいたノボルは悲しくなったが、なみだを見せまいと出て行った

てほとほといや気がさし、妹の子守をして気分を変えようとしている

2　生きるために必死で働いている親たちに遠慮《りょ》しつつじゃまをしないように日かげに入って、自分に任された妹の子守をしようとしている

3　妹のことも子守をしている自分のことも忘れるほど畑仕事にうちこむ親たちを見ていると、見捨てられたように思われて悲しくなっている

4　一心不乱に働く親たちの姿に近寄りがたい気配を感じ、子守しかできない自分がはずかしくなってごく自然に足が遠のいていっている

問二　――部「いく度もいく度も同じうたをあきずにくり返す」とありますが、「私」は「ノボル」が同じうたをいく度も歌うことをどのようにとらえていますか。

1　姉から教えてもらったうたをうまく歌えるように練習している

2　元気よくリズミカルに歌うことで妹をあやそうとしている

3　妹の子守から解放される日ぼつをひたすら待ち望んでいる

4　泣きやまない妹に感じるいらだちを無理に忘れようとしている

問三　――部「彼の目の中には、口にはいえぬ二つぶの水玉が、まるくまっかにきらめいているのではないか」とありますが、「私」はこのときの「ノボル」をどのように見ていますか。

1　遊びたいさかりに遊べないのはつらいが、生活のため親の手伝いをしなければならないことをよく理解し、自分の役割をだまって引き受けてたえている

2　他の子どもたちといっしょに自由に遊べないばかりか、親に気をつかいがまんを強いられていることに、やり場のないいかりを覚えている

3　たわいなく遊んでいる他の子どもたちよりも、両親の言いつけを守って家の手伝いをしている自分の方がりっぱで尊い人間だと、ほこりに思っている

4　何度も歌い続けることで、きちんと言いつけを守って子守をしていることを両親に知ってもらい、自分を認めてもらいたいと考えている

問四　――部「親らしい力を持たぬ親である」とはわかりやすくいうとどういうことですか。

問五　――部「根元からはなれた場所にまかれた肥料に、根は生きるためのびん感な触手をのばす」とありますが、これを「子どもたち」に当てはめるとどのような行動と一致《ち》しますか。文章中から一例を挙げて簡単に書きなさい。

問六　――部「自分の手で堅木のいくつかをこしらえた。鉄輪も心棒もないのっぺらぼうのひょろ長い、みんながバカゴマと軽べつするそれを。四つも五つも」の部分に表れている「私」の説明としてふさわしいものに○、そうでないものに×を書きなさい。

1　感謝している　2　興奮している

3　あわれんでいる　4　ほこらしく思っている

5　おどろいている　6　情けなく思っている

問七　――部「私はどうしても細くしなやかなひもをつくってやりたくなった」とありますが、このときの「私」の気持としてふさわしいも

いく日か過ぎて、ノボルは重たい口で私に〈注2〉二銭のかねをせがんだ。まゆ根をよせた母の顔に半ば絶望の上目をつかいながらヨーヨーを買いたいという。いっせいにはやり出したもので、私は手につかんだことはないが、滑《かっ》車の回転の振《しん》動と惰《だ》性を利用した、まんじゅうを二つ合わせたような形のもので、芯《しん》に結んで垂らした糸の操作で生きてるようにある高さまでするすると上下する。たわいない大人まで夢中にならせた。

初めてねだったいじらしい希望であった。**問九**だが私はこんな場合にさえ、夢をくだいた日ごろの生活からわく打算を忘れぬ非情さを持つ。二銭の価値は、キャベツ一個、大きなあめ玉十個、ナス二十個、小いわしなら十五匹《ひき》は買える額とはじき出す。それならちびた鉛《えん》筆で書きなやんでいる夕ズに新しい長いのを買ってあたえられる。私はカボチャの煮たのを食べさせながら、できるだけおだやかにいった。

「ヨーヨーなんてつまんねえぞう。じっきはやんなくなっちまあよ。それよりもなあノボル、梨ができたら、ほら来年学校さあがんだっぺ。帽《ぼう》子と、カバンと、いろんな本、すずり、筆、鉛筆、ナイフ、それから石盤《ばん》石筆、帳面、クレヨン、そして新しい下駄《た》なんど！　うんとかかっけどみんな買ってやるよ。学校さ上がっと、運動会の帽子だの、白いさるまただの——」

問十ノボルのまつ毛は、ぱしぱしと絶えずしばたたいていたが、きいているのかいないのか、だまってカボチャを食い終わると、すっと戸外へ出て行った。

（中略）

コマひもの二銭、ヨーヨーの二銭、が妙《みょう》に胸にひっかかって、ただ貧乏《ぼう》と戦うだけの心の寒々しさがうすぎたなく、**問十一**後悔《かい》が先だって何もかもあわれに思えて来た。午後は歌声も姿も見えないノボルが気になって、夕ズの背にリカをゆわいてからも、仕事の手がいつもよりたるんでいたと見え、つかれたんだらやすめと何も知らない父親はいってくれたが、**問十二**私は頭をふって、陸稲《おかぼ》に土寄せする鍬《くわ》の柄《え》をますます強くにぎりしめてふりつづけた。

しかしその夜、つりランプのともるうす暗い小家の中は、めずらしく親子入り交じった歓《かん》声が奇《き》態にわき起こった。見事、ノボルがヨーヨーをつくりあげたからであった。古い傷口がゆ着して上下の樹皮がぼってりと、内部の木質を包んでまるくもり上がった得難い小松の中枝がその材料であった。枝の上下を引き切り、都合よくゆ着の線がくびれている中央にぐるり深くみぞをほりこみ、からんだ糸はたこ糸を切って例のあぶらぼろでみがいてすべりをよくした入念な仕上げだ。やや円筒《とう》に近く、売り物の形とはちがうが、くるわぬ均こうのカンに振動のほうけは見られない。せまい小家の中から、満月の青くかがやく戸外にとび出したノボルは、得意げに右手を次第に大きく反動させて、どうやらびゅんびゅんと、光の中で球は上下をしはじめた。それは軽妙な奇術まがいの遊びというより、**問十三**厳しゅくな精魂《こん》のおそろしいおどりであった。

（吉野せい『洟《はな》をたらした神』）

〈注1〉裏地に用いる紅色の絹布　〈注2〉「銭」はお金の単位

問一　——部「課せられた自分の責務を果たそうつもりか、小さく小さくもぐるように遠ざかってゆく」とありますが、「私」はこのときの「ノボル」をどのように見ていますか。

1　殺気だって仕事をしている親たちの険悪な様子を目の当たりにし

し形、六角形までも。一つの実のぬき差しによって、より正確な図形を整える。幼い知恵《え》によって工夫体得する幾何《きか》の芽生えだ。

　こんな時はタズの方がやや複雑に、家になり人になり花になり多様化する。ノボルの単一《いつ》な形の創意よりも、タズには年齢《れい》に応じた鑑《かん》識の前進があるためだろうか。

　タズが四つの時、父のうしろについて日暮れの畑道で無心にいった。

　　何にもねえから、花煮《に》てくうべな。

　　おてんとうさまあっち行った――

畑にはとり残したふらふら菜っぱに、真黄な花がしんじつにさいていた。父親は立ち止まってそれをそのままノートに書きつけた。その晩、ほんとに何もない私たちは菜の花を煮て、新しい食味で胃ぶくろをみたしたのである。とぼしさをなげくだけの大人の常識に堕《だ》したよどみを、そのときこのばかな母親は、どんなにわびしく、あえなくはじたか知れない。

　親ばかの情熱は、ある時はまたムキな執《しゅう》念で、わが子のどこかに人に知られぬ高い評価の点数をつけたがる。ノボルのつくる竹トンボ、これが至極すばらしい。両翼《よく》のつりあいと中心のひねりの均こうがうまくとれてるらしく、だれのよりも高く長くとぶ。鉄輪をはめたコマのあの快いうなりと、みなが澄《す》んだという回転最中の不動に見える一刻の魅力にみとれて、ノボルは例のはな汁《じる》をたらすが、買ってほしいといい出す言葉を持ちはしない。**問六**自分の手で堅《かた》木のいくつかをこしらえた。鉄輪も心棒もないのっぺらぼうのひょろ長い、みんながバカゴマと軽べつするそれを。四つも五つも。表面のでこぼこを小刀でなめすようにけずりとって、中心の心棒の位置をカンで決める。梨ぶくろの補強に使う荏《えの》油が空《あき》かんにこびりついているのをぼろ切れでぬぐいとって、コマ全体に根気よくみがきをかける。白木の手あかがかくれて油じみたつやを持つと、ぐんと格が上がってほんものらしいおもちゃに見えてくる。そんなとき、**問七**私はどうしても細くしなやかなひもをつくってやりたくなった。不必要な古い〈注1〉もみうらをさいて、念入りに平均によりを加えて先細りにもじる。鉄輪のコマにはあさひもだが、手づくりのバカゴマには布よりの絹ひもがふさわしいようだ。彼は喜んで紅ひもをきりきりと巻きつけ、小さく腰《こし》をかまえ、右手をくるくる回転させながらさっと投げて紅ひもを引く。コマははじめはたおれるように大ゆれにおどりまわるが、少しずつ小まわりに変じて、見ている者をはらはらさせながら、極めてひょうきんにまるで全身で笑っているよう、澄むなどという荘《そう》重なものものしさとはうらはらにふらふら、ゆらゆら、たおれそうでなかなかゆ快に意気張ってるみたい。ころりと音して細長いからだを横たえた時、ノボルはしょんぼりとしたが、**問八**私はばかのように笑いこけた。

　土台おもちゃは楽しいものでなければならないはずだから。大量生産されたものには、整った造形の美、研究された運動の統一した安定があるだろうが、この幼い子の手から生まれたものには、無からはじめた粗《そ》野があり、危なっかしい不完全があっても、確かな個性がともなう。おそらく五つが五つ、みんなちがったそれぞれのおどりをひそみ持ち、展開してみせるだろう。

「うまくできたな。クレヨンで色ぬったらどうや」

　私は心からほめたつもりだが、彼はむっつりとして考えこんでいる。しかしもう次の工夫が小さい脳みその中をむずむず動いているらしい。

（中略）

【国　語】（五〇分）〈満点：一〇〇点〉

【注意】　句読点や記号などは字数にふくめます。

【一】　次の文章を読んで後の問に答えなさい。

すもう、けんか、木のぼり、石けり、小学生をかしらにしてのこわっぱたちの遊びは、放胆《たん》で、原始的で、山深い谷間の急流が落下するようにそうぞうしくて、すがすがしい。

ノボルはめったにその仲間にはいれない。それはいつも彼《かれ》の小さい背中に妹のリカがゆわいつけられているためだ。姉のタズが帰ってくるまでは、一時間おき位に何度かゆわいつけられ、おとなしく、時には少しむずかったりしてるリカの顔が、小さい肩《かた》に白くのっかっている。その間見向きもせずに、畑仕事にうちこんでいる親たちの険しい圏《けん》内にははいって来ない。夏近い太陽が中天にのぼると、梨《なし》畑の暗い葉かげの下へ、はだしではいってゆく。**問一**課せられた自分の責務を果たそうつもりか、小さく小さくもぐるように遠ざかってゆく。そしてそんな時、きまって同じ一つのうたを遠くでうたう。たぶんタズからきき覚えたものであろう。

ぎんぎんぎらぎらゆうひがしずむ
ぎんぎんぎらぎらひがしずむ
まっかっかっかそらのくも

あのうただ。**問二**いく度もいく度も同じうたをあきずにくり返す。うまい。子どもらしい音程にもくるいがない。その歌声を耳にするとき、私はいつもノボルの心は西空の「湯ノ岳《たけ》」の山嶺《れい》をながめているなと想像する。小さいからだに重すぎるリカと重なった影《かげ》ぼうしが、山畑の上にひきずるような長い尾《お》を引いている夕げしきを思いえがく。**問三**彼の目の中には、口にはいえぬ二つぶの水玉が、まるくまっかっかにきらめいているのではないかと続けて思う。とりも直さず重いカセを解き放される自由の日暮れを待ちわびているのかもしれない。たまらなくなって、私は畑にすわって乳房《ぶさ》を出しながら大声で呼びたてる。リカが暑さにげんなりして膝《ひざ》の上で乳房にすがると、彼は脱兎《だっと》のようにわがやの方へにげてゆく。

私たちはいまだかつて子どものために、おもちゃといえるようなものを買ってあたえたことがない。ともあれ余ゆうがないのだ。だれかにもらったぼろぼろの絵本、つぶれたセルロイド人形、空気のぬけたゴムまり、ピイピイという単調な鳴音がこわれて出なくなった山鳩《ばと》などは、もう彼らには何の魅《み》力もなくなってどこかへつっこまれてしまった。三月の雛《ひな》人形もなく、五月の鯉《こい》のぼりもない。だれに祝福されるでもなくこの世に生まれたような彼ら。しかしそんなことはこうした開拓《たく》部落に住んで、人界の風習にうとい子どもたちには、一方にこの親たちの**問四**親らしい力を持たぬ親であることなど、あまりさしさわりにはならないようだ。

問五根元からはなれた場所にまかれた肥料に、根は生きるためのびん感な触《しょく》手をのばす。成長する意志は、そのおかれた場所からふさわしい何らかの必要な活動を見事にふみ出すらしい。

白つめ草がさけば、タズは学校帰りの川原でいくつもの花輪をつくり、まだ固まらないリカの小さいくびにまでかざってやる。梨畑の下につみ果たして散らした青い小さい実を手当たり次第拾い集めては、土の上に一つ一つを並べて、正しい円形、だ円、四角、三角をえがき出す。ひ

MEMO

大切なことはメモしておこうネ！

解答用紙集

○月×日　△曜日　天気（合格日和）

◆ご利用のみなさまへ

＊解答用紙の公表を行っていない学校につきましては、弊社の責任において、解答用紙を制作いたしました。

＊編集上の理由により一部縮小掲載した解答用紙がございます。

＊編集上の理由により一部実物と異なる形式の解答用紙がございます。

人間の最も偉大な力とは、その一番の弱点を克服したところから生まれてくるものである。　——カール・ヒルティ——

東京学参株式会社

フェリス女学院中学校　2024年度

◇理科◇

※ 132%に拡大していただくと，解答欄は実物大になります。

1

1	(1)					
	(2)					
	(3)		(4)			
2	(1)	g	(2)	%	(3)	%

2

1	A	2	A	3	A	倍	4	A 倍

5	ア		イ		ウ	倍		
	エ		オ		カ	倍	キ	A

3

1	(1)	①		②		③	
		④		⑤			
	(2)		(3)				
2	(1)						
	(2)						

4

1	(1)		(2)	①	さらさら		ざらざら		②	小さい	とても小さい（細かい）

2	(1)							
	(2)		(3)	①		②		③
3								

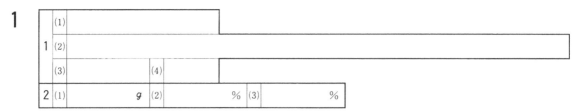

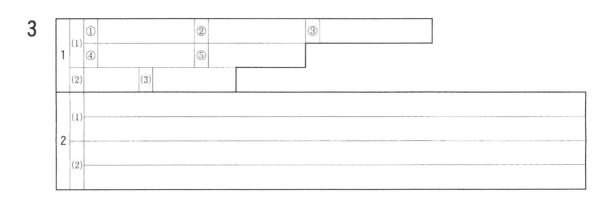

フェリス女学院中学校　2024年度

◇社会◇

※ 149％に拡大していただくと，解答欄は実物大になります。

1

A	a		b		c		d			
	e									
B	a		b		c		d			
	e									
C	a		b		c		d		e	
	f									

2

A	a			b		c	遺跡	
B	a							
	b							
	c							
C	a		b					
	c							
D	a							
	b	①						
		②						
E	a			b		c		

3

a		b	①		②		c	

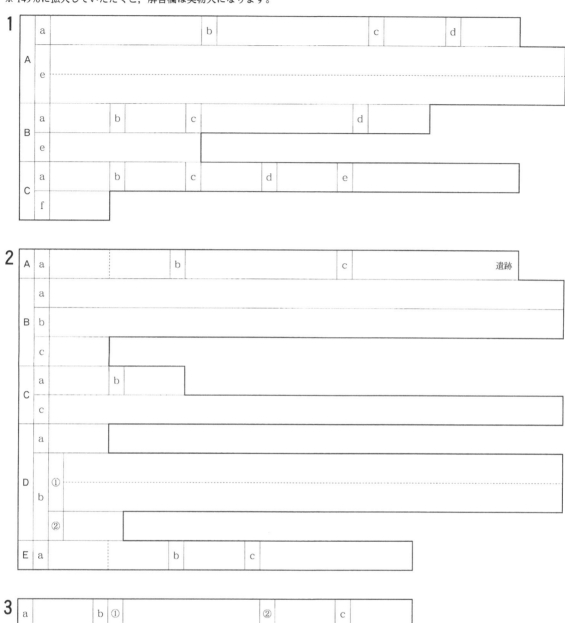

◇国語◇

フェリス女学院中学校　２０２４年度

※147％に拡大していただくと，解答欄は実物大になります。

[一]

問一①	年生
問一②	
問二	1　2　3　4　5　6
問三	
問四	
問五	
問六	
問七	
問八	
問九	
問十	
問十一	
問十二	
問十三	

[二]

問一a	
問一b	
問二ア	
問二イ	
問三A	
問三B	
問四	
問五	
問六	
問七	

[三]

1	2	3	4	5	6

[四]

1　く	2	3	4
5　う	6　でる	7	8　し

フェリス女学院中学校　2023年度

◇理科◇

※ 150%に拡大していただくと，解答欄は実物大になります。

1

	実験			水よう液			
組合せ 1	①	②	③	A	B	C	D
組合せ 2	①	②	③	A	B	C	D
組合せ 3	①	②	③	A	B	C	D

2

1	(1)	
	(2)	
	(4)	
1	(3)	
2		
3	(1)	
	(2)	
4	理由1	
	理由2	

3

1	
2	
3	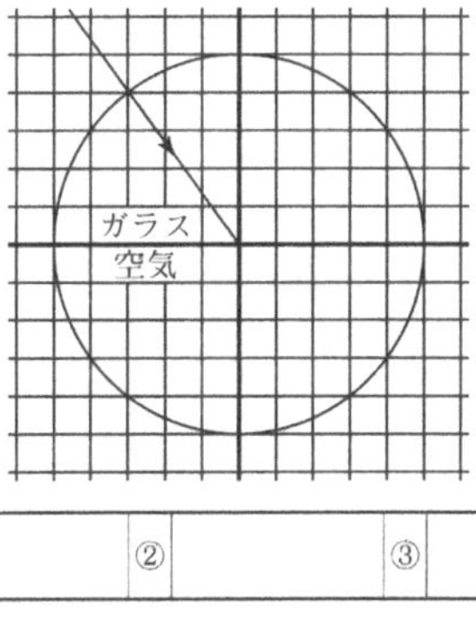
4	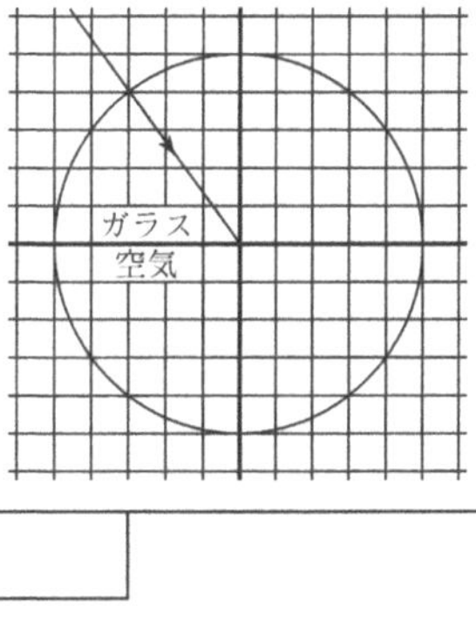
5	①　②　③　④

4

1		2	(1)	(2)	
3	(1) 組合せ	水の量　千立方キロメートル	(2)　日	4	m
5	(1)		(2)		
	(3)				

フェリス女学院中学校　　2023年度　　◇社会◇

※ 118％に拡大していただくと，解答欄は実物大になります。

1

ア		イ	川	
a	①			
	②		b	
c				
d				
e		f		

2

a	①		②		b		c
d			e		f		g

3

a					
b					
c		d		e	

4

A	a		b		c				
B	a	①		②		b		c	
C	a								
	b		c						
D	a	県	b	①		②		c	
E	a								
	b		c						
F	a		b		c				

◇国語◇

フェリス女学院中学校　２０２３年度

※118%に拡大していただくと、解答欄は実物大になります。

［一］

問一	A	B	問二		問三	問四
問五		問六	ア	イ	ウ	
問七						
問八		問九		問十	問十一	問十二
問十三①	日目	問十三②				
問十三③		問十三④	人			

［二］

問一①	
問一②	
問一③	
問二	
問三	
問四	

［三］

A		B	

［四］

1　ます	2　する	3	4　む
5	6	7	8　る

フェリス女学院中学校　2022年度　　◇理科◇

※150％に拡大していただくと，解答欄は実物大になります。

1

	生物名	ちがい
1		
2		
3		
4		
5		

2

1	・	
	・	
2		
3		
4		
5	℃	
6		*g*

3

1		理　由	
2			
3	cm		
4			
5			

4

1	①		②		③		④	

2	①		②		③		④		
	時　刻	①	時　分	②	時　分	③	時　分		

3	(1)		①		②		③		④	
			理　由							
	(2)	問1	①		②		③	時　分	④	月　日
			⑤	月　日	⑥					
		問2	理　由							

フェリス女学院中学校　　2022年度

◇社会◇

※150％に拡大していただくと，解答欄は実物大になります。

1

a	①		②		b		c	県			
d											
e			f		g						
h			i		j		k		l		
m											
n			o	①		②					
p			q								

2

1		2		3			
a		b		c		d	
e							
f							

3

a		b		c	
d		e			
f					

4

a					
b					
c		d		e	

◇国語◇

フェリス女学院中学校　２０２２年度

※１５０％に拡大していただくと、解答欄は実物大になります。

[一]

問一 a　b

問二

ア　イ

問三①

問三②

問四

問五

問六

問七

問八

問九 1　2　3　4　5　6

問十

問十一 A　B

問十二

問十三

問十四

問十五

問十六

[二]

問一

問二

問三

[三]

[四]

1　む

2　く

3

4　む

5　る

6

7

8　む

フェリス女学院中学校　2021年度

◇理科◇

※158％に拡大していただくと，解答欄は実物大になります。

1

1	(1)		(2)		2	(1)	(2)	3
4								
5	(1)		(2)					
6								

2

1	m
2	・ ・
3	
4	
5	cm

3

1		2		3	g	4	cm^3
5		6					

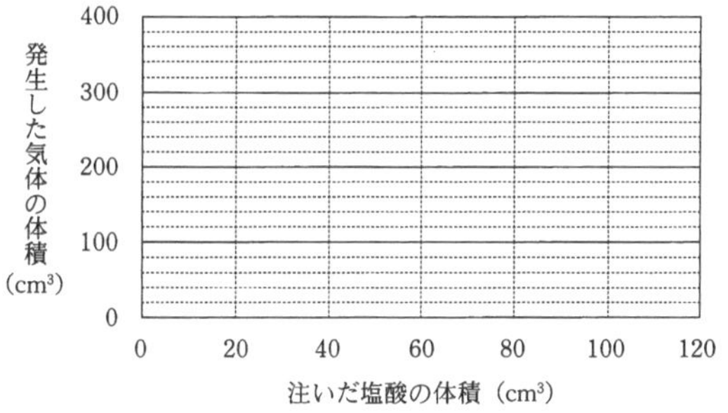

4

1	(1)	(2)	(3)
	(4)	(5)	(6)
2			
3			

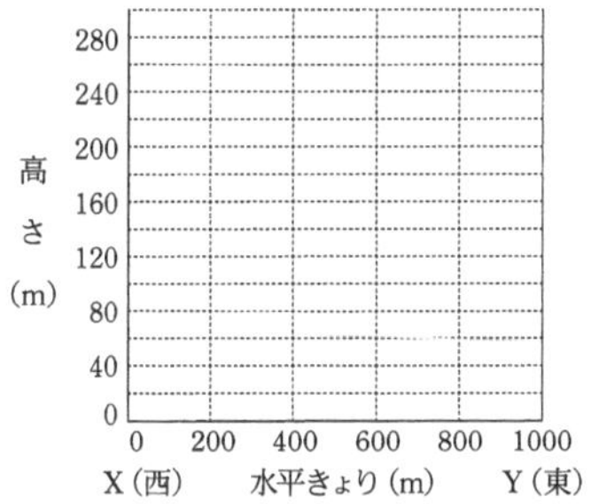

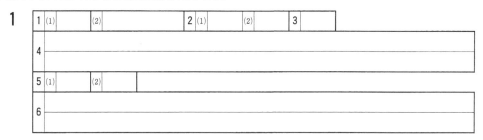

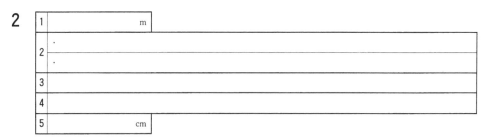

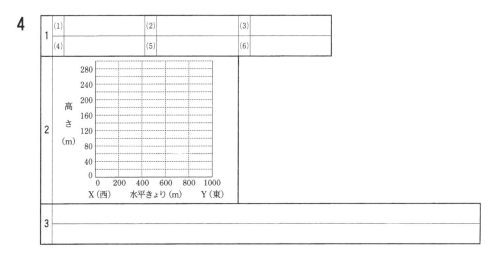

フェリス女学院中学校　2021年度

◇社会◇

※150%に拡大していただくと，解答欄は実物大になります。

1

1	海峡	2		3	島		
4							
a	①		②		b	①	
b	②						
c							

2

a		b		c	貿易
d		e			
f		g			

3

a		b		c		d			
e		f		g		h			
i									
j	①		②		k				
l			m						
n		o		p	①				
p	②								

4

a		b		c	
d					
e					

◇国語◇

フェリス女学院中学校　２０２１年度

※１５０％に拡大していただくと、解答欄は実物大になります。

［一］

問一　a　b

問二　ア　イ

問三

問四

問五

問六

問七

問八

問九

問十　①　②

問十一

問十二

問十三　1　2　3　4　5　6

［二］

問一　A　B

問二

問三

問四

問五

［三］

ア　イ　ウ　エ

［四］

1　2　3　4　える

5　れる　6　る　7　む　8

フェリス女学院中学校　2020年度

◇理科◇

※145％に拡大していただくと，解答欄は実物大になります。

1

1		
2	(1)	
2	(2)	
2	(3)	→　→　→　→
2	(4)	
3	(1)	
3	(2)	
3	(3)	

2

1	①		②			
2	変化					
2	具体例					
3	①		②		③	
3	④		⑤		⑥	
4	不快指数		度合い			
5	ア		イ			
6						
7						

3

1	ア		イ		ウ		エ		オ	
2	cm									
3	カ		キ		ク		ケ		コ	
3	サ		シ		ス		セ		ソ	
4	cm									

4

1	(1)		(2)		(3)	
1	(4)					
1	(5)					
2						

フェリス女学院中学校　2020年度

◇社会◇

※150％に拡大していただくと，解答欄は実物大になります。

1

1		2		3	
4		5		6	
7		8			
a		b			
c					

2

問1		問2		問3		問4	
問5							
問6		問7		問8			

3

a		b			
c					
d		e		f	
g		h	→ →	i	
j		k		l	
m					

4

1		2		3		a	
b							
c		d		e			
f		g	の自由				
h							

◇国語◇

フェリス女学院中学校　２０２０年度

※１５７％に拡大していただくと、解答欄は実物大になります。

[一]

問一A	
問一B	
問一C	
問二	新蔵　　軍　敵　　軍
問三	
問四	
問五	
問六	
問七	
問八	
問九	
問十	
問十一	
問十二	
問十三	
問十四	

[二]

問一	
問二	
問三	
問四①	
問四②	
問五	
問六	

[三]

1	主語		述語	
2	主語		述語	

[四]

1　　する	5
2　　つ	6
3　　える	7
4　　する	8　　まれな

フェリス女学院中学校　2019年度　　◇理科◇

※この解答用紙は135％に拡大していただくと，実物大になります。

1

1		2			
3	g	4		5	g
6	(1)				
	(2)				

2

1	(1)	あ		い		う		え		お	
	(2)	C			E			H			
	(3)										
	(4)										
2	(1)										
	(2)										

3

1	(1)		(2)	・	
				・	
2	(1)		(2)		(3)

4

1	①		②		③		④	
	⑤		⑥		⑦		⑧	

2 (1)

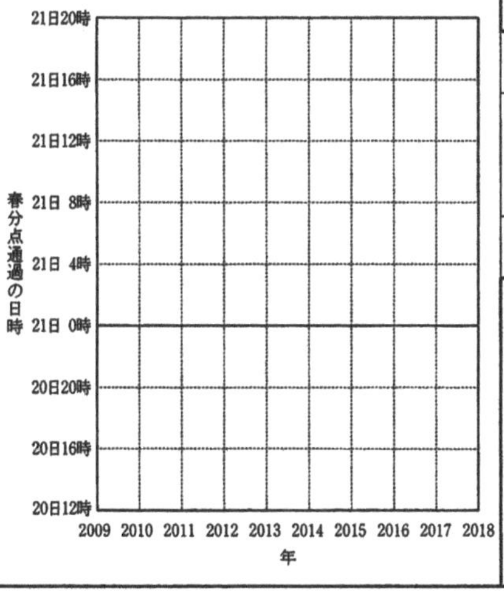

(2)	①		②		③
(3)					
(4)					

3

一番早い場合　春分の日：　月　日 → 満月：　月　日（　曜日） → イースター：　月　日

一番おそい場合　春分の日：　月　日 → 満月：　月　日（　曜日） → イースター：　月　日

フェリス女学院中学校　2019年度　　　◇社会◇

※この解答用紙は149％に拡大していただくと，実物大になります。

1

A	a		b					
	c							
	d		e		f		g	
	h							
	i							
	j							
B	a		b		c		d	
	e		f					
C	a		b		c		d	

2

A	問1			問2		問3			
B	問1			問2	代目				
	問3								
C	問1			問2		問3		問4	
D	問1	1		2		問2			
	問3								
E	問1			問2					
	問3	①							
		②							

◇国語◇

フェリス女学院中学校　２０１９年度

※この解答用紙は１４８％に拡大していただくと、実物大になります。

［一］

問一		問二		問三		問四		問五①	
問五②		問五③		問六		問七			
問八		問九		問十		問十一		問十二	
問十三									

［二］

問一	
問二	
問三	
問四	
問五	

［三］

A	B

［四］

［五］

1　く	2　する	3	4　す
5	6　する	7　づく	8

フェリス女学院中学校　平成30年度

◇理科◇

※この解答用紙は156%に拡大していただくと，実物大になります。

1

1 (1) ①　②　③　④

(2)

2 (1)

(2)　(3)

3 ・

・

2

1

2 個　3

4　5　個　6　cm

3

1 ① →　→ ⑨

2 (1) 番号　名前　(2) 番号　名前

3 ・

・

4 試験管アの結果　試験管イの結果

2つをくらべてわかること

5

4

1 (1)

(1)	巨れき	
	砂	
	どろ	

1 (2)①

1 (2) ②

海岸の砂は

川原の砂は

その原因として考えられることは

海岸では

川では

2 (1)

ふるい分けの結果からわかること

自然環境から考えられること

(2) ①

②

○推定配点○　1　各2点×7(1(1)は完答)　　2　各2点×6

3　各2点×8(2は各完答，4は結果2点，わかること2点)

4　1　(1)　各1点×3　　(2)　①　3点　　②　結果2点，原因2点　　2　各2点×4

計60点

／60

◇社会◇

※この解答用紙は149％に拡大していただくと，実物大になります。

1

A	a	①		②	港	b		c
A	d	湖	e	川				
A	f							
B	a		b					
B	c		d	地区	e			
B	f	焼						
C	a	①	②	b		c		
C	d	山	e	① A	B			
C	e	②	f	川				

2

A	a								
A	b								
B	a			b	天皇	c			
C	a		b						
C	c								
D	a		b		c				
E	a		b		F	a		b	
G	a								
G	b								
G	c								
H	a		b		c				
H	d								

○推定配点○　1　Af・Bb・Ce②　各3点×3　Be　2点　他　各1点×18
2　Ab・Ga・c　各3点×3　Ca・c　各2点×2　他　各1点×18(Baは完答)
計60点

／60

◇国語◇

フェリス女学院中学校　平成30年度

※この解答用紙は148%に拡大していただくと、実物大になります。

［一］
問一　ア　イ
問二
問三
問四
問五
問六
問七
問八
問九
問十
問十一　最初　最後
問十二
問十三
問十四　最初　最後
問十五

［二］
問一　ア　イ
問二　a　b
問三
問四①
問四②
問五　最初　最後

［三］
A　B　C

［四］
1　い
2　く
3
4
5
6　ぐ
7　する
8　する

○推定配点○　［一］　問一　各1点×2　問四・問六・問八　各5点×3　問十五　12点
他　各3点×10
［二］　問一・問二　各1点×4　問五　3点　他　各5点×3
［三］　各1点×3　［四］　各2点×8　計100点

／100

フェリス女学院中学校　平成29年度

◇理科◇

※この解答用紙は160％に拡大していただくと，実物大になります。

1

1	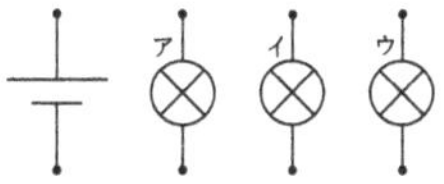	2	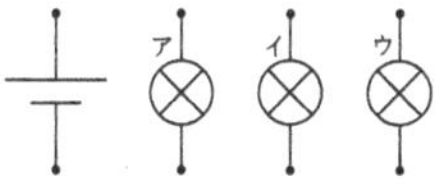	3	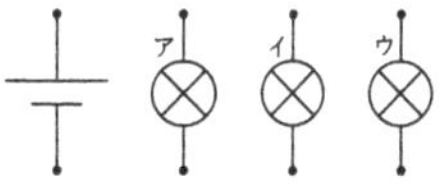

2

1	記号		名前			
2	記号		理由			
3	(1)		(2)		(3)	
4	記号					
	理由					
5	理由 1					
	理由 2					

3

1	(1)	
	(2)	
	(3)	
2		

4

1	(1)	名前		場所			
	(2)	①		②			
2	(1)	□		△		(2)	
	(3)	①		②		③	
	(4)	おりひめ星		ひこ星			
	(5)	夏は		を見ているため明るく見えるが、			
		冬は		を見ているためあわく（うすく）しか見えない。			

(3)

5

1	(1)		(2)	
2		理由		
3		理由		
4	試験管内の下半分の空気が温められると			

○推定配点○　1　各3点×3　　2　3　各1点×3　　他　各2点×5(1・2・4各完答)
3　各2点×4　　4　1　(1)・(2)　各1点×6　　(3)　3点　　2　(1)　3点(完答)
(2)～(4)　各1点×6　　(5)　2点　　5　各2点×5(2・3各完答)　　計60点

/60

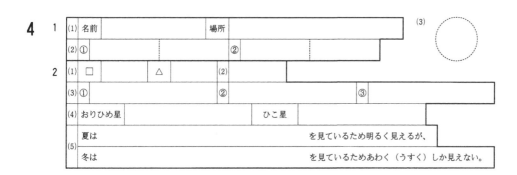

フェリス女学院中学校　平成29年度

◇社会◇

※この解答用紙は150%に拡大していただくと，実物大になります。

1

a		b								
c		d								
e										
f			g	祭	h	①		②		
i	①	平野	②		j		k	①		②

2

A	a		b	
B	a			
B	b		c	
C	a		b	

3

a								
b								
c								
d		e		f				
g		h	①		②		i	
j								
k	①		②		③			
l		m						
n	①							
n	②							
o		p		q	→ →	r		
s								

○推定配点○　1　b・e　各3点×2　他　各1点×12　2　Ba　3点　他　各1点×6
3　b・c・j・n①・s　各3点×5　他　各1点×18　計60点

／60

◇国語◇

フェリス女学院中学校　平成29年度

※この解答用紙は147％に拡大していただくと、実物大になります。

［一］

問一　ア　イ

問二　人兄弟の　番目

問三

問四

問五

問六

問七

問八

問九　冷たい血　熱い血

問十

問十一

問十二

問十三

問十四

問十五

問十六

問十七

問十八

［二］

問一

問二

問三

［三］

1　2

［四］

1　2　しい　3　4

5　6　7　8

○推定配点○　［一］問一　各2点×2　問六　4点　問十八　8点
他　各3点×18（問二は完答）
［二］問一・問二　各7点×2　問三　6点
［三］各1点×2　［四］各1点×8　計100点

/100

〈ダウンロードコンテンツについて〉

本問題集のダウンロードコンテンツ、弊社ホームページで配信しております。現在ご利用いただけるのは「2025年度受験用」に対応したもので、**2025年3月末日**までダウンロード可能です。弊社ホームページにアクセスの上、ご利用ください。

※配信期間が終了いたしますと、ご利用いただけませんのでご了承ください。

中学別入試過去問題シリーズ

フェリス女学院中学校　2025年度

ISBN978-4-8141-3191-4

[発行所] 東京学参株式会社
〒153-0043　東京都目黒区東山2-6-4

書籍の内容についてのお問い合わせは右のQRコードから ⇒

※書籍の内容についてのお電話でのお問い合わせ、本書の内容を超えたご質問には対応できませんのでご了承ください。

2024年5月23日　初版